A ARTE DE FALAR EM PÚBLICO

L933a Lucas, Stephen E.
A arte de falar em público / Stephen E. Lucas ; tradução: Beth Honorato. – 11. ed. – Porto Alegre : AMGH, 2014.
xx, 404 p. : il. ; 25 cm.

ISBN 978-85-8055-284-3

1. Retórica. 2. Oratória. 3. Discurso em público. I. Título.

CDU 808.51

Catalogação na Publicação: Ana Paula M. Magnus – CRB 10/2052

Stephen E. Lucas
University of Wisconsin-Madison

A ARTE DE FALAR EM PÚBLICO

11ª EDIÇÃO

Tradução
Beth Honorato

Reimpressão 2022

AMGH Editora Ltda.
2014

Obra originalmente publicada sob o título
The Art of Public Speaking, 11th Edition
ISBN 0073406732 / 9780073406732

Original edition copyright (c)2012, The McGraw-Hill Global Education Holdings, LLC, New York, New York 10020. All rights reserved.

Gerente editorial: *Arysinha Jacques Affonso*

Colaboraram nesta edição:
Editora: *Viviane R. Nepomuceno*
Capa: *Maurício Pamplona (arte sobre capa original)*
Editoração e leitura final: *Know-How Editorial*

Reservados todos os direitos de publicação, em língua portuguesa, à
AMGH Editora Ltda., uma parceria entre GRUPO A EDUCAÇÃO S. A. e McGRAW-HILL EDUCATION.
Av. Jerônimo de Ornelas, 670
90040 340 – Porto Alegre – RS
Fone: (51) 3027 7000 Fax: (51) 3027 7070

É proibida a duplicação ou reprodução deste volume, no todo ou em parte, sob quaisquer formas ou por quaisquer meios (eletrônico, mecânico, gravação, fotocópia, distribuição na Web e outros), sem permissão expressa da Editora.

Unidade São Paulo
Av. Embaixador Macedo Soares, 10.735 – Pavilhão 5 – Cond. Espace Center
Vila Anastácio – 05095-035 – São Paulo – SP
Fone: (11) 3665-1100 Fax: (11) 3667-1333

SAC 0800 703-3444 – www.grupoa.com.br

IMPRESSO NO BRASIL

PRINTED IN BRAZIL

O autor

Stephen E. Lucas é professor de Comunicações e Artes e da Cátedra Evjue-Bascom de Ciências Humanas na University of Wisconsin-Madison. Bacharel pela University of California, em Santa Bárbara. Mestre e doutor pela Penn State University.

Lucas é reconhecido por seu trabalho tanto como pesquisador quanto professor. Seu primeiro livro, *Portents of rebellion: rhetoric and revolution in Philadelphia, 1765-1776*, recebeu o Golden Anniversary Award da Associação Norte-Americana de Comunicação e foi indicado ao Prêmio Pulitzer. Entre seus principais artigos, destacam-se "The Schism in Rhetorical Scholarship" (1981), "The Renaissance of American Public Address: Text and Context in Rhetorical Criticism" (1988), "The Stylistic Artistry of the Declaration of Independence" (1990) e "The Rhetorical Ancestry of the Declaration of Independence" (1998), pelos quais recebeu o Golden Anniversary Monograph Award, também da Associação Norte-Americana de Comunicação. Seu livro mais recente é *Words of a century: the top 100 American speeches, 1900-1999* (2009).

Lucas recebeu igualmente inúmeros prêmios de ensino, como o Chancellor's Award de Excelência em Ensino da University of Wisconsin e o Prêmio Donald Ecroyd de Excelência em Ensino Superior da Associação Norte-Americana de Comunicação. Seu curso de preleções "The Rhetoric of Campaigns and Revolutions" ("A Retórica de Campanhas e Revoluções") é um dos mais populares no *campus* e por duas vezes foi escolhido pela Wisconsin Public Radio para ser transmitido na íntegra para todo o estado. Lucas recebeu destaque também no programa sobre história dos discursos públicos norte-americanos, do Educational Video Group, e no documentário do History Channel sobre a Declaração da Independência.

Desde 1973, Lucas dirige o curso introdutório de oratória da University of Wisconsin-Madison. Ao longo dos anos, foi responsável por inúmeras inovações no ensino e supervisionou a formação de centenas de assistentes de pós-graduação. Além de participar de *workshops* e seminários de oratória em escolas dos Estados Unidos, foi juiz dos principais concursos nacionais de oratória em língua inglesa na China, deu palestras em inúmeras universidades chinesas e conduziu *workshops* de ensino de oratória para professores chineses. O livro *A arte de falar em público* já foi traduzido na China e também publicado em sua edição na língua inglesa.

Stephen Lucas e sua esposa, Patty, vivem em Madison, Wisconsin, e têm dois filhos, Jeff e Ryan. Seus interesses pessoais se dividem entre viagens, esportes, artes e fotografia.

Agradecimentos

"É o bom leitor", afirmou Ralph Waldo Emerson, "que faz o bom livro". Aliás, tive sorte de ter excelentes leitores, e gostaria de agradecer aos revisores críticos, aos participantes de simpósios e grupos de discussão e aos colaboradores, cujos nomes encontram-se nas páginas xxiii-xxv, por sua *expertise* e, igualmente, por seus valiosos comentários e sugestões.

Além disso, gostaria de expressar meus agradecimentos aos alunos da University of Wisconsin cujas palestras ofereceram conteúdo para os vários exemplos presentes neste livro e aos membros do corpo docente do curso "Comunicações e Artes 100" que me ajudaram a coletar exemplos de palestra e me ofereceram *feedback* a respeito da décima edição. Sou particularmente grato à Sarah Jedd, diretora-assistente desse curso, por seu esplêndido trabalho nessa função e por suas várias contribuições para este livro.

Agradeço igualmente à Margaret Procario, por seu trabalho no *Manual do professor* (*Instructor's Manual*) e no *Banco de testes;* à Jennifer Cochrane, pelo suplemento para ser utilizado com este livro em um curso *on-line*; e à Ashley Hinck, que ajudou a realizar pesquisas para esta edição. Sou grato, sobretudo, a Paul Stob, que trabalhou comigo no livro e nos suplementos ao longo da preparação desta edição. Suas contribuições foram indispensáveis.

Gostaria de agradecer também à equipe da McGraw-Hill que trabalhou neste livro. David Patterson, Susan Gouijnstook, Mikola De Roo, Suzie Flores e Jamie Daron participaram desta edição e deram continuidade à sua tradição de excelência. Leslie Oberhuber, já na quarta edição deste livro como diretora de marketing, continua provando a razão pela qual é uma das melhores profissionais nesse ramo. Mike Ryan, Steve Debow e Ed Stanford ofereceram apoio e direção-executiva.

Atualmente, a publicação de um livro-texto requer bem mais do que um livro em si. Em conjunto com a equipe editorial, Janet Byrne Smith e Adam Dweck gerenciaram de forma habilidosa a nova versão do *Connect*. Vicki Splaine, Debabrata Acharya, Pravarna Besa, Manish Gupta, Irina Reznick, Sanjay Shinde, Sujoy Banerjee, John Brady, Priscila Depano, Nidhi Kumari e Suzy Cho também integraram a equipe do *Connect*. Meghan Campbell coordenou a inserção do LearnSmart nos recursos *on-line*.

Carey Eisner, produtora editorial deste livro, lidou com milhares de detalhes com disposição e autoconfiança. Preston Thomas supervisionou a criação de um novo projeto e de uma nova capa para esta edição. Natalia Peschiera coordenou o programa de fotos e Jennifer Blankenship encontrou imagens valiosas em um espaço de tempo apertado. Vicki Malinee ajudou a conduzir os suplementos ao longo da produção.

Como sempre, minha maior gratidão vai para minha esposa, Patty, cujo amor e apoio me confortaram ao longo dos anos.

Stephen E. Lucas
Madison, Wisconsin

Revisores críticos, participantes de simpósios e grupos de discussão e colaboradores

» **Revisores do texto principal**

Bob Alexander, *Bossier Parish Community College*
Barbara Armentrout, *Central Piedmont Community College*
Richard Armstrong, *Wichita State University*
Gretchen Arthur, *International Academy of Technology and Design*
Leonard Assante, *Volunteer State Community College*
Jennifer Becker, *University of Missouri-Columbia*
Kimberly Berry, *Ozarks Technical Community College*
Patrick Breslin, *Santa Fe Community College*
Christa Brown, *Minnesota State University-Mankato*
Ferald J. Bryan, *Northern Illinois University*
Jack Byer, *Bucks County Community College*
Richard Capp, *Hill College*
Nick Carty, *Dalton State University*
Mary Carver, *University of Central Oklahoma*
Crystal Church, *Cisco Junior College*
Jennifer Cochrane, *Indiana University-Purdue University, Indianapolis*
Shirley Lerch Crum, *Coastal Carolina Community College*
Karen Dwyer, *University of Nebraska-Omaha*
Tracy Fairless, *University of Central Oklahoma*
Rick Falvo, *College of Lake County*
Bryan Fisher, *Francis Marion University*
Bonnie Gabel, *McHenry County College*
Paul Gaustad, *Georgia Perimeter College*
Kevin Gillen, *Indiana University*
Donna Gotch, *California State University, San Bernardino*
Catherine Gragg, *San Jacinto College*
JoAnna Grant, *California State University, San Bernardino*
Neva Kay Gronert, *Arapahoe Community College*
Omar Guevara, *Weber State University*
Karen Hamburg, *Camden Community College*
Tina M. Harris, *University of Georgia*
Daria Heinemann, *Keiser University*
Marcia Hotchkiss, *Tennessee State University*
Delwyn Jones, *Moraine Valley Community College*
Susan Kilgard, *Anne Arundel Community College*
Amy King, *Central Piedmont Community College*
Patricia King, *McHenry County College*
Linda Kurz, *University of Missouri-Kansas City*
Jerri Lynn Kyle, *Missouri State University*
Kathleen LeBesco, *Marymount Manhattan College*
Mark Lewis, *Riverside Community College*
Sujanet Mason, *Luzerne County Community College*
Peg McCree, *Middle Tennessee State University*
Nicki L. Michalski, *Lamar University*
Marjorie Keeshan Nadler, *Miami University*
Ronn Norfleet, *Kentucky Community & Technical College System-Jefferson Community e Technical College*
Kekeli Nuviadenu, *Bethune-Cookman College*
Holly Payne, *Western Kentucky University*
Theodore Petersen, *Helmick Johnson Community College*
Jeff Peterson, *Washington State University-Pullman*
James (Tim) Pierce, *Northern Illinois University*
Jean R. Powers, *Holmes Community College*
Barry Poyner, *Truman State University*
William Price, *Georgia Perimeter College*

James E. Putz, *University of Wisconsin-La Crosse*
Jennifer Reem, *Nova Southeastern University*
Belinda Russell, *Northeast Mississippi Community College*
Diane Ryan, *Tidewater Community College*
Rhona Rye, *California State Polytechnic University, Pomona*
Cara Schollenberger, *Bucks County Community College*
Jay Self, *Truman State University*
Michael J. Shannon, *Moraine Valley Community College*
Gale Sharpe, *San Jacinto College*
Richard Sisson, *Georgia Perimeter College*
Amy R. Slagell, *Iowa State University*
Katherine Taylor, *University of Louisville*
Cindu Thomas-George, *College of Lake County*
Joseph Valenzano, *University of Nevada, Las Vegas*
Jill Voran, *Anne Arundel Community College*
Linda J. White, *Central Piedmont Community College*
Theresa White, *Faulkner State Community College*
Alan Winson, *John Jay College of Criminal Justice*
Carleen Yokotake, *Leeward Community College*

» **Participantes de simpósios e grupos de discussão regionais**

Donna Acerra, *Northampton Community College*
Krista Appelquist, *Moraine Valley Community College*
Vera Barkus, *Kennedy-King College*
Barbara Baron, *Brookdale Community College*
Mardia Bishop, *University of Illinois-Champaign*
Audrey Bourne, *North Idaho College*
Karen Braselton, *Vincennes University*
Melissa Broeckelman-Post, *California State University-Los Angeles*
Cynthia Brown El, *Macomb Community College, Center Campus*
Kristin Bruss, *University of Kansas-Lawrence*
Bobette Bushnell, *Oregon State University*
Pamela Cannamore, *Kennedy-King College*
Helen Chester, *Milwaukee Area Technical College-Milwaukee*
Jennifer Cochrane, *Indiana University-Purdue University, Indianapolis*
Jennifer Del Quadro, *Northampton Community College*
Amber Erickson, *University of Cincinnati*
Kris Galyen, *University of Cincinnati*
Joan Geller, *Johnson & Wales University*
Ava Good, *San Jacinto College*
JoAnna Grant, *California State University, San Bernardino*
Delwyn Jones, *Moraine Valley Community College*

Amy King, *Central Piedmont Community College*
Bryan Kirby, *Ivy Technical Community College, Indiana*
Steven Lebeau, *Indiana University-Purdue University, Indianapolis*
Cindy Leonard, *Bluegrass Community and Technical College, Main Campus*
Tobi Mackler, *Montgomery County Community College*
Molly Mayer, *University of Cincinnati*
James McCoy, *College of Southern Nevada-Henderson*
Peq McCree, *Middle Tennesse State University*
Libby McGlone, *Columbus State Community College*
Delois Medhin, *Milwaukee Area Technical College-Milwaukee*
Stanley Moore, *Henry Ford Community College*
Marjorie Keeshan Nadler, *Miami University*
John Nash, *Moraine Valley Community College*
Ronn Norfleet, *Kentucky Community & Technical College System-Jefferson Community and Technical College*
Edward Panetta, *University of Georgia*
Alexander Papp, *Cuyahoga Community College*
Tim Pierce, *Northern Illinois University*
Sunnye Pruden, *Lone Star College, CyFair*
Jeff Przybylo, *William Rainey Harper College*
Shawn Queeney, *Bucks County Community College*
David Schneider, *Saginaw Valley State University*
Mike Shannon, *Moraine Valley Community College*
Amy R. Slagell, *Iowa State University*
Karen Slawter, *Northern Kentucky University*
Rick Soller, *College of Lake County*
Cindu Thomas-George, *College of Lake County*
Patrice Whitten, *William Rainey Harper College*
Julie Williams, *San Jacinto College*
Josie Wood, *Chemeketa Community College*
Henry Young, *Cuyahoga Community College*

» **Revisores de projeto**

Barbara Baron, *Brookdale Community College*
Elizabeth Jill Coker, *Itawamba Community College-Tupelo*
Ferald J. Bryan, *Northern Illinois University*
Jack Byer, *Bucks County Community College*
Terri Helmick, *Johnson County Community College*
Steven King, *Ivy Technical Community College, Indiana*
Elizabeth Rumschlag, *Baker College, Auburn Hills*
David Simon, *Northern Illinois University*
Katherine Taylor, *University of Louisville*
Kristi Whitehill, *Ivy Technical Community College, Indiana*

» **Participantes do levantamento sobre oratória**

Bob Alexander, *Bossier Parish Community College*
Barbara Armentrout, *Central Piedmont Community College*
Richard N. Armstrong, *Brevard Community College-Titusville*
Barbara Baron, *Brookdale Community College*
Kimberly Berry, *Ozarks Technical Community College*
Laura Berry, *Pearl River Community College*
Molly Brown, *Clinton Community College*
Ferald J. Bryan, *Northern Illinois University*
Jack Byer, *Bucks County Community College*
Rebecca Carlton, *Indiana University Southeast*
Mary Carver, *University of Central Oklahoma*
Helen Chester, *Milwaukee Area Technical College*
Cerbrina Chou, *Chemeketa Community College*
Melissa Click, *University of Missouri-Columbia*
Ron Compton, *Triton College*
Audrey Deterding, *Indiana University Southeast*
Kelly Driskell, *Trinity Valley Community College*
James Duncan, *Anderson University*
Karen Dwyer, *University of Nebraska, Omaha*
Rick Falvo, *College of Lake County*
Tori Forncrook, *Georgia Perimeter College*
Rebecca J. Franco, *Indiana University Southeast*
Meredith Frank, *La Salle University*
Bonnie Gabel, *McHenry County College*
Jodi Gaete, *Suffolk County Community College*
Colleen Garside, *Weber State University*
Paul Gaustad, *Georgia Perimeter College*
Jeffrey Gentry, *Rogers State University*
Pamela M. Glasnapp, *University of Central Missouri*
Robert Glenn, III, *Kentucky Community & Technical College System-Owensboro Community and Technical College*
Ava Good, *San Jacinto College*
Thomas Green, *Faulkner State Community College*
Neva Kay Gronert, *Arapahoe Community College*
William F. Harlow, *University of Texas-Permian Basin*
Kate Harris, *Loyola University-Chicago; Roosevelt University*
Tina Harris, *University of Georgia*
Terri Helmick, *Johnson County Community College*
Marcia Hotchkiss, *Tennessee State University*
Dr. David Johnson, *University of Maryland Eastern Shore*
Brenda Jones, *Franklin University*
Kate Kane, *Northeastern Illinois University*
Amy King, *Central Piedmont Community College*
Patricia King, *McHenry County College*
Sandy King, *Anne Arundel Community College*
Vijay Krishna, *College of the Canyons*
Linda Kurz, *University of Missouri-Kansas City*
Abby Lackey, *Jackson State Community College*
Victoria Leonard, *Cape Fear Community College*
Sujanet Mason, *Luzerne County Community College*
Wolfgang Mcaninch-Runzi, *University of Texas-Permian Basin*
Alison McCrowell Lietzenmayer, *Old Dominion University*
Nicki Michalski, *Lamar University-Beaumont*
Diane Miller, *Finlandia University; Michigan Technological University*
Holly Miller, *University of Nebraska-Omaha*
Stanley Moore, *Henry Ford Community College*
David Moss, *Mt. San Jacinto College-Menifee*
Heidi Murphy, *Central New Mexico Community College*
Ulysses Newkirk, *Kentucky Community and Technical College System-Owensboro Community and Technical College*
Ronn Norfleet, *Kentucky Community and Technical College System*
Dr. Lisa M. Orick-Martinez, *Central New Mexico Community College*
Maria Parnell, *Brevard Community College-Melbourne*
Jeff Przybylo, *William Rainey Harper College*
Jason Andrew Ramsey, *Indiana University Southeast*
Pamela J. Reid, *Copiah-Lincoln Community College*
Cynthia Robinson-Moore, *University of Nebraska-Omaha*
Rhona Rye, *California State Polytechnic University, Pomona*
Thomas J. Sabetta, *Cape Fear Community College*
Jay Self, *Truman State University*
Alisa Shubb, *University of California, Davis*
James Spurrier, *Vincennes University*
Katherine Taylor, *University of Louisville*
Lisa Turowski, *Towson University*
Alice Veksler, *University of Connecticut-Storrs*
Tom Vickers, *Embry Riddle Aero University-Daytona Beach*
Janice M. Vierk, *Metropolitan Community College-Omaha*
Myra H. Walters, *Edison State College*
Stephanie Webster, *University of Florida, Gainesville*
Linda J. White, *Central Piedmont Community College*
Theresa White, *Faulkner State Community College*
Cicely Wilson, *Victory University (antiga Crichton College)*
Alan Winson, *John Jay College of Criminal Justice*
Josie Wood, *Chemeketa Community College*
Tina Zagara, *Georgia Perimeter College*

Nota do autor

A arte de falar em público está completando seu 30º aniversário nesta edição. Quando escrevi a primeira edição, não poderia imaginar a extraordinária receptividade que este livro encontraria. Tenho profundo apreço pelos alunos e professores que o transformaram no livro mais adotado nas faculdades e universidades nos Estados Unidos, nesse tema específico.

Ao preparar esta edição, mantive o que os leitores identificaram como os principais pontos fortes do livro. *A arte de falar em público* se baseia em teorias clássicas e contemporâneas de retórica, mas não as apresenta de fato. Com o olhar fixo em relação às habilidades práticas da oratória, esta obra abarca na íntegra todos os principais aspectos da preparação e apresentação de palestras e discursos formais em público.

Seguindo também a recomendação de David Hume, de que "aquele que precisa ensinar eloquência deve fazê-lo principalmente por meio de exemplos", sempre que possível tentei *mostrar*, e não apenas descrever, os princípios da oratória na prática. Portanto, você encontrará neste livro inúmeras narrativas, trechos de palestras e discursos e exemplos de apresentações completas que demonstram os princípios da oratória eficaz.

Visto que a tarefa imediata que futuros palestrantes têm diante de si é apresentar palestras em sala de aula, recorri em grande medida a exemplos que estão diretamente relacionados com as necessidades e as experiências vividas nesse ambiente. Entretanto, esse tipo de palestra é somente uma base de treinamento em que os palestrantes desenvolvem habilidades que lhes servirão ao longo da vida. Por esse motivo, incluí também exemplos extraídos de diversas experiências de apresentação oral em público – conferências, simpósios, discursos acadêmicos, elogios fúnebres etc.

Como o ato de falar em público é um ato cênico, os palestrantes precisam observar a atuação dos oradores na prática e, do mesmo modo, ler o respectivo texto impresso. *A arte de falar em público* também conta com um amplo programa em vídeo (em inglês), disponibilizado no site do Grupo A (<www.grupoa.com.br>). O programa em vídeo contém 27 apresentações de palestrantes iniciantes reproduzidas na íntegra e 60 trechos. Nove das cinco palestras completas e mais de 25 dos trechos são novos nesta edição.

Além desses vídeos, no site *você encontrará* também uma variedade de recursos de ensino e aprendizagem (em inglês), que incluem exercícios de raciocínio crítico, perguntas de análise e interpretação de palestras e discursos, questões e exercícios, formulários de avaliação etc.

A arte de falar em público mudou com o passar dos anos para responder a mudanças na tecnologia, no perfil demográfico dos palestrantes e nas necessidades de ensino, mas sem perder de vista o fato de que a parte mais importante do saber falar é saber pensar. A capacidade de pensar de forma crítica é vital em um mundo em que a personalidade e a imagem com muita frequência ocupam o lugar do pensamento e do conteúdo. Além de ajudar futuros palestrantes e estudiosos a se tornarem oradores responsáveis, este livro procura ajudá-los a se tornarem pensadores competentes e responsáveis.

Prefácio

» Recursos da 11ª edição

A 11ª edição de *A arte de falar em público* se baseia nas edições precedentes e amplia seu escopo nas principais áreas que os palestrantes consideram mais difíceis – mergulhar em sua primeira palestra, evitar falácias, utilizar conteúdos de apoio de forma apropriada, citar fontes oralmente, desenvolver e apresentar recursos visuais.

» A prática de falar em público

Os exemplos apresentados no livro e em vídeo mostram os princípios da oratória na prática, em vez de apenas descrevê-los.

- NOVO ▪ Todos os capítulos deste livro foram revistos integralmente para apresentar modelos de fácil compreensão reais e relevantes que encontrem ressonância junto a mais nova geração de palestrantes.

- NOVO ▪ As palestras, disponibilizadas no site do Grupo A (<www.grupoa.com.br>), representam os principais gêneros de exposição oral. No total, são 27 palestras reproduzidas integralmente (9 são novas nesta edição), incluindo 5 versões que exemplificam a "necessidade de aprimoramento". Há também 60 vídeos (27 são novos nesta edição) que mostram conceitos e habilidades específicos do livro. Os ícones na margem do texto principal direcionam os leitores para os vídeos correspondentes.

- ▪ Redigido e narrado por Stephen E. Lucas, *Introductions, conclusions, and visual aids* (*Introduções, conclusões e recursos visuais*) utiliza os princípios da aprendizagem visual para reforçar conceitos fundamentais do livro. A primeira parte desse vídeo de 30 minutos contém trechos de uma série de palestras de palestrantes iniciantes para mostrar os fundamentos das introduções e conclusões consideradas eficazes. Já a segunda apresenta exemplos de oradores que utilizam vários recursos visuais e mídias de apresentação.

  Banco de testes (em inglês). Fornece 2.600 questões de prova com base no conteúdo deste livro.

  Slides em PowerPoint® com videoclipes (em inglês). Totalmente revisados para esta edição, os mais de 400 *slides* em PowerPoint contêm texto, fotografias, ilustrações e videoclipes para que os futuros palestrantes possam estudar suas estratégias com base no conteúdo deste livro.

» *A confiança de falar em público*

NOVO ▪ **Ampliação do escopo da arte de falar em público.** O Capítulo 16, "Exposição oral persuasiva", contém novos exemplos, como uma palestra completa com comentários. O Capítulo 17, "Métodos de persuasão", apresenta uma nova discussão sobre raciocínio crítico, bem como uma análise sobre falácias e um novo exemplo de palestra com comentários.

NOVO ▪ **Um capítulo dedicado exclusivamente à "sua primeira palestra" (Capítulo 4).** Esse capítulo oferece aos futuros palestrantes o apoio necessário para apresentar sua primeira palestra – bem antes de conhecer a maioria dos princípios de oratória. Dois novos exemplos com comentários oferecem modelos de palestra de apresentação.

NOVO ▪ **Conteúdo ampliado sobre ideias corroborativas e citação de fontes.** O Capítulo 8 amplia o tema sobre a utilização de conteúdo de apoio e citação oral de fontes. O Capítulo 7 leva em conta os novos avanços ocorridos na pesquisa *on-line* e oferece critérios para a avaliação de informações coletadas na internet.

NOVO ▪ **Revisão do capítulo sobre recursos visuais (Capítulo 14).** Entre outras mudanças, o antigo apêndice sobre o popular PowerPoint foi integrado ao capítulo principal, oferecendo informações mais modernas e atualizadas sobre recursos visuais.

NOVO ▪ **Uma associação mais coesa entre os princípios de oratória e sua utilização no mundo real.** As atividades de "Utilizando a oratória em sua carreira" apresentam situações profissionais realistas.

NOVO ▪ **O abrangente processo didático ao final dos capítulos ajuda a desenvolver habilidades de raciocínio.** Todo capítulo contém questões para recapitulação e exercícios de raciocínio crítico, os quais exigem que os alunos trabalhem e reflitam sobre as habilidades e os conceitos abordados no capítulo. Eles são fundamentais para o sistema integrado de ensino e aprendizagem que ajudou este livro a ter êxito.

Livro de exercícios. Esse já conhecido complemento contém exercícios, *checklists*, planilhas de exercícios, formulários de avaliação e outros conteúdos criados para ajudar os palestrantes a dominarem os princípios apresentados no texto sobre a arte de falar em público.

» Recurso para os professores

Este livro oferece um conjunto excepcional de recursos pedagógicos que, reunidos, constituem um programa de ensino e aprendizagem abrangente e totalmente integrado para professores com todos os níveis de experiência.

Manual do professor (em inglês, *Instructor's Manual*). Esse abrangente manual de ensino contém sugestões de esquemas de curso e tarefas de elaboração de exposições orais; sínteses de capítulo; exercícios complementares e atividades em sala de aula; *feedback* para todos os exercícios e atividades; e 45 palestras adicionais para discussão e análise.

Banco de testes (em inglês). Fornece 2.600 questões de prova com base no conteúdo deste livro.

***Slides* em PowerPoint com videoclipes (em inglês).** Totalmente revisados para esta edição, os mais de 400 *slides* em PowerPoint contêm texto, fotografias, ilustrações e videoclipes e podem ser personalizados pelos professores para aulas expositivas ou debates

Sumário

I   A arte de falar em público

1   Falando em público **3**

O poder da oratória 4
A tradição da oratória 5
Semelhanças entre o ato de falar em público e a conversação 6
Diferenças entre o ato de falar em público e a conversação 8
Desenvolvendo confiança 8
      Nervosismo é normal 9
      Lidando com o nervosismo 10
Oratória e raciocínio crítico 15
Processo de comunicação oral 16
      Orador 17
      Mensagem 17
      Canal 18
      Ouvinte 18
      Feedback 19
      Interferência 19
      Situação 20
      Processo de comunicação oral: exemplos comentados 20
A arte de falar em público em um mundo multicultural 21
      Diversidade cultural no mundo moderno 21
      Diversidade cultural e apresentações em público 22
      Evitando o etnocentrismo 23

2   Ética e a arte de falar em público **27**

Importância da ética 28
Orientações sobre como falar com ética 29
      Avalie se seus objetivos são eticamente fundamentados 29
      Prepare-se plenamente para toda apresentação oral 30
      Seja honesto no que você afirma 31
      Evite insultos e outras formas de linguagem ofensiva 31
      Coloque em prática os princípios éticos 33

Plágio 33
    Plágio integral 34
    Plágio mosaico 35
    Plágio conceitual 36
    Plágio e internet 37
Orientações sobre como ouvir com ética 38
    Ouvir com respeito e atenção 38
    Evitar prejulgar o orador 39
    Preservar a liberdade de expressão e a expressão pública de ideias 39

3   A arte de escutar 43
Escutar é importante 44
Ato de escutar e o raciocínio crítico 44
As quatro causas da inabilidade para escutar 45
    Não se concentrar 45
    Escutar com excessiva atenção 46
    Tirar conclusões precipitadas 47
    Fixar-se na elocução e na aparência pessoal 48
Como se tornar um ouvinte melhor 48
    Ouça verdadeiramente 48
    Seja um ouvinte ativo 48
    Resista às distrações 50
    Não se deixe distrair pela aparência e pela elocução 50
    Não julgue 51
    Dirija sua atenção para um foco 51
    Aprenda a tomar notas 53

4   Fazendo sua primeira palestra 57
Preparando sua palestra 57
    Desenvolvendo sua palestra 58
    Organizando sua palestra 59
Apresentando sua palestra 61
    Palestra ou discurso espontâneo 61
    Ensaiando a apresentação de sua palestra 62
    Apresentando sua palestra 63
Exemplos de palestra com comentários 64

II   Preparação de uma exposição oral: primeiros passos

5   Escolhendo um tema e um objetivo 71
Escolhendo um tema 72
    Temas que você conhece a fundo 72
    Temas que você deseja conhecer mais 73
    Brainstorming de temas 74
Determinando o objetivo geral 75
Determinando o objetivo específico 76

Dicas para formular a sentença do objetivo específico	77
Perguntas a respeito de seu objetivo específico	79
Enunciando sua ideia central	81
O que é ideia central?	81
Orientações sobre a ideia central	83

6 Analisando o público **89**

Concentração no público	90
Colegas de classe como público	91
Psicologia do público	91
Análise demográfica do público	93
Faixa etária	93
Sexo	94
Religião	94
Orientação sexual	95
Origem racial, étnica e cultural	96
Filiação grupal	96
Análise situacional do público	97
Tamanho	97
Ambiente físico	97
Propensão em relação ao tema	98
Propensão em relação ao orador	99
Propensão em relação à ocasião	100
Obtendo informações sobre o público	101
Adaptando-se ao público	104
Adaptação ao público antes da apresentação	104
Adaptação ao público durante a apresentação	105

7 Coletando conteúdos **109**

Utilizando seus conhecimentos e experiências	110
Pesquisando em bibliotecas	110
Bibliotecários	110
Catálogo	111
Obras de referência	111
Bases de dados de jornais e periódicos	112
Bases de dados acadêmicas	113
Pesquisando na internet	113
Mecanismos de busca	114
Recursos de pesquisa especializados	115
Avaliando documentos da internet	116
Realizando entrevistas	118
Antes da entrevista	119
Durante a entrevista	120
Após a entrevista	121
Dicas para a realização de pesquisas	122

Inicie com antecedência	122
Monte uma bibliografia preliminar	122
Aprenda a tomar notas	124
Reflita sobre o conteúdo enquanto realiza suas pesquisas	125

8 Respaldando suas ideias ... 129

Exemplos	130
Exemplos breves	130
Exemplos extensos	131
Exemplos hipotéticos	131
Dicas para utilizar exemplos	132
Estatísticas	135
Interpretando as estatísticas	136
Dicas para utilizar estatísticas	138
Testemunhos	141
Testemunho de especialistas	142
Testemunho de pessoas comuns	142
Citar *versus* parafrasear	143
Dicas para utilizar testemunhos	143
Citando fontes oralmente	145

III Preparação de uma exposição oral: organização e esboço

9 Organizando o corpo de uma exposição oral ... 153

Organização é importante	153
Pontos principais	154
Quantidade de pontos principais	156
Ordem estratégica dos pontos principais	157
Dicas para preparar os pontos principais	161
Conteúdo de apoio	162
Conectivos	164
Transições	165
Apresentação prévia interna	165
Resumos internos	165
Sinalizadores	166

10 Iniciando e finalizando uma exposição oral ... 171

Introdução	172
Atraia a atenção e desperte o interesse	172
Revele o tema	177
Gere credibilidade e demonstre boas intenções	178
Apresente previamente o conteúdo do corpo	179
Exemplo de introdução com comentários	180
Dicas para a introdução	181
Conclusão	182
Sinalize que sua exposição está chegando ao fim	183

Reforce a ideia central 184
Exemplo de conclusão com comentários 187
Dicas para a conclusão 187

11 Esboço da preparação e apresentação 191
Esboço da preparação 192
 Orientações sobre o esboço da preparação 192
 Exemplo de esboço de preparação com comentários 196
Esboço da apresentação 199
 Orientações sobre o esboço da apresentação 200
 Exemplo de esboço de apresentação com comentários 202

IV Apresentação de uma palestra

12 Emprego da linguagem 209
Significado das palavras 210
Empregando a linguagem com precisão 211
Empregando a linguagem com clareza 212
 Empregue palavras familiares 212
 Escolha palavras concretas 213
 Elimine a prolixidade 214
Empregando a linguagem de forma incisiva 215
 Imagística 215
 Ritmo 217
Empregando a linguagem de forma apropriada 220
 Adequação à ocasião 221
 Adequação ao público 221
 Adequação ao tema 221
 Adequação ao orador 221
Uma observação sobre a linguagem inclusiva 222

13 Elocução 227
O que é uma boa elocução? 228
Métodos de elocução 228
 Leitura textual de um manuscrito 228
 Recitação de memória 229
 Apresentação oral de improviso 229
 Apresentação oral espontânea 230
A voz do orador 231
 Intensidade da voz 231
 Entonação 231
 Velocidade da fala 232
 Pausas 232
 Variedade vocal 233
 Pronúncia 233
 Articulação 234

Dialeto	234
A linguagem corporal do orador	235
Aparência pessoal	236
Movimento	236
Gestos	237
Contato visual	237
Praticando sua elocução	238
Respondendo a perguntas do público	239
Preparando-se para uma sessão de perguntas e respostas	239
Conduzindo uma sessão de perguntas e respostas	240
14 Utilização de recursos visuais	**245**
Tipos de recurso visual	246
Objetos e modelos	246
Fotografias e desenhos	246
Gráficos	247
Quadros	249
Vídeo	250
O orador	250
PowerPoint®	251
Orientações sobre a preparação dos recursos visuais	252
Prepare com antecedência os recursos visuais	252
Utilize recursos visuais simples	253
Utilize recursos visuais que tenham boa legibilidade	253
Utilize pouco texto	253
Escolha bem as fontes do texto	254
Escolha bem as cores	254
Utilize estrategicamente as imagens	255
Orientações sobre a apresentação dos recursos visuais	255
Posicione os recursos visuais de tal forma que os ouvintes consigam enxergá-los	255
Evite passar recursos visuais para o público	256
Exiba os recursos visuais somente enquanto estiver se referindo às informações que eles contêm	257
Explique de forma clara e concisa o conteúdo dos recursos visuais	257
Fale em direção ao público, e não voltado para o recurso visual	258
Utilize seus recursos visuais enquanto pratica	258
Confira a sala e os equipamentos	258
V Tipos de exposição oral	
15 Exposição oral informativa	**265**
Categorias de exposição oral informativa: análise e organização	266
Palestras sobre objetos	266
Palestras sobre processos	268
Palestras sobre acontecimentos	270
Palestras sobre conceitos	271

Orientações sobre a exposição oral informativa 273
    Não superestime o que o público sabe 273
    Associe o tema diretamente ao público 274
    Não seja muito técnico 276
    Evite abstrações 277
    Personalize suas ideias 279
    Seja criativo 280
Exemplo de palestra com comentários 280

16 Exposição oral persuasiva 287
A importância da persuasão 288
Ética e persuasão 288
Psicologia da persuasão 289
    O desafio da exposição oral persuasiva 289
    Como os ouvintes processam mensagens persuasivas 290
    Público-alvo 291
Palestras persuasivas sobre questões factuais 292
    O que são questões factuais? 292
    Analisando as questões factuais 293
    Organizando palestras sobre questões factuais 293
Palestras persuasivas sobre questões de valor 294
    O que são questões de valor? 294
    Analisando as questões de valor 295
    Organizando palestras sobre questões de valor 295
Palestras persuasivas sobre questões políticas 296
    O que são questões políticas? 296
    Tipos de palestra sobre questões políticas 297
    Analisando as questões políticas 298
    Organizando palestras sobre questões políticas 300
Exemplo de palestra com comentários 305

17 Métodos de persuasão 313
Gerando credibilidade 314
    Fatores de credibilidade 314
    Tipos de credibilidade 315
    Aumentando sua credibilidade 316
Utilizando evidências 318
    Como as evidências funcionam: um estudo de caso 318
    Dicas para utilizar evidências 320
Raciocínio 322
    Raciocínio que parte de casos específicos 323
    Raciocínio que parte de um princípio 323
    Raciocínio causal 324
    Raciocínio por analogia 324
    Falácias 325

Apelo às emoções 330
    O que são apelos emocionais? 330
    Criando apelos emocionais 331
    Ética e apelos emocionais 332
Exemplo de palestra com comentários 333

18 Discursos em ocasiões especiais 341
Discursos de apresentação 341
Discursos de premiação 344
Discursos de agradecimento 345
Discursos comemorativos 346

19 Apresentações orais para grupos pequenos 351
O que é um grupo pequeno? 352
Liderança em grupos pequenos 352
    Tipos de liderança 353
    Funções da liderança 354
Responsabilidades em um grupo pequeno 355
    Comprometa-se com os objetivos de seu grupo 355
    Cumpra suas atribuições pessoais 356
    Evite conflitos interpessoais 356
    Estimule a participação plena 357
    Mantenha a discussão no rumo certo 357
Método de pensamento reflexivo 358
    Defina o problema 359
    Analise o problema 360
    Defina critérios para a solução 360
    Crie possíveis soluções 361
    Escolha a melhor solução 362
Apresentando as recomendações do grupo 363
    Relatório oral 363
    Simpósio 364
    Painel de discussão 364

Apêndice
Discursos e palestras para análise e discussão 371
Eu tenho um sonho – *Martin Luther King Jr.* 371
Ramadã 374
As atrocidades dos canis de fundo de quintal 376
Rompendo a bolha antibacteriana 378
Minha louca tia Sue 381
Questões culturais – *Sajjid Zahir Chinoy* 382

Notas **385**
Créditos das fotos **393**
Índice **395**

PARTE 1

A arte de falar em público

1

Falando em público

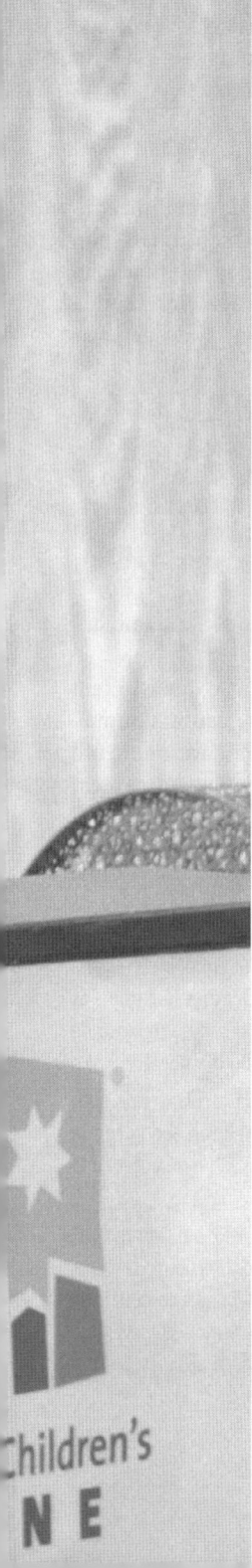

» O poder da oratória
» A tradição da oratória
» Semelhanças entre o ato falar em público e a conversação
» Diferenças entre o ato de falar em público e a conversação
» Desenvolvendo confiança
» Oratória e raciocínio crítico
» O processo de comunicação oral
» A arte de falar em público em um mundo multicultural

Criado em uma área violenta no sul do Bronx, Estados Unidos, Geoffrey Canada não tinha nenhuma intenção de se tornar um orador. Bom aluno, Canada cursou o nível superior na Faculdade Bowdoin e a pós-graduação na Universidade de Harvard, onde obteve o mestrado em educação. Depois de lecionar em New Hampshire e Boston, ele voltou para Nova York, onde, em 1990, fundou a Harlem Children's Zone.

Considerado "um dos maiores experimentos sociais de nossos tempos" pela *New York Times Magazine*, a Harlem Children's Zone procura não apenas oferecer educação às crianças, mas também desenvolver um sistema comunitário que lida com questões como serviço de saúde, violência, abuso de drogas e treinamento profissional. Ao longo dos anos, Canada angariou mais de US$ 100 milhões para esse projeto e ajudou a mudar a vida de milhares de crianças e suas famílias.

Como Canada conseguiu tudo isso? Em parte, por meio de sua formação educacional, do seu comprometimento com as crianças e sua aparentemente inesgotável dedicação. Mas, sobretudo, por sua capacidade de se comunicar com as pessoas utilizando a oratória, que foi e tem sido o principal veículo para disseminar sua mensagem: Canada foi descrito como um orador "carismático, veemente e eloquente", que desperta grande reverência e admiração em seu público.

Se você tivesse perguntado a Geoffrey Canada logo no início de sua vida "Você se considera um grande orador?", provavelmente ele acharia essa ideia engraçada. Entretanto, hoje ele faz mais de 100 palestras por ano. Ao longo desse caminho, já discursou na Casa Branca, fez preleções na Universidade de Harvard e Princeton e palestrou no Instituto Aspen e no evento internacional Google Zeitgeist. Além disso, recebeu destaque no *60 Minutes* e apareceu no filme *Esperando o Super-Homem*.

» O poder da oratória

Ao longo da história, as pessoas utilizaram a oratória como uma forma de comunicação fundamental. O que o estadista grego Péricles disse há mais de 2.500 anos continua sendo verdadeiro nos dias de hoje: "Quem forma um julgamento sobre qualquer questão, mas não consegue explicá-la" claramente "pode muito bem nunca ter refletido de maneira alguma sobre o assunto".[1] Falar em público, como a própria expressão revela, é um modo de levar suas ideias a público – de compartilhá-las e influenciar outras pessoas.

Durante os tempos modernos, muitas pessoas ao redor do planeta difundiram suas ideias e exerceram influência por meio da oratória. Nos Estados Unidos, esse rol inclui Franklin Roosevelt, Billy Graham, César Chávez, Barbara Jordan, Ronald Reagan, Martin Luther King, Hillary Clinton e Barack Obama. Em outros países, vemos o poder da oratória ser empregado por figuras como a ex-primeira-ministra britânica Margaret Thatcher, o líder sul-africano Nelson Mandela, o defensor birmanês da democracia Aung San Suu Kyi e a ambientalista queniana e ganhadora do Prêmio Nobel Wangari Maathai.

> www.grupoa.com.br
> Assista a John F. Kennedy, Martin Luther King, Ronald Reagan, Barbara Jordan e outros oradores – Vídeo 1.1 – em inglês.

Quando você lê esses nomes, talvez pense "Tudo bem. Bom para eles. Mas o que isso tem a ver comigo? Não pretendo ser presidente nem pregador nem defensor de causa alguma". No entanto, a necessidade de falar em público certamente o abordará em algum momento de sua vida – talvez amanhã, talvez daqui a cinco anos. Você consegue se imaginar em alguma das seguintes situações?

> Você é um dos sete estagiários de administração de uma grande empresa. Um de vocês será escolhido para a vaga que acabou de abrir no quadro de gerência de primeira linha. Uma grande reunião de equipe está programada para que os estagiários discutam o projeto que estão desenvolvendo. Seus colegas se apresentam, um de cada vez. Eles não têm nenhuma experiência em falar em público e estão intimidados com a presença dos gerentes de nível hierárquico mais alto. As apresentações têm tropeços e são desajeitadas. Você, entretanto, recorre a todas as habilidades que aprendeu durante seu curso de oratória e faz uma exposição informativa clara, sensata e articulada. Você consegue o emprego.
>
> Um de seus filhos tem deficiência de aprendizagem. Você ouve que a diretoria da escola decidiu, por falta de verba, eliminar o professor especial que tem ajudado seu filho. Em uma reunião aberta com a diretoria da escola, você se levanta e faz uma exposição ponderada e convincente sobre a necessidade de manter o professor especial. A diretoria da escola muda de ideia.
>
> Você é diretor-adjunto de uma das filiais de uma empresa nacional. Seu superior imediato, o diretor da filial, está para se aposentar e haverá um jantar comemorativo em sua homenagem. Todos os executivos da matriz comparecerão. Como você é um colega de trabalho próximo, é convidado a fazer o brinde de despedida durante a comemoração. Você se prepara e faz um discurso espirituoso e, ao mesmo tempo, comovente – uma homenagem perfeita a seu chefe. Em seguida, todos aplaudem com entusiasmo e algumas pessoas estão visivelmente emocionadas. Na semana seguinte, você é indicado para assumir a diretoria da filial.

Fantasias? Não necessariamente. Qualquer uma dessas situações poderia ocorrer. Em um levantamento recente com mais de 300 empresários, a capacidade de comunicação persuasiva – e nisso se inclui a oratória – foi classificada em primeiro lugar entre as habilidades que os empregadores procuram nos candidatos com nível universitário. Em outra investigação, a Associação Norte-Americana de Administração pediu a 2 mil dirigentes e executivos para que classificassem as habilidades mais essenciais no atual ambiente de trabalho. Qual delas encabeçava a lista? Habilidades de comunicação.[2]

A importância dessas habilidades é legítima em todos os casos – para contadores e arquitetos, professores e técnicos, cientistas e corretores de valores. Mesmo em áreas muito especializadas, como engenharia civil e mecânica, os empregadores sempre colocam a capacidade de comunicação acima do conhecimento técnico em suas decisões sobre quem eles devem contratar e promover.

Além disso, as empresas estão solicitando aos funcionários para que façam mais apresentações orais logo nos primeiros estágios de suas carreiras, e muitos profissionais jovens estão utilizando a oratória para se destacar no mercado de trabalho altamente competitivo dos dias de hoje.[3] Na verdade, a capacidade de falar persuasivamente é tão apreciada, que os recém-formados cada vez mais são solicitados a fazer uma palestra como parte da entrevista de emprego.

Nem mesmo a expansão da internet e de outras novas tecnologias diminuiu a necessidade de ter uma boa oratória. Nessa nova era de *e-mails* e mensagens no Twitter, as empresas estão preocupadas com a possibilidade de os profissionais perderem a capacidade de conversar de maneira profissional. Como a especialista em carreira Lindsey Pollack afirma, "É muito raro encontrar alguém que reúna habilidades técnicas e de comunicação verbal realmente eficientes. Você será muito melhor do que seus colegas se conseguir associar as duas".[4]

O mesmo se aplica à vida em comunidade. Falar em público é um meio essencial de envolvimento cívico. É uma maneira de expressar suas ideias e ter impacto sobre questões que têm importância na sociedade. Como forma de capacitação, a oratória pode fazer – e com frequência faz – diferença em relação às coisas que as pessoas se preocupam e gostam muito. A ideia aqui é "fazer diferença". É isso o que a maioria de nós deseja fazer na vida – fazer diferença, mudar o mundo de alguma maneira, ainda que de forma modesta. A oratória lhe dá oportunidade de fazer diferença em algo que você se importa de verdade.

» A tradição da oratória

Em vista da importância da oratória, não é de surpreender que tenha sido ensinada e estudada ao redor do mundo durante milhares de anos. Quase todas as culturas têm um termo equivalente para a palavra "orador" para designar alguém com habilidades especiais para falar em público. O manual mais antigo que se conhece sobre discursos persuasivos foi escrito em papiro no Egito há aproximadamente 4.500 anos. A eloquência era extremamente apreciada na Índia, na África e na China Antigas, bem como entre os astecas e outras culturas pré-europeias da América do Norte e do Sul.[5]

Na Grécia e Roma clássicas, a oratória desempenhava um papel central na educação e na vida cívica, além de ser estudada amplamente. A obra *Retórica*, de Aristóteles, escrita durante o século III a.C., ainda é considerada a mais importante sobre esse tema, e muitos de seus princípios são seguidos por oradores (e escritores) atualmente. O grande estadista romano Cícero também utilizava seus discursos para defender a liberdade e escreveu várias obras sobre oratória de maneira geral.

Ao longo dos séculos, vários outros pensadores notáveis dedicaram-se a questões relacionadas à retórica, ao discurso e à linguagem – como o educador romano Quintiliano, o pregador cristão Santo Agostinho, a escritora medieval Christine de Pizan, o filósofo britânico Francis Bacon e o crítico norte-americano Kenneth Burke. Nos últimos anos, os pesquisadores de comunicação têm oferecido uma base científica crescente para compreender os métodos e as estratégias do discurso convincente.

Seu objetivo imediato pode ser empregar esses métodos e estratégias em pequenas exposições orais como em sala de aula. Entretanto, o que você aprenderá terá aplicação em várias situações. Os princípios da oratória provêm de uma longa tradição e foram confirmados por um corpo considerável de pesquisas. Quanto mais você dominar esses princípios, maior eficácia terá em suas exposições orais – e será um ouvinte mais competente das apresentações de outras pessoas.

» Semelhanças entre o ato de falar em público e a conversação

Quanto tempo você passa conversando com outras pessoas diariamente? Um adulto comum passa em torno de 30% de seu tempo ativo conversando. No momento em que finalizar a leitura deste livro, terá passado grande parte de sua vida aperfeiçoando a arte da conversação. Talvez não consiga perceber, mas você já emprega uma série de habilidades quando conversa com outras pessoas. Essas habilidades incluem:

1. *Organizar seus pensamentos de forma lógica.* Suponhamos que você estivesse ensinando o caminho de sua casa para uma pessoa. Você não faria dessa forma:

   > Quando você sair da rodovia, verá um grande restaurante à esquerda. Mas, antes disso, mantenha-se na rodovia até a Saída 67. Normalmente, os cachorros da vizinhança costumam ficar na rua. Por isso, vá devagar quando virar no semáforo intermitente. De sua casa, você pega a rodovia pela Mapple Street. Se você passar por uma barraca de tacos, já era. A casa é azul.

   Em vez disso, você teria orientado seu ouvinte sistematicamente, levando-o passo a passo da casa dele até a sua casa. Você organizaria sua mensagem.

2. *Adaptar sua mensagem ao público.* Você está no último ano de geologia. Duas pessoas lhe perguntam de que forma as pérolas se formam. Uma delas é seu amigo; a outra é uma sobrinha de 9 anos de idade. Sua resposta seria:

   > Para o amigo: "Quando qualquer agente irritante, digamos um grão de areia, entra na concha da ostra, a ostra secreta automaticamente uma substância denominada nácar, composta principalmente de carbonato de cálcio, que é o mesmo material que reveste a concha. O nácar se acumula nas camadas em torno do núcleo do agente irritante para formar a pérola".

   > Para a sua sobrinha: "Imagine que você fosse uma ostra no fundo do mar. Um grão de areia entra em sua concha e, com isso, você se sente incomodada. Daí você decide cobrir esse grão. Você o cobre com um material chamado madrepérola. Essa capa aumenta de tamanho em torno do grão de areia para formar uma pérola".

3. *Contar uma história para obter o maior impacto possível.* Suponhamos que você esteja contando uma história a um amigo a respeito de um incidente um tanto engraçado que você presenciou em um jogo de futebol na semana anterior. Você não começa a história com a frase-clímax, isto é, o desfecho ("Ricardo despencou da arquibancada e caiu no campo. Veja como tudo começou..."). Em vez disso, você constrói cuidadosamente sua história, ajustando suas palavras e a entonação da voz pra obter o melhor efeito possível.

4. *Adaptar-se ao* feedback *do ouvinte.* Sempre que conversar com alguém, você poderá perceber as reações verbais, faciais e físicas dessa pessoa. Por exemplo:

» Muitas das habilidades utilizadas em uma conversa informal também são empregadas em uma apresentação em público. À medida que aprender a falar de forma mais persuasiva, você poderá aprender também a se comunicar de maneira eficaz em outras situações.

Você está explicando uma questão interessante que veio à tona na aula de Biologia. Seu ouvinte começa a parecer confuso, erguendo a mão para interrompê-lo, e diz: "Hum...". Daí você volta e explica de maneira mais clara.

Uma amiga lhe pede para ouvi-la enquanto ela treina uma apresentação. Ao final, você lhe diz: "Na verdade, só não gostei de uma parte – daquela citação do procurador-geral". Ela parece ter ficado um tanto magoada e diz: "Essa era justamente minha parte favorita!". Então, você responde: "Veja, se você mudasse essa citação apenas um pouquinho, ela ficaria ótima".

Todos os dias, em suas conversas informais, você faz tudo isso várias vezes sem perceber. Você já tem essas habilidades de comunicação. E essas são algumas das habilidades mais importantes que precisará para falar em público.

Para demonstrar isso, voltemos rapidamente para uma das situações hipotéticas no início deste capítulo, no caso da exposição sobre a necessidade de um professor especial para a diretoria da escola:

» Você *organiza* suas ideias para apresentá-las da maneira mais persuasiva possível, fortalecendo gradativamente uma defesa convincente que mostra o quanto esse professor favorece a escola.

» Você *adapta sua mensagem* ao público. Esse não é o momento para iniciar uma defesa acalorada a respeito da educação especial de seu país. Você deve mostrar o quanto essa questão é importante para as pessoas que estão ali naquela mesma sala – para os filhos delas e para a escola.

» Você *conta sua história* para obter o maior impacto possível. Talvez você relate um caso curioso, uma anedota, para demonstrar o quanto seu filho melhorou. Além disso, tem estatísticas para demonstrar que muitas outras crianças também foram beneficiadas.

» Você *se adapta ao* feedback *do ouvinte*. Quando você menciona o custo para manter um professor especial, percebe um olhar contrariado no rosto dos membros da diretoria. Portanto, você explica pacientemente o quanto esse custo é pequeno em relação ao orçamento global da escola.

Desse modo, sob vários aspectos, falar em público requer as mesmas habilidades utilizadas em uma conversa comum. A maioria das pessoas que sabem se comunicar em uma conversa coloquial pode aprender a se comunicar tão bem quanto ao falar em público. Da mesma maneira, se você treinar para se expor em público, conseguirá se tornar um comunicador mais competente em várias situações – por exemplo, conversas informais, discussões em sala de aula, reuniões de negócio e entrevistas de trabalho.

» Diferenças entre o ato de falar em público e a conversação

Embora semelhantes, as apresentações orais em público e a conversação cotidiana não são idênticas. Imagine-se contando uma história a um amigo. Em seguida, imagine-se contando a mesma história a um grupo de sete ou oito amigos. Agora, imagine-se contando-a para um grupo de 20 a 30 pessoas. À medida que o público se ampliar, você perceberá a necessidade de se adaptar a três fatores básicos que distinguem uma conversa informal de uma exposição oral em público:

1. *A apresentação oral em público é mais bem estruturada.* Normalmente, as apresentações orais em público impõem limitações de tempo ao orador. Na maioria dos casos, a situação não permite que os ouvintes interrompam com perguntas ou comentários. O orador deve cumprir seu objetivo no discurso em si. Na preparação para uma apresentação oral, o orador deve prever perguntas que possam surgir na mente de seus ouvintes e respondê-las na própria exposição. Por esse motivo, uma apresentação em público exige um nível de planejamento e preparação bem mais detalhado do que uma conversa cotidiana.

2. *A apresentação oral em público exige uma linguagem mais formal.* Gírias, jargões e erros gramaticais têm pouco espaço nos discursos públicos. Tendo em vista o enorme empenho de Geoffrey Canada para melhorar a qualidade da educação em escolas urbanas, quando ele dirige a palavra para um comitê legislativo, ele não diz: "Precisamos tirar todos esses malditos professores incompetentes das salas de aula!". Os ouvintes costumam reagir negativamente aos oradores que não elevam e refinam sua linguagem ao falar em público. Uma exposição em público deve ser "especial".

3. *A apresentação oral em público exige um método de elocução diferente.* Em conversas informais, a maioria das pessoas fala calmamente, interpõe frases feitas ou tiques, como "tipo" e "entende", adota uma postura espontânea e emprega as chamadas pausas vocalizadas ("um", "hum", "mmm", "eee"). Entretanto, os oradores persuasivos ajustam a voz para que seja ouvida claramente por todos os ouvintes. Além disso, adotam uma postura mais ereta e evitam maneirismos e hábitos verbais que provocam distrações.

Com estudo e treinamento, você conseguirá dominar essas diferenças e empregar suas habilidades de conversação em suas apresentações orais em público.

» Desenvolvendo confiança

Uma das principais preocupações dos futuros palestrantes é o medo de falar em público. Mas podemos enfrentá-lo perfeitamente bem. Muitas pessoas que conversam de forma desembaraçada em todos os tipos de situação cotidiana temem a ideia de se dirigir a um grupo para fazer uma exposição oral.

Se você tem **medo de falar em público**, é provável que se sinta melhor ao saber que não é o único. Em uma pesquisa de opinião da Gallup, de 2001, nos Estados Unidos, os entrevistados foram solicitados a indicar seus maiores medos. Para 40%, o maior medo era falar diante de um grupo, superado apenas pelo medo de cobra, citado por 51% deles. Um levantamento realizado em 2005 obteve resultados semelhantes – 42% dos entrevistados ficavam apavorados com a possibilidade de falar em público. Em comparação, somente 28% disseram ter medo de morrer.[6]

Em um estudo diferente, os pesquisadores se concentraram em situações sociais, pedindo para que os entrevistados, mais de 9 mil pessoas, apontassem seus maiores medos. Veja a seguir a ordem das respostas:[7]

Maiores medos

Falar em público

Manifestar-se em uma reunião ou aula

Conhecer novas pessoas

Conversar com pessoas de níveis hierárquicos mais elevados

Enfrentar uma prova ou entrevista importante

Frequentar festas

Conversar com estranhos

Novamente, falar em público é o que mais provoca ansiedade.

» Nervosismo é normal

Se você se sente tenso diante da perspectiva de fazer uma apresentação oral, saiba que pessoas muito importantes sentem a mesma coisa. Alguns dos maiores oradores da história sentiam medo de falar em público, como Abraham Lincoln, Margaret Sanger e Winston Churchill. Segundo o famoso orador romano Cícero: "Empalideço na abertura de um discurso, e na alma e em todos os meus membros estremeço".[8]

Oprah Winfrey, Conan O'Brien e Jay Leno dizem ter ansiedade antes de falar em público. Logo no início de sua carreira, Leonardo DiCaprio ficou tão nervoso com a possibilidade de fazer um discurso de agradecimento, que desejou não ganhar o Oscar para o qual havia sido indicado. Oitenta e um por cento dos altos executivos afirmam que falar em público é a experiência mais angustiante que precisam enfrentar.[9] O que o comediante Jerry Seinfeld disse de brincadeira algumas vezes parece uma verdade crua e nua: "Se pudéssemos escolher, a maioria de nós preferiria estar dentro do caixão a fazer o discurso fúnebre em um funeral".

Na verdade, a maior parte das pessoas tende a sentir ansiedade antes de realizar alguma coisa importante em público. Os atores ficam nervosos antes de uma peça, os políticos ficam nervosos antes de um discurso de campanha, os atletas ficam nervosos antes de um grande jogo. Aqueles que tiveram êxito aprenderam a utilizar o nervosismo em seu benefício. Veja o que o astro do tênis Rafael Nadal disse após a partida do título de Wimbledon em 2010 contra Tomas Berdych: "Eu estava um pouco mais nervoso do que de costume", admitiu ele, "Mas se você não se sente nervoso nas finais de Wimbledon, você não é humano!". Utilizando o frio na barriga a seu favor, Nadal venceu Berdych em *sets* consecutivos para reivindicar o título de bicampeão em Wimbledon.

Praticamente a mesma coisa ocorre com as apresentações em público. A maioria dos oradores experientes sente ansiedade nos momentos que antecedem uma exposição em público, mas esse nervosismo é um bom sinal, porque mostra que estão "se preparando psicologicamente" para uma boa causa. A romancista e conferencista I. A. R. Wylie disse certa vez: "Depois de vários anos de prática, sou de fato uma 'oradora experiente', suponho. Contudo, raramente me levantei para falar sem que não sentisse um nó na garganta e o coração batendo furiosamente. Quando, por algum motivo, *sinto-me* tranquila e confiante, meu discurso é sempre um fracasso".

Em outras palavras, é perfeitamente normal – até desejável – ficar nervoso antes de falar em público. Seu corpo está respondendo do mesmo modo que responderia a qualquer situação estressante – por meio da produção de uma quantidade extra de **adrenalina**.

Essa dose repentina de adrenalina é que faz o seu coração disparar, suas mãos e joelhos tremer e sua pele transpirar. Todo orador experimenta essas reações de certa forma. A pergunta é: como você pode controlar o nervosismo e fazê-lo agir a seu favor, e não contra você?

» Lidando com o nervosismo

Em vez de tentar eliminar todo e qualquer traço de medo de falar em público, você deve procurar transformá-lo de uma força negativa em uma força que especialistas chamam de **nervosismo positivo** – "um sentimento prazeroso, entusiástico e animado acompanhado de uma ligeira agitação. [...] Continua sendo nervosismo, mas a sensação é diferente. Você não é mais vitimado por ele; ao contrário, é vitalizado por ele. Você o controla".[10]

Não assuma que você tem medo de falar em público. Em vez disso, conceba isso como "instigação" ou "entusiasmo" para falar em público.[11] Isso pode ajudá-lo a se concentrar e a se sentir revigorado da mesma maneira que ajuda atletas, músicos e outros a se preparar para um jogo ou um concerto. A atriz Jane Lynch, ao falar sobre sua apresentação no programa *Saturday Night Live*, disse que conseguiu chegar ao final com "esse perfeito coquetel de nervosismo e entusiasmo". Pense nesse coquetel como um ingrediente normal para fazer uma boa exposição oral.

Apresentamos a seguir seis métodos consagrados para transformar a força negativa do nervosismo em uma força positiva.

» *Adquira experiência em oratória*

Você já deu o primeiro passo. Está buscando informações em um livro sobre oratória, no qual obterá conhecimento sobre apresentações orais em público e está disposto a adquirir experiência nessa área. Lembre-se de seu primeiro dia no jardim de infância, de seu primeiro encontro romântico, de seu primeiro dia em um novo emprego. Você provavelmente ficou nervoso nessas situações porque estava enfrentando algo novo e desconhecido. Assim que você se acostumou, a situação deixou de ser ameaçadora. O mesmo ocorre com a experiência de falar em público. Para a maioria dos futuros palestrantes, o principal componente

» A necessidade de falar em público surge em várias situações. Aqui, o médico John Holcomb apresenta um boletim para a imprensa sobre o estado de saúde da deputada norte-americana Gabrielle Gifford após ser atingida por um tiro em um encontro em Tucson, Arizona.

do medo de falar em público é o medo do desconhecido. Quanto mais conhecimentos você adquirir a respeito desse assunto e quanto mais apresentações fizer, menos ameaçadora essa atividade será.

É óbvio que esse caminho para adquirir confiança será algumas vezes acidentado. Aprender a falar em público não é muito diferente de aprender outra habilidade qualquer – essa aprendizagem ocorre por tentativa e erro. A finalidade deste livro é encurtar o processo, minimizar erros, oferecer-lhe um palco – uma espécie de laboratório – no qual possa "ensaiar".

Além disso, ao participar de um curso de oratória, por exemplo, seu professor saberá que você é principiante e terá treinamento para lhe oferecer a orientação necessária para você dar os primeiros passos. Seus colegas de classe serão ouvintes muito simpáticos e oferecerão um valioso *feedback* para ajudá-lo a aprimorar suas habilidades de comunicação oral. Ao longo do curso, seu medo de falar em público desaparecerá gradativamente e, por fim, sentirá apenas um nervosismo saudável antes de suas exposições orais.[12]

» *Prepare-se, prepare-se, prepare-se*

Outra maneira de ganhar confiança é escolher temas para palestrar pelos quais você tenha de fato interesse e, em seguida, prepará-los meticulosamente, para que assim seu êxito seja garantido. Veja como um aluno utilizou o entusiasmo pelo tema e uma meticulosa preparação para ter sucesso em seu curso de oratória.

> Jesse Young estava pensando muito em fazer um curso de oratória. Por não ter nenhuma experiência como orador, sentia um frio no estômago só de pensar em falar em público. Contudo, quando chegou o momento de fazer sua primeira exposição oral, estava determinado a ter êxito.
>
> Para sua palestra, Jesse escolheu o tema Habitat for Humanity ("Habitat para a Humanidade"). Ele havia trabalhado como voluntário durante três anos nessa organização e acreditava profundamente nela e em sua missão. Seu objetivo era explicar as origens, a filosofia e as atividades do Habitat for Humanity.
>
> Quando Jesse se apresentou, dava para notar sua empolgação com o tema e seu verdadeiro desejo de que seus colegas compartilhassem desse entusiasmo. Como estava determinado a se comunicar com seu público, esqueceu-se do nervosismo. Jesse falou de forma clara, fluente e firme. Em pouco tempo, toda a classe ficou profundamente envolvida com sua apresentação.
>
> Posteriormente, Jesse confessou que ele mesmo havia ficado surpreso. "Foi surpreendente", disse ele. "Logo após o primeiro minuto ou algo em torno disso, só pensava nas pessoas que estavam ali me escutando. Posso dizer que de fato estava conseguindo envolvê-las."

Quanto tempo você deve dedicar à preparação de suas apresentações? De acordo com uma regra prática, cada minuto de uma exposição oral exige de uma a duas horas de preparação – talvez mais, dependendo da quantidade necessária de pesquisa para isso. Pode parecer muito tempo, mas as recompensas valem a pena. Segundo um consultor de oratória profissional, a preparação apropriada pode diminuir até 75% do medo de falar em público.[13]

Se você seguir as técnicas expostas neste livro, conseguirá fazer todas as suas exposições bem preparado. Suponhamos que o dia de sua primeira apresentação tenha chegado. Você analisou o público e escolheu um tema que tem certeza de que atrairá o interesse. Pesquisou e treinou várias vezes até o momento em que se sentiu absolutamente tranquilo. Até ensaiou diante de dois ou três amigos de confiança. Como não poderia estar seguro de seu sucesso?

» *Pense de forma positiva*

A confiança é o poder mais conhecido do pensamento positivo. Se você pensar que consegue, normalmente conseguirá. Entretanto, se ficar pensando que haverá um contratempo e que algo fatídico acontecerá, quase sempre será isso o que ocorrerá. Isso é bastante verdadeiro para o ato de falar em público. Os oradores que pensam negativamente sobre si mesmos e a experiência de falar em público tendem mais a ser dominados pelo medo do que aqueles que pensam positivamente. Veja algumas maneiras de transformar pensamentos negativos em positivos durante a elaboração de suas apresentações:

Pensamento negativo	Pensamento positivo
Gostaria de não precisar fazer essa palestra.	Essa palestra é uma oportunidade para compartilhar minhas ideias e ganhar experiência como orador.
Não sou um ótimo orador.	Ninguém é perfeito, mas ficarei cada vez melhor a cada exposição que fizer.
Sempre fico nervoso quando falo em público.	Todo mundo fica nervoso. Se outras pessoas conseguem controlar esse nervosismo, eu também consigo.
Ninguém terá interesse pelo que tenho a dizer.	Tenho um bom tema e estou plenamente preparado. É óbvio que eles ficarão interessados.

A maioria dos psicólogos acredita que a proporção entre pensamentos positivos e negativos em relação a atividades estressantes como falar em público deve ser no mínimo de cinco para um, ou seja, cada pensamento negativo deve ser contrabalançado com no mínimo cinco pensamentos positivos. Esse procedimento não eliminará totalmente seu nervosismo, mas o ajudará a ter controle sobre ele para que se concentre em transmitir suas ideias, em vez de ficar se remoendo sobre seus medos e ansiedades.

» *Utilize o poder da visualização*

A visualização está intimamente relacionada com o pensamento positivo. Ela é utilizada por atletas, músicos, atores, oradores e outras pessoas para melhorar o desempenho em situações estressantes. Como ela funciona? Observe o que a corredora de longa distância Vicki Huber afirmou a respeito:

> Imediatamente antes de uma grande corrida, eu me imagino correndo, e tento e coloco todos os outros competidores da corrida em minha mente. Depois, tento e imagino todas as situações possíveis que eu possa enfrentar [...] [como] estar atrás de alguém, ser fechada, pressionada, empurrada ou persuadida, diferentes posições na pista, as voltas que ainda faltam e, obviamente, a reta final. E sempre me imagino vencendo a corrida, não importa o que ocorra durante a prova.

Naturalmente, Huber não vence todas as corridas das quais participa, mas pesquisas demonstram que esse tipo de visualização mental que ela descreve pode aumentar de forma significativa o desempenho atlético[14] e, igualmente, ajudar os oradores a controlar o medo de falar em público.[15]

Na **visualização**, o segredo é criar uma projeção mental vívida em que você se vê tendo êxito em uma apresentação oral. Imagine-se levantando para uma exposição em sala de aula. Veja-se no púlpito, equilibrado e seguro de si, mantendo contato visual com a plateia e fazendo a introdução de sua palestra com a voz firme e clara. Sinta sua confiança aumentar à medida que os ouvintes são fisgados pelo que você está dizendo. Imagine sua sensação de realização ao concluir sua fala tendo certeza que se esforçou ao máximo.

Ao criar essas imagens mentais, seja realista, mas mantenha-se concentrado nos aspectos positivos de sua fala. Impeça que as imagens negativas ofusquem as positivas. Admita que está nervoso, mas se imagine superando o nervosismo para fazer uma apresentação potente e eloquente. Se você perceber que determinada parte de sua palestra sempre o perturba, imagine-se superando esse problema sem nenhum empecilho. Quanto mais lúcidas forem suas imagens mentais, maior a probabilidade de você se dar bem.

Do mesmo modo que no ensaio físico de uma exposição oral, esse tipo de ensaio mental deve ser repetido várias vezes nos dias que antecedem a apresentação. Isso não garante que todas as suas apresentações serão exatamente como você as imaginou – e certamente isso não substitui de forma alguma uma preparação minuciosa. Contudo, o ensaio mental, utilizado em conjunto com outros métodos para combater o medo de falar em público, é uma opção comprovada que pode ajudá-lo a controlar o nervosismo e elaborar uma apresentação eficaz.

» *Perceba que grande parte do nervosismo não é visível*

Muitos oradores principiantes temem que o público perceba seu nervosismo. É difícil falar com equilíbrio e confiança quando você percebe que está tenso e inseguro. Uma das constatações mais valiosas que você terá ao longo de sua trajetória como palestrante é que apenas uma fração da ansiedade sentida internamente se evidencia de forma externa. "Nosso sistema nervoso pode estar desencadeando milhares de descargas", afirma um orador experiente, "mas o espectador pode ver apenas algumas delas".[16]

Mesmo se você estiver com a palma das mãos suando e o coração disparado, os ouvintes provavelmente não perceberão o quanto você está tenso – em especial se você se esforçar ao máximo para transparecer serenidade e confiança. Na maioria das vezes em que os oradores confessam após uma apresentação que "estavam tão nervosos que imaginavam que fossem morrer", seu público fica surpreso. Para ele, aquele que discursava parecia calmo e confiante.

Agora, sabendo disso, talvez fique mais fácil para você enfrentar seu público com confiança. Como uma palestrante afirmou depois de assistir ao vídeo de sua primeira apresentação, "Fiquei impressionada com o quanto parecia calma. Eu imaginei que todos conseguiriam ver o quanto estava alarmada. Agora que sei que não conseguem, não ficarei tão nervosa no futuro. De fato, ajuda saber que transparecemos calma, ainda que talvez isso não seja verdade".

» *Não espere perfeição*

Talvez também ajude saber que não existe discurso perfeito. Até certo ponto, em toda apresentação, o orador diz ou faz alguma coisa que não sai exatamente como ele planejou. Felizmente, esses momentos não costumam ser visíveis para o público. Por quê? Porque o público não sabe o que o orador *pretende* dizer. Ele ouve apenas o que o orador *de fato* diz. Se você se perde momentaneamente, inverte a ordem de algumas frases ou se esquece de fazer uma pausa em determinado ponto, ninguém precisa ficar sabendo. Quando isso ocorrer, simplesmente prossiga como se nada tivesse acontecido.

Mesmo que você de fato cometa um erro durante uma apresentação, isso não é de forma alguma um fiasco. Se você já teve oportunidade de ouvir o discurso "I have a dream" ("Eu tenho um sonho"), de Martin Luther King, talvez se lembre de que ele comete dois tropeços ao longo de sua exposição. Entretanto, é mais provável que você não se lembre. Por quê? Porque você estava concentrado na mensagem que Luther King queria passar, e não nas minúcias de seu discurso.

Um dos principais motivos pelos quais as pessoas ficam preocupadas com a possibilidade de cometer erros ao falar em público é que elas consideram esse ato como uma representação, e não como um ato de comunicação. Elas sentem que o público está julgando seu desempenho com base em uma medida de perfeição absoluta em que toda palavra mal colocada ou todo gesto embaraçoso agirá contra elas. Contudo, nessas situações, os ouvintes não agem

» Como várias figuras públicas famosas, Conan O'Brien com frequência sente medo antes de falar em público. De acordo com a maioria dos oradores, esse nervosismo diminui significativamente após os primeiros 30 a 60 segundos da apresentação.

como um jurado em uma competição de violino ou de ginástica artística. Eles não estão procurando um desempenho virtuoso, mas uma exposição sensata que transmita clara e diretamente as ideias do orador. Às vezes, um ou dois erros podem até tornar um orador mais atraente, porque o faz parecer mais humano.[17]

Ao elaborar uma apresentação oral, procure prepará-la minuciosamente e fazer todo o possível para que a mensagem que deseja transmitir chegue aos ouvintes. No entanto, não fique ansioso com relação a ser perfeito ou com o que ocorrerá se você cometer um erro. Assim que você aliviar sua mente desses fardos, achará bem mais fácil encarar suas apresentações com confiança e, até mesmo, com entusiasmo.

Além de ressaltar os seis pontos que acabamos de analisar, há outras dicas para lidar com o nervosismo em suas primeiras apresentações, como:

» Estar em sua melhor forma física e mental. Não é aconselhável ficar até as três horas da madrugada festejando com amigos ou estudar sofregamente para uma prova antes de uma apresentação. O mais apropriado é ter uma boa noite de sono.

» Enquanto você aguarda o momento de se apresentar, contraia e relaxe calmamente os músculos das pernas ou aperte as mãos uma contra a outra, soltando-as em seguida. Esses procedimentos ajudam a diminuir a tensão porque dão vazão ao excesso de adrenalina.

» Antes de começar a falar, respire lenta e profundamente algumas vezes. Quando as pessoas estão tensas, elas costumam fazer uma respiração curta e superficial, e isso aumenta a ansiedade. A respiração profunda interrompe esse ciclo de tensão e ajuda a aliviar o nervosismo.

» Dedique-se especialmente à introdução. Pesquisas demonstram que o nível de ansiedade do orador começa a diminuir de forma significativa após os primeiros 30 a 60 segundos de uma apresentação.[18] Assim que você passar da introdução, provavelmente prosseguirá sem dificuldades no restante do caminho.

» Faça contato visual com os ouvintes. Lembre-se de que eles são indivíduos, e não uma massa disforme e sem rosto.

» Preocupe-se em se comunicar com os ouvintes, e não com seu medo de falar em público. Se você se envolver com o que está falando, o público também se envolverá.

» Utilize recursos visuais. Eles geram interesse, tiram-no do centro das atenções e diminuem seu constrangimento.

✔ CHECKLIST

Expressando-se com confiança

SIM	NÃO	
☐	☐	1. Estou entusiasmado com o tema da minha apresentação?
☐	☐	2. Desenvolvi minuciosamente o conteúdo da apresentação?
☐	☐	3. Tentei melhorar ao máximo a introdução para que entre com o pé direito?
☐	☐	4. Tentei melhorar ao máximo a conclusão para que termine bem minha apresentação?
☐	☐	5. Ensaiei oralmente até me sentir confiante com relação à minha maneira de expressar?
☐	☐	6. Tentei transformar meus pensamentos negativos em pensamentos positivos?
☐	☐	7. Estou mesmo consciente de que o nervosismo é normal mesmo para os oradores experientes?
☐	☐	8. Estou convicto de que grande parte do nervosismo não é visível para o público?
☐	☐	9. Estou preocupado em me comunicar com o público, e não com meu nervosismo?
☐	☐	10. Consegui me visualizar fazendo uma apresentação com confiança e obtendo uma reação positiva do público?

Se você for como a maioria dos palestrantes iniciantes, considerará a leitura desta obra bem como a participação em cursos de oratória experiências extremamente positivas. Uma aluna escreveu o seguinte em sua avaliação final sobre um curso do qual participou:

> Estava realmente com muito medo de fazer esse curso. A ideia de fazer todas essas exposições orais me fazia morrer de medo. Mas agora estou satisfeita por ter conseguido prosseguir. Como é uma classe pequena, conheci todos os alunos. Além disso, é uma classe em que me senti à vontade para expressar *minhas* ideias, em vez de ficar o tempo todo ouvindo o professor. Passei até a gostar de fazer palestras. Posso dizer que algumas vezes meus ouvintes de fato compreenderam o que eu estava dizendo, e esse sentimento é reconfortante.

Ao longo dos anos, milhares de pessoas tiveram a oportunidade de fortalecer suas habilidades de oratória. À medida que ganhar confiança, você se sentirá mais seguro para se expor a outras pessoas e dizer o que pensa, sente e conhece – e para fazê-las pensar, sentir e conhecer essas mesmas coisas. No que diz respeito à confiança, o melhor é que ela nutre a si mesma. Assim que você conseguir seu primeiro triunfo, ficará bem mais confiante na próxima vez. E, na medida em que ganhar confiança como orador, é provável que também se torne mais confiante em outras áreas de sua vida.

» Oratória e raciocínio crítico

Na festa de ontem à noite, aquele cara realmente me pegou no momento em que conversávamos sobre economia. Eu sei que as informações que tenho estão corretas e tenho certeza de que o argumento dele não faz sentido, mas não consigo apontar exatamente o problema.

Realmente me esforcei muito no meu trabalho de final de semestre, mas ele de fato não está adequado. Não parece coerente. E não consigo descobrir o que está errado.

Os discursos políticos são muito unilaterais. Os candidatos parecem bons, mas todos eles empregam frases de efeito e falam de generalidades. É realmente muito difícil saber qual deles tem a melhor opinião sobre os problemas.

Você já se viu em situações semelhantes? Se sim, é provável que encontre apoio em um curso de oratória, em complemento à leitura deste texto. Além de fortalecer sua confiança, um curso desse tipo pode ajudá-lo a desenvolver suas habilidades de **raciocínio crítico**. Essas habilidades podem diferenciar um debatedor articulado de uma pessoa fácil de persuadir, um aluno A de um aluno C e um eleitor ponderado de um eleitor indeciso.

O que é raciocínio crítico? Até certo ponto, o raciocínio crítico está relacionado à lógica – conseguir identificar pontos fracos no argumento de outras pessoas e evitá-los em seus próprios argumentos. Além disso, refere-se à habilidade de distinguir fatos e opiniões, ponderar sobre a credibilidade das afirmações e avaliar a solidez das evidências. Em um sentido mais amplo, raciocínio crítico é um raciocínio centrado e organizado – é a capacidade de ver com clareza as relações entre as ideias.[19]

Se você estiver matutando sobre o que isso tem a ver com um curso de oratória, a resposta é: isso tem muito a ver. À medida que o curso avançar, é provável que você passe um bom tempo organizando suas exposições orais. Embora possa parecer um exercício puramente mecânico, esse procedimento está intimamente entrelaçado com o raciocínio crítico. Se a estrutura de sua apresentação estiver desarticulada e confusa, é possível que seu raciocínio também esteja desarticulado e confuso. Se, contudo, a estrutura estiver clara e coerente, é bem provável que seu raciocínio também esteja. A organização de uma apresentação oral não se resume apenas à organização das ideias que você já tem. Na verdade, é uma etapa fundamental de conformação das ideias em si.

O que é verdadeiro com relação à organização é verdadeiro sobre vários aspectos do ato de falar em público. As habilidades que você aprende em um curso de oratória podem ajudá-lo a pensar de forma mais eficaz em inúmeros sentidos. À medida que desenvolver a habilidade para expressar suas ideias por meio de uma linguagem clara e cuidadosa, melhorará sua capacidade para pensar com clareza e precisão. No momento em que estudar a função das evidências e do raciocínio no ato de falar em público, verá que eles podem ser igualmente utilizados em outras formas de comunicação. Ao aprender a ouvir de maneira crítica as exposições orais de seus colegas, conseguirá avaliar melhor as ideias dos oradores (e redatores) em uma série de situações.

Retornando aos exemplos no início desta seção:

> Quanto ao cara da festa – habilidades de raciocínio crítico bem afiadas poderiam ajudá-lo a identificar furos no argumento dessa pessoa?
>
> Quanto ao trabalho de final de semestre – uma organização mais adequada e uma delineação mais clara ajudam a tornar o trabalho mais coeso?
>
> Quanto aos discursos políticos – se você desconsiderar as frases de efeito, os candidatos estão extraindo conclusões válidas de evidências sólidas?

Se você aproveitar ao máximo o curso de oratória e a leitura deste texto, conseguirá aprimorar suas habilidades de raciocínio crítico em várias circunstâncias. Esse é um dos motivos pelos quais a oratória é considerada desde a Grécia Antiga uma parte indispensável da educação.

» O processo de comunicação oral

Para começar a elaborar suas primeiras exposições orais, talvez seja favorável compreender o que ocorre na comunicação entre duas pessoas. Independentemente do tipo de comunicação oral em questão, existem sete elementos – orador, mensagem, canal, ouvinte, *feedback*, interferência e situação. Aqui, enfatizamos de que forma esses elementos interagem quando um orador dirige-se a um público.

Utilizando a oratória em sua CARREIRA

Faz três anos que você se formou na faculdade. Depois de ganhar experiência como assistente administrativo em uma empresa importante de equipamentos para escritórios, você foi promovido ao cargo de gerente de marketing de copiadoras para escritório. Embora você já tenha feito algumas vezes breves relatos a outros membros de sua equipe, agora está diante da oportunidade de fazer sua primeira apresentação para um grande público. Na reunião de vendas anual de sua empresa, você fará uma palestra para a equipe de vendas sobre a nova impressora/copiadora multifuncional da empresa e sobre como vendê-la para revendedores como Office Depot e OfficeMax.

Você está contente por ter essa oportunidade e sabe que isso demonstra que a empresa confia em suas capacidades. Contudo, quanto mais se aproxima o dia da palestra, maior dificuldade você tem para controlar aquele famoso frio na barriga. Haverá 200 pessoas na plateia. Além da equipe de vendas, estarão presentes gerentes regionais e de vendas. Você será o centro das atenções. É importante que você seja percebido como uma pessoa confiante e bem informada, mas você teme que seu medo de falar em público passe uma impressão oposta. Quais estratégias você utilizará para controlar o nervosismo e fazê-lo agir a seu favor?

» Orador

A comunicação oral parte de um emissor. Se você pegar o telefone para ligar para um amigo, cumprirá o papel de emissor. (Obviamente, cumprirá também o papel de ouvinte ou receptor quando seu amigo estiver falando.) Em uma palestra, normalmente você apresenta todo o conteúdo sem interrupções.

Seu êxito como **orador** (emissor) depende de *você* – de sua credibilidade pessoal, de seu conhecimento sobre o assunto, de sua preparação para a apresentação, de sua maneira de falar, de sua sensibilidade para com o público e da ocasião. Porém, o êxito de uma exposição oral depende também de entusiasmo.

Você só pode esperar que as pessoas se interessem pelo que tem a dizer se você mesmo tiver interesse, ou seja, se estiver verdadeiramente empolgado com o tema, é quase certo que o público também ficará empolgado. Você pode aprender todas as técnicas para fazer uma apresentação persuasiva; contudo, para que essas técnicas sejam de fato úteis, você primeiro precisa ter algo a dizer – algo que desperte seu próprio entusiasmo.

» Mensagem

Mensagem é tudo aquilo que um emissor transmite a outra pessoa. Se estivesse telefonando para um amigo, provavelmente diria: "Vou me atrasar um pouco para apanhá-lo hoje à noite". Isso é a mensagem, mas talvez ela não seja a única. Talvez haja certa entonação em sua voz que transpareça relutância, hesitação. A mensagem subjacente poderia ser: "Na verdade, eu não quero ir a essa festa. Você tentou me convencer, mas vou protelar o máximo que puder".

Ao falar em público, o objetivo é fazer com que a mensagem *pretendida* seja a mensagem *de fato* transmitida. Isso depende tanto do que você diz (a mensagem verbal) quanto da forma como diz (a mensagem não verbal).

Para que a mensagem verbal chegue corretamente, é necessário certo esforço. Você deve estreitar o assunto a algo que possa ser discutido adequadamente durante o tempo alocado para a apresentação. Você precisa pesquisar e escolher detalhes que o ajudem a tornar suas ideias claras e convincentes. Você deve organizar suas ideias para que os ouvintes consigam acompanhá-las sem se perder. E deve transmitir sua mensagem com palavras precisas, claras, vívidas e apropriadas.

» A capacidade de raciocínio crítico que você desenvolve com a pesquisa e organização de suas apresentações orais pode ser utilizada em várias formas de comunicação, como em reuniões e projetos em grupo.

Além da mensagem transmitida por meio de palavras, você transmite mensagens por meio do tom de voz, da aparência, de gestos, de expressões faciais e do contato visual. Imagine que uma colega de classe do seu curso de oratória falará sobre empréstimos estudantis. Ao longo da apresentação, ela se apoia sobre a mesa do professor, faz longas pausas para se lembrar do que deseja dizer, fica olhando para o teto e se atrapalha ao manusear seus recursos visuais.

A mensagem que ela pretendia passar era: "Precisamos disponibilizar uma verba maior para empréstimos estudantis". Entretanto, a mensagem que ela de fato transmitiu foi: "Eu não me preparei muito bem para essa palestra". Uma de suas responsabilidades como orador é impedir que suas mensagens não verbais desviem-se de sua mensagem verbal.

» Canal

O **canal** é o meio pelo qual a mensagem é transmitida. Quando você apanha o telefone para ligar para um amigo, o aparelho cumpre a função de canal. Em uma exposição oral, você pode utilizar um ou mais canais entre os vários existentes, e cada um deles terá um efeito sobre a mensagem recebida pelo público.

Pense no discurso de um presidente perante o Congresso. Esse discurso é transmitido à nação pelos canais de rádio e televisão. Para o público do rádio, a mensagem é passada totalmente por meio da voz do presidente. Para o da televisão, ela é transmitida pela voz e pela imagem televisionada. As pessoas presentes no Congresso têm um canal mais direto, já que não apenas ouvem a voz do presidente amplificada pelo microfone, como o veem pessoalmente e o cenário que o permeia.

Em uma exposição oral comum, seu canal é o mais direto de todos – seu público o verá e o ouvirá sem nenhuma mediação eletrônica.

» Ouvinte

O **ouvinte** é a pessoa que recebe a mensagem transmitida. Sem ouvinte, não há comunicação. Quando você conversa com um amigo ao telefone, você tem um ouvinte. Em uma palestra, você terá vários ouvintes.

Tudo o que um orador diz é filtrado pela **estrutura de referência** do ouvinte – a soma de conhecimentos, experiências, objetivos e atitudes dessa pessoa. Como o orador e o ouvinte são pessoas diferentes, eles nunca têm exatamente a mesma estrutura de referência. Além disso, como a estrutura de referência do ouvinte nunca será idêntica à do orador, o significado de uma mensagem nunca será exatamente o mesmo para ambos.

Você pode testar facilmente o impacto sobre diferentes estruturas de referência. Peça a cada um de seus colegas de classe ou de trabalho para descrever uma cadeira. Se você tiver 20 colegas, provavelmente obterá 20 descrições distintas. Um deles pode pensar em uma cadeira grande, bem estofada e confortável, outro em uma cadeira elegante e com encosto reto, o terceiro em uma cadeira de escritório e o quarto em uma cadeira de balanço etc.

Mesmo que dois ou mais imaginem uma mesma categoria geral – digamos, uma cadeira de balanço –, ainda assim as imagens mentais que eles têm dessa cadeira serão diferentes. Um poderia imaginar uma cadeira norte-americana antiga, outro uma cadeira escandinava moderna. As possibilidades são infinitas. E o conceito de "cadeira" é razoavelmente simples. E se fosse "patriotismo" ou "liberdade"?

Como as pessoas têm estruturas de referência diferentes, o orador deve ser extremamente cauteloso no sentido de adaptar a mensagem ao público específico ao qual está se dirigindo. Para ser um orador persuasivo, você deve estar *centrado no público*. Você perderá rapidamente a atenção de seus ouvintes se sua apresentação for muito básica ou muito complexa. Além disso, perderá seu público se não demonstrar simpatia por seus interesses, conhecimentos e valores. Quando sua exposição levar os ouvintes a dizer "Isso é importante para *mim*", o sucesso final de sua apresentação quase sempre estará garantido.

» Feedback

Quando um presidente dirige-se à nação pela televisão, essa comunicação é unidirecional. Você pode retrucar diante do aparelho de TV, mas o presidente não o ouvirá. Entretanto, na maioria das situações, a comunicação é *bidirecional*. Os ouvintes não absorvem a mensagem como se fossem uma esponja. Eles respondem com mensagens próprias, que são chamadas de *feedback*.

Em uma apresentação em público, existe *feedback* suficiente para você saber de que forma sua mensagem está sendo recebida. Seus ouvintes inclinam-se para a frente na poltrona, como se estivessem querendo prestar mais atenção? Eles demonstram uma expressão de indagação? Eles ficam sacudindo os pés e atentos ao relógio? A mensagem enviada por essas reações poderia ser "Estou fascinado", "Estou entediado", "Concordo com você", "Não concordo com você" ou inúmeras outras. Como orador, você deve estar atento a essas reações e ajustar sua mensagem de acordo.

Como qualquer tipo de comunicação, o *feedback* é afetado pela estrutura de referência da pessoa. Como você se sentiria se, imediatamente após uma apresentação, todos os seus ouvintes começassem a bater com os nós dos dedos na carteira de apoio, em tom de reprovação? Você sairia desesperadamente da sala? Não, se estivesse em uma universidade europeia. Em muitas partes da Europa, os alunos batem com os nós dos dedos na carteira para demonstrar admiração por uma aula expositiva. Você deve compreender o *feedback* para saber lidar com ele.

» Interferência

Interferência significa qualquer coisa que impede a transmissão de uma mensagem. Quando você está falando ao telefone, algumas vezes pode haver estática ou ligações cruzadas – quando ocorrem duas conversas diferentes ao mesmo tempo. Isso é um tipo de interferência.

Nas apresentações em público, existem dois tipos de interferência. O primeiro, como a estática e as linhas cruzadas em um telefonema, é *externo* ao público. Muitos oradores estão sujeitos a esse tipo de interferência – o ruído de tráfego fora do prédio ou de um ventilador,

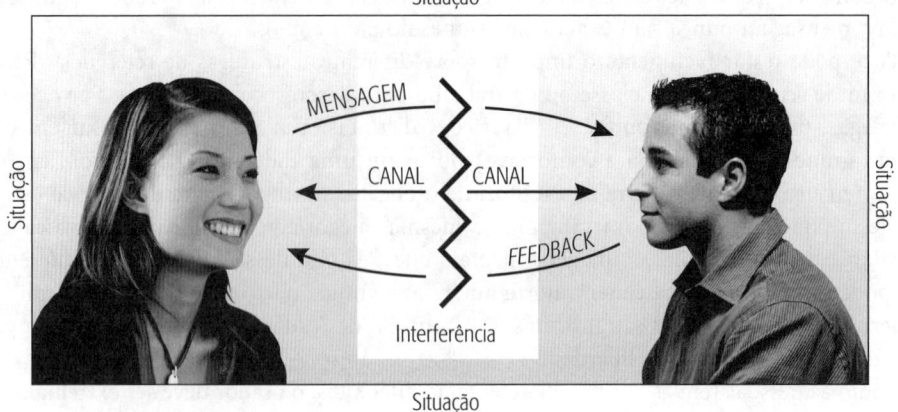

» **Figura 1.1**
Modelo completo do sistema de comunicação oral.

pessoas conversando no corredor, uma sala exageradamente quente ou extremamente gelada. Qualquer uma dessas interferências desvia os ouvintes do que você está falando.

O segundo tipo é a interferência *interna* ao público; ela vem de dentro. Talvez um de seus ouvintes esteja com dor de dente. Ele pode estar tão distraído com a dor que não consegue prestar atenção em sua exposição. Outro poderia estar preocupado com uma prova importante. E outro poderia estar se remoendo por causa de uma briga que teve com a namorada.

Como orador, você deve tentar manter a atenção de seus ouvintes, mesmo com esses vários tipos de interferência. Nos próximos capítulos, você descobrirá várias maneiras de como fazer isso.

» Situação

Situação é o momento e o lugar em que a comunicação oral ocorre. Uma conversa sempre ocorre em determinada circunstância. Algumas vezes, a situação ajuda – como quando você propõe casamento em um jantar íntimo à luz de vela. Outras vezes, ela prejudica – por exemplo, quando você tenta dizer palavras afetuosas tendo ao fundo uma música estridente e no último volume. Quando precisamos conversar com alguém sobre um assunto delicado, normalmente esperamos que a situação se mostre mais adequada.

Os oradores devem estar atentos também à situação. Determinadas ocasiões – funerais, cultos religiosos, cerimônias de formatura – exigem determinados tipos de discurso. O ambiente físico é igualmente importante. Faz grande diferença se um discurso é apresentado em um ambiente fechado ou aberto, em uma sala pequena ou em um ginásio esportivo, para uma plateia cheia ou algumas poucas almas dispersas. Quando você se ajusta à situação de uma apresentação em público, você está fazendo em uma escala maior o que costuma fazer em uma conversa informal.

Para examinar um modelo completo do sistema de comunicação oral, consulte a Figura 1.1.[20]

» Processo de comunicação oral: exemplos comentados

Os exemplos a seguir mostram como os diversos componentes do processo de comunicação oral interagem:

Situação	Eram 17h15, e a conferência de vendas de outono da OmniBrands Inc. havia durado o dia todo. Uma série de palestras sobre novos produtos, dirigidas a compradores dos clientes mais importantes da Omni, havia exigido um tempo maior do que o previsto.
Orador	Alyson Kaufman, gerente de marketing de fragrâncias, estava preocupada. Ela foi a última palestrante do dia. Quando chegou sua vez de se apresentar, sabia que enfrentaria uma situação difícil. Ela tinha 45 minutos para apresentar seus produtos e o encontro estava programado para terminar em 15 minutos. E mais, as vendas de fim de ano de toda a sua linha de produtos dependiam em grande medida dessa palestra.
Canal	Alyson aproximou-se do microfone e começou a falar. Ela podia ver alguns membros da plateia olhando para o relógio e sabia
Interferência	que eles estavam ansiosos para o jantar após um longo dia de palestras.
Adaptando-se à interferência	"Boa tarde", disse Alyson, "obrigada pela atenção de vocês. Eu sei que todos estão ansiosos para jantar – com certeza também estou. Eu tenho 45 minutos para fazer minha palestra – tudo bem, todos murmuraram –, mas com a generosa cooperação de vocês me esforçarei ao máximo para finalizá-la em meia hora. Acho que vocês constatarão que esse tempo valerá a pena, porque os produtos sobre os quais falarei incrementarão significativamente suas vendas de fim de ano". Alyson sentiu-se aliviada ao ver várias pessoas sorrindo enquanto se recostavam novamente na cadeira.
Mensagem	No momento em que obteve a atenção do público, Alyson apresentou cada novo produto o mais breve possível. Ela enxugou sua apresentação para enfatizar as características que seriam mais atraentes para os compradores e aquelas das quais eles poderiam se lembrar mais e finalizou sua fala distribuindo amostras dos produtos e prometendo entrar em contato com todos que necessitassem de mais informações. Em seguida, acrescentou rapidamente seu endereço de *e-mail* no *slide* PowerPoint e ficou animada por ver as pessoas tomando nota.
Feedback	Como prometido, Alyson finalizou sua palestra em meia hora. "E aqui encerramos as atividades!", concluiu ela. "Vamos comer!". Posteriormente, o diretor de marketing cumprimentou Alyson por ter sabido lidar tão bem com a situação tão difícil. "Você fez um excelente trabalho", disse o diretor. "No ano que vem, faremos com que todas as palestras sejam tão concisas e eficazes quanto a sua".

» A arte de falar em público em um mundo multicultural
» Diversidade cultural no mundo moderno

A sociedade norte-americana sempre foi heterogênea. Em meados do século XIX, havia tantas pessoas de tantos outros países, que o romancista Herman Melville afirmou, admirado: "Não é possível derramar uma gota de sangue norte-americano sem derramar o sangue do mundo inteiro".[21]

Pode-se imaginar o que Melville afirmaria hoje! A sociedade dos Estados Unidos é a mais diversificada do mundo. Essa multiplicidade pode ser vista em cidades grandes e pequenas, escolas e empresas, grupos comunitários e igrejas espalhadas pelo país. Pense no seguinte:

- » Há mais de 195 nações no mundo e existem cidadãos de todas elas vivendo nos Estados Unidos.
- » Aproximadamente 50% das pessoas que vivem em Miami nasceram fora dos Estados Unidos.
- » Mais de 55 milhões de pessoas nos Estados Unidos falam outro idioma que não o inglês quando estão em casa.

Esses acontecimentos não estão circunscritos aos Estados Unidos. Vivemos em uma era de multiculturalismo internacional. A internet possibilita a comunicação instantânea ao redor do mundo. O canal CNN é transmitido para mais de um bilhão de pessoas no mundo inteiro. As mídias sociais conectam pessoas em divisas antigas. Além das diferenças políticas, sociais e religiosas, todas as nações estão se tornando parte de uma vasta rede global. Por exemplo:

» Existem 82 mil corporações transnacionais ao redor do mundo, que respondem por um terço da produção econômica mundial.

» O McDonald's vende duas vezes mais hambúrgueres e batatas fritas no exterior do que nos Estados Unidos; 63% das vendas da Nike são exportações.

» A França tem tantos muçulmanos quanto católicos praticantes; a rádio CHIN, em Toronto, no Canadá, transmite suas programações em 31 idiomas.

» Diversidade cultural e apresentações em público

O ato de falar em público torna-se mais complexo à medida que a multiplicidade cultural aumenta. Parte dessa complexidade provém das diferenças de idioma de uma cultura para outra – e nada separa mais uma cultura de outra do que o idioma. Idioma e cultura estão tão entrelaçados que "nós nos comunicamos da maneira que nos comunicamos porque fomos criados em determinada cultura e aprendemos seu idioma, regras e normas".[22]

Os significados acoplados aos gestos, às expressões faciais e a outros sinais não verbais também variam de uma cultura para outra. Mesmo os gestos para cumprimentos tão básicos quanto "olá" e "até logo" dependem da cultura. O aceno para "até logo" na América do Norte é interpretado em várias partes da Europa e da América do Sul como um gesto para dizer "não", enquanto o gesto italiano e grego para "até logo" é igual ao aceno norte-americano para "venha aqui".[23]

Muitas histórias já foram contadas sobre o destino dos oradores que não levaram em conta as diferenças culturais entre eles e o público para o qual se dirigiam. Reflita sobre a seguinte situação:[24]

> O diretor de vendas de uma empresa de produtos eletrônicos norte-americana está no Brasil para negociar uma grande compra de computadores por uma empresa sul-americana. Após três dias de negociações, esse diretor oferece uma recepção de gala para todos os principais executivos com o objetivo de fortalecer o relacionamento entre as empresas.

» A comunicação oral em público é uma forma de comunicação essencial na maioria das culturas ao redor do mundo. Na foto, a jornalista Roxana Saberi, que ficou presa no Irã por mais de 100 dias, está se dirigindo a um fórum sobre liberdade de imprensa realizado em Doha, Catar.

Como é costume em ocasiões como essa, é reservado um tempo durante a recepção para os brindes. No momento de dirigir a palavra, o diretor de vendas elogia a empresa brasileira por suas várias conquistas e fala eloquentemente de seu respeito pelo presidente e pelos demais executivos. Suas palavras são perfeitas, e ele pode ver a plateia sorrindo em aprovação.

Mas então se segue uma gafe. Quando o diretor de vendas finaliza seu discurso, levanta a mão e faz o clássico sinal de "OK" norte-americano para demonstrar sua satisfação com o avanço das negociações. Instantaneamente, a atmosfera festiva dá lugar a um duro silêncio; os sorrisos transformam-se em olhares petrificados. O diretor de venda fez um gesto para o público brasileiro que, em linhas gerais, tem o mesmo significado do gesto de levantar o dedo médio nos Estados Unidos.

No dia seguinte, a empresa brasileira anunciou que compraria seus computadores de outro fornecedor.

Como essa história demonstra, os oradores não podem se dar ao luxo de negligenciar os valores e costumes culturais de seus ouvintes. Os métodos para uma apresentação eficaz explicados ao longo deste livro lhe serão úteis nas situações em que se apresentar para públicos culturalmente diversos. Nesse momento, é necessário ressaltar a importância de evitar o etnocentrismo que frequentemente bloqueia a comunicação entre oradores e ouvintes com diferentes formações culturais.

» Evitando o etnocentrismo

Etnocentrismo é a crença de que nosso grupo ou nossa cultura – seja ela qual for – é superior a todos os outros grupos ou culturas. Em virtude do etnocentrismo, nós nos identificamos com nosso grupo e vemos seus valores, crenças e costumes como "corretos" ou "naturais" – em comparação com os valores, crenças e costumes de outros grupos ou culturas, os quais tendemos a considerar "errados" ou "não naturais".[25]

O etnocentrismo faz parte de todas as culturas, e pode desempenhar um papel positivo no sentido de criar orgulho e lealdade no grupo. Contudo, ele pode também gerar preconceitos e hostilidades em relação a diferentes grupos étnicos, religiosos ou culturais. Para se tornar um orador persuasivo em um mundo multicultural, você precisa sempre se lembrar de que todas as pessoas têm crenças e costumes especiais.

Evitar o etnocentrismo não significa concordar obrigatoriamente com os valores e costumes de todos os grupos e culturas. Às vezes, você pode tentar convencer pessoas de diferentes culturas a mudar sua maneira habitual de fazer as coisas – como os porta-vozes das Nações Unidas procuram persuadir agricultores da África a adotar métodos agrícolas mais produtivos ou como os delegados dos Estados Unidos e da China tentam influenciar as políticas comerciais do país um do outro.

Entretanto, se esses oradores quiserem se dar bem, devem demonstrar respeito pela cultura das pessoas às quais eles se dirigem. Eles precisam adaptar suas mensagens aos valores e às expectativas de seus ouvintes.

Quando elaborar uma exposição oral, analise com cuidado até que ponto os fatores culturais podem influenciar a reação de seus ouvintes. Como veremos no Capítulo 6, para as apresentações orais em sala de aula, você pode utilizar questionários de análise sobre o público para obter informações a respeito da formação e das opiniões de seus colegas de classe. Para apresentações fora desse ambiente, a pessoa que o convida para falar pode oferecer informações sobre o público.

Assim que você identificar qualquer fator cultural que possa afetar a reação de seus ouvintes, tente se colocar no lugar deles e ouvir sua mensagem do ponto de vista de seus expectadores. Se houver alguma diferença de linguagem, evite palavras ou frases que possam provocar mal-entendidos. Quando realizar pesquisas para suas exposições, procure recursos visuais e outros conteúdos que estejam associados a uma ampla variedade de ouvintes. No momento de se apresentar, esteja atento ao *feedback* que possa indicar que o público está tendo dificuldade para captar suas ideias.

É também importante evitar o etnocentrismo quando estamos ouvindo uma apresentação. Ao ouvir um orador com uma formação cultural diferente, evite a tentação de julgá-lo com base em sua aparência ou maneira de se expressar. Seja qual for a formação cultural do orador, você deve ouvi-lo com a mesma atenção e cuidado que gostaria de obter de seu público.[26]

» Resumo

Ao longo da história, a oratória sempre foi um meio indispensável de capacitação e autonomia pessoal e de envolvimento cívico. A necessidade de saber falar em público quase certamente o abordará em algum momento de sua vida. Este livro lhe oferecerá informações para pesquisar temas, organizar suas ideias e apresentar-se com proficiência. Essas medidas são fundamentais para qualquer tipo de comunicação.

Existem várias semelhanças entre uma apresentação oral em público e uma conversa informal, mas existem também diferenças. Primeiro, uma apresentação em público normalmente impõe um limite de tempo e exige uma preparação mais minuciosa do que uma conversa comum. Segundo, exige uma linguagem mais formal. Os ouvintes reagem negativamente a apresentações carregadas de gírias, jargões e erros gramaticais. Terceiro, a apresentação em público exige um método de elocução diferente. Os oradores eficazes ajustam sua voz a um público maior e esforçam-se para evitar maneirismos físicos e hábitos verbais que distraem os ouvintes.

Uma das principais preocupações dos palestrantes iniciantes é o medo de falar em público. Seus ouvintes lhe darão oportunidade de ganhar confiança e fazer seu nervosismo agir a seu favor, e não contra você. Você dará um grande passo no sentido de superar o medo de falar em público se pensar de maneira positiva, preparar-se minuciosamente, visualizar-se fazendo uma palestra convincente, conscientizar-se de que grande parte do nervosismo não é visível para o público e pensar em sua apresentação como um ato de comunicação, e não como uma representação em que você deve fazer tudo perfeitamente.

Igualmente, a leitura deste capítulo pode ajudá-lo a desenvolver habilidades de raciocínio crítico, o qual o auxilia a organizar suas ideias, identificar pontos fracos no raciocínio de outras pessoas e evitá-los no seu.

O processo de comunicação oral engloba sete elementos – orador, mensagem, canal, ouvinte, *feedback*, interferência e situação. O orador é a pessoa que inicia o processo de discurso. Tudo o que o orador transmite compõe a mensagem, que é enviada por meio de determinado canal. O ouvinte recebe a mensagem transmitida e oferece *feedback* ao orador. Interferência é qualquer coisa que impede a transmissão da mensagem e a situação é o momento e o lugar em que a comunicação ocorre. A interação desses sete elementos determina o resultado de qualquer tipo de comunicação oral.

Tendo em vista a multiplicidade da vida moderna, vários – talvez a maioria – dos públicos aos quais você se dirigirá terão pessoas com diferentes formações culturais. Ao elaborar uma exposição oral, analise com cuidado até que ponto esses fatores podem influenciar a reação de seus ouvintes e adapte sua mensagem de acordo. Evite, acima de tudo, a crença etnocêntrica de que sua cultura ou seu grupo é superior a todos os outros. Lembre-se também da importância de evitar o etnocentrismo ao ouvir uma apresentação – conceda a todo orador a mesma reverência e atenção que você gostaria de obter de seus ouvintes.

» Palavras-chave

adrenalina Hormônio liberado na corrente sanguínea em resposta ao estresse físico ou mental.
canal O meio pelo qual a mensagem é transmitida.

estrutura de referência A soma de conhecimentos, experiências, objetivos, valores e atitudes de uma pessoa. Duas pessoas nunca terão exatamente a mesma estrutura de referência.

etnocentrismo Crença de uma pessoa de que seu grupo ou sua cultura é superior a todos os outros grupos ou culturas.

feedback São as mensagens, normalmente não verbais, enviadas de um ouvinte para um orador.

interferência Qualquer coisa que impeça a transmissão de uma mensagem. A interferência (ou ruído) pode ser externa ou interna aos ouvintes.

medo de falar em público Ansiedade diante da expectativa de fazer uma exposição oral em público.

mensagem Tudo o que o orador (emissor) transmite a outra pessoa.

nervosismo positivo Nervosismo controlado que ajuda a estimular um orador em uma apresentação.

orador A pessoa que está apresentando uma mensagem oral para um ouvinte.

ouvinte A pessoa que recebe a mensagem do emissor (orador).

raciocínio crítico Raciocínio concentrado e organizado sobre questões como relação lógica entre ideias, fundamentação de evidências e diferença entre fato e opinião.

situação O momento e o lugar em que a comunicação oral ocorre.

visualização Visualização mental em que o orador se imagina nitidamente fazendo uma apresentação oral.

» Questões para recapitulação

1. Em que sentido a habilidade de falar em público pode fazer diferença em sua vida?
2. Em que sentido uma apresentação em público é semelhante a uma conversa informal?
3. Em que sentido uma apresentação em público é diferente de uma conversa informal?
4. Por que é normal – e até desejável – sentir-se nervoso no início de uma apresentação em público?
5. Como você pode controlar o nervosismo e fazê-lo agir a seu favor em suas apresentações?
6. Quais são os sete elementos do processo de comunicação oral? De que forma eles interagem para determinar o sucesso ou fracasso de uma apresentação oral?
7. O que é etnocentrismo? Por que os oradores precisam evitá-lo quando se apresentam para públicos com formação cultural ou étnica diferente?

» Exercícios de raciocínio crítico

1. Lembre-se de uma conversa importante que tenha tido recentemente em que queria obter determinado resultado. (*Exemplos*: pedir ao seu chefe para mudar seu horário de trabalho; explicar a um amigo como se faz a troca de óleo e de filtro de um carro; tentar convencer seu marido ou sua mulher ou seu companheiro(a) a comprar o computador que você gosta, em vez daquele que ele ou ela prefere.) Desenvolva uma breve análise a respeito dessa conversa.

   Nessa análise, explique o seguinte: (1) seu objetivo nessa conversa e a estratégia de mensagem que você escolheu para atingir seu objetivo; (2) os canais de comunicação utilizados durante a conversa e como eles afetaram o resultado; (3) a interferência – interna ou externa – que você encontrou durante a conversa; (4) os passos que você deu para se ajustar ao *feedback*; e (5) as mudanças estratégicas que você faria na preparação e na condução dessa conversa se você tivesse de realizá-la novamente.

2. Divida uma folha de papel em duas colunas. Denomine a primeira coluna de "Características de um orador persuasivo" e a segunda de "Características de um orador ineficaz". Relacione e explique brevemente nessas colunas quais são, em sua opinião, as cinco características mais importantes de um orador eficaz e ineficaz.

3. Com base na lista que você elaborou no item 2, avalie francamente seus pontos fortes e fracos como orador. Identifique os três aspectos primordiais das apresentações orais em público que você mais deseja aprimorar.

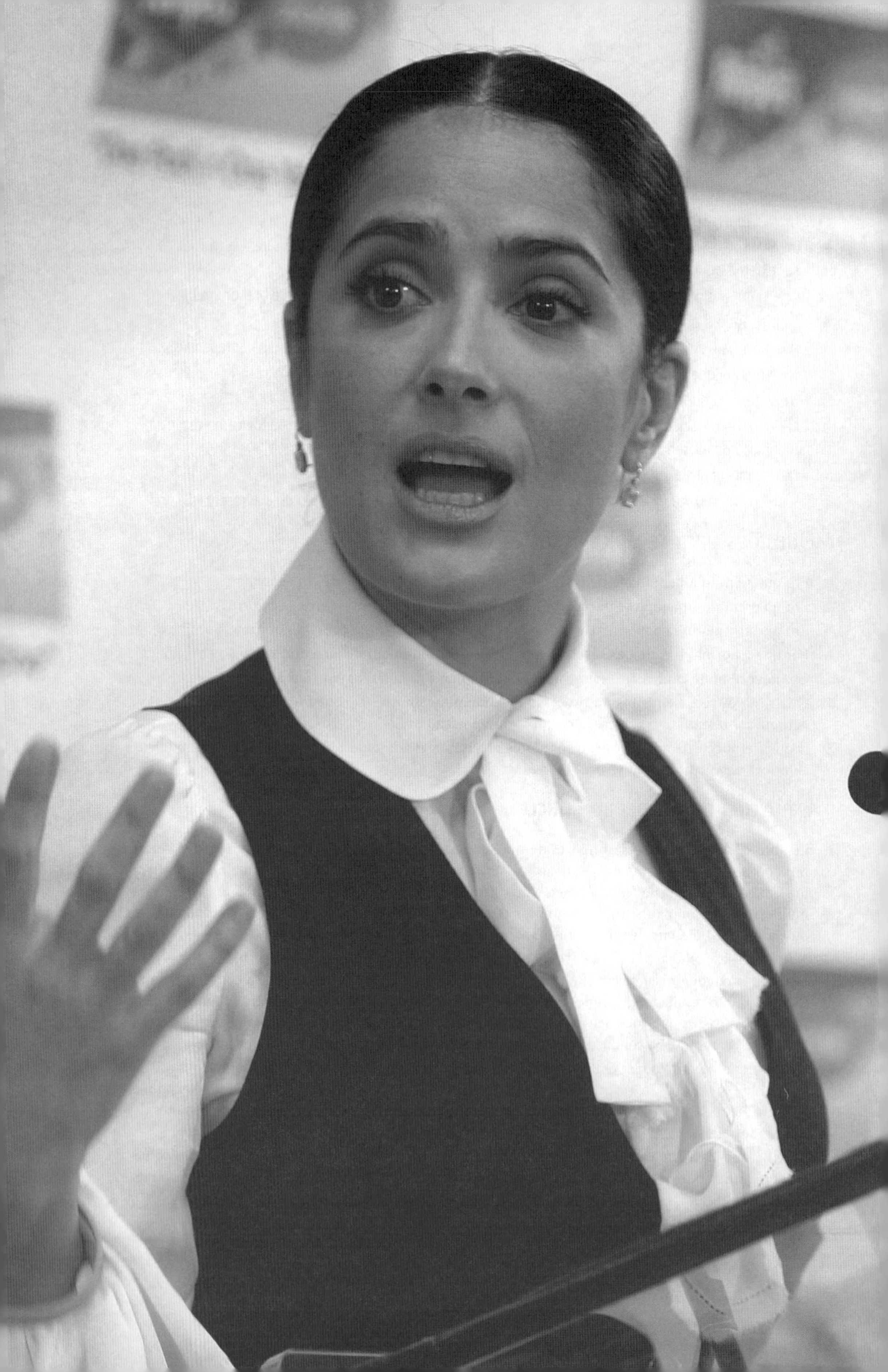

Ética e a arte de falar em público

> » A importância da ética
> » Orientações sobre como falar com ética
> » Plágio
> » Orientações sobre como ouvir com ética

Quando os rumores começaram a circular, Brian Pertzborn, diretor financeiro de uma proeminente instituição beneficente dos Estados Unidos, convocou uma coletiva de imprensa. Dezenas de repórteres compareceram. Brian olhou diretamente para a câmera e disse: "Garanto a vocês que ninguém nesta instituição beneficente desviou dinheiro das crianças e das famílias que tanto nos esforçamos para servir. Peculato é crime e uma séria violação da confiança. Eu nunca deixaria nem um nem outro acontecerem".

A fala de Brian foi muito convincente e, durante algum tempo, calou os rumores. Infelizmente, suas declarações eram falsas. Dois meses depois, ele foi indiciado pelo governo federal por desviar mais de US$ 2,5 milhões dessa instituição.

Em seu julgamento, ficou evidente que Brian era culpado das acusações. Também se revelou que naquele mesmo dia da coletiva de imprensa ele havia tentado ocultar pistas transferindo parte do dinheiro desviado para uma conta bancária no exterior.

Quando a juíza o condenou a uma dura sentença de prisão, deixou claro que havia sido influenciada em parte pelas mentiras de Brian na coletiva de imprensa. Se ele tivesse falado a verdade, seu apelo por clemência teria sido mais bem acolhido.

Essa não é uma história feliz, mas mostra por que a comunicação em público precisa ser orientada por um forte senso de integridade. Brian Pertzborn foi persuasivo quando falou à imprensa, mas também antiético ao mentir para encobrir suas atividades ilegais. Em consequência disso, prejudicou pessoas que dependiam da instituição, destruiu sua reputação e acabou recebendo uma longa sentença de prisão. Se ele tivesse confessado diante das câmeras naquele dia, talvez tivesse recebido uma multa e uma reprimenda, e não a sentença mais severa que a juíza podia lhe impor.

Em uma apresentação em público, o objetivo é obter uma resposta desejada dos ouvintes – mas não a qualquer custo. Falar em público é uma forma de poder e, portanto, carrega pesadas responsabilidades éticas. Como o retórico romano Quintiliano afirmou há 2 mil anos, o ideal do discurso público é a pessoa de bem falar bem. Neste capítulo, examinaremos esse ideal analisando a importância da ética no ato de falar em público, as obrigações éticas dos oradores e ouvintes e o problema real do plágio e como evitá-lo.

» A importância da ética

Ética é a parte da filosofia que trata de questões sobre o que é certo e errado na conduta humana. Sempre surgem questões éticas quando se pergunta se determinada conduta é moral ou imoral, justa ou injusta, honesta ou desonesta.

Deparamo-nos com essas questões diariamente em quase todos os âmbitos da vida. Um pai ou uma mãe precisa decidir de que forma lidará com um filho que a escola dispensou por mau comportamento. Um pesquisador precisa decidir se deve matizar "apenas de leve" seus dados de pesquisa a fim de obter crédito por um importante avanço científico. Um consumidor precisa decidir o que fazer com o troco a mais que lhe foi devolvido erroneamente pelo caixa do supermercado. Um aluno precisa decidir se deve pronunciar-se a respeito de um amigo que ele viu colando na prova final.

Questões éticas como essas também surgem sempre que um orador defronta-se com um público. No mundo ideal, como o filósofo grego Platão ressaltou, todos os oradores seriam verdadeiros e devotados ao bem da sociedade. Contudo, a história demonstra que com frequência o poder do discurso é mal-empregado – algumas vezes, com consequências desastrosas. Adolf Hitler foi indiscutivelmente um orador persuasivo. Sua oratória inflamou o povo alemão, mas suas intenções eram horripilantes e suas táticas, desprezíveis. Ele continua sendo em nossos dias o exemplo supremo do motivo pelo qual o poder da linguagem oral deve ser orientado por um sólido senso de integridade ética.

Como orador, você enfrentará questões éticas em todos os estágios do processo de falar em público – da decisão inicial de falar ao pronunciamento final da mensagem. E as respostas nem sempre serão fáceis. Reflita sobre o seguinte exemplo:

> Felicia Robinson está concorrendo para o conselho escolar de uma grande cidade do leste dos Estados Unidos. Seu oponente está conduzindo o que Felicia considera uma campanha extremamente antiética. Além de distorcer os fatos sobre os impostos escolares, o oponente está favorecendo preconceitos raciais ao despertar ressentimentos contra afro-americanos e imigrantes recém-chegados.
>
> Cinco dias antes da eleição, Felicia, que está um pouco atrás nas pesquisas, fica sabendo que o promotor público está se preparando para indiciar seu oponente por práticas profissionais duvidosas. Contudo, a acusação não será publicada formalmente antes da eleição. Nem será admitida como evidência de que seu oponente é culpado – como todos os cidadãos, ele tem o direito de ser considerado inocente até prova em contrário.
>
> Contudo, as notícias sobre a acusação poderiam ser suficientes para virar a eleição a favor de Felicia, e seus consultores incitam-na a colocar esse problema em discussão em seus discursos de campanha remanescentes. Felicia deve seguir esse conselho?

Argumentações respeitáveis são cabíveis em ambos os lados do dilema ético enfrentado por Felicia Fobinson. Ela tentou fazer uma campanha honesta e está preocupada com a possibilidade de atacar injustamente seu oponente – não obstante o fato de ele mesmo não ter demonstrado nenhum escrúpulo. No entanto, ela sabe que essa acusação iminente pode ser sua última chance de ganhar a eleição e está convencida de que a vitória de seu oponente será um desastre para o sistema escolar da cidade. Dividida entre seu compromisso de jogar limpo, seu desejo de ser eleita e sua preocupação com o bem da comunidade, Felicia enfrenta o dilema ético milenar sobre se os fins justificam os meios.

"Então", talvez você se pergunte, "qual é a resposta ao dilema de Felicia Robinson?". Em casos complexos como o dela, não existe nenhuma resposta pronta e inequívoca. Como o principal livro sobre ética na comunicação afirma, "Devemos formular diretrizes éticas significativas, e não regras inflexíveis".[1] Suas **decisões éticas** serão orientadas por seus valores, sua consciência, sua percepção de certo e errado.

Contudo, isso não significa que essas decisões são simplesmente uma questão de capricho ou inclinação pessoal. As decisões éticas judiciosas exigem a ponderação sobre uma possível conduta em contraposição a um conjunto de normas ou parâmetros éticos. Do mesmo modo que existem diretrizes de comportamento ético em outras áreas da vida, existem diretrizes de conduta ética no ato de falar em público. Essas diretrizes não solucionarão automaticamente todo dilema ético que você enfrentar como orador; todavia, se você tiver consciência delas, terá uma bússola confiável para ajudá-lo a nortear seu caminho.

» Orientações sobre como falar com ética
» Avalie se seus objetivos são eticamente fundamentados

Há pouco tempo, conversei com uma ex-aluna – a chamaremos de Melissa – que havia recusado uma oferta de emprego no departamento de relações públicas do Instituto Americano de Tabaco. Por quê? Porque o cargo exigiria que ela fizesse *lobby* em nome da indústria de cigarros. Melissa não acreditava que pudesse promover eticamente um produto que ela considerava responsável por milhares de mortes e doenças anuais.

Levando em conta a visão de Melissa sobre os riscos do tabagismo, não cabe nenhuma dúvida de que ela tomou uma decisão eticamente fundamentada. No outro lado da moeda, alguém com uma visão diferente sobre tabagismo poderia tomar uma decisão eticamente fundamentada de *aceitar* o emprego. O objetivo nesse exemplo não é julgar a correção ou incorreção da decisão de Melissa (ou do tabagismo), mas mostrar como os fatores éticos podem afetar a escolha de objetivos de um orador.

Sua primeira responsabilidade como orador é perguntar se seus objetivos são eticamente fundamentados. Durante a Segunda Guerra Mundial, Hitler incitou o povo alemão a tolerar a guerra, a invasão e o genocídio. Mais recentemente, temos visto políticos que traem a confiança pública para obter vantagens pessoais, empresários que defraudam investidores de milhões de dólares, pastores que levam um estilo de vida de luxo à custa de suas obrigações religiosas. Não há dúvida de que esses objetivos não são respeitáveis.

Entretanto, lembre-se por um momento dos exemplos de apresentação oral em público citados no Capítulo 1. O que os oradores pretendem concretizar? Melhorar a qualidade da educação. Apresentar um projeto empresarial. Prestar homenagem a um colega de trabalho. Apoiar a Habitat for Humanity. Poucas pessoas contestariam que esses objetivos não são eticamente corretos.

Como em outras questões éticas, pode haver áreas obscuras quando tentamos avaliar os objetivos de um orador – áreas em que pessoas sensatas e com critérios bem definidos de certo e errado podem discordar legitimamente. Todavia, isso não é motivo para não levantarmos questionamentos éticos. Se você deseja ser um orador responsável, não pode se esquivar de avaliar o fundamento ético de seus objetivos.

» Prepare-se plenamente para toda apresentação oral

"Um discurso", afirma Jenkin Lloyd Jones, "é uma responsabilidade solene". Você tem a obrigação – para consigo mesmo e para com seus ouvintes – de preparar-se plenamente toda vez que se apresenta a um público. A obrigação para consigo mesmo é óbvia: quanto melhor você se preparar, melhor será sua exposição. Porém, a obrigação para com seus ouvintes não é, de maneira alguma, menos importante. Pense nisso dessa forma: a pessoa que faz uma péssima exposição oral de 30 minutos a um público de 200 pessoas consome apenas meia hora de seu tempo. Mas esse mesmo orador despende 100 horas do tempo do público – mais de quatro dias inteiros. Isso, afirmou Jones com indignação, "deveria ser uma ofensa condenável!".

Obviamente, a essa altura de sua carreira como orador, é provável que não esteja enfrentando muitas plateias de 200 pessoas. E provavelmente não fará muitas apresentações em que o público tenha comparecido com o objetivo exclusivo de ouvi-lo. Porém, nem o tamanho nem a composição do público mudam sua responsabilidade ética de preparar-se plenamente. Seus ouvintes merecem o melhor de seu empenho em todas as situações – se estivesse dirigindo a palavra a um corpo de jurados ou aos membros de uma reunião de negócios, a uma conferência sindical ou a uma assembleia religiosa, ao Rotary Club de sua cidade ou mesmo ao Senado do seu país.

Estar preparado para uma apresentação em público significa, entre outras coisas, ter analisado o público, criado recursos visuais, organizado suas ideias e ensaiado sua elocução. O mais importante do ponto de vista ético, contudo, é estar totalmente informado a respeito do tema. Por que o tema é tão importante? Reflita sobre a seguinte história:

> Victoria Nuñez, aluna de uma importante universidade estadual, fez uma palestra sobre prevenção contra o suicídio. Ela havia tomado conhecimento sobre esse assunto por meio de sua mãe, voluntária em uma linha direta de prevenção contra o suicídio, mas também havia consultado seu livro de psicologia, lido vários artigos de revista sobre os sinais de alerta de suicídio e entrevistado um orientador psicológico sobre intervenções em situações de crise no serviço de saúde do *campus*.
>
> Além de suas pesquisas, Victoria refletiu muito para planejar e apresentar sua palestra. Ela elaborou um folheto para o seu público relacionando os sinais apresentados por uma pessoa que está pensando em suicídio e as informações de contato de entidades locais de saúde mental. No dia de sua palestra, Victoria estava plenamente preparada – e fez uma excelente exposição.
>
> Poucos dias depois, um dos ouvintes da palestra de Victoria, Paul Nichols, havia tido uma conversa com um colega na qual percebeu indícios que o levou a questionar se ele estaria deprimido e correndo o risco de suicídio. Com base nas informações da palestra de Victoria, Paul conversou com seu colega, conseguiu que ele falasse sobre seus medos e o convenceu a procurar orientação psicológica. Paul talvez tenha salvado a vida de seu colega, graças à exposição de Victoria.

Trata-se de um exemplo bastante sensacionalista, mas demonstra como suas apresentações em público podem exercer um verdadeiro impacto sobre seus ouvintes. Como orador, você tem a responsabilidade ética de considerar esse impacto e procurar se preparar plenamente para não passar informações incorretas ou conselhos enganosos. Se Victoria não tivesse feito um trabalho de pesquisa tão minucioso para sua palestra, ela poderia ter fornecido informações errôneas aos seu público – as quais poderiam ter gerado resultados trágicos.

Seja qual for o tema, seja qual for o público, você precisa investigar o tema de sua palestra da forma mais minuciosa possível. Investigue toda a história; informe-se sobre todos os lados da questão; procure pontos de vista convincentes; ponha os "pingos nos is". Você não apenas fará uma exposição melhor, mas cumprirá uma de suas principais obrigações éticas.

» Entre os oradores atuais, o secretário-geral das Nações Unidas, Ban Ki-moon, é muito bem conceituado por ter objetivos eticamente fundamentados e habilidade de oratória.

» Seja honesto no que você afirma

Nada é mais importante para uma apresentação ética do que a honestidade. O ato de falar em público apoia-se na pressuposição implícita de que "as palavras são confiáveis e as pessoas serão verdadeiras".[2] Sem essa pressuposição, não há nenhum princípio fundamental para a comunicação, nenhum motivo para uma pessoa acreditar em qualquer coisa que outra pessoa afirme.

Isso significa que *todo* orador deve *sempre* dizer "a verdade, toda a verdade e nada mais que a verdade"? Todos nós podemos pensar em situações nas quais isso é impossível (porque não sabemos toda a verdade) ou desaconselhável (porque seria falta de tato ou imprudente). Pense em um pai ou em uma mãe que diz à filha de 2 anos de idade que seu estridente solo ao violino é "lindo". Ou em um orador que passa uma informação falsa em circunstâncias em que a revelação da verdade poderia desencadear violência em massa. Poucas pessoas considerariam essas ações antiéticas.[3]

Em contraposição, pense novamente no exemplo de Brian Pertzborn no início deste capítulo. O ex-diretor financeiro sabia que havia desviado dinheiro da instituição beneficente. Contudo, negou que havia feito isso, ainda que estivesse se beneficiando à custa de pessoas que dependiam dos serviços da instituição. Não há como perdoar o comportamento de Brian.

Esse desprezo flagrante pela verdade é um dos tipos de desonestidade presentes nos discursos públicos. Contudo, outras formas de desonestidade mais sutis são igualmente antiéticas, como manipular estatísticas, fazer citações fora de contexto, deturpar fontes, retratar descobertas experimentais como conclusões definitivas, citar casos incomuns como casos comuns e utilizar insinuações e meias verdades no lugar de evidências e provas. Tudo isso viola o dever do orador de ser preciso e justo na apresentação de informações.

Ainda sobre o tema da honestidade nos discursos públicos, devemos também observar que os oradores eticamente responsáveis não apresentam palavras de outras pessoas como se fossem suas – eles não plagiam seus discursos. Esse assunto é tão importante, que lhe dedicaremos uma seção exclusiva ainda neste capítulo.

» Evite insultos e outras formas de linguagem ofensiva

"Sticks and stones can break my bones, but words can never hurt me" ("Paus e pedras podem me quebrar os ossos, mas palavras jamais me trazem destroços"). Essa canção infantil tão popular nos Estados Unidos não poderia estar mais errada. As palavras talvez não quebrem literalmente os ossos das pessoas, mas elas podem deixar cicatrizes psicológicas com a mesma certeza que paus e pedras podem deixar cicatrizes físicas. Como um autor explica, "Nossa identidade, quem e o que somos, como os outros nos veem, é afetada em grande medida pelos nomes pelos quais somos chamados e pelas palavras com as quais somos rotulados".[4] É por isso que quase todos os eticistas da comunicação aconselham os oradores a evitar insultos e outras formas de linguagem ofensiva.

» Insultos e dignidade pessoal

Insultos são palavras, gestos ou atitudes ofensivas para difamar, depreciar ou humilhar indivíduos ou grupos. Em relação a vários grupos nos Estados Unidos, temos apelidos depreciativos como *fag* (bicha), *kike* (judeu), *nigger* (crioulo), *honkey* (branquelo), *wop* (imigrante italiano), *jap* (japonês), *chink* (chinês) e *spic* (latino). Esses termos têm sido empregados para humilhar pessoas em virtude de sua orientação sexual, crenças religiosas ou origem étnica. Essas palavras desumanizam os grupos contra os quais são dirigidas e implicam que eles não merecem ser tratados com dignidade e respeito.

No Capítulo 12, examinaremos de que forma você pode evitar linguagens tendenciosas em suas apresentações em público. Por enquanto, a questão a ser lembrada é que, ao contrário do que algumas pessoas alegam, evitar linguagens racistas, sexistas e outros tipos de linguagem ofensiva não se resume a ser politicamente correto. Do ponto de vista ético, essa linguagem é suspeita porque deprecia e estereotipa as pessoas em questão.

Além disso, essa linguagem é uma força social destrutiva. Quando empregada repetida e sistematicamente ao longo do tempo, ela ajuda a reforçar atitudes que estimulam o preconceito, crimes de ódio e violações de direitos civis.[5] Não se trata de uma questão de política, mas de respeitar a dignidade de grupos diversos na sociedade contemporânea.

» Insultos e liberdade de expressão

Os insultos e outros tipos de linguagem ofensiva também apresentam problemas éticos para o ato de falar em público quando são empregados para silenciar opiniões antagônicas. Uma sociedade democrática depende da liberdade de expressão e da expressão pública de ideias. Nos Estados Unidos, todos os cidadãos têm o direito de participar do interminável diálogo da democracia. Como orador, você tem o dever ético de ajudar a preservar esse direito evitando táticas como o insulto, que inerentemente impugna a exatidão e a respeitabilidade das declarações públicas feitas por grupos ou indivíduos que expressam opiniões diferentes das suas.

Esse dever é o mesmo, independentemente de você ser negro ou branco, cristão ou muçulmano, homem ou mulher, *gay* ou heterossexual, liberal ou conservador. Do ponto de vista ético, um funcionário público a favor do sindicalismo que chama todas as pessoas que se opõem às suas ideias de "inimigo da classe média" está pisando em ovos tanto quanto um político que rotula seus adversários de "liberais que tributam e gastam".

Como outras questões éticas presentes nos discursos públicos, os insultos dão margem a alguns problemas espinhosos. Embora o insulto possa ser prejudicial para a liberdade de discurso, ainda assim é protegido pela cláusula de liberdade de discurso da **Declaração dos Direitos dos Cidadãos dos Estados Unidos**. É por isso que a União Norte-Americana de Liberdades Civis, uma das principais defensoras dos direitos constitucionais, opôs-se a códigos redigidos em termos gerais contra discursos ofensivos nos *campi* universitários. Até o momento, esses códigos não sobreviveram a contestações legais e muitas escolas estão desenvolvendo regulamentos bem mais específicos com a esperança de que eles se sustentem nos tribunais.[6]

Contudo, seja qual for o veredicto, isso não mudará a responsabilidade ética dos oradores – dentro ou fora dos *campi* – de evitar insultos e outros tipos de linguagem ofensiva. Legalidade e ética, embora relacionadas, não são a mesma coisa. Não há nada ilegal em falsificar estatísticas em uma palestra, mas não há dúvida de que essa conduta é antiética. O mesmo se aplica aos insultos: talvez não seja ilegal lançar insultos raciais, sexuais ou religiosos em uma apresentação em público, mas essa conduta continua sendo antiética. Ela não apenas deprecia a dignidade dos grupos ou dos indivíduos que estão sendo ofendidos, mas mina o direito de todos os grupos de ser ouvidos imparcialmente.

» **Coloque em prática os princípios éticos**

É fácil falar da boca para fora sobre a importância da ética. É bem mais difícil agir eticamente. Mas isso é exatamente o que um orador responsável deve fazer. Como um famoso livro sobre ética afirma, "Ser ético significa comportar-se eticamente *o tempo todo* – não somente quando é conveniente".[7]

Ao elaborar uma palestra, colocará para si mesmo perguntas como "O tema que escolhi é adequado ao público?", "O conteúdo de apoio que coletei é claro e convincente?", "Como posso expressar minhas ideias para que elas tenham maior efeito?". Essas perguntas são *estratégicas*. À medida que as responder, tentará tornar sua palestra a mais informativa, persuasiva ou interessante possível.

Entretanto, você enfrentará ocasiões em que terá de tomar decisões *éticas* – semelhantes, talvez, aos enfrentados por Brian Pertzborn, Felicia Robinson e outros oradores citados neste capítulo. Quando esses momentos surgirem, não se limite a colocá-los de lado e a prosseguir. Lembre-se das orientações sobre discurso ético que analisamos e se esforce ao máximo para segui-las em tempos bons e ruins. Faça o possível para responder sim a todas as perguntas do *checklist* "Expressando-se com ética" a seguir.[8]

» **Plágio**

"Plágio" provém de *plagiarius*, palavra latina referente a raptor. Plagiar significa apresentar um discurso ou ideias de outra pessoa como se fossem de própria autoria – passar a impressão de que você escreveu ou pensou algo por si mesmo quando na verdade extraiu das ideias de outra pessoa.[9] Dentro do universo acadêmico, geralmente encaramos o plágio como um problema ético, mas essa conduta pode ter repercussões em outras situações:

> Fazia dois anos que Joanne Calabro ocupava o cargo de superintendente escolar na cidade de Fort Lee, no norte de Nova Jersey. Na primavera, ela dirigiu a palavra em uma cerimônia para os alunos que estavam sendo admitidos na Sociedade Nacional de Honra. Foi uma apresentação breve – de seis minutos apenas –, mas as repercussões continuariam por muito mais tempo.

» Sempre que um orador se dirige a um público surgem questões éticas. Nesta foto, a veterana de guerra norte-americana Melissa Stockwell, que se feriu enquanto cumpria seu dever, dirige a palavra no evento anual Paralympic Military Sports Camp, que promove esportes paraolímpicos entre veteranos militares.

✓ CHECKLIST

Expressando-se com ética

SIM	NÃO	

☐	☐	1. Analisei com cuidado meus objetivos para confirmar se eles são eticamente responsáveis?
		   a. Do ponto de vista ético, consigo defender meus objetivos se eles forem questionados ou contestados?
		   b. Desejo que outras pessoas saibam meus verdadeiros motivos nessa exposição oral?

☐	☐	2. Cumpri o dever ético de me preparar plenamente para essa exposição?
		   a. Minhas pesquisas sobre o tema foram minuciosas?
		   b. Preparei-me com cuidado para não passar informações errôneas ou enganosas para meus ouvintes?

☐	☐	3. Minha palestra contém plágio?
		   a. Posso atestar que minha palestra é produto do meu trabalho, do meu pensamento e da minha linguagem?
		   b. Menciono as fontes de todas as citações e paráfrases?

☐	☐	4. Sou honesto quanto ao que afirmo em minha exposição?
		   a. Minha palestra contém alguma afirmação falsa ou deliberadamente enganosa?
		   b. Minha palestra apresenta estatísticas, testemunhos e outros tipos de evidência de maneira imparcial e precisa?
		   c. Minha palestra tem uma linha de raciocínio válida?
		   d. Os recursos visuais apresentam os fatos de forma honesta e confiável? (Caso você venha a utilizar recursos visuais.)

☐	☐	5. Utilizo o poder da linguagem de uma forma ética?
		   a. Evito insultos e outras formas de linguagem ofensiva?
		   b. Minha linguagem demonstra respeito pelo direito de liberdade de discurso e de expressão?

☐	☐	6. Em linhas gerais, me esforcei de maneira consciente para pôr em prática os princípios éticos durante a preparação de minha palestra?

Um dos alunos presentes reconheceu algumas passagens da apresentação de Joanne e decidiu verificá-la na internet, descobrindo que ela havia surrupiado todo o conteúdo de um exemplo de discurso de admissão postado no About.com. Outras evidências vieram de um videoteipe do pronunciamento de Joanne.

Quando confrontada com os fatos, Joanne admitiu ter cometido um erro de julgamento, mas insistiu que não havia feito nada ilegal. Na verdade, o discurso postado no About.com era protegido pela lei de direitos autorais e Joanne provavelmente estaria sujeita a uma ação judicial se a empresa de fato estivesse disposta a isso. Do que ela não conseguiu escapar foi das consequências éticas. Diante de duras críticas dentro do distrito escolar e da imprensa, ela não teve outra opção senão renunciar ao cargo de superintendente.[10]

Como essa história demonstra, plágio é um assunto sério. Se você for pego por plagiar uma palestra em sala de aula, a punição pode variar da reprovação à expulsão da escola ou universidade. Mas, se essa situação ocorrer fora do ambiente escolar, provavelmente você arruinará sua reputação, prejudicará sua carreira ou, se for processado, perderá muito dinheiro. Vale a pena, portanto, ter certeza do que é plágio e saber como evitá-lo.

» Plágio integral

Plágio integral ou direto é a apropriação indébita do conteúdo integral de uma única fonte como se fosse de própria autoria. Como esse é o tipo de plágio mais flagrante – e imperdoável –, ele é gritantemente antiético.

Nas salas de aula universitárias, normalmente o plágio integral ocorre porque os alunos deixam seus trabalhos para a última hora. Então, em desespero, baixam um conteúdo da internet ou pegam um conteúdo escrito por um amigo e o apresenta como seu.

Obviamente, a melhor maneira de evitar isso é não deixar sua apresentação para a última hora. Os professores costumam explicar os trabalhos com razoável antecedência para que você não tenha nenhum problema para começar com antecedência. Se fizer isso, terá tempo suficiente para preparar uma excelente palestra – uma apresentação de fato sua.

Se, por algum motivo, você não conseguir finalizar sua palestra em tempo, não ceda à tentação de plagiar. Qualquer punição que você possa sofrer por estar atrasado não será nada em comparação com as consequências de ser pego por plágio.

» Plágio mosaico

Diferentemente do plágio integral, em que um orador utiliza ilegalmente o conteúdo integral de uma única fonte, o **plágio mosaico** ocorre quando um orador surrupia um conteúdo de duas ou mais fontes. Veja um exemplo:

> Daniel Fine escolheu "Descobertas recentes sobre os dinossauros" como tema para uma palestra informativa. Em sua pesquisa, ele encontrou três fontes úteis. A primeira, sobre novas descobertas sobre dinossauros na América do Norte e do Sul, tratava-se de um guia impresso para uma exposição recente em um museu. A segunda foi a Wikipédia e a terceira foi um *site* da Montana State University, sobre um programa de pesquisa a respeito de dinossauros.
>
> Infelizmente, em vez de utilizar esses conteúdos de forma criativa para redigir sua palestra com suas próprias palavras, Daniel extraiu longos trechos do guia do museu, da Wikipédia e do *site* da universidade, e os costurou como uma colcha de retalhos, acrescentando apenas algumas frases de interligação. Quando terminou, sua palestra compunha-se quase totalmente de palavras de outras pessoas.
>
> Quando a professora de Daniel leu o esboço de sua palestra, percebeu que não parecia autêntico. Diante disso, inseriu várias frases do esboço no Google. Em menos de um minuto, ela encontrou o artigo da Wikipédia e o *site* da Montana State University. Logo após, encontrou uma versão *on-line* do guia do museu. Daniel foi pego em flagrante.

Essa história mostra uma questão importante a respeito do plágio. Daniel não extraiu o conteúdo de sua palestra de uma única fonte. Ele até realizou uma pequena pesquisa. Contudo, copiar algo de algumas fontes é considerado plágio do mesmo modo que copiar de uma única fonte. Quando você faz uma apresentação, está declarando que se trata de um trabalho seu – produto de seu pensamento, de suas crenças, de sua linguagem. A palestra de Daniel não continha nenhum desses elementos. Na verdade, era um verdadeiro mosaico de textos alheios cortados e colados.

"Mas", você deve estar pensando, "não são muitos palestrantes iniciantes que têm domínio sobre o tema de suas palestras. Por que eles devem propor novas ideias que nem mesmo os especialistas já pensaram a respeito?".

A resposta é: eles não devem. A questão fundamental não é se você tem algo absolutamente original a dizer, mas se você pesquisa e reflete o suficiente para propor um ponto de vista próprio a respeito do tema.

Como no plágio integral, um dos segredos para evitar o plágio mosaico é começar a trabalhar em sua palestra o mais cedo possível. Quanto mais tempo você dedicar, mais apto estará para criar uma abordagem própria. É também indispensável consultar várias fontes em sua pesquisa. Se você tiver apenas duas ou três fontes, tenderá muito mais a cair na armadilha de fazer um mosaico do que se consultar uma série de conteúdos.

» Plágio conceitual

No plágio integral e no plágio mosaico, o conteúdo inteiro é copiado mais ou menos textualmente de uma única fonte ou de algumas fontes. Porém, pode haver plágio mesmo quando o conteúdo como um todo não é copiado. Esse tipo é chamado de **plágio conceitual**. Ele ocorre quando o orador não cita o crédito de determinadas partes – conceitos – de uma apresentação que são tomadas emprestadas de outras pessoas. O mais importante desses conceitos são as citações e as paráfrases.

» *Citações*

Sempre que você citar alguém diretamente, deve mencionar que as palavras são dessa pessoa. Suponhamos que você esteja fazendo uma palestra sobre Malcolm X, o famoso líder afro-americano da década de 1960. Em suas pesquisas, você lê a seguinte passagem da aclamada biografia escrita por Bruce Perry, *Malcolm: the life of a man who changed Black America* ("Malcolm: a vida de um homem que mudou a América Negra"):

> Malcolm X não criou nenhuma legislação. Não articulou nenhuma vitória formidável no Supremo Tribunal nem campanhas políticas. Não marcou nenhuma vitória eleitoral importante. Contudo, em vista da maneira como ele articulava os ressentimentos e a fúria de seus seguidores, seu impacto sobre o corpo político foi enorme.[11]

Essa é uma excelente citação que resume a natureza e a importância do impacto de Malcolm sobre a política norte-americana. Ela seria um complemento de peso para sua palestra – desde que você admitisse que Perry é o autor. Uma forma de evitar o plágio nesse caso é inserir as sentenças de Perry mais ou menos assim:

> Em *Malcolm: the life of a man who changed Black America*, o historiador Bruce Perry afirma o seguinte a respeito do impacto de Malcolm sobre a política norte-americana: (...).

Ou

> De acordo com o historiador Bruce Perry, em seu livro *Malcolm: the life of a man who changed Black America*, (...).

Dessa forma, você identificou Perry de forma clara e atribuiu crédito às palavras dele, em vez de apresentá-las como suas.

» *Paráfrases*

Quando você parafraseia um autor, você reformula ou resume suas ideias com suas próprias palavras. Suponhamos, mais uma vez, que seu tema seja Malcolm X. Dessa vez, contudo, você decide fazer **paráfrases** das sentenças da biografia escrita por Bruce Perry, em vez de citá-las. Você diria:

> Malcolm X não era um político. Não aprovou nenhuma lei, não obteve nenhuma vitória no Supremo Tribunal, nem foi eleito a nenhum cargo público. Mas Malcolm expôs os ressentimentos e a fúria de se seus seguidores de uma maneira tão vigorosa, que toda a nação percebeu.

Mesmo que você não cite Perry diretamente, está se apropriando da estrutura de suas ideias e de uma parte considerável de sua linguagem. Portanto, mesmo assim você precisa lhe atribuir o crédito – do mesmo modo que se estivesse repetindo suas palavras textualmente.

Nesse caso, é particularmente importante reconhecer a autoria de Perry porque está tomando emprestada sua opinião – seu parecer – sobre Malcolm X. Se você única e simplesmente relatar os fatos sobre a vida de Malcolm – ele nasceu em Omaha, Nebraska, converteu-se ao islamismo

> Os oradores que começam a produzir suas palestras com antecedência e consultam várias fontes tendem menos a cair na armadilha de plagiar do que aqueles que adiam e recorrem a um número limitado de fontes.

e aderiu à Nação do Islã enquanto estava na prisão, viajou a Meca no final de sua vida e foi assassinado em fevereiro de 1965 –, não precisará citar a fonte de suas informações. Esses fatos são de conhecimento geral e podem ser encontrados em qualquer obra de referência convencional.

Entretanto, ainda há uma discussão considerável a respeito dos pontos de vista de Malcolm sobre outros líderes afro-americanos, as circunstâncias de sua morte e o que ele poderia ter feito se ainda estivesse vivo. Se você mencionasse os pontos de vista de Perry sobre qualquer uma dessas questões – seja citando ou parafraseando –, precisaria reconhecê-lo como sua fonte.

Como muitos oradores (e autores) já constataram, é possível cometer plágio conceitual totalmente por acaso. Esse tipo é menos ofensivo que o plágio deliberado, mas mesmo assim é plágio. Existem duas maneiras de você se proteger contra o plágio conceitual. A primeira é ter cuidado ao tomar nota de pesquisas no sentido de distinguir citações diretas, textos parafraseados e comentários pessoais. (Consulte o Capítulo 7 para obter uma análise completa sobre métodos de pesquisa.) A segunda maneira é pecar por excesso de cuidado – em outras palavras, em caso de dúvida, cite sua fonte.

» Plágio e internet

No que se refere ao plágio, nenhuma matéria apresenta maior confusão – ou maior tentação – do que a internet. Como é muito fácil copiar informações divulgadas na *web*, muitas pessoas não sabem que é necessário citar fontes quando utilizam conteúdos da internet em suas apresentações. Porém, se você não o fizer, será tão culpado de plágio quanto se tivesse extraído informações de fontes impressas sem as citar devidamente.

Uma das formas de evitar o plágio mosaico ou incremental quando utilizar a internet é tomar nota com extremo cuidado. Procure registrar o seguinte: (1) o título do documento na internet; (2) o autor ou a organização responsável pelo documento; (3) a data em que o documento foi atualizado pela última vez; (4) a data em que você acessou o *site*. Você precisará dessas informações para compor a bibliografia de sua palestra.

Além disso, terá que identificar as fontes da internet no ato de sua apresentação. Não basta dizer "Conforme encontrei na *web*" ou "De acordo com a internet" – você deve especificar o autor e o *site*. No Capítulo 8, analisaremos mais a fundo como você deve citar documentos da internet. Por enquanto, lembre-se de que mencionar a origem dessas citações é uma de suas responsabilidades éticas como orador.

Outro problema com respeito à internet é a grande quantidade de *sites* que vendem palestras ou monografias completas. Além de essa conduta ser extremamente antiética, utilizar material de um desses *sites* é muito arriscado. A mesma tecnologia que facilita o plágio na *web* facilita o trabalho dos professores para localizar conteúdos que foram plagiados e a fonte exata de onde foram extraídos.

Você deve estar ciente também de que quase todos os conteúdos (e monografias) à venda na *web* têm péssima qualidade. Se algum dia se sentir tentado a comprar algum, lembre-se de que existe uma boa probabilidade de você desperdiçar dinheiro e ser pego. Nesse caso, e em outros aspectos da vida, honestidade é a melhor conduta.

» Orientações sobre como ouvir com ética

Neste capítulo, enfatizamos, até aqui, os deveres éticos dos oradores. Porém, falar em público não é uma via de mão única: os ouvintes também têm deveres éticos. Eles devem (1) ouvir com respeito e atenção; (2) evitar prejulgar o orador; (3) preservar a liberdade de expressão e a expressão pública de ideias. Vejamos cada uma dessas premissas.

» Ouvir com respeito e atenção

Imagine-se em sua primeira exposição. Você dedicou muito tempo à redação de sua palestra e ensaiou a apresentação até o momento em que se sentiu seguro para fazê-la da maneira devida – especialmente quando superou a agitação inicial decorrente do medo de falar em público.

Você elaborou com afinco a introdução, e sua palestra decolou bem. A maioria dos seus ouvintes está prestando atenção, mas alguns não. Um deles não para de olha para o celular. Dois ou três estão olhando pela janela e um está reclinado na carteira com os olhos fechados!

Você tenta ignorá-los, especialmente porque os demais parecem interessados no que está dizendo. Contudo, à medida que você fala, mais preocupado fica. "O que há de errado?", pergunta a si mesmo. "Como posso fazê-los prestar atenção?". Quanto mais você pensa sobre isso, mais sua confiança e sua concentração oscilam.

Quando, então, você se perde momentaneamente no meio do caminho de sua fala, começa a entrar em pânico. Seu nervosismo, que até então você havia conseguido controlar, assume o controle. Seu principal pensamento agora é "Como posso acabar com isso o mais rápido possível?". Atrapalhado e distraído, você apresenta apressadamente o restante do conteúdo e encerra sua palestra.

Utilizando a oratória em sua CARREIRA

Depois de se formar em administração pública e com a perspectiva de seguir carreira na política, você teve muita sorte de receber um cargo na equipe de um dos principais senadores da legislatura de seu estado. Desde o momento em que iniciou essa atividade, há dois meses, você tem sido escalado para atender ao telefone, pedir almoço, fazer cópias, grampear material de mala direta e envelopar. Finalmente, você foi convocado para examinar o discurso que o senador fará na faculdade que você estudou. Certamente, você imagina, essa é a primeira das várias atribuições importantes que receberá assim que seu valor for reconhecido.

Entretanto, depois de ler o discurso, você perde um pouco o entusiasmo. Mesmo concordando sinceramente com o apoio do senador a um projeto de lei para financiar bolsas de estudo para alunos de baixa renda, você está consternado com a crítica do senador contra aqueles que se opõem a esse projeto, aos quais se refere como "fanáticos elitistas que negariam educação universitária àqueles que mais precisam". Você não foi solicitado a fazer comentários sobre a ética do discurso e, certamente, não deseja pôr em risco sua posição na equipe do senador. O senador gostaria de receber seus comentários no prazo de duas horas. O que você dirá a ele?

Do mesmo modo que o orador tem o dever ético de se preparar plenamente para toda apresentação oral, os ouvintes têm a responsabilidade de respeitar e prestar atenção. Essa responsabilidade – que é uma questão de civilidade em qualquer circunstância – é bastante importante nos cursos de oratória, por exmplo, em que você e seus colegas de classe estão em uma situação de aprendizagem na qual precisam se apoiar mutuamente.

Quando você presta atenção às palestras apresentadas por seus colegas (de classe, do trabalho), está demonstrando o mesmo respeito e atenção que gostaria de obter deles. Esteja preparado para prestar atenção ao que esses colegas têm a dizer (e aprender com eles). Enquanto estiver ouvindo, preste atenção ao *feedback* que está transmitindo ao orador. Sente-se de maneira ereta, e não com uma postura relaxada; faça contato visual com o orador; demonstre apoio e encorajamento em suas expressões faciais. Lembre-se do poder que você tem como ouvinte sobre a confiança e tranquilidade do orador e exerça-o com um forte senso de responsabilidade ética.

» Evitar prejulgar o orador

Todos nós já ouvimos falar que podemos avaliar um livro pela capa. O mesmo se aplica aos discursos. Você pode avaliar um discurso pelo nome, pela cor da pele, pelo estilo de vida, pela aparência ou pela reputação do orador. Como a Associação Norte-Americana de Comunicação afirma em seu Credo for Ethical Communication ("Credo da Comunicação Ética"), os ouvintes devem "esforçar-se para compreender e respeitar" os oradores "antes de avaliar e reagir às suas mensagens".[12]

Isso não significa que você deve concordar com todos os oradores que ouvir. Sua intenção é ouvir com cuidado as ideias do orador, avaliar as evidências e o raciocínio apresentados para respaldar essas ideias e chegar a uma avaliação inteligente sobre o conteúdo. Por enquanto, basta saber que, se você prejulgar um orador – tanto positiva quanto negativamente –, deixará de cumprir uma de suas responsabilidades éticas como ouvinte.

» Preservar a liberdade de expressão e a expressão pública de ideias

Como vimos anteriormente neste capítulo, uma sociedade democrática depende da liberdade de expressão e da expressão pública de ideias. Dada a importância do direito à liberdade de expressão, ele é protegido pela Primeira Emenda da Constituição dos Estados Unidos, que declara, em parte, que o "Congresso não deve criar nenhuma lei [...] que prive a liberdade de discurso". Do mesmo modo que os oradores precisam evitar insultos e outras táticas que possam minar a liberdade de discurso, os ouvintes têm o dever de preservar o direito dos oradores de serem ouvidos.

Como em outras questões éticas, a amplitude dessa obrigação está aberta a discussões. Controvérsias sobre o significado e o escopo da Primeira Emenda surgem quase diariamente em relação a terrorismo, pornografia e discurso de ódio. A dúvida subjacente nessas disputas é se *todos* os oradores têm o direito de ser ouvidos.

Existem alguns tipos de discurso que não são protegidos pela Primeira Emenda – como falsidades difamatórias que destroem a reputação de uma pessoa, ameaças contra a vida do presidente da nação e incitações para que o público aja ilegalmente em circunstâncias em que está propenso a isso. Do contrário, a Suprema Corte dos Estados Unidos assegurou – e a maioria dos especialistas em comunicação concordou – que os oradores têm o direito quase irrestrito à liberdade de expressão.

Em contraposição a esse ponto de vista, existe o argumento de que algumas ideias são tão perigosas, equivocadas ou ofensivas, que a sociedade tem o dever de refreá-las. Porém, quem deve determinar que ideias são muito arriscadas, equivocadas ou ofensivas para serem expressas? Quem deve decidir quais oradores podem ser ouvidos e quais devem ser silenciados?

» Em uma sociedade democrática, é imprescindível manter a liberdade de expressão e a expressão pública de ideias. Aqui, o rabino Greg Marx dirige-se a uma assembleia da Filadélfia que promove a tolerância religiosa.

Não importa o quanto elas sejam bem-intencionadas, as iniciativas para "proteger" a sociedade por meio da restrição do livre discurso normalmente reprimem os pontos de vista de grupos minoritários e opiniões malquistas. Ao longo da história dos Estados Unidos, essas iniciativas foram utilizadas para manter as mulheres longe do palco público até a década de 1840, amordaçar organizadores trabalhistas durante a década de 1890 e obstar líderes dos direitos civis na década de 1960. Imagine o que a sociedade norte-americana seria se esses oradores tivessem sido silenciados!

É fundamental manter em mente que garantir a liberdade de uma pessoa para expressar suas ideias não significa concordar com elas. Você pode discordar totalmente da mensagem e, ainda assim, apoiar o direito de expressão do orador. Como a Associação Norte-Americana de Comunicação afirma no Credo de Comunicação Ética, "liberdade de expressão, diversidade de ponto de vista e tolerância à discordância" são fatores indispensáveis para "a tomada de decisões fundamentadas tão essencial à sociedade civil".[13]

» Resumo

Como falar em público é uma forma de poder, esse ato traz em si pesadas responsabilidades éticas. No presente, bem como nos últimos 2 mil anos, a pessoa de bem que fala bem continua sendo o ideal do discurso público louvável.

Existem cinco orientações éticas básicas para as apresentações orais em público. A primeira é confirmar se seus objetivos são eticamente fundamentados – se são coerentes com o bem-estar da sociedade e do público. A segunda é estar plenamente preparado para todas as suas exposições. A terceira é ser honesto com relação ao que afirma. A quarta é evitar insultos e outras formas de linguagem ofensiva. A última é sempre pôr em prática os princípios éticos. De todos os lapsos éticos que um orador pode cometer, poucos são mais sérios do que o plágio. Plágio integral ou direto é extrair textualmente um conteúdo de uma única fonte. O plágio mosaico é costurar em uma palestra várias partes copiadas de algumas fontes. O plágio conceitual ocorre quando um orador não menciona a fonte de determinadas citações e paráfrases que são emprestadas de outras pessoas.

Além de suas responsabilidades éticas como orador, você tem obrigações éticas como ouvinte. A primeira é ouvir com respeito e atenção. A segunda é evitar prejulgar o orador. A terceira é ajudar a preservar a liberdade de expressão e a expressão pública de ideias. Em todos esses aspectos, este livro oferecerá um excelente campo para questões relativas à responsabilidade ética.

» Palavras-chave

decisões éticas As decisões éticas consideradas judiciosas exigem a ponderação sobre uma possível conduta em contraposição a um conjunto de normas ou parâmetros éticos.
Declaração dos Direitos dos Cidadãos dos Estados Unidos As primeiras dez emendas da Constituição dos Estados Unidos.
ética Parte da filosofia que trata de questões sobre o que é certo e errado na conduta humana.
insulto Linguagem ofensiva para difamar, depreciar ou humilhar indivíduos ou grupos.
paráfrase Reformular ou resumir com palavras próprias as ideias de um autor.
plágio Apresentação de um conteúdo ou de ideias de outrem como se fossem de própria autoria.
plágio conceitual Não citar o crédito de partes específicas de um discurso que são tomadas emprestadas de outras pessoas.
plágio integral Apropriação indébita do conteúdo integral de uma única fonte como se fosse de própria autoria.
plágio mosaico Apropriação indébita de ideias ou de um conteúdo de duas ou mais fontes como se fossem de própria autoria.

» Questões para recapitulação

1. O que é ética? Por que ter um forte senso de responsabilidade ética é vital para os oradores?
2. Quais são as orientações para apresentações éticas discutidas neste capítulo?
3. Qual é a diferença entre plágio integral e plágio mosaico? Quais são as melhores alternativas para evitar esses tipos de plágio?
4. O que é plágio conceitual? Como você pode evitá-lo ao utilizar citações e paráfrases?
5. Quais são as orientações sobre a habilidade de ouvir eticamente discutidas neste capítulo?

» Exercícios de raciocínio crítico

1. Recapitule a história de Felicia Robinson nas páginas 28-29. Avalie seu dilema com base nas orientações sobre discurso ético apresentadas neste capítulo. Explique qual seria, em sua opinião, a melhor conduta ética no caso dela.
2. A questão sobre insultos e discursos ofensivos – em particular aqueles lançados diretamente contra as pessoas por motivos de cor da pele, religião, gênero ou orientação sexual – é extremamente controversa. Você acredita que a sociedade deveria punir esse tipo de discurso com penalidades criminais? Até que ponto as faculdades e universidades têm motivos justificáveis para tentar disciplinar os alunos que utilizam esse tipo de discurso? Você acha que é apropriado impor limites à liberdade de expressão a fim de proibir insultos e discursos ofensivos? Por quê?
3. Todas as situações a seguir podem surgir em palestras. Identifique os problemas éticos de cada uma e explique qual deveria ser sua conduta como orador ou ouvinte responsável.
    a. Você fará uma palestra sobre reforma penitenciária. Em sua investigação sobre o assunto, você se depara com duas pesquisas de opinião pública. Uma delas, um levantamento independente realizado pela Gallup Organization, mostra que a maioria das pessoas em seu estado é contrária ao seu ponto de vista. A outra, conduzida por uma organização militante e cujos métodos são suspeitos, afirma que a maior parte das pessoas em seu estado apoia seu ponto de vista. Qual levantamento você citaria em sua palestra? Se você citasse a segunda pesquisa, ressaltaria suas deficiências?
    b. Ao ouvir uma palestra informativa de um de seus colegas de classe em um curso de oratória, você constata que grande parte foi copiada de um *site* que você visitou algumas semanas antes. O que você faz? Você diz algo quando seu professor lhe pede para tecer comentários sobre a palestra? Menciona sua preocupação para o professor após a aula? Conversa com o orador? Ou fica em silêncio?
    c. Durante suas pesquisas para uma palestra persuasiva, você encontra uma citação de um artigo escrito por um especialista extremamente respeitado que amarrará com precisão um de seus argumentos mais importantes. Porém, quando lê o restante do artigo, percebe que o autor na verdade não apoia a política que você está defendendo. Mesmo assim, você inclui a citação em seu discurso?

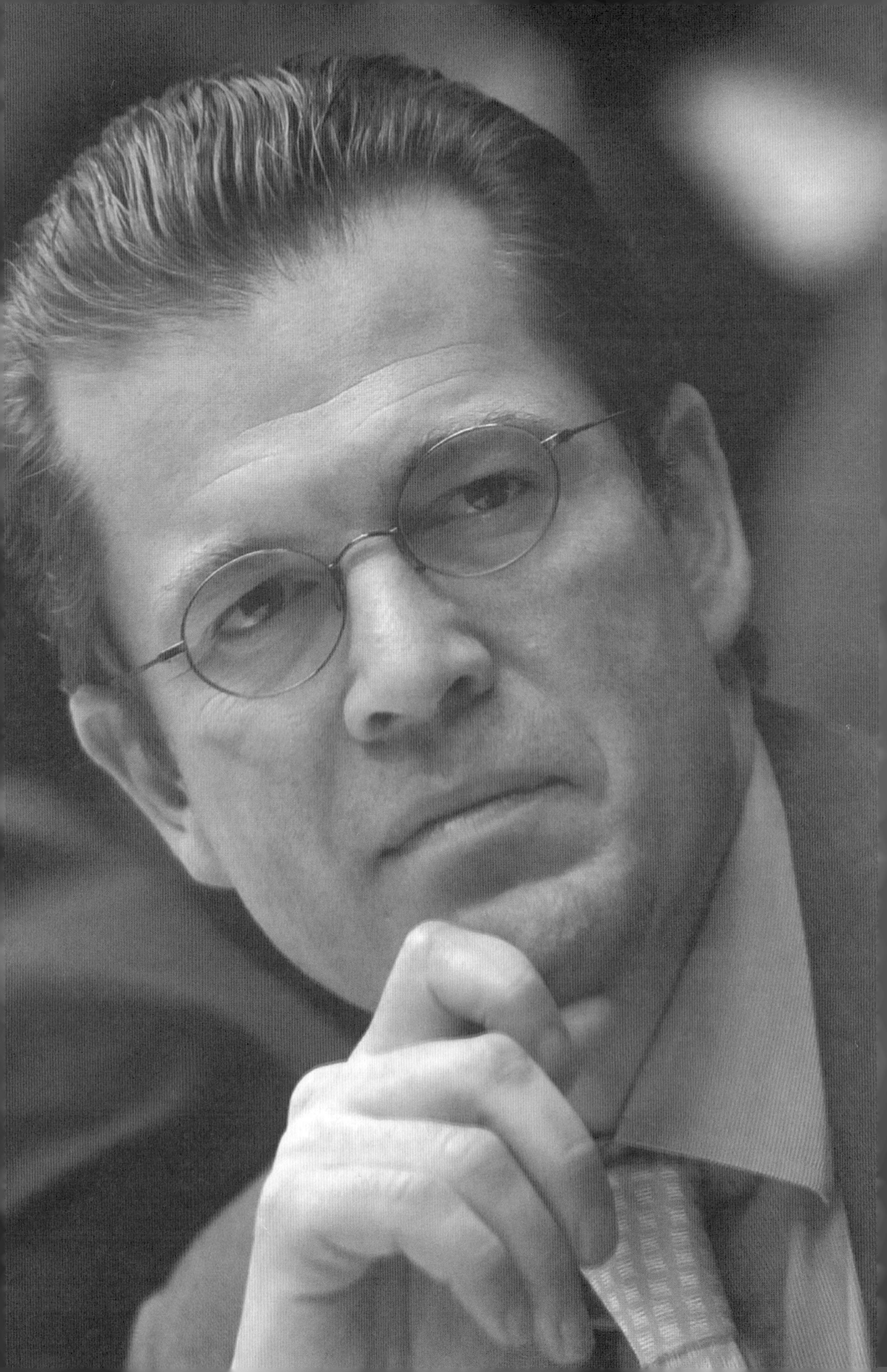

A arte de escutar

- » Escutar é importante
- » Ato de escutar e raciocínio crítico
- » As quatro causas da inabilidade para escutar
- » Como se tornar um ouvinte melhor

Foi um dia longo no escritório. No momento em que Jason Whitehawk estacionou seu carro do modelo mais recente na entrada da garagem, estava exausto. Caminhando arrastadamente para dentro de casa, como de costume, perguntou à sua mulher: "Como foi seu dia hoje no trabalho?".

"Ah, muito bom", respondeu ela, "com exceção do ataque terrorista de manhã e do surto de peste bubônica à tarde."

Jason acenou com a cabeça enquanto caminhava até o sofá. "Que ótimo", afirmou, "pelo menos alguém teve um bom dia hoje."

Essa história mostra o que inúmeras pesquisas revelam – em geral, as pessoas são, surpreendentemente, péssimas ouvintes. Fingimos que prestamos atenção. Podemos olhar diretamente para alguém, parecer interessados no que ela diz, acenar com a cabeça ou sorrir em momentos apropriados – tudo isso sem de fato escutar.

Não escutar não significa não ouvir. **Ouvir** é um processo fisiológico em que há vibração de ondas sonoras nos tímpanos e descarga de impulsos eletroquímicos do ouvido interno para o sistema auditivo central do cérebro. Contudo, **escutar** significa prestar atenção e compreender o que ouvimos. Mesmo quando acreditamos que estamos ouvindo com atenção (escutando), normalmente só captamos 50% do que ouvimos. Após 24 horas, conseguimos nos lembrar apenas de 10% da mensagem inicial.[1] Não é de surpreender que o ato de escutar já tenha sido chamado de "a arte perdida".[2]

» Escutar é importante

Embora a maioria das pessoas não saiba escutar, existem exceções. Excelentes executivos, políticos bem-sucedidos, professores brilhantes – quase todos são ótimos ouvintes.[3] Tanto que aquilo que eles fazem depende da absorção das informações que lhes são transmitidas verbalmente – e internalizadas com rapidez e precisão. Se você fosse entrevistado pelo presidente de uma empresa importante, provavelmente ficaria surpreso (e lisonjeado) com o grau de atenção dessa pessoa às suas palavras.

Na atual era da comunicação, escutar é mais importante do que nunca. De acordo com um estudo, mais de 60% dos erros cometidos nos negócios decorrem da inabilidade para escutar.[4] Substituir essa inabilidade pela habilidade de escutar melhora a eficiência, as vendas, a satisfação do cliente e o moral dos funcionários. É por isso que, na maioria das empresas, os ouvintes eficazes ocupam cargos mais altos e são promovidos com maior frequência dos que os ineficazes. Quando os gerentes de negócios são solicitados a classificar as habilidades de comunicação mais essenciais para as suas atividades, normalmente a habilidade de escutar vem em primeiro lugar.[5]

Mesmo que você não pretenda se tornar um alto executivo, a arte de escutar pode lhe ser útil em quase qualquer âmbito de sua vida. Isso não é de surpreender quando constatamos que as pessoas passam mais tempo escutando do que realizando qualquer outra atividade comunicativa – ler, escrever e até mesmo falar.

Pense por um momento em sua vida como a de estudante universitário. Nas universidades e faculdades norte-americanas, por exemplo, os alunos passam a maior parte do tempo das aulas escutando discussões e preleções. Inúmeros estudos demonstram que existe uma profunda correlação entre a habilidade de escutar e o sucesso acadêmico. Os alunos com notas mais altas normalmente são os que têm maior habilidade para escutar. O contrário também é verdadeiro – os alunos com notas mais baixas habitualmente são os que têm menor habilidade para escutar.[6]

Portanto, existem motivos suficientes para darmos o devido crédito ao ato de escutar. Empregadores e empregados, pais e filhos, marido e mulher, médicos e pacientes, alunos e professores – todos dependem da habilidade aparentemente simples de escutar. Seja qual for sua profissão ou estilo de vida, você nunca escapará da necessidade de ter ouvidos bem treinados e afiados.

Escutar é importante também para os oradores. Provavelmente, é a forma como obtemos a maioria de nossas ideias e informações – da televisão, do rádio, de conversas e de preleções. Se você não prestar atenção, não compreenderá o que ouve e, talvez, passe adiante mal-entendidos.

Além disso, você passará mais tempo escutando exposições orais do que as fazendo em sua vida. É justo e sensato prestar muita atenção às palestras de outras pessoas; afinal de contas, você deseja que eles dediquem a mesma atenção às *suas* exposições. Uma excelente opção para aprimorar suas apresentações orais é ouvir com atenção as apresentações de outras pessoas. Os professores de cursos de oratória sempre constatam que os melhores oradores são os melhores ouvintes.

Outro benefício de participar como ouvinte de palestras é que elas oferecem uma oportunidade ideal para você aprimorar a arte de escutar. Durante 95% do tempo em que você não estiver falando, não terá outra coisa a fazer senão escutar e aprender. Você pode ficar ali sentado como uma pedra ou utilizar esse tempo vantajosamente para dominar a fundo uma habilidade que lhe será útil em milhares de situações.

» Ato de escutar e o raciocínio crítico

O ato de escutar pode lhe ser útil para aprimorar suas habilidades de raciocínio crítico. Podemos identificar quatro tipos de escuta:[7]

» **Escuta apreciativa** – escutar por prazer ou satisfação, como escutar música, um número humorístico ou um discurso de entretenimento.
» **Escuta empática** – escutar para oferecer apoio emocional ao orador, como quando um psiquiatra escuta um paciente ou quando escutamos solidariamente um amigo que está passando por dificuldades.
» **Escuta compreensiva** – escutar para compreender a mensagem do orador, como quando assistimos a uma preleção ou ouvimos com atenção as instruções para chegar à casa de um amigo.
» **Escuta avaliadora** – escutar com o objetivo de avaliar uma mensagem no sentido de aceitá-la ou rejeitá-la, como quando escutamos o discurso de vendas de um vendedor de carro ou o discurso de campanha de um candidato político.

Embora esses quatro tipos de escuta sejam importantes, este capítulo abordará principalmente a escuta compreensiva e a escuta avaliadora, aqueles que mais utilizamos para ouvir exposições orais em sala de aula, tomar nota de aulas em outros cursos, comunicar-se no ambiente de trabalho e responder ao bombardeio de comerciais, mensagens políticas e outros tipos de apelo persuasivo no dia a dia. Além disso, esses dois tipos são os que estão mais intimamente relacionados com o raciocínio crítico.

Como vimos no Capítulo 1, o raciocínio crítico requer inúmeras habilidades. Alguma delas – sintetizar informações, recordar-se de fatos, distinguir entre pontos principais e pontos secundários – são essenciais na escuta compreensiva. Outras habilidades de raciocínio crítico – diferenciar o que é verdade e o que é opinião, identificar pontos fracos em um raciocínio, avaliar a solidez das evidências – são particularmente importantes na escuta avaliadora.

Nas escutas compreensiva e avaliadora, você precisa usar tanto a mente quanto os ouvidos. Quando não existe um envolvimento mental ativo, as pessoas podem estar ouvindo, mas não *escutando*. Na verdade, a relação entre escuta e raciocínio crítico é tão estreita, que aprender a escutar é também aprender a pensar.

Ao final deste capítulo, analisaremos os passos que você pode dar para aprimorar suas habilidades nas escutas compreensiva e avaliadora. Se você seguir esses passos, é provável que também aprimore o raciocínio crítico.

» As quatro causas da inabilidade para escutar

» Não se concentrar

Nosso cérebro é inacreditavelmente eficiente. Embora os seres humanos consigam falar de 120 a 150 palavras por minuto, o cérebro consegue processar de 400 a 800 palavras por minuto.[8] Aparentemente, isso poderia facilitar muito o ato de escutar, mas, na verdade, tem o efeito oposto. Como conseguimos processar as palavras de um orador e ainda assim ter um bom **tempo de "folga mental"**, sentimo-nos persuadidos a parar de escutar quando pensamos em outras coisas. Veja o que ocorre:

> Elena Kim trabalha no departamento de comunicações públicas de uma grande seguradora. Ela participa regularmente de reuniões de equipe com o diretor de comunicações. Essas reuniões fornecem informações indispensáveis, mas às vezes parecem se arrastar e nunca acabar.
>
> Na reunião desta manhã, o diretor está falando sobre o novo vice-presidente executivo da empresa, que acabou de se mudar de uma empresa regional na Flórida para a matriz da seguradora. "O Sr. Fernández nunca trabalhou em uma empresa deste porte, mas sua experiência na Flórida...".
>
> "Flórida", Elena imagina. "Sol, aquela infinidade de praias e a vida noturna de South Beach. Talvez eu consiga tirar alguns dias de férias em janeiro...".

Bruscamente, Elena volta a prestar atenção na reunião. Naquele momento, o diretor de comunicações está falando sobre o último plano da empresa para fazer anúncios de utilidade pública. Elena não está envolvida nesse plano, e por isso ela novamente se distrai.

De manhã, ela havia tido outra discussão com sua colega de apartamento sobre quem limparia a cozinha e colocaria o lixo para fora. Talvez esse seja o momento de decidir se ela poderia viver sem a sua colega. Com certeza isso diminuiria essas chatices.

"... uma área que Elena investigou amplamente", o diretor acabou de dizer. Ops! *De que* área o diretor está falando? Todos olham para Elena, enquanto ela tenta rapidamente se lembrar das últimas palavras ditas na reunião.

Isso não significa que Elena *pretendesse* desviar sua atenção da reunião. Porém, existem momentos em que é muito fácil deixarmos nossos pensamentos vaguear, em vez de nos concentrarmos no que está sendo dito. Afinal, ter concentração é difícil. Segundo o famoso advogado de defesa Louis Nizer, "É uma concentração tão intensa, que, ao final de um dia de trabalho no tribunal em que tenha apenas escutado, percebo que fico encharcado, ainda que esteja aparentemente calmo e descontraído".[9]

Ainda neste capítulo, analisaremos algumas coisas que você pode fazer para se concentrar melhor no que ouve.

» Escutar com excessiva atenção

Até agora falamos sobre não prestar muita atenção ao que ouvimos. Porém, algumas vezes escutamos com *excessiva* atenção. Com isso, acabamos nos transformando em uma esponja, absorvendo cada palavra do orador, como se toda palavra fosse igualmente importante. Tentamos nos lembrar de todos os nomes, todas as datas, todos os lugares. Nesse processo, muitas vezes perdemos a ideia principal do orador. Pior, também acabamos confundindo todos os fatos.

Logo depois de se formar na faculdade, Carlos Molina obteve um excelente emprego como desenvolvedor *web*. Sabendo que nunca havia administrado bem seu dinheiro, inscreveu-se em um *workshop* sobre planejamento financeiro.

A primeira sessão foi sobre planejamento de aposentadoria. Simone Fisher, que estava conduzindo o *workshop*, explicou que, entre 10 norte-americanos entre 22 e 35 anos de idade, 7 não fazem um orçamento mensal nem têm um plano de poupança. Carlos tomou nota de cada número mencionado por Simone.

"Para ter um salário de aposentadoria equivalente a 75% do seu salário atual", continuou Simone, "vocês precisarão investir pelo menos 6% de seus ganhos atuais. Além disso, devem considerar a inflação ao

» As pessoas passam mais tempo escutando do que realizando qualquer outra atividade comunicativa. Um dos benefícios em participar como ouvinte em palestras é que elas podem aprimorar sua habilidade de escutar, a qual poderá utilizar para uma série de situações.

longo do tempo. Hoje à tarde, nos reuniremos pessoalmente com cada um de vocês para calcular quanto cada um precisa economizar. Nesse meio tempo, gostaria de salientar que o mais importante é começar a economizar agora."

Carlos digitou cuidadosamente em seu *notebook* todas as estatísticas mencionadas. Quando Simone abriu espaço para perguntas, Carlos levantou a mão e disse: "Tenho duas perguntas. Quando devo começar a economizar para a minha aposentadoria? E como devo calcular a inflação futura?".

Esse é um exemplo característico em que uma pessoa perde a ideia principal do orador pelo fato de se concentrar em detalhes. Carlos preocupou-se em se lembrar de todas as estatísticas que Simone apresentou em sua palestra, mas ignorou a mensagem principal – isto é, que é melhor começar a economizar agora e que ele obteria ajuda para desenvolver um plano individual.

Em vez de tentar se lembrar de tudo que um orador diz, os ouvintes eficazes normalmente se concentram nos pontos principais e em evidências. Analisaremos essas questões de forma mais detalhada ainda neste capítulo.

» Tirar conclusões precipitadas

Kiah Lee, recém-formada na universidade, conseguiu um emprego como assistente editorial no departamento de pesquisa de uma revista regional. Logo depois que Kiah começou a trabalhar, o editor responsável por esse departamento deixou a revista para assumir outro emprego. Nos dois meses seguintes, Kiah empenhou-se para lidar sozinha com o trabalho do departamento. Muitas vezes, ela sentia que o trabalho estava além de sua capacidade, mas sabia que era uma boa oportunidade para aprender. Além disso, detestava a ideia de abrir mão de suas novas responsabilidades.

Certo dia, Derek Perkins, editor-chefe da revista, entrou na sala de Kiah para uma conversa, que transcorreu da seguinte forma:

Derek	Você fez um excelente trabalho nos últimos dois meses. Mas sabemos que precisamos muito de um novo editor. Por isso, resolvemos realizar algumas mudanças.
Kiah	Não estou surpresa. Sei que cometi minha parcela de erros.
Derek	Todos nós cometemos erros quando estamos começando. E você tem arcado com muitas responsabilidades. É por isso...
Kiah	Eu sei que sou inexperiente, e este departamento é importante.
Derek	Sim, é. E não é um trabalho fácil. Realmente precisamos de um editor e de um assistente para lidar com todo o trabalho. É por isso que gostaria de dizer a você...
Kiah	Eu compreendo. Sempre soube que estava apenas substituindo.
Derek	Kiah, você não está me escutando.
Kiah	Sim, estou. Você está tentando ser educado, mas está aqui para me dizer que contratou um novo editor e que eu voltarei para a minha antiga função.
Derek	Não, não se trata disso. Acho que você realizou um ótimo trabalho em circunstâncias difíceis. Você provou sua competência, e quero que *você* seja a editora. Mas acho que precisa de um assistente para ajudá-la.

Por que há tanta confusão nesse exemplo? Obviamente, Kiah não tem certeza sobre seu futuro na revista. Por isso, quando Derek começa a falar sobre realizar algumas mudanças, Kiah tira conclusões precipitadas e presume o pior. Esse mal-entendido poderia ter sido evitado se, quando Derek disse "Decidimos realizar algumas mudanças", Kiah tivesse perguntado "Que mudanças?" – e, em seguida, *escutado*.

Essa é uma das formas de tirar conclusões precipitadas – pôr palavras na boca de quem está falando –, um dos motivos pelos quais às vezes nos comunicamos tão mal com as pessoas mais próximas de nós. Pelo fato de não termos tanta certeza sobre o que elas querem dizer, não escutamos o que elas de fato dizem.

Outra maneira de tirar conclusões precipitadas é rejeitar prematuramente as ideias do orador por considerá-las desinteressantes e equivocadas. Isso seria um erro. Digamos que o tema anunciado fosse "Arquitetura e História". Parece entediante. Por isso, você fica indiferente – e perde uma discussão fascinante e cheia de histórias de interesse humano sobre edificações e outras construções desde as pirâmides antigas aos mais novos arranha-céus.

Quase todas as exposições orais têm algo a oferecer – seja uma informação, um ponto de vista ou uma técnica. Você estará se enganando se prejulgar e optar por não dar ouvidos.

» Fixar-se na elocução e na aparência pessoal

Leitores ávidos por história norte-americana, Greg e Marissa ficaram empolgados quando viram um cartaz na livraria anunciando a palestra do autor de um novo livro sobre a Batalha de Gettysburg. Como o livro havia recebido ótimas críticas, Greg e Marissa pretendiam comparecer à palestra.

Quando chegaram à livraria, sentaram-se e prestaram atenção enquanto o palestrante falava sobre suas pesquisas e principais descobertas. "Foi excelente", afirmou Marissa com entusiasmo enquanto voltavam para o carro. Mas Greg estava meio carrancudo. "O que há de errado?", perguntou Marissa.

"Eu sei que você vai achar isso estúpido", começou Greg. "O cara era um orador respeitável e parecia saber do que estava falando. Mas você viu o casaco esportivo que ele estava usando? É tão retrô – e sua gravata era horrível. Por mais que tentasse, não conseguia evitar o pensamento de que ele não renova o guarda-roupa desde a década de 1980."

Essa história mostra um problema comum. Algumas vezes, julgamos as pessoas pela aparência ou por sua maneira de falar e não escutamos o que elas dizem. É fácil sermos distraídos pela pronúncia, pela aparência pessoal ou por maneirismos verbais do orador e perder de vista a mensagem. Ficar fixado na elocução e na aparência pessoal do orador é uma das principais fontes de interferência no processo de comunicação oral, postura que sempre devemos combater.

» Como se tornar um ouvinte melhor

» Ouça verdadeiramente

O primeiro passo para se tornar um ouvinte melhor é conceder ao ato de escutar o rigor que ele merece. Os bons ouvintes não nascem prontos. Eles se *esforçam* para aprender a ouvir de maneira eficaz. A habilidade de escutar com eficácia não está relacionada com inteligência, nível educacional e posição social. Como qualquer outra habilidade, ela provém de treinamento e autodisciplina. Para analisar suas habilidades atuais como ouvinte, preencha a "Planilha de Autoavaliação da Habilidade de Escutar", na página 49.[10] Assim que identificar suas deficiências como ouvinte, empenhe-se de forma séria para superá-las.

» Seja um ouvinte ativo

Inúmeros aspectos da vida moderna nos estimulam a escutar passivamente. Ouvimos nosso iPod enquanto estudamos. Os pais escutam os filhos enquanto preparam o jantar. Os repórteres de televisão escutam o discurso de um político enquanto circulam pelo auditório e procuram sua entrevista seguinte.

A escuta passiva é um hábito – mas a escuta ativa também é. Os ouvintes ativos prestam total atenção ao orador em um esforço autêntico para compreender seu ponto de vista. Em uma conversa, eles não interrompem nem concluem as frases do interlocutor. Quando ouvem um discurso, não se deixam distrair por interferências internas ou externas e não prejulgam o orador. Eles levam o ato de escutar a sério e fazem o que podem para se manter concentrados no orador e em sua mensagem.

Autoavaliação da habilidade de escutar

Com que frequência você cede aos péssimos hábitos de escuta relacionados a seguir? Avalie-se com cuidado em cada item.

HÁBITO	FREQUÊNCIA					PONTUAÇÃO
	Quase sempre	Normalmente	Algumas vezes	Raramente	Quase nunca	
1. Ceder a distrações mentais						
2. Ceder a distrações físicas						
3. Tentar se lembrar de tudo o que o interlocutor/orador diz						
4. Rejeitar um tema por considerá-lo desinteressante antes de ouvir o interlocutor/orador						
5. Fingir que está prestando atenção						
6. Tirar conclusões precipitadas sobre a intenção do interlocutor/orador						
7. Concluir que o interlocutor/orador está errado antes de escutar tudo o que ele tem a dizer						
8. Julgar o interlocutor/orador por sua aparência pessoal						
9. Não prestar atenção às evidências apresentadas pelo interlocutor/orador						
10. Fixar-se na elocução, e não no que o interlocutor/orador está dizendo						
					TOTAL	

Como atribuir a pontuação:

Para cada "quase sempre", atribui-se uma pontuação de..........2
Para cada "normalmente", atribui-se uma pontuação de..........4
Para cada "algumas vezes", atribui-se uma pontuação de..........6
Para cada "raramente", atribui-se uma pontuação de..........8
Para cada "quase nunca", atribui-se uma pontuação de..........10

Interpretação do total de pontos: Abaixo de 70   Você precisa de muito treinamento para escutar bem.
De 71-90   Você sabe escutar.
Acima de 90   Você sabe escutar excepcionalmente bem.

Capítulo 3 A arte de escutar

» Os ouvintes eficazes levam essa responsabilidade a sério. Se você encarar o ato de escutar como um processo ativo, aguçará significativamente seu poder de concentração e compreensão.

Existem várias medidas que você pode tomar para aprimorar suas habilidades de escuta ativa, como resistir às distrações, não ser distraído pela aparência ou pela elocução do orador, concentrar-se no que está ouvindo e desenvolver a habilidade de tomar notas. Analisaremos cada uma delas.

» Resista às distrações

Em um mundo imaginário, conseguiríamos eliminar todas as distrações físicas e mentais. Entretanto, no mundo real, não conseguimos. Como pensamos bem mais rapidamente do que um orador consegue falar, é fácil deixarmos nossa atenção escapar. Às vezes, é extremamente difícil – quando a sala está muito quente, há algum equipamento de construção barulhento do lado de fora, o orador é cansativo. Porém, nossa atenção pode escapar mesmo nas melhores circunstâncias – pelo simples fato de não conseguirmos nos manter atentos e nos concentrar.

Sempre que você perceber que isso está ocorrendo, faça um esforço deliberado para trazer sua mente de volta para o que o orador está dizendo. Em seguida, force a mente a se manter focada. Uma solução é pensar à frente do orador – tente prever o que vem em seguida. Isso não é a mesma coisa que tirar conclusões precipitadas. Quando você tira conclusões precipitadas, você põe palavras na boca do orador e não presta atenção ao que foi dito. No caso da antecipação, você *prestará atenção* e avaliará o que o orador diz comparativamente ao que você antecipou.

Outra forma de manter a mente concentrada no conteúdo da apresentação é rever mentalmente o que o orador já disse e confirmar se você de fato compreendeu. Ou então prestar atenção nas entrelinhas e avaliar o que o orador quer dizer verbalmente ou afirma não verbalmente com a linguagem corporal. Suponhamos que um orador esteja apresentando alguém ao público. Ele diz: "É um grande prazer apresentar a vocês minha querida amiga Ashley Hauser". Contudo, o orador não a cumprimenta com um aperto de mãos. Ele nem mesmo olha para ela – simplesmente vira as costas e deixa o palco. Ashley é de fato "uma querida amiga"? Certamente que não.

Os ouvintes atentos conseguem detectar todos os tipos de indício na mensagem real do orador. A princípio, você pode achar difícil ouvir com esse nível de atenção. Entretanto, se você se esforçar, com certeza melhorará sua concentração.

» Não se deixe distrair pela aparência e pela elocução

Se você tivesse estado presente no monumental discurso de Abraham Lincoln à Cooper Union, em 1860, você teria visto o seguinte:

A figura longilínea e desalinhada sobre a qual caía uma veste que, embora nova para a ocasião, evidentemente era produto do trabalho de um alfaiate inexperiente; os pés grandes e as mãos desgraciosas das quais, pelo menos no início, o orador parecia indevidamente consciente; [e] a cabeça alongada e esquelética, coberta por uma cabeleira espessa que parecia não ter sido totalmente penteada, compunham uma figura que não se encaixava na concepção nova-iorquina de um estadista bem-acabado.[11]

Porém, embora ele parecesse desajeitado e não refinado, Lincoln tinha uma poderosa mensagem sobre os males morais da escravidão. Felizmente, o público presente na Cooper Union não deixou a aparência de Lincoln obstar suas palavras.

De maneira semelhante, você deve se dispor a afastar julgamentos preconcebidos, baseados na aparência ou na maneira de falar de uma pessoa. Gandhi era um homem cuja aparência não causava impressão e que, em seus discursos, com frequência estava vestido com uma simples veste branca de algodão. Stephen Hawking, severamente incapacitado, consegue falar apenas com o auxílio de um sintetizador de voz. No entanto, imagine quão mais pobre o mundo seria se ninguém lhes tivesse dado ouvidos. Ainda que isso possa pôr à prova sua tolerância, paciência e concentração, não permita que os sentimentos negativos com relação à aparência ou elocução de um orador o impeçam de prestar atenção na mensagem.

Entretanto, não se iluda se o orador tiver uma aparência extraordinariamente atraente. É muito fácil pressupor que, pelo fato de uma pessoa ter boa aparência e uma ótima elocução, esteja falando com eloquência. Alguns dos oradores mais inescrupulosos da história eram pessoas bem aparentadas que tinham uma habilidade de elocução que consegue hipnotizar. Também nesse caso, procure responder à mensagem, e não à embalagem que a reveste.

» Não julgue

A menos que escutemos apenas as pessoas que pensam exatamente como nós, ouviremos coisas com as quais não concordamos. Quando isso ocorre, nossa inclinação natural é discutir mentalmente com o orador ou negar tudo o que ele diz. Porém, nenhuma dessas reações é favorável e, em ambos os casos, eliminamos qualquer possibilidade de aprendermos ou sermos persuadidos.

Isso significa que você deve concordar com tudo o que ouve? De forma alguma. Significa que você deve ouvir as pessoas *antes* de chegar a uma avaliação final sobre o que estão dizendo. Tente compreender o ponto de vista delas. Preste atenção as suas ideias, examine as evidências, avalie o seu raciocínio. *Em seguida*, decida. Na escuta ativa, o propósito é afastar "preconceitos, enquadramentos, estruturas de referência e desejos próprios a fim de conhecer tanto quanto possível o mundo do orador, de dentro para fora".[12] Costuma-se dizer que uma mente fechada é uma mente vazia.

» Dirija sua atenção para um foco

Como vimos, os ouvintes qualificados não tentam absorver todas as palavras do orador. Na verdade, eles se concentram em aspectos específicos de uma exposição oral. Veja três sugestões para ajudá-lo a dirigir sua atenção para um foco:

» *Preste atenção nos pontos principais*

A maioria das exposições orais contém de dois a quatro pontos principais. Aqui, por exemplo, apresentamos os pontos principais de uma palestra recente de Jack Hayes, diretor do Serviço Meteorológico Nacional dos Estados Unidos:[13]

1. Os últimos 50 anos assistiram a inúmeras inovações pioneiras em meteorologia.
2. Mais do que em qualquer outro momento da história, hoje os meteorologistas podem oferecer alertas mais precisos sobre as condições meteorológicas.
3. Avanços futuros na meteorologia exigirão ideias visionárias e recursos econômicos.

Essas três ideias principais estão no núcleo da mensagem de Hayes. Como em qualquer outra exposição oral, esses são os fatores mais importantes aos quais devemos prestar atenção.

A menos que um orador seja muito avoado, é provável que você detecte seus pontos principais com pouca dificuldade. Logo no início, o orador costuma dar uma ideia dos pontos principais que serão discutidos. Por exemplo, ao final da introdução, Hayes disse que refletiria sobre "onde estávamos, onde estamos e [...] para onde iremos daqui em diante". Ao longo de sua exposição, Hayes passou de um ponto a outro com indicações do tipo como "Vejamos brevemente o quanto andamos" e "O que existe no horizonte?". Depois disso, apenas os ouvintes mais desatentos poderiam perder de vista seus pontos principais.

» *Preste atenção nas evidências*

Contudo, identificar os principais pontos apresentados pelo orador não é suficiente. Você deve também prestar atenção nas evidências. Os pontos principais de Hayes, por si sós, são apenas afirmações. Você pode ficar inclinado a acreditar neles só porque foram ditos por um meteorologista importante. No entanto, um ouvinte cauteloso ficará preocupado com as evidências, independentemente de quem estiver falando. Se você tivesse assistido à palestra de Hayes, o teria ouvido respaldar suas afirmações com um corpo de evidências confirmáveis. Veja um trecho da palestra:

> Nos últimos 20 anos, avanços na ciência e na tecnologia nos permitiram melhorar a preparação pública para inundações repentinas e violentas de 10 minutos para 1 hora e 10 minutos, um salto sétuplo.
>
> Melhoramos a precisão das previsões de rastreamento de furacões. Em 1970, o erro de rastreamento para as previsões de 48 horas era de aproximadamente 250 milhas náuticas. Em 2009, era inferior a 100 milhas náuticas. Na verdade, nossa média de erro atual para 96 horas é melhor do que o de nossa previsão de 48 horas em 1970, porque as empresas e os habitantes costeiros têm dois dias a mais para se prepararem para furacões como o Katrina.

Existem quatro perguntas básicas sobre as evidências apresentadas pelo orador:

Elas são *precisas*?

Elas são extraídas de fontes *objetivas*?

Elas são *pertinentes* às alegações do orador?

Elas são *suficientes* para respaldar o argumento do orador?

No caso de Hayes, a resposta para todas as perguntas é sim. Os números que ele apresenta sobre os avanços meteorológicos já estão bem documentados em fontes públicas e podem ser confirmados por fontes independentes. Eles são nitidamente pertinentes à alegação de Hayes de que esses avanços na meteorologia estão salvando vidas e poupando dinheiro e suficientes para respaldá-la. Se as evidências de Hayes fossem imprecisas, tendenciosas, irrelevantes ou insuficientes, você deveria ter cautela em aceitar suas alegações.

Analisaremos em detalhe esses e outros testes de evidência nos Capítulos 8 e 17. Por enquanto, basta saber que você deve se prevenir contra afirmações infundadas e generalizações radicais. Fique de olho nas evidências oferecidas pelo orador e em sua precisão, objetividade, pertinência e suficiência.

» *Preste atenção na técnica*

Dissemos antes que você não deve deixar a elocução do orador desviá-lo da mensagem, e isso é verdade. Contudo, se você deseja tornar-se um orador eficaz, deve estudar os métodos que outras pessoas utilizam para falar de maneira eficaz.

Analise a introdução: Quais métodos o orador utiliza para atrair a atenção, para relacionar o conteúdo com o público, para gerar credibilidade e uma predisposição positiva? Avalie a organização da exposição: Ela está clara e é fácil de acompanhar? Você consegue identificar os pontos principais do orador? Você consegue acompanhar quando o orador muda de um ponto para outro?

Examine a linguagem do orador: Ela é precisa, clara, expressiva e apropriada? O orador adapta-se bem ao público e à ocasião? Finalmente, faça um diagnóstico da elocução do orador: Ela é fluente, dinâmica e convincente? Ela fortalece ou enfraquece o impacto das ideias do orador? Ele sabe utilizar bem o contato visual, gestos e recursos visuais?

Ao ouvir, preste atenção aos pontos fortes e fracos do orador. Se ele não for convincente, tente identificar o motivo. Se ele for convincente, tente reconhecer as técnicas que você poderia empregar em suas exposições. Se você assumir essa postura de atenção, ficará surpreso com o quanto conseguirá aprender a respeito da arte de falar em público.

» Aprenda a tomar notas

Os alunos de cursos de oratória muitas vezes ficam perplexos com a rapidez com que o professor consegue identificar as principais ideias, evidências e técnicas do orador. Obviamente, o professor sabe em que ele deve prestar atenção e já tem muita experiência. Porém, na próxima vez em que tiver oportunidade, observe um professor durante a apresentação oral de um aluno. É provável que ele esteja com um *notebook* ou com papel e caneta à mão. Tomar notas apropriadamente é um método infalível para melhorar sua concentração e acompanhar as ideias do orador.

Apropriadamente é a palavra-chave nesse caso. Infelizmente, muitas pessoas não sabem tomar notas devidamente. Algumas tentam anotar tudo o que o orador diz, vendo isso como um teste que contrapõe a rapidez com que elas tomam notas e o ritmo com que o orador fala. Assim que ele começa a falar, elas começam a escrever ou digitar. Mas logo o orador acaba vencendo essa competição. Em um esforço desesperado para alcançá-lo, elas tentam anotar cada vez mais rapidamente. Mas nem mesmo isso é suficiente. O orador consegue avançar tanto, que elas jamais conseguem alcançá-lo.[14]

Algumas pessoas tomam a direção oposta. Chegam munidas de caneta, *notebook* e das melhores intenções. Sabem que não conseguem anotar tudo. Por isso, esperam o orador dizer algo interessante. De vez em quando, o orador as recompensa com uma piada, uma história comovente ou um fato surpreendente. Desse modo, elas anotam algumas poucas palavras e reclinam-se na cadeira para aguardar a boa-nova seguinte. Ao final da apresentação, elas têm algumas poucas informações – e pouco ou nada anotado a respeito das principais ideias do orador.

Como esses exemplos mostram, a maioria das pessoas que não sabem tomar notas adequadamente padece de um ou dos dois problemas: não sabem *o que* devem considerar; e não sabem *como* anotar o que elas de fato considerem.[15] A solução para o primeiro problema é concentrar-se nas principais ideias e evidências do orador. Porém, mesmo que você saiba o que deve considerar, ainda assim precisará de um método adequado para tomar notas.

Embora existam inúmeros métodos, os alunos acham o **esquema de palavras-chave** mais adequado para ouvir preleções em sala de aula e discursos formais. Como o nome indica, esse esquema menciona brevemente as principais ideias e evidências de apoio do orador em forma de esboço. Suponhamos que um orador diga:

> Os hospitais dos Estados Unidos estão enfrentando uma séria escassez de enfermeiros. De acordo com a Associação Norte-Americana de Hospitais, a escassez de oferta em toda a nação atingiu um total alarmante de 135 mil enfermeiros. Pior, um artigo recente no *Health Affairs* prevê que essa escassez chegará a 260 mil profissionais por volta de 2025. Os hospitais de metrópoles como Nova York, Los Angeles e Miami tiveram de reduzir seus serviços em virtude da falta de enfermeiros.
>
> Existem quatro causas principais para essa escassez. Uma delas é que não há uma quantidade suficiente de acadêmicos nas escolas de enfermagem para treinar o número de enfermeiros que os hospitais neces-

» Pesquisas confirmam que ouvir com atenção e saber anotar são habilidades essenciais para você ter um bom desempenho acadêmico. Além disso, elas podem beneficiá-lo em inúmeras situações ao longo da vida.

sitam. Uma segunda causa é que, além dos hospitais, os enfermeiros conseguem encontrar emprego em clínicas médicas. Uma terceira razão é que muitos enfermeiros hesitam em permanecer no emprego em virtude das longas horas de trabalho, o que inclui noites, feriados e fins de semana. Uma quarta causa é que os enfermeiros são sobrecarregados com uma quantidade excessiva de trabalho administrativo.

As pessoas que utilizam o esquema de palavras-chave anotariam algo mais ou menos assim:
Séria escassez de enfermeiros

    Total de 135 mil

    260 mil por volta de 2025

    Diminuição dos serviços nos hospitais

Quatro causas principais

    Poucos docentes nas escolas de enfermagem

    Disponibilidade de emprego em outros locais além dos hospitais

    Longas horas de trabalho

    Excesso de trabalho administrativo

Observe como as notas são breves. Entretanto, elas resumem com precisão as ideias do orador. Além disso, são bastante claras. Separando os pontos principais dos pontos secundários e das evidências, esse formato esquemático mostra a relação existente entre as ideias do orador.

O aperfeiçoamento desse e de outros métodos de anotação exige prática. Porém, com um pouco de esforço, é provável que você perceba logo os resultados. Você se tornará um ouvinte melhor quando aprimorar sua habilidade de tomar notas. Existe também uma boa probabilidade de você se tornar um aluno melhor – pesquisas confirmam que, normalmente, os alunos que sabem anotar recebem notas mais altas do que aqueles que não sabem.[16]

» Resumo

De modo geral, as pessoas não sabem escutar. Mesmo quando ouvimos com atenção, normalmente captamos apenas metade do que ouvimos e conseguimos reter menos ainda. O aprimoramento de sua habilidade de escutar pode ser útil para todos os aspectos de sua vida, inclusive em suas apresentações orais.

Ceder a distrações e deixar os pensamentos vaguearem é a principal causa da escuta ineficaz. Entretanto, algumas vezes escutamos com excessiva atenção. Tentamos nos lembrar de cada palavra que o orador diz e perdemos a mensagem principal porque nos concentramos nos detalhes. Em outras situações, podemos tirar conclusões precipitadas e prejulgar o orador antes de escutar a mensagem até o fim. Além disso, muitas vezes julgamos as pessoas pela aparência ou por sua maneira de falar, em vez de escutar o que elas dizem.

Você pode eliminar esses hábitos inadequados por meio de vários passos. Primeiro, dê o devido crédito ao ato de escutar e empenhe-se para se tornar um ouvinte melhor. Segundo, empenhe-se para se tornar um ouvinte ativo, prestando total atenção no orador em um esforço autêntico para compreender suas ideias. Terceiro, resista às distrações. Procure se concentrar deliberadamente no que o orador está dizendo. Quarto, evite ser distraído pela aparência ou elocução do orador. Ignore julgamentos preconcebidos com base na aparência e na maneira da pessoa se expressar.

Quinto, não julgue enquanto não ouvir toda a mensagem do orador. Sexto, dirija sua atenção aos pontos principais, às evidências e às técnicas do orador. Por fim, desenvolva a habilidade de tomar notas. Uma excelente maneira de melhorar sua concentração e acompanhar as ideias do orador é tomar notas apropriadamente.

» Palavras-chave

escuta apreciativa Escutar com prazer ou satisfação.
escuta ativa Prestar total atenção ao orador em um esforço autêntico para compreender seu ponto de vista.
escuta avaliadora Escutar com o objetivo de avaliar uma mensagem no sentido de aceitá-la ou rejeitá-la.
escuta compreensiva Escutar para compreender a mensagem do orador.
escuta empática Escutar para oferecer apoio emocional ao orador.
escutar Prestar atenção e compreender o que ouvimos.
esquema de palavras-chave Esquema que menciona brevemente as principais ideias e evidências de apoio do orador em forma de esboço.
ouvir Vibração de ondas sonoras nos tímpanos e descarga de impulsos eletroquímicos para o sistema auditivo central no cérebro.
tempo de "folga mental" Diferença entre a velocidade com que uma pessoa fala (120 a 150 palavras por minuto) e a velocidade com que o cérebro consegue processar a linguagem (400 a 800 palavras por minuto).

» Questões para recapitulação

1. Qual a diferença entre ouvir e escutar?
2. Em que sentido o ato de escutar está relacionado com o raciocínio crítico?
3. Por que é importante desenvolver solidamente a habilidade de escutar?
4. Quais são as quatro causas principais de ineficácia no ato de escutar?
5. Quais são os sete passos para se tornar um melhor ouvinte?

» Exercícios de raciocínio crítico

1. Em sua opinião, entre as quatro causas de inabilidade para escutar discutidas neste capítulo, qual é a mais importante? Escolha um caso específico de inabilidade para escutar em que você esteve envolvido. Explique o que deu errado.
2. Utilizando a "Planilha de Autoavaliação da Habilidade de Escutar", na página 49, realize uma avaliação sincera de seus principais pontos fortes e fracos como ouvinte. Explique quais passos você precisa dar para se tornar um ouvinte melhor.
3. Assista à notícia principal da semana em algum noticiário. Utilizando o método de anotação por palavras-chave, anote as principais ideias da matéria.
4. Escolha uma palestra para assistir. Analise o que o palestrante faz mais de maneira eficaz. Identifique o que ele poderia melhorar para ajudar os ouvintes a acompanhar a palestra.

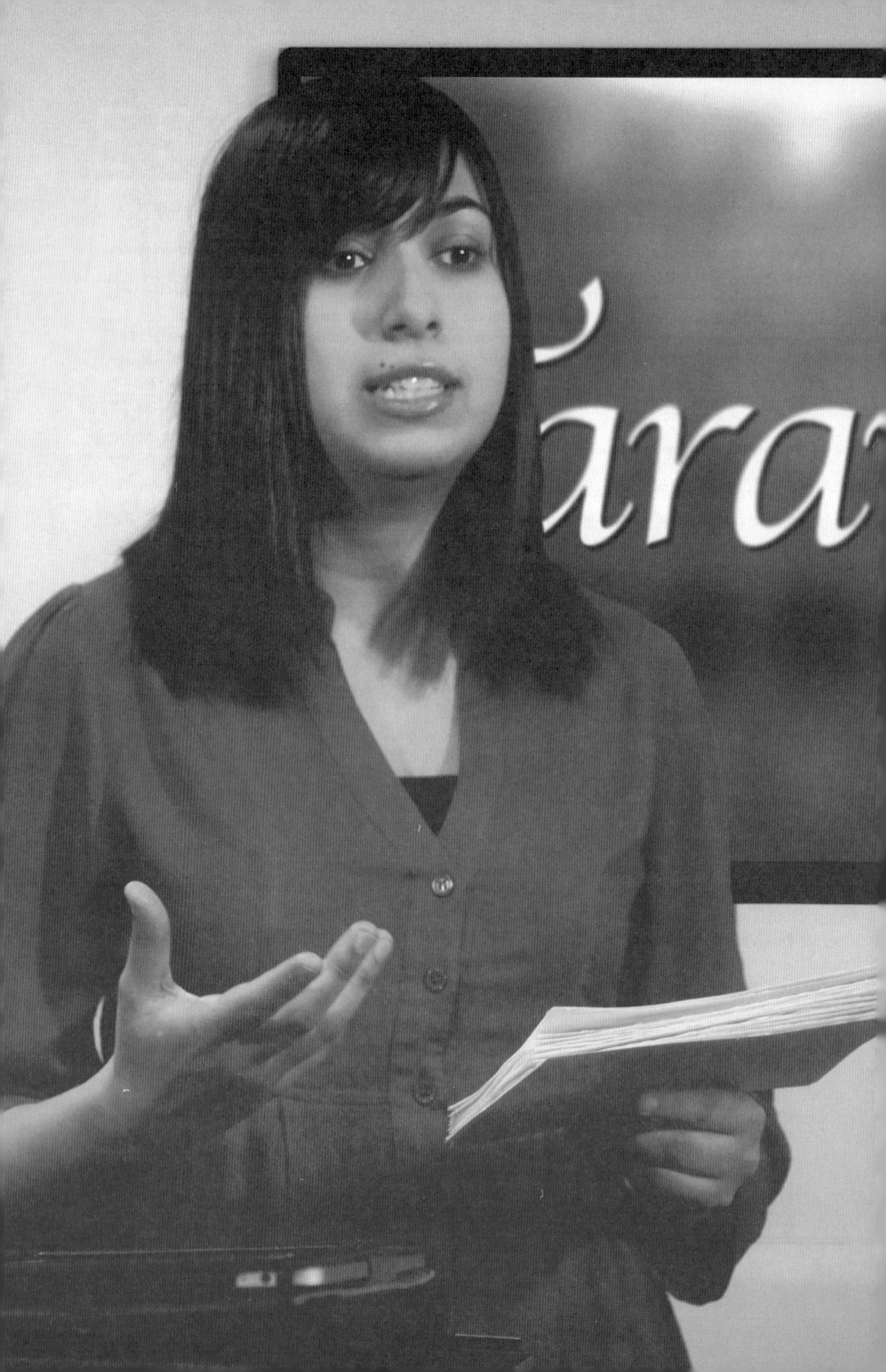

4

Fazendo sua primeira palestra

> » Preparando sua palestra
> » Apresentando sua palestra
> » Exemplos de palestra com comentários

Talvez você se surpreenda ao saber que uma das primeiras atribuições ao participar de um curso será fazer uma palestra. "O que vou fazer?", você se pergunta, "Mal comecei o curso e ainda por cima devo ficar diante de todos e fazer uma palestra! Li apenas algumas páginas do livro e não sei praticamente nada sobre oratória. Por onde devo começar?".

Se você estiver pensando isso, saiba que não é o único. A maioria dos palestrantes iniciantes tem uma reação semelhante. Felizmente, fazer uma palestra pela primeira vez parece bem mais difícil do que na verdade é. O objetivo deste capítulo é ajudá-lo a começar a preparar e apresentar sua palestra. Os capítulos posteriores ampliarão e aplicarão os temas abordados aqui em diferentes tipos de exposição oral.

» Preparando sua palestra

Normalmente uma breve e simples, essa primeira apresentação em geral é chamada de **palestra para "quebrar o gelo"** porque seu objetivo é exatamente esse: eliminar as dificuldades iniciais possibilitando que os palestrantes iniciantes façam uma exposição oral o mais cedo possível. Esse é um passo importante porque grande parte da ansiedade de falar em público provém da falta de experiência nesse âmbito. Assim que quebrar o gelo em sua primeira exposição oral, você se sentirá menos ansioso e dará o primeiro passo para ganhar confiança.

» Desenvolvendo sua palestra

Existem inúmeras tarefas possíveis em sua primeira exposição oral. Uma delas é a autoapresentação, que oferece uma visão geral da formação, da personalidade, das crenças ou dos objetivos do orador. Em outros casos, você pode apresentar um colega ou fazer um tipo diferente de exposição. Procure compreender exatamente o que é necessário realizar.

» *Concentrando-se no tema*

Independentemente do tipo de apresentação introdutória que fizer, você deve estreitar significativamente o foco de sua apresentação para que ela se conforme com o limite de tempo que lhe foi dado. Um dos erros mais comuns que os palestrantes iniciantes cometem nessa primeira exposição é tentar abordar muita coisa ao mesmo tempo.

Por exemplo, seria impossível contar tudo sobre sua vida em uma apresentação de dois ou três minutos. O melhor seria enfatizar um ou dois acontecimentos que ajudassem a definir quem você é – competir em uma corrida de atletismo, acompanhar crianças carentes, obter seu primeiro emprego etc. Isso lhe permite defender alguns pontos bem delineados sobre um tema claramente definido.

Entretanto, evite a tentação de estreitar muito o foco do tema. Poucos ouvintes ficariam interessados em ouvir uma apresentação de dois ou três minutos sobre técnicas avançadas para tocar trompete, um tema muito especializado para a maioria das plateias diversificadas.

» *Desenvolvendo o tema*

Assim que você tiver um tema para sua apresentação, seja criativo para desenvolvê-lo. Pense em soluções para organizá-la de tal forma que ela seja interessante e significativa para o público. Observe, por exemplo, os trechos de palestras com comentários apresentados no final do capítulo. O primeiro orador esclarece aspectos de sua personalidade referindo-se a três aplicativos de seu celular. O segundo utiliza a ideia de "encruzilhada" para apresentar uma colega de classe. Em ambos os casos, os oradores encontraram uma maneira criativa para enquadrar as informações.

Outra possibilidade é pensar em alternativas para dar uma atmosfera de mistério ou suspense à sua apresentação. Suponhamos que você esteja falando sobre um encontro com uma celebridade, uma visita a um lugar famoso ou a participação em um evento que vale a pena ser divulgado. Em vez de identificar essa celebridade logo de cara, você poderia reservar

» Sua primeira palestra é a base para todas as outras que fará no futuro. Assim que desenvolver suas habilidades, perceberá que consegue falar com confiança e estabelecer intenso contato visual em suas apresentações orais.

o nome dela para o final. À medida que sua história se desenrolar, seduza seus ouvintes com dicas sobre o sexo dessa pessoa, características físicas, talentos especiais etc., mas só revele o nome no último minuto.

O público também tem interesse por situações arriscadas, aventuras e episódios dramáticos. Se sua tarefa for apresentar uma colega de classe, procure descobrir se alguma vez ela enfrentou algum perigo. Suponhamos que ela tenha sido salva em uma enchente ou passado um ano na África com a organização Corpos da Paz. Os detalhes dessa experiência seriam um excelente conteúdo para uma apresentação.

Se você parar para pensar, verá que todas as pessoas já enfrentaram algum tipo de risco, fizeram algo incomum ou superaram tempos difíceis. Tente encontrar alternativas para incluir essas experiências fascinantes em sua palestra.

Além disso, você pode deixar o conteúdo de sua palestra mais interessante se utilizar uma linguagem vívida e descritiva. Um aluno utilizou essa técnica para apresentar sua colega Alexa à classe do curso de oratória com a seguinte introdução:

> Os refletores se acendem. A música explode. A plateia aplaude e vibra. As cores, brilhantes e vibrantes, misturam-se quando Alexa e seu parceiro deslizam pela pista. Seu parceiro toca-lhe a mão e a cintura, mas apenas por um instante, fazendo-a girar, e Alexa então desliza pela pista em um movimento que parece único. Ela ensaiou várias semanas para esse momento. Alexa, vejam vocês, é campeã de dança de salão.

www.grupoa.com.br
Assista à introdução de "Gotta Dance" ("Você Precisa Dançar") – Vídeo 4.1. – em inglês

O orador poderia ter dito: "Alexa é uma extraordinária dançarina de salão e vibra com isso". Em vez disso, ele pintou um quadro de palavras para que os ouvintes pudessem visualizar a pista de dança, as cores brilhantes das roupas e o entusiasmo da competição quando Alexa e seu parceiro dançam em perfeita simetria. Narrações vívidas e objetivas como essa sempre são mais interessantes do que uma linguagem enfadonha e generalizações abstratas.

Você provavelmente está se perguntando se deve utilizar humor para que sua primeira apresentação fique divertida. O público adora comentários espirituosos, piadas e situações engraçadas. Porém, como todas as outras coisas, o humor só é eficaz quando benfeito. Ele deve fluir naturalmente no conteúdo da apresentação, e não ser forçado. Se geralmente você não é engraçado, é melhor fazer uma apresentação sincera e entusiástica e deixar as piadas de fora. Em nenhuma circunstância você deve utilizar um humor que contenha obscenidades, constranja as pessoas ou as estereotipe. O melhor gênero de humor é aquele em que zombamos de forma moderada de nós mesmos ou de pontos fracos humanos de forma geral.

» Organizando sua palestra

Seja qual for o tema, as palestras normalmente têm três partes principais – introdução, corpo e conclusão. No Capítulo 10, analisaremos em detalhes cada uma delas. Aqui, enfatizaremos o que você precisa saber a esse respeito para preparar sua primeira palestra.

» Introdução

Sua primeira tarefa na **introdução** é atrair a atenção e o interesse do público. Para isso, você pode fazer uma pergunta, contar uma história, fazer uma afirmação surpreendente ou abrir com uma citação. O objetivo de todos esses métodos é criar uma abertura comovente e vívida que faça o público querer ouvir mais.

A título de exemplo, vamos supor que a atribuição do orador fosse apresentar uma narrativa sobre uma experiência significativa em sua vida. Ele começa assim:

> Só me foi dado descobrir o segredo quando fiquei um ano afastado da escola, viajei ao outro lado do mundo e vivi durante um ano na Tailândia. Estava lá para lecionar inglês, mas essa viagem acabou se tornando bem mais do que um trabalho. Foi uma viagem de descobertas. Não sabia exatamente o que descobriria, mas voltei com um segredo verdadeiramente valioso.

Após a introdução, os ouvintes ficaram ansiosos por saber mais a respeito do segredo do orador.

Além de atrair atenção e interesse, a introdução deve orientar os ouvintes a respeito do tema. Nas palestras mais longas que você fará no período letivo, normalmente precisará fazer uma exposição prévia explícita que identifique os pontos principais que serão discutidos no corpo da palestra. (Por exemplo, "Hoje, falarei sobre os sintomas, as causas e o tratamento da apneia do sono".)

Como a primeira palestra é bastante breve, talvez você não precise fazer uma exposição prévia. Mas, mesmo assim, precisará oferecer ao público uma ideia clara do tema e do respectivo objetivo.

» *Corpo*

Depois que você conseguir atrair a atenção do público e revelar o tema, esse será o momento adequado para passar para o **corpo** da palestra. Em algumas palestras, o corpo parece se organizar por si só. Se você tiver contando uma história sobre uma experiência significativa em sua vida, narrará os acontecimentos em ordem cronológica, na sequência em que ocorreram.

Contudo, nem todas as exposições seguem esse formato. Suponhamos que lhe tenha sido pedido, após uma dinâmica de grupo, para apresentar uma colega de classe. Você poderia organizar os fatos biográficos mais importantes a respeito de sua colega seguindo uma **ordem cronológica**, mas sua exposição ficaria sem graça e superficial: "Maria nasceu em Los Angeles em 1993, cursou o primeiro grau de 1998 a 2005 e formou-se em 2011 no secundário".

Uma alternativa mais adequada para estruturar seus comentários poderia ser uma discussão sobre os três aspectos mais importantes na vida de Maria, como *hobbies*, metas profissionais e família. Esse tipo de organização chama-se **ordem de tópicos**, que subdivide o tema em suas partes natural, lógica ou convencional. Embora haja várias outras formas de organização, sua primeira apresentação provavelmente utilizará a ordem cronológica ou a ordem de tópicos.

Independentemente do método de organização que você utilizar, lembre-se de restringir o número de pontos principais no corpo da palestra. Em uma apresentação de dois minutos, você não terá tempo para desenvolver mais de dois ou três **pontos principais**.

Assim que escolher esses pontos, confira se cada um enfatiza um aspecto específico do tema. Por exemplo, se o primeiro ponto referir-se à cidade natal de sua colega, não apresente informações irrelevantes sobre seu trabalho ou estilo de música favorito. Guarde esse material para outro ponto ou então o exclua.

Tente evidenciar os pontos principais apresentando cada um com uma frase de **transição**. Na apresentação de um colega, você poderia iniciar o primeiro ponto principal dizendo:

> A família de Rico viveu em muitos lugares durante sua infância.

Quando você chegar ao segundo ponto, você poderia introduzi-lo assim:

> Essas mudanças constantes levaram Rico a desenvolver um estilo extrovertido e a ter segurança para fazer amizades. Na verdade, ele tem amigos no mundo inteiro com os quais se corresponde regularmente pelo Facebook.

Nesse momento, você informou o público a respeito do primeiro ponto principal e iniciou o segundo. O terceiro ponto principal poderia ser iniciado da seguinte forma:

> Corresponder-se com pessoas ao redor do mundo não é apenas um *hobby* para Rico, visto que ele escolheu relações internacionais como disciplina de especialização.

Transições como essas ajudam o público a acompanhar os pontos principais.

» *Conclusão*

Quando finalizar a discussão sobre o último ponto, será o momento de passar para a **conclusão**, na qual você terá duas missões: informar o público de que você está para concluir; e reforçar a ideia central.

Se possível, finalize com um toque expressivo, inteligente ou instigante. Por exemplo, ao falar sobre seu "segredo" na palestra mencionada anteriormente, o aluno em questão utilizou o corpo da apresentação para explicar suas experiências na Tailândia e dizer que isso lhe abriu os olhos para a universalidade da experiência humana. Depois, na conclusão, ele encerrou dizendo:

> Eu precisei viver em um país completamente diferente para descobrir o segredo – que, apesar das diferenças de descendência, idioma, história e religião, os seres humanos são muito semelhantes independentemente do lugar em que vivem. Imaginei que fosse conhecer pessoas totalmente estranhas. Descobri que família, amizade, bondade e comunhão são igualmente importantes de um extremo a outro do mundo.

As frases finais fecham a palestra com "chave de ouro" e enfatizam por que a passagem do orador pela Tailândia foi tão importante.

» **Apresentando sua palestra**

Assim que escolher o tema e organizar o conteúdo de maneira clara, precisará se dedicar à elocução. Como essa será a primeira palestra do período letivo, ninguém espera que você faça uma apresentação perfeita. Seu propósito é se sair bem tanto quanto possível e, ao mesmo tempo, construir uma base para desenvolver suas próximas palestras. Com isso em mente, analisaremos sucintamente o método de **palestra ou discurso espontâneo**, a importância de ensaiar e alguns dos principais fatores que você deve considerar no dia da apresentação.

» **Palestra ou discurso espontâneo**

Talvez você se sinta inclinado, como vários oradores principiantes, a redigir sua palestra como um ensaio e a ler o conteúdo palavra por palavra para os ouvintes. O outro extremo é preparar-se de forma insuficiente – improvisar valendo-se da confiança em sua sagacidade e na inspiração do momento. Ambas as posturas não são apropriadas.

A maioria dos especialistas recomenda o método espontâneo, que associa uma cuidadosa preparação e organização da apresentação de um manuscrito com a espontaneidade e o entusiasmo de uma exposição não ensaiada. No método espontâneo, seu objetivo é programar os pontos principais e o conteúdo de apoio sem tentar memorizar a linguagem exata que empregará no dia da apresentação.

O método espontâneo exige que você conheça muito bem o conteúdo. Na verdade, se você utilizar esse método de maneira adequada, ficará tão familiarizado com a essência de sua palestra, que necessitará apenas de algumas anotações breves para se lembrar dos pontos que pretende abordar. Essas anotações devem conter frases ou palavras-chave, e não orações e

» Ao desenvolver sua primeira palestra, programe o que você deseja dizer, organize o conteúdo com clareza, pratique a fundo e utilize o método de palestra ou discurso espontâneo. É provável que você se surpreenda com o quanto apreciará essa experiência.

parágrafos. Dessa forma, quando estiver diante do público, você dirá com suas palavras o que conhece a respeito do tema.

Para preparar suas anotações, redija ou digite as frases principais e as palavras-chave em fichas ou folhas de papel. É possível utilizar fichas porque elas são menores e discretas, não fazem barulho nem caem no chão e podem ser mantidas em uma única mão, facilitando a gesticulação do orador. Ou você pode usar folhas de papel, já que conseguirá inserir mais informações e elas facilitam a impressão do conteúdo. Se estiver em dúvida quanto às preferências do professor, procure se informar bem antes da data de sua apresentação.

Quer você utilize fichas ou folhas de papel, o corpo da letra de suas anotações deve ser grande o suficiente para que você consiga ler de certa distância. Muitos oradores experientes utilizam espaço duplo ou triplo em suas anotações porque assim eles podem apenas bater os olhos e ler. Utilize apenas um lado da ficha ou da folha e o menor número de anotações que puder, desde que assim possa fazer sua palestra com fluência e confiança.

www.grupoa.com.br
Assista a um trecho de "A Heart Worn on My Hand" ("Meus Verdadeiros Sentimentos na Palma da Mão") – Vídeo 4.4 – em inglês.

Você pode ver um exemplo de palestra espontânea no Vídeo 4.4. A oradora em questão está fazendo uma autoapresentação em que utiliza um objeto pessoal – nesse caso, uma luva de *softball* – para explicar algo importante sobre ela. Quando assistir a esse trecho da palestra, observe que, embora os pontos da oradora estejam bem programados, ela não está presa a um manuscrito. Ao falar sobre sua luva, ela põe suas anotações de lado e ressalta características na luva que refletem diferentes aspectos de sua vida. O tempo todo, ela fala sem desviar o olhar de seus ouvintes e mantém intenso contato visual.

À primeira vista, parece bastante difícil fazer uma apresentação espontânea. Na verdade, contudo, você utiliza esse método em suas conversas cotidianas. Você utiliza um manuscrito para contar uma história divertida a seus amigos? Claro que não. Você se recorda dos detalhes essenciais da história e a narra a diferentes amigos, em diferentes ocasiões, utilizando uma linguagem um pouco diferente em cada circunstância. Você se sente relaxado e confiante com seus amigos – por isso, simplesmente fala o que está em sua cabeça empregando uma linguagem coloquial. Tente fazer o mesmo em sua palestra.

» **Ensaiando a apresentação de sua palestra**

Quando temos oportunidade de ouvir um orador que sabe empregar verdadeiramente o método espontâneo, percebemos que sua exposição emerge com tanta fluência, que é como se ele não estivesse fazendo quase nenhum esforço. Na realidade, essa elocução fluente é fruto de muita prática. Você ganhará maior experiência e ficará mais à vontade para apresentar espontaneamente suas palestras se treinar com seus amigos e sua família, por exemplo.

Entretanto, na primeira vez em que ensaiar sua palestra introdutória, é provável que tenha de se esforçar muito. Talvez as palavras não venham facilmente e você se esqueça de algumas questões que pretendia discutir. Não desanime. Vá em frente e conclua a apresentação da melhor forma que conseguir. Preocupe-se em ter domínio sobre as ideias, e não em tentar memorizar palavra por palavra. Você se aperfeiçoará toda vez que praticar.

Para que esse método funcione, você deve ensaiar em voz alta. Não basta ler silenciosamente suas anotações, a leitura em voz alta o ajuda a ganhar domínio sobre o conteúdo. Assim que tiver dominando razoavelmente bem o conteúdo, peça a um amigo ou a uma pessoa de sua família para escutá-lo e oferecer um *feedback* construtivo. Não tenha vergonha de pedir. As pessoas normalmente adoram dar sua opinião, e é fundamental que você ensaie diante de um público real antes de se apresentar de fato.

À medida que praticar, cronometre sua apresentação para ter certeza de que ela não está nem muito longa nem muito curta. Por nervosismo, a maioria das pessoas fala mais depressa quando está de fato fazendo sua primeira palestra do que no momento em que a ensaiou. Quando você ensaiar em casa, procure estendê-la um pouco além do tempo mínimo estipulado. Dessa maneira, se seu ritmo aumentar quando estiver diante do público, sua palestra não ficará muito curta.

» Apresentando sua palestra

A apresentação de sua primeira palestra pode ser uma experiência estressante. No desenrolar da leitura deste texto e à medida que você ganhar maior experiência, sua confiança (e habilidade) aumentará com uma rapidez surpreendente. Faremos uma análise detalhada sobre elocução no Capítulo 13, mas seguem alguns fatores nos quais você deve se concentrar em sua primeira apresentação.

» *Iniciando sua palestra*

Quando chegar sua vez de falar, posicione-se na frente de seus ouvintes e confronte o público. Assuma uma postura tranquila, mas ereta. Mantenha os pés separados, à mesma distância que a largura entre os ombros, e os braços soltos ao lado do corpo. Antes de iniciar, organize suas anotações. Em seguida, olhe para o público e sorria. Isso o ajudará a criar afinidade com seus ouvintes logo no início de sua exposição.

» *Gestos*

Assim que estiver falando, sinta-se livre para gesticular, mas não tente programar com antecedência todos os seus **gestos**. Se você não costuma usar de forma expressiva as mãos em suas conversas informais, não deve se sentir compelido a gesticular com frequência durante sua palestra. Seja qual for o gesto que usar, ele deve fluir naturalmente de seus sentimentos.

Mais importante: evite que seus gestos ou movimentos corporais desviem os ouvintes de sua mensagem. Faça o possível para evitar maneirismos nervosos como enrolar o cabelo, entrelaçar as mãos, mudar o peso do corpo de um pé para outro, balançar para a frente e para trás ou tamborilar os dedos na mesa. Não importa o quanto esteja nervoso, tente parecer calmo e relaxado.

» *Contato visual*

Durante a apresentação, olhe para seus ouvintes o máximo que conseguir. Entre outros motivos, o método espontâneo é utilizado para que o orador tenha tempo de manter **contato visual** com o público. Por experiência própria, você sabe o quanto um orador pode impressionar quando olha para o público enquanto fala.

Se você tiver praticado o método espontâneo e preparado suas anotações de maneira apropriada, provavelmente conseguirá manter contato visual com o público na maior parte do tempo. Lembre-se de olhar para o lado direito e esquerdo da sala, bem como para o centro, e evite a tentação de falar exclusivamente para um ou dois indivíduos que se mostrarem receptivos.

Se estiver muito nervoso para olhar diretamente nos olhos de seus ouvintes, tente olhar para um ponto lateral ou acima da cabeça das pessoas. Desse modo, enquanto você se acalma, passará a impressão de que está mantendo contato visual.

» *Voz*

Tente utilizar a voz com a mesma expressividade com que a emprega em suas conversas informais. Procure projetá-la para o fundo da sala e, mesmo que esteja nervoso, resista à tentação de acelerar sua apresentação. Se você se esforçar de forma consciente para falar em voz alta, desacelerar e projetar-se com clareza, estará no caminho certo para uma fazer uma boa apresentação.

» *Lidando com o nervosismo*

Como vimos no Capítulo 1, ficar nervoso imediatamente antes de uma apresentação oral em público, seja lá de que tipo for, é normal. Utilizando as dicas apresentadas no Capítulo 1 para controlar o medo de falar em público, você conseguirá levantar-se para fazer sua primeira palestra preparado para se sair bem.

Se sentir um frio na barriga enquanto aguarda o momento de se apresentar, sente-se calmamente em sua carteira e respire e inspire algumas vezes, devagar e profundamente. Além disso, para aliviar ainda mais a tensão, contraia e relaxe os músculos da perna ou aperte as mãos uma contra a outra e solte-as em seguida. Tenha em mente que, embora possa estar ansioso com o momento da apresentação, normalmente seu nervosismo não será percebido pelo público.

Todos os tópicos analisados neste capítulo são abordados de forma mais detalhada nas demais partes deste livro. Por enquanto, concentre-se nessa tarefa introdutória. Lembre-se de que o público espera perfeição. Você ainda não é um orador profissional, e essa é sua primeira palestra. Dê o seu melhor e divirta-se com isso. Programe o que você deseja dizer, organize o material claramente, pratique meticulosamente e utilize o método espontâneo. É provável que você fique surpreso com o quanto apreciará a experiência de sua primeira apresentação.

» **Exemplos de palestra com comentários**

As apresentações a seguir foram preparadas por alunos que estavam iniciando um curso de oratória na University of Wisconsin. A primeira é uma autoapresentação; a segunda, uma apresentação de uma colega de classe. À medida que ler, observe como elas estão organizadas claramente e a criatividade com que foram desenvolvidas. Você pode assistir a essas duas apresentações no site do Grupo A.

www.grupoa.com.br

Assista a "There's an App for That" ("Existe um Aplicativo para Isso") e "Fork in the Road" ("Encruzilhada") – Vídeos 4.6 e 4.7 – em inglês.

Existe um Aplicativo para Isso ("There's an App for That")

Comentários	Palestra
» A introdução capta a atenção e revela o tema. Respondendo às perguntas com a frase "Existe um aplicativo para isso", o orador oferece um toque criativo que se estende até o fim. Ele finaliza a introdução fazendo uma exposição prévia dos pontos que ele discutirá no corpo da apresentação.	» Um dicionário de português? Existe um aplicativo para isso. Como cozinhar para impressioná-la? Sim, existe um aplicativo para isso. Um jogo para se entreter quando a aula fica entediante? Existe um aplicativo para isso também. Mas existe um aplicativo para mim, Michael Taylor? Gostaria de acreditar que existem alguns. Algumas das coisas que me fazem ser o que sou podem ser encontradas nos aplicativos Photobucket, ESPN e Pandora em meu iPhone.
» Cada ponto principal no corpo da apresentação é enunciado e discutido claramente. Como você pode ver no vídeo, o orador comunica-se com sinceridade e utiliza bem o contato visual. Seu humor irônico com relação à sua família dá um toque interessante.	» O primeiro aplicativo seria o Photobucket, que minha irmã menor me fez baixar. Ele armazena as fotos mais recentes da minha vida em família e permite que minha irmã compartilhe comigo seus talentos fotográficos. Minha família é afetuosa e atenciosa e na maior parte do tempo me deixa maluco, mas, afinal de contas, para que serve a família? Eu sei que posso procurá-los para qualquer coisa e sinto que tenho sorte por ter sido criado em uma família em que sempre posso contar com seu apoio.
» No desenrolar da apresentação, observe como o orador utiliza seus aplicativos favoritos para passar uma ideia de sua vida, em vez de falar sobre os aplicativos em si.	» Como sou atleta, ficaria perdido sem o aplicativo ESPN ScoreCenter. Ele me mantém atualizado sobre os últimos resultados de qualquer esporte. Eu joguei futebol, beisebol e basquete no colégio e preferiria competir em um time do que sozinho. Por meio do esporte, aprendi a importância de fazer parte de algo maior. Aprendi também a perder com dignidade e a vencer com classe.
» O orador completa o corpo da apresentação explicando sua paixão pela música. Informações sobre atividades e *hobbies* são incluídas com frequência nas auto-apresentações.	» Por último, vem o aplicativo Pandora, que facilita muito a pesquisa de músicas e grupos novos. A música faz parte de minha vida desde o momento em que comecei a tocar piano na infância. Hoje, eu toco guitarra e canto. No colégio, toquei com alguns grupos nos arredores das Cidades Gêmeas, e gostei muito. Aqui em Madison, ainda estou procurando oportunidades para mostrar meus talentos.
» A conclusão sintetiza os pontos principais do orador e, em seguida, amarra toda a apresentação retornando à pergunta feita na introdução e respondendo-a com um último refrão: "Existe um aplicativo para isso".	» Portanto, com os aplicativos Photobucket, ESPN e Pandora, posso responder a minha pergunta inicial: De fato existe um aplicativo para Michael Taylor? Sim, existe um aplicativo para isso.

Encruzilhada ("Fork in the Road")

Comentários	Palestra
» Este parágrafo refere-se à introdução. A citação de abertura atrai a atenção, ao passo que a frase seguinte relaciona a citação com o público. Em seguida, a oradora identifica a ideia central, ressaltando que sua colega Bethany se encontra em uma encruzilhada.	A oradora motivacional Liz Muray certa vez afirmou: "deparamo-nos com encruzilhadas centenas de vezes ao dia, e as escolhas que você faz determinarão os contornos de sua vida". Cedo ou tarde, todos nós nos deparamos com uma encruzilhada, quando então somos forçados a escolher entre dois caminhos, sem ter certeza de onde ele dará. Nossa colega Bethany nesse momento se encontra nesse ponto, forçada a escolher entre suas duas paixões: arte e medicina.
» O corpo dessa apresentação tem dois pontos principais, e cada um lida com uma possível direção para a vida de Bethany. O primeiro enfatiza sua paixão pela arte. Como o vídeo evidencia, a oradora apresenta suas ideias espontaneamente. Ela faz intenso contato visual, tem uma excelente variedade vocal e um estilo de elocução pessoal.	Bethany tem paixão pela arte desde pequena. Ela desenha desde os 3 anos de idade e não parou de aprimorar essa habilidade desde essa época. Ao longo dos anos, ela ganhou vários prêmios por seus desenhos, como o Wisconsin Scholastic Art Award. Bethany desenha pessoas, lugares e coisas que ela vê diariamente ao seu redor. Desenhar a ajuda a relaxar e a fugir do estresse. E agora, em virtude dessa paixão, ela está pensando em seguir a carreira artística.
» O segundo ponto principal aborda a paixão de Bethany pela medicina. A história de J. C. explica por que Bethany está tão interessada na possibilidade de seguir a carreira de medicina. Quando bem narradas, as histórias são uma excelente alternativa para tornar as ideias palpáveis e obter o envolvimento dos ouvintes com a palestra.	Entretanto, além da arte, Bethany também tem paixão por medicina. Ela sonha um dia trabalhar em uma missão médica na África. Ela é motivada em parte por seu amigo J.C., refugiado de Ruanda que teve a perna gravemente ferida em uma explosão há mais ou menos dez anos. Durante oito anos, J. C. viveu com fragmentos de granada na perna. Há apenas dois anos, quando ele e sua mãe vieram para os Estados Unidos, finalmente ele conseguiu uma cirurgia. A amizade com J. C. inspirou Bethany a ajudar as pessoas que necessitam de cuidados médicos adequados e a pensar que a medicina pode ser a carreira certa para ela.
» A oradora conclui reafirmando o tema central. A reprodução da linguagem da introdução confere à apresentação uma forte percepção de unidade. As palavras finais fecham com um toque positivo quando ela afirma que, seja qual for a escolha de Bethany, ela será "uma via para o sucesso".	Pode-se dizer que Bethany se encontra em uma encruzilhada. Ela tem paixão por desenho e por medicina. Será que ela escolherá seguir sua paixão pela arte e a carreira de artista? Ou será que escolherá seguir sua paixão por trabalhar em uma missão médica e a carreira de medicina? É difícil saber ao certo nesse momento, mas qualquer dos dois caminhos que Bethany escolher certamente será uma via para o sucesso.

» Resumo

O objetivo deste capítulo é ajudá-lo a se preparar para sua primeira palestra. Nos próximos capítulos, examinaremos mais de perto todos os aspectos discutidos aqui sobre a preparação e a apresentação de uma palestra.

Assim que você souber exatamente o que deve abordar nessa primeira apresentação, poderá formular suas ideias. Concentre-se em um pequeno número de pontos principais e desenvolva-os de forma criativa. Sua apresentação terá três partes – introdução, corpo e conclusão. Utilize frases de transição para ajudar o público a acompanhar suas ideias ao longo da apresentação.

Você poderá utilizar o método espontâneo. Isso significa que sua palestra deve ser cuidadosamente preparada um bom tempo antes, mas que a linguagem exata é escolhida no momento da apresentação. Para ter êxito, você precisará ensaiar várias vezes para ter pleno domínio.

No dia da apresentação, é quase certo que você sentirá um frio na barriga. Lembre-se de que esse nervosismo é normal. Preocupe-se em se comunicar com o público, e não com sua ansiedade. Tente parecer calmo e relaxado, não importa de que forma estiver se sentindo por dentro. Faça contato visual, use a voz expressivamente e evite que seus gestos e maneirismos interfiram na mensagem.

» Palavras-chave

conclusão A parte final de um discurso ou palestra.
contato visual Contato visual direto entre o orador e os membros da plateia.
corpo Principal parte de uma palestra ou discurso.
gestos Movimento com as mãos ou os braços durante uma apresentação.
introdução Parte de abertura de uma palestra ou discurso.
ordem cronológica Método de organização de um discurso ou palestra em que os pontos principais seguem um padrão de tempo.
ordem de tópicos Método de organização de um discurso ou palestra em que os pontos principais dividem o tema em subtópicos lógicos e coerentes.
palestra ou discurso espontâneo Exposição oral cuidadosamente preparada e ensaiada em que se utiliza um conjunto sintético de anotações.
palestra para "quebrar o gelo" Palestra cujo objetivo é possibilitar que os palestrantes iniciantes se apresentem o mais cedo possível.
pontos principais As principais ideias no corpo de um discurso ou palestra.
transição Palavra ou frase que indica quando um orador finalizou uma ideia e está passando para outra.

» Questões para recapitulação

1. Quais são os dois passos principais discutidos neste capítulo para desenvolver sua primeira palestra?
2. Ao organizar sua palestra introdutória, quais são as três partes nas quais você deve dividi-la?
3. Que método este capítulo recomenda para a palestra introdutória?
4. Quais passos você deve seguir ao ensaiar sua primeira palestra?
5. Quais são os cinco elementos de elocução discutidos neste capítulo com relação à apresentação de sua primeira palestra?

» Exercícios de raciocínio crítico

1. Analise os dois exemplos de palestra comentados nas páginas 65-66. Escolha um e responda às perguntas a seguir.
    a. Como o parágrafo de abertura atrai a atenção do público, introduz o tema e expõe previamente os pontos principais que serão discutidos no corpo?
    b. Com que clareza o corpo da palestra está organizado? O que o(a) orador(a) faz para ajudar os ouvintes a acompanhar o andamento das ideias?
    c. Como o(a) orador(a) conclui? A conclusão reforça o tema central da palestra?
2. Identifique ocasiões em que você possa fazer uma autoapresentação e explique como você utilizaria os princípios da palestra introdutória discutidos neste capítulo.

PARTE

II

Preparação de uma exposição oral:
primeiros passos

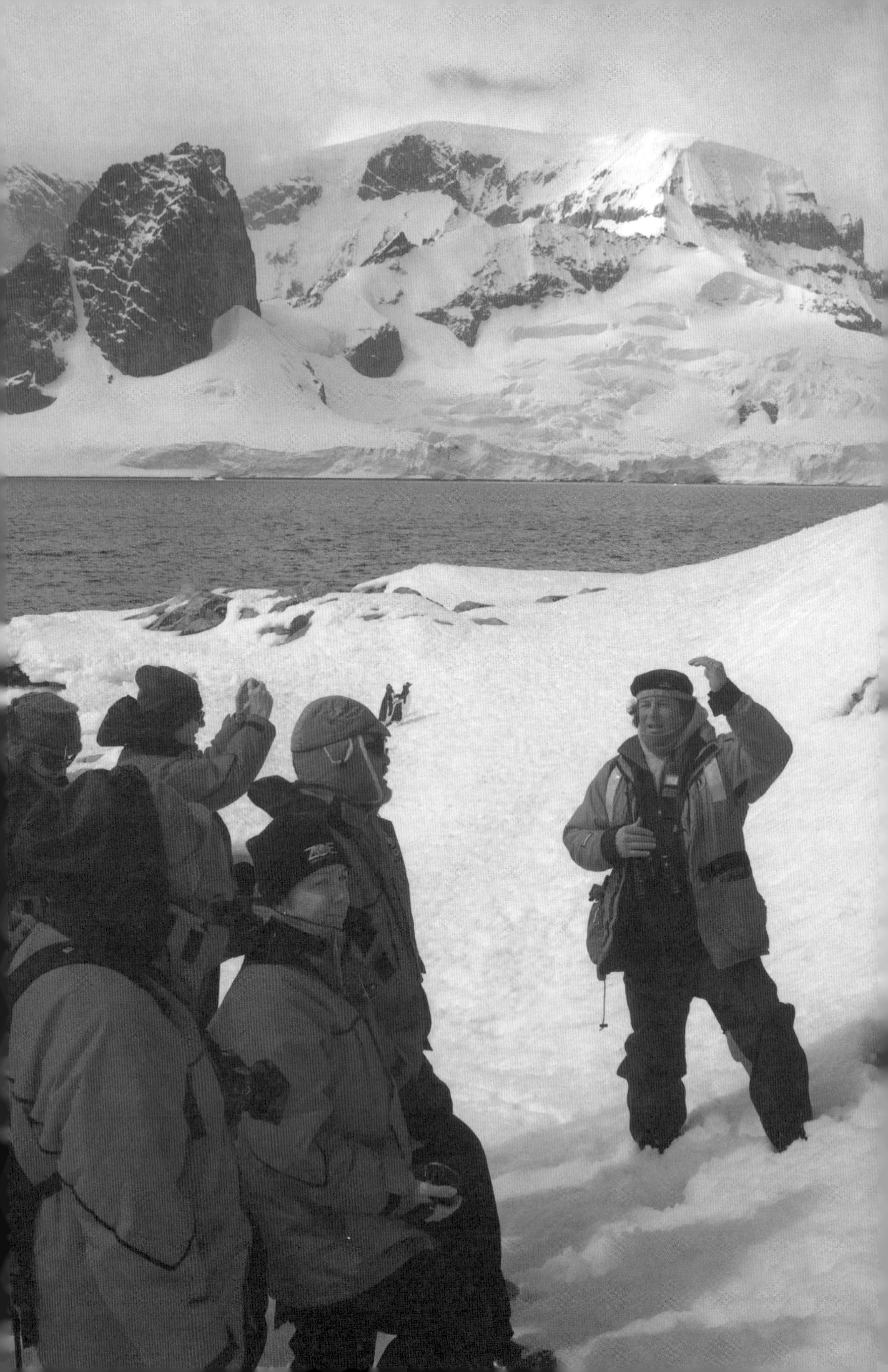

5

Escolhendo um tema e um objetivo

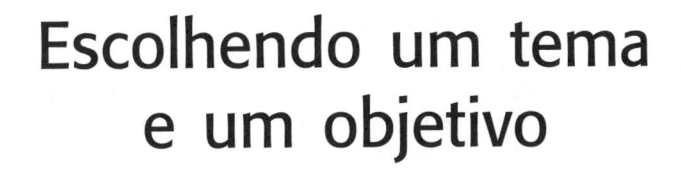

> » Escolhendo um tema
> » Determinando o objetivo geral
> » Determinando o objetivo específico
> » Enunciando sua ideia central

Ao longo deste livro, você encontrará exemplos de inúmeras exposições orais feitas em sala de aula, na área política, na comunidade e em situações de negócio. Veja um breve exemplo de temas que eles abordam:

acupuntura	cassinos indígenas
câncer de mama	transtorno obsessivo-compulsivo
César Chávez	medicamentos falsificados
pântano de Everglades	Québec
livre-comércio	Ramadã
Grande Muralha	*vouchers* escolares
Habitat for Humanity (Habitat para a Humanidade)	Underground Railroad (Estrada de Ferro Clandestina)
roubo de identidade	ginástica artística feminina
Jerusalém	raio X
cirurgia a laser	Parque Nacional de Yellowstone
Martin Luther King	zoológicos

Certamente, você percebeu que essa lista apresenta temas que podem ir de A (acupuntura) a Z (zoológico). Esse conjunto surgiu naturalmente ao longo de diferentes tipos de exposição oral em público e é oferecido aqui apenas para mostrar que existem infinitas possibilidades de tema.

» Escolhendo um tema

O primeiro passo na preparação de uma apresentação é escolher um **tema**. Em muitas exposições, isso nem sempre é um problema. Em geral, o tema é determinado pela ocasião, pelo público e pelas qualificações do orador. Quando Bill Clinton faz palestras em uma universidade, normalmente fala sobre cidadania global. Christine Amanpour costuma falar a respeito de mulheres e jornalismo. Stephen Colbert provavelmente compartilhará seus pontos de vista sobre acontecimentos recentes. O mesmo ocorre com cidadãos comuns. Um médico é solicitado a informar atletas colegiais e seus pais sobre lesões no esporte; o diretor de uma associação comunitária fala de regulamentos de zoneamento; e um botânico fala sobre o que é necessário para criar uma estufa.

Em cursos de oratória, palestras em sala de aula ou conferências sobre temas abrangentes, a situação é diferente. Geralmente, os oradores têm grande liberdade para escolher os temas. Isso pode parecer uma vantagem, visto que permite falar sobre questões pelas quais se tem interesse pessoal. Contudo, é provável que nenhum outro aspecto da preparação provoque mais descontentamento do que a escolha de um tema.

Para os professores de cursos de oratória, é sempre um motivo de surpresa que pessoas que costumam conversar tomando sol com os amigos, sobre qualquer tema, fiquem paralisados quando têm de decidir sobre o que devem falar em suas palestras. Felizmente, assim que você superar essa inércia inicial, é provável que encontre pouca dificuldade para escolher um bom tema.

Existem duas amplas categorias de temas possíveis para as exposições referidas: (1) temas que você conhece a fundo; e (2) temas que deseja conhecer mais. Comecemos pela primeira categoria.

» Temas que você conhece a fundo

A maioria das pessoas fala com maior desenvoltura de temas com os quais tem maior afinidade. Quando estiver refletindo sobre um tema, inspire-se em seus conhecimentos e experiências – todas as pessoas conhecem ou já fizeram coisas que podem ser utilizadas em uma apresentação.

» Quando estiver procurando um tema, lembre-se de conhecimentos especiais que talvez você tenha ou de esportes, *hobbies*, viagens e outras experiências pessoais que tendam a resultar em uma apresentação interessante.

Pense por um momento em experiências incomuns que talvez você tenha tido ou em conhecimentos especiais que tenha adquirido. Um estudante, que cresceu na Turquia, fez uma ótima exposição sobre o dia a dia nesse país para seus colegas de classe. Outra oradora utilizou o conhecimento obtido como vendedora em uma joalheria para preparar uma palestra sobre avaliação do valor de diamantes lapidados. Um terceiro orador, que havia sobrevivido a um tornado, fez uma exposição emocionante sobre essa terrível experiência.

Muito dramático? Não há nada em sua vida tão interessante? Uma estudante, que se descreveu como "apenas uma dona de casa que está retornando à faculdade para concluir o que ela iniciou 20 anos atrás", fez uma exposição espirituosa em um trabalho sobre sociologia a respeito dos ajustes que foi obrigada a fazer para voltar a estudar – fazer parte de uma classe com alunos que tinham idade para ser seu filho, equilibrar seu trabalho acadêmico com seus compromissos familiares e ter a satisfação de concluir o que ela havia começado anos antes.

Veja alguns outros exemplos de tema baseados em grande parte nos conhecimentos e nas experiências pessoais dos oradores:

Estágio em um laboratório de criminalística

Os princípios do *backpacking* (mochileiro)

Dançando com a Native American Dance Troupe

Como ter êxito em uma entrevista de emprego

» Temas que você deseja conhecer mais

Entretanto, talvez você decida transformar sua fala em uma experiência de aprendizagem para você e também para seus ouvintes. Talvez você escolha um tema sobre o qual já tenha algum conhecimento ou experiência, mas que não seja suficiente para preparar sua exposição sem realizar pesquisas complementares. Você pode até escolher um tema que deseje investigar pela primeira vez. Por exemplo, digamos que você sempre tenha tido interesse pelo sítio arqueológico Stonehenge, no Reino Unido, mas nunca obteve muitas informações a respeito. Essa seria uma oportunidade perfeita para pesquisar sobre um tema fascinante e transformá-lo em uma palestra igualmente fascinante.

Ou suponhamos que em uma de suas outras aulas você se depare com um tema que aguce sua imaginação. Por que não o investigá-lo mais a fundo para a sua aula de oratória? Uma oradora empregou esse procedimento para desenvolver uma palestra sobre neuromarketing, área que utiliza avanços recentes na neurociência para investigar como as pessoas reagem a produtos e promoções. Depois de ouvir a respeito desse tema na aula de marketing, ela fez uma pesquisa mais aprofundada e ficou sabendo que, atualmente, o neuromarketing é utilizado por algumas das maiores empresas do mundo. Ao fazer uso do que havia aprendido em sua pesquisa, ela desenvolveu uma palestra interessante que prendeu a atenção de todos do início ao fim.

www.grupoa.com.br

Assista a um trecho de "Neuromarketing: Whispers of the Brain" ("Neuromarketing: Murmúrios do Cérebro") – Vídeo 5.1 – em inglês.

Outra possibilidade – em particular para palestras persuasivas – é pensar em temas a respeito dos quais você tenha opiniões e convicções firmes, como assuntos nacionais ou internacionais sobre controle de armas ou mudanças climáticas. Ou talvez você esteja intimamente envolvido com uma questão social, como a eleição de um conselho escolar ou uma proposta para construir um novo centro acadêmico. Nem todos os temas precisam ser "políticos". Eles podem abordar tudo, como requisitos para colação de grau, auxílio a pessoas com deficiência física, regulamentos de um alojamento estudantil, construção de um centro recreativo cristão etc.

» *Brainstorming* de temas

Depois de tudo isso, você ainda deve estar pensando: "*Não* me interesso por neuromarketing. *Nunca* estive na Turquia. *Não* sou politicamente ativo. Sobre O QUE vou falar?". Se estiver com dificuldades para escolher um tema, existem inúmeros procedimentos de *brainstorming* que você pode adotar como ponto de partida.

» *Balanço pessoal*

Primeiro, faça um breve balanço de suas experiências, interesses, *hobbies*, habilidades, crenças etc. Tome nota de tudo o que lhe vier à mente, por mais tolo ou irrelevante que possa parecer. Dessa lista é provável que se evidencie alguma área temática geral da qual seja possível extrair um tema específico. Esse método já funcionou para muitos palestrantes.

» *Agrupamento*

Se o primeiro método não funcionar, tente utilizar a técnica de agrupamento. Pegue uma folha de papel e divida-a em nove colunas, da seguinte forma: Pessoas; Lugares; Coisas; Acontecimentos ou eventos; Processos; Conceitos; Fenômenos naturais; Problemas; e Planos e políticas. Então, escreva em cada coluna os quatro ou cinco primeiros itens que vierem à sua cabeça. O resultado será algo mais ou menos assim:

Pessoas	Lugares	Coisas
Barack Obama	Afeganistão	iPad
Hillary Clinton	Grand Canyon	Twitter
Sarah Palin	Lua	TV 3D
Lady Gaga	Cidade natal	Filmes

Acontecimentos ou eventos	Processos	Conceitos
formatura	aprendizagem em ressuscitação cardiopulmonar	conservadorismo
Páscoa Judaica		ética médica
Ano-Novo Chinês	culinária indiana	teorias de liberdade de expressão
Cinco de Mayo	evitar a dívida do cartão de crédito	budismo
	redação de currículo	

Fenômenos naturais	Problemas	Planos e políticas
asteroides	dívida nacional	perfuração em alto-mar
relâmpagos	terrorismo	escolas *charter* (escolas públicas com gestão privada)
tornados	fraude eleitoral	benefícios para união estável
terremotos	crimes nas universidades	reforma de imigração

É bem provável que vários itens em sua lista o atraiam. Se não, escolha os itens mais interessantes e crie uma sublista para cada um. Tente fazer associações livres. Tome nota da palavra ou ideia. O que isso desencadeia em sua mente? Seja o que for, anote isso ao lado, e siga em frente até o momento em que tiver quatro ou cinco ideias em sua lista. Por exemplo, das listas apresentadas a seguir, uma aluna compôs sublistas de cinema, crime nas universidades e relâmpago.

Cinema	Crime nas universidades	Relâmpago
Oscar	polícia	trovão
prêmios	impressão digital	ruído
loterias	mãos	tráfego
jogo	luvas	poluição atmosférica

Você consegue acompanhar a sequência de associação que ela fez? A primeira coluna, de cinema, a fez pensar em Oscar, que tem a ver com prêmio, o qual, por sua vez, a fez se lembrar de loteria, que é um tipo de jogo. De repente, ela se lembrou de um artigo que havia lido sobre o problema do vício em jogos de azar nos Estados Unidos. Então, ela teve um estalo – após várias pesquisas, desenvolveu uma excelente palestra intitulada "Vício em jogos de azar: Por que você não consegue superar as probabilidades".

Esse tema está muito distante de cinema! Se você partisse de cinema e começasse a fazer associações livres, sem dúvida chegaria a algo completamente diferente. Agrupamento é exatamente isso.

» *Pesquisa na internet*

Por meio do agrupamento, a maioria das pessoas consegue chegar rapidamente a um tema. Porém, se você ainda estiver se sentindo bloqueado, experimente pesquisar na internet. Faça uma busca em um *site* de assuntos, uma enciclopédia *on-line* ou em algum outro portal de referência até encontrar o que poderia ser considerado um bom tema. A título de experiência, uma estudante norte-americana percorreu o *Merriam-Webster Online Dictionary*, restringindo-se à letra *m*. Em dez minutos, ela encontrou as seguintes possibilidades de tema (traduzidos aqui):

magia	salário-mínimo	medalha de honra	ouvido médio
Madri	Lua	artes marciais	distrofia muscular
monarquia	meteorito	xarope de ácer	Mardi Gras
casamento	fuzileiros navais	cogumelo	máfia

Seja qual for o método que você utilizar para escolher um tema, *comece cedo*. Preste atenção em temas interessantes em conversas, na televisão e na internet, em jornais e revistas. Anote todas as ideias de tema à medida que elas vierem à sua mente. Fazer uma lista dos possíveis temas que você pode escolher é bem mais adequado do que tentar se lembrar a todo custo de um tema no último minuto. Se você iniciar logo esse processo, terá tempo suficiente para escolher o tema certo e preparar uma palestra de qualidade.

» Determinando o objetivo geral

Além de escolher um tema, você precisa determinar o **objetivo geral** de sua exposição. Normalmente, esse objetivo se enquadrará em duas categorias parcialmente coincidentes: informar ou persuadir.

Quando seu objetivo geral é informar, você age como professor ou palestrante, a fim de transmitir uma informação de maneira clara, precisa e interessante. Quando você fala de halterofilismo, dos principais acontecimentos na crise mais recente do Oriente Médio ou da situação financeira da associação de estudantes, à qual você pertence, está informando. Seu objetivo é ampliar o conhecimento e a compreensão de seus ouvintes – fornecer informações das quais eles ainda não dispõem.

Quando seu objetivo geral é persuadir, você age como um defensor ou partidário. É muito mais que fornecer informações para apoiar uma causa. Você deseja *mudar* ou *estruturar* as atitudes ou ações de seu público. Se tentar convencer seus ouvintes de que eles devem iniciar um programa regular de halterofilismo, de que os Estados Unidos devem mudar sua política no Oriente Médio ou de que a associação dos estudantes deve fazer uma campanha de arrecadação de fundos para equilibrar seu orçamento, estará persuadindo. Ao fazê-lo, não é possível não fornecer informações, mas seu objetivo principal é convencer seus ouvintes de seu ponto de vista – levá-los a acreditar em algo ou a fazer algo em consequência de sua apresentação.

Em aulas de oratória, por exemplo, o objetivo geral normalmente é especificado pelo professor. Entretanto, nas apresentações fora do curso, você mesmo terá de estabelecer o objetivo geral. De maneira geral, isso é fácil. Seu objetivo é explicar, relatar ou demonstrar algo? Se sim, seu objetivo geral é informar. Você pretende vender, defender ou justificar algo? Nesse caso, seu objetivo geral é persuadir. No entanto, seja qual for a situação, você deve ter certeza do que espera concretizar exatamente com sua exposição.

» Determinando o objetivo específico

Assim que você escolher um tema e determinar o objetivo geral, deve estreitar suas opções para identificar o **objetivo específico**, que precisa estar voltado para um aspecto do tema. Você deve enunciá-lo com uma única frase com o verbo no infinitivo (informar meu público sobre...; persuadir meu público...) que indique *precisamente* o que você espera concretizar.

Por exemplo, Duane Winfield, aluno de uma universidade estadual, escolheu um tema baseado em experiências pessoais para fazer sua primeira palestra em uma disciplina de oratória. Nos últimos dois anos, ele havia se oferecido como voluntário para tocar violão para pacientes em hospitais psiquiátricos, clínicas de repouso e lares para adultos incapacitados. Ele pôde ver que os pacientes reagiram entusiasticamente à música, mesmo quando indiferentes a outros tipos de estímulo. A experiência de Duane lhe permitiu compreender melhor os benefícios da musicoterapia, e ele desejou compartilhar essa compreensão com seus colegas de classe. Com base nisso, ele encontrou um tema e um objetivo geral, que enunciou da seguinte forma:

Tema: Musicoterapia
Objetivo geral: Informar

Até aqui, tudo bem. Mas qual aspecto desse tema Duane deveria abordar? Os lugares nos quais ele realizou trabalho voluntário? Sua função específica como músico? A evidência de que a musicoterapia pode melhorar a saúde mental dos pacientes? As necessidades dos pacientes com diferentes tipos de enfermidade? Ele tinha de escolher algo interessante que pudesse abordar em uma exposição de seis minutos. Finalmente, ele decidiu falar sobre suas experiências mais memoráveis com os pacientes a fim de demonstrar o quanto a musicoterapia os afetava, enunciando o objetivo específico dessa maneira:

Objetivo específico: Informar meu público sobre os benefícios da musicoterapia para pessoas com deficiências psicológicas ou cognitivas.

Isso acabou se revelando uma excelente escolha, e a palestra de Duane ficou entre as melhores da classe.

Observe como a sentença do objetivo específico é clara e como relaciona o tema diretamente com o público, isto é, mostra não apenas o que o *orador* deseja *dizer*, mas também o que o orador deseja que o *público saiba* em consequência disso. Isso é muito importante, porque ajuda o orador a manter o público no centro de suas atenções enquanto prepara sua apresentação.

Observe o que ocorre quando a sentença do objetivo específico não inclui o público.

Objetivo específico: Explicar os benefícios da musicoterapia para pessoas com deficiências psicológicas ou cognitivas.

Utilizando a oratória em sua CARREIRA

Sua formação em comunicação o ajudou a conseguir um emprego de porta-voz do prefeito de uma cidade de tamanho médio no Centro-Oeste. Um ano depois, você foi escolhido para organizar uma campanha informativa para explicar os benefícios do novo centro juvenil proposto pelo prefeito.

Para lançar essa campanha, você decidiu emitir um comunicado à imprensa no fim de semana. Na abertura desse comunicado, você apresentará uma breve relação dos componentes dessa iniciativa do prefeito. Você resolve enfatizar quatro benefícios do centro juvenil: (1) oferecerá uma série de atividades – de esportes a artes – em um ambiente seguro; (2) oferecerá redes sociais para jovens de todas as posições sociais; (3) funcionará no período diurno e noturno; (4) será gratuito e estará aberto a todos.

Seguindo o formato sugerido neste capítulo, enuncie o objetivo geral, o objetivo específico, a ideia central e os pontos principais de suas observações.

Explicar para quem? Para os músicos? Para alunos de medicina? Para assistentes sociais? Cada caso exigiria uma palestra diferente. Os músicos provavelmente desejariam saber que tipo de música Duane tocou. Os alunos de medicina desejariam ouvir a respeito de pesquisas sobre os benefícios da musicoterapia. Os assistentes sociais desejariam obter informações sobre a implementação de um programa de musicoterapia. Para que a comunicação com cada grupo fosse eficaz, seria necessário preparar uma palestra diferente.

Quando o público não está inserido no objetivo específico, o orador pode deixá-lo escapar. Você pode começar a pensar que sua atribuição é o objetivo geral de preparar uma "palestra informativa", quando, na verdade, sua competência é o objetivo específico de informar determinado grupo de pessoas. Como veremos no próximo capítulo, é também quase impossível preparar uma boa palestra sem ter em mente, o tempo todo, as *pessoas* para as quais ela se destina.

» **Dicas para formular a sentença do objetivo específico**

A formulação do objetivo específico é o passo inicial mais importante para o bom desenvolvimento de uma palestra. Ao redigi-lo, siga os princípios gerais descritos a seguir.

» *Redija a sentença do objetivo como uma frase completa com o verbo no infinitivo, e não como um fragmento*

Ineficaz: Tecnologia 3D.

Mais eficaz: Informar meu público sobre os três principais tipos de tecnologia 3D.

Nesse caso, a sentença ineficaz é adequada para anunciar o tema da palestra, mas não é considerada detalhada o suficiente para indicar o objetivo específico.

» *Expresse seu objetivo como uma afirmação, e não como uma pergunta*

Ineficaz: O que é Día de los Muertos?

Mais eficaz: Informar meu público sobre a história da celebração do Día de los Muertos no México.

A pergunta pode despertar a curiosidade do público, mas não é eficaz como declaração do objetivo específico. Ela não oferece nenhuma indicação do rumo que a palestra tomará ou sobre o que o orador espera concretizar.

» Escolher o tema é o primeiro passo na preparação de uma exposição. Uma alternativa para pensar em um bom tema é refletir a respeito de questões sobre as quais você tenha opiniões e convicções firmes.

» *Evite linguagem figurativa na afirmação do objetivo*

Ineficaz: Persuadir meu público de que a política universitária de estacionamento para os alunos é péssima.

Mais eficaz: Persuadir meu público de que a política universitária de estacionamento para os alunos deve ser revista para oferecer mais vagas para os alunos antes das 17h00.

Embora a sentença ineficaz indique algo a respeito do ponto de vista do orador, ela não afirma de forma concisa o que ele espera concretizar. A linguagem figurativa pode reforçar ideias em uma exposição, mas é muito ambígua como declaração do objetivo específico.

» *Limite a sentença do objetivo a uma única ideia*

Ineficaz: Persuadir meu público a se tornar tutor de alfabetização e a doar tempo à organização Special Olympics.

Essa sentença de objetivo expressa duas ideias dissociadas, e ambas poderiam ser tema para uma única palestra. A solução mais fácil é escolher um deles como ideia central de sua apresentação.

Mais eficaz: Persuadir meu público a se tornar tutor de alfabetização.

Ou:

Mais eficaz: Persuadir meu público a doar tempo à organização Special Olympics.

Isso significa que você nunca pode empregar a palavra "e" na sentença do objetivo específico? De forma alguma. Suponhamos que seu objetivo específico seja "Informar meu público sobre as causas e os efeitos da epilepsia". Nesse caso, "e" é apropriado porque liga duas partes correlatas de um tema unificado. O que você precisa evitar não é apenas a palavra "e", mas uma sentença de objetivo específico que contenha duas ideias desconexas que possam ser desenvolvidas separadamente como palestra.

» *Verifique se seu objetivo específico não está muito vago ou geral*

Ineficaz: Persuadir meu público de que é necessário tomar alguma medida quanto à falta de segurança nos ônibus escolares.

Mais eficaz: Persuadir meu público de que o Governo Federal deve impor padrões de segurança mais rígidos quanto aos ônibus escolares nos Estados Unidos.

Essa sentença ineficaz cai em uma das armadilhas mais comuns – é muito ampla e mal definida. Ela não dá nenhuma dica sobre o que o orador acredita que deva ser feito com relação aos ônibus escolares. A sentença mais eficaz é nítida, concisa e revela claramente o que o orador pretende discutir.

Quanto mais preciso o objetivo específico, mais fácil a preparação. Observe o tema e o objetivo específico a seguir:

Tema: Balões de ar quente.

Objetivo específico: Informar meu público sobre os balões de ar quente.

Com um objetivo tão obscuro quanto esse, você não tem nenhuma alternativa sistemática para limitar sua pesquisa ou decidir o que deve incluir ou excluir de seu conteúdo. As origens dos balões de ar quente, como eles funcionam, sua atual popularidade – tudo isso poderia ser igualmente relevante para uma palestra cujo objetivo seja "informar o público sobre os balões de ar quente".

Em contraposição, examine o tema e o objetivo específico a seguir:

Tema: Balões de ar quente.

Objetivo específico: Informar meu público sobre as aplicações científicas dos balões de ar quente.

Agora é fácil decidir o que é pertinente e o que não é. As origens dos balões de ar quente, como eles funcionam e sua popularidade como recreação – tudo isso é interessante, mas não é essencial ao objetivo específico de explicar "as aplicações científicas dos balões de arte quente". Portanto, você não precisa se preocupar em pesquisar essas questões nem em explicá--las em sua palestra. Você pode usar seu tempo de preparação de maneira mais eficaz.

» Perguntas a respeito de seu objetivo específico

É provável que em alguns momentos você identifique o objetivo específico logo depois que escolher o tema e que, em outros, você tenha de realizar várias pesquisas para determiná-lo. Isso dependerá em grande parte do quanto você está familiarizado com o tema, bem como de qualquer exigência especial imposta por essa atribuição, pelo público ou pela ocasião. Contudo, sempre que você determinar o objetivo específico, faça a si mesmo as perguntas relacionadas a seguir.

» *Meu objetivo atende ao que foi pedido?*

De vez em quando, os palestrantes iniciantes tropeçam nessa pergunta. Procure compreender a tarefa que lhe foi designada e molde o objetivo específico para cumpri-la. Se tiver dúvidas, converse com um professor de oratória ou com oradores experientes.

» *Consigo concretizar meu objetivo no espaço de tempo designado?*

Várias palestras costumam ser bastante curtas, com quatro a dez minutos de duração. Isso pode parecer muito tempo, mas em breve você constatará o que inúmeros oradores descobriram – o tempo voa quando você está fazendo uma palestra!

A maior parte das pessoas fala em uma velocidade média de 120 a 150 palavras por minuto. Isso significa que uma palestra de seis minutos terá aproximadamente de 720 a 900 palavras. Esse tempo não é longo o suficiente para você desenvolver um tema muito complexo. Veja algumas declarações de objetivo específico que poderiam ser difíceis de abordar no tempo normalmente alocado para palestras curtas:

» Informar meu público sobre a ascensão e queda da Roma Antiga.
» Informar meu público sobre o papel que a tecnologia desempenha na história humana.
» Persuadir meu público a se converter ao budismo.

É bem melhor ter um objetivo mais restrito em relação ao qual você tenha uma expectativa razoável de concretizar no curto espaço de tempo de quatro a dez minutos.

» *O objetivo é relevante para o meu público?*

O preço das clínicas de repouso no interior poderia ser um tema atraente para cidadãos mais velhos que estão à procura desse tipo de residência no mercado. E a qualidade das refeições quentes nas escolas de ensino fundamental é uma grande preocupação para os alunos que as consomem e os pais que pagam por elas. Contudo, nenhum desses temas tem grande relevância para os alunos universitários. Não importa o quanto você elabore bem suas palestras, é provável que elas não produzam efeito se não abordarem assuntos do interesse dos ouvintes.

✔ CHECKLIST

Objetivo específico

SIM	NÃO	
☐	☐	1. Redigi o objetivo específico como uma frase completa com o verbo no infinitivo?
☐	☐	2. O objetivo específico inclui uma referência ao público?
☐	☐	3. O objetivo específico está enunciado como uma afirmação, e não como uma pergunta?
☐	☐	4. O objetivo específico não contém linguagem figurativa?
☐	☐	5. O objetivo específico contém um único tema?
☐	☐	6. O objetivo específico indica precisamente o que pretendo concretizar com minha exposição?
☐	☐	7. O objetivo específico atende às exigências do que foi solicitado?
☐	☐	8. O objetivo específico pode ser concretizado no espaço de tempo designado para a palestra?
☐	☐	9. O objetivo específico é relevante para o público?
☐	☐	10. O objetivo específico aborda um tema importante?
☐	☐	11. O objetivo específico é adequado a um público não técnico?

Isso não quer dizer que você deva escolher apenas os temas diretamente relacionados à experiência cotidiana do seu público. A maioria das pessoas tem formação, interesses, ideias e valores variados. E pelo menos a maioria tem curiosidade intelectual. Elas podem se envolver com uma multiplicidade surpreendente de temas. Siga o bom-senso e verifique se *você* realmente tem interesse pelo tema. Além disso, ao falar sobre um tema que não seja nitidamente relevante para seus ouvintes, procure uma alternativa para amarrá-lo com os objetivos, valores, interesses e bem-estar do público. No próximo capítulo, analisaremos como se faz isso.

» *O objetivo é muito trivial para o meu público?*

Do mesmo modo que você deve evitar temas muito amplos ou complexos, precisa se esquivar de temas muito superficiais. O modo como se faz uma fogueira sem fósforo poderia absorver a atenção de um grupo de escoteiros iniciantes, mas seus colegas de faculdade provavelmente o considerariam banal. Infelizmente, não existe nenhuma regra absoluta para determinar o que é e o que não é trivial para um público. Veja alguns exemplos de objetivo específico que a maioria das pessoas acharia trivial para uma palestra, por exemplo, em sala de aula:

- » Informar meu público sobre os compartimentos de uma mochila.
- » Informar meu público sobre como dar nó em uma gravata-borboleta.
- » Persuadir meu público de que o café expresso é melhor do que o *cappuccino*.

» *O objetivo é muito técnico para o meu público?*

Nada é tão eficaz para fazer uma plateia dormir do que uma palestra seca e técnica. Tome cuidado com os temas inerentemente técnicos e evite abordar temas comuns de maneira técnica. Embora você tenha familiaridade com os princípios e o vocabulário de finanças internacionais ou psicologia clínica, a maioria dos seus ouvintes talvez não tenha. Existem aspectos nesses e em temas semelhantes que podem ser abordados claramente, com o mínimo de jargão. No entanto, se encontrar temas em que não consiga concretizar seu objetivo específico sem empregar palavras e conceitos técnicos, você deve reconsiderar seu objetivo.

Veja alguns exemplos de objetivo específico que são nitidamente técnicos para a maioria das palestras com uma plateia diversificada:

- » Informar meu público sobre a solução do último teorema de Fermat.
- » Informar meu público sobre os princípios da física dos neutrinos.
- » Informar meu público sobre os métodos da tecnologia de criptografia.

Examinaremos as particularidades da análise e de adaptação ao público no Capítulo 6. Por enquanto, lembre-se de determinar um objetivo específico apropriado aos seus ouvintes. Se tiver dúvida, consulte um professor de oratória ou distribua um questionário aos seus ouvintes (consulte as páginas 101-104).

» Enunciando sua ideia central

» **O que é ideia central?**

É o objetivo específico de uma exposição oral que você espera concretizar. A **ideia central** é uma sentença concisa sobre o que você *espera dizer*. Algumas vezes, é chamada de enunciado da tese, sentença do tema ou ideia principal. Seja qual for o termo, a ideia central normalmente é expressa como uma sentença simples e declarativa que aprimora e afia a sentença do objetivo específico.

Imagine-se encontrando por acaso uma amiga em seu trajeto para a aula de oratória. Ela diz: "Eu preciso correr para a aula de história, mas ouvi dizer que você fará uma palestra hoje. Você poderia me descrever a ideia principal em uma única frase?" "Claro", você responde. "O sistema penitenciário dos Estados Unidos enfrenta três grandes problemas – superlotação de presidiários, falta de programas eficazes de reabilitação e grandes despesas para os contribuintes."

Sua resposta é a ideia central da palestra. Ela é mais precisa do que seu tema (sistema penitenciário dos Estados Unidos) ou a sentença do objetivo específico ("Informar meu público sobre os três problemas principais enfrentados pelo sistema penitenciário dos Estados Unidos"). Ao declarar exatamente quais são os três problemas, a ideia central resume sua palestra em uma única sentença.

Você pode pensar na ideia central também como sua **mensagem residual** – o que você deseja que seu público lembre entre todas as demais informações das quais ele se esquecerá em sua palestra. Na maioria das vezes, a ideia central condensará os pontos principais a serem desenvolvidos no corpo da palestra. Para mostrar como isso funciona, tomaremos alguns dos exemplos que vimos anteriormente neste capítulo e os desenvolveremos desde o tema, objetivo geral e objetivo específico até a ideia central.

Você pode começar com a palestra sobre musicoterapia.

Tema:	Musicoterapia.
Objetivo geral:	Informar.
Objetivo específico:	Informar meu público sobre os benefícios da musicoterapia para pessoas com deficiências psicológicas ou cognitivas.
Ideia central:	A musicoterapia, desenvolvida como uma técnica de tratamento formal durante o século XX, utiliza inúmeros métodos e é explicada pelas várias teorias responsáveis por sua eficácia.

Examine com cuidado esse exemplo. Ele mostra que o orador começará com um tema amplo (musicoterapia) que se estreita à medida que ele passa do objetivo geral para o específico e deste para a ideia central. Observe também o quanto a ideia central é mais específica em relação ao conteúdo. Com base nisso, podemos supor que o orador abordará três pontos principais – o primeiro seria uma síntese do desenvolvimento da musicoterapia, o segundo, uma visão dos métodos de musicoterapia, e o terceiro, uma investigação sobre as teorias responsáveis pela eficácia da musicoterapia.

> www.grupoa.com.br
> Assista à introdução de "The Benefits of Music Therapy" ("Os Benefícios da Musicoterapia") – Vídeo 5.2 – em inglês.

Esse estreitamento de foco à medida que nos aproximamos da ideia central é indispensável. Veja outro exemplo:

Tema:	Día de los Muertos.
Objetivo geral:	Informar.
Objetivo específico:	Informar meu público sobre a história da celebração do Día de los Muertos no México.
Ideia central:	O Día de los Muertos, cuja origem remonta aos astecas, foi transferido do verão para o outono por padres espanhóis e, atualmente, é celebrado de inúmeras maneiras em diferentes regiões do México.

Essa ideia central está especialmente bem escrita. Com base nela, podemos supor que o corpo da palestra terá três pontos principais: (1) a origem asteca do Día de los Muertos; (2) como esse dia foi mudado pelos espanhóis; e (3) os modos como ele é celebrado atualmente.

Observe em cada um desses exemplos o quanto a ideia central revela mais o conteúdo da palestra do que o objetivo específico. Isso não é por acaso. Com frequência, você determina a sentença do objetivo específico logo no início da preparação da palestra. Entretanto, a ideia central costuma surgir posteriormente – depois que você realiza suas pesquisas e determina os pontos principais. O processo funcionará mais ou menos assim:

> Uma vez que Marcia Esposito cursa ciência ambiental como disciplina de especialização, ela ficou sabendo que vários especialistas temem que o mundo enfrente séria escassez de água por volta de 2025. Ela conclui que esse assunto seria um ótimo tema para sua palestra informativa. Experimentalmente, ela utilizou a seguinte sentença para seu objetivo específico: "Informar meu público sobre a gravidade da crescente escassez de água em nível internacional". Em seguida, Marcia iniciou suas pesquisas.
>
> Um artigo na revista *Time*, que ela encontrou por meio do LexisNexis, explicava que a população em países como China, Índia e Paquistão está superando o abastecimento disponível de água doce. De acordo com o artigo, 400 milhões de chineses não têm acesso à água potável adequada e dois terços da população de 1,1 bilhão de pessoas da Índia não contam com o abastecimento necessário.
>
> Em seguida, Marcia encontrou um relatório no *site* das Nações Unidas sobre o impacto da poluição sobre o abastecimento de água. Esse relatório afirmava que, nos países desenvolvidos, "mais de 90% da água de esgoto e 70% da água industrial são despejadas sem tratamento na água de superfície".
>
> Marcia, então, teve a ideia de entrevistar um de seus professores especializados em ciência ambiental. Além de confirmar as pesquisas sobre o impacto do crescimento populacional e da poluição, o professor mencionou os problemas provocados pela gestão inadequada do abastecimento de água. Ao redor do mundo, 65 a 70% da água usada pelas pessoas é perdida em virtude de desperdício, evaporação e outras ineficiências.
>
> Marcia condensou todas essas informações. Nesse momento, ela estava pronta para formular sua ideia central: "O crescimento populacional, a poluição e a gestão inadequada do abastecimento estão provocando uma grave escassez de água doce em várias partes do mundo".

» Orientações sobre a ideia central

O que uma ideia central bem escrita tem? Basicamente, as mesmas características de uma sentença de objetivo específico bem escrita. A ideia central (1) deve ser expressa em uma única sentença, (2) não estar em forma de pergunta, (3) evitar linguagem figurativa e (4) não ser vaga ou extremamente genérica.

Por exemplo, a seguir são apresentadas algumas ideias centrais mal escritas. Veja se você consegue identificar o problema de cada uma e de que forma elas poderiam ser melhoradas:

Ineficaz: Pagar um salário mensal aos atletas universitários é uma boa ideia.
Ineficaz: Problemas das dietas da moda.
Ineficaz: O que são nanorrobôs?
Ineficaz: A Península Yucatán, no México, é um lugar estupendo para passar as férias.

O primeiro é muito amplo. Afirmar que pagar um salário mensal aos atletas universitários é uma "boa ideia" não transmite o ponto de vista do orador de maneira categórica e clara. O que o orador quer dizer com "boa ideia"? A ideia central dessa palestra poderia ser reformulada da seguinte maneira:

Mais eficaz: Como os atletas universitários de esportes lucrativos, como o futebol e o basquete, geram milhões de dólares para as escolas norte-americanas, a Associação Atlética Universitária deveria possibilitar que esses atletas recebam um salário mensal de US$ 300 como parte da bolsa de estudo.

A segunda ideia central ineficaz também é muito ampla, mas é ainda pior por não ter sido redigida como uma sentença completa. "Problemas das dietas da moda" não revela de maneira suficiente o conteúdo da palestra para servir de ideia central. Ela deve ser redigida como uma sentença completa que identifica os problemas das dietas da moda que serão discutidos na palestra:

Mais eficaz: Embora as dietas da moda possibilitem emagrecimento rápido, elas podem provocar sérios problemas de saúde decorrentes da deficiência de vitaminas e minerais e do consumo de tecido muscular e de gordura.

A terceira ideia central ineficaz é enunciada como uma pergunta, e não como uma sentença declarativa completa. Perguntar "O que são nanorrobôs?" pode ser uma excelente alternativa para atrair a atenção dos ouvintes, mas não sintetiza os pontos principais que serão desenvolvidos na palestra. Uma ideia central mais eficaz seria:

Mais eficaz: Os nanorrobôs, cujo tamanho é microscópico, estão sendo desenvolvidos para uso na medicina, na fabricação de armas e na vida cotidiana.

A última ideia central ineficaz é invalidada pelo emprego de linguagem figurativa. Afirmar que a Península de Yucatán é um lugar "fascinante" para passar as férias não indica quais características o orador pretende abordar sobre essa península. Uma ideia central mais adequada seria:

Mais eficaz: A Península de Yucatán, no México, tem várias atrações para os turistas, como clima quente, excelente culinária e grandes ruínas maias.

Observe que em todos esses exemplos a ideia central eficaz condensa em uma única sentença os pontos principais da palestra. Se encontrar dificuldade para redigir a ideia central, isso quer dizer que talvez você ainda não tenha apreendido efetivamente os pontos principais de sua palestra.

» Diferentemente do objetivo específico, que você precisa estabelecer logo no início do processo de preparação da palestra, normalmente a ideia central toma forma depois, em consequência de suas pesquisas e análises sobre o tema.

✔ CHECKLIST

Ideia central

SIM	NÃO	
☐	☐	1. A ideia central está redigida como uma sentença completa?
☐	☐	2. A ideia central está enunciada como uma afirmação, e não como uma pergunta?
☐	☐	3. A ideia central não contém linguagem figurativa?
☐	☐	4. A ideia central condensa claramente os pontos principais que serão discutidos no corpo da palestra?
☐	☐	5. A ideia central pode ser discutida adequadamente no espaço de tempo designado para da palestra?
☐	☐	6. A ideia central é relevante para o público?
☐	☐	7. A ideia central é apropriada para um público não técnico?

Não se preocupe muito com a ideia central enquanto não tiver desenvolvido o corpo de sua palestra (consulte o Capítulo 9). Se, até lá, ainda assim você não conseguir ter uma ideia central clara e concisa, é provável que sua palestra não esteja clara e concisa. Dedique-se à elaboração da palestra até o momento em que conseguir compor uma ideia central que se ajuste aos critérios discutidos. Desse modo, você terá uma ideia central mais afiada e uma palestra mais específica e coerente.

» Resumo

O primeiro passo na preparação de uma exposição é escolher o tema. Para suas palestras, você pode escolher um tema que conheça bem ou que tenha de pesquisar especialmente para a palestra em questão. Se tiver dificuldade para selecioná-lo, você pode utilizar um dos três procedimentos de *brainstorming* apresentados. Primeiro, faça um balanço de seus *hobbies*, interesses, habilidades, crenças etc. Segundo, utilize a técnica de agrupamento para relacionar os primeiros temas que lhe vierem à mente em várias categorias. Terceiro, utilize um diretório de temas na internet, uma enciclopédia *on-line* ou um *site* de consulta semelhante para ajudá-lo a buscar temas possíveis.

O objetivo geral de sua palestra normalmente será informar ou persuadir. Quando for informar, seu propósito será transmitir as informações de uma maneira clara, precisa e interessante. Quando for persuadir, seu propósito será vender seu ponto de vista aos ouvintes.

Assim que você identificar o tema e o objetivo geral, precisará se concentrar na sentença do objetivo específico, que deve indicar precisamente o que sua palestra procura concretizar. A sentença do objetivo específico deve (1) ser uma oração completa com verbo no infinitivo, (2) ser enunciada como uma afirmação, e não como uma pergunta, (3) evitar linguagem figurativa, (4) enfatizar uma única ideia e (5) não ser vaga nem ampla.

Tenha em mente várias perguntas no momento de formular a sentença do objetivo específico: O objetivo atende ao que foi solicitado? Consigo concretizar meu objetivo no espaço de tempo designado? O objetivo é relevante para o meu público? O objetivo é muito trivial ou muito técnico para o meu público?

A ideia central aprimora e aguça seu objetivo específico. É uma sentença concisa sobre o que você dirá em sua palestra e, normalmente, após suas pesquisas e a determinação dos pontos principais, ela se cristaliza em sua mente. Em geral, a ideia central condensa os pontos principais que serão desenvolvidos no corpo da palestra.

» Palavras-chave

brainstorming Método de discussão em grupo para gerar ideias. No âmbito de apresentações orais, essa técnica é aplicada para gerar temas por meio da livre associação de palavras e ideias.

ideia central Uma única sentença que resume ou condensa as principais ideias da palestra.

mensagem residual O que o orador deseja que o público lembre entre todas as demais informações das quais ele se esquecerá.

objetivo específico Uma única frase com o verbo no infinitivo que enuncia precisamente o que o orador espera concretizar em sua apresentação.

objetivo geral Objetivo mais amplo da exposição.

tema Assunto de que trata a exposição oral.

» Questões para recapitulação

1. Quais são os três métodos de *brainstoming* que você pode adotar se estiver encontrando dificuldade para escolher um tema?
2. Quais são os dois objetivos gerais da maioria das palestras?
3. Por que a determinação do objetivo específico é um passo inicial importante na preparação de uma palestra? Por que é importante incluir o público na sentença do objetivo específico?
4. Quais são as cinco dicas para formular o objetivo específico?
5. Quais são as cinco perguntas que devem ser feitas sobre o objetivo específico?
6. Qual a diferença entre objetivo específico e ideia central em uma exposição oral? Quais são as orientações para enunciar de maneira eficaz a ideia central?

» Exercícios de raciocínio crítico

1. Empregando um dos métodos de *brainstorming* descritos neste capítulo, pense em três temas que você gostaria de abordar em sua próxima palestra. Para cada tema, crie uma sentença para o objetivo específico adequada ao que foi solicitado. Verifique se as sentenças do objetivo específico estão de acordo com as orientações discutidas neste capítulo.
2. Veja a seguir várias sentenças de objetivo específico para palestras. Identifique o problema (ou problemas) de cada uma.

    Informar meu público sobre como se abre uma conta no Facebook.

    Persuadir meu público de que o governo dos Estados Unidos deve aumentar o financiamento para pesquisas com células-tronco e apoiar o desenvolvimento de veículos movidos a hidrogênio.

    O que é plano de aposentadoria individual?

    Informar meu público sobre o motivo pelo qual as ranhuras quadradas são superiores às ranhuras em forma de U nos clubes de golfe.

    Informar meu público sobre a Nova Zelândia.

    Doar sangue.

    Persuadir meu público de que é necessário tomar alguma medida quanto ao problema das bactérias resistentes a antibiótico.

3. A seguir, encontram-se três conjuntos de pontos principais para uma palestra. Para cada um deles, apresente o objetivo geral, o objetivo específico e a ideia central.

Objetivo geral:
Objetivo específico:
Ideia central:
Pontos principais: I. Você deve estudar no exterior porque isso contribui para o seu desenvolvimento pessoal.
II. Você deve estudar no exterior porque isso contribui para o seu desenvolvimento acadêmico.
III. Você deve estudar no exterior porque isso contribui para o seu desenvolvimento profissional.

Objetivo geral:
Objetivo específico:
Ideia central:
Pontos principais: I. A primeira atividade do triatlo é natação.
II. A segunda atividade do triatlo é ciclismo.
III. A terceira atividade do triatlo é corrida.

Objetivo geral:
Objetivo específico:
Ideia central:
Pontos principais: I. Como autor, Thomas Jefferson redigiu a Declaração da Independência e *Notes on the State of Virginia* (Notas sobre o Estado de Virgínia).
II. Como presidente, Thomas Jefferson negociou a compra de Louisiana e aprovou a expedição Lewis-Clark.
III. Como arquiteto, Thomas Jefferson fez o projeto do Moticello e da University of Virginia.

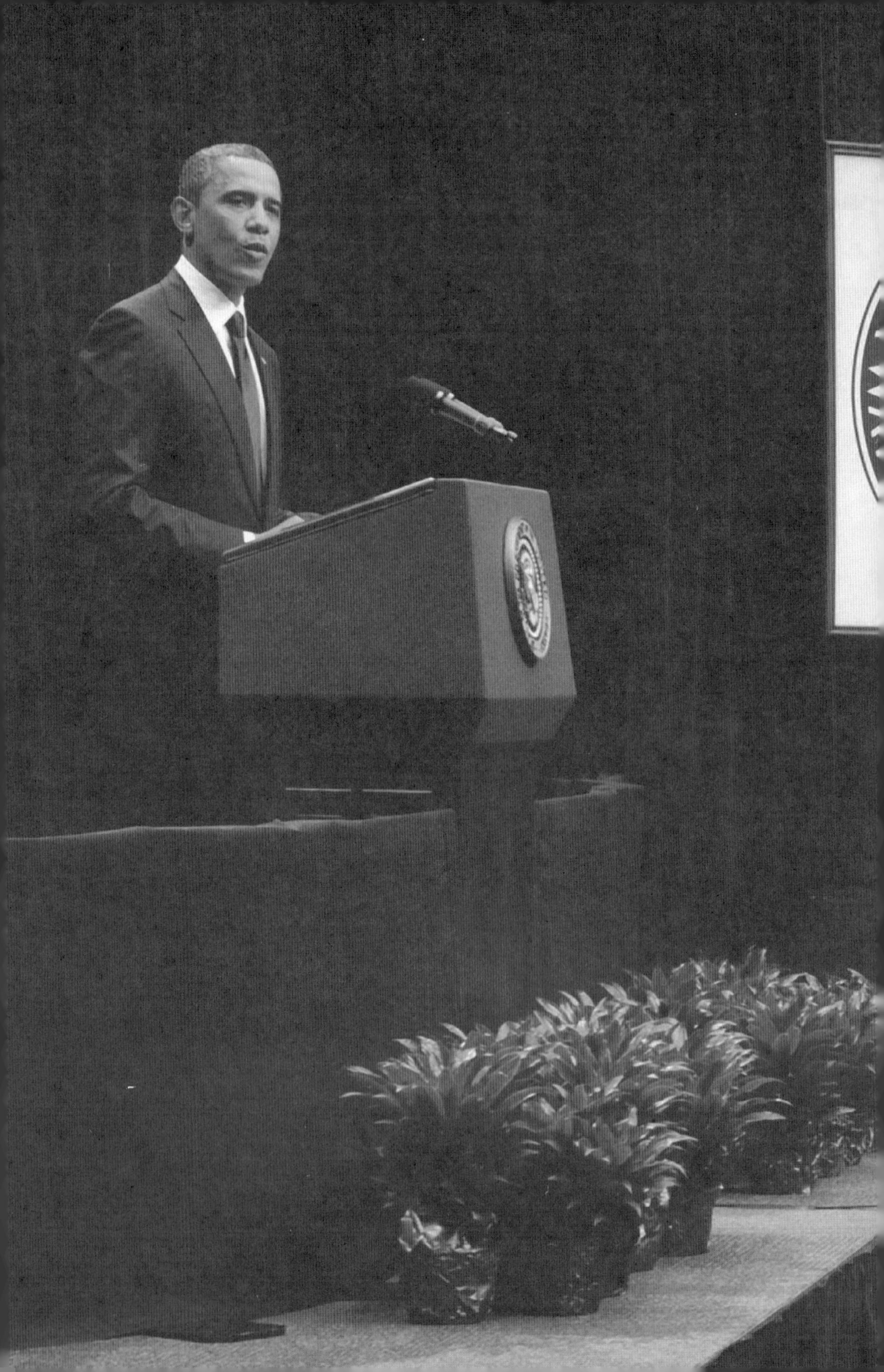

6

Analisando o público

- » Concentração no público
- » Colegas de classe como público
- » Psicologia do público
- » Análise demográfica do público
- » Análise situacional do público
- » Obtendo informações sobre o público
- » Adaptando-se ao público

Quando o presidente Barack Obama subiu ao atril, em uma coletiva de imprensa, em Tucson, Arizona, em 12 de janeiro de 2011, os olhos da nação se voltaram sobre ele. Apenas quatro dias antes, 19 pessoas haviam sido feridas à bala em um supermercado, durante um evento público da congressista Gabrielle Giffords. Embora Giffords tenha sobrevivido, seis pessoas foram mortas. Na esteira dessa tragédia, Obama sabia que teria de fazer suas palavras chegarem a vários públicos, como os familiares das vítimas, o povo do Arizona e os norte-americanos em geral.

Na primeira parte de seu discurso, Obama fez um elogio fúnebre às vítimas do tiroteio. Em seguida, falou da necessidade de um discurso público sensato, que, em vez de culpar e apontar culpados, lembrasse os norte--americanos de "todas as formas pelas quais nossas esperanças e sonhos estão entrelaçados". Ele finalizou seu discurso referindo-se à Christina Taylor Green, garota de 9 anos de idade morta no tiroteio. "Gostaria que nossa democracia fosse tão boa quanto ela a imaginava", afirmou Obama. "Todos nós devemos fazer todo o possível para que este país corresponda às expectativas de nossos filhos."

Esse discurso de Obama obteve um louvor quase que unânime. "O momento mais sublime de Obama", afirmou o historiador Garry Wills. Outros o consideraram "esplêndido", "motivador" e uma "peça notável de oratória". Até os críticos de Obama elogiaram seu discurso, com palavras como "corajoso", "genuíno" e "na altura perfeita para a nação".

> www.grupoa.com.br
> Assista a um trecho do discurso de Barack Obama em Tucson em 12 de janeiro de 2011 – Vídeo 6.1 – em inglês.

» Concentração no público

O discurso de Obama chama a atenção para um fato importante: a **concentração no público**, ou seja, os oradores devem estar *centrados no público*. Eles sabem que o objetivo primordial no ato de falar em público não é intimidar nem incitar o público a liberar sua raiva ou energia, mas obter uma *reação desejada* dos ouvintes.

Ser centrado no público não significa abrir mão de suas crenças para obter uma reação favorável, tampouco utilizar táticas evasivas e antiéticas para concretizar sua meta. Como Barack Obama, você pode continuar verdadeiro consigo mesmo e falar de maneira ética e ao mesmo tempo adaptar sua mensagem aos objetivos, aos valores e às atitudes do público.

Para ser centrado no público, você deve se lembrar de várias perguntas durante a preparação de suas exposições orais:

A quem estou me dirigindo?

O que gostaria que eles soubessem, acreditassem ou fizessem em consequência disso?

De que forma devo elaborar e apresentar o conteúdo para cumprir esse objetivo?

As respostas a essas perguntas influenciarão todas as decisões que você tomar ao longo do caminho – escolher um tema, determinar o objetivo específico, estabelecer os pontos principais e o conteúdo de apoio, estruturar a mensagem e, finalmente, apresentar-se.

Sob vários aspectos, adaptar-se ao público durante uma apresentação não é muito diferente do que você faz em seus contatos sociais diários. Poucas pessoas chegariam a uma recepção social e diriam: "Essas pessoas que estão protestando no prédio da Assembleia já foram longe demais!".

Normalmente, as pessoas preferem tocar em temas controversos com uma postura razoavelmente discreta. Você poderia dizer: "O que está ocorrendo no prédio da Assembleia?". Depois de ouvir e processar a resposta de seu interlocutor, você pode apresentar seu ponto de vista de acordo. (Você não precisa *concordar* com um ponto de vista diferente do seu, mas também não precisa impor sua opinião aos ouvintes.)

Os oradores convincentes procuram criar um elo com os ouvintes enfatizando valores e experiências em comum. Os especialistas em comunicação chamam esse processo de **identificação**. Obama criou uma identificação com seu público ao homenagear as vítimas do tiroteio e ao mostrar de que forma a nação poderia seguir adiante logo após a tragédia. "Apesar de todas as nossas imperfeições", afirmou ele, "acredito que somos plenos de decência e bondade e que as forças que nos dividem não são tão fortes quanto as que nos unem."

Quando você falar em público, lembre-se da necessidade de estar centrado no público. Reflita com antecedência sobre o histórico e os interesses de seus ouvintes, sobre seu nível de conhecimento a respeito do tema e sobre suas atitudes com relação ao ponto de vista que você pretende defender. Ao desenvolver suas apresentações, procure explicar suas ideias para que elas sejam claras, interessantes e persuasivas para o público.

Neste momento, você deve estar balançando a cabeça e dizendo: "É óbvio que todo mundo sabe disso. Isso é senso comum". Porém, conhecer um preceito e colocá-lo em prática são duas coisas diferentes. O objetivo deste capítulo é apresentar os princípios básicos da análise e adaptação ao público. Os Capítulos 15 e 16 abordarão características da análise sobre o público especiais para palestras ou discursos informativos e persuasivos.

» Colegas de classe como público

Existe uma tendência – entre os alunos e professores – de ver a sala de aula como um lugar artificial para se falar em público. De certa forma, é. Seus trabalhos escolares e/ou acadêmicos formam um campo de experimentações em que você pode desenvolver suas habilidades de comunicação antes de aplicá-las fora da sala de aula. A avaliação mais séria de sucesso ou fracasso é a sua nota, que é determinada, no final, por seu professor.

Por esse motivo, é fácil desconsiderar seus colegas de classe como um público autêntico. Contudo, todos eles são pessoas reais com ideias, atitudes e sentimentos reais. A aula de oratória, por exemplo, lhe oferece uma enorme oportunidade para informar e persuadir outras pessoas. De acordo com o que uma aluna escreveu em seu formulário de avaliação ao final de seu curso de oratória, "Imaginei que todas as palestras seriam um faz de conta, mas não foram. Além de ter aprendido muito sobre oratória, aprendi muito sobre outras coisas, como ouvir com atenção as palestras em sala de aula".

As melhores palestras em sala de aula são aquelas que consideram os ouvintes com a mesma seriedade que um advogado, um político, um pastor ou um anunciante aborda seu público. Você deve considerar todos os públicos – dentro e fora da sala de aula – dignos de seus melhores esforços para transmitir seus conhecimentos ou suas convicções. Dessa forma, você demonstrará, no mínimo, respeito por seus ouvintes e, no máximo, fará uma diferença real na vida deles. A história a seguir demonstra o segundo caso:

> Crystal Watkins fez uma palestra informativa sobre os juizados de pequenas causas, em que pessoas comuns podem abrir ações judiciais no valor máximo de US$ 5 mil sem advogado. Parte de sua palestra transcorreu da seguinte maneira: "Faz duas semanas que você mudou para um novo apartamento. Você recebe uma carta de seu antigo locador. Na expectativa de receber de volta o depósito-caução de US$ 800, você abre alegremente o envelope. Dentro há uma carta-padrão explicando por que seu depósito-caução não está sendo devolvido. O que você pode fazer a esse respeito? Nada, certo? Errado! Você pode abrir um processo em um juizado de pequenas causas".
>
> Lee Callaway, um dos ouvintes da palestra de Crystal, prestou muita atenção em sua exposição. No final do período letivo anterior, ele havia enfrentado uma situação exatamente igual à descrita por Crystal. Sem dinheiro para contratar um advogado, ele presumiu que seria obrigado a perder seu depósito-caução. Contudo, depois de ouvir a palestra de Crystal, Lee decidiu tentar obter seu dinheiro de volta em um juizado de pequenas causas. Ele abriu um processo na semana seguinte e, no prazo de um mês, obteve o dinheiro de volta – graças em parte à palestra de Crystal!

A maioria de suas palestras em sala de aula não terá esse impacto tão imediato. Entretanto, qualquer tema que você aborde de forma consciente pode influenciar seus ouvintes – pode enriquecer a experiência deles, ampliar seus conhecimentos, talvez mudar seus pontos de vista a respeito de algo importante.[1]

» Psicologia do público

O que você faz quando ouve alguém falando em público? Algumas vezes, você presta muita atenção; em outras, deixa seus pensamentos fugirem. As pessoas podem se sentir compelidas a comparecer em uma palestra, mas ninguém pode obrigá-las a ouvir com atenção. O orador deve levar o público a *optar* por prestar atenção.

Mesmo quando as pessoas de fato prestam atenção, elas não processam a mensagem do orador exatamente da forma como ele gostaria. Toda exposição oral em público contém duas mensagens – a enviada pelo orador e a recebida pelo ouvinte.

Como vimos no Capítulo 1, o que o orador diz é filtrado pela estrutura de referência do ouvinte – a soma de suas necessidades, interesses, expectativas, conhecimentos e experiências. Por esse motivo, prestamos atenção e reagimos a palestras ou discursos não de acordo com o que eles são, mas com o que somos. Ou, recorrendo a uma famosa música de Paul Simon, "The Boxer", as pessoas ouvem o que elas desejam ouvir e desconsideram o restante ([...] still a man hears what he wants to hear/ and disregards the rest [...]).

O que as pessoas desejam ouvir? Muito simples. Normalmente, elas desejam ouvir o que faz sentido para elas. As pessoas são **egocêntricas** – prestam atenção às mensagens que afetam seus valores, crenças e bem-estar. Os ouvintes encaram os discursos e palestras com uma pergunta predominante em mente: "Por que isso é importante para *mim*?". Como disse certa vez o grande orador Harry Emerson Fosdick, "Nada tem tanto interesse para as pessoas do que elas mesmas, seus problemas e a forma de solucioná-los. Esse fato é [...] o ponto de partida primordial de todos os discursos públicos bem-sucedidos".

O que esses princípios psicológicos significam para você como orador? Primeiro, significam que seu público ouvirá e julgará o que você diz com base no que ele já conhece e acredita. Segundo, que você deve associar sua mensagem aos seus ouvintes – mostrar como ela tem a ver com eles, explicar por que eles devem apreciá-la tanto quanto você. Veja um exemplo:

> A nutricionista Mika Nakamura ministra palestras frequentes para diferentes grupos sobre como escolher bem o que você come. Algumas vezes, ela faz palestras para crianças e pais, em outras, para grupos adultos e organizações comunitárias. Embora sua mensagem básica – coma alimentos frescos e locais – nunca mude, ela aprendeu quanto é importante adaptar a mensagem ao seu público específico.
>
> Quando ela se dirige a crianças, suas palestras são extremamente práticas. Com a ajuda das crianças, normalmente ela prepara uma deliciosa e nutritiva batida de frutas para elas tomarem. Em vez de lhes dizer para comer frutas e legumes, ela mostra uma forma de fazer isso. Ela aprendeu por experiência que as crianças reagem bem à aprendizagem concreta.
>
> Quando o público de Mika é composto por pais que trabalham fora, ela se preocupa em preparar alimentos saudáveis de maneira rápida e fácil. Para adultos mais velhos que têm mais tempo livre, ela apresenta técnicas mais elaboradas e enfatiza a importância da boa nutrição para um envelhecimento saudável. Quando é convidada para ministrar palestras em clubes *gourmet*, Mika informa o público sobre fontes locais de carne de animais alimentados com capim e de frutas e legumes frescos.

Como a experiência de Mika demonstra, você precisa ter alguma ideia do que seus ouvintes conhecem, acreditam e apreciam. Segundo Saul Alinsky, célebre organizador comunitário, "As pessoas só compreendem as coisas com base em suas experiências", ou seja, para se comunicar com elas, "você precisa se inserir na experiência delas".[2]

» Os bons oradores são centrados no público. Seja em uma apresentação formal ou informal, eles procuram formas criativas para transmitir suas ideias e manter a atenção do público.

Obviamente, você não consegue se inserir literalmente na experiência de outra pessoa. Contudo, pode obter informações suficientes sobre seu público para saber o que deve fazer para tornar suas ideias claras e significativas. O que você pode fazer para isso é abordado na seção seguinte.

» Análise demográfica do público

Para analisar o público, os oradores costumam examinar seus traços demográficos, como faixa etária, sexo, religião, orientação sexual, filiação grupal, origem racial, étnica ou cultural etc. Isso é chamado de **análise demográfica do público**, que engloba duas etapas: (1) identificação de traços demográficos gerais do público; e (2) avaliação da importância desses traços para uma exposição oral específica.

Embora a análise demográfica do público possa ser útil para conhecê-lo, ela pode ser empregada de forma inapropriada do mesmo modo que todas as demais ferramentas. Na análise de informações demográficas sobre o público, é essencial evitar a atribuição de estereótipos. Estereotipar significa criar uma imagem muito simplificada de um grupo específico de pessoas, normalmente pressupondo que todos os seus membros são parecidos. São exemplos de **estereotipagem** os conceitos errôneos de que todos os afro-americanos são atléticos ou de que todos os asiáticos destacam-se em ciências. A análise de fatores demográficos pode oferecer dicas importantes sobre o público, mas você deve utilizar esses fatores com prudência e responsabilidade.

Além disso, como veremos ainda neste capítulo, você deve sempre associar a análise demográfica com a análise situacional do público. A importância de qualquer fator demográfico variará de um público para outro, dependendo da ocasião e do tema. Se você tiver isso em mente, a análise demográfica pode ser um ponto de partida valioso para avaliar a origem, os interesses, os valores e as crenças de seu público. Veja alguns dos principais fatores demográficos que você pode considerar.

» Faixa etária

Como Aristóteles ressaltou há 2.500 anos e os pesquisadores confirmaram várias vezes desde então, poucas coisas afetam mais a mentalidade de uma pessoa do que a idade. Obviamente, nenhum grupo etário é monolítico – não há nenhuma geração em que todos pensem da mesma maneira, comprem os mesmos produtos ou votem nos mesmos candidatos políticos. Contudo, toda geração tem valores e experiências mais ou menos comuns que as diferenciam das outras gerações. Seja qual for sua idade, você é um produto de seu mundo.

Você pode ver o que isso significa para suas apresentações em público. Suponhamos que você esteja fazendo uma palestra para um público de pessoas mais velhas. Se você mencionar Kanye West, Ke$ha ou Rihanna, é provável que seu público não tenha ideia sobre quem está falando. De forma semelhante, se você se dirigir a um público de adultos jovens e mencionar por acaso Watergate, talvez ele não saiba do que você está falando. Mesmo que os ouvintes mais jovens reconheçam o nome, esse nome não desencadeará as mesmas associações emocionais desencadeadas em pessoas que viveram o escândalo de Watergate e a renúncia subsequente do presidente Richard Nixon.

Dependendo da composição de seu público, talvez você se defronte predominantemente com ouvintes que estejam entre o final da adolescência e o início dos vinte anos como no caso dos universitários. Assim, você pode pressupor que eles têm um nível de experiência etária em comum. Entretanto, atualmente, 40% desses estudantes têm entre 25 anos ou mais, e algumas classes têm alunos na casa dos 30, dos 40 ou mais. Por isso, talvez você tenha de enfrentar duas ou três gerações. Isso lhe oferecerá um excelente treinamento para apresentações fora da sala de aula, em que a faixa etária normalmente é um fator preponderante na análise do público.

» Sexo

Pergunta: Que nome se dá a uma médica mulher em inglês?

Resposta: *Doctor* (usado tanto para identificar "doutor/médico" quanto "doutora/médica" na língua inglesa).

Essa pergunta pode parecer estranha. Poucos norte-americanos na segunda década do século XXI identificam o médico pelo gênero. No entanto, até 1970, somente 8% dos médicos nos Estados Unidos eram mulheres, e se ouvia com frequência a expressão "*female doctor*". Hoje, 30% dos médicos norte-americanos – e 50% dos alunos de medicina – são mulheres. A expressão "*female doctor*" tornou-se extinta.

Como na medicina, as distinções profissionais entre os sexos vêm diminuindo há vários anos. As mulheres trabalham no ramo de construção, dirigem empresas, alistam-se nas Forças Armadas e são diretoras de associações atléticas universitárias. Os homens trabalham como recepcionistas, enfermeiros, comissários de bordo e atendentes de creche.

Além disso, a composição "comum" do público mudou. Antigamente, por exemplo, grupos cívicos como a organização Kiwanis e o Rotary Club eram formados apenas por homens. Hoje, a maioria tem um contingente considerável de mulheres. As associações de pais, antes compostas quase exclusivamente de mulheres, agora têm muitos pais (homens) interessados. Aqui, como em outros casos, os estereótipos antigos não se aplicam mais.

O que isso tem a ver com o ato de falar em público? É quase certo que os oradores que não levam em conta as atuais atitudes e atividades de gênero provocarão reações negativas entre alguns ouvintes, sejam eles homens ou mulheres. Por exemplo, se você estiver fazendo uma palestra sobre pequenas empresas e referir-se genericamente aos proprietários pelo pronome "ele" ou às consumidoras pelo pronome "ela", essa escolha de palavra sem dúvida levará alguns ouvintes a se contorcer na cadeira.

Ao mesmo tempo, é importante reconhecer que os homens e as mulheres não têm valores e crenças idênticos. Com relação à política, as mulheres norte-americanas, por exemplo, tendem a se preocupar mais com questões como educação, sistema de saúde e justiça social, ao passo que os homens daquele país tendem a enfatizar a economia e a segurança nacional. Porém, lembre-se de que esses exemplos são generalizações. Nos Estados Unidos, existem muitas mulheres que acreditam que a segurança nacional é uma prioridade e, do mesmo modo, muitos homens dão prioridade a questões sociais. Um orador astuto estará sintonizado igualmente às diferenças *e* às semelhanças entre os sexos.[3]

» Religião

Acontecimentos recentes ao redor do mundo demonstram que os pontos de vista religiosos, entre todas as preocupações humanas, são os que têm maior carga emocional e os que mais são defendidos de forma apaixonada. Mesmo em um grupo pequeno pode haver uma variedade de convicções religiosas, bem como ateus e agnósticos. Você não deve pressupor que seus pontos de vista sobre religião – sejam eles quais forem – são compartilhados por seus ouvintes.

Por exemplo, nos Estados Unidos, como a cultura se tornou mais pluralista, a religião, da mesma forma, ficou mais diversa. A tradicional mistura entre protestantismo, catolicismo e judaísmo foi enriquecida por um número crescente de budistas, muçulmanos, hindus, siques, ortodoxos russos e outros. De acordo com um proeminente especialista da área, os Estados Unidos são "a nação mais religiosamente diversificada do mundo".[4]

Existe também grande diversidade dentro de diferentes religiões. Você não deve pressupor que todos os católicos apoiam a visão oficial dessa Igreja sobre controle de natalidade ou sacerdócio feminino, que todos os batistas estão sendo convertidos ou que todos os muçulmanos são a favor da subserviência das mulheres. Em matéria de religião, há várias convicções, vozes e visões.

» A análise demográfica do público é fundamental para o sucesso de um discurso público, independentemente da situação. Aqui, budistas tibetanos se reúnem em uma cerimônia para celebrar o 900º aniversário de nascimento do líder espiritual Gyalwang Karmapa.

Sempre que você falar sobre um tema com dimensões religiosas, lembre-se de levar em conta as preferências religiosas de seus ouvintes. Isso pode ajudá-lo a evitar armadilhas possivelmente embaraçosas e, em alguns casos, fazer a diferença entre uma exposição malsucedida e uma bem-sucedida.

» Orientação sexual

Philip Ward, presidente de uma importante empresa de engenharia, estava promovendo seu banquete de premiação anual em reconhecimento aos funcionários que se destacaram. Depois de apresentar todas as condecorações e premiações em dinheiro, ele disse: "Como acabamos de homenagear essas pessoas ilustres por suas realizações profissionais e comunitárias, gostaria de reconhecer nesse momento os cônjuges e companheiros que apoiaram esses esforços excepcionais". O recinto se encheu de aplausos.

Após a cerimônia, Ward percorreu o recinto para cumprimentar e conversar com os condecorados. "Gostaria de parabenizá-la novamente pelo excelente projeto de abastecimento de água que você realizou para Houston", disse ele a Joanne Fitzpatrick.

"Muito obrigada pelo prêmio", respondeu Joanne. "E gostaria de lhe agradecer por sua sensibilidade quanto ao fato de vários de nós contarmos com o apoio de nosso companheiro ou cônjuge. É realmente muito importante para mim e para Jullie sermos reconhecidas e incluídas".

Como Philip Ward é um orador experiente e um empresário bem-sucedido, ele tem consciência da necessidade de se adaptar à orientação sexual de seu público. Ao mencionar "companheiros" e, igualmente, "cônjuges", ele adotou um ponto de vista de inclusão ao reconhecer que os casais podem ser do mesmo sexo, do sexo oposto, casados ou não casados.

Ao elaborar suas apresentações, preste atenção na linguagem, nos exemplos e em outros elementos que podem involuntariamente excluir os ouvintes que tenham companheiros do mesmo sexo. Do mesmo modo, evite fazer abordagens consideradas depreciativas, como referir-se a um estilo de vida *gay* – bem como não existe estilo de vida heterossexual, não existe estilo de vida *gay*.

Como os públicos com frequência incluem pessoas de diferentes profissões, idades, etnias e religiões, eles também apresentam pessoas com diferentes orientações sexuais. Os oradores eficazes levam em conta todos esses fatores demográficos no momento de elaborar seus comentários.

» Origem racial, étnica e cultural

Como vimos no Capítulo 1, há muito tempo os Estados Unidos, bem como outros países ao redor do mundo, são uma sociedade multicultural. Habitado originalmente por indígenas norte-americanos e, depois, por imigrantes de todos os cantos do mundo, hoje esse país é uma sociedade multirracial e multiétnica de uma multiplicidade inigualável. A maioria dos norte-americanos aceita essa diversidade como um avanço positivo no mundo globalizado dos tempos modernos. As atitudes com relação à cor da pele e etnia são bem diferentes daquelas que se viam algumas décadas atrás.

Essas novas atitudes são particularmente evidentes entre os norte-americanos nascidos entre 1981 e 2000, com frequência chamados de "geração do milênio". A mais diversa do ponto de vista racial e étnico na história dos Estados Unidos, essa geração é também a mais tolerante a diferenças raciais e étnicas. Com o passar do tempo, essa tolerância provavelmente aumentará à medida que a nação tornar-se ainda mais diversa.

Contudo, mesmo que estiver falando para um público composto principalmente de pessoas como as da "geração do milênio", você deve ser sensível a questões de origem racial, étnica e cultural. Apesar das semelhanças que compartilham, nativos, imigrantes, negros, latinos, asiáticos e muitos outros têm costumes e crenças diferentes que podem influenciar o tema de sua exposição.

Como estamos vivendo na era da globalização, é provável que você se depare com ouvintes de outros países. Por exemplo, além da considerável porcentagem de pessoas estrangeiras que vivem nos Estados Unidos, mais de cinco milhões de norte-americanos (sem incluir militares) moram no exterior. Se todos esses norte-americanos fossem postos em um estado, ele seria o 20º maior estado do país. Esse é um dos motivos pelos quais os funcionários das empresas consideram a habilidade de comunicar-se de maneira eficaz com pessoas de diferentes origens culturais uma das mais desejáveis nos recém-formados universitários.

Independentemente do lugar em que estiver se dirigindo a um público, tenha consciência de que alguns de seus ouvintes talvez tenham pontos de vista raciais, étnicos ou culturais que influenciarão suas atitudes em relação ao tema de sua exposição. Procure dimensionar esses pontos de vista e o modo como eles tendem a afetar a reação do público à sua mensagem. Ajuste suas observações para que elas sejam o máximo possível claras, adequadas e convincentes.

» Filiação grupal

"Diga-me com quem andas", afirma Dom Quixote, "que te direi quem és". Apesar de toda a discussão a respeito do individualismo exacerbado, as pessoas, de forma geral, são muito voltadas para a convivência em grupo. Os trabalhadores pertencem a sindicatos, os empresários a câmaras de comércio. Nos Estados Unidos, por exemplo, os caçadores são afiliados à Associação Norte-Americana de Rifles, os ambientalistas ao Sierra Club, as feministas à Organização Nacional de Mulheres. Os médicos afiliam-se à Associação Médica Norte-Americana; os advogados, à Associação Norte-Americana de Advogados. Existem milhares de organizações sem fins lucrativos naquele país.

Nos *campi*, existem inúmeros grupos semelhantes. Muitos universitários pertencem a fraternidades ou irmandades, grupos religiosos ou de cunho político, a organizações culturais etc. Com relação a exposições orais, a filiação grupal do público pode oferecer excelentes dicas sobre seus interesses e atitudes.

Idade, sexo, religião, orientação sexual, origem racial, étnica e cultural, filiação grupal – essas são apenas algumas das variáveis que devem ser consideradas em uma análise demográfica sobre o público. Outras são profissão, situação econômica, posição social, nível educacional, inteligência e local de residência. Aliás, *qualquer coisa* que caracterize determinado público provavelmente é importante para o orador que está se dirigindo a esse público. Para palestras acadêmicas em que estejam envolvidos interesses pessoais do público, é recomendável informar-se a respeito das disciplinas acadêmicas preferidas de seus colegas, há quanto tempo estão na universidade, suas atividades extracurriculares, estado civil e aspirações profissionais.

Talvez o fator mais importante a ser lembrado com relação à análise demográfica do público é que ela não é um fim em si mesma. Seu objetivo não é apenas relacionar os principais traços de seus ouvintes, mas encontrar nesses traços algumas dicas sobre como eles reagirão à sua exposição. Depois disso, você estará preparado para a etapa seguinte da análise sobre o público.

» Análise situacional do público

A análise situacional do público normalmente se baseia na análise demográfica. Ela identifica traços do público exclusivos à situação em questão, os quais incluem tamanho do público, ambiente físico e propensão em relação ao tema, ao orador e à ocasião.

» Tamanho

Em várias situações, o tamanho do público, com o auxílio da televisão e do rádio, pode chegar a milhões de pessoas. Entretanto, na maior parte das palestras em sala de aula, como em um curso de oratória, o público gira entre 20 e 30 pessoas – uma plateia de tamanho pequeno a médio. É um bom tamanho para os oradores principiantes, que costumam ficar apavorados com a possibilidade de falar para uma grande plateia. Porém, à medida que você ganhar maior experiência, é provável que acolha de maneira favorável o desafio de falar para grupos maiores. Na verdade, alguns oradores preferem públicos grandes aos pequenos.

Seja qual for o tamanho do grupo ao qual estiver se dirigindo, lembre-se de um princípio básico: quanto maior o público, mais formal deverá ser sua apresentação. O tamanho também influi em sua linguagem, na escolha de apelos e na utilização de recursos visuais.

» Ambiente físico

Entre esses dois públicos, a qual deles você preferiria se dirigir?

> Um público reunido logo após o almoço, apinhado em uma sala extremamente quente e com uma quantidade inadequada de assentos.
>
> Um público reunido às 10 da manhã, confortavelmente sentado em uma sala arejada e bem iluminada.

Sem dúvida, você escolheu a segunda opção. Qualquer uma das condições adversas relacionadas na primeira opção poderia prejudicar seriamente a disposição do público a aceitar suas ideias ou mesmo a ouvi-lo.

Diante de qualquer situação em que tenha de falar em público, é fundamental saber com antecedência se haverá alguma dificuldade referente ao ambiente físico. Com relação às palestras em sala de aula, obviamente você já sabe. Mas aquelas fora desse ambiente podem apresentar surpresas desagradáveis, a menos que você se prepare com antecedência.

Quando você for convidado a dar uma palestra, não tenha vergonha de fazer perguntas à pessoa que organizou o evento. Se possível, examine a sala alguns dias antes ou chegue mais cedo no dia da palestra para inspecionar a sala. Se ela for muito quente ou muito fria, procure ajustar o termostato. Examine a quantidade de assentos e a posição do atril para confirmar se o público conseguirá enxergá-lo. Em suma, faça tudo o que puder para controlar a influência do ambiente físico sobre seu público.

E quanto às circunstâncias que você não consegue controlar? Sua palestra está programada para logo após o almoço ou jantar. A sala *é* muito pequena para o público previsto. *Não é possível* controlar o calor. Bom, nesse caso, você simplesmente terá de se esforçar mais para se adaptar a esses aspectos do desconforto de seus ouvintes.

Acima de tudo, não *se* deixe influenciar pela deficiência do ambiente físico. Se os ouvintes perceberem que você é firme e ágil e está envolvido com o tema, é provável que se esqueçam do desconforto e o acompanhem direitinho.

» Propensão em relação ao tema

Como vimos no Capítulo 5, você deve ter em mente o público ao escolher o tema. Teoricamente, você escolherá um tema adequado ao público e a você. Entretanto, depois que escolher o tema, deve avaliar mais a fundo o interesse, o conhecimento e as atitudes do público em relação ao tema.

» *Interesse*

As pessoas nem sempre despendem tempo e esforço para participar de uma palestra, a menos que tenham interesse pelo tema. Porém, em várias situações, como na aula de oratória, seu público será cativo. Algumas vezes, seus ouvintes terão profundo interesse pelo tema, em especial se estiver diretamente relacionado com eles. Na maioria das vezes, eles estarão razoavelmente interessados, moderadamente curiosos ou completamente indiferentes.

Uma de suas responsabilidades será avaliar o interesse do público com antecedência e ajustar sua palestra de acordo. Mais importante, se o tema tende a não gerar grande interesse, você deve tomar algumas providências especiais para envolver seus ouvintes. Veja um breve exemplo para isso:

> Sharon queria persuadir seus colegas a votar regularmente. Ela começou sua palestra dizendo: "Suponhamos que uma pessoa totalmente estranha fosse responsável por tomar decisões extremamente importantes a respeito da vida de vocês. Nesse caso, é provável que vocês queiram dar sua opinião sobre quem deveria ser essa pessoa, não é mesmo? Bem, pessoas totalmente estranhas de fato tomam decisões que afetam todos os dias da vida de vocês – esses indivíduos totalmente estranhos são os assim chamados deputados, senadores e presidente. Você pode opinar na escolha dessas pessoas por meio do voto".

> www.grupoa.com.br
> Assista ao início de "Make Your Voice Heard: Get Out and Vote" ("Faça Sua Voz Ser Ouvida: Vá às Urnas) – Vídeo 6.2 – em inglês.

Nos próximos capítulos, analisaremos de perto todas as formas às quais você pode recorrer para atrair interesse pelo seu tema – por meio de uma introdução cativante, de conteúdos de apoio provocativos, de uma linguagem eloquente, de uma elocução dinâmica, de recursos visuais etc.

» *Conhecimento*

Sempre existe uma forte correlação entre o interesse por um tema e o conhecimento sobre ele. As pessoas tendem a se interessar pelo que já conhecem. De modo semelhante, estão inclinadas a procurar informações sobre temas que lhes interessam. Contudo, existem exceções. Poucos estudantes conhecem algo a respeito de análise de caligrafia, mas a maioria acharia esse tema interessante. Entretanto, quase todos sabem muito bem como pegar livros na biblioteca, mas poucos achariam esse tema interessante para uma palestra.

O conhecimento dos ouvintes a respeito do tema determinará em grande medida o que você pode dizer em sua palestra. Se eles conhecerem pouco – independentemente do grau de interesse que tenham –, você precisará empregar uma linguagem mais básica. Mas, se forem razoavelmente bem informados, você poderá utilizar uma abordagem mais técnica e detalhada.

» *Atitude*

A **atitude** de seus ouvintes em relação ao tema pode ser extremamente importante para você determinar como lidará com o conteúdo. Se você souber com antecedência qual é a atitude prevalecente entre os membros do público, poderá ajustar a palestra para abordar as preocupações e responder às objeções dos ouvintes. Veja a seguir a experiência de dois oradores – uma que não levou em conta a atitude dos ouvintes e outro que levou:

> Jen Salerno falou sobre políticas de licença parental no ambiente de trabalho. Com base em suas pesquisas, ela acreditava que houvesse evidências de que essas políticas beneficiavam injustamente alguns pais à custa de outros funcionários, como pessoas solteiras e casais sem filho. Infelizmente, em vez de citar suas fontes e reconhecer que seu ponto de vista era controverso, Jen apresentou o conteúdo como se ele fosse do conhecimento geral.
>
> Sua palestra não foi bem acolhida. De acordo com o comentário de um ouvinte, "Você pode estar certa em relação ao que está dizendo, mas estou tendo dificuldade para acreditar. Ouvimos tanto a respeito da necessidade de as empresas serem favoráveis à família – será que tudo isso está errado? Acho que você teria sido mais persuasiva se tivesse examinado ambos os lados da questão, e não simplesmente o seu".

Se Jen tivesse levado em conta o ceticismo do público e demonstrado a credibilidade de suas fontes, seus argumentos teriam sido mais convincentes para o público.

Compare a abordagem de Bryan Watts, que também defendeu um tema controverso:

> Preocupado com as grandes dificuldades econômicas de seu estado, Bryan resolveu dar uma palestra persuasiva a favor da cobrança de impostos de consumo sobre produtos comprados pela internet. Depois de distribuir entre seus ouvintes um questionário de análise sobre o público, Bryan descobriu que 80% deles eram contra seu plano. Eles apresentaram dois motivos principais: primeiro, acreditavam que já havia impostos suficientes; segundo, acreditavam que seria muito difícil implementar esse tipo de imposto.
>
> Embora Bryan discordasse desses pontos de vista, chegou à conclusão de que não os ignoraria nem insultaria seus ouvintes por defendê-los. Ele sabia que seria obrigado a discutir esses pontos de maneira lógica e com evidências concretas se quisesse ao menos ter uma chance de persuadi-los.

> www.grupoa.com.br
> Assista a um trecho de "The Internet and Our Future" ("A Internet e o Nosso Futuro") – Vídeo 6.3 – em inglês.

Tal como se revelou, Bryan convenceu alguns de seus ouvintes a reconsiderar seus pontos de vista. Ele não teria conseguido isso sem primeiro investigar quais eram esses pontos de vista e depois adaptar sua mensagem.[5]

» **Propensão em relação ao orador**

Voltemos por um momento à palestra de Jen a respeito de licença parental. Jen estava no primeiro ano da faculdade e não tinha nenhum conhecimento especial sobre questões trabalhistas. É compreensível que seus ouvintes tenham considerado suas afirmações com grande ceticismo. Porém, suponhamos que Jen fosse uma especialista reconhecida que havia realizado pesquisas sobre o impacto da licença parental sobre as atitudes dos funcionários e a produtividade da empresa. Seus ouvintes a teriam considerado bem mais convincente. Por quê? Porque a reação dos ouvintes a uma mensagem é invariavelmente influenciada pela percepção que eles têm do orador.

Quanto mais competente o orador é considerado pelos ouvintes, maior a probabilidade de aceitarem o que ele diz. De modo semelhante, quanto mais os ouvintes acreditarem que

» A análise situacional do público oferece informações fundamentais que o orador pode utilizar para preparar sua exposição e adaptar-se aos acontecimentos ao longo da apresentação.

o orador se preocupa com eles e deseja o melhor para eles, maior a probabilidade de reagirem positivamente à sua mensagem.

Voltaremos a abordar detalhadamente esse assunto quando falarmos sobre as estratégias das palestras persuasivas, no Capítulo 17. Por enquanto, lembre-se de que os ouvintes sempre terão *algumas* atitudes em relação ao orador. A avaliação sobre quais são essas atitudes e como elas afetarão sua exposição é uma parte fundamental da análise situacional do público.

» Propensão em relação à ocasião

Era dia de formatura no Colégio Valencia. A atmosfera era de festividade quando o orador da turma falou de forma eloquente sobre as memórias especiais da classe. Houve risadas quando o diretor narrou a famosa peça pregada no piquenique da classe.

Em seguida, Russell Merritt, o prefeito, subiu para falar algumas palavras. "É um prazer estar aqui", disse ele. "Tenho muito orgulho de vocês, formandos, e de vocês, pais, que criaram esse extraordinário grupo de jovens". Ele continuou falando nesse mesmo tom durante alguns minutos, interrompido por aplausos sempre que elogiava os alunos, os pais, os professores e a comunidade.

O entusiasmo dos ouvintes murchou quando o prefeito Merritt começou a falar sobre a construção de uma nova biblioteca para substituir a antiga biblioteca da cidade. Era uma questão controversa, que seria votada em um referendo que estava para ocorrer. Quanto mais o prefeito falava sobre isso, mais irritada a plateia ficava. Quando concluiu, deparou-se com aplausos relutantes e vários olhares hostis.

Em outras ocasiões, os comentários de Merritt não teriam desencadeado uma reação tão negativa. No entanto, o dia de formatura era considerado pelo público uma ocasião comemorativa voltada para os alunos e suas realizações. A última coisa que alguém esperava ouvir era um discurso político. O que enfureceu o público não foi o que o prefeito disse, mas o fato de ter explorado a ocasião para finalidades pessoais.

Seja qual for a situação, os ouvintes têm ideias razoavelmente definidas sobre as palestras ou os discursos que eles consideram apropriados. Os oradores que violam seriamente essas expectativas quase sempre correm o risco de enfurecer o público.

Talvez mais importante do que isso é o fato de que a ocasião determinará a duração de uma apresentação. Quando você é convidado a falar, a pessoa responsável normalmente lhe diz quanto tempo terá. Se isso não ocorrer, não hesite em perguntar.

Assim que souber, reduza sua apresentação para que ela se encaixe facilmente no tempo designado. Não ultrapasse esse tempo em nenhuma circunstância, pois, do contrário, é provável que o público esmoreça com seu lengalenga.

Existem outras expectativas do público em relação às palestras. Uma delas é que o conteúdo da exposição corresponda ao que foi pedido ou designado. Outra é que os oradores obedeçam a determinadas normas de boas maneiras. Se você não atender a essas expectativas, poderá perturbar seus ouvintes e certamente prejudicará seu desempenho.

» Obtendo informações sobre o público

Como você já sabe *o que* deve saber sobre o público, a pergunta seguinte é *como* obter essas informações. Uma pessoa que está concorrendo a um cargo político pode contratar empresas de pesquisa de opinião pública. Se algum dia você for convidado, o que é mais provável, a falar para determinado grupo – digamos, um encontro no Rotary Club de sua cidade –, a pessoa que lhe fez o convite em geral pode lhe oferecer um bom esboço do público. Pergunte a ela onde você pode obter mais informações sobre o histórico e a missão do grupo. Se você conhecer alguém que já tenha falado para esse mesmo grupo, não hesite em sondar essa pessoa.

E quanto aos seus colegas de classe como público? Você pode obter muitas informações a respeito deles apenas observando e conversando. Porém, é aconselhável saber mais a respeito de seus conhecimentos e atitudes em temas específicos. É possível utilizar um questionário de análise formal sobre o público. Além de fornecer informações sobre seus ouvintes, esse questionário é uma oportunidade para você desenvolver a habilidade de analisar o público, essencial para apresentações fora do ambiente de sala de aula.

Você pode escolher entre três tipos de pergunta quando desenvolver o questionário de análise: perguntas com alternativas fixas; perguntas de escala; e perguntas abertas.

As **perguntas com alternativas fixas**, como o próprio nome diz, oferecem opções fixas entre duas ou mais alternativas. Por exemplo:

Você sabe o que significa alegação de insanidade no sistema jurídico dos Estados Unidos?

Sim _____

Não _____

Não tenho certeza _____

Utilizando a oratória em sua CARREIRA

Como professor de economia, suas pesquisas sobre o sistema de previdência social atraíram a atenção da imprensa. Ciente de seus conhecimentos, o Rotary Club local o convidou para uma palestra sobre esse assunto na reunião semanal do clube.

Como você teve aula de oratória na faculdade, sabe o quanto é importante analisar o público. Para preparar sua palestra, você conseguiu uma entrevista por telefone com o presidente do clube para obter mais informações sobre o público. Relacione (1) as duas perguntas mais importantes que você deseja fazer ao presidente a respeito do perfil demográfico do público e (2) as duas perguntas mais importantes que você deseja fazer sobre os traços situacionais do público. Seja específico com relação ao que perguntará e prepare-se, se necessário, para explicar o motivo das perguntas.

Por restringirem as respostas possíveis, essas perguntas geram respostas claras e inequívocas. Mas, ao mesmo tempo, tendem a gerar respostas superficiais – são necessárias outras para um aprofundamento.

As **perguntas de escala** são semelhantes às perguntas com alternativas fixas, mas elas oferecem maior liberdade de resposta. Por exemplo:

> Em sua opinião, com que frequência a alegação de insanidade é utilizada nos processos judiciais nos Estados Unidos?
>
> Muito raramente |————|————|————|———— Com muita frequência

Perguntas como essa são particularmente úteis para examinar a intensidade da atitude do entrevistado.

As **perguntas abertas** oferecem o máximo de liberdade de resposta. Por exemplo:

> Qual sua opinião a respeito da alegação de insanidade nos processos judiciais nos Estados Unidos?
>
> Em que circunstâncias você acha que a alegação de insanidade é legítima nos processos criminais?

Embora as perguntas abertas estimulem respostas mais detalhadas do que os dois outros tipos, elas também aumentam a probabilidade de respostas que não oferecem as informações que você precisa.

Como cada tipo de pergunta tem vantagens e desvantagens, muitos questionários contêm os três tipos. A Figura 6.1 mostra um questionário que foi distribuído antes de uma palestra em sala de aula sobre trabalho voluntário. Utilizando os três tipos de pergunta, a oradora conseguiu duas coisas – obter informações específicas sobre o público e sondar mais a fundo as atitudes dele em relação ao tema. Os resultados foram subdivididos da seguinte forma:

1. Aproximadamente metade do público em questão não havia participado de trabalhos voluntários. Portanto, a oradora sabia que teria de explicar claramente o que estava envolvido nesse tipo de trabalho.

2. Cinco ouvintes conheciam alguém próximo que havia se beneficiado de trabalhos voluntários em uma organização comunitária, religiosa ou beneficente; a maioria afirmou que não tinha certeza. Desse modo, a oradora não podia contar com um alto nível de envolvimento pessoal do público.

3. Dos ouvintes que haviam participado de algum trabalho voluntário, todos, exceto um, classificaram essa experiência como "muito recompensadora" ou "razoavelmente recompensadora". A oradora poderia não apenas contar com o apoio dessa porcentagem do público ao seu ponto de vista, mas também citar a atitude dessas pessoas como prova de que o trabalho voluntário é uma experiência recompensadora.

4. Em torno de 75% dos entrevistados "concordaram plenamente" ou "concordaram pouco" com a ideia de que as pessoas têm obrigação de ajudar aquelas que se encontram em circunstâncias menos favoráveis. Com base nisso, a oradora poderia contar com uma tendência favorável do público à premissa básica do trabalho voluntário.

5. As respostas à quinta pergunta – "Caso você já tenha sido voluntário, você pretende fazer isso novamente? Por quê?" – foram interessantes. Todos os entrevistados indicaram que pretendiam participar novamente de algum trabalho voluntário, mas a maioria disse que isso não era provável durante a faculdade porque eles estavam muito ocupados com outras atividades.

Duas perguntas com alternativas fixas determinam o nível de conhecimento e o grau de envolvimento dos ouvintes em relação ao tema.	1. Você já participou de algum trabalho voluntário para uma organização comunitária, religiosa ou beneficente? Sim _____ Não _____ 2. Você ou alguém próximo de você já se beneficiou do trabalho voluntário de uma organização comunitária, religiosa ou beneficente? Sim _____ Não _____ Não tenho certeza _____
Essa pergunta de escala tem por objetivo mostrar as atitudes dos ouvintes que participaram de um trabalho voluntário.	3. Caso você já tenha participado de algum trabalho voluntário, como classificaria essa experiência? ☐ Muito recompensadora ☐ Razoavelmente recompensadora ☐ Neutra ☐ Razoavelmente insatisfatória ☐ Muito insatisfatória
Outra pergunta de escala avalia a percepção de obrigação social dos ouvintes.	4. Você concorda ou discorda da afirmação a seguir? Na medida do possível, as pessoas têm obrigação de ajudar aquelas que se encontram em circunstâncias menos favoráveis. ☐ Concordo plenamente ☐ Concordo pouco ☐ Não tenho certeza ☐ Discordo pouco ☐ Discordo plenamente
Duas perguntas abertas ajudam a avaliar a propensão dos ouvintes em relação ao trabalho voluntário. A última pergunta é particularmente importante, já que demonstra as questões específicas que o orador precisa abordar para os ouvintes que não participaram de nenhum trabalho voluntário.	5. Caso você já tenha trabalhado como voluntário, pretende fazer isso novamente? Por quê? 6. Caso você não tenha trabalhado como voluntário, qual o principal motivo que o leva a fazer isso? Explique.

» **Figura 6.1**
Exemplo de questionário.

6. Aproximadamente 90% dos ouvintes que não haviam participado de trabalhos voluntários responderam que o principal motivo para isso era a falta de tempo. Em conjunto com as respostas à quinta pergunta, essas respostas mostraram que a oradora teria de lidar de maneira persuasiva com o problema de disponibilidade de tempo se quisesse convencer as pessoas a participar de trabalhos voluntários enquanto ainda estivessem na faculdade.

www.grupoa.com.br
Veja como o orador no Vídeo 6.3 utilizou o questionário de análise sobre o público em sua palestra – Vídeo 6.4 – em inglês.

Esse questionário revelou muitas informações sobre o conhecimento, as atitudes e as preocupações dos ouvintes. Ao elaborar seu questionário, lembre-se dos seguintes princípios:

1. Planeje o questionário com cuidado para obter exatamente as informações das quais você precisa.
2. Utilize todos os tipos de pergunta – com alternativas fixas, de escala e aberta.
3. As perguntas devem ser claras e não ambíguas.
4. O questionário deve ser relativamente breve.

» Adaptando-se ao público

Assim que você concluir sua análise sobre o público, provavelmente terá uma ideia bem clara de seus ouvintes. Mas isso não garante que sua palestra terá sucesso. O segredo é saber *utilizar* bem o que você conhece na preparação e apresentação da palestra.

Essa questão merece atenção especial porque representa uma das maiores dificuldades para os oradores principiantes. A maioria das pessoas consegue identificar as principais características de seu público, mas muitas encontram dificuldade para *adaptar* suas ideias ao público. Existem duas etapas essenciais no processo de adaptação ao público: a primeira ocorre antes da apresentação, isto é, no momento da preparação ou do ensaio; a segunda, durante a apresentação.

» Adaptação ao público antes da apresentação

Como vimos, você deve manter seu público em mente em todas as etapas de preparação da apresentação. Isso requer mais do que meramente se lembrar de quem são seus ouvintes. Significa, acima de tudo, duas coisas: (1) avaliar como seu público tenderá a reagir ao que você disser; e (2) ajustar sua fala para que seja, o máximo possível, clara, apropriada e convincente.

Isso nem sempre é fácil. Ficamos tão fechados em nossas ideias e preocupações, que temos dificuldade de ver as coisas do ponto de vista de outras pessoas – particularmente se o delas for diferente do nosso. Sair de sua estrutura de referência e ver as coisas do ponto de vista de outra pessoa é um feito e tanto.

Porém, isso é o que um orador bem-sucedido acaba aprendendo a fazer. Você deve abafar completamente seus pontos de vista para conseguir adotar, temporariamente, os de seus ouvintes. Desse modo, você começará a se ouvir com os ouvidos de seu público e a ajustá-lo de acordo. Tente imaginar o que seus ouvintes apreciarão, do que eles não gostarão, em que ponto eles terão dúvidas ou questionamentos, se precisarão de mais informações aqui e menos ali, o que lhes interessará e o que não.

Em todos os pontos, você precisa *prever* como seu público reagirá. Ponha-se no lugar de seus ouvintes e reaja à sua exposição da forma como eles reagiriam.

Veja como um aluno resolveu seus problemas para se adaptar ao público:

> Juan Ruiz, então no terceiro ano de habilitação em geologia, decidiu fazer uma palestra informativa em sua aula de oratória sobre como os terremotos ocorrem. Com base em sua análise sobre o público, ele constatou que apenas alguns de seus colegas tinham conhecimentos suficientes sobre geologia e que teria de apresentar sua palestra com uma linguagem básica e com o mínimo de termos científicos.
>
> No momento de preparar sua palestra, Juan concentrou-se na pergunta: "Como posso tornar essa informação clara e significativa para alguém que não conhece nada a respeito de terremotos ou não conhece os princípios geológicos?". Como ele faria sua apresentação na região Centro-Oeste, Juan decidiu iniciá-la com a observação de que o terremoto mais grave na história dos Estados Unidos não havia ocorrido na Califórnia, mas em New Madri, Missouri, em 1811. Se um terremoto como esse ocorresse naquele momento, ele seria sentido das Montanhas Rochosas ao oceano Atlântico e abalaria a maioria das cidades no Vale do Mississippi. Isso, imaginou ele, atrairia a atenção de seus colegas.

No corpo de sua apresentação, Juan abordou apenas os princípios básicos dos terremotos e evitou cautelosamente termos técnicos como "astenosfera", "litosfera" e "zonas de subducção". Além disso, preparou *slides* em PowerPoint para elucidar suas ideias.

Para ter total segurança, Juan pediu ao seu colega de apartamento – que não fazia graduação em geologia – para ouvir sua palestra. "Interrompa-me", disse ele, "toda vez em que eu disser algo que você não compreender". Seu colega o interrompeu várias vezes e, em cada uma delas, observou que Juan deveria procurar uma forma de esclarecer melhor sua ideia. No final, Juan conseguiu elaborar uma palestra interessante e perfeitamente compreensível para seu público.

Ao elaborar uma palestra, sempre pense em seus ouvintes. Tente prever como eles reagirão às suas ideias. Pense criativamente em alternativas para adaptar sua mensagem aos ouvintes. Como Juan, você fará uma palestra bem melhor.

» Adaptação ao público durante a apresentação

Independentemente do quanto você se preparar, talvez no dia da palestra as coisas não transcorram como previsto. Nas palestras em sala de aula, você pode descobrir que o projetor que utilizaria para passar seus *slides* não está disponível ou que o tema de outro aluno é igual ao seu. Fora desse ambiente, você pode se deparar com um público bem maior (ou menor) do que o previsto ou descobrir que o tempo designado para sua palestra foi cortado pela metade porque o palestrante anterior ultrapassou o dele.

Se algo desse tipo ocorrer com você, não entre em pânico. Encontre outra forma de apresentar seus recursos visuais. Mude sua introdução para mencionar a palestra que coincide com o seu tema. Ajuste o conteúdo ao tamanho do público. Se o tempo for inferior ao previsto, condense sua palestra aos pontos mais essenciais e apresente-os no tempo disponível. Seus ouvintes se compadecerão de sua situação difícil e valorizarão seu respeito para com o tempo deles – isso mais do que compensará o tempo que foi cortado de sua fala.

Em conclusão, preste atenção ao *feedback* do público ao longo da palestra. Se os ouvintes estiverem inclinados na cadeira, olhando para você com interesse e acenando favoravelmente com a cabeça, você pode presumir que sua palestra está indo bem. Porém, suponhamos que eles estejam franzindo as sobrancelhas ou reagindo com uma expressão de indagação. Nesse caso, talvez seja necessário repassar sua ideia, como nesse exemplo:

> Brandi Michaels, no último ano de habilitação em economia, havia se dedicado ao máximo para que sua palestra sobre o déficit comercial dos Estados Unidos não soasse muito técnica para seus colegas de classe do curso de oratória. Ela explicou tudo do zero, preparou dois excelentes recursos visuais e ensaiou sua fala perante sua melhor amiga, que estava no último ano de habilitação em música e era, confessadamente, uma "ignorante em economia".
>
> No dia da palestra de Brandi, tudo foi muito bem até o momento em que ela chegou ao segundo ponto principal, quando então percebeu que vários de seus colegas pareciam confusos com a relação entre o déficit comercial internacional e o custo de vida nos Estados Unidos. Consciente de que eles não entenderiam o restante da palestra se não compreendessem essa relação, Brandi parou e disse: "Estou vendo que vocês ficaram confusos com minha explicação. Tentarei explicar novamente de um ponto de vista diferente".
>
> À medida que Brandi recapitulou o conteúdo, ela pôde ver seus colegas acenando compreensivamente com a cabeça. Desse modo, ela conseguiu dar continuidade à sua fala, com a confiança de que seu público estava preparado para acompanhá-la.

Adaptar-se ao público é um dos princípios mais importantes para o sucesso de uma exposição oral. Como outros aspectos do ato de falar em público, algumas vezes isso é mais fácil em teoria do que na prática. Entretanto, assim que ganhar domínio, verá que isso oferece recompensas em aspectos mais pessoais de sua vida – quando você se adapta a um público de única só pessoa.

» Nas campanhas políticas, a pesquisa de opinião ajuda os candidatos a acompanhar a opinião pública. Para palestras para grupos pequenos, você pode utilizar um questionário de análise sobre o público para avaliar o conhecimento e as opiniões dos ouvintes.

» Resumo

Os bons oradores são centrados no público – eles sabem que o propósito no ato de falar em público é obter determinada reação dos ouvintes. Ao elaborar suas palestras, tenha em mente três perguntas: A quem estou me dirigindo? O que gostaria que eles soubessem, acreditassem ou fizessem em consequência disso? De que forma devo elaborar e apresentar minha palestra para cumprir esse objetivo?

Para se tornar um orador eficaz, você deve ter algum conhecimento sobre a psicologia do público. As pessoas são egocêntricas. Normalmente, os ouvintes encaram os discursos e palestras com uma pergunta predominante em mente: "Por que isso é importante para *mim*?". Por isso, você precisa analisar seus ouvintes e adaptar o conteúdo aos interesses e crenças deles.

O primeiro passo na análise sobre seu público é identificar traços demográficos como idade, sexo, religião, orientação sexual, filiação grupal e origem racial, étnica ou cultural. O segundo é identificar traços do público que são exclusivos à ocasião: tamanho do público; atitudes influenciadas pelo ambiente físico; e propensão dos ouvintes em relação ao tema, ao orador e à ocasião.

Com relação a palestras fora da sala de aula, a melhor maneira de obter informações sobre o público é conversar com a pessoa que o convidou para o evento. E, naquelas em sala de aula, você pode obter informações sobre seu público observando e conversando, bem como distribuir um questionário de análise.

Assim que concluir a análise sobre o público, você deve adaptar sua palestra para que se torne clara e convença os ouvintes. Ponha-se no lugar deles. Tente ouvir sua palestra do modo como eles ouviriam. Preveja perguntas e objeções e tente respondê-las com antecedência. No momento de se apresentar, fique atento ao *feedback* do público e adapte seus comentários de acordo.

» Palavras-chave

análise demográfica do público Análise voltada para fatores demográficos do público, como faixa etária, sexo, religião, orientação sexual, filiação grupal e origem racial, étnica ou cultural.

análise situacional do público Análise sobre o público voltada para fatores situacionais como tamanho, ambiente físico da apresentação e propensão do público em relação ao tema, ao orador e à ocasião.

atitude Disposição de espírito a favor ou contra uma pessoa, política, crença, instituição etc.

concentração no público Pensar no público em primeiro lugar em todas as etapas de preparação e apresentação do discurso.

egocentrismo Tendência das pessoas a se preocupar, sobretudo, com seus valores, crenças e bem-estar.

estereotipagem Criação de uma imagem muito simplificada de um grupo específico de pessoas em que normalmente se pressupõe que todos os seus membros são parecidos.

identificação Processo em que os oradores procuram criar um elo com o público enfatizando valores, objetivos e experiências em comum.

perguntas abertas Perguntas que permitem que os entrevistados respondam do modo como desejarem.

perguntas com alternativas fixas Perguntas que oferecem opções fixas entre duas ou mais alternativas.

perguntas de escala Perguntas que exigem respostas em intervalos fixos ao longo de uma escala de respostas.

» Questões para recapitulação

1. Por que o orador deve ser centrado no público?
2. O que significa dizer que as pessoas são egocêntricas? Que implicações o egocentrismo do público tem para você como orador?
3. Quais são os seis traços demográficos do público discutidos neste capítulo? Por que todos eles são importantes para a análise sobre o público?
4. O que é análise situacional do público? Quais fatores você necessita considerar nessa análise?
5. Como você pode obter informações sobre o público?
6. Quais são os três tipos de pergunta utilizados nos questionários? Por que é uma boa ideia utilizar todos eles na análise sobre o público?
7. Quais métodos você pode empregar para adaptar o conteúdo ao público antes da apresentação? Durante a apresentação?

» Exercícios de raciocínio crítico

1. Normalmente, os anunciantes têm muita consciência sobre seu público. Escolha uma edição de uma revista popular, como *Time*, *Newsweek*, *Sports Illustrated*, *Vanity Fair*, *Rolling Stone* ou algo do gênero em seu idioma. Escolha nessa edição três anúncios para analisar. Tente determinar o público que cada anúncio pretende atrair e analise os apelos (verbais e visuais) utilizados para persuadir os consumidores. Em que esses apelos poderiam diferir se o objetivo dos anúncios fosse persuadir um público diferente?
2. A seguir, estão três temas gerais e, para cada um, dois públicos hipotéticos para os quais a palestra poderia ser feita. Para cada tópico, redija um breve parágrafo explicando como você ajustaria seu objetivo específico e a mensagem às características demográficas do público.
    a. *Tema:* "Criptografia de Dados"
       Público 1: 50% de alunos de ciência da computação, 30% de alunos de física, 20% de alunos de belas-artes
       Público 2: 40% de alunos de negócios, 40% de alunos de história, 20% de alunos de ciência da computação
    b. *Tema:* "Violência Sexual: o crime mais grave na universidade"
       Público 1: 80% mulheres, 20% homens
       Público 2: 80% homens, 20% mulheres
    c. *Tema:* "A Queda do Muro de Berlim"
       Público 1: Período diurno – 70% na faixa etária de 18 a 22, 30% na faixa de 23 ou mais
       Público 2: Período noturno: 50% na faixa etária de 35 ou mais, 30% na faixa de 23 a 34, 20% na faixa de 18 a 22
3. Para sua próxima palestra, elabore um questionário de análise sobre o público, como o discutido nas páginas 101-104, e o distribua entre seus ouvintes. Utilize todos os tipos de pergunta explicados no texto: perguntas de alternativas fixas; de escala; e abertas. Depois de tabular os resultados do questionário, redija uma análise explicando o que o questionário revela sobre seu público e quais medidas você deve tomar para adaptar o conteúdo ao público.

7

Coletando conteúdos

> » Utilizando seus conhecimentos e experiências
> » Pesquisando em bibliotecas
> » Pesquisando na internet
> » Realizando entrevistas
> » Dicas para a realização de pesquisas

Suponhamos que pretende viajar à Índia. Você deseja saber quais são as cidades mais importantes para montar um itinerário. Além disso, precisa saber o preço das coisas, onde existem albergues e como funcionam os sistemas de trem e ônibus. O que fará para obter essas informações?

Você pode conversar com pessoas que já viajaram à Índia e obter dicas. Pode consultar guias de viagem. Procurar informações na internet. Se já tiver viajado ao sul da Ásia, poderá se valer dessa experiência. Como você deseja que sua viagem corra bem, coletará o máximo de informações que puder antes de partir.

A coleta de conteúdos para apresentação oral em público é semelhante àquela realizada para qualquer projeto. Existem vários recursos disponíveis, se estiver disposto a tirar proveito disso. Você pode entrevistar pessoas com conhecimentos especializados. Pesquisar na internet ou em bibliotecas. Algumas vezes, você mesmo pode ser um recurso – sempre que tiver experiências pessoais ou conhecimentos acima da média a respeito de um tema. Vejamos primeiro a respeito de suas experiências pessoais.

» Utilizando seus conhecimentos e experiências

Todos nós temos conhecimentos especiais sobre algum assunto, seja sobre *video games*, puericultura ou *backpacking*. Como vimos no Capítulo 5, com frequência falamos melhor sobre temas com os quais estamos familiarizados. É por isso que muitos professores de oratória estimulam os alunos a aproveitar seus conhecimentos e experiências para desenvolver o tema de suas palestras.

Quando você escolhe um tema com base em suas experiências, pode se sentir persuadido a despersonalizá-lo ao recorrer apenas a fatos e números presentes em livros e na internet. Essas informações externas quase sempre são necessárias, mas complementá-las com um toque pessoal pode, de fato, dar vida às suas palestras.

Um orador que sofre de diabetes resolveu explicar como uma pessoa pode conviver diariamente com essa doença. Ele citou estatísticas sobre a incidência de diabetes nos Estados Unidos, identificou sintomas da doença e explicou como ela é tratada. Ao longo de sua exposição, ele ilustrou suas ideias por meio de experiências pessoais. Veja uma parte do que ele disse:

> Ser diabético envolve um desafio ao qual ninguém pode se dar ao luxo de sucumbir. Quanto a mim, tento não deixar que o diabetes afete meu estilo de vida. No ano passado, passei nove meses viajando pela América Central e do Sul. Foi uma viagem inesquecível, mas passei por uma experiência assustadora que rapidamente me fez perceber o quanto um diabético é vulnerável. No quinto dia de uma excursão de duas semanas pelo Rio Amazonas, nossa canoa virou, levando tudo para dentro da água.
>
> Embora tenha recuperado minha mochila, parte do que havia dentro – como minha insulina – o rio levou. Sem insulina, não podia comer nada, porque, se comesse, meu nível de açúcar no sangue ficaria tão alto, que poderia ter convulsões, entrar em coma e morrer. Fizemos o caminho de volta pelo Amazonas e viajamos durante três dias, até chegarmos ao primeiro vilarejo, onde pude pedir a insulina pelo rádio. Estava com febre e com fome, mas vivo.

Essa apresentação tem vida e emoção. Valendo-se de sua experiência, o orador transmitiu sua mensagem de maneira mais significativa do que conseguiria de qualquer outra forma.

Mesmo que suas histórias não sejam tão dramáticas, você ainda pode usá-las a seu favor. Refletindo sobre suas experiências passadas – coletando informações sobre si mesmo –, você pode encontrar muito conteúdo de apoio para suas palestras.

» Pesquisando em bibliotecas

Ainda que estejamos na era da internet, você obterá algumas das informações para suas palestras na biblioteca, onde existem vários recursos para ajudá-lo a encontrar o que você necessita, como bibliotecários, catálogos, obras de referência e bases de dados. Vejamos cada um desses recursos.

» Bibliotecários

Com muita frequência, as pessoas perdem tempo vagando sem rumo pela biblioteca porque têm receio de pedir ajuda. Elas não querem parecer uma pessoa ignorante nem "incomodar" ninguém. Mas você teria uma atitude tão complicada quanto a pedir ajudar a um médico se tivesse com algum problema de saúde? Os bibliotecários são especialistas nessa área – sabem como usar e pesquisar em uma biblioteca. Se tiver dúvida, não hesite em pedir a assistência de um bibliotecário, já que ele pode ajudá-lo a se encontrar, a localizar fontes e até mesmo a buscar uma informação específica.

» Catálogo

O **catálogo** relaciona todos os livros, periódicos e outros recursos da biblioteca. Embora existam muitos sistemas de computador diferentes para os catálogos de biblioteca, a maioria lhe possibilita pesquisar os livros por autor, título, assunto ou palavra-chave. Além disso, o catálogo informa se o livro que você deseja está disponível ou já foi emprestado.

A Figura 7.1 mostra um exemplo de entrada catalográfica de um livro. O dado fundamental para encontrar um livro na prateleira é o **número de chamada**. Assim que o identificar, só precisará encontrar a seção correta nas prateleiras (ou estantes, como são chamadas em algumas bibliotecas) e pegar o livro.

» Obras de referência

As **obras de referência** normalmente são mantidas em uma área da biblioteca denominada seção de referência. Uma obra de referência correta pode economizar horas de seu tempo por colocar ao seu alcance inúmeras informações às vezes difíceis de localizar por meio do catálogo da biblioteca. Os principais tipos de obra de referência que provavelmente você utilizará em suas palestras são enciclopédias, almanaques, livros de citações/frases e biografias.

Autor e título	»	Autor:	Fishman, Charles
		Título:	The Big Thirst: The Secret Life and Turbulent Future of Water
Local de publicação, editora e data.	»	Editora:	Nova York: Free Press, c2011.
		Descrição:	388 p.; 24 cm.
		Local:	Área de Livros da Biblioteca Memorial (Prateleiras de Tamanho Regular)
Utilize esse número de catalogação para encontrar o livro nas prateleiras.	»	Número de chamada:	E185 A446 2011
		Status:	Não emprestado
			ANTERIOR PRÓXIMO ← →

» **Figura 7.1**
Exemplo de entrada catalográfica de um livro.

» A pesquisa em biblioteca é fundamental para a maioria dos oradores. Saber quais recursos existem na biblioteca e como utilizá-los de maneira eficaz pode tornar o processo de pesquisa bem mais produtivo.

» *Enciclopédias*

Todos nós estamos familiarizados com enciclopédias gerais, como a famosa *Enciclopédia Barsa*. Porém, existem também aquelas que cobrem mais a fundo uma área específica, em comparação com as enciclopédias gerais, as quais são chamadas de enciclopédias especiais – especializadas em tecnologia, religião, cultura etc.

» *Almanaques*

São compêndios em formato de livro que contêm uma quantidade surpreendente de informações sobre um assunto específico, reunindo, sobretudo, curiosidades – *Almanaque do Cinema, Almanaque das Guerras, Almanaque da Copa do Mundo* etc.

» *Livros de citações/frases*

Trata-se de livros com citações/frases de personalidades históricas e contemporâneas, considerados fontes indispensáveis para oradores e também jornalistas, escritores e redatores. Nos Estados Unidos, a obra mais famosa com esse traço é a *Bartlett's Familiar Quotations*, com mais de 25 mil citações. No Brasil, é possível citar *O livro das citações – um breviário de ideias replicantes* (Companhia das Letras).

» *Biografias*

Quando precisar de informações a respeito de pessoas famosas, você pode recorrer a uma das várias obras de referência que contêm fatos sobre a vida e carreira de mulheres e homens que se destacaram ao longo dos anos – as biografias. Nos Estados Unidos, também é possível consultar as listas biográficas, que apresentam acontecimentos breves sobre pessoas que estão na mídia atualmente, sendo as mais famosas as publicadas pela Who's Who (por exemplo, *International Who's Who* e *Who's Who in America*).

» **Bases de dados de jornais e periódicos**

As **bases de dados de jornais e periódicos** permitem que você localize artigos em milhares de publicações, como *Time, Folha de S. Paulo, New York Times* e *Clarín*. Basta digitar um assunto na caixa de pesquisa da base de dados para que as citações dos artigos referentes ao assunto apareçam na tela.

Em alguns casos, você pode obter um **resumo (ou *abstract*)** do artigo, além – ou em vez – do artigo completo. Lembre-se de que o resumo é apenas isso, uma síntese do artigo. Você *nunca* deve citar um artigo em sua palestra com base apenas no resumo. Sempre consulte o artigo completo.

As bases de dados específicas que você pode utilizar dependerão do que a biblioteca disponibiliza. Apresentamos aqui três bases de dados importantes. É provável que sua biblioteca tenha pelo menos uma deles.

ProQuest. Uma excelente base de dados que cataloga milhares de periódicos e jornais. A Figura 7.2 mostra um exemplo de tela da ProQuest com a referência e o resumo de um artigo de revista.

LexisNexis Academic. Essa base de dados oferece acesso aos textos completos de mais de 45 mil fontes de informação, como revistas, documentos legais e transcrições de programas de televisão. Além disso, a LexisNexis fornece artigos de mais de 500 jornais norte-americanos e internacionais.

World News Connection. Oferece artigos completos de mais de 2 mil fontes internacionais, como jornais, discursos, programas de rádio e televisão, livros e relatórios.

» Bases de dados acadêmicas

Nas faculdades e universidades ao redor do mundo, inúmeros especialistas estão pesquisando praticamente todos os aspectos do mundo natural e da sociedade humana. O trabalho desses pesquisadores é publicado em periódicos respeitados e revisto por pares. Esses periódicos podem ser disponibilizados por uma **base de dados acadêmica**.

Referência: inclui título do artigo, autor, nome da revista, local de publicação e data.	» Drivers Not Wanted	Joe Brown. Wired. San Francisco: Jan. 2011. Vol. 19, n. 1; p. 94.
Temas relacionados. Clique nesses *links* para obter outros artigos.	» Temas:	Automóveis, Tecnologia, Sensores, Teste de produtos, Inovações
	Tipo de fonte:	Periódico
	Contagem de palavras:	1.695
Resumo de artigo. Utilize-o para resolver se deseja ler o texto completo.	» Resumo:	*Os veículos autodirigidos estão abrindo caminho para carros verdadeiramente inteligentes. Os engenheiros do Google estão testando uma frota do Prius da Toyota em San Francisco. Esses carros ainda não são oferecidos no mercado, mas até o momento os resultados são impressionantes e confiáveis.*

» **Figura 7.2**
Exemplo de entrada de periódico da ProQuest.

O melhor lugar para encontrar pesquisas acadêmicas é uma das bases de dados citadas a seguir. Como elas fazem buscas em diferentes disciplinas acadêmicas, provavelmente você encontrará o que precisa em uma dessas bases.

InfoTrac OneFile. Oferece acesso a mais de 100 milhões de artigos acadêmicos em áreas que se estendem da economia à sociologia e das ciências naturais à medicina.

JSTOR. Além de catalogar mais de mil periódicos acadêmicos em diversas disciplinas, essa base de dados permite que você pesquise imagens, cartas e outras fontes primárias.

Google Scholar (Google Acadêmico). Uma forma rápida e fácil de pesquisar uma série de publicações acadêmicas. As ferramentas avançadas de pesquisa lhe permitem pesquisar por autor, publicação, data e assunto.

» Pesquisando na internet

A internet tem sido citada como a maior biblioteca do mundo. No entanto, diferentemente de uma biblioteca, a internet não tem um guichê central de informações, nenhum bibliotecário, nenhum catálogo e nenhuma seção de referência. Tampouco uma pessoa ou um departamento encarregado de determinar se os conteúdos têm boa qualidade. Você pode desencavar um grande volume de informações na internet, mas nem sempre conseguirá encontrar a mesma variedade e profundidade de conteúdos que em uma boa biblioteca. É por isso que os especialistas nos aconselham a utilizar a internet como complemento, e não como substituto à pesquisa em bibliotecas físicas.

Nesta seção, examinaremos como você pode aprimorar suas pesquisas na *web* e transformá-la em uma excelente ferramenta de pesquisa para suas palestras. Depois de analisarmos os mecanismos de busca e outros recursos para a realização de pesquisas eficientes e específicas, explicaremos de que forma você deve avaliar a confiabilidade e a objetividade dos conteúdos que encontrar na *web*.

» As pesquisas oferecem dados e números para os oradores respaldarem suas ideias. Gary Locke, embaixador dos Estados Unidos na China, utiliza uma série de conteúdos de apoio em suas palestras para públicos nacionais e internacionais.

» Mecanismos de busca

Os mecanismos de busca são fundamentais para encontrar conteúdos na internet. Existem inúmeros, mas o mais utilizado é, de longe, o Google. Além de oferecer acesso a bilhões de páginas *web*, esse mecanismo tem ferramentas de pesquisa especializadas, para imagens, vídeos, notícias, *blogs* e finanças.

A pergunta é: Como você utiliza *sistematicamente* o Google e outros mecanismos de busca para encontrar o que precisa? A resposta é: desenvolva uma estratégia de pesquisa que permita que você se concentre precisamente nas informações necessárias à sua palestra.

Suponhamos que você utilize o Google para procurar informações sobre lesões esportivas entre líderes de torcida. Se você inserir a palavra *cheerleading* (liderança de torcida)* na caixa de pesquisa, obterá uma lista de todos os documentos catalogados pelo Google que contêm essa palavra – mais de 45 milhões. Alguns resultados abordarão lesões esportivas entre líderes de torcida universitários, mas a grande maioria não. Seria impossível percorrer tudo para encontrar o que você necessita.

Como você restringe sua busca para obter resultados manejáveis? Se você digitar *college cheerleading* (torcida universitária) na caixa de pesquisa do Google, ainda assim obterá 2,5 milhões de citações. Entretanto, se você digitar *"college cheerleading"* entre aspas, obterá apenas os documentos que contêm exatamente essa expressão – 312 mil ao todo.

Esse resultado é bem melhor, mas, mesmo assim, muito grande para ser visto um a um. Portanto, você pode estreitar ainda mais sua pesquisa. Agora, você digita o seguinte na caixa de pesquisa do Google:

"college cheerleading" + "sports injury" ("torcida universitária" + "lesões esportivas")

O sinal + restringe a busca de itens que contêm ambos os conjuntos de palavras, *"college cheerleading"* e *"sports injury"*. Dessa vez, você obtém uma lista de 1.360 documentos, e todos eles abordam especificamente o tema de lesões esportivas entre líderes de torcida universitários. Você não conseguirá examinar todos os 1.360 resultados, mas normalmente não preci-

---

* N. de T.: No Google Brasil, esses resultados serão diferentes para ambos os termos em português (liderança de torcida e torcida universitária). Se desejar pesquisar no Google dos Estados Unidos, o endereço é <www.google.com/ncr>, caso em que os resultados em português também serão diferentes, entre aspas e sem aspas. Observe ainda que esses números podem mudar dia após dia.

sará verificar além das primeiras páginas de resultados. Depois disso, você encontrará muitas repetições e *sites* de menor qualidade.

Além disso, o Google permite que você estreite sua pesquisa com base no tipo de fonte que lhe atenda melhor. Assim que digitar os termos na caixa do Google, clique em *Notícias* na parte superior da página para investigar matérias recentes que mencionam esses termos. Você pode clicar também em *Imagens*, *Vídeos*, *Blogs*, *Google Acadêmico* ou *Livros* para pesquisar nesses tipos de recurso. Se não aparecer nada correspondente aos termos que você digitou nessas categorias especializadas, tente eliminar as aspas e veja o que ocorre.

Obviamente, você terá de ajustar os termos de pesquisa dependendo do tipo de conteúdo que procurar. Porém, assim que aprender os princípios básicos para realizar pesquisas precisas e pontuais, aumentará consideravelmente a probabilidade de encontrar exatamente o que precisa para suas palestras.

» Recursos de pesquisa especializados

Os mecanismos de busca são extremamente úteis, mas não os únicos meios para encontrar informações. Os recursos de pesquisa especializados citados a seguir concentram-se nos *sites* que provavelmente lhe serão úteis quando estiver preparando suas palestras.[1]

» Bibliotecas virtuais

Os mecanismos de busca ajudam a encontrar o que existe na internet, mas não avaliam a qualidade das fontes que eles acessam. Os bibliotecários e outros especialistas em informação estão trabalhando para facilitar a localização de recursos confiáveis e de alta qualidade na *web*. Um dos resultados dessas iniciativas são as **bibliotecas virtuais** – mecanismos de busca que associam tecnologia de internet com métodos tradicionais de avaliação de dados.

A melhor biblioteca virtual na internet é uma fusão entre duas bibliotecas virtuais anteriores – Librarian's Internet Index e Internet Public Library. Agora chamado de ipl2 (<www.ipl.org>), esse *site* tem mais de 20 mil itens organizados em 12 temas principais, como artes e humanidades, educação e ciências da saúde e ciências médicas (consulte a Figura 7.3). Além disso, a ipl2 oferece *links* para inúmeros *sites* de referência, bem como para uma série de coleções especiais em constante evolução.

» Recursos governamentais

Um dos grandes pontos fortes da internet como ferramenta de pesquisa é o acesso que ela oferece a documentos e publicações governamentais. Esteja você procurando informações do

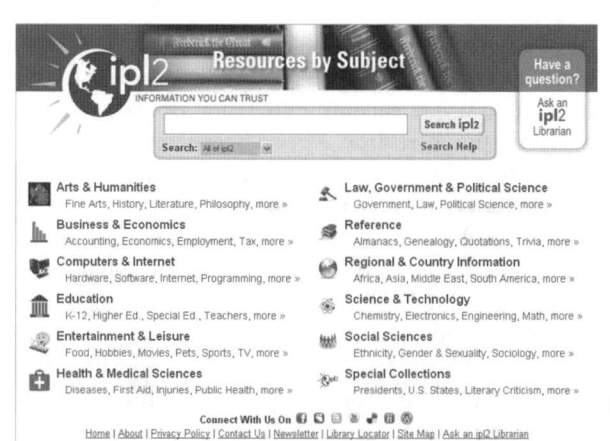

» **Figura 7.3**
Tela de temas da ipl2.

Governo Federal ou de um órgão estadual ou municipal, é provável que consiga encontrá-las se iniciar sua pesquisa em um dos seguintes *sites*:

Portal Brasil (<www.brasil.gov.br>). Um único local para todas as informações do governo brasileiro na internet que oferece páginas especiais com conteúdos focados nos projetos em desenvolvimento e futuros do Governo Federal, além de uma área sobre políticas públicas federais em cada um dos estados brasileiros.

Instituto Brasileiro de Geografia e Estatística – IBGE (<www.ibge.gov.br>). Fonte de referência-padrão para informações numéricas sobre aspectos sociais, políticos e econômicos da vida brasileira. Compilado pelo Instituto Brasileiro de Geografia e Estatística (IBGE), esse incrível conjunto de dados é organizado em forma de tabelas e gráficos.

World Factbook (<www.cia.gov/library/publications/the-world-factbook>). Publicado anualmente pela Agência Central de Inteligência, o *World Factbook* é um elaborado compêndio de informações sobre todos os países do mundo. Alguns dos temas são população, governo, economia, comunicação, transportes e questões transnacionais.

» *O caso especial da Wikipédia*

Com mais de 18 milhões de artigos, a Wikipédia é a maior enciclopédia na história humana. Todo mês, em torno de 400 milhões de pessoas acessam um ou mais desses artigos, transformando-a no sétimo *site* mais visitado no mundo.

Mas a Wikipédia é uma fonte de informações confiável? Há alguns anos, não. Hoje, porém, suas classificações de confiabilidade são tão altas quanto as das enciclopédias impressas.[2] Os artigos mais importantes foram editados e aprimorados ao longo do tempo para melhorar sua aceitação e exatidão. Os artigos que ainda estão sendo desenvolvidos trazem uma indicação para que os leitores saibam que não devem considerar as informações ao pé da letra.

O mais importante que é preciso saber sobre a Wikipédia é que ela pode ser um bom lugar para *começar* a conhecer um tema, mas não para concluir a pesquisa. Em virtude de sua conveniência, a Wikipédia é utilizada por inúmeras pessoas como fonte de informações básicas. Mas os pesquisadores experientes sabem que não devem se apoiar nela como única fonte de informações.

Uma das vantagens da Wikipédia é que os artigos mais importantes são acompanhados por um amplo conjunto de recursos complementares, como notas de rodapé, listas de referências, *links* externos e, em alguns casos, vídeos e/ou fotografias. Se você aproveitar esses recursos, eles o conduzirão para uma vasta quantidade de informações que se estendem às da Wikipédia.

» **Avaliando documentos da internet**

Quando pesquisamos em uma biblioteca, tudo o que encontramos já foi avaliado de uma forma ou de outra antes de chegar até nós. Os livros, revistas e periódicos têm procedimentos editoriais para avaliar se determinado trabalho deve ou não ser publicado. Uma vez publicado, esse trabalho é aprovado pela equipe de aquisição das bibliotecas.

A internet, obviamente, é outra história. Qualquer pessoa com um computador e acesso à internet pode compartilhar suas opiniões com um grupo de discussão, publicar um boletim eletrônico ou criar uma página pessoal. "Não acredite em tudo o que você lê" – em nenhuma circunstância, esse ditado foi mais verdadeiro do que quando aplicado à internet.

No Capítulo 8, você aprenderá a avaliar a confiabilidade dos conteúdos de apoio de forma geral. Aqui, examinaremos os três critérios que você pode empregar para ajudá-lo a distinguir entre o que presta e o que não presta na internet.[3]

✔ CHECKLIST

Avaliando documentos da internet

SIM	NÃO	
☐	☐	1. O autor do documento está claramente identificado?
☐	☐	2. Caso ele esteja identificado, é especialista no assunto?
☐	☐	3. Se o autor não for um especialista, suas opiniões são consideradas objetivas e imparciais?
☐	☐	4. Se o autor não estiver identificado, é possível determinar a organização responsável?
☐	☐	5. A organização responsável tem uma boa reputação por seu conhecimento e objetividade?
☐	☐	6. O documento contém data de *copyright*, data de publicação ou data da última revisão?
☐	☐	7. Se houver data, o documento é suficientemente recente para ser citado na palestra?

» *Autoria*

O autor do documento que você está acessando na internet está claramente identificado? Se sim, quais são suas qualificações? O autor é especialista no assunto? Os dados e as opiniões que ele oferece podem ser considerados objetivos e imparciais? Do mesmo modo que você não deve citar um livro ou uma revista sem identificar o autor e suas qualificações, também não deve citar um trabalho eletrônico quando não tiver essa informação.

Em um livro ou em um artigo de revista, em geral é razoavelmente fácil encontrar informações sobre o autor. Com muita frequência, isso não se aplica à internet. Se você não conseguir encontrar informações sobre o autor no próprio documento, procure um *link* para a página do autor ou para outro *site* que apresente suas qualificações.

Muitas vezes, é possível obter informações sobre um autor por meio do Google. Se o autor for uma autoridade reconhecida no assunto, é muito provável que o Google acesse informações sobre suas qualificações, publicações e afiliações.

» *Endossamento*

Muitos documentos existentes na internet são publicados por empresas, órgãos governamentais, grupos de interesse público etc., e não por autores específicos. Nesses casos, você deve avaliar se a **organização endossante ou responsável** é suficientemente imparcial para você citar em sua palestra. Ela é objetiva em suas pesquisas e justa em suas declarações? É parcimoniosamente imparcial com relação à questão em pauta? É reconhecida por sua retidão e apartidarismo?

Ao longo dos anos, algumas organizações desenvolveram sólida reputação em virtude de sua especialidade e objetividade. Muitas delas são grupos de interesse público, como a Consumers Union, a Common Cause e a Sociedade Norte-Americana do Câncer. Outros exemplos são National Archives, Centro de Controle de Doenças e órgãos governamentais semelhantes. Bancos de ideias (*think tanks*) privados como RAND, Cato Institute e Brookings Institution com frequência têm inclinações políticas definidas, mas normalmente são bem respeitados pela qualidade e pelo conteúdo de suas pesquisas.

Uma das maneiras de avaliar a credibilidade de uma organização é pelo Google. Se determinados comentaristas tiverem levantado questionamentos sérios a respeito da organização, em geral eles aparecerão nas primeiras páginas dos resultados de pesquisa.

> **Utilizando a oratória em sua CARREIRA**
>
> Assim que você concluiu o mestrado em gestão educacional, conseguiu um emprego na Secretaria de Estado de Educação. De acordo com a solicitação do governador, a seção em que você trabalha desenvolveu um novo programa de intervenção de educação infantil para crianças de famílias destituídas.
>
> Nesse momento, você foi solicitado a ajudar a divulgar e obter apoio para o programa. Você falará para grupos religiosos, associações de professores, grupos de defesa da família e outros que tenham interesse no bem-estar infantil. Você deseja preparar uma palestra que utilize adequadamente as estatísticas disponíveis e testemunhos de especialistas para demonstrar a importância do programa educacional para educação infantil, particularmente para crianças pobres.
>
> Em sua pesquisa, você decide procurar conteúdos de apoio na internet. Relacione três *sites* respeitáveis que forneçam estatísticas úteis ou testemunhos sobre a importância da educação infantil. Explique por que cada um dos *sites* é confiável e relacione uma estatística ou citação de especialista que você obtiver em cada fonte.

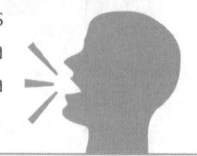

Além disso, você pode clicar na guia "Sobre" da página da organização. Em geral, essa página identifica os fundadores, o objetivo e a filosofia da organização. Se a página inicial não contiver a guia "Sobre", isso pode ser uma indicação de que a organização endossante não é tão transparente e não atende aos padrões essenciais de objetividade e competência.

E se você não conseguir verificar as qualificações de um autor nem identificar uma organização endossante confiável em relação a um documento na internet? A resposta é fácil: não utilize o documento em sua palestra!

» *Recentidade*

Uma das vantagens de utilizar a internet para pesquisar é que ela sempre tem informações mais recentes do que é possível encontrar em fontes impressas. Contudo, o fato de um documento estar na internet não significa que os dados factuais e numéricos estão atualizados.

A melhor forma de determinar a recentidade de um documento na internet é procurar a data de *copyright*, a data de publicação ou a data da última revisão na parte superior do documento. Se você estiver utilizando uma fonte localizada por meio de uma biblioteca virtual, normalmente poderá confiar em sua aceitação, bem como em sua objetividade e confiabilidade. Os *sites* de notícias, governamentais e acadêmicos também costumam apresentar a data na qual um documento foi atualizado pela última vez.

Assim que identificar a data do documento, poderá determinar se ele é atual o suficiente para ser utilizado em sua palestra. Isso é particularmente importante com relação às estatísticas, que nunca devem ser citadas de uma fonte sem data, seja ela impressa ou eletrônica.

Obviamente, é fácil mudar a data de uma página *web*, ou seja, quem deseja fazer uma informação parecer atualizada tem acesso fácil a isso. Contudo, se você já tiver confirmado a credibilidade do autor e da organização endossante, em geral poderá pressupor que a data da informação é válida. Se não conseguir encontrar a data na qual o documento *web* foi criado ou atualizado pela última vez, procure outro trabalho cuja atualização possa ser confirmada.

» **Realizando entrevistas**

A maioria das pessoas relaciona uma entrevista a entrevistas de emprego ou com celebridades. No entanto, existe outro tipo de **entrevista de pesquisa (ou investigativa)**, uma forma consagrada de obter informações entre os jornalistas e uma excelente maneira de coletar conteúdos para palestras e outros tipos de exposição oral em público.

Quando vemos uma entrevista bem realizada (bem como várias outras coisas), temos a falsa impressão de que entrevistar é fácil. Na prática, entrevistar é uma arte complexa e laboriosa. Os princípios de uma boa entrevista podem ser divididos em três grupos: o que fazer antes; o que fazer durante; e o que fazer após a entrevista.

Para exemplificar esses princípios, acompanharemos todo o processo de entrevista para uma palestra hipotética sobre questões atuais do atletismo universitário.

» Antes da entrevista

O resultado da maior parte das entrevistas é determinado pelo grau de preparação do entrevistador. Veja cinco passos precedentes que você deve dar para garantir um bom resultado.

» *Defina o objetivo da entrevista*

Você realizou pesquisas na internet e em alguma biblioteca a respeito de questões atuais do atletismo universitário e conseguiu apreender bem os principais pontos de vista a respeito. Porém, você ainda tem algumas dúvidas sobre a situação de sua escola. Você conclui que a única forma de obter respostas é entrevistar alguém associado ao programa de atletismo. Com essa decisão, você começou a formular o objetivo de sua entrevista.

» *Escolha quem você deve entrevistar*

Existem várias possibilidades, mas você optou por começar no topo – com o diretor de atletismo. Isso pode parecer um tanto presunçoso. No entanto, no que tange a organizações administrativas, normalmente é melhor começar pelos dirigentes. Eles tendem a ter ampla visão das questões. Além disso, se você precisar de informações mais específicas, eles podem obtê-las ou colocá-lo em contato com a pessoa certa.

» *Providencie a entrevista*

Como o diretor de atletismo é muito ocupado, você elabora um plano para conseguir a entrevista. Por saber que é mais fácil descartar uma pessoa por *e-mail* ou pelo telefone do que pessoalmente, você vai pessoalmente ao departamento de atletismo para solicitar a entrevista. O diretor concorda e você marca a entrevista para três dias depois.

» *Decida se deve gravar a entrevista*

A principal vantagem de gravar uma entrevista é que, com isso, você tem um registro exato de citações diretas e fatos importantes que podem ser confirmados depois. Entretanto, mesmo que você grave a entrevista, é aconselhável fazer anotações por escrito, pois a gravação pode apresentar algum problema técnico.

Se o diretor não quiser que a entrevista seja gravada, você terá de se valer apenas de suas anotações. Seja o que for, *nunca* registra uma conversa sem o conhecimento ou consentimento do entrevistado. Além de antiético, o entrevistado com certeza descobrirá e você só arranjará problemas para si mesmo.

» *Prepare as perguntas*

Nesse momento, você lidará com a etapa mais importante das tarefas anteriores à entrevista – elaborar as perguntas. Você deve imaginar perguntas sensatas, inteligentes e significativas. Veja alguns tipos de pergunta que você deve *evitar*:

» Perguntas que você mesmo pode responder sem a entrevista. (Quantas modalidades esportivas a escola oferece? Qual é a verba disponível para isso?) Perguntas como essas

desperdiçam o tempo do entrevistado e passam uma impressão de que você é tolo. Pesquise essas informações antes da entrevista.
» Perguntas tendenciosas ou sugestivas. (As pesquisas de opinião indicam que a maioria dos norte-americanos acredita que hoje o atletismo tem pouca relação com os objetivos acadêmicos da educação superior. O senhor também acredita que isso é *de fato* um problema, *não acredita*?)
» Perguntas hostis e capciosas. (Acho vergonhoso o fato de muitas escolas gastarem uma bolada de dinheiro nos salários pagos aos técnicos de futebol e basquete. O senhor não acha que ter bons professores para todos os alunos é mais importante do que ter técnicos para apenas alguns atletas? O que o senhor tem a dizer quanto a *isso*, hum?)

Você deve se esquivar de perguntas difíceis; expresse-as da maneira mais neutra possível e guarde-as para o final da entrevista. Assim, se o entrevistado ficar irritado ou não quiser cooperar, você já terá obtido as informações que deseja.

Embora alguns jornalistas experientes conduzam entrevistas com apenas algumas palavras-chave sobre as áreas que deverão ser cobertas, você não deve se esquecer de nada ao longo da entrevista. Por isso, deve organizar as perguntas na ordem que deseja fazê-las e levar essa lista com você.

» **Durante a entrevista**

Toda entrevista é única. Como uma entrevista raras vezes transcorre tal como planejado, você deve estar atento e ser flexível. Veja alguns passos que você pode seguir para que tudo transcorra tranquilamente.

» *Vista-se de forma apropriada e seja pontual*

O diretor de atletismo tem uma agenda cheia e está lhe fazendo um favor em aceitar a entrevista – portanto, você deve ser pontual. Como a entrevista é uma ocasião especial, vista-se de acordo. Essa é uma forma de demonstrar que você está levando a entrevista a sério.

» *Reitere o objetivo da entrevista*

O diretor de atletismo o convida a entrar e vocês trocam alguns comentários preliminares. Antes de saltar para as suas perguntas, você primeiro reitera o objetivo da entrevista. É mais

» Entrevistar pessoas que conhecem bem o tema de sua palestra pode lhe fornecer informações valiosas. Ao conduzir entrevistas, ouça com atenção e anote de maneira precisa.

provável que obtenha respostas claras e úteis se o entrevistado souber por que você está seguindo determinada sequência de perguntas.

» **Prepare o gravador, se for o caso**

Se o entrevistado tiver concordado com a gravação da entrevista, lembre-se de uma regra básica: a gravação deve ser o máximo possível descontraída e imperceptível. Hoje, a maioria dos celulares oferece aplicativos para gravação de áudio. Dessa forma, você tem uma solução fácil para gravar a entrevista.

» **Acompanhe o rumo da entrevista**

Seu objetivo com a entrevista é obter respostas às perguntas que preparou. Entretanto, suponhamos que, ao responder a uma de suas perguntas, o diretor traga à tona uma questão importante que não está em sua lista. Em vez de ignorá-la, você decide averiguar essa nova questão. Você faz algumas perguntas sobre isso, obtém respostas proveitosas e retorna à sua lista.

Ao longo da entrevista, você segue novas pistas quando elas surgem, improvisa algumas perguntas suplementares quando é necessário e, em seguida, continua de acordo com a sequência programada. Ao final, você terá as respostas para todas as perguntas que preparou, e muito mais.

» **Ouça atentamente**

Durante a entrevista, você ouve com atenção as respostas do diretor de atletismo. Quando não entender alguma coisa, peça para que a pessoa esclareça. É provável que o diretor tenha sido citado erroneamente na imprensa; por isso, ficaria contente em contribuir.

» **Não abuse da hospitalidade**

Respeite o tempo estipulado para a entrevista, a menos que o entrevistado demonstre claramente o desejo de prolongá-la. Ao final, agradeça o entrevistado por ter cedido parte de seu tempo para conversar com você.

» **Após a entrevista**

Embora a entrevista tenha chegado ao fim, o processo continua. Agora, você precisa rever e transcrever suas anotações.

» **Reveja suas anotações o mais breve possível**

Ao sair da sala do diretor de atletismo, as informações da entrevista estarão frescas em sua mente. Você sabe o que os comentários cifrados e rabiscados significam em suas anotações. Porém, passado algum tempo, os detalhes ficarão confusos. Não deixe que algo como essa história verídica ocorra com você:

> Há alguns anos, uma profissional de destaque – escritora e diplomata – estava sendo entrevistada por uma jovem repórter. Entre outras coisas, a repórter fez perguntas sobre seus *hobbies* e as atividades que realizava nos momentos de lazer. Ela respondeu que gostava de tiro ao alvo e criava gatos siameses. A repórter escreveu em suas notas "tiro" e "gatos", mas não se preocupou em colocar vírgula nem algo para separar as palavras. A entrevista foi publicada. Desde então, essa distinta personalidade tenta se livrar da reputação de que ela "atira em gatos".

Ao rever suas anotações, tente se concentrar em duas questões: identificar os pontos principais que vieram à tona durante a entrevista; e extrair informações específicas que possam ser úteis em sua palestra.

» Transcreva suas anotações

Assim que identificar as ideias e informações mais importantes da entrevista, você deve transcrever o material para que siga o mesmo formato do restante de suas anotações de pesquisa (consulte as páginas 124-125). Organizando todas as suas anotações de pesquisa em um formato consistente, você pode ordená-las e reordená-las facilmente no momento em que começar a estruturar sua palestra.[4]

» Dicas para a realização de pesquisas

Poucas pessoas consideram a atividade de pesquisa uma das grandes alegrias da vida. No entanto, existem formas de tornar esse processo menos tedioso e mais produtivo. Veja quatro alternativas que certamente o ajudarão.

» Inicie com antecedência

O maior erro que os estudantes cometem quando têm de realizar um projeto de pesquisa é protelar o início. Quanto mais adiar, mais problemas encontrará. Talvez um livro fundamental já tenha sido emprestado e ainda não tenha sido devolvido à biblioteca ou você não tenha mais tempo para conseguir uma entrevista essencial. Não importa o tipo de pesquisa que fizer, tenha certeza de uma coisa: ela *sempre* demorará mais do que você previu.

Iniciar com antecedência também lhe oferece tempo suficiente para pensar a respeito do que conseguiu coletar. Ao pesquisar, você coletará uma quantidade bem maior de conteúdo do que de fato utilizará. A preparação de uma palestra é um pouco parecida com a montagem de um quebra-cabeça. Assim que reúne as peças, deve descobrir onde elas se encaixam. Quanto mais tempo tiver, maior a probabilidade de encaixar as peças da maneira exata.

» Monte uma bibliografia preliminar

Em sua pesquisa, você encontrará títulos de livro, artigos de revista, documentos da internet e outros conteúdos que parecem conter informações úteis a respeito do tema de sua palestra. Insira *todo* item que você encontrar em sua **bibliografia preliminar**, mesmo se não tiver certeza de que o utilizará em sua palestra. Nesse processo, é provável que você insira 15 ou 20 trabalhos em sua bibliografia preliminar. Lembre-se, entretanto, de que ainda não examinou todos esses trabalhos. Das 15 ou 20 fontes preliminares, apenas 7 ou 8 tenderão a ser de grande utilidade. Essas fontes finais serão listadas na bibliografia que você entregará com o esboço de sua palestra (consulte o Capítulo 11, página 199).

Nos Estados Unidos, existem dois formatos principais para citar documentos na bibliografia. Um deles é o da Associação de Linguagem Moderna (Modern Language Association – MLA) e o outro da Associação Norte-Americana de Psicologia (American Psychological Association – APA). Ambos são amplamente utilizados por acadêmicos de comunicação. Pergunte ao seu professor que norma você deve seguir. Já no Brasil, os trabalhos acadêmicos devem seguir a Associação Brasileira de Normas Técnicas (ABNT). Porém, na seção de bibliografia ou de referências bibliográficas dos livros brasileiros, traduzidos ou nacionais, é provável que você encontre alguns critérios que diferem ligeiramente das normas da ABNT, dependendo da editora responsável.

Seja qual for o formato que você adotar, sua bibliografia deve ser clara, precisa e consistente. A Figura 7.4 apresenta dois exemplos de referência, da MLA e da ABNT, para os dez tipos de fonte mais citados em palestras.

Livro: um único autor.	»	MLA:	Chua, Amy. *Battle Hymn of the Tiger Mother*. Nova York: Penguin, 2011. Impresso.
		ABNT:	ALVES, Roque de Brito. **Ciência criminal.** Rio de Janeiro: Forense, 1995.
Artigo assinado de revista.	»	MLA:	Adler, Jerry. "The Growing Menace from Superweeds." *Scientific American*, maio de 2011: 74-79. Impresso.
		ABNT:	GURGEL, C. Reforma do Estado e segurança pública. **Política e Administração**, Rio de Janeiro, v. 3, n.2, p. 15-71, set. 1997.
Artigo assinado de jornal.	»	MLA:	Tucker, Neely. "Your Novel Got Rejected? Join the E-Book Gold Rush!" *The Washington Post*, 8 de maio de 2011, pp. E1, E4. Impresso.
		ABNT:	NAVES, P. Lagos andinos dão banho de beleza. **Folha de S.Paulo**, São Paulo, 28 jun. 1999. Folha Turismo, Caderno 8, p. 13.
Artigo assinado em obra de referência.	»	MLA:	Emanuel, Kerry A. "Hurricanes." *Encyclopedia of Climate and Weather*. Ed. Schneider, Stephen H., Mastrandrea, Michael e Root, Terry L. 2. ed. Nova York: Oxford University Press, 2011. Impresso.
		ABNT:	Emanuel, Kerry A. "Hurricanes". In: SCHNEIDER, Stephen H., MASTRANDREA, Michael e Root, Terry L. (eds.) **Encyclopedia of Climate and Weather.** 2. ed. Nova York: Oxford University Press, p. 138-141.
Entrevista pessoal*.	»	MLA:	Hernandez, Claudia. Entrevista pessoal. 5 de outubro de 2011.
		ABNT:	NARDES, João Augusto. Projeto de Lei sobre a renegociação da dívida agrícola. [São Paulo], CANAL RURAL/NET, 19 ago. 1999. Entrevista concedida a Arthur Coelho.
Palestra*.	»	MLA:	Chung, Cindy. "The Asian Diaspora." Asian American Studies 160: Asian American History. University of Wisconsin. 16 de setembro de 2011. Palestra.
		ABNT:	LIMA, L.R. Citricultura no Rio Grande do Sul. Porto Alegre, 14 set. 1995. Palestra proferida aos alunos do Programa de Pós-Graduação em Fitotecnia.
Programa de televisão*.	»	MLA:	"Lady Gaga and the Art of Fame". Narração Anderson Cooper. *Sixty Minutes*. Washington, CBS/WUSA, 13 de fevereiro de 2011. Televisão.
		ABNT:	ABELHA. Globo Rural, Rio de Janeiro: Rede Globo, 12 set. 1998. Programa de TV.
Publicação on-line do governo*.	»	MLA:	Estados Unidos. Departamento do Trabalho. Escritório de Estatísticas do Trabalho. "Women at Work." *BLS Spotlight on Statistics*, março de 2011. *Web.* Maio de 2011.
		ABNT:	SÃO PAULO (Estado). Governo do Estado de São Paulo. Plano Plurianual 2012-2015. São Paulo, 2011. 123 p. Disponível em: <http://www.planejamento.sp.gov.br/noti_anexo/files/PPA_2012-2015_vol-I.pdf>. Acesso em: 16 maio 2013.
Artigo de jornal on-line.	»	MLA:	Bowles, Scott. "Can 3-D Technology Save the Moviemaking Business?" *USA Today*, 28 de março de 2011. *Web.* 3 de abril de 2011.
		ABNT:	SILVA, Ives Gandra da. Pena de morte para o nascituro. **O Estado de S. Paulo**, São Paulo, 19 set. 1998. Disponível em: <http://www.providafamilia.org/pena_morte_nascituro.htm>. Acesso em: 19 set. 1998.
Artigo de revista on-line.	»	MLA:	Conley, Dalton. "Wired for Distraction: Kids and Social Media." *Time*. Time and Cable News Network, 19 de março de 2011. *Web.* 3 de maio de 2011.
		ABNT:	RIBEIRO, P. S. G. Adoção à brasileira: uma análise sociojurídica. **Dataveni@**. São Paulo, ano 3, n. 18, ago. 1998. Disponível em: <http://www.datavenia.inf.br/frame.artig.html>. Acesso em 10 set. 1998.

* N. de E.: Referências de documentos não previstas pela Norma da ABNT. As referências sugeridas foram retiradas de publicações *on-line*.

» **Figura 7.4**
Exemplo de formatos de citação bibliográfica.

» Aprenda a tomar notas

Asia Marshall começou a preparar sua palestra com as melhores intenções. Ela estava entusiasmada com seu tema, "As Grandes Mulheres do Jazz", e iniciou suas pesquisas na internet no mesmo dia em que a tarefa foi anunciada. Asia encontrou várias fontes interessantes e fez algumas anotações a respeito. À noite, ela pegou um livro fascinante sobre Billie Holiday na biblioteca e o leu de uma só vez. Ela não se incomodou em tomar nota porque tinha certeza de que se lembraria de tudo. No dia seguinte, ela examinou a *Encyclopedia of Jazz* e tomou algumas notas rapidamente no verso de seu programa de estudos.

Asia então se lembrou de que tinha uma prova em outra disciplina. Um tanto apavorada, pôs de lado a pesquisa de sua palestra para estudar para a prova. Quando voltou à palestra, a data de apresentação estava a quatro dias de distância. Ela então desenterrou suas anotações. Porém, o que elas significavam? Uma delas dizia: "Medford – *importante!!!*". Mas quem ou o que seria Medford? Asia imaginou que se lembraria de tudo que constava no livro sobre Billie Holiday. Contudo, sem anotações, àquela altura tudo parecia obscuro. Com a sensação de que seu destino seria fatídico, deparou-se com o fato de que teria de começar novamente – e finalizar em quatro dias.

Isso lhe soa familiar? Isso já aconteceu com quase todo mundo pelo menos uma vez. Mas uma vez é suficiente. Existe uma forma mais adequada de fazer anotações. Veja a seguir um método que funcionou bem para muitos palestrantes.

» *Faça muitas anotações*

Poucas coisas são mais desagradáveis do que tentar se lembrar de uma informação que você encontrou por acaso em sua pesquisa e não tomou o cuidado de registrar. A moral da história no caso de Asia Marshall é evidente: ainda que haja uma remota possibilidade de que você precisará de uma informação, anote-a. Isso pode tomar um pouquinho de seu tempo naquele momento, mas a longo prazo pode lhe poupar uma enorme aflição.

» *Utilize um formato consistente em suas anotações*

Você deve utilizar o mesmo formato em todas as suas anotações de pesquisa, sejam elas de fontes da internet, documentos de biblioteca ou entrevistas pessoais. Em cada caso, registre a informação, a fonte e um título que indique o tema da anotação (consulte a Figura 7.5).

Nunca é demais enfatizar a importância do cabeçalho de assunto. É o primeiro passo para fazer anotações de maneira mais eficiente. Por informar de relance do que se trata cada anotação, o cabeçalho simplificará a organização de suas anotações no momento de elaborar sua palestra. Assim que começar a utilizar os cabeçalhos de assunto, constatará o quanto eles podem ser úteis.

Cabeçalho de assunto.	»	CRIME ORGANIZADO NA ERA DIGITAL
Referência resumida do autor e do título. A referência completa encontra-se na bibliografia preliminar.	»	Robert Mueller, "The Evolving Organized Crime Threat".
Essa nota é extraída como citação direta.	»	"Há quem acredite que o crime organizado é coisa do passado. Infelizmente, isso não é verdade. Os tradicionais cartéis do crime organizado continuam enganando, extorquindo e intimidando os cidadãos norte-americanos."

» **Figura 7.5**
Exemplo de anotação de pesquisa.

» *Separe as anotações*

Muitas pessoas tentam registrar todas as informações de uma única fonte em uma única anotação. Esse procedimento não é eficaz porque impede que você reveja e organize suas anotações. Um método mais adequado é fazer uma anotação separada para *cada* citação ou informação que você registrar. Embora você acabe ficando com várias anotações de um mesmo documento, verá que, dessa forma, conseguirá controlar melhor sua pesquisa.

» *Diferencie as citações diretas, as paráfrases e as ideias pessoais*

Como vimos no Capítulo 2, é fácil plagiar acidentalmente quando não fazemos nossas anotações de pesquisa com cuidado. No momento em que estiver realizando pesquisas para a sua palestra, lembre-se de utilizar aspas sempre que copiar textualmente uma fonte. Se você parafrasear, em vez de citar textualmente, lembre-se de incluir a fonte quando registrar sua anotação.

Se controlar as citações e as paráfrases, conseguirá distinguir suas palavras e ideias das de outras pessoas. Isso ajuda a evitar a armadilha do plágio involuntário no momento da montagem da palestra.

» **Reflita sobre o conteúdo enquanto realiza suas pesquisas**

Os estudantes com frequência encaram a pesquisa como uma rotina mecânica que requer apenas a coleta do conteúdo a ser utilizado em uma palestra ou monografia. Porém, quando realizada de maneira apropriada, uma pesquisa pode ser muito criativa.

Se você *pensar sobre* o que está encontrando em sua pesquisa, enxergará seu tema de uma forma ligeiramente diferente a cada anotação que fizer. Identificará novas relações, desenvolverá novas questões e experimentará novos ângulos. Em suma, você começará a redigir a palestra em sua mente enquanto realiza a pesquisa. À medida que você obtiver mais informações sobre o tema, formulará uma ideia central, começará a esboçar os pontos principais, experimentará alternativas para estruturar seus pensamentos. Você pode até mudar seu ponto de vista, como essa palestrante:

> Francesca Lopez começou a preparar sua palestra com a seguinte ideia central em mente: "Os animais selvagens têm filhotes mais interessantes do que os cães e gatos". Ela empreendeu sua pesquisa cui-

» Para fazer anotações de maneira eficaz em suas pesquisas, utilize um formato sistemático; para cada anotação, utilize um parágrafo diferente; e diferencie o que é citação direta, paráfrase e ideias pessoais.

dadosamente, passando várias horas *on-line* e na biblioteca. No processo, ela se deparou com uma informação preocupante sobre a captura de animais selvagens. Ela ficou sabendo que os filhotes de chimpanzé e de outros macacos eram literalmente arrancados dos braços das mães e que, depois disso, as mães choravam quase como seres humanos. De volta para seu quarto naquela noite, Francesca não conseguiu tirar os filhotes de chimpanzé da cabeça.

No dia seguinte, Francesca descobriu algumas informações mais alarmantes. Uma fonte falava sobre a taxa de mortalidade extraordinariamente alta de animais selvagens quando eles são embarcados para os Estados Unidos. À noite, Francesca ficou novamente se remoendo sobre os filhotes, imaginando-os morrendo de medo e de frio no porão de carga dos aviões.

No momento em que Francesca concluiu sua pesquisa, sua ideia central havia se transformado completamente. A ideia central em sua apresentação foi: "A importação de animais selvagens para uso como animais de estimação é desumana".

Esse é um exemplo de pesquisa criativa – e de raciocínio crítico. Francesca manteve a mente aberta, leu tudo que pôde encontrar sobre o tema e refletiu seriamente a respeito do que encontrou. Em virtude dessa postura reflexiva, ela mudou de ideia.[5]

A preparação de uma palestra talvez não o faça mudar de direção, mas provavelmente lhe oferecerá *insights* sobre o tema. Se adotar essa postura em sua pesquisa, certamente constatará que o tempo que você passou pesquisando é o mais produtivo entre todos os momentos que você dedicou à preparação de sua palestra.

» Resumo

Você pode utilizar vários recursos quando estiver coletando informações para sua palestra. Se tiver experiências pessoais ou um conhecimento acima da média sobre um tema, poderá utilizar você mesmo como recurso. Entretanto, na maioria das vezes, precisará de informações externas, que podem ser obtidas em bibliotecas, na internet ou de entrevistas com pessoas que tenham informações especializadas.

A localização do que você necessita na biblioteca depende em grande medida de você saber procurar informações. Os catálogos relacionam todos os livros, periódicos e outros recursos da biblioteca. As bases de dados ajudam a encontrar artigos em revistas, jornais e periódicos. A seção de referência contém enciclopédias, almanaques, biografias e livros de citações/frases. Se você tiver dificuldade para encontrar algo, não hesite em pedir ajuda a um bibliotecário.

Para procurar informações *on-line*, você precisa de uma estratégia de pesquisa que o ajude a encontrar exatamente o que necessita. Tendo em vista a falta de revisão editorial da maioria dos documentos na internet, é particularmente importante avaliar a autoria, a organização endossante e a recentidade dos conteúdos de pesquisa que você encontrar.

Além disso, você pode obter informações por meio de entrevistas pessoais. Antes da entrevista, você deve definir o objetivo, determinar quem entrevistará e preparar as perguntas. Assim que a entrevista começar, ouça com atenção e tome nota devidamente. Após a entrevista, reveja e transcreva suas anotações o mais breve possível.

Não importa as fontes que utilizar para coletar informações, sua pesquisa será mais eficaz se começar com antecedência e montar uma bibliografia preliminar para manter um controle de todos os livros, artigos e documentos da internet que parecem úteis. Se aprender a tomar notas, economizará tempo e energia em todas as etapas desse processo. E se você refletir sobre o conteúdo à medida que pesquisar, provavelmente constatará que a coleta de informações é a parte mais criativa da preparação de uma palestra.

» Palavras-chave

bases de dados acadêmicas Base de dados que cataloga artigos de periódicos especializados.
bases de dados de jornais e periódicos Recurso de pesquisa que cataloga artigos de diversas revistas, periódicos e jornais.
bibliografia preliminar Lista compilada no início do processo de pesquisa de obras que parecem conter informações úteis sobre o tema da exposição.
biblioteca virtual Mecanismo de busca que associa a tecnologia de internet e métodos bibliotecários tradicionais de catalogação e avaliação de dados.
catálogo Lista de todos os livros, periódicos e outros recursos de uma biblioteca.
entrevista de pesquisa (ou investigativa) Entrevista conduzida para coletar informações para uma exposição oral.
número de chamada Número utilizado nas bibliotecas para classificar livros e periódicos e indicar onde eles podem ser encontrados nas prateleiras.
obra de referência Obra que sintetiza grande quantidade de informações relacionadas para facilitar o acesso dos pesquisadores.
organização endossante ou responsável Organização que, na falta de um autor claramente identificado, é responsável pelo conteúdo de um documento na internet.
resumo (*abstract*) Resumo de um artigo de revista ou periódico, escrito por alguém que não o autor original.

» Questões para recapitulação

1. Por que é importante valer-se de seus próprios conhecimentos e experiências ao coletar conteúdos para suas palestras?
2. Quais são os cinco recursos disponíveis para você encontrar o que precisa em uma biblioteca?
3. Quais são os três critérios empregados para avaliar a validade dos conteúdos que você encontra na internet?
4. Quais são as três etapas de uma entrevista de pesquisa? O que você deve fazer em cada uma delas para que a entrevista tenha êxito?
5. Por que é importante iniciar antecipadamente as pesquisas para sua palestra?
6. O que é bibliografia preliminar? Por que ela é útil para o processo de pesquisa de conteúdo de sua palestra?
7. Quais são os quatro passos que você deve seguir para tomar notas de maneira eficaz em suas pesquisas?

» Exercícios de raciocínio crítico

1. Utilizando uma das bases de dados de periódicos e jornais, como as citadas na página 112 e a Biblioteca Digital do Governo do Brasil – Domínio Público (<www.dominiopublico.gov.br>), encontre três artigos de revista ou jornal sobre o tema de sua próxima palestra. Prepare uma bibliografia preliminar inserindo os dados de cada artigo. Leia o texto integral dos artigos e avalie a importância desse conteúdo para sua palestra.
2. Utilizando o Google ou outro mecanismo de busca, encontre três documentos de alta qualidade sobre o tema de sua próxima palestra. Prepare uma bibliografia preliminar inserindo os dados de cada documento. Leia o texto integral dos documentos e avalie-os com base nos critérios de avaliação de documentos da internet discutidos nas páginas 116-118.
3. Prepare-se para realizar uma entrevista para uma palestra. Procure seguir as orientações apresentadas neste capítulo para fazer uma boa entrevista. Depois, avalie a entrevista. Você se preparou adequadamente para isso? Obteve as informações necessárias? O que mudaria se pudesse conduzir essa entrevista novamente?

ORDABLE CARE

8

Respaldando suas ideias

> » Exemplos
> » Estatísticas
> » Testemunhos
> » Citando fontes oralmente

Aficionada por chá, Laura Kramer decidiu fazer sua primeira palestra para os colegas do curso de oratória sobre os benefícios do chá para a saúde. Parte de sua palestra transcorreu da seguinte forma:

> Se o histórico de saúde de sua família mostrar que você é propenso a desenvolver doenças do coração, colesterol alto, problemas de circulação ou mal de Parkinson, você precisa tomar mais chá. Foi comprovado que o chá preto e o chá verde diminuem o risco de vários problemas sérios de saúde. Tomo chá há muito anos e sou muito saudável. Se começarem a tomar chá, também ficarão saudáveis.

Após a palestra, os colegas de Laura se mostraram gentis, mas céticos. "Laura apresentou algumas ideias interessantes, mas ela não é médica. Ficaria mais convencido se ela tivesse oferecido evidências médicas para respaldar sua opinião", disse um deles.

As boas palestras não contêm contrassensos nem generalizações – elas precisam ser respaldadas para apoiar o ponto de vista do orador. No caso de Laura, existem evidências de que o chá auxilia no tratamento de algumas enfermidades, mas grande parte das alegações sobre seus benefícios para a saúde ainda não foi confirmada por pesquisas. Portanto, os ouvintes de Laura estavam certos em desconfiar das generalizações vagas e não comprovadas que ela apresentou.

O problema das generalizações é que elas não respondem a três perguntas que os ouvintes sempre fazem ao orador: "O que você quer dizer com isso?", "Por que devo acreditar em você?" e "E daí?". Considere as alegações a seguir:

Generalizada	Menos generalizada	Específica
Existem muitas faculdades técnicas nos Estados Unidos.	As faculdades técnicas atraem grande número de estudantes e desempenham um papel fundamental na educação superior norte-americana.	De acordo com o Departamento de Educação dos Estados Unidos, existem mais de 1.100 faculdades técnicas nos Estados Unidos. Elas matriculam em torno de 12 milhões de alunos por ano, o que corresponde a 44% de todo o país.

Qual alegação você acha mais interessante? Mais convincente? É provável que você prefira a da coluna da direita. Ela é bem definida e específica, clara e convincente – exatamente o que uma palestra precisa para atrair o interesse e o parecer reais.

A habilidade para utilizar conteúdos de apoio com frequência diferencia uma palestra ruim de uma boa palestra. Nos Capítulos 15 e 17, examinaremos aplicações especiais do conteúdo de apoio em palestras informativas e persuasivas. Neste capítulo, enfatizaremos os tipos básicos de **conteúdo de apoio** – exemplos, estatísticas e testemunhos – e os princípios gerais para utilizá-los com eficácia e responsabilidade.

» **Exemplos**

O ataque ocorreu ao alvorecer. O *Delta Ranger*, um cargueiro de bauxita, navegava pelo azulado Oceano Índico, aproximadamente a 200 milhas da costa da Somália. Um dos tripulantes da ponte de comando avistou duas lanchas em alta velocidade a bombordo de sua embarcação. Momentos depois, balas foram disparadas, dilacerando a ponte de comando, e trilhas de vapor de granada-foguete riscaram o céu em direção à proa – piratas.

Essas frases abrem um artigo na revista *Smithsonian* sobre piratas contemporâneos que assaltam embarcações internacionais. Esse trecho mostra um recurso muito conhecido entre redatores de revista e oradores: o emprego especial da linguagem para envolver o público.

Observe como esse **exemplo** concretiza seu objetivo de forma hábil. Ele apresenta um incidente específico (o ataque ao *Delta Ranger*) para chamar nossa atenção e arma o cenário com detalhes sobre momento, lugar, cor e ação. Quase podemos nos ver na ponte de comando do *Delta Ranger*, observando à espreita as lanchas dos piratas e ouvindo as balas atingirem o navio. Não ficaríamos tão envolvidos se o artigo tivesse dito meramente: "Os piratas são uma séria ameaça às embarcações internacionais".

Pesquisas demonstram que exemplos vívidos e concretos têm grande impacto sobre as convicções e ações dos ouvintes.[1] Sem exemplos, as ideias muitas vezes parecem vagas, impessoais e inanimadas. Com exemplos, as ideias se tornam específicas, pessoais e vívidas. Em nenhum outro lugar isso é mostrado com tamanha força do que na Bíblia e no Alcorão, que empregam todas as formas de narrativa, parábolas e relatos curiosos para tornar claros e convincentes determinados princípios abstratos. Existem vários tipos de exemplo à disposição para você experimentar em suas palestras.

» **Exemplos breves**

Os **exemplos breves** – também chamados de casos específicos – podem ser citados *en passant* para demonstrar uma ideia. O trecho a seguir utiliza um exemplo breve para mostrar o caráter fenomenal dos avanços recentes do desenvolvimento de membros artificiais para vítimas de acidente:

Mudanças tecnológicas possibilitaram que os médicos realizassem milagres que antes pareciam impossíveis. Roger Charter, por exemplo, perdeu os pés por esmagamento em um acidente de caminhão. Agora, Roger tem pés artificiais – feitos de uma liga de plástico flexível que reproduz a forma normal do arco do pé. Além de poder andar normalmente, Roger pode voltar a correr e fazer esportes!

Outra maneira de empregar exemplos breves é citá-los sequencialmente até criar o efeito desejado. Veja como um orador utilizou essa técnica para reforçar a ideia de que os norte-americanos de origem mexicana fizeram várias contribuições valiosas para a vida dos Estados Unidos:

> Muitos conhecem bem *chicanos* e *chicanas* famosos como a atriz Jessica Alba, o boxeador Oscar De La Hoya e o guitarrista Carlos Santana. Porém, talvez vocês não tenham tanta familiaridade com norte-americanos de origem mexicana que fizeram contribuições importantes para a sociedade norte-americana. Nancy Lopez desempenhou um papel fundamental na popularização do golfe profissional feminino e ganhou 48 campeonatos. A ex-astronauta Ellen Ochoa passou mais de 480 horas no espaço e inventou vários métodos ópticos que contribuíram consideravelmente para a exploração espacial. Mario Molina ganhou o Prêmio Nobel de Química em 1995 por suas pesquisas sobre a formação e decomposição da camada de ozônio.

www.grupoa.com.br
Assista a esse trecho de "Living in America" ("Vivendo nos Estados Unidos") – Vídeo 8.1 – em inglês.

» Exemplos extensos

Os **exemplos extensos** com frequência são chamados de narrativas, explanações ou relatos curiosos (anedotas). Por meio de histórias narradas de uma maneira vívida e dramática, esses exemplos fazem os ouvintes mergulhar no que está sendo dito. Veja um exemplo, de uma palestra de Sun Yan, aluna da Fudan University, em Xangai, China. Ao participar de um concurso nacional de oratória na China, em língua inglesa, Sun Yan utilizou um exemplo extenso para mostrar o espírito dos Jogos Olímpicos:

> Na história dos Jogos Olímpicos, houve várias estrelas brilhantes. Entre elas, uma garota europeia. Com o passar do tempo, seu nome foi esquecido, mas seu espírito irredutível nunca perecerá. Foi ela quem deu evidência ao Credo Olímpico.
>
> Ainda que na liderança, perto do final ela tropeçou e feriu a perna. Seus adversários a ultrapassaram, um após outro, deixando na pista apenas uma figura sem forças e solitária. Os médicos vieram ao seu socorro, oferecendo-se para levá-la. Mas ela recusou. Com a última energia que lhe restava, conseguiu levantar-se e arrastar-se debilmente ao ponto final, deixando em seu rastro gotas de sangue.
>
> Mas aplausos irromperam. Embora reprovada na competição, essa garota arrancou aplausos de pessoas do mundo inteiro. Foi ela quem evidenciou o credo olímpico da participação. Foi ela quem inspirou a termos perseverança em nossa mente.[2]

www.grupoa.com.br
Assista a esse trecho de "Olympic Spirit" ("Espírito Olímpico") – Vídeo 8.2 – em inglês.

Esse longo exemplo capta de maneira vívida a coragem daquela corredora e a personificação do espírito olímpico. A oradora poderia simplesmente ter dito: "Os atletas olímpicos sempre demonstram grande coragem e firmeza". Contudo, a história consegue chamar a atenção de uma maneira bem mais pungente.

» Exemplos hipotéticos

Todos os exemplos apresentados até o momento são reais; os incidentes aos quais eles se referem de fato ocorreram. Entretanto, às vezes os oradores utilizam **exemplos hipotéticos** – que descrevem uma situação imaginária. Normalmente, esses exemplos são histórias breves que relatam um princípio geral.

Veja como uma palestrante utilizou um exemplo hipotético para mostrar a utilização de códigos de honra para diminuir a cola:

> Imagine o seguinte: Você está fazendo uma prova de psicologia e percebe que o aluno ao lado não tira os olhos de suas respostas. Você também o vê abrindo o caderno embaixo da carteira. Você sente seu rosto enrubescer, indignado com a possibilidade de esse aluno tirar uma nota alta colando, enquanto você deu duro para tirar uma boa nota. Mas você se sente impotente porque acha que contar ao professor de nada adiantará.
>
> Contudo, imagine que você frequente uma escola que tenha um código de honra. No início de cada prova, você assina um documento declarando que não vai colar e que aceita a responsabilidade de denunciar quem o fizer. Depois que o professor distribui a prova, ele sai da sala. Nesse caso, você tem o poder e o dever de denunciar quem estiver colando, em vez de se sentir roubado por essa pessoa.
>
> Esse sistema funcionou em outros lugares e pode funcionar em nossa escola. O professor Donald McCabe, presidente do Centro para Integridade Acadêmica, fez uma pesquisa junto a mais de 20 mil alunos em 70 faculdades ao redor do país. Sua pesquisa mostra que a frequência de cola é significativamente menor nas escolas que têm um código de honra do que naquelas que não têm.

> www.grupoa.com.br
> Assista a esse trecho de "College Cheating: A National Epidemic" ("Cola na Escola: Uma Epidemia Nacional") – Vídeo 8.3 – em inglês.

Esse exemplo hipotético é particularmente eficaz. A oradora cria um cenário real, interage com os ouvintes e consegue envolvê-los na palestra. Além disso, ela utiliza pessoas como o presidente do Centro para Integridade Acadêmica para mostrar que os códigos de honra ajudam a diminuir a incidência de cola nas universidades. Sempre que você utilizar um exemplo hipotético, é uma boa ideia apresentar estatísticas e testemunhos para mostrar que o exemplo não é absurdo.

» Dicas para utilizar exemplos
» *Utilize exemplos para elucidar suas ideias*

Provavelmente você utiliza exemplos esclarecedores o tempo todo em suas conversas cotidianas. Se estivesse dando uma explicação a um amigo sobre os diferentes tipos de composição física, diria: "Observe o professor Shankar. Ele é longilíneo – alto, magro e ossudo". Os exemplos são excelentes para esclarecer ideias incomuns ou complexas. Eles transformam ideias abstratas em ideias concretas que os ouvintes conseguem compreender facilmente.

Esse princípio funciona muito bem em exposições orais. Suponhamos que você estivesse conversando sobre pontes suspensas. Você poderia apresentar uma descrição técnica:

> A pista da ponte suspensa é sustentada por cabos verticais presos a dois ou mais cabos principais, os quais são fixados em duas torres e cuja extremidade é presa em um concreto ou leito de rocha.

Se seu público fosse constituído por pessoas familiarizadas com sistemas estruturais, elas conseguiriam visualizar o que é uma ponte suspensa. Contudo, no caso de ouvintes que não têm esse conhecimento, seria aconselhável dar um exemplo simples:

> Duas pontes suspensas famosas são a Golden Gate Bridge, em San Francisco, e a Brooklyn Bridge, em Nova York.

Como quase todos já viram ao menos uma foto da Golden Gate Bridge ou da Brooklyn Bridge, a utilização desse exemplo esclarece rápida e de maneira eficaz o que você deseja passar.

» Independentemente da ocasião, citar exemplos pessoais é uma excelente alternativa para elucidar ideias e atrair o interesse do público. Para ter o máximo de eficácia, eles devem ser apresentados com convicção e intenso contato visual.

» Utilize exemplos para reforçar suas ideias

Em uma palestra intitulada "The Dangers of Cell Phones", a oradora abordou os riscos que os celulares oferecem à saúde a longo prazo. Ela citou personalidades da Organização Mundial da Saúde que afirmaram que as pessoas que utilizam celular por mais de dez anos correm um risco duas vezes maior de desenvolver tumores cerebrais. Além disso, ela abordou outros problemas associados com a exposição a longo prazo à radiação do celular, como dores de cabeça, tontura, problemas circulatórios, náusea e câncer.

Para reforçar suas ideias, ela citou o exemplo de Alan Marks, pai de três filhos que desenvolveu um tumor cerebral do tamanho de uma bola de golfe por falar ao celular durante uma hora por dia ao longo de 23 anos. Ela falou sobre os problemas de saúde de Mark e ressaltou que ele certamente teria utilizado o viva-voz ou o fone de ouvido se soubesse dos perigos de manter o celular próximo à orelha dia após dia, ano após ano.

> www.grupoa.com.br
> Assista a essa parte de "The Dangers of Cell Phones" ("Os Riscos dos Celulares") – Vídeo 8.4 – em inglês.

Esse exemplo foi muito eficaz. Ela apresentou dados médicos sobre os perigos do celular com termos claros e pessoais que todos podiam compreender. Quando você utilizar um exemplo como esse, procure torná-lo representativo – isto é, que não esteja relacionado com casos raros ou excepcionais. Seus ouvintes tenderão a se sentir enganados se suspeitarem de que você escolheu um exemplo atípico para provar um argumento genérico.

» Utilize exemplos para personalizar suas ideias

Pessoas se interessam por pessoas. De acordo com o psicólogo social Elliot Aronson, "As pessoas em geral são mais bem mais influenciadas por exemplos claros, vívidos e pessoais do que por uma série de dados estatísticos".[3] Sempre que se dirigir para um público genérico, você pode incluir exemplos que tenham interesse humano. Nesta seção, vimos vários desses exemplos – a heroica corredora olímpica, a vítima que perdeu os pés em um acidente, e outros. O abstrato torna-se mais significativo quando aplicado a uma pessoa. Você ficaria mais propenso a reagir à primeira ou à segunda situação a seguir?

> Existem várias famílias famintas em sua comunidade que poderiam se beneficiar de doações de alimento.

Ou:

Gostaria de contar a vocês a história de Arturo. Ele tem 4 anos de idade, grandes olhos castanhos, cabelos pretos desgrenhados, e nada na barriga. Em seus quatro anos de vida, Arturo nunca comeu três refeições reforçadas em um só dia.

Tente utilizar exemplos de interesse humano em suas palestras. Logo verá por que os oradores habilidosos os consideram "a verdadeira essência da oratória".[4]

» *Trabalhe para que seus exemplos sejam realistas e encadeados*

Um exemplo bem tramado utiliza detalhes cotidianos que lhe dão vida. Lembre-se do exemplo da corredora olímpica, na página 131. A oradora nos ofereceu vários detalhes sobre a coragem da corredora diante de condições adversas. A corredora tropeça e fere a perna perto do final da corrida. Ela é ultrapassada por outros adversários até ficar sozinha na pista. Os médicos lhe oferecem ajuda, mas ela a recusa e se arrasta até o final da linha, deixando gotas de sangue em seu rastro.

Quão menos convincente esse exemplo teria sido se a oradora tivesse dito meramente:

> Uma corredora olímpica concluiu corajosamente a competição embora estivesse ferida e exausta.

Em vez disso, os detalhes nos permitem *ver* a corredora à medida que ela se esforça para vencer a dor e seu infortúnio. É bem mais provável que essa corredora fique gravada em sua mente como "aquela corajosa corredora que concluiu a competição". Quanto mais vívidos os exemplos, maior impacto eles tendem a ter sobre o público.

» *Ensaie a narração dos exemplos extensos para realçá-los*

Um exemplo extenso é como uma história ou narrativa. Seu impacto depende tanto da forma como ele é narrado (elocução) quanto de seu conteúdo. Muitos alunos descobriram isso a duras penas. Depois de despender grande tempo e energia desenvolvendo um exemplo esplêndido, constataram que a força do exemplo esmoreceu porque não o tornaram vívido e interessante para os ouvintes.

Observe novamente a oradora no Vídeo 8.2. Veja como ela utiliza a voz para aumentar o impacto de sua história sobre a corredora olímpica. Como ela, você deve se imaginar como um narrador de histórias. Não se precipite em seus exemplos como se estivesse lendo o jornal. Utilize a voz para envolver os ouvintes. Fale mais rápido aqui para criar uma sensação de ação, mais lentamente ali para criar suspense. Erga a voz em alguns trechos; abaixe em outros. Faça pausas ocasionais para obter um efeito dramático.

✓ CHECKLIST

Utilizando exemplos

SIM	NÃO	
☐	☐	1. Emprego exemplos para elucidar minhas ideias?
☐	☐	2. Emprego exemplos para reforçar minhas ideias?
☐	☐	3. Emprego exemplos para personalizar minhas ideias?
☐	☐	4. Emprego exemplos que representam o que eles devem mostrar ou comprovar?
☐	☐	5. Meus exemplos são reforçados por estatísticas ou testemunhos?
☐	☐	6. Meus exemplos extensos são realistas e têm uma boa trama?
☐	☐	7. Ensaiei bem a apresentação dos exemplos extensos para que eles tenham um efeito excepcional?

Mais importante, faça contato visual com o público. A maneira mais fácil de destruir um bom exemplo é lê-lo. Quando ensaiar, narre os exemplos extensos sem recorrer às suas anotações. No dia da palestra, você provavelmente conseguirá narrá-los tão naturalmente quanto se estivesse contando uma história para um grupo de amigos.

» Estatísticas

Vivemos na era da estatística. Dia após dia somos bombardeados por uma quantidade atordoante de números. Keith Urban vendeu mais de 13 milhões de discos. A sonolência causa 17% das mortes de trânsito nos Estados Unidos. Os norte-americanos gastam US$ 60 bilhões ao ano em bilhetes de loteria. No vazamento de petróleo da BP, estima-se que foram derramados mais de 200 milhões de galões de petróleo no Golfo do México.

O que todos esses números significam? A maioria teria dificuldade em dizer. Contudo, sentimo-nos mais seguros em relação ao que conhecemos quando conseguimos expressar uma informação. De acordo com lorde Kelvin, físico do século XIX, "Quando você consegue medir aquilo sobre o que está falando e expressá-lo em números, você conhece algo a respeito disso. Contudo, quando você não consegue medi-lo, quando não consegue expressá-lo em números, seu conhecimento é [...] parco e insatisfatório". É essa confiança amplamente compartilhada que torna a estatística, quando utilizada de maneira apropriada, um método tão eficaz para esclarecer e respaldar ideias.[5]

Assim como os exemplos breves, as estatísticas com frequência são citadas *en passant* para esclarecer ou reforçar os argumentos do orador. Os exemplos a seguir mostram como dois oradores utilizaram dados estatísticos em suas palestras:

> Para comprovar o número de alunos chineses nas faculdades e universidades dos Estados Unidos: "De acordo com o Instituto de Educação Internacional, aproximadamente 13 mil alunos chineses estudaram nos Estados Unidos no ano passado – um aumento de 30% em relação ao ano anterior".

> Para demonstrar o sensível aumento no salário dos atletas profissionais: "A ESPN relatou que, há apenas 20 anos, o jogador de beisebol mais bem pago ganhava US$ 5 milhões. Hoje, o jogador mais bem pago ganha mais de US$ 30 milhões por ano".

Além disso, as estatísticas podem ser utilizadas de forma complementar para mostrar a magnitude ou a seriedade de uma questão. Encontramos um bom exemplo dessa técnica em uma apresentação sobre a superlotação das vias de trânsito nos Estados Unidos. Para demonstrar seu argumento de que o congestionamento de trânsito desperdiça uma enorme quantidade de tempo e dinheiro, o orador citou os seguintes números:

> De acordo com o Relatório de Mobilidade Urbana da A&M University do Texas, os norte-americanos passam ao todo 4,2 bilhões de horas por ano parados no trânsito. No cômputo geral, o congestionamento de trânsito é responsável por mais de US$ 87 bilhões em desperdício de combustível e perda de produtividade. Esse número decompõe-se em aproximadamente US$ 750 por motorista a cada ano. Obviamente, estamos desperdiçando muito tempo e dinheiro com o engarrafamento de trânsito.

www.grupoa.com.br
Assista a esse trecho de "Stuck in Traffic" ("Preso no Trânsito") – Vídeo 8.5 – em inglês.

Esse é um argumento bem respaldado. Contudo, suponhamos que o orador tivesse dito apenas:

> Os engarrafamentos de trânsito são muito caros para os Estados Unidos.

Essa alegação não é tão clara e convincente quanto aquela que contém dados estatísticos. É óbvio que o público não se lembra de todos os números, mas o objetivo em apresentar uma série de números é criar um impacto *geral* nos ouvintes. O que o público de fato se lembra é de que uma série impressionante de estatísticas respaldou o ponto de vista do orador.

» Interpretando as estatísticas

Em seu excelente livro *How to Lie with Statistics* (*Como Mentir com Estatística*), Darrell Huff demoliu a ideia de que os números não mentem. A rigor, eles não mentem. Porém, eles podem ser facilmente manipulados e distorcidos. Por exemplo, qual das duas alegações é verdadeira?

a. O pão branco enriquecido é mais nutritivo do que o pão integral porque contém tanto quanto ou mais proteína, cálcio, niacina, tiamina e riboflavina.

b. O pão integral é mais nutritivo do que o pão branco porque contém sete vezes a quantidade de fibras e mais ferro, fósforo e potássio.

Como seria de esperar, *ambas* são verdadeiras. E talvez você ouça uma delas, dependendo de quem estiver tentando vender o pão.

É possível brincar com estatísticas em todos os tipos de área. Qual dessas alegações é verdadeira?

a. O guepardo, com sua corrida cronometrada a aproximadamente 115 quilômetros por hora, é o animal mais rápido do mundo.

b. O antilocapra, com sua corrida cronometrada a aproximadamente 100 quilômetros por hora, é o animal mais rápido do mundo.

O guepardo, certo? Não necessariamente. O guepardo pode correr mais rápido, mas apenas em curtas distâncias. O antilocapra pode manter sua alta velocidade em distâncias bem maiores. Portanto, qual dos dois é mais rápido? Depende do que você está medindo. Em termos de competições humanas, o guepardo ganharia na corrida de 100 metros, mas o antilocapra ganharia a maratona.

Quando estamos lidando com dinheiro, as estatísticas tornam-se ainda mais delicadas. Pense nos seguintes fatos:

a. Em 1940, o presidente Franklin D. Roosevelt ganhou um salário de US$ 75 mil.

b. Em 1972, o presidente Richard Nixon ganhou um salário de US$ 200 mil.

c. Em 2010, o presidente Barack Obama ganhou um salário de US$ 400 mil.

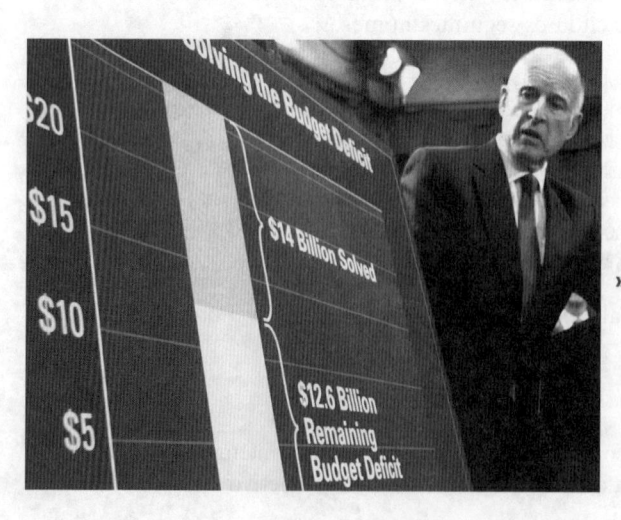

» A exposição respaldada por estatísticas normalmente é mais persuasiva do que uma não documentada. Aqui, o governador da Califórnia, Jerry Brown, utiliza dados econômicos em uma discussão sobre planos para reduzir o déficit orçamentário desse estado.

Qual dos presidentes ganhou mais dinheiro? Em termos puramente matemáticos, Obama foi o que mais ganhou. Porém, atualmente o dólar não compra tanto quanto comprava em 1940, quando Franklin Roosevelt era presidente. Uma das medidas da taxa de inflação nos Estados Unidos é o Índice de Preço ao Consumidor, que nos permite calcular o valor do dólar em qualquer ano em comparação com seu poder de compra em 1972. Se aplicarmos esse índice ao salário dos três presidentes, podemos calcular quanto cada um ganhou em dólares de 1972:

a. Em 1940, o presidente Franklin D. Roosevelt ganhou um salário de US$ 192 mil.
b. Em 1972, o presidente Richard Nixon ganhou um salário de US$ 200 mil.
c. Em 2010, o presidente Barack Obama ganhou um salário de US$ 78 mil.

Em outras palavras, embora Obama tenha o salário mais alto, o valor de US$ 400 mil corresponde a menos da metade do salário de US$ 75 mil de Roosevelt.

A questão é que nas estatísticas normalmente existe algo além do que os olhos conseguem ver.[6] Quando você localizar estatísticas para suas palestras, procure avaliá-las com base nas perguntas a seguir.

» *As estatísticas são representativas?*

Digamos que no caminho para a aula você escolha dez estudantes do *campus* de forma aleatória e pergunte se eles são a favor ou contra a proibição de som alto em carros parados em São Paulo. Digamos ainda que oito aprovem essa proibição e quatro não. Desse modo, você seria preciso se dissesse que 80% dos alunos do *campus* são a favor da proibição de som alto em carros parados?

Claro que não. Dez alunos não é uma amostra grande o suficiente. Contudo, mesmo que fosse, surgiriam outros problemas. Os dez alunos entrevistados refletem precisamente a porcentagem de calouros, de segundanistas, de terceiranistas e de quartanistas de sua universidade? Eles representam a porcentagem de alunos do sexo masculino e feminino? Os alunos das várias habilitações oferecidas estão representados corretamente? E os alunos de meio período e período integral? Os alunos de diferentes origens culturais e religiosas?

Em suma, suas estatísticas devem ser representativas daquilo que elas alegam mensurar.

» *As medidas estatísticas são utilizadas corretamente?*

Veja a seguir dois conjuntos de números:

Conjunto A		Conjunto B	
7.500	4.400	5.400	2.300
6.300	4.400	5.400	1.700
5.000		5.000	

Apliquemos a cada grupo três medidas básicas – média, mediana e moda.

A **média** é determinada pela soma de todos os itens de um conjunto e pela divisão pelo número de itens. A média do conjunto A é 5.520. Do conjunto B é 3.960.

A **mediana** é o número médio em um conjunto quando os números são postos em ordem do maior para o menor. A mediana do conjunto A e do conjunto B é exatamente a mesma: 5 mil.

A **moda** é o número com maior quantidade de ocorrências em um conjunto de números. A moda do conjunto A é 4.400. A do conjunto B é 5.400.

	Conjunto A	Conjunto B
Média	5.520	3.960
Mediana	5.000	5.000
Moda	4.400	5.400

Todas essas medidas têm o mesmo objetivo – indicar o que é comum ou característico em determinado conjunto de números. Entretanto, observe como os resultados são diferentes, dependendo da medida que você utilizar.

As diferenças entre as várias medidas podem ser surpreendentes. Por exemplo, o salário *médio* de um âncora de notícias local, nos Estados Unidos, é de US$ 75.100 ao ano. Mas essa média é acentuada pelos altos salários (até US$ 1 milhão ao ano) pagos a alguns poucos âncoras em grandes centros de mídia como Nova York, Los Angeles e Chicago. Em contraposição, o salário mediano dos âncoras de notícias locais é de US$ 59 mil – não é um valor desprezível, mas é US$ 16.100 inferior à média.[7]

Como um orador deveria utilizar essas diferentes medidas? O proprietário de uma emissora de televisão provavelmente citaria a *média* (US$ 75 mil) para mostrar que os âncoras de notícias locais recebem um salário generoso por seu trabalho. Uma organização de âncoras de notícias poderia enfatizar o salário *mediano* (US$ 59 mil) para demonstrar que os salários não são nem de longe tão altos quanto o proprietário da emissora os faz parecer. Ambos estariam falando a verdade, mas nenhum dos dois seria completamente honesto se não esclarecesse o significado dessas estatísticas.

» *As estatísticas foram extraídas de uma fonte confiável?*

Que estimativa sobre os riscos ambientais do lixo tóxico nos aterros sanitários é mais confiável – uma da Agência de Proteção Ambiental (EPA) dos Estados Unidos ou uma compilada pela empresa que possuiu um aterro sanitário? Fácil – a estimativa da EPA, que não tem interesses velados pelo que os números aparentam ser. E quanto às classificações nutricionais de *fast-food* oferecidas pela Consumers Union (uma organização sem fins lucrativos altamente respeitada) ou pelo Burger King? Essa também é fácil – da Consumers Union.

Mas agora as coisas ficam mais difíceis. E com relação às estatísticas conflitantes oferecidas por grupos a favor e contra a reforma no sistema de saúde pública para idosos? Ou os números conflitantes lançados por um governador e pelos sindicatos dos trabalhadores públicos que fazem protesto contra ele? Nesses casos, a resposta não é tão clara, visto que ambos os lados costumam apresentar os fatos de acordo com motivos partidários.

Como orador, você deve estar o máximo possível atento a tendenciosidades na utilização de dados numéricos. Como um dado estatístico pode ser interpretado de várias maneiras e utilizado de diversas formas, você deve procurar estatísticas compiladas por fontes objetivas e apartidárias.

» **Dicas para utilizar estatísticas**

» *Utilize estatísticas para quantificar suas ideias*

A principal utilidade das estatísticas é oferecer às suas ideias precisão numérica. Isso pode ser particularmente importante quando você está tentando comprovar a existência de um problema. Os exemplos podem tornar o problema interessante e real e dramatizá-lo em termos pessoais, mas seus ouvintes ainda assim podem querer saber o número de pessoas afetadas de fato pelo problema. Nessa situação, você deve recorrer às estatísticas. Pesquisas demonstram que o impacto dos exemplos é fortalecido quando são associados com estatísticas que demonstram que eles são usuais.[8]

Suponhamos que você esteja falando sobre a necessidade de os alunos universitários evitarem dívidas de cartão de crédito. Parte de sua palestra fala sobre a enorme dívida que um aluno universitário típico acumula até o momento em que se forma. Você oferece um exemplo, personaliza o tema, fornece vários detalhes, da seguinte maneira:

> Quando Travis Blake saiu da faculdade, era uma pessoa diferente. Ele não apenas havia colado grau, mas acumulado uma dívida de quase US$ 4 mil no cartão de crédito. Travis tinha certeza de que con-

seguiria quitar sua dívida assim que arrumasse emprego em tempo integral. Porém, quando recebeu seu primeiro pagamento, constatou que, pagando os impostos e as despesas de manutenção, ele poderia quitar apenas o pagamento mensal mínimo do cartão de crédito. Em vez de quitar a dívida, ele teria de pagá-la durante anos.

Diante desse exemplo, um ouvinte poderia pensar: "Coitado do Travis. Mas eu não acabarei como ele porque não pretendo sair da faculdade com uma dívida muito grande no cartão de crédito". Prevendo respostas como essa, um orador perspicaz incluiria dados para quantificar a magnitude da dívida de cartão de crédito entre os alunos em geral:

> De acordo com um artigo publicado no mês passado no *USA Today*, a dívida média de cartão de crédito de um aluno universitário que está se formando é de US$ 3.100, e os recém-formados gastam em torno de 25% de sua renda para pagar essa dívida. Se uma pessoa pagar apenas o valor mensal mínimo de seu cartão – e isso é o que a maioria faz –, ela acumulará mais de US$ 4.073 só em cobrança de juros para quitar a dívida original de US$ 3.100. Talvez isso explique por que o número de pessoas abaixo de 25 anos de idade que requerem falência aumentou em mais de 50% nos últimos anos.

Nesse momento, o público tende mais a concordar com a necessidade de ficar de olho na fatura do cartão de crédito.

» *Utilize estatísticas com moderação*

Por mais que os dados estatísticos sejam úteis, nada é tão eficaz para fazer um público dormir do que uma palestra abarrotada de números do início ao fim. Utilize estatísticas somente quando forem indispensáveis e procure examinar se elas são fáceis de compreender. Mesmo o ouvinte mais atento teria dificuldade para organizar esse amontoado de números:

> De acordo com o *World Factbook*, a expectativa de vida nos Estados Unidos está em 50º lugar no mundo. Em mortalidade infantil, os Estados estão no 47º lugar no mundo, enquanto a França está em 9º. Os gastos anuais dos norte-americanos com saúde são superiores ao de qualquer outra nação – US$ 2,5 trilhões ou 17,6% do produto interno bruto –, embora, na classificação de desempenho geral da Organização Mundial da Saúde, o sistema de saúde dos Estados Unidos ocupe o 37º entre os estados-membros.

Em vez de inundar o público com uma enxurrada de estatísticas, utilize somente as mais importantes. Por exemplo:

> De acordo com o *World Factbook*, os Estados Unidos têm a menor expectativa de vida entre as nações industrializadas – e sua taxa de mortalidade infantil está entre as mais altas. Embora esse país gaste mais em saúde do que qualquer outra nação, segundo a classificação da Organização Mundial da Saúde, 36 países-membros estão à frente dos Estados Unidos com relação ao desempenho geral do sistema de saúde.

Essa segunda afirmação defende o mesmo argumento da primeira, mas agora as ideias não se perdem em um emaranhado de números.

» *Identifique as fontes de suas estatísticas*

Como vimos, é fácil manipular números. É por isso que os ouvintes cautelosos ficam atentos às fontes das estatísticas apresentadas por um palestrante. Um orador aprendeu essa lição na prática. Em uma palestra intitulada "Tax Reform: Fact *versus* Fiction" ("Reforma Tributária: Realidade *versus* Ficção"), ele afirmou que 1% dos contribuintes mais ricos dos Estados Unidos paga 38% do imposto de renda federal, ainda que esses contribuintes respondam por somente 20% de toda a renda ganha. Ele ressaltou também que 25% dos norte-americanos mais ricos pagam 86% do imposto de renda federal. Esses números são surpreendentes.

Porém, como esse orador não citou a fonte da qual ele havia extraído esses números, seus ouvintes tomaram por certo que ele só podia estar errado.

Como se revelou depois, esses números eram bastante confiáveis. Eles haviam sido extraídos de um estudo do Serviço da Receita Federal citado no *New York Times*. Se o orador tivesse mencionado a fonte em sua palestra, seu êxito teria sido maior.[9]

» *Explique os dados estatísticos*

Os dados estatísticos não falam por si sós. Eles precisam ser interpretados e demonstrados para os ouvintes. Observe como um palestrante consegue fazer isso de maneira eficaz em uma palestra sobre a cultura chinesa nos Estados Unidos:

> A culinária é outro aspecto da cultura chinesa que passou a fazer parte da vida norte-americana. De acordo com o novo livro de Jennifer Lee, *The Fortune Cookie Chronicles*, existem cerca de 43 mil restaurantes chineses nos Estados Unidos. Esse número é superior ao de todos os restaurantes McDonald's, Burger King e KFC juntos.

Explicar o significado dos dados estatísticos é particularmente importante quando nos referimos a números muito grandes, visto que é difícil visualizá-los. Por exemplo, você consegue perceber a dimensão da dívida nacional dos Estados Unidos, que, segundo estimativas, deve atingir US$ 20 bilhões até 2015? Poderíamos explicar que um trilhão equivale a mil bilhões e um bilhão a mil milhões. Contudo, visualizar milhões e bilhões é quase tão difícil quanto visualizar trilhões. Suponhamos, em vez disso, que traduzíssemos os números muito grandes de uma forma que os ouvintes pudessem entendê-los. Veja a solução que um orador encontrou:

> O que é um trilhão de dólares? Pensem dessa forma. Se vocês tivessem US$ 1 milhão e gastassem US$ 1 mil por dia, ficariam sem dinheiro em menos de três anos. Se tivessem US$ 1 bilhão e gastassem US$ 1 mil por dia, não ficariam sem dinheiro durante aproximadamente 3 mil anos. E se tivessem US$ 1 trilhão e gastassem US$ 1 mil por dia, não ficariam sem dinheiro durante aproximadamente 3 milhões de anos!

Sempre que utilizar estatísticas em suas palestras, pense em como pode torná-las mais significativas para o público. Em vez de simplesmente recitar números sobre, digamos, a destruição contínua das florestas tropicais do mundo, encontre uma alternativa para esclarecê-los. Tal como fez determinado orador, você poderia dizer:

> De acordo com a Rede de Ação pelas Florestas Tropicais, as florestas tropicais estão desaparecendo em um ritmo alarmante. No espaço de um segundo, perdemos uma área de floresta tropical equivalente a dois campos de futebol. No espaço de 15 minutos, uma área do tamanho deste *campus* será extinta. Amanhã, por volta deste horário, uma área de 214 mil acres, equivalente à da cidade de Nova York, se extinguirá para sempre.

www.grupoa.com.br
Assista a esse trecho de "The Rainforests: Nature's Pharmacy" ("Florestas Tropicais: Farmácia da Natureza") – Vídeo 8.6 – em inglês.

Pense de forma criativa em alternativas para esclarecer suas estatísticas para o público. Provavelmente, esse é o passo mais importante que você pode dar para que as estatísticas tenham efeito em suas palestras.

» *Arredonde as estatísticas complexas*

O Monte Kilimanjaro tem 5.895 metros de altura; o recorde mundial de velocidade em terra é de 1.228 quilômetros por hora; a Líbia tem uma população de 6.461.454 habitantes; a Lua está a 384.317 quilômetros de distância da Terra.

Esses números são interessantes, mas muito complexos para ser compreendidos prontamente pelos ouvintes. A menos que haja um motivo importante para apresentar números exatos, você deve arredondar a maioria dos números. Você poderia dizer que o Monte Kilimanjaro tem 5.900 metros; o recorde mundial de velocidade em terra é 1.230 quilômetros por hora; a população da Líbia é de mais de 6 milhões; e a Lua está a 385 mil quilômetros da Terra.

✓ CHECKLIST

Utilizando estatísticas

SIM	NÃO	
☐	☐	1. Utilizo estatísticas para quantificar minhas ideias?
☐	☐	2. As estatísticas são representativas do que elas se propõem a medir?
☐	☐	3. As estatísticas são de fontes confiáveis?
☐	☐	4. As fontes das estatísticas estão citadas?
☐	☐	5. Utilizo os dados estatísticos corretamente (média, mediana e moda)?
☐	☐	6. No caso de estatísticas complexas, os resultados estão arredondados?
☐	☐	7. Os recursos visuais para esclarecer tendências estatísticas estão preparados?
☐	☐	8. As estatísticas estão bem explicadas e relacionam-se ao público?

» *Utilize recursos visuais para elucidar tendências estatísticas*

Os recursos visuais podem ajudá-lo a economizar muito tempo, e facilitar a compreensão de dados estatísticos. Suponhamos que esteja falando sobre a queda do poder de compra do dólar americano ao longo do século XX. Você poderia começar explicando que, em 1913, antes de os Estados Unidos entrarem na Primeira Guerra Mundial, o dólar atingiu o valor mais alto de todos os tempos. Esse valor caiu durante a guerra, mas foi restabelecido durante a década de 1920 e, em 1933, ficou em 80 centavos em relação ao de 1913. No início da década de 1940, entretanto, o dólar iniciou um longo declínio que ainda perdura. Por volta de 2011, o dólar valia menos de 4 centavos em comparação com o valor de 1913.

Essas estatísticas são interessantes, e você poderia elaborar uma ótima palestra em torno delas. Porém, se elas fossem agrupadas em algumas sentenças, seria difícil compreendê-las. A Figura 8.1 demonstra o quanto essas ideias poderiam ficar mais claras com um gráfico simples. Falaremos de forma mais detalhada sobre os recursos visuais no Capítulo 14. Por enquanto, lembre-se de que eles podem ser úteis para apresentar informações estatísticas.

» **Testemunhos**

Imagine que você esteja conversando com um amigo sobre as disciplinas que pretende cursar no próximo período letivo. Você não tem certeza sobre se deveria se matricular em psicologia ou contabilidade. Ambas são pré-requisitos e os horários coincidem. Seu amigo lhe diz: "Eu cursei essas disciplinas no ano passado. As duas são boas, mas a professora Hassam, de psicologia, foi excelente. Supondo que ela lecione no próximo período, se eu estivesse em seu lugar, com certeza escolheria psicologia". Você verifica a grade horária e constata que a professora Hassam de fato foi escalada para psicologia. Você então se matricula nessa disciplina.

Como essa situação demonstra, somos sempre influenciados pelo **testemunho** de outras pessoas. Do mesmo modo que você tende a ser persuadido pela recomendação de seu amigo sobre qual disciplina deve cursar, o público tende a respeitar as opiniões das pessoas que têm conhecimentos ou experiências especiais com relação ao assunto em questão. Ao citar ou parafrasear essas pessoas, você pode fortalecer ainda mais suas ideias e aumentar o impacto delas. Os dois tipos principais de testemunho são o de especialistas e o de pessoas comuns.

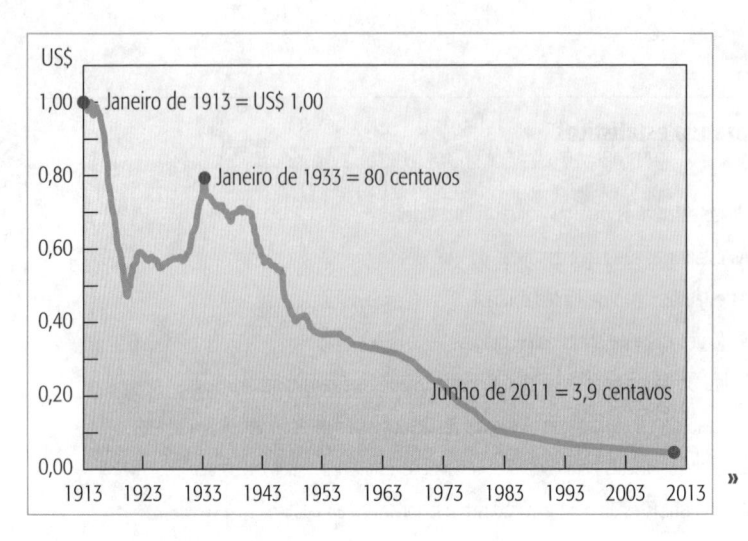

Figura 8.1
Poder de compra do dólar.

» Testemunho de especialistas

Na maioria das palestras, provavelmente você recorrerá a **testemunhos de especialistas** – de pessoas consideradas autoridades em uma área específica. Citar o ponto de vista de um especialista é uma boa maneira de dar credibilidade às suas palestras. Isso mostra que você não está expressando opiniões pessoais, mas que sua postura é respaldada por pessoas bem informadas a respeito do assunto.[10]

O testemunho de especialistas é ainda mais importante quando um tema é controverso ou quando os ouvintes duvidam do ponto de vista do orador. A história a seguir explica como uma oradora recorreu ao testemunho de especialistas para uma palestra sobre medicamentos falsos:

> Quanto mais Leah Giovanni pesquisava sobre o tema de sua palestra, mais se convencia de que a proliferação de medicamentos falsos é um problema sério que requer alguma medida do governo dos Estados Unidos. Contudo, Leah não era especialista no assunto. Como ela poderia convencer seus ouvintes a aceitar suas ideias?
>
> As estatísticas as ajudaram, e também os exemplos. Mas não eram suficientes. Para reforçar sua credibilidade, Leah citou uma série de especialistas que respaldavam seu ponto de vista – como a jornalista investigativa Katherine Eban, autora de um livro sobre medicamentos falsificados, Graham Jackson, editor do *International Journal of Clinical Practice*, Tom Kubic, diretor do Instituto de Segurança Farmacêutica, e o deputado norte-americano Steve Israel, que estava defendendo um projeto de lei no Congresso para lidar com medicamentos falsos. Ao citar os pontos de vistas desses especialistas, Leah tornou sua palestra mais persuasiva.

> www.grupoa.com.br
> Assista a um trecho de "Phony Pharmaceuticals" ("Medicamentos Falsificados") – Vídeo 8.7 – em inglês.

» Testemunho de pessoas comuns

Outro recurso desse tipo utilizado com frequência é o **testemunho de pessoas comuns** – opinião de pessoas como nós; não de personalidades proeminentes, mas de cidadãos comuns que têm experiência legítima em relação a determinado assunto. Esse tipo de testemunho é particularmente valioso porque transmite um ponto de vista mais pessoal sobre as questões do que o testemunho de especialistas.

Por exemplo, se você estivesse falando sobre os obstáculos enfrentados por pessoas com deficiência física, certamente incluiria o testemunho de médicos e outras autoridades em medicina. Entretanto, nesse caso, o testemunho de especialista teria limitações porque não transmite o que de fato significa ter uma deficiência física. Para transmitir esse sentido, você precisa do testemunho de alguém que se expresse com a voz de quem tem uma experiência genuína, como no caso a seguir:

> Itzhak Perlman, violonista mundialmente famoso que perdeu o movimento das pernas, uma vez disse: "Quando você está em uma cadeira de rodas, as pessoas não conversam com você. Talvez elas pensem que isso é contagioso ou achem que paralisia física significa paralisia mental. Porém, seja qual for o motivo, elas o tratam como objeto".

De forma alguma um testemunho de especialista poderia expressar essas ideais com a mesma autenticidade e impacto emocional.

» Citar *versus* parafrasear

A declaração de Itzhak Perlman foi apresentada como uma citação direta, mas o testemunho pode sofrer uma paráfrase. Em vez de citar alguém textualmente, você apresenta a essência das ideias dessa pessoa por meio de suas palavras – como o fez uma oradora em sua palestra sobre a possibilidade de escassez de água nos Estados Unidos:

> Em um artigo na revista *Audubon*, Dr. Peter Bourne, presidente do Global Water, grupo educacional apartidário de Washinton, DC, afirmou que a maioria dos norte-americanos ainda não se deu conta da magnitude e da urgência do problema de escassez de água. Na marcha atual, diz ele, estamos caminhando em direção a uma crise que mudará nossa maneira de viver em todas as partes do país.

Quando você deve utilizar uma citação direta em vez de paráfrase? A regra convencional é que as citações são mais eficazes quando são breves, transmitem o significado pretendido melhor do que você mesmo consegue passar e são particularmente eloquentes, espirituosas ou convincentes. Se você achar uma citação que atenda a esses critérios, cite-a palavra por palavra.

A paráfrase é mais adequada do que a citação direta em duas situações: (1) quando o palavreado de uma citação é obscuro ou enfadonho; e (2) quando uma citação ultrapassa duas ou três sentenças. Com frequência, o público se desliga em algum momento no meio de citações extensas, o que tende a interromper o fluxo das ideias do orador. Como você fará a parte restante da palestra com suas próprias palavras, você deve passar as citações mais longas também com suas palavras.

» Dicas para utilizar testemunhos
» *Utilize corretamente as citações ou paráfrases*

Para ser fiel a uma citação, é necessário três medidas: não citar uma pessoa distorcidamente; não violar o significado das declarações que você parafraseou; e não citar fora de contexto.

Das três, a última é a mais sutil – e mais arriscada. Ao fazer uma citação fora de contexto, você pode deturpar os comentários de uma pessoa para provar praticamente qualquer coisa. Pense nas propagandas de filme. Um crítico de cinema "malha" um filme com as seguintes palavras:

> Esse filme é de uma chatice colossal. É um desastre do início ao fim. O que deveria ser um diálogo brilhante é quase tão fascinante quanto algo que você retira do ralo da cozinha.

Porém, quando o filme é anunciado nos jornais, o que aparece em letras garrafais ao lado do nome do crítico de cinema? "COLOSSAL! DO INÍCIO AO FIM – BRILHANTE! FASCINANTE!".

Isso é tão evidente, que chega a ser engraçado. Contudo, a citação fora de contexto pode ter sérias consequências. Veja a declaração a seguir de um candidato político:

A criação de um imposto nacional de consumo geraria a receita necessária, por exemplo, para programas de educação, saúde e defesa nacional. Vários países europeus têm esse tipo de imposto e ele poderia funcionar aqui. Entretanto, não apoio esse imposto aqui – na verdade, não apoio novos impostos de espécie alguma.

Agora, o que ocorre quando a primeira parte da declaração é citada fora de contexto por um candidato adversário:

> Os norte-americanos já pagam impostos em excesso. Porém, nas palavras de meu adversário nesta eleição, "A criação de um imposto nacional de consumo geraria a receita necessária, por exemplo, para programas de educação, saúde e defesa nacional. Vários países europeus têm esse tipo de imposto e ele poderia funcionar aqui". Bom, meu adversário talvez ache que esses novos impostos são bons para a Europa, mas isso é o que menos precisamos nos Estados Unidos.

Ao citar a declaração original fora de contexto, o candidato adversário criou uma falsa impressão. Esse comportamento é extremamente antiético. Quanto você citar ou parafrasear alguém, tenha cuidado para apresentar as palavras e ideias dessa pessoa com perfeita precisão.

» *Utilize testemunhos de fontes qualificadas*

Todos nós nos acostumamos com o testemunho de celebridades na propaganda de televisão e revista. Um jogador profissional de basquete endossa uma marca de tênis. Uma estrela de cinema exalta um *spray* para cabelo ou um xampu. Até aí, tudo bem. Para as pessoas que endossam essas marcas, essa é uma ferramenta de seu ofício.

Mas o que ocorre quando um ganhador do Oscar endossa uma empresa de telefone celular? Um jogador de tênis representa uma linha de câmeras? Eles conhecem melhor esses produtos do que eu e você? Provavelmente não.

Ser uma celebridade ou autoridade em determinada área não torna essa pessoa competente em outras áreas. Os ouvintes considerarão sua palestra bem mais convincente se você utilizar testemunhos de fontes qualificadas *sobre o assunto em questão*. Como vimos, isso pode incluir especialistas reconhecidos ou cidadãos comuns com experiência especial no tema da palestra.

» *Utilize testemunhos de fontes não tendenciosas*

Em uma palestra sobre a utilização de aparelhos de choque por policiais para reprimir alunos rebeldes nas escolas públicas, um orador disse:

» Citar o testemunho de um especialista é uma excelente maneira de dar credibilidade à palestra. Isso mostra que os pontos de vista do orador são compartilhados por pessoas que têm conhecimentos especiais sobre o tema.

✔ CHECKLIST

Utilizando testemunhos

SIM	NÃO	
☐	☐	1. Utilizo testemunhos para respaldar minhas ideias?
☐	☐	2. Utilizo testemunhos de fontes qualificadas?
☐	☐	3. Utilizo testemunhos de fontes não tendenciosas?
☐	☐	4. Sei diferenciar o que é testemunho de especialista e testemunho de pessoas comuns?
☐	☐	5. Identifico a fonte de todos os testemunhos?
☐	☐	6. As citações e paráfrases de todas as minhas fontes de testemunho são feitas de forma precisa?

> Steve Tuttle, porta-voz da Taser International, afirmou que "foi comprovado que, do ponto de vista de saúde, o aparelho da Taser é seguro para ser utilizado em crianças" e que não existe nenhum motivo para proibir sua utilização quando for necessário manter a segurança nas escolas públicas.

Como seria de esperar, o público desse orador não foi persuadido. Afinal de contas, o que você deveria esperar que alguém da Taser International, principal fabricante de aparelhos de choque, dissesse – que seu produto é inseguro e deve ser proibido?

Os ouvintes cautelosos suspeitam de testemunhos de fontes tendenciosas ou que tenham interesses pessoais. Procure utilizar testemunhos de especialistas confiáveis e objetivos.

» Identifique as pessoas que você cita ou parafraseia

A forma mais comum de identificar uma fonte é apresentar o nome e a qualificação dessa pessoa antes de apresentar seu testemunho. O trecho a seguir é de uma palestra que defende que o excesso de trabalho está prejudicando o desempenho educacional de vários alunos norte-americanos do ensino médio:

> No livro *When Children Work*, os professores de psicologia Ellen Greenberger, da University of California, e Lawrence Steinberg, da Temple University, ressaltam que o trabalho intenso entre os jovens tende a gerar maior absenteísmo escolar e notas mais baixas. De acordo com Greenberger e Steinberg, inúmeros estudos constataram que trabalhar mais do que determinado número de horas por semana tem um impacto negativo sobre o desempenho acadêmico dos adolescentes.

Se o orador não tivesse identificado Greenberger e Steinberg, os ouvintes não teriam a menor ideia de quem eles são ou do motivo pelo qual a opinião deles deveria ser levada em conta.

Como vimos no Capítulo 2, identificar a fonte de um testemunho é também uma responsabilidade ética fundamental. Se você utilizar as palavras ou as ideias de outra pessoa sem citar o crédito, será acusado de plágio. Isso se aplica quando você faz uma paráfrase da fonte original ou quando a cita textualmente.

» Citando fontes oralmente

Neste capítulo, mencionamos mais de uma vez a importância de citar as fontes dos conteúdos de apoio. Os ouvintes cautelosos são céticos – ficam atentos às informações apresentadas pelo orador e às fontes dessas informações.

✔ CHECKLIST

Citando fontes oralmente

SIM	NÃO	
☐	☐	1. Identifico todos os documentos impressos citados na palestra?
☐	☐	2. Identifico todos os documentos da internet citados na palestra?
☐	☐	3. Identifico os autores ou as organizações endossantes dos documentos que eu cito?
☐	☐	4. Confirmo as credenciais dos autores com relação ao tema?
☐	☐	5. Utilizo documentos de organizações endossantes cujo conhecimento e objetividade estão consagrados?
☐	☐	6. As datas nas quais os documentos foram publicados, postados ou atualizados estão incluídas?
☐	☐	7. Utilizo métodos variados para citar minhas fontes?

A bibliografia presente no esboço de sua palestra deve mencionar as fontes que você utilizou para elaborá-la (consulte o Capítulo 11, página 194). Contudo, os ouvintes não têm acesso a esse esboço. Você deve identificar suas fontes oralmente, enquanto estiver falando.

Diferentemente da bibliografia escrita, a citação oral das fontes não segue um formato-padrão. O que é incluído depende do tema, do público, do tipo de conteúdo utilizado e da alegação que você está fazendo. O fundamental é dizer aos ouvintes o suficiente para que eles saibam de onde você extraiu as informações e por que eles devem considerá-las qualificadas e confiáveis. Na maioria dos casos, você precisará identificar alguma combinação dos seguintes itens:

» O livro, revista, jornal ou documento da internet que você está citando.
» O autor ou a organização endossante do documento.
» As qualificações do autor com relação ao tema.
» A data em que o documento foi publicado, postado ou atualizado.

Veja um exemplo de citação em palestra que inclui todos os itens anteriores:

> O poder de destruição dos terremotos pode ser visto não apenas nos danos que eles provocam. Kenneth Chang, jornalista científico do *New York Times*, relatou na edição de 13 de março de 2011 que o recente terremoto ocorrido no Japão alargou o país em 4 metros. Além disso, inclinou o eixo da Terra e encurtou o dia em alguns milionésimos de segundo.

Como essa oradora estava citando estatísticas, ela precisou mostrar que elas estavam atualizadas e haviam sido extraídas de uma fonte confiável. No exemplo que se segue, o orador utiliza um testemunho – mas, observe que ele gera credibilidade para a sua fonte e mostra que suas informações são recentes:

> O tráfico de seres humanos é um negócio extremamente lucrativo, e o governo dos Estados Unidos obteve poucos avanços no sentido de interrompê-lo. Basta perguntar a Scott Hatfield, diretor da Divisão de Tráfico de Seres Humanos do Serviço de Imigração e Fiscalização Aduaneira, que foi citado no mês passado no *Houston Chronicle*: "Toda vez que fechamos as portas de uma organização de tráfico, sempre existe outra para ocupar seu lugar".

Entretanto, se você estivesse citando o Discurso de Gettysburg, de Abraham Lincoln, de 19 de novembro de 1863, sobre o "governo do povo, pelo povo e para o povo", não precisaria explicar as qualificações de Lincoln (porque ele é uma pessoa extremamente conhecida) nem a data dessa declaração (porque isso não influi na importância de suas palavras).

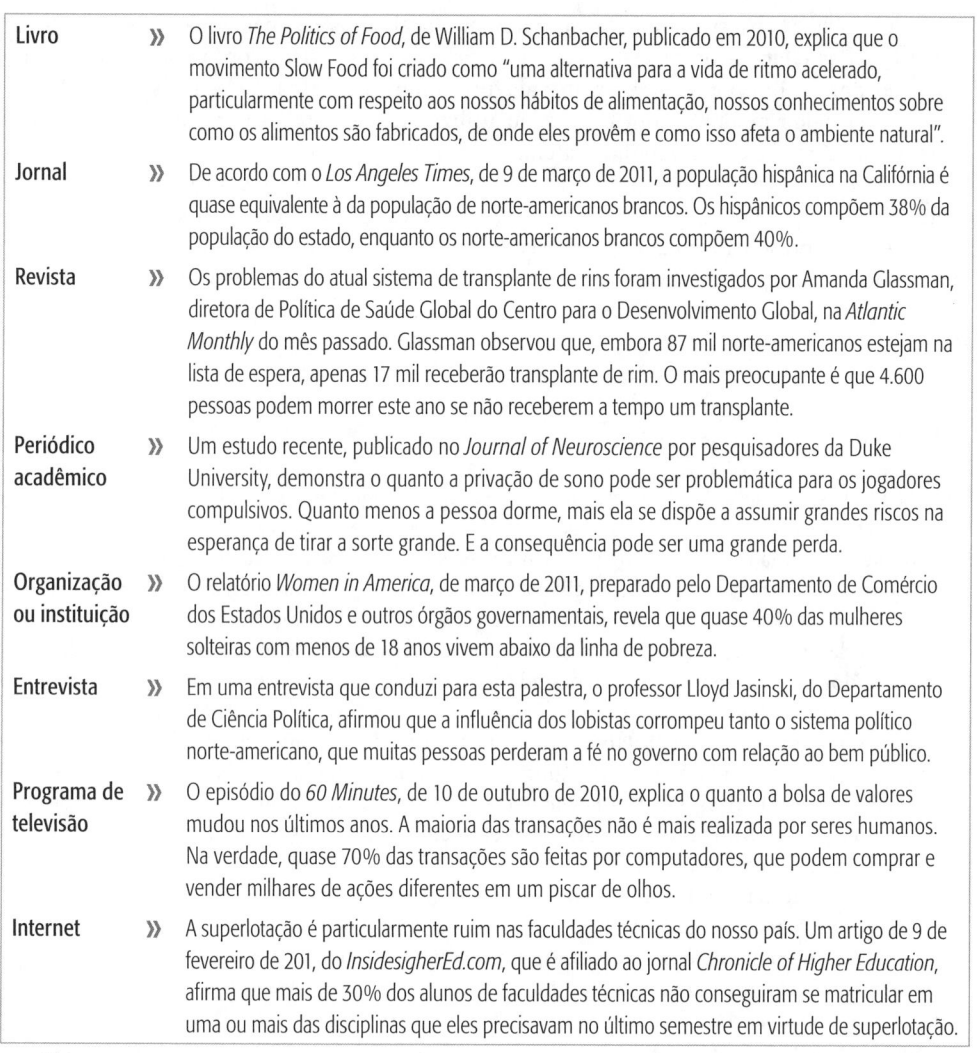

Livro	»	O livro *The Politics of Food*, de William D. Schanbacher, publicado em 2010, explica que o movimento Slow Food foi criado como "uma alternativa para a vida de ritmo acelerado, particularmente com respeito aos nossos hábitos de alimentação, nossos conhecimentos sobre como os alimentos são fabricados, de onde eles provêm e como isso afeta o ambiente natural".
Jornal	»	De acordo com o *Los Angeles Times*, de 9 de março de 2011, a população hispânica na Califórnia é quase equivalente à da população de norte-americanos brancos. Os hispânicos compõem 38% da população do estado, enquanto os norte-americanos brancos compõem 40%.
Revista	»	Os problemas do atual sistema de transplante de rins foram investigados por Amanda Glassman, diretora de Política de Saúde Global do Centro para o Desenvolvimento Global, na *Atlantic Monthly* do mês passado. Glassman observou que, embora 87 mil norte-americanos estejam na lista de espera, apenas 17 mil receberão transplante de rim. O mais preocupante é que 4.600 pessoas podem morrer este ano se não receberem a tempo um transplante.
Periódico acadêmico	»	Um estudo recente, publicado no *Journal of Neuroscience* por pesquisadores da Duke University, demonstra o quanto a privação de sono pode ser problemática para os jogadores compulsivos. Quanto menos a pessoa dorme, mais ela se dispõe a assumir grandes riscos na esperança de tirar a sorte grande. E a consequência pode ser uma grande perda.
Organização ou instituição	»	O relatório *Women in America*, de março de 2011, preparado pelo Departamento de Comércio dos Estados Unidos e outros órgãos governamentais, revela que quase 40% das mulheres solteiras com menos de 18 anos vivem abaixo da linha de pobreza.
Entrevista	»	Em uma entrevista que conduzi para esta palestra, o professor Lloyd Jasinski, do Departamento de Ciência Política, afirmou que a influência dos lobistas corrompeu tanto o sistema político norte-americano, que muitas pessoas perderam a fé no governo com relação ao bem público.
Programa de televisão	»	O episódio do *60 Minutes*, de 10 de outubro de 2010, explica o quanto a bolsa de valores mudou nos últimos anos. A maioria das transações não é mais realizada por seres humanos. Na verdade, quase 70% das transações são feitas por computadores, que podem comprar e vender milhares de ações diferentes em um piscar de olhos.
Internet	»	A superlotação é particularmente ruim nas faculdades técnicas do nosso país. Um artigo de 9 de fevereiro de 201, do *InsidesigherEd.com*, que é afiliado ao jornal *Chronicle of Higher Education*, afirma que mais de 30% dos alunos de faculdades técnicas não conseguiram se matricular em uma ou mais das disciplinas que eles precisavam no último semestre em virtude de superlotação.

» **Figura 8.2**
Exemplo de citações orais.

Os mesmos princípios se aplicam se você citar fontes eletrônicas. Não basta dizer: "Como encontrei na internet" ou "Como se afirma na internet". No entanto, não é necessário mencionar o endereço completo da página *web*. Se estiver citando uma pessoa específica, deve identificar o nome dela e do *site* no qual encontrou as informações – como nesse exemplo:

> No artigo postado no MSNBC.com, em março de 2011, Harry Johns, presidente e diretor-executivo da Associação de Alzheimer, afirma: "O mal de Alzheimer não afeta apenas as pessoas acometidas. Ela invade a família e a vida de todos ao redor delas".

Se estiver citando uma organização, e não um indivíduo, precisa apresentar o nome da organização:

> O Departamento de Agricultura dos Estados Unidos explica em seu *site* que oferecer refeições nutritivas e lanches a crianças em áreas de baixa renda durante os meses de verão é fundamental para melhorar a saúde das crianças do país.

Para concluir, observe como os oradores que acabamos de mencionar misturaram de forma hábil as citações na palestra. Eles nem sempre dizem "De acordo com..." ou "Como afirmado por...". Tampouco empregam palavras como "abre aspas e fecha aspas". Normalmente, você pode mudar o tom de voz ou utilizar pausas breves para que seus ouvintes saibam quando você está fazendo uma citação direta.

Na Figura 8.2, você encontrará mais exemplos sobre como pode citar diferentes tipos de fonte em suas palestras. Entretanto, lembre-se de que esses exemplos são apenas isto – exemplos. Eles são apresentados para lhe oferecer uma maior percepção dos diversos métodos de citação oral. Você pode utilizar *qualquer* um dos métodos com qualquer uma das fontes. Como ocorre com outros aspectos das apresentações orais em público, citar oralmente as fontes em suas palestras não significa obrigatoriamente seguir uma fórmula rígida, mas adaptar princípios gerais a circunstâncias específicas.

» Resumo

Uma boa palestra precisa de um conteúdo de apoio convincente para respaldar o ponto de vista do orador. Os três tipos principais de conteúdo de apoio são os exemplos, as estatísticas e os testemunhos.

Ao longo de uma exposição, você pode utilizar exemplos breves – casos específicos relatados *en passant* – e algumas vezes é aconselhável apresentar sucessivamente vários exemplos breves para criar um efeito mais contundente. Os exemplos extensos são mais detalhados. Os exemplos hipotéticos descrevem situações imaginárias e podem ser bastante eficazes para relatar ideias ao público. Todos os três tipos de exemplo ajudam a esclarecer, reforçar e personalizar ideias. Para que os exemplos tenham maior eficácia, eles devem ser vívidos e ter uma boa trama.

As estatísticas podem ser bastante úteis para transmitir uma mensagem, desde que você as utilize de forma moderada e as torne significativas para seu público. Acima de tudo, você deve compreender as estatísticas e utilizá-las de maneira imparcial. Verifique se os números representam o que eles afirmam mensurar, utilize corretamente as medidas estatísticas e empregue estatísticas apenas de fontes confiáveis.

A citação de testemunhos de especialistas é uma alternativa para dar maior credibilidade às suas ideias. Você pode utilizar também testemunhos de pessoas comuns, cidadãos que tenham experiência genuína em determinado assunto. Seja qual for o tipo de testemunho, você pode citar ou parafrasear sua fonte com precisão – mas tenha certeza de que está utilizando fontes qualificadas e não tendenciosas.

Ao citar outras pessoas em uma palestra, você precisa informar seus ouvintes sobre a fonte da qual extraiu as informações e o motivo pelo qual eles devem considerá-la qualificada e confiável. Na maioria dos casos, isso significa identificar o documento que você está citando, a data de publicação ou inserção na internet, o autor ou a organização endossante e as qualificações do autor.

» Palavras-chave

citação direta Testemunho apresentado textualmente.

citação fora de contexto Citar uma sentença de uma forma que distorça seu significado por remover palavras e frases dessa sentença.

conteúdo de apoio Material utilizado para respaldar as ideias do orador. Os três tipos principais de conteúdo de apoio são exemplos, estatísticas e testemunhos.

estatísticas Dados numéricos.

exemplo Um caso específico para demonstrar ou representar um grupo de pessoas, ideias, situações, experiências etc.

exemplo breve Citação *en passant* de um caso específico para demonstrar um argumento ou uma ideia.

exemplo hipotético Exemplo que descreve uma situação imaginária ou fictícia.

exemplos extensos Uma história, uma narrativa ou um caso pitoresco desenvolvido com alguma minúcia para elucidar uma ideia.

média Valor médio de um conjunto de números.

mediana Número médio em um conjunto de números organizados do maior para o menor.

moda Número com maior quantidade de ocorrências em um conjunto de números.

paráfrase Reafirmar ou sintetizar com palavras próprias ideias extraídas de determinada fonte.

testemunho de especialistas Testemunho de pessoas consideradas especialistas em sua área.

testemunho de pessoas comuns Testemunho de pessoas comuns que têm experiência ou percepção pessoal sobre determinado tema.

testemunhos Citações ou paráfrases empregadas para respaldar uma ideia.

» Questões para recapitulação

1. Por que você precisa de conteúdo de apoio em suas palestras?
2. Quais são os três tipos de exemplo discutidos neste capítulo? Como você poderia utilizar cada tipo para respaldar suas ideias?
3. Quais são as cinco dicas para utilizar exemplos em uma palestra?
4. Por que é tão fácil mentir com estatísticas? Quais são as três perguntas que você deve fazer para avaliar a confiabilidade das estatísticas?
5. Quais são as seis dicas para utilizar dados estatísticos em suas palestras?
6. O que é testemunho? Explique a diferença entre testemunho de especialista e testemunho de pessoas comuns.
7. Quais são as quatro dicas para utilizar testemunhos em suas palestras?
8. Quais são os quatro tipos de informação que normalmente você precisa fornecer quando cita as fontes oralmente em uma palestra?

» Exercícios de raciocínio crítico

1. Todas as sentenças a seguir violam ao menos um critério para a utilização eficaz do conteúdo de apoio discutido neste capítulo. Identifique a falha (ou as falhas) em cada uma.
   a. De acordo com o que Taylor Swift afirmou em uma entrevista recente, a política dos Estados Unidos com relação à Coreia do Norte deve enfatizar mais as negociações bilaterais.
   b. Segundo o *The New York Times Almanac*, a população indígena da Califórnia é maior do que a de todos os outros estados dos Estados Unidos – 421.346. O Arizona é o segundo, com 294.118, e Oklama é o terceiro, com 287.124.
   c. Eu não sei por que as locadoras de automóveis não gostam de alugar carros para pessoas abaixo de 25 anos. Eu e meus amigos dirigimos muito e nunca sofremos nenhum acidente.
   d. Em uma pesquisa aleatória conduzida no mês passado junto a pessoas que visitavam os cassinos de Las Vegas, 96% dos entrevistados não concordaram com as restrições ao jogo nos Estados Unidos. Portanto, é óbvio que o povo norte-americano não concorda com essas restrições.
   e. De acordo com um especialista, "O orçamento de educação estadual teve tantos cortes nos últimos anos, que qualquer outro corte prejudicará irremediavelmente nossas escolas e as crianças às quais elas atendem".
   f. Alguns números compilados pelo Escritório de Estatísticas do Trabalho mostram que o salário médio dos engenheiros de petróleo nos Estados Unidos é de US$ 108.910. Isso mostra que esses engenheiros normalmente ganham um salário anual de cerca de US$ 109 mil.
   g. De acordo com um estudo da American Airlines, a satisfação entre os passageiros frequentes está aumentando a cada ano.
2. Analise a palestra "Rompendo a Bolha Antibacteriana", no apêndice de exemplos após o Capítulo 19. Identifique os pontos principais dessa palestra e o conteúdo de apoio utilizado para cada um. Avalie como a oradora utilizou o conteúdo de apoio com base nos critérios discutidos neste capítulo.

PARTE III

Preparação de uma exposição oral:
organização e esboço

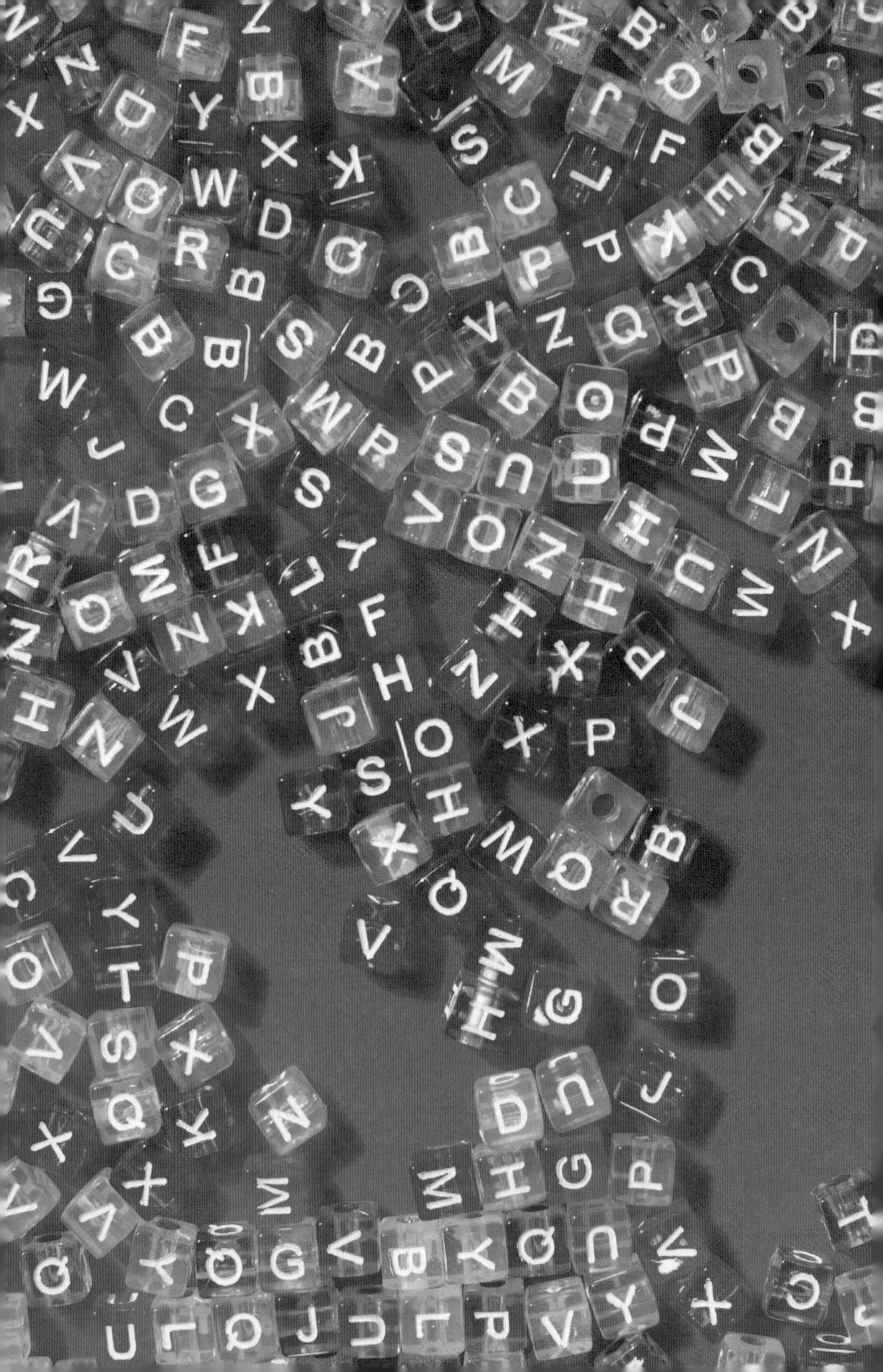

9

Organizando o corpo de uma exposição oral

> » Organização é importante
> » Pontos principais
> » Conteúdo de apoio
> » Conectivos

Imagine-se fazendo compras em lojas como Ikea, Target ou Best Buy. Muitos dos itens à venda são objetos que utilizamos para *organizar* coisas – gavetas, escrivaninhas, guarda-roupas, armários de cozinha, armários de banheiro, armários para escritório e estantes para áudio e vídeo.

Por que toda essa busca por organização? Obviamente, quando os objetos que você possui estão bem organizados, eles lhe atendem melhor. A organização lhe permite ver o que você tem e encontrar imediatamente uma peça de roupa, uma ferramenta, um documento ou um DVD que deseja, sem ter de procurar desesperadamente.

Grande parte disso se aplica também a palestras. Se elas estiverem bem organizadas, atenderão melhor ao que deseja. A organização possibilita que você e seus ouvintes vejam quais são suas ideias e alcancem mentalmente as mais importantes.

» Organização é importante

Em um estudo bastante representativo, um professor de oratória escolheu uma palestra bem organizada e mudou aleatoriamente a ordem das sentenças. Em seguida, um orador apresentou a versão original a um grupo de ouvintes e a versão modificada para outro grupo. Após as palestras, ele ministrou uma prova para analisar o nível de compreensão dos alunos com relação ao que haviam ouvido. Como era de esperar, os integrantes do grupo que ouviu a versão original organizada tiraram uma nota bem mais alta do que o outro grupo.[1]

Há alguns anos, dois professores repetiram esse mesmo experimento em outra escola. Porém, em vez de testar o grau de compreensão, eles analisaram o efeito das palestras sobre as atitudes dos ouvintes em relação aos oradores. Eles constataram que as pessoas que haviam ouvido a versão bem organizada consideraram o orador bem mais competente e confiável em comparação àquelas que haviam ouvido a palestra desorganizada.[2]

Esses são apenas dois entre vários estudos que demonstram a importância da organização para a eficácia de uma palestra.[3] Os ouvintes exigem coerência. Diferentemente dos leitores, eles não podem voltar para a página anterior se tiverem dificuldade para compreender as ideias do orador. Nesse sentido, a palestra é muito semelhante a um filme. Do mesmo modo que o diretor deve ter certeza de que os espectadores conseguirão acompanhar o enredo do filme do início ao fim, o orador deve ter certeza de que os ouvintes acompanharão a sequência de suas ideias do início ao fim. Isso exige que as palestras tenham uma **organização estratégica** – devem ser articuladas de maneira específica para obter resultados específicos junto a determinados públicos.

A organização de uma palestra é importante também por outros motivos. Como vimos no Capítulo 1, ela está intimamente relacionada ao raciocínio crítico. Quando você se dedica à organização de suas palestras, reforça sua habilidade geral para estabelecer relações claras entre as ideias. Essa habilidade lhe será muito útil durante sua passagem pela faculdade e em quase qualquer carreira que escolher. Além disso, se utilizar um método de organização claro e específico, você fortalecerá sua confiança como orador e melhorará sua capacidade para transmitir uma mensagem com fluência.

O primeiro passo para desenvolver uma percepção firme de organização é ganhar domínio sobre as três partes básicas de uma exposição oral – introdução, corpo e conclusão – e a função estratégica de cada uma. Neste capítulo, falaremos sobre o corpo de uma apresentação. No próximo, analisaremos a introdução e a conclusão.

Existem bons motivos para abordar primeiro o corpo da apresentação. O corpo é a parte mais extensa e importante. Além disso, em geral o corpo é o primeiro a ser preparado – é mais fácil criar uma boa introdução depois que já sabemos exatamente o que diremos no corpo dela.

O processo de organização do corpo começa quando você determina os pontos principais.

» Pontos principais

Os **pontos principais** são os aspectos centrais. Você deve escolhê-los com cuidado, redigi-los com precisão e organizá-los estrategicamente. Veja os pontos principais da palestra de um orador sobre a utilização da hipnose:

Objetivo específico: Informar meu público sobre algumas das principais aplicações da hipnose.

Ideia central: Atualmente, a hipnose tem três aplicações principais: controlar a dor em cirurgias; ajudar as pessoas a parar de fumar; e ajudar os alunos a melhorar seu desempenho acadêmico.

Pontos principais:
I. A hipnose é utilizada em cirurgias como complemento à anestesia química.
II. A hipnose é utilizada para ajudar as pessoas a parar de fumar.
III. A hipnose é utilizada para ajudar os alunos a melhorar seu desempenho acadêmico.

Esses três pontos principais formam a estrutura do corpo. Se existem três aplicações básicas da hipnose, é lógico, portanto, que existam três *pontos principais* na exposição.

Como você escolhe os pontos principais? Algumas vezes, eles estarão evidentes na sentença do objetivo específico. Suponhamos que seu objetivo específico seja "Informar meu público sobre o desenvolvimento, a tecnologia e as vantagens das células a combustível de hidrogênio". Obviamente, sua palestra terá três pontos principais. O primeiro aborda o desenvolvimento das células-combustível, o segundo a tecnologia dessas células e o terceiro suas vantagens. Redigidos em forma de esboço, os pontos principais seriam:

Objetivo específico: Informar meu público sobre o desenvolvimento, a tecnologia e as vantagens das células a combustível de hidrogênio.

Ideia central: Desenvolvidas como uma forma de energia extremamente eficiente, as células-combustível de hidrogênio utilizam uma avançada tecnologia e oferecem inúmeras vantagens econômicas e ambientais.

Pontos principais:
I. As células a combustível de hidrogênio foram desenvolvidas para oferecer uma forma de energia extremamente eficiente.
II. As células a combustível de hidrogênio produzem energia por meio de uma reação eletroquímica que gera gás hidrogênio.
III. As células a combustível de hidrogênio oferecem um método de alimentação para veículos a motor que é econômica e ambientalmente superior aos demais.

Mesmo que os pontos principais não estejam expressos claramente no objetivo específico, é possível projetá-los facilmente com base nisso. Digamos que seu objetivo específico seja "Informar meu público sobre as etapas básicas de fabricação de vitrais". Você sabe que cada um dos pontos principais corresponderá a uma etapa do processo de fabricação de vitrais. Eles teriam mais ou menos a seguinte aparência no formato de esboço:

Objetivo específico: Informar meu público sobre as etapas básicas de fabricação de vitrais.

Ideia central: O processo de fabricação de vitrais tem quatro etapas.

Pontos principais:
I. A primeira etapa é desenhar as janelas.
II. A segunda etapa é cortar os vidros de acordo com o desenho.
III. A terceira etapa é pintar os vidros.
IV. A quarta etapa é montar a janela.

Nem sempre você estabelecerá tão facilmente os pontos principais. Com frequência, eles surgem durante a pesquisa e avaliação do que você encontrou a respeito do tema. Suponhamos que seu objetivo específico seja "Persuadir meu público de que nosso estado não deve aprovar as propostas de eleição *on-line*". Você sabe que cada ponto principal da palestra apresentará o *motivo* pelo qual a eleição *on-line* não deve ser instituída em seu estado. Contudo, você não tem certeza da quantidade de pontos principais nem sobre o que eles abordarão. Durante a pesquisa e análise do tema, você conclui que existem dois motivos para respaldar seu ponto de vista. Cada um deles se tornará um ponto principal em sua palestra. Redigidos em forma de esboço, eles poderiam ser:

Objetivo específico: Persuadir meu público de que nosso estado não deve aprovar as propostas de eleição *on-line*.

Ideia central: Nosso estado não deve aprovar a eleição *on-line* porque isso aumentará a fraude eleitoral.

Pontos principais: I. Nosso estado não deve aprovar a eleição *on-line* porque isso aumentará a fraude eleitoral.
II. Nosso estado não deve aprovar a eleição *on-line* porque isso pode privar as pessoas que não têm acesso à internet do direito de voto.

» Quantidade de pontos principais

Para palestras menores, você não terá tempo para desenvolver mais de quatro ou cinco pontos principais, e a maioria delas terá apenas dois ou três. Seja qual for a duração da palestra, se você tiver muitos pontos principais, o público terá dificuldade para categorizá-los.

Se no momento de relacioná-los você perceber que há muitos pontos, poderá condensá-los em categorias. Veja um conjunto de pontos principais para uma palestra sobre ioga:

Objetivo específico: Informar meu público sobre a prática de ioga.

Ideia central: A ioga é uma prática milenar que trabalha com o corpo todo.

Pontos principais: I. A respiração iogue inicia-se com uma profunda inalação de ar.
II. A respiração iogue exige que o ar seja exalado lentamente.
III. A respiração iogue inclui pausas prolongadas.
IV. A respiração iogue oferece vários benefícios.
V. As posturas da ioga trabalham com todas as partes do corpo.
VI. As posturas da ioga aumentam a flexibilidade.
VII. As posturas da ioga fortalecem o tônus muscular.
VIII. As posturas da ioga exigem movimentos precisos.

Você tem oito pontos principais – o que é um exagero. Entretanto, se examinar sua lista, verá que esses oito pontos se encaixam em duas amplas categorias: respiração iogue e posturas da ioga. Desse modo, você pode reformulá-los dessa maneira:

I. Uma parte da ioga está relacionada à respiração adequada.
II. Outra parte da ioga está relacionada a posturas adequadas.

www.grupoa.com.br
Assista a um trecho de "Yoga: Uniting Mind, Body, and Spirit" ("Ioga: União entre Corpo, Mente e Espírito") – Vídeo 9.1 – em inglês.

» Pesquisas confirmam que a organização clara de uma exposição oral é essencial para uma oratória eficaz. Os ouvintes precisam acompanhar a sequência das ideias do início ao fim da apresentação.

» Ordem estratégica dos pontos principais

Assim que estabelecer os pontos principais, terá de decidir em que ordem deverá apresentá-los. A ordem mais eficaz depende de três fatores – do tema, do objetivo e do público. Os Capítulos 15 e 16 abordarão aspectos específicos da organização de apresentações orais informativas e persuasivas. Aqui, analisaremos brevemente os cinco padrões básicos de organização utilizados com maior frequência pelos oradores.

» Ordem cronológica

As exposições orais com uma organização cronológica seguem um padrão de tempo. Elas podem narrar uma série de eventos na sequência em que ocorreram. Por exemplo:

Objetivo específico: Informar meu público sobre como a Grande Muralha da China foi construída.

Ideia central: A Grande Muralha da China foi construída em três etapas principais.

Pontos principais:
I. A construção da Grande Muralha começou durante a dinastia Qin, entre 221-206 a.C.
II. Novas partes foram acrescentadas à Grande Muralha durante a dinastia Han, entre 206 a.C. e 220 d.C.
III. A Grande Muralha foi concluída durante a dinastia Ming, de 1368 a 1644.

A **ordem cronológica** também é empregada para explicar um processo ou demonstrar como algo é feito. Por exemplo:

Objetivo específico: Informar meu público sobre as etapas da cirurgia a laser para correção visual de doenças oculares.

Ideia central: A cirurgia de correção visual a laser tem três etapas principais.

Pontos principais:
I. Primeiro, uma camada final superficial do olho é removida para deixar a córnea exposta.
II. Segundo, utiliza-se laser ultravioleta para remodelar a córnea.
III. Terceiro, a camada fina removida no início da cirurgia é recolocada no olho.

Como esse esquema mostra, a ordem cronológica é particularmente útil para exposições informativas.

» Ordem espacial

As apresentações dispostas na **ordem espacial** seguem um padrão direcional, ou seja, os pontos principais procedem de cima para baixo, da esquerda para a direita, de frente para trás, de dentro para fora, de leste para oeste ou outra direção qualquer. Por exemplo:

> www.grupoa.com.br
> Assista a um trecho de "The Wrath of Hurricanes" ("A Fúria dos Furacões") – Vídeo 9.2 – em inglês.

Objetivo específico: Informar meu público sobre a estrutura de um furacão.

Ideia central: Um furacão compõe-se de três partes de dentro para fora.

Pontos principais:
I. No centro do furacão, encontra-se o olho, uma região calma e sem nuvens.

II. Em torno do olho, encontra-se a parede do olho, um anel denso de nuvens que produz os ventos e chuvas mais intensos.

III. Em volta da parede do olho, giram grandes aglomerados de nuvens em espiral denominados bandas de precipitação.

Ou:

Objetivo específico: Informar meu público sobre as principais regiões da Itália.

Ideia central: O norte, o centro e o sul da Itália têm identidade própria e atrações exclusivas.

Pontos principais:
I. O norte da Itália abriga Veneza e seus canais, que são conhecidos no mundo inteiro.
II. O centro da Itália abriga Roma e suas preciosidades históricas.
III. O sul da Itália abriga a Sicília e suas tradições culinárias.

A ordem espacial, como a ordem cronológica, é mais utilizada em exposições informativas.

» Ordem causal

As exposições dispostas na **ordem causal** organizam os pontos principais para mostrar uma relação de causa e efeito. Quando você utilizar essa ordem, terá dois pontos principais – um sobre as causas de um evento, outro sobre seus efeitos. Dependendo do tema, você poderá dedicar o primeiro ponto às causas e o segundo aos efeitos ou então, de forma contrária, abordar primeiro os efeitos e depois as causas.

Suponhamos que seu objetivo específico seja "Persuadir meu público de que a escassez crescente de controladores de tráfego aéreo é um problema sério no setor de aviação dos Estados Unidos". Dessa forma, você começaria pelas causas dessa escassez e desenvolveria sua fala em direção aos respectivos efeitos:

Objetivo específico: Persuadir meu público de que a escassez crescente de controladores de tráfego aéreo é um problema sério no setor de aviação dos Estados Unidos.

Ideia central: A escassez crescente de controladores de tráfego aéreo ameaça a segurança das viagens aéreas.

» Os pontos principais de uma palestra devem ser organizados para transmitir a mensagem do orador. A ordem cronológica funcionaria muito bem em uma palestra sobre a história do Monte Rushmore.

Pontos principais: I. O sistema de aviação dos Estados Unidos enfrenta uma escassez crescente de controladores de tráfego aéreo qualificados.
II. Se essa escassez continuar, criará problemas sérios para a segurança das linhas aéreas.

Quando os efeitos que você está abordando já ocorreram, é aconselhável inverter a ordem e falar primeiro dos efeitos e depois das causas – como nessa palestra sobre a civilização maia na América Central:

Objetivo específico: Informar meu público sobre as possíveis causas do colapso da civilização maia.
Ideia central: As causas do colapso da civilização maia ainda não foram totalmente explicadas.
Pontos principais: I. A civilização maia se desenvolveu ao longo de milhares de anos, até 900 d.C., quando então, misteriosamente, começou a se desintegrar.
II. Os cientistas propõem três explicações principais para as causas dessa desintegração.

Por sua versatilidade, a ordem causal pode ser utilizada em exposições persuasivas e informativas.

» *Ordem de problema-solução*

As apresentações dispostas na **ordem de problema-solução** são divididas em duas partes principais. A primeira mostra a existência e a gravidade de um problema. A segunda apresenta uma solução viável para o problema. Por exemplo:

> www.grupoa.com.br
> Assista a um trecho de "The Horrors of Puppy Mills" ("As Atrocidades dos Canis de Fundo de Quintal") – Vídeo 9.3 – em inglês.

Objetivo específico: Persuadir meu público de que é necessário tomar uma medida para combater os maus tratos praticados nos canis de fundo de quintal.
Ideia central: Os canis de fundo de quintal representam um problema sério que pode ser solucionado por meio de um conjunto de leis e de iniciativas individuais.
Pontos principais: I. Os canis de fundo de quintal representam um problema sério em todo o país.
II. A solução desse problema exige um conjunto de leis e iniciativas individuais.

Ou:

Objetivo específico: Persuadir meu público de que é necessário abolir o Colégio Eleitoral nos Estados Unidos.
Ideia central: Como o Colégio Eleitoral não concede pesos iguais ao voto de cada cidadão, ele deve ser substituído pela eleição presidencial direta.
Pontos principais: I. O Colégio Eleitoral é um problema sério no sistema político dos Estados Unidos porque não concede pesos iguais ao voto de cada cidadão na eleição presidencial.

II. Esse problema pode ser solucionado por meio da abolição do Colégio Eleitoral e da eleição presidencial por voto popular.

Como esses exemplos indicam, a ordem de problema-solução é mais apropriada para exposições persuasivas.

» *Ordem de tópicos*

A **ordem de tópicos** ocorre quando você divide o tema em *subtópicos*, transformando cada um em um ponto principal.

Digamos que seu tema seja Josephine Baker, artista e ativista social afro-americana de meados do século XX. Você poderia organizar sua palestra de maneira cronológica – analisando os feitos de Baker durante cada década de sua carreira. Entretanto, você poderia organizá-la por tópico – dividindo os feitos de Baker em categorias. Desse modo, a ideia central e os pontos principais poderiam ser:

Objetivo específico: Informar meu público sobre os feitos heroicos de Josephine Baker.

Ideia central: Josephine Baker foi uma personalidade de vários talentos na luta pela justiça racial.

Pontos principais:
I. Como dançarina e cantora, Baker cativou públicos na Europa e nos Estados Unidos.
II. Como espiã, Baker coletou informações sobre atividades nazistas na França durante a Segunda Guerra Mundial.
III. Como ativista pelos direitos civis, Baker lutou pela igualdade racial em uma série de frentes.

Observe como os pontos principais subdividem de forma lógica e consistente o tema da palestra. Cada ponto distingue um aspecto dos feitos de Baker. Porém, suponhamos que os pontos principais fossem:

I. Como dançarina e cantora, Baker cativou públicos na Europa e nos Estados Unidos.
II. Como espiã, Baker coletou informações sobre atividades nazistas na França durante a Segunda Guerra Mundial.
III. Durante a década de 1950, Baker ampliou suas atividades e o escopo de sua influência.

Essa *não* seria uma boa ordem de tópicos porque o terceiro ponto principal é incompatível com os demais. Ele aborda um *período* da vida de Baker, enquanto o primeiro e o segundo tratam das áreas de suas conquistas.

O exemplo de Josephine Baker refere-se a uma palestra informativa. Contudo, a ordem de tópicos também funciona para palestras persuasivas. Normalmente, as subdivisões por tópico dizem respeito aos *motivos* pelos quais o orador acredita em determinado ponto de vista. Aqui, por exemplo, apresentamos os pontos principais de uma palestra que explica por que os Estados Unidos deveriam dar continuidade ao seu programa de exploração espacial:

Objetivo específico: Persuadir meu público de que os Estados Unidos deveriam dar continuidade ao seu programa de exploração espacial.

Ideia central: Os Estados Unidos deveriam dar continuidade ao seu programa de exploração espacial porque isso produz conhecimentos científicos, gera avanços tecnológicos e possibilita o acesso a recursos naturais.

Pontos principais: I.   O programa espacial produz conhecimentos científicos sobre a natureza do sistema solar.
                           II.   O programa espacial gera avanços tecnológicos que beneficiam muitos aspectos da vida humana.
                           III.   O programa espacial possibilita o acesso a recursos naturais que estão escassos na Terra.

Como a ordem de tópicos pode ser empregada em quase qualquer tema e tipo de palestra, ela é utilizada com maior frequência do que qualquer outro método de organização.

» **Dicas para preparar os pontos principais**
» *Distinga os pontos principais*

Os pontos principais devem ser nitidamente independentes entre si. Compare esses dois grupos de pontos principais sobre o processo de produção de uma peça da Broadway:

Ineficaz	**Mais eficaz**
I. O primeiro passo é escolher a peça.	I. O primeiro passo é escolher a peça.
II. O segundo passo é escolher o elenco.	II. O segundo passo é escolher o elenco.
III. O terceiro passo é realizar ensaios e, então, apresentar a peça.	III. O terceiro passo é realizar ensaios.
	IV. O quarto passo é apresentar a peça.

O problema na primeira lista é que o terceiro ponto contém dois pontos principais – ele deve ser subdividido, como mostra a segunda lista.

» *Tente utilizar o mesmo padrão de frase nos pontos principais*

Considere os seguintes pontos principais de uma palestra informativa sobre os benefícios do caratê:

Ineficaz	**Mais eficaz**
I. O caratê contribui para a disciplina mental.	I. O caratê melhora a disciplina mental.
II. Você ficará mais resistente fisicamente por meio do caratê.	II. O caratê aumenta a resistência física.
III. As aulas de caratê ensinam técnicas de autodefesa.	III. O caratê ensina técnicas de autodefesa.

Utilizando a oratória em sua CARREIRA

Você é o gerente de compras de um grande fabricante de bijuterias. O presidente da empresa o enviou para o exterior para encontrar novos fornecedores de metais de base, como latão, cobre, níquel e alumínio. Você deve avaliar cada fornecedor com base na qualidade, na disponibilidade e no custo dos produtos.

Você acabou de voltar de uma viagem de 12 dias pelo Camboja, pela China, pela Coreia do Sul e pelos Emirados Árabes Unidos e apresentará suas descobertas e recomendações aos altos executivos da empresa. Contudo, você não tem certeza sobre a melhor forma de organizar sua apresentação.

Suas principais opções são a ordem cronológica, a ordem de problema-solução e a ordem de tópicos. Quais seriam os pontos principais de sua apresentação em cada um desses métodos de organização? Explique qual método você acha que seria mais eficaz para a sua apresentação.

O segundo conjunto de pontos principais segue um padrão de formulação frasal coerente. Portanto, ele é mais fácil de compreender e se lembrar do que o primeiro.

Você constatará que nem sempre é possível utilizar esse tipo de paralelismo frasal. Algumas palestras simplesmente não comportam uma disposição tão ordenada. Entretanto, tente manter o paralelismo frasal sempre que puder, pois essa é uma boa maneira de destacar os pontos principais dos detalhes em torno deles.

» *Equilibre o período de tempo atribuído a cada ponto principal*

Como os pontos principais são muito importantes, é aconselhável enfatizá-los de forma suficiente para que sejam claros e convincentes. Isso significa que é necessário atribuir tempo suficiente a cada um. Suponhamos que você perceba que atribuiu as seguintes porcentagens de tempo aos seus pontos principais:

I. 85%

II. 10%

III. 5%

Uma divisão desse tipo indica um desses dois fatores: o segundo e o terceiro ponto não são de fato *principais* e você tem apenas um ponto principal; ou o segundo e o terceiro ponto não receberam a devida atenção. Nesse último caso, você deve rever o corpo da palestra para melhorar o equilíbrio dos pontos principais.

Isso não quer dizer que todos os pontos principais precisam ser enfatizados igualmente, mas apenas que devem ter um equilíbrio aproximado. Por exemplo, essas duas opções seriam adequadas:

I. 30%   I. 20%

II. 40%   II. 30%

III. 30%   III. 50%

O período de tempo dedicado a cada ponto depende da quantidade e da complexidade do conteúdo de apoio para cada um.

» **Conteúdo de apoio**

Por si sós, os pontos principais são apenas afirmações. Como vimos no Capítulo 8, os ouvintes necessitam de **conteúdo de apoio** para aceitar o que o orador afirma. O esboço a seguir demonstra como os conteúdos de apoio podem ser integrados ao corpo de uma palestra. (No Capítulo 11, examinaremos os requisitos para um esboço completo. Por enquanto, procure analisar como o conteúdo de apoio está associado aos pontos principais.)

I. A hipnose é utilizada em cirurgias como complemento à anestesia química.

   A. A hipnose diminui os aspectos físicos e fisiológicos da dor.

      1. A hipnose pode dobrar o limiar de dor.

      2. A hipnose também diminui o medo, que intensifica a dor.

   B. A hipnose é mais útil em casos em que o paciente tem problemas com anestesia geral.

      1. Citação do Dr. Harold Wain da Clínica Mayo.

      2. História de Linda Kuay.

      3. Estatísticas da *Psychology Today*.

II. A hipnose é utilizada para ajudar as pessoas a parar de fumar.
   A. Muitos terapeutas utilizam a hipnose para ajudar as pessoas a vencer o tabagismo.
      1. O Departamento de Serviços Humanos e de Saúde dos Estados Unidos considera a hipnose um meio seguro e eficaz para combater o tabagismo.
      2. O índice de sucesso chega a 70%.
         a. História de Alex Hamilton.
         b. Citação do Dr. Herbert Spiegel, psiquiatra de Nova York.
   B. A hipnose não funciona para todos os fumantes.
      1. Para que a hipnose funcione, a pessoa deve desejar parar de fumar.
      2. A pessoa dever ser receptiva à sugestão hipnótica.
III. A hipnose é utilizada para ajudar os alunos a melhorar seu desempenho acadêmico.
   A. A hipnose possibilita que as pessoas utilizem a mente de maneira mais eficaz.
      1. O consciente utiliza em torno de 10% da capacidade mental de uma pessoa.
      2. A hipnose possibilita que as pessoas aproveitem mais seu poder mental.
   B. Estudos demonstram que a hipnose pode ajudar as pessoas a superar vários obstáculos ao desempenho acadêmico.
      1. Ela melhora a capacidade de concentração.
      2. Ela aumenta a velocidade de leitura.
      3. Ela diminui a ansiedade provocada pelas provas.

No Capítulo 8, analisamos os principais tipos de conteúdo de apoio e como eles são utilizados. Aqui, precisamos ressaltar apenas a importância de *organizar* esses conteúdos de forma que estejam diretamente relacionados com os pontos principais que eles devem respaldar. Quando os conteúdos estão fora de lugar, eles podem ser confusos. Veja um exemplo:

1. As pessoas imigram para os Estados Unidos por vários motivos.
   A. Ao longo dos anos, milhões de pessoas imigraram para os Estados Unidos.
   B. Muitas pessoas imigram em busca de oportunidade econômica.
   C. Outros imigram para obter liberdade política.
   D. Outros imigram para escapar de perseguições religiosas.

O ponto principal aborda os motivos pelos quais as pessoas imigram para os Estados Unidos, como demonstram os pontos corroborativos de B, C e D. O ponto corroborativo A ("Ao longo dos anos, milhões de pessoas imigraram para os Estados Unidos") não faz isso. Ele está fora do lugar e não deve ser incluído nesse ponto principal.

Se você se deparar com uma situação desse tipo em suas palestras, tente reorganizar os pontos corroborativos nos respectivos pontos principais, dessa forma:

I. Ao longo dos anos, milhões de pessoas imigraram para os Estados Unidos.
   A. Desde a Revolução Americana, mais de 90 milhões de pessoas imigraram para os Estados Unidos.
   B. Hoje, 38 milhões de norte-americanos provêm de outro país.
II. As pessoas imigram para os Estados Unidos por vários motivos.
   A. Muitas pessoas imigram em busca de oportunidade econômica.
   B. Outros imigram para obter liberdade política.
   C. Outros imigram para escapar de perseguições religiosas.

✔ CHECKLIST

Pontos principais

SIM	NÃO	
☐	☐	1. O corpo da palestra contém de dois a cinco pontos principais?
☐	☐	2. Os pontos principais estão estruturados de acordo com os métodos de organização a seguir? Ordem cronológica Ordem espacial Ordem causal Ordem de tópicos Ordem de problema-solução
☐	☐	3. Os pontos principais estão claramente separados um do outro?
☐	☐	4. Utilizei tanto quanto possível o mesmo padrão de formulação frasal em todos os pontos principais?
☐	☐	5. Equilibrei aproximativamente a quantidade de tempo atribuída a cada ponto principal?
☐	☐	6. Todos os pontos principais estão respaldados por conteúdos de apoio convincentes e confiáveis?
☐	☐	7. Faço uso dos conectivos para que o público saiba quando estou passando de um ponto principal para outro?

Agora, você tem dois pontos corroborativos para respaldar a afirmação "milhões de pessoas" e três pontos corroborativos para respaldar seus "motivos".

Assim que organizar os pontos principais e os corroborativos, você deve dar atenção ao terceiro elemento do corpo – os conectivos.

» Conectivos

Emily Chen estava fazendo uma apresentação sobre a necessidade de uma reforma jurídica a respeito da responsabilização por erros médicos. Ela ensaiou várias vezes a palestra, tinha uma ideia central bem definida, três pontos principais bem demarcados e evidências convincentes para respaldar sua proposição. Porém, quando Emily apresentou a palestra, ela dizia "Muito bem" toda vez em que passava de um pensamento para o seguinte. Depois de algum tempo, seus ouvintes começaram a contar. Ao final da palestra, a maioria se ateve a esperar o "Muito bem" seguinte para prestar atenção à mensagem de Emily. Posteriormente, Emily disse: "Nem mesmo pensei em dizer 'Muito bem'. Acho que ele surgia quando eu não sabia o que mais deveria dizer".

Todos nós utilizamos frases feitas ou cacoetes para preencher o espaço entre os pensamentos. Em uma conversa ocasional, raramente eles são um problema. Porém, em uma exposição oral, distraem os ouvintes porque eles ficam concentrados nisso.

Os elementos que faltaram à palestra de Emily foram **conectivos** claros – palavras ou frases que unem um pensamento a outro e indicam a relação existente entre eles. Sem conectivos, uma apresentação fica desarticulada e descoordenada – de maneira muito semelhante a uma pessoa que não tivesse ligamentos e tendões para unir os ossos e manter os órgãos no lugar. Os quatro tipos de conectivos utilizados são as transições, apresentações prévias internas, resumos internos e sinalizadores.

» Transições

Transições são palavras ou frases que indicam quando o orador acabou de concluir um pensamento e está passando para outro. Tecnicamente, as transições expressam a ideia de que o orador está finalizando e a ideia seguinte que está propondo. Nos exemplos a seguir, as frases de transição estão sublinhadas:

> Como já temos uma ideia clara do problema, gostaria de compartilhar sua solução com vocês.
>
> Até o momento, falei sobre César Chávez como organizador comunitário, mas foi seu trabalho como líder trabalhista que de fato gravou seu nome na história dos Estados Unidos.
>
> Mantendo em mente essas questões sobre a linguagem de sinais, gostaria de voltar à minha frase inicial e ver se conseguimos aprender os sinais correspondentes a "Você é meu amigo".

Observe como essas frases lembram o ouvinte da ideia que acabou de ser concluída e revelam a ideia que será desenvolvida.

» Apresentação prévia interna

A **apresentação prévia interna** possibilita que os ouvintes saibam o que o orador abordará em seguida, mas é mais detalhada do que as transições. Em vigor, ela funciona como a exposição prévia na introdução de uma exposição, com a exceção de que, nesse caso, ela entra no corpo – normalmente quando o orador começa a discutir um ponto principal. Por exemplo:

> Na discussão sobre como os ásio-americanos foram estereotipados nos meios de comunicação de massa, veremos em primeiro lugar as origens do problema e, em segundo, seu impacto contínuo no presente.

Ao ouvir essa apresentação, o público saberá exatamente em que deve prestar atenção à medida que o orador desenvolver o ponto principal do "problema".

As apresentações prévias internas com frequência são associadas com as transições. Por exemplo:

> [*Transição*]: Como já analisamos a seriedade do problema de incorreção nos relatórios de crédito, vejamos algumas soluções. [*Apresentação prévia interna*]: Vou me ater a três soluções – criar uma regulamentação governamental mais rígida para os escritórios de crédito, responsabilizar financeiramente os escritórios de crédito pelos erros cometidos e facilitar o acesso das pessoas ao seu relatório de crédito.

Raras vezes você precisará de uma apresentação prévia interna para cada ponto principal, mas lembre-se de utilizá-la sempre que achar que isso ajudará os ouvintes a acompanhar suas ideias.

» Resumos internos

Os **resumos internos** são o oposto das apresentações prévias internas. Em vez de informar o que virá em seguida, eles lembram os ouvintes sobre o que acabaram de ouvir. Esses resumos normalmente são utilizados quando o orador conclui um ponto principal complicado ou particularmente importante ou um conjunto de pontos principais. Por exemplo:

> Em resumo, a quiromancia é uma arte antiga. Desenvolvida na China há mais de cinco mil anos, a leitura das mãos foi praticada na Grécia e Roma antigas, desenvolveu-se durante a Idade Média, sobreviveu à Revolução Industrial e mantém sua popularidade no presente em várias partes do mundo.

Os resumos internos são uma excelente alternativa para esclarecer e reforçar ideias. Ao associá-los com as transições, você pode também conduzir tranquilamente o público para o ponto principal seguinte:

[*Resumo interno*]: Vamos fazer uma pausa para resumir o que consideramos até o momento. Primeiro, vimos que a venda de armas de fogo em feiras com muita frequência possibilita a compra de armas por criminosos. Segundo, vimos que não existe praticamente nenhuma imputabilidade para os revendedores de armas nessas feiras. [*Transição*]: Agora, é possível ver o que pode ser feito para fechar a brecha das feiras de armas.

» Sinalizadores

Os **sinalizadores** são sentenças bastante breves que indicam exatamente o ponto em que você está em uma palestra – com frequência, são apenas números. Veja como uma oradora utilizou sinalizadores numéricos simples para ajudar o público a acompanhar as principais causas do contínuo problema da fome na África:

A primeira causa desse problema é a produção agrícola ineficiente.

A segunda causa é a seca recorrente nos países afetados.

A terceira causa é a má administração dos recursos alimentares disponíveis por parte dos líderes locais.

Outra forma de fazer a mesma coisa é introduzir os pontos principais com uma pergunta, como o fez um orador em sua palestra sobre fraudes nas vendas pelo correio. Seu primeiro ponto principal mostrou que esse tipo de fraude continua sendo um problema sério, não obstante o crescimento da internet, o qual introduziu dessa forma:

Portanto, qual é o grau de seriedade do problema das fraudes nas vendas pelo correio? Esse problema se resume a apenas alguns casos isolados ou ele é suficientemente amplo e exige sérias medidas de proteção aos consumidores?

Seu segundo ponto principal abordou soluções para controlar esse tipo de fraude, introduzido como:

Desse modo, como podemos solucionar esse problema? Existe alguma solução para proteger os direitos das empresas de venda pelo correio que são legítimas e, ao mesmo tempo, combater as fraudulentas?

As perguntas são sinalizadores particularmente eficazes porque instigam respostas subliminares e, portanto, intensificam o envolvimento do público com a palestra.

» Os oradores experientes incluem transições e outros conectivos para ajudar os ouvintes a acompanhar suas ideias. Aqui, Adam Savage, coapresentador do *MythBusters – Os caçadores de mitos*, dirige-se à imprensa na Feira de Ciências da Casa Branca.

Além de utilizar os sinalizadores para indicar em que ponto você se encontra, você pode empregá-los para direcionar a atenção do público para as ideias principais. Você pode fazê-lo com uma frase simples, como no exemplo a seguir:

> <u>O fator mais importante a ser lembrado</u> sobre a arte abstrata é que ela sempre se baseia em formas existentes no mundo natural.

As palavras sublinhadas alertam o público para o fato de que um ponto especialmente significativo será apresentado. O mesmo ocorre com frases como:

> Lembrem-se de que...
> Isso é fundamental para compreender o restante desta palestra...
> Vocês precisam saber acima de tudo...

Dependendo dos requisitos de sua palestra, talvez seja aconselhável associar dois, três ou até todos os tipos de conectivos. Você não precisa se preocupar muito com a denominação desses conectivos – se um determinado conectivo é um sinalizador e outro é uma transição. O importante é estar atento às suas funções. Aplicados adequadamente, os conectivos podem unir melhor sua palestra e deixá-la mais coerente.

» Resumo

A organização clara de uma exposição oral é indispensável. Os ouvintes exigem coerência. Eles têm apenas uma oportunidade para compreender as ideias do orador e têm pouca paciência para os oradores que passam a esmo de uma ideia para outra. Uma palestra bem organizada fortalecerá sua credibilidade e permitirá que o público compreenda mais facilmente sua mensagem.

O processo de planejamento do corpo de uma exposição começa quando você determina os pontos principais. Você deve escolhê-los com cuidado, redigi-los com precisão e organizá-los estrategicamente. Como os ouvintes não conseguem acompanhar uma grande quantidade de pontos principais, a maioria das palestras deve conter no máximo de dois a cinco pontos. Cada um deve enfatizar uma única ideia, ser escrito claramente e ser suficientemente enfatizado para que seja claro e convincente.

Você pode organizar os pontos principais de várias maneiras, dependendo do tema, do objetivo e do público. A ordem cronológica segue um padrão de tempo, enquanto a espacial segue um padrão direcional. Na ordem causal, os pontos principais são organizados de acordo com sua relação de causa e efeito. A ordem de tópicos ocorre quando você divide o tema principal em subtópicos. A ordem de problema-solução divide o corpo em duas partes principais – a primeira mostra um problema e a segunda apresenta uma solução.

Os conteúdos de apoio são ideias que respaldam seus pontos principais. Ao organizá-los, lembre-se de que precisam estar diretamente associados com os pontos que eles devem respaldar.

Os conectivos ajudam a unir os pontos de uma exposição oral. São palavras ou frases que unem um pensamento ao outro e indicam a relação existente entre eles. Os quatro tipos principais de conectivo são as transições, as apresentações prévias internas, os resumos internos e os sinalizadores. Se souber utilizá-los de forma adequada, dará maior unidade e coerência às suas palestras.

» Palavras-chave

apresentação prévia interna Sentença no corpo da exposição oral que informa o público sobre o que o orador discutirá em seguida.

conectivos Palavras ou frases que estabelecem uma ligação entre as ideias de uma exposição e indicam a relação entre elas.

conteúdo de apoio Material utilizado para respaldar as ideias do orador. Os três tipos principais de conteúdo de apoio são exemplos, estatísticas e testemunhos.

ordem causal Método de organização de uma exposição oral em que os pontos principais mostram uma relação de causa e efeito.

ordem cronológica Método de organização de uma exposição oral em que os pontos principais seguem um padrão de tempo.

ordem de problema-solução Método de organização de exposição oral em que o primeiro ponto principal aborda a existência de um problema e o segundo apresenta uma solução para o problema.

ordem de tópicos Método de organização de uma exposição oral em que os pontos principais dividem o tema em subtópicos lógicos e coerentes.

ordem espacial Método de organização de uma exposição oral em que os pontos principais seguem um padrão direcional.

organização estratégica Organizar uma apresentação de maneira específica para obter um resultado particular junto a determinado público.

pontos principais Os pontos mais relevantes desenvolvidos no corpo de uma exposição oral. A maioria das exposições contém de dois a cinco pontos principais.

resumo interno Sentença no corpo da exposição oral que sintetiza o ponto ou os pontos precedentes discutidos pelo orador.

sinalizadores Uma frase muito breve que indica o ponto em que o orador se encontra e que atrai a atenção para ideias fundamentais.

transição Palavra ou frase que indica quando um orador finalizou uma ideia e está passando para outra.

» Questões para recapitulação

1. Por que é importante estruturar de maneira clara e coerente uma exposição oral?
2. Quantos pontos principais suas palestras normalmente conterão? Por que é importante restringir o número de pontos principais?
3. Quais são os padrões básicos de organização dos pontos principais? Quais são apropriados para as exposições informativas? Qual é mais adequado para as exposições persuasivas? Qual é empregado com maior frequência?
4. Quais são as três dicas para preparar os pontos principais?
5. Qual o fator mais importante a ser lembrado ao organizar o conteúdo de apoio no corpo da palestra?
6. Quais são os quatro tipos de conectivos utilizados nas palestras? Qual função cada um desempenha?

» Exercícios de raciocínio crítico

1. Qual(is) método(s) de organização você poderia utilizar para organizar os pontos principais de exposições que contenham as seguintes sentenças de objetivo específico?

    Informar meu público sobre as causas e os efeitos do mal de Parkinson.

    Informar meu público sobre os principais símbolos utilizados na arte indígena norte-americana.

    Persuadir meu público de que a legislatura estadual deve decretar leis mais rígidas para controlar o problema de empréstimo predatório a alunos universitários.

    Informar meu público sobre as principais etapas do Movimento pelos Direitos Civis, de 1955 a 1970.

    Informar meu público sobre a filosofia educacional de Jean Piaget.

    Informar meu público sobre as regiões geográficas do Brasil.

2. Consulte o esquema de pontos principais e o conteúdo de apoio da palestra sobre hipnose, na página 158. Crie transições, apresentações prévias internas, resumos internos e sinalizadores adequados para essa palestra.

3. Identifique o método de organização utilizado em cada um dos seguintes grupos de pontos principais.

   I. A arrecadação fraudulenta de fundos beneficentes é um problema de âmbito nacional.
   II. Esse problema pode ser solucionado por meio de regulamentação governamental e conscientização dos indivíduos.

   I. A parte mais alta das florestas tropicais é chamada de camada emergente, formada por árvores gigantescas.
   II. Abaixo da camada superior, encontra-se o dossel, onde a vegetação é tão densa que filtra 80% da luz solar.
   III. Abaixo do dossel, encontra-se o sub-bosque, formado por árvores com menos de 4 metros de altura que têm folhas largas para colher uma pequena quantidade de luz solar.
   IV. A parte inferior é o chão da floresta, onde não existe praticamente nenhuma planta em virtude da falta de luz solar.

   I. Sonia Sotomayor é mais conhecida por ser a primeira juíza de origem latina do Supremo Tribunal dos Estados Unidos.
   II. Sonia Sotomayor é também uma oradora talentosa que já fez centenas de palestras.

   I. Criada em 1948, a Nascar ficou restrita principalmente à região Sul, entre a década de 1950 e a década de 1960.
   II. A era moderna da Nascar iniciou-se na década de 1970, com o desenvolvimento de um sistema de pontos para coroar um campeão anual.
   III. Hoje, a Nascar é um dos esportes de espectador mais populares nos Estados Unidos.

   I. Provocada por uma cepa de bactéria estafilococo resistente a antibióticos, a infecção por MRSA (estafilococo resistente à meticilina) é predominante entre alunos universitários.
   II. Os efeitos do MRSA podem abranger infecções na pele, danos em órgãos internos, pneumonia e, em alguns casos, morte.

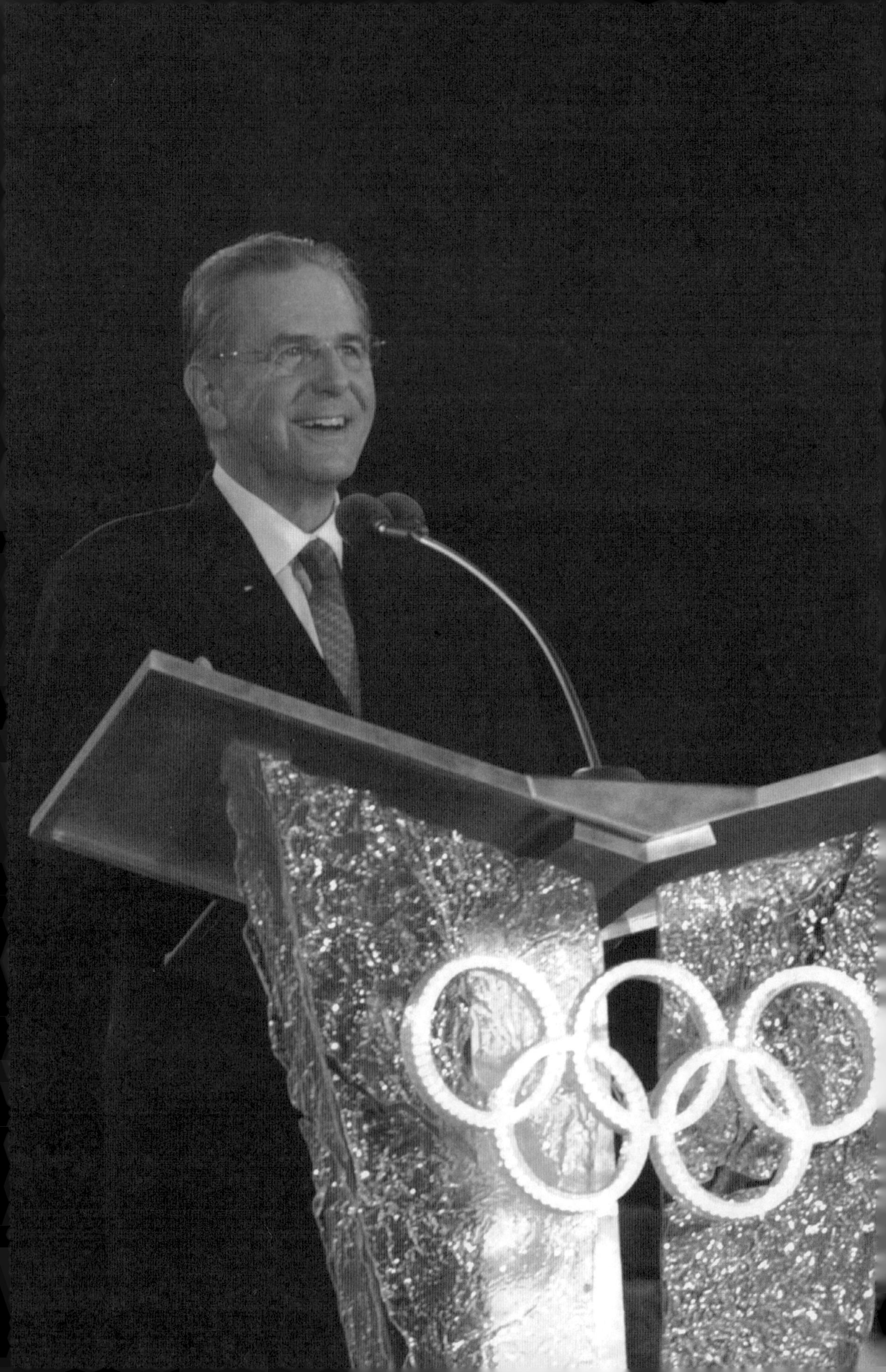

10

Iniciando e finalizando uma exposição oral

» Introdução
» Conclusão

Na noite de 26 de janeiro de 1988, um maestro subiu ao palco do Teatro Majestic, em Nova York, pegou a batuta, ergueu os braços e deu sinal para que a orquestra começasse a tocar. Momentos depois, a plateia ouviu pela primeira vez os comoventes acordes de abertura de *O Fantasma da Ópera*. Até hoje, essa cena foi reproduzida mais de 9.500 vezes e essa peça tornou-se o musical mais apresentado na história da Broadway.

Como a maioria dos musicais clássicos, *O Fantasma da Ópera* começa com um prelúdio – introdução orquestral que capta a atenção dos espectadores e oferece uma prévia da música que eles ouvirão. Sem essa introdução – se os personagens simplesmente entrassem no palco e começassem a cantar ou a falar –, o início da peça pareceria muito abrupto e o público não seria adequadamente "preparado" para o espetáculo.

De modo semelhante, a maior parte dos musicais termina com um *finale*, quando todo o elenco está no palco, os elementos do enredo dramático são resolvidos, partes das canções principais são revocadas e a música atinge um clímax drástico. Se não houvesse uma conclusão nesses moldes, se os atores simplesmente parassem e saíssem do palco, o público ficaria insatisfeito.

Assim como as peças musicais precisam de prólogo e epílogo apropriados, as exposições orais também precisam. O início, ou introdução, prepara os ouvintes para o que vem em seguida. A conclusão amarra o conteúdo e indica aos ouvintes que a apresentação está chegando ao fim. Teoricamente, essa é uma conclusão satisfatória.

Neste capítulo, investigaremos o papel desempenhado pela introdução e pela conclusão nas exposições orais. Examinaremos também as técnicas utilizadas para que ambas cumpram esse papel. Se você utilizar essas técnicas de forma criativa, dará um grande passo no sentido de transformar uma palestra comum em uma palestra esplêndida.

» Introdução

A primeira impressão conta. Um início insatisfatório pode distrair ou indispor os ouvintes a ponto de o orador não conseguir mais se restabelecer totalmente. Além disso, entrar com o pé direito é fundamental para a autoconfiança do orador. O que poderia ser mais estimulante do que ver no rosto de seus ouvintes a demonstração de interesse, atenção e prazer? Uma boa introdução, como você constatará, é um excelente reforço para a confiança.

Na maioria das exposições orais, a introdução tem quatro objetivos:

- » Atrair a atenção e despertar o interesse.
- » Revelar o tema ao público.
- » Gerar credibilidade e demonstrar boas intenções.
- » Apresentar previamente o conteúdo do corpo.

Veremos cada um desses objetivos separadamente.

» Atraia a atenção e desperte o interesse

"Se o orador não conseguir atrair o interesse do público imediatamente, sua iniciativa será um fracasso." Assim afirmou o grande advogado Clarence Darrow. Se o tema não tiver um interesse extraordinário, os ouvintes tenderão a dizer a si mesmos: "E daí? Quem se importa com isso?". O orador pode perder rapidamente o interesse do público se não utilizar a introdução para atrair a atenção e estimular o interesse.

Normalmente é fácil obter a atenção inicial do público – ainda que você não tenha dito nenhuma palavra. Depois que você é apresentado e se levanta para falar, em geral o público lhe dá atenção. Se não, aguarde pacientemente. Olhe diretamente para os ouvintes sem dizer nenhuma palavra. Em poucos instantes, as conversas paralelas e a agitação física desaparecerão. Eles ficarão atentos. Nesse momento, você estará pronto para começar a falar.

O mais difícil é manter a atenção do público ao longo da apresentação. Vejamos aqui os métodos utilizados com maior frequência. Empregados individualmente ou em conjunto, eles o ajudarão a acompanhar sua exposição.

» *Associe o tema com o público*

As pessoas prestam atenção àquilo que as afeta diretamente. Se você associar o tema aos seus ouvintes, eles ficarão mais propensos a demonstrar interesse.

Por exemplo, suponhamos que uma colega de classe comece sua palestra dessa forma:

> Hoje vou falar sobre coleção de cartões-postais – um *hobby* ao mesmo tempo fascinante e financeiramente recompensador. Gostaria de explicar os tipos de coleção mais comuns, por que essas coleções são tão valiosas e como os colecionadores compram e vendem cartões-postais.

Não há dúvida de que essa introdução é clara, mas ela não o faz ficar vidrado na palestra. E se sua colega começasse a palestra da seguinte forma, como o fez de fato um orador?

» Uma boa introdução dará ímpeto a uma exposição oral. Para ser mais eficaz, a introdução deve associar o tema com o público e ser apresentada com o mínimo possível de anotações – como nessa palestra da antropóloga britânica Jane Goodall.

É sábado de manhã e vocês estão ajudando a limpar o sótão da casa de sua avó. Depois de algum tempo ali, vocês se deparam com um baú, abrem-no e descobrem centenas de cartões-postais. Preocupados em chegar na hora certa ao jogo de futebol, vocês começam a jogar os cartões na cesta de lixo. Parabéns! Vocês acabaram de jogar fora um ano de mensalidade escolar.

Dessa vez, o orador lançou exatamente a isca certa. É provável que você fique vidrado.

Mesmo quando utilizar outras iscas para despertar o interesse, você deve *sempre* estabelecer um elo entre tema e público. Algumas vezes, isso exigirá muita criatividade, mas valerá a pena. Veja um excelente exemplo, extraído de uma palestra a respeito de sonhos. O orador começa dizendo:

Você está sendo perseguido por um objeto indescritivelmente repugnante, mas consegue mover as pernas apenas lentamente. Cada passo é intoleravelmente longo, e seu esforço desesperado para andar mais rápido é inútil. O perseguidor se aproxima e seu desespero transforma-se em pavor. Você está completamente impotente – de cara a cara com a morte.

Então, você acorda esbaforido, com o coração disparado, o rosto molhado de suor. Alguns minutos se passam até conseguir acalmar o coração e a respiração. Você diz para si mesmo que é "apenas um sonho". Pouco tempo depois você volta a dormir.

> www.grupoa.com.br
> Assista ao início de "In Your Dreams" ("Em Seus Sonhos") – Vídeo 10.1 – em inglês.

Utilizando uma linguagem vívida para descrever algo que todos os seus ouvintes já haviam experimentado, o orador conquistou a atenção de seu público.

» *Justifique a importância de seu tema*

Presumivelmente você considera seu tema importante. Diga ao público por que ele deve pensar da mesma forma. Veja como Judith Kaye, juíza-presidente do Estado de Nova York, utilizou esse método para envolver seu público em uma palestra no Centro pelos Direitos das Crianças da Associação Norte-Americana de Advogados:

Sabemos que, a cada 36 segundos, nasce uma criança pobre nos Estados Unidos e que 12,8 milhões de crianças vivem abaixo do limiar de pobreza [...]. A cada seis horas uma criança morre por negligência ou maus-tratos, a cada três horas uma criança é morta em tiroteio, e o número de crianças negligenciadas ou maltratadas a cada ano lotaria a cidade de Detroit.[1]

Essas estatísticas são impressionantes. Ao citá-las em sua introdução, Kaye enfatizou a importância do tema e atraiu a atenção do público.

Obviamente, é fácil utilizar essa técnica ao falar sobre questões sociais e políticas como maus-tratos infantis, espécies ameaçadas, terrorismo e pesquisas com células-tronco, mas ela é apropriada também para outros temas. Veja como um orador a empregou em uma palestra sobre montagem de um aquário doméstico:

> Seria extremamente difícil abraçar um peixe. Um peixe não vira de barriga para cima nem pega o jornal de manhã. Vocês não terão oportunidade de vê-lo se aconchegar em seu colo, procurar um novelo de linha nem salvar uma criança em um prédio em chamas.
>
> Porém, mesmo com essas falhas, 150 milhões de peixes tropicais encontraram abrigo em 14 milhões de domicílios norte-americanos. Todos os anos, são vendidos US$ 60 milhões em peixes tropicais nos Estados Unidos, e eles ganharam um lugarzinho ao lado do cão tipicamente norte-americano e do gatinho fofinho no coração de milhões de pessoas. Hoje, gostaria de explicar como vocês podem montar um aquário doméstico e descobrir o prazer que é criar peixes tropicais.

Sempre que você discutir um tema cuja importância talvez não seja clara para o público, deverá pensar em alternativas para demonstrar seu significado logo na introdução.

» *Surpreenda o público*

Uma alternativa infalível para despertar o interesse rapidamente é surpreender os ouvintes com uma afirmação interessante ou instigante. Todos os ouvintes prestaram muita atenção à palestra após a seguinte introdução:

> Parem por um instante e pensem nas três mulheres que estão mais próximas de vocês. Quem vem à mente de vocês? Mãe? Irmã? Namorada? Esposa? Sua melhor amiga? Agora, adivinhem qual delas será agredida sexualmente ao longo da vida. Essa não é uma ideia agradável. Porém, de acordo com o Departamento de Justiça dos Estados Unidos, uma a cada três mulheres norte-americanas será agredida sexualmente em algum momento da vida.

Observe o suspense na surpreendente afirmação do orador: "Agora, adivinhem qual delas será agredida sexualmente ao longo da vida". Essa frase surpreende o público – particularmente os homens – e expõe o problema da agressão sexual contra as mulheres em termos pessoais.

Essa técnica é muito eficaz e fácil de utilizar. Confirme somente se a frase escolhida para causar surpresa na introdução está diretamente associada com o tema de sua palestra. Se você escolher uma abertura enfática apenas pelo choque que ela pode provocar e depois passar a falar de outra coisa qualquer, o público ficará confuso e possivelmente irritado.

» *Desperte a curiosidade do público*

As pessoas são curiosas. Uma alternativa para fazê-las mergulhar em sua palestra é utilizar uma série de afirmações que aguçam progressivamente sua curiosidade pelo tema. Por exemplo:

> É a doença crônica mais comum nos Estados Unidos. Controlável, mas incurável, essa doença é assintomática. Vocês podem tê-la há um bom tempo e nem ter oportunidade de ficar sabendo, pois ela pode matar. Em torno de 73 milhões de norte-americanos sofrem dessa doença e 300 mil morrerão antes que o ano termine. É provável que cinco pessoas nesta sala a tenham.

Sobre o que estou falando? Não é câncer. Não é aids. Não é doença do coração. Estou falando de hipertensão – pressão alta.

Ao aumentar gradativamente o suspense em relação ao tema, o orador transporta o público para dentro da palestra. Observe o quanto essa introdução seria menos eficaz se simplesmente ele tivesse dito: "Hoje vou falar sobre pressão alta".

» *Questione o público*

Fazer **perguntas retóricas** é outra forma de estimular seus ouvintes a pensar sobre sua palestra. Algumas vezes uma única pergunta é suficiente:

> Como vocês reagiriam se um ente querido fosse vítima de terrorismo?
>
> O que vocês pensariam se fossem ao médico por uma indisposição qualquer e ele lhes dissesse para assistir à série *Modern Family* como parte do tratamento?

Em outras circunstâncias, é aconselhável fazer uma série de perguntas, para que o público mergulhe gradativamente na palestra em relação a cada uma delas. Veja como um orador utilizou esse método:

> Vocês já passaram uma noite inteira acordados estudando para uma prova? Vocês se lembram de terem corrido para finalizar um trabalho de final de semestre porque esperaram muito tempo para começar a escrevê-lo? Vocês com frequência se sentem oprimidos por todas as coisas que têm de fazer na faculdade? No trabalho? Em casa?
>
> Se sim, vocês talvez sejam vítimas da má administração de tempo. Felizmente, existem estratégias comprovadas que podem adotar para usar o tempo de maneira mais produtiva e manter o controle sobre a vida de vocês.

Ao empregar essa técnica, lembre-se de fazer uma breve pausa entre as perguntas. Isso intensifica sensivelmente o impacto e dá tempo para que cada pergunta seja internalizada e compreendida. É óbvio que o público responderá mentalmente, e não em voz alta.

» *Inicie com uma citação*

Outra maneira de despertar o interesse do público é iniciar com uma citação que desperte a atenção. Você poderia escolher uma citação de Shakespeare ou Confúcio, da Bíblia ou do Talmude, de um poema ou de um filme. Veja como um orador utilizou uma citação bem-humorada para iniciar sua palestra sobre a necessidade de realizar uma reforma política no Congresso dos Estados Unidos:

> Mark Twain disse certa vez: "Provavelmente seria possível demonstrar com fatos e números que não existe nenhum outro grupo criminoso inconfundivelmente norte-americano além do Congresso".

Não é necessário utilizar uma citação famosa. A citação a seguir foi eficaz para a introdução de uma palestra sobre observação de pássaros:

> "Esse é um momento do qual nunca me esquecerei. Avistei de relance uma cor brilhante entre o mato e então consegui vê-lo – o gorjeador de Bachman, um dos pássaros mais raros nos Estados Unidos. Fiquei tão entusiasmado, que mal conseguia segurar o binóculo sem tremer."
>
> Esse relato foi feito por meu pai. Ele é apenas uma das milhões de pessoas que descobriram o prazer da prática de observação de pássaros.

Note que as duas citações utilizadas aqui como exemplo são relativamente curtas. Se você abrir sua palestra com uma citação longa, com certeza fará seus ouvintes bocejarem.

» *Conte uma história*

Todos nós gostamos de histórias – particularmente se elas forem provocativas ou comoventes ou tiverem suspense. Considere a história contada por um orador para abrir seus comentários sobre o terremoto e *tsunami* devastadores que abalaram o Japão em 11 de março de 2011.

> Um jovem casal agarrou a bebê de 4 meses de idade no momento em que uma onda gigantesca arrebentou sobre sua casa no norte do Japão. Provocada por um terremoto colossal de escala 9.0 horas antes, essa onda extremamente forte arrancou a bebê dos braços dos pais, levando-a com os escombros. Os pais não conseguiam conter o choro ao pensarem na filha morta.
>
> Três dias depois, enquanto a equipe de resgate vasculhava entre destroços de madeira, metal e pedra, ouviu-se um choro abafado. Trabalhando freneticamente, a equipe conseguiu tirar a bebê dos escombros – ainda viva. "Descobri-la renovou a energia da busca", disse um dos integrantes do resgate a uma equipe de repórteres locais em uma matéria que posteriormente foi publicada pela revista *Time*.
>
> Nem todos tiveram a mesma sorte dessa garotinha – ou dos pais, que puderam novamente se unir a ela. Contudo, enquanto o Japão tentava superar essa devastação, qualquer sinal de esperança era acolhido de braços abertos.

Como várias boas introduções, essa cumpre duas funções – ela desperta o interesse do público e envolve emocionalmente os ouvintes.

Além disso, você pode utilizar histórias sobre experiências pessoais. Veja como uma estudante de medicina recorreu a uma história desse tipo. Ela começou com um relato sobre a primeira vez em que assistiu a uma cirurgia realizada por uma equipe de médicos:

✔ **CHECKLIST**

Introdução da exposição oral

SIM	NÃO	
☐	☐	1. Consigo atrair a atenção do público utilizando um ou mais dos métodos discutidos neste capítulo?
☐	☐	2. Apresentei o tema ao público?
☐	☐	3. A apresentação do tema está clara?
☐	☐	4. Estabeleço minha credibilidade para falar sobre esse tema?
☐	☐	5. No caso de temas controversos, tomei as devidas providências para demonstrar que tenho boas intenções em relação ao público?
☐	☐	6. As palavras-chave necessárias para que o público compreenda o restante da palestra estão definidas?
☐	☐	7. Faço uma apresentação prévia dos pontos principais que serão cobertos no corpo da palestra?
☐	☐	8. A extensão da introdução equivale a 10 a 20% de minha palestra?
☐	☐	9. Desenvolvi com cuidado a linguagem da introdução?
☐	☐	10. Pratiquei a elocução da introdução de modo que consiga apresentá-la com fluência e confiança e intenso contato visual?

» Na pesquisa para sua palestra, fique atento a citações, histórias e outros conteúdos que você possa utilizar para elaborar uma introdução que capte a atenção dos ouvintes.

Lá estava eu, usando uma máscara cirúrgica, no meio de uma sala grande e iluminada. No centro, havia cinco pessoas bem juntinhas em torno da mesa. Era difícil ver, pois tudo estava coberto por lençóis azuis, embora eu não tenha me atrevido a dar um passo em direção à mesa.

Então uma das pessoas me chamou: "Angela, venha cá e veja mais de perto". Meus joelhos amoleceram enquanto caminhava pela sala esterilizada. Mas, por fim, lá estava, logo atrás da equipe, observando o corpo inconsciente estendido sobre a mesa.

www.grupoa.com.br
Assista ao início de "Hoping to Heal" ("A Esperança de Curar") – Vídeo 10.2 – em inglês.

A eficácia de qualquer história – particularmente uma história pessoal – depende de como o orador a narra, bem como do conteúdo. Como você pode ver no trecho da palestra do Vídeo 10.2, a oradora utiliza pausas, contato visual e mudanças no tom de voz para ajudar a fazer o público mergulhar na palestra. Veja se você consegue fazer o mesmo em sua introdução.

Os sete métodos discutidos anteriormente são os utilizados com muita frequência pelos palestrantes para atrair atenção e interesse. Existem outros métodos, como referir-se à ocasião, pedir a participação do público, utilizar equipamentos de áudio ou recursos visuais, remeter-se a um orador anterior e iniciar a palestra com algo bem-humorado. Seja qual for a palestra, tente escolher o método mais adequado para o tema, o público e a ocasião.

» Revele o tema

No processo para atrair atenção, lembre-se de enunciar claramente o tema da palestra. Se não, seus ouvintes ficarão confusos. Nesse caso, a probabilidade de apreender o interesse é praticamente zero.

Essa é uma questão básica – tão básica que dificilmente pode parecer importante mencioná-la. Contudo, você ficaria surpreso com a quantidade de palestrantes que precisam ser lembrados disso. Talvez você ouça palestras nas quais ao final da introdução o tema ainda não esteja claro. Para que você saiba o que deve evitar, veja uma introdução apresentada em uma aula de oratória:

Imaginem-se fazendo um passeio de barco ao longo de um leito de águas calmas. O sol está alto, intensificando o reflexo das ondulações ao seu redor. As margens são exuberantes, cobertas por mangues e ciprestes. Um pelicano imponente descansa sobre um galho rasteiro. Vocês apanham depressa a câmera, tiram uma foto e veem o resultado. A foto é perfeita. Mas será tão perfeita no futuro?

Qual é o tema dessa palestra? Fotografias da natureza? Não. Aves? Não. Turismo nos trópicos? Não. Essa oradora estava falando sobre iniciativas para restaurar a beleza do pântano de Everglades, na Flórida, Estados Unidos. Mas ela não deixou isso evidente para os ouvintes. Suponhamos que, em vez disso, ela tivesse iniciado sua palestra de maneira diferente:

> Aligátores, panteras, lontras, pelicanos marrons – nas últimas décadas, essas e outras criaturas perderam 50% de seu hábitat no sul da Flórida. Hoje, entretanto, existe um programa de US$ 8 bilhões para preservar o hábitat desses animais no pântano de Everglades. A maior iniciativa de restauração na história mundial, esse programa revitaliza um dos ecossistemas mais diversos dos Estados Unidos e o protege para futuras gerações.

Essa abertura teria oferecido uma alternativa para atrair a atenção dos ouvintes, mas também teria estabelecido um elo direto com o tema da palestra. Se ficar fazendo rodeios na introdução, é provável que perca a atenção de seus ouvintes. Mesmo que eles já saibam qual é o tema, você deve reafirmá-lo claramente em algum momento da introdução.

» Gere credibilidade e demonstre boas intenções

Além de atrair a atenção e revelar o tema, há um terceiro objetivo a ser concretizado na introdução – gerar credibilidade e demonstrar boas intenções.

A **credibilidade** está relacionada principalmente com a qualificação de um orador para falar sobre determinado tema – e ser *percebido* dessa forma pelos ouvintes. Veja como uma oradora firmou sua credibilidade sobre o tema de halterofilismo sem passar a impressão de arrogância:

> Antes visto como uma atividade exclusivamente masculina, o halterofilismo cruzou a barreira de gênero – e por um bom motivo. Sejam vocês homens ou mulheres, o halterofilismo pode lhes dar uma sensação de força e poder, elevar sua autoestima e melhorar sua aparência e sensação de bem-estar.
>
> Comecei a praticar halterofilismo logo após o Ensino Médio, e há oito anos me dedico a isso. Além disso, dei aulas de halterofilismo em várias academias, e sou instrutora certificada pela Associação Norte-Americana de Aeróbica e Fitness.

» Contar uma história é uma excelente alternativa para atrair a atenção na introdução de uma exposição oral. A história deve ser nitidamente relevante ao tema e ser narrada de maneira expressiva e com contato visual.

> Recorrendo um pouco à minha experiência, gostaria de explicar os tipos básicos de peso e como utilizá-los de forma apropriada.

Independentemente de você praticar ou não halterofilismo, é provável que ficasse mais interessado na palestra ao constatar que o orador conhece o tema sobre o qual falará.

Sua credibilidade não precisa estar firmada em conhecimentos e experiências pessoais. Ela pode vir de leituras, aulas, entrevistas, amigos – como nesse exemplo:

> Há vários anos me interesso pelo mito da Atlântida e já li inúmeros livros e artigos a esse respeito.
>
> As informações que compartilharei com vocês hoje provêm principalmente de minhas aulas de biologia e de uma entrevista com Reyna Vasquez, da Audubon Society local.

Seja qual for a fonte de seus conhecimentos, informe o público sobre isso.

Demonstrar **boas intenções** é um desafio ligeiramente diferente. Com frequência, isso é essencial em simpósios, conferências e palestras de grande público em que os oradores têm uma reputação bem estabelecida e talvez sejam associados com causas que despertam hostilidade entre os ouvintes. Em situações desse tipo, o orador deve tentar neutralizar essa hostilidade logo no início da palestra.

Ocasionalmente, talvez você tenha de fazer a mesma coisa em palestras para grupos menores. Suponhamos que você defenda um ponto de vista possivelmente malquisto. Você terá de se esforçar um pouco mais para assegurar que seus ouvintes levem em conta seu ponto de vista. Foi assim que uma oradora tentou minimizar o antagonismo de seu público na introdução de uma palestra que procurava instigá-los a mudar a forma como utilizam o celular:

> Mas não se preocupem, não tentarei persuadi-los a abandonar esse companheiro constante. Eu continuo utilizando o meu regularmente, e é provável que sempre continue. Mas de fato espero persuadi-los a fazer uma mudança simples na forma como vocês utilizam o celular – uma mudança que protegerá a saúde de vocês e pode até influenciar se terão vida longa ou morte prematura.

> www.grupoa.com.br
> Assista a esse trecho de "The Dangers of Cell Phones" ("Os Riscos dos Celulares") – Vídeo 10.3 – em inglês.

A oradora foi transparente em relação às suas intenções e sensata em suas expectativas. Ao final da introdução, os ouvintes sabiam que ela tinha as melhores intenções.

» Apresente previamente o conteúdo do corpo

Como vimos no Capítulo 3, a maioria das pessoas não sabe ouvir com atenção. Mesmo os bons ouvintes precisam de todo auxílio possível para ordenar as ideias do orador. Uma alternativa para isso é informar na introdução em que eles devem prestar atenção no restante da apresentação. Veja um excelente exemplo, extraído de uma palestra realizada por Robert Gates, secretário de Defesa dos Estados Unidos, na Academia Militar, em West Point, em 25 de fevereiro de 2011:

> Nesse momento, gostaria de enfatizar três questões inter-relacionadas – o futuro do conflito e as implicações para o exército, a melhor forma de institucionalizar os diversos recursos que serão necessários e o tipo de oficial que o exército precisará no século XXI.[2]

Após essa introdução, não havia dúvida sobre o tema ou os pontos principais que Gates abordaria em sua palestra.

Em alguns tipos de exposição oral persuasiva, é aconselhável revelar a ideia central apenas em um momento posterior. Contudo, mesmo nessa situação, você deve tomar cuidado para que não incite os ouvintes a tentar adivinhar quais são os pontos principais que serão apresentados ao longo da palestra. Na maioria das vezes, é necessário incluir uma **exposição prévia (enunciado)** semelhante a esta:

> Meu objetivo hoje é informá-los sobre o Ramadã – especificamente sobre sua história e seus costumes. Ao final, espero que vocês compreendam melhor esse período sagrado para os muçulmanos dos Estados Unidos e do mundo inteiro.
>
> Estou convencida de que precisamos tomar providências imediatas para combater o problema da falsificação de medicamentos. Mais adiante, mostrarei a vocês meu plano para refrear a distribuição desses medicamentos perigosos. Mas, primeiro, examinaremos mais de perto esse problema.

www.grupoa.com.br
Assista a essas exposições prévias no Vídeo 10.4 – em inglês.

Exposições prévias como essas cumprem também outro objetivo. Como normalmente elas entram logo no início da introdução, são um preâmbulo perfeito ao corpo da palestra e indicam que o orador está prestes a entrar nessa parte.

Existe outro aspecto que é aconselhável abordar na exposição prévia. Você pode utilizar a introdução para transmitir informações especializadas – definições ou históricos – que os ouvintes precisarão para compreender o restante da palestra. Em geral, é possível fazer isso rapidamente, como nesse exemplo:

> O triatlo é uma competição que engloba três modalidades diferentes concluídas de forma sucessiva. Normalmente, essas modalidades são natação, ciclismo e corrida, embora algumas vezes a canoagem substitua uma das demais.

Em outras circunstâncias, talvez você tenha de explicar mais detalhadamente um termo importante. Veja como um orador lidou com esse problema em uma palestra sobre a Estrada de Ferro Clandestina ("Underground Railroad") utilizada por escravos para escapar do Sul antes da Guerra Civil:

> O termo "Estrada de Ferro Clandestina" foi empregado pela primeira vez em 1830. Mas, na verdade, essa estrada não era clandestina, tampouco uma estrada de ferro. Era uma rede informal que oferecia aos escravos fugitivos comida, roupas, instruções e lugares para que se escondessem nas rotas de fuga para o Norte e para o Canadá.
>
> Por que ela foi chamada de Estrada de Ferro Clandestina? Por causa do sigilo e porque muitas pessoas envolvidas utilizavam o termo estrada de ferro como código. Por exemplo, os esconderijos eram chamados de "estações" e as pessoas que ajudavam os escravos eram chamadas de "condutor". Ao longo dos anos, a Estrada de Ferro Clandestina ajudou milhares de escravos a fugir da escravidão e a conquistar sua liberdade.

» Exemplo de introdução com comentários

Até o momento, vimos vários trechos que mostram como os diversos objetivos da introdução são preenchidos. Aqui, apresentamos uma introdução completa de uma palestra. Os comentários laterais indicam os princípios utilizados no desenvolvimento da introdução.

www.grupoa.com.br
Assista a essa introdução no Vídeo 10.5 – em inglês.

Cercada de Bugigangas ("Surrounded by Stuff")

Comentários	Palestra
» A oradora utiliza uma história para atrair a atenção. Essa história funciona particularmente bem porque é rica em detalhes e tem grande interesse humano. O emprego frequente de "vocês" ajuda a estabelecer um elo entre a história e o público.	Para a minha tia Josefina, a vida pode ser vazia, embora ela esteja cercada de uma tonelada de bugigangas. Ao entrar em sua sala de estar, vocês verão pilhas de revistas e jornais, um monte de roupas limpas e sujas e caixas de estatuetas de coleção. Mas não encontrarão nenhum lugar para se sentar. Na cozinha, vocês verão uma pilha de pratos, um monte de garrafas vazias e vários sacos de lixo, mas nenhuma mesa.
» Agora, a oradora revela o tema e define o que é acumulação compulsiva (disposofobia). A maneira como ela revela gradativamente a doença de sua tia ajuda a intensificar o interesse do público. Seu envolvimento pessoal com o tema fortalece sua credibilidade e boa intenção.	Algumas pessoas dizem que minha tia Josefina é preguiçosa. Outras dizem que, na verdade, ela é suja. Porém, eu e minha família sabemos a verdade: tia Josefina sofre de uma doença mental conhecida como síndrome de Collyer (disposofobia). Mas talvez vocês a conheçam por seu nome mais comum: acumulação compulsiva. As pessoas que sofrem de acumulação compulsiva não conseguem se desfazer de nada. Não importa se as coisas têm ou não valor; a única coisa que importa é o apego.
» A oradora utiliza estatísticas para demonstrar a importância do tema. A menção de sua pesquisa para essa palestra reforça ainda mais sua credibilidade.	Ao longo dos anos, eu e minha família percebemos plenamente o que é a vida para um acumulador compulsivo. Porém, antes de pesquisar a respeito desse assunto, não fazia ideia do quanto essa doença é comum. Gail Steketee e Randy Frost, autores de *Stuff: Compulsive Hoarding and the Meaning of Things*, relatam que nos Estados Unidos existem entre 6 e 15 milhões de acumuladores compulsivos.
» A introdução termina com uma clara apresentação prévia dos pontos principais que serão discutidos no corpo da palestra.	Hoje, gostaria de introduzi-los ao mundo da acumulação compulsiva. Mostrarei a vocês a seriedade desse problema, o impacto que isso pode ter sobre indivíduos e famílias e as alternativas de tratamento.

» **Dicas para a introdução**

1. A introdução deve ser relativamente breve. Em circunstâncias normais, ela deve compreender no máximo 10 a 20% da palestra.
2. Fique sempre atento a possíveis conteúdos introdutórios enquanto estiver conduzindo suas pesquisas. Arquive-os com suas anotações para que estejam à mão quando precisar utilizá-los.

3. Use a criatividade para desenvolver a introdução. Experimente duas ou três aberturas diferentes e escolha aquela que ofereça a maior probabilidade de atrair o interesse do público pela palestra.
4. Não se preocupe com o texto da introdução enquanto não terminar de preparar o corpo da palestra. Depois que determinar os pontos principais, ficará bem mais fácil tomar decisões finais sobre como iniciar a palestra.
5. Elabore detalhadamente a introdução. Você pode redigir palavra por palavra ou elaborar um esboço. Seja qual for o método escolhido, ensaie a introdução repetidamente até que consiga apresentá-la com fluência utilizando o mínimo de anotações e fazendo intenso contato visual.
6. No momento da apresentação da palestra, não comece a falar logo de cara. Aguarde até que o público se acalme e esteja concentrado. Estabeleça contato visual com o público e, então, faça a abertura. Aproveite toda oportunidade que tiver para que sua introdução tenha o impacto desejado.

» Conclusão

"Grande é a arte do prelúdio", disse Henry Wadsworth Longfellow, "mas maior é a arte do desfecho". Longfellow estava pensando em poesia, mas sua percepção se aplica também às exposições orais em público. Muitos oradores se frustraram com seus discursos, que de outra forma seriam excelentes, pelo fato de terem utilizado uma conclusão prolixa, simplória ou hostil. Os comentários de fechamento são a última chance que o orador tem para esclarecer suas ideias. Além disso, a última impressão provavelmente é a que ficará na mente dos ouvintes. Portanto, você precisa elaborar a conclusão com o mesmo cuidado dedicado à introdução.

Não importa o tipo de conteúdo que estiver apresentando, a conclusão tem duas funções principais:

» Sinalizar ao público que sua exposição está chegando ao fim.
» Reforçar a compreensão ou o envolvimento do público com a ideia central.

Vejamos cada uma separadamente.

» A conclusão é a sua última chance para esclarecer e enfatizar suas ideias. Aqui, Geena Davis conclui sua palestra de abertura no encontro Spark Summit, na Hunter College, em Nova York.

» Sinalize que sua exposição está chegando ao fim

Pode parecer óbvio que você deva sinalizar ao público que está prestes a terminar sua exposição. Contudo, é quase certo que você ouça palestras nas quais ficará perplexo com a conclusão abrupta do orador. As conclusões muito repentinas deixam o público intrigado e insatisfeito.

Como você sinaliza ao público que sua palestra está terminando? Uma alternativa é utilizar a própria linguagem. "Concluindo", "Meu objetivo foi", "Gostaria de terminar dizendo" – esses são indícios breves de que está prestes a terminar a palestra.

Além disso, você pode indicar que o final está próximo por meio da elocução. A conclusão é o clímax de uma exposição oral. O orador que conseguiu chegar a um ápice de interesse e envolvimento não precisará dizer nada semelhante a "concluindo". Por meio da voz – tom, velocidade, entonação e ritmo –, o orador pode dar ímpeto à sua exposição e não deixar dúvida de que chegou ao fim.

Um dos métodos para isso tem sido comparado ao crescendo musical. Como em uma sinfonia em que um instrumento após outro entra até que toda a orquestra esteja tocando, uma exposição oral ganha um ímpeto progressivo até o momento em que atinge um ponto máximo de tensão e intensidade.[3] (Isso *não* significa simplesmente que você deva falar cada vez mais alto. Na verdade, é uma associação de vários fatores, como entonação, escolha de palavras, conteúdo dramático, gestos, pausas – e possivelmente volume da voz.)

Um excelente exemplo desse método é a inesquecível conclusão de Martin Luther King em "Eu Estive no Topo da Montanha", discurso que ele proferiu na noite anterior ao seu assassinato em abril de 1968. Falando para um público de 2 mil pessoas em Memphis, Tennessee, Luther King finalizou seu discurso com uma declaração comovente de que o Movimento pelos Direitos Civis prosperaria mesmo com as várias ameaças à sua vida:

> Como qualquer pessoa, gostaria de viver uma vida longa. Longevidade é importante, mas não estou preocupado com isso agora. Só desejo cumprir os desígnios de Deus. E Ele me permitiu subir ao topo da montanha. Olhando ao redor, avistei a Terra Prometida. Talvez não chegue até lá com vocês, mas nesta noite desejo que saibam que nós, como povo, chegaremos à Terra Prometida. Por isso, estou feliz esta noite. Nada me inquieta; não temo a nenhum homem. Meus olhos viram a glória da chegada do Senhor.

Outro método eficaz poderia ser comparado com o decrescendo de uma música de concerto que desperta emoções profundas: "A música parece dissipar-se enquanto a luz sobre o cantor diminui gradativamente a um círculo cada vez menor, até focalizar apenas o rosto, depois os olhos. Por fim, torna-se apenas um ponto minúsculo, desaparecendo com a última nota musical".[4] Veja o final de um discurso que faz algo bem semelhante. Esse trecho foi extraído da comovente despedida do general Douglas MacArthur aos seus cadetes na Academia Militar dos Estados Unidos:

> www.grupoa.com.br
> Assista ao final do discurso "I've Been to the Mountaintop" ("Eu Estive no Topo da Montanha") – Vídeo 10.6 – em inglês.

> Em meus sonhos, ouço novamente o estampido das armas, as rajadas dos mosquetes, o murmúrio estranho e fúnebre do campo de batalha. Mas, no entardecer de minhas memórias, sempre volto a West Point. E lá sempre soa e ressoa: dever, honra, pátria.
>
> O dia de hoje marca meu último toque de reunir. Mas gostaria que soubessem que, quando cruzar o rio, meus últimos pensamentos conscientes serão sobre a Unidade, a Unidade, a Unidade.
>
> Adeus.

> **Utilizando a oratória em sua CARREIRA**
>
> Sua formação em engenharia civil lhe rendeu muitos frutos e hoje você é o diretor de planejamento de sua cidade. Depois de mais de um ano estudando a questão, você e a comissão de planejamento concluíram que a melhor forma de aliviar o congestionamento de trânsito é construir uma nova via expressa no centro da cidade. Infelizmente, não há nenhuma maneira de construir essa via expressa sem demolir inúmeras residências e casas comerciais.
>
> Como era de esperar, a associação de bairro que representa a área em que essa nova via passará expressou inúmeras preocupações com relação à proposta. Em vista de suas ótimas habilidades para falar em público, você foi escolhido para representar a cidade em uma reunião da associação de bairro. Você sabe que, para ser persuasivo, deve utilizar a introdução para gerar credibilidade e demonstrar boas intenções e incentivar os ouvintes a ouvir receptivamente o que você tem a dizer no corpo de sua exposição.
>
> Redija um esboço da introdução. Lembre-se de abordar as quatro funções da introdução discutidas neste capítulo.

As palavras finais se dissipam como a luz do holofote, dando um fechamento emotivo à apresentação.

Talvez você acredite que não conseguiria finalizar uma palestra com um *páthos* tão intenso – e estaria certo. MacArthur era um orador eloquente que falava sobre um assunto sério com uma pungência extraordinária. Essa mistura raramente ocorre. Mas isso não significa que você não conseguirá utilizar de maneira eficaz o final decrescendo. Uma oradora o utilizou com grande efeito em uma palestra sobre a experiência dos imigrantes nos Estados Unidos. Ao longo do corpo da palestra, ela falou sobre a quantidade de imigrantes e as dificuldades que eles enfrentam. Depois, na conclusão, ela criou um final decrescendo comovente ao evocar imagens emotivas da chegada de seu avô aos Estados Unidos:

> Em uma viagem recente à Ilha Ellis, onde meu avô pisou pela primeira vez em solo norte-americano, vi seu nome gravado em uma pedra ao lado de dezenas de milhares de nomes dos demais imigrantes. Visitei o *hall* de entrada onde ele ficou na fila para processar sua documentação. Vi a sala em que ele foi submetido a um exame físico. Senti o medo e a insegurança que ele deve ter sentido. Mas também pude sentir seu entusiasmo diante da esperança de viver em um país de oportunidades – um país que ele passou a considerar sua pátria.

Tanto o **final crescendo** quanto o **final decrescendo** devem ser elaborados com grande cuidado. Pratique até obter as palavras exatas e o *timing* exato. Os benefícios mais do que recompensarão o tempo investido.

» Reforce a ideia central

A segunda função principal da conclusão é reforçar a compreensão ou o envolvimento do público com a ideia central. Você pode fazer isso de várias maneiras. Veja as formas que é mais provável que você utilize.

» *Sintetize sua apresentação*

Reafirmar os pontos principais é a forma mais fácil de finalizar uma apresentação. Essa técnica foi utilizada de maneira muito eficaz em uma palestra persuasiva sobre a epidemia de aids na África:

Concluindo, vimos que a epidemia de aids está provocando um efeito devastador na sociedade africana. Uma geração inteira de adultos está se extinguindo lentamente. Uma nova geração de órfãos da aids está nascendo. Os governos das nações mais afligidas não têm recursos nem conhecimento especializado para combater essa epidemia. Muitas economias africanas estão sendo mutiladas pela perda de pessoas no ambiente de trabalho.

> www.grupoa.com.br
> Assista à conclusão de "Aids in África: A World Crisis" ("Aids na África: Uma Crise Mundial") – Vídeo 10.7 – em inglês.

Antes que seja tarde demais, as Nações Unidas e os países desenvolvidos precisam intensificar suas iniciativas para acabar com essa epidemia e controlá-la. A vida e o bem-estar de dezenas de milhões de pessoas estão em jogo.

A importância dessa síntese é que ela reafirma claramente e pela última vez a ideia central e os pontos principais. Porém, como veremos, existem formas mais criativas e convincentes para finalizar uma palestra. Elas podem ser utilizadas com uma síntese ou, às vezes, para substituí-la.

» *Finalize com uma citação*

A citação é um dos recursos mais comuns e eficazes para concluir uma apresentação. Vejam um excelente exemplo, de uma palestra sobre o trabalho voluntário para a organização Big Brothers ou Big Sisters:

> Nenhum de nós tem tempo de sobra como gostaríamos de ter. Porém, seja qual for o tempo que vocês conseguirem doar, farão uma diferença imensa na vida de crianças desprivilegiadas. Nas palavras do poeta Henry Wadsworth Longfellow, "Doe o que você tem. Para alguma pessoa, isso pode ser melhor do que você ousa pensar".

Essa citação de fechamento é particularmente adequada porque sua importância é perfeitamente apropriada à palestra. Quando você encontrar uma citação *breve* que capte tão perfeitamente a ideia central, guarde-a como uma possível conclusão.

» *Utilize uma frase instigante*

Em vez de utilizar uma citação para dar força e vitalidade à conclusão, você pode criar uma sentença comovente. Alguns discursos ficaram famosos em virtude do vigor com que foram concluídos. Um deles é o lendário sermão "Liberdade ou Morte", de Patrick Henry. O título é extraído das frases finais que Henry proferiu em 23 de março de 1775, ao exortar o público a resistir à tirania britânica.

> Será a vida tão preciosa ou a paz tão encantadora que devam ser compradas pelo preço de grilhões e escravidão? Não permita isso, Deus todo-poderoso! Não sei que rumo os demais tomarão; quanto a mim, entretanto, dê-me liberdade ou então a morte.

Embora suas palestras possam não ganhar fama, ainda assim você pode prender seus ouvintes – tal como Henry – com uma frase de fechamento comovente. O exemplo que se segue, de uma palestra sobre prevenção contra suicídio, é bastante notável. Ao longo da palestra, a oradora referiu-se a uma amiga que havia tentado suicídio no ano anterior. Na conclusão, ela disse:

> Minha amiga está de volta à escola, participando de atividades das quais nunca havia participado – e está gostando disso. Tenho a satisfação e o orgulho de dizer que ela continua lutando por sua vida e fico mais contente ainda por não ter conseguido se matar. Do contrário, eu não estaria aqui hoje tentando ajudá-los. Vejam só, essa "amiga" sou eu, e estou extremamente contente em dizer que consegui.

✔ CHECKLIST

Conclusão da exposição oral

SIM	NÃO	
☐	☐	1. Há alguma indicação de que estou chegando ao fim da palestra?
☐	☐	2. Reforço minha ideia central: Sintetizando os pontos principais da palestra? Finalizando com uma citação? Fazendo uma afirmação instigante? Remetendo-me à introdução?
☐	☐	3. A conclusão equivale a 5 a 10% da palestra completa?
☐	☐	4. Desenvolvi com cuidado a linguagem da conclusão?
☐	☐	5. Pratiquei a elocução da conclusão para que consiga apresentá-la com fluência e confiança e intenso contato visual?

Como você pode imaginar, o público ficou estupefato. As frases de fechamento deram um final comovente à palestra. A oradora tornou a conclusão ainda mais eficaz ao fazer uma pausa um momento antes das últimas palavras e ao utilizar a voz para dar a inflexão correta.

» *Remeta-se à introdução*

Uma excelente alternativa para dar unidade psicológica à sua palestra é remeter-se a ideias presentes na introdução. Veja como esse método foi utilizado em uma palestra sobre envenenamento por monóxido de carbono:

Introdução   Era para ser um momento de comemoração. Cinco amigos haviam se reunido em um quarto no sul da Flórida para comemorar o aniversário de um deles. Juchen Martial, um dos cinco, estava fazendo 19 anos. Porém, um dia antes da festa de aniversário, uma camareira que passava pelo quarto olhou pela janela e viu cinco corpos. Os cinco amigos haviam morrido.

                 O assassino era silencioso, invisível, inodoro e sem sabor. O assassino desses cinco amigos foi o monóxido de carbono. Eles haviam deixado o carro funcionando em um abrigo imediatamente abaixo do quarto em que estavam. O monóxido de carbono entrou pelo quarto e lhes tirou a vida – tal como acontece com 400 pessoas ao ano nos Estados Unidos.

No corpo da palestra, a oradora examinou detalhadamente o problema do envenenamento por monóxido de carbono e apresentou alternativas para detê-lo. Em seguida, em suas palavras de fechamento, ela amarrou toda a palestra retornando à história narrada na introdução:

Conclusão   Vocês se lembram dos cinco amigos que mencionei na introdução desta palestra? A morte deles foi trágica e desnecessária. Espero que as informações que ofereci hoje ajudem vocês a evitar esse destino. Compreendendo de onde o monóxido de carbono provém, reconhecendo os sinais de alerta

> 🖱 **www.grupoa.com.br**
> Assista ao início e ao final de "The Silent Killer" ("O Assassino Silencioso") – Vídeo 10.8 – em inglês.

do envenenamento por monóxido de carbono e seguindo os passos básicos de prevenção que abordei, vocês podem se precaver para que não se tornem vítimas desse assassino silencioso.

Sintetizar a palestra, finalizar com uma citação, utilizar uma frase comovente, remeter-se à introdução – todas essas técnicas podem ser empregadas separadamente. Contudo, você deve ter notado que os oradores muitas vezes utilizam duas ou mais delas na conclusão. Na verdade, todas essas quatro técnicas podem ser fundidas em uma só – por exemplo, uma citação comovente que sintetize a ideia central e, ao mesmo tempo, remeta-se à introdução.

Outra técnica de conclusão é fazer um apelo direto ao público para que ele aja. Entretanto, essa técnica aplica-se apenas a um tipo específico de exposição persuasiva, que será abordado no Capítulo 16. Os quatro métodos discutidos neste capítulo são apropriados para todos os tipos de exposição oral em público e ocasiões.

» Exemplo de conclusão com comentários

Como você associa esses métodos para elaborar a conclusão? Veja o exemplo a seguir, de uma palestra sobre acumulação compulsiva cuja introdução examinamos anteriormente (página 181).

www.grupoa.com.br
Assista a essa conclusão no Vídeo 10.9 – em inglês.

Comentários	Palestra
» A oradora apresenta uma excelente síntese de sua palestra. Isso é particularmente importante em palestras informativas porque lhe oferece uma última oportunidade para fazer seu público se lembrar dos pontos principais.	Hoje, vemos que a acumulação compulsiva é uma doença mental séria cujos efeitos podem ser devastadores para os indivíduos e suas famílias. Ela é também difícil de ser tratada, ou seja, milhões de norte-americanos são obrigados a levar uma vida de confusão e caos.
» Remetendo-se à sua tia Josefina, que ela já havia mencionado na introdução, a oradora unifica toda a palestra. A citação de uma frase de sua tia e a afirmação final da oradora concluem a palestra com um tom especial.	Tia Josefina é uma dessas pessoas. Segundo ela: "As pessoas olham para o meu apartamento e sabem que eu tenho um problema. Eu olho para o meu apartamento e sei que eu tenho um problema. Estou tentando ter controle sobre isso, mas esse caminho é realmente longo". Para tia Josefina e milhões de outras pessoas, a boa notícia é que compreender o problema é o primeiro passo para superar esse amontoado de coisas.

» Dicas para a conclusão

1. Como na introdução, fique atento a possíveis conteúdos de conclusão quando estiver pesquisando e desenvolvendo sua palestra.
2. Conclua com algo impetuoso, não com um lamento. Seja criativo para idealizar uma conclusão que toque o coração e a mente de seus ouvintes. Experimente vários finais possíveis e escolha aquele que promete ter o maior impacto.
3. Não seja prolixo. Normalmente, a conclusão compreende no máximo 5 a 10% da palestra.
4. Não deixe nada nas mãos do destino. Elabore detalhadamente a conclusão e reserve tempo suficiente para praticá-la. Muitos palestrantes gostam de redigir a conclusão

palavra por palavra para garantir que ela fique completa. Se você fizer isso, tente apresentá-la com tranquilidade, confiança e emoção – sem depender de anotações nem parecer enfadonho. Passe a última impressão da maneira mais forte e favorável que conseguir.

» Resumo

A primeira impressão conta. Mas a impressão final também. É por isso que a introdução e a conclusão das exposições orais devem ser intensas.

Na maioria das palestras, você precisará cumprir quatro objetivos na introdução – atrair a atenção e o interesse do público, revelar o tema, gerar confiabilidade e demonstrar boas intenções e fazer uma apresentação prévia do corpo da exposição. Há várias maneiras de atrair atenção e interesse. Você pode mostrar a importância do tema, particularmente ao associá-lo com o público. Pode surpreender ou fazer uma pergunta ao público ou despertar sua curiosidade. E pode iniciar com uma citação ou uma história.

Lembre-se de enunciar claramente o tema da palestra na introdução, para que o público saiba o rumo que a palestra tomará. Gerar credibilidade significa dizer aos ouvintes por que você tem qualificação para falar sobre o tema em pauta. Pode ser necessário demonstrar boas intenções se seu ponto de vista for malquisto. A exposição prévia do corpo ajuda o público a ouvir com atenção e oferece um preâmbulo perfeito ao corpo da palestra.

O primeiro objetivo da conclusão é sinalizar ao público que você está chegando ao fim, o que você pode fazer com suas palavras ou seu estilo de elocução. O segundo objetivo da conclusão é reforçar a ideia central. Você pode fazer isso com uma síntese da palestra, uma citação final, uma frase comovente ou uma remissão à introdução. Às vezes, é favorável associar duas ou mais dessas técnicas. Seja criativo para idealizar uma conclusão vívida e vigorosa.

» Palavras-chave

boas intenções Percepção do público sobre se o orador tem em mente o que é melhor para o público.
credibilidade Percepção do público sobre a qualificação ou não que o orador tem para falar sobre determinado tema.
exposição prévia (enunciado) Sentença da introdução que identifica os pontos principais que estarão no corpo de uma apresentação oral.
final crescendo Conclusão em que o orador atinge o ponto máximo de tensão e intensidade.
final decrescendo Conclusão que gera apelo emocional dissolvendo-se gradativamente, até chegar a uma frase final instigante.
pergunta retórica Pergunta que o público responde mentalmente, e não em voz alta.

» Questões para recapitulação

1. Quais são os quatro objetivos da introdução de uma exposição oral?
2. Quais são os sete métodos que você pode utilizar na introdução para atrair a atenção e o interesse dos ouvintes?
3. Por que é importante gerar credibilidade no início de uma exposição oral?
4. O que é exposição prévia? Por que quase sempre você deve incluir uma exposição prévia na introdução de uma palestra?
5. Quais são as seis dicas para a introdução?
6. Quais são as principais funções da conclusão de uma exposição oral?

7. Quais são as duas formas de indicar que uma exposição oral está chegando ao fim?
8. Quais são as quatro maneiras de reforçar a ideia central ao concluir uma exposição oral?
9. Quais são as quatro dicas para a conclusão?

» Exercícios de raciocínio crítico

1. Veja a seguir seis temas de palestra. Explique como você apresentaria cada um deles na introdução de uma palestra.
   - Previdência social
   - Café
   - Analfabetismo
   - Riso
   - Esteroides
   - Doação de sangue
2. Pense no tema de uma palestra. Crie uma introdução que aborde qualquer aspecto do tema que você desejar. Na introdução, procure atrair a atenção do público, revelar o tema e associá-lo com os ouvintes, gerar credibilidade e fazer uma exposição prévia do corpo da palestra.
3. Utilizando o mesmo tema do segundo exercício, crie a conclusão. Lembre-se de informar o público de que sua palestra está para terminar, de reforçar a ideia central e de fazer com que a conclusão seja vívida e inesquecível.

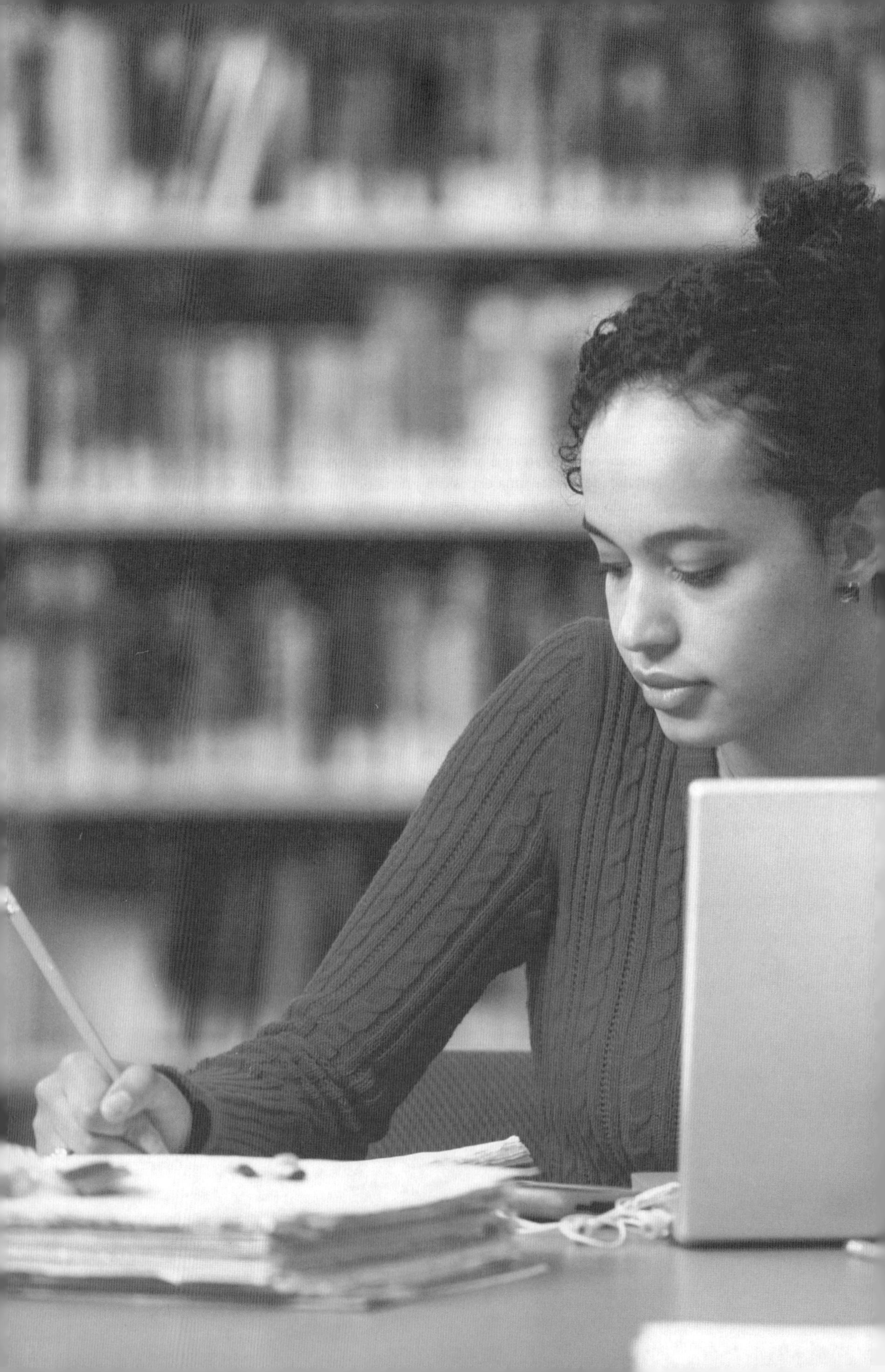

11

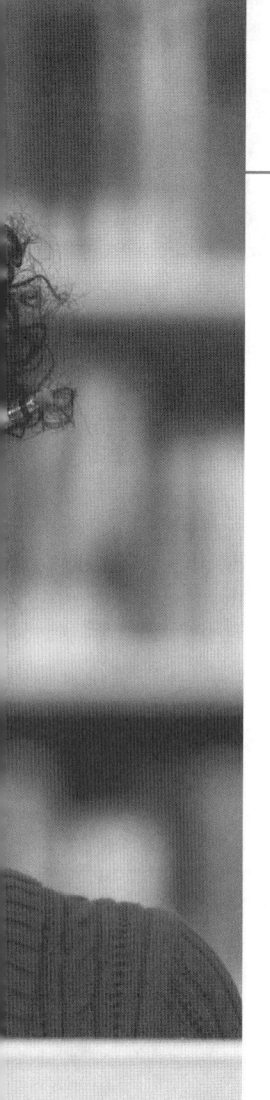

Esboço da preparação e apresentação

> » Esboço da preparação
> » Esboço da apresentação

Imagine o que aconteceria se você tentasse construir uma casa sem uma planta baixa ou um projeto arquitetônico. Você constrói um teto pontiagudo para ter janelas altas e um grande ventilador de teto, mas a altura do telhado bloqueia a janela do seu quarto no andar de cima. Você coloca uma porta de correr que dá para o jardim, mas não consegue abri-la sem que ela bata na parede da lareira, que está muito próxima. Você acha uma ideia maravilhosa não ter praticamente nenhuma parede interna. Porém, na primeira tempestade de neve, o teto (não apoiado) desaba.

Os planos e projetos são essenciais na arquitetura. Os esboços são igualmente essenciais para a eficácia de uma apresentação oral. Ao funcionar como um projeto ou esquema para sua palestra, o esboço permite que você veja todo o escopo e conteúdo de relance. Com ele, você consegue avaliar se todas as partes estão completamente desenvolvidas, se tem de adequar conteúdos de apoio aos pontos principais e se esses pontos estão bem equilibrados. O esboço o ajuda a ter certeza de que os itens estão associados, as ideias fluem de uma para outra e a estrutura mantém-se "de pé" – e não desmorona.

É provável que você utilize dois tipos de esboço em suas palestras – um bem detalhado, para a etapa de planejamento, e um bastante breve, para a apresentação.

» Esboço da preparação

O esboço da preparação é exatamente o que o nome indica – um esboço que o ajuda a preparar sua palestra. Redigi-lo significa conciliar as partes de sua palestra – decidir o que dirá na introdução, como organizará os pontos principais e os conteúdos de apoio no corpo e o que dirá na conclusão.

» Orientações sobre o esboço da preparação

Ao longo dos anos, foi desenvolvido um sistema relativamente uniforme de esboços de preparação, o qual é explicado a seguir e mostrado no esboço de exemplo apresentado nas páginas 196-199, mas existem outros tipos de formato.

» *Formule o objetivo específico da palestra*

A sentença do objetivo específico deve ser redigida como uma unidade distinta antes do esboço. Com a inclusão do objetivo específico, fica mais fácil avaliar se a palestra está estruturada para cumprir esse objetivo.

» *Identifique a ideia central*

A ideia central pode ser apresentada imediatamente após a sentença do objetivo ou apresentada e identificada no texto do esboço. Veja qual você prefere.

» *Marque a introdução, o corpo e a conclusão*

Se você marcar as partes da palestra, terá certeza de que efetivamente *tem* uma introdução e uma conclusão e conseguiu cumprir o objetivo primordial de ambas. Normalmente, os nomes das partes de uma palestra são inseridos no centro da página ou na margem esquerda. Eles são apenas uma indicação prática e não são incluídos no sistema de simbolização utilizado para identificar os pontos principais e os conteúdos de apoio.

» *Utilize um padrão consistente de simbolização e recuo*

No sistema de esboço mais comum, os pontos principais são identificados por números romanos e têm um recuo idêntico para que fiquem alinhados ao longo da página. Os subpontos (componentes dos pontos principais) são identificados por letras em caixa-alta (letra maiúscula) e também têm recuo idêntico para que fiquem alinhados um em relação ao outro.

Além disso, pode haver pontos subordinados aos subpontos e uma decomposição ainda mais detalhada. Por exemplo:

I. Ponto principal
   A. Subponto
   B. Subponto
      1. Sub do subponto
      2. Sub do subponto
         a. Sub do sub do subponto
         b. Sub do sub do subponto
II. Ponto principal
   A. Subponto

        1. Sub do subponto
        2. Sub do subponto
    B. Subponto
        1. Sub do subponto
        2. Sub do subponto

A **estrutura visual** clara desse esboço mostra imediatamente as relações entre as ideias da palestra: as mais importantes (os pontos principais) ficam na extrema esquerda; já as menos importantes (subpontos, sub dos subpontos etc.) ficam progressivamente à direita. Essa disposição mostra a estrutura de sua palestra completa.

Assim que o corpo da palestra estiver organizado (consulte o Capítulo 9), provavelmente já terá identificado os pontos principais. Você só precisa detalhar o esboço com subpontos e sub dos subpontos, de acordo com a necessidade, para respaldar os pontos principais. Porém, suponhamos que, como algumas vezes ocorre, você tenha uma lista de sentenças e não saiba ao certo quais são os pontos principais, quais são os subpontos, e assim por diante. Essa lista teria mais ou menos a seguinte aparência:

Havia 13 pessoas na Santa Ceia – Jesus e os 12 apóstolos.

Há muitas superstições em torno dos números.

Nos Estados Unidos, o número 13 é omitido na numeração de andares dos hotéis e arranha-céus.

O número 13 é associado ao azar desde que nos conhecemos por gente.

Qual sentença seria o ponto principal? A segunda ("Há muitas superstições em torno dos números"), cujo escopo é mais amplo do que o das demais. Essa seria uma das ideias principais de sua palestra. A quarta sentença é um subponto; ela apoia imediatamente o ponto principal. As outras duas são sub do subponto – exemplificam o subponto. Reorganizadas adequadamente, elas ficariam assim:

I. Há muitas superstições em torno dos números.
    A. O número 13 é associado ao azar desde que nos conhecemos por gente.
        1. Havia 13 pessoas na Santa Ceia – Jesus e os 12 apóstolos.
        2. Nos Estados Unidos, o número 13 é omitido na numeração de andares dos hotéis e arranha-céus.

Lembre-se, sobretudo, de que todos os pontos pertencentes a um mesmo nível devem apoiar imediatamente o ponto que está logo acima e ter um recuo à esquerda em seu esboço.

» *Enuncie os pontos principais e subpontos com sentenças completas*

A seguir, há dois conjuntos de pontos principais e subpontos para uma mesma palestra sobre Martin Luther King.

Ineficaz	**Mais eficaz**
I. Montgomery	I. Luther King iniciou sua trajetória no âmbito dos direitos civis no boicote às empresas de ônibus de Montgomery, de 1955 a 1956.
II. Década de 1960	II. Os grandes triunfos de Luther King ocorreram no início da década de 1960.

A. Birmingham	A. Em 1963, ele fez uma campanha contra a segregação em Birmingham, Alabama.
B. Marcha	B. Ainda nesse mesmo ano, ele participou da famosa marcha em Washington, DC.
1. 200 mil	1. Mais de 200 mil pessoas participaram.
2. "Sonho"	2. Luther King fez seu discurso "Eu tenho um sonho".
C. Prêmio	C. Em 1964, ele recebeu o Prêmio Nobel da Paz.
III. Últimos anos	III. Luther King enfrentou grande tumulto em seus últimos anos de vida.
A. Crítica	A. Ele foi criticado por negros mais militantes por não ser violento.
B. Vietnã	B. Ele protestou contra a Guerra do Vietnã.
C. Assassinato	C. Ele foi assassinado em Memphis, Tennessee, em 4 de abril de 1968.

O exemplo à esquerda funciona como um esboço de apresentação, mas é praticamente inaproveitável como esboço de preparação. Ele apresenta apenas indicações vagas, e não ideias distintas, além de não mostrar claramente o conteúdo dos pontos principais e dos subpontos. Tampouco revela se o orador refletiu sobre suas ideias. Já no esboço da direita, nenhuma dessas questões é preocupante.

Em suma, um esboço de preparação insuficiente tem pouco valor. A utilização de sentenças completas na formulação dos pontos principais e dos subpontos o ajuda a desenvolver plenamente suas ideias.

» Marque as transições, os resumos internos e as apresentações prévias internas

Uma alternativa para ter transições, resumos internos e apresentações prévias internas adequadas é incluí-los no esboço da preparação. Normalmente, eles não são incorporados ao sistema de simbolização e recuo, mas são marcados separadamente e inseridos no esboço no local em que aparecerão na palestra.

» Anexe a bibliografia

Você deve incluir no esboço uma **bibliografia** que mostre todos os livros, revistas, jornais e fontes da internet que você consultou, bem como qualquer entrevista ou pesquisa de campo que tenha conduzido.

Nos Estados Unidos, os principais formatos bibliográficos são os da Associação de Linguagem Moderna (Moderna Language Association – MLA) e o da Associação Norte-Americana de Psicologia (American Psychological Association – APA), sendo que ambos são amplamente utilizados por acadêmicos de comunicação. No Brasil, a norma adotada é a da Associação Brasileira de Normas Técnicas (ABNT). Seja qual for o formato que você adotar, procure citar as fontes de maneira clara, precisa e consistente. Para obter ajuda, volte à página 123, no Capítulo 7. Lá você encontrará exemplos de referência para as fontes utilizadas com maior frequência em palestras.

» Dê um título à sua palestra, se desejável

Em palestras para grupos pequenos, provavelmente você não precisará de um título para sua exposição oral. Entretanto, em algumas outras situações, o título é necessário – por exemplo,

» Do mesmo modo que os projetos são essenciais para a arquitetura, o esboço é indispensável para a apresentação de uma palestra. A elaboração do esboço ajuda a avaliar se a estrutura da palestra está clara e coerente.

quando a palestra é publicada com antecedência ou será publicada. Seja qual for o motivo, se você resolver utilizar um título, ele deve (1) ser breve, (2) atrair a atenção do público e (3) conter a essência de sua palestra.

Um bom título não precisa ter o que a Madison Avenue chamaria de *sex appeal* – algo extremamente reluzente e atraente. Ao mesmo tempo, certamente não há nada errado em um título chamativo – desde que apropriado à palestra. Veja a seguir dois grupos de títulos. Os da esquerda são diretos e descritivos. Os da direita são opções figurativas dos títulos da esquerda.

Grupo I	**Grupo II**
Vício em jogos de azar	Contra todas as probabilidades
O entusiasmo pelas dietas	O doce desejo de emagrecimento
Vivendo com a surdez	Os sons do silêncio
Água potável insegura	Toxinas na torneira

Qual grupo você prefere? Há vantagens e desvantagens em ambos. Os títulos do primeiro grupo revelam o tema, mas não são tão provocativos quanto os do segundo. Os do segundo com certeza despertarão o interesse, mas não passam uma ideia clara do assunto da palestra.

Existe outro tipo de título que você deve levar em conta – o interrogativo. O título formulado como uma pergunta pode ser tanto descritivo quanto provocativo. Por meio desse método, podemos criar um terceiro grupo de títulos associando as vantagens dos grupos I e II.

Grupo III

Você realmente acredita que consegue superar as probabilidades?

Dietas: O quanto elas são eficazes?

Você consegue ver o que estou dizendo?

A água que você toma é segura?

Pode ser que algumas vezes você consiga escolher um título para sua palestra logo no início de sua preparação. Em outras, talvez você só consiga encontrá-lo na última hora. Em ambos os casos, tente ser criativo para criar um título. Experimente vários e escolha aquele que pareça mais apropriado.

✓ CHECKLIST

Esboço de preparação

SIM	NÃO	
☐	☐	1. Minha palestra tem título (se isso tiver sido solicitado ou for necessário)?
☐	☐	2. O objetivo específico está enunciado antes do texto do esboço?
☐	☐	3. A ideia central está enunciada antes do texto do esboço?
☐	☐	4. A introdução, o corpo e a conclusão estão devidamente indicados?
☐	☐	5. Os pontos principais estão redigidos em sentenças completas?
☐	☐	6. As transições, os resumos internos e as apresentações prévias internas estão nitidamente indicados?
☐	☐	7. O esboço segue um padrão consistente de simbolização e recuo?
☐	☐	8. O esboço oferece uma estrutura visual clara que mostra as relações entre as ideias da palestra?
☐	☐	9. A bibliografia identifica todas as fontes consultadas na preparação do esboço?
☐	☐	10. A bibliografia segue algum formato?

» Exemplo de esboço de preparação com comentários

O esboço a seguir, para uma palestra informativa de seis minutos, mostra os princípios que acabamos de abordar. A coluna de comentários explica os procedimentos empregados na organização da palestra e na redação do esboço.

Cães de Serviço

Comentários	Esboço
» Enunciar o objetivo específico e a ideia central como unidades distintas antes do texto do esboço ajuda a avaliar se o esboço atende ao objetivo e transmite a ideia central.	*Objetivo específico*: Informar meu público sobre os três tipos principais de cães de serviço. *Ideia central*: Os cães-guia, os cães de assistência e os cães de alerta a convulsões fazem uma imensa diferença na vida de quem os utiliza.

» A identificação da introdução como uma seção distinta desempenha uma função especial na palestra.
» A abertura atrai a atenção e, em seu desenvolvimento, revela o tema da palestra.
	Introdução
	I. A maioria de nós não dá importância a tarefas simples como ligar a televisão ou atravessar a rua.
	   A. Porém, para muitos norte-americanos com deficiência física, essas tarefas não são nada simples.
	   B. Elas não poderiam ser realizadas sem os cães de serviço.
	II. De acordo com a Lei dos Norte-Americanos com Deficiência Física, cão de serviço é qualquer cão treinado especialmente para auxiliar um indivíduo com deficiência.

» Aqui, o orador gera credibilidade e expõe previamente os pontos principais que serão discutidos no corpo da palestra.	»

III. Nas pesquisas para esta palestra, percebi o quanto os cães de serviço são indispensáveis para milhões de norte-americanos.
IV. Hoje, apresentarei a vocês quais são os três tipos de cães de serviço – cães-guia, cães de assistência e cães de alerta a convulsões.

(*Transição*: Começaremos pelos cães-guia.)

» A inclusão de transições é uma garantia de que o orador procurou associar uma ideia a outra. Observe que a transição não é incluída no sistema de simbolização e recuo utilizado no restante da palestra.	»

» A identificação do corpo marca essa parte como uma seção distinta. » O primeiro ponto principal é escrito como uma sentença completa. Os dois subpontos do primeiro ponto principal são mostrados pelas letras em caixa-alta A e B e também são escritos em sentenças completas para garantir que o orador os analisou totalmente.	»

Corpo

I. Também chamados de cães para deficientes visuais, os cães-guia ajudam os deficientes visuais a se deslocarem.
   A. Como explicado no *Handbook on Animal – Assisted Therapy* de 2010, os cães-guia recebem treinamento intenso.
      1. O adestramento profissional dura pelo menos cinco meses.
      2. Mais um mês de adestramento é realizado depois que o cão é destinado ao dono.
      3. Em consequência disso, o valor de um cão-guia gira em torno de US$ 15 mil a US$ 50 mil.
   B. A Guide Dogs of America é uma das principais organizações de adestramento de cães-guia dos Estados Unidos.
      1. O *site* dessa organização afirma que o grupo oferece por ano, gratuitamente, 50 cães adestrados.
      2. O *site* ressalta também que atualmente existem 7 mil cães-guia nos Estados Unidos.

» O recuo sucessivo mostra visualmente as relações entre os pontos principais, os subpontos e os pontos subsequentes desses subpontos.	»

(*Transição*: Como os cães-guia, os cães de assistência têm um valor inestimável para as pessoas que precisam deles.)

II. Os cães de assistência realizam tarefas rotineiras para as pessoas com deficiência física.
   A. As habilidades desses cães são realmente surpreendentes.
      1. Eles ajudam as pessoas a se vestir, tirar roupas da máquina de lavar e pegar objetos no chão.
      2. Eles também abrem e fecham portas, apanham a correspondência e localizam chaves e celulares.
      3. Na verdade, eles conseguem fazer quase tudo o que é necessário para ajudar o dono em suas tarefas diárias.

» A transição mostra como o orador passará do primeiro para o segundo ponto principal. » Como o primeiro, o segundo ponto principal é escrito como uma sentença completa.	»

> » Os pontos abaixo do nível de subponto são indicados por números arábicos e letras em caixa-baixa (letra minúscula). Às vezes, eles não são escritos como sentenças completas. Escolha um formato.

B. Os cães de assistência são inestimáveis para o dono.
   1. A Dra. Alice Blue-McLendon, da Faculdade de Medicina Veterinária da A&M University do Texas, Estados Unidos, ressalta que esses cães ajudam os donos a adquirir uma nova sensação de liberdade e independência.
   2. Phil Day, dono de um labrador preto concedido pela Dogs for the Disabled, afirma: "Não seria o que sou sem um cão de assistência; esses cães nos aju-

> » A transição indica que o orador está passando para o ponto principal subsequente.
> » Esse ponto principal, do mesmo modo que os dois primeiros, é enunciado como uma sentença completa.

(*Transição*: Como já examinamos os cães-guia e os cães de assistência, agora passaremos para os cães de alerta a convulsões.)

III. Os cães de alerta a convulsões avisam o dono com epilepsia quando uma convulsão está para ocorrer.
   A. Esses cães conseguem perceber uma convulsão de vários segundos a 45 minutos antes da ocorrência, afirma John Ensminger, autor de *Service and Therapy Dogs in American Society*.

> » Observe o padrão de subordinação nesta seção. O subponto B afirma que não se sabe como os cães de alerta a convulsões adquirem essa habilidade. O item abaixo do terceiro subponto ressalta que existem duas teorias principais para explicar essa capacidade dos cães. Como os itens *a* e *b* ampliam o ponto da teoria, eles estão subordinados a esse ponto.

   B. Ainda não se sabe como os cães adquirem essa habilidade.
      1. Não é possível treiná-los para prever convulsões.
      2. Alguns nascem com essa capacidade, outros não.
      3. Existem duas teorias principais para explicar essa capacidade.
         a. Uma delas defende que os cães preveem convulsões por terem sensibilidade a pequenas mudanças no comportamento não verbal.
         b. A outra teoria afirma que eles detectam pequenas mudanças químicas porque têm o olfato aguçado.

Conclusão

> » A identificação da conclusão marca essa parte como uma seção distinta.
> » A sintetização dos pontos principais é um procedimento convencional em uma palestra informativa. A última frase do orador reforça sua ideia central.

I. Como vimos, os cães de serviço oferecem um apoio indispensável às pessoas com deficiência física.
II. Eu procurei enfatizar os cães-guia, os cães de assistência e os cães de alerta a convulsões.
III. Para os donos, esses cães são muito mais do que "o melhor amigo do homem" – são um novo estilo de vida.

> Esta é a bibliografia final. Ela relaciona as fontes de fato utilizadas na redação da palestra e é menor que a bibliografia preliminar compilada nas etapas iniciais de pesquisa. (Consulte o Capítulo 7, para obter informações sobre a bibliografia preliminar.)

> Esta bibliografia segue o formato da ABNT, mas existem outras formas. Verifique qual formato você deve utilizar em sua bibliografia.

Bibliografia

» DEPARTAMENTO DE JUSTIÇA DOS ESTADOS UNIDOS. **Americans with Disabilities Act**, 14 de janeiro de 2008. *Web*. Disponível em: <www.ada.gov>. Acesso em: 15 abril 2011.

DOGS FOR THE DISABLED. **Dogs for the Disabled**, 2010. Disponível em: <http://www.dogsforthedisabled.org/>. Acesso em: 17 abril 2011.

ENSMINGER, John J. **Service and therapy dogs in American society**. Springfield: Charles C. Thomas, 2010.

FINE, Aubrey H. (ed.) **Handbook on animal-assisted therapy**. 3. ed. Londres: Academic Press, 2010.

GUIDE DOGS OF AMERICA. **Guide dogs of America**, 2011. Disponível em: <www.guidedogsofamerica.org>. Acesso em: 18 abril 2011.

VETERINARY MEDICINE AND BIOMEDICAL SCIENCES. "Assistance dogs: offering a new sense of freedom". *Pet Talk. Texas A&M News and Information Services*. A&M University do Texas, 25 de fevereiro de 2011. Disponível em: <http://vetmed.tamu.edu/news/pet-talk/assistance-dogs-offering-a-new-sense-of-freedom>. Acesso em: 17 abril 2011.

» Esboço da apresentação

"Nunca havia ficado tão empolgado com um discurso em minha vida", escreveu um ouvinte em 1820 depois de um discurso de Daniel Webster. "Por três ou quatro vezes pensei que minhas têmporas estourariam com um jorro de sangue [...]. Fiquei fora de mim, e ainda estou."[1]

Essas reações eram comuns entre o público de Daniel Webster. Ele fez vibrar duas gerações de norte-americanos com seus discursos magistrais. Inacreditável tanto quanto nos parece hoje, ele conseguia entusiasmar as pessoas mesmo quando falava durante várias horas seguidas, muitas vezes sem utilizar nenhuma anotação. Certa vez, um jornalista lhe perguntou como ele conseguia fazer isso. "É a minha memória", disse Webster, "Consigo preparar um discurso, revisá-lo e corrigi-lo na memória e, depois, reproduzir o discurso corrigido exatamente como o definitivo".[2]

Poucas pessoas têm a notável capacidade de memória de Webster. Felizmente, não é mais habitual recitar um discurso de memória. Hoje, a maioria das pessoas utiliza o método espontâneo – isto é, a apresentação é cuidadosamente preparada e praticada com antecedência, mas grande parte das frases é escolhida no momento da apresentação (consulte o Capítulo 13). Provavelmente, suas palestras serão desse tipo. Por isso, você deve ter conhecimento sobre o *esboço da apresentação* – a forma de anotação mais recomendada para as exposições orais espontâneas.

O objetivo do esboço da apresentação é ajudá-lo a se lembrar do que deseja falar. De certa forma, ele é uma versão condensada do esboço da preparação. Ele deve conter frases ou palavras-chave para avivar sua memória, bem como estatísticas fundamentais e citações que você não deseja correr o risco de esquecer. Mas deve incluir também conteúdos *não* inseridos no esboço da preparação – particularmente dicas para direcionar e aguçar sua elocução.

A maioria dos oradores desenvolve uma versão própria de esboço de apresentação. À medida que você adquirir maior experiência, também se sentirá mais livre para experimentar. Entretanto, por enquanto, a melhor aposta é acompanhar as orientações básicas a seguir e utilizar como modelo o exemplo de esboço de apresentação exibido nas páginas 202-204.

» Orientações sobre o esboço da apresentação

» *Siga a estrutura visual utilizada no esboço da preparação*

O esboço da apresentação deve ter a mesma estrutura visual do esboço da preparação – os mesmos símbolos e o mesmo padrão de recuo. Essa estrutura facilitará muito a elaboração do esboço da apresentação. Mais importante, com ela você conseguirá ver instantaneamente em que ponto se encontra em sua palestra, em qualquer momento em que estiver falando. Você constatará que isso é uma grande vantagem. Quando estiver falando, olhará para baixo intermitentemente para ter certeza de que está abordando as ideias certas, na ordem correta.

Compare as duas versões a seguir de um esboço de apresentação parcial. Elas foram extraídas de uma palestra sobre a história do movimento pelos direitos das mulheres nos Estados Unidos.

Ineficaz	**Mais eficaz**
I. 1840-1860	I. 1840-1860
A. Convenção Mundial Antiescravidão	A. Convenção Mundial Antiescravidão
B. Convenção de Seneca Falls	B. Convenção de Seneca Falls
1. Lucretia Mott	1. Lucretia Mott
2. Elizabeth Cady Stanton	2. Elizabeth Cady Stanton
3. Declaração de Direitos e Sentimentos	3. Declaração de Direitos e Sentimentos
II. 1900-1920	II. 1900-1920
A. Associação Norte-Americana para o Sufrágio Feminino	A. Associação Norte-Americana para o Sufrágio Feminino
1. Fundação	1. Fundação
2. Objetivos	2. Objetivos
B. 19ª Emenda	B. 19ª Emenda
1. Campanha	1. Campanha
2. Aprovação	2. Aprovação

As palavras de ambos os esboços são exatamente as mesmas, mas a estrutura visual do esboço da direita facilita a visualização de relance e diminui a probabilidade de o orador se perder.

» *Elabore um esboço legível*

O esboço da apresentação será praticamente inútil se não puder ser lido com facilidade de certa distância. Quando estiver elaborando um esboço, utilize letras grandes, deixe um espaço extra entre as linhas, utilize margens amplas e escreva ou digite em um único lado do papel.

Alguns oradores inserem suas anotações em fichas. A maioria deles considera o tamanho 7,62 × 12,7 cm muito apertado e preferem o tamanho 10,16 × 15,24 cm ou 12,7 × 20,32 cm. Outras pessoas redigem o esboço da apresentação em papel normal. Ambos são bons, desde que suas anotações possam ser lidas facilmente enquanto estiver falando.

Utilizando a oratória em sua CARREIRA

Como advogada de defesa em um processo de furto de carro, você precisa preparar seu argumento final para os jurados antes que eles iniciem as deliberações. Depois de rever as provas do processo, você resolve reforçar os seguintes pontos para provar que seu cliente é inocente:

a. O carro furtado foi encontrado abandonado três horas depois do furto, com o motor ainda quente; no momento em que o carro foi encontrado, seu cliente estava no aeroporto para encontrar um amigo que estava chegando.
b. A análise laboratorial das pegadas de calçado com barro deixadas no tapete do carro indica que elas eram de um calçado tamanho 45; seu cliente usa tamanho 42.
c. A análise laboratorial mostra a presença de fumaça de cigarro no carro, mas seu cliente não fuma.
d. A única testemunha ocular, que estava a 15 metros do carro, disse que o ladrão "se parecia" com seu cliente; porém, essa testemunha admitiu que no momento do furto ela não estava usando óculos, que haviam sido prescritos para melhorar sua visão de longe.
e. O carro foi furtado em torno das 13h; seu cliente atestou que às 11h ele se encontrava em uma pequena cidade a 400 quilômetros de distância.
f. Em um depoimento à polícia, a testemunha ocular disse que o ladrão era loiro; seu cliente tem cabelos ruivos.

Ao elaborar o esboço de sua argumentação, você percebe que esses pontos podem ser organizados em três pontos principais, cada um com dois pontos de apoio. Faça um esboço que organize os pontos dessa maneira.

» Sintetize ao máximo o esboço

Se suas anotações estiverem muito detalhadas, terá dificuldade para manter contato visual com o público. Com um esboço detalhado, você ficará tentado a examiná-lo com frequência, como uma oradora percebeu:

> Angela Rossi estava falando sobre os benefícios do pilates. Ela havia preparado meticulosamente uma palestra e praticado até o momento em que sua elocução parecia quase perfeita. Contudo, quando apresentou a palestra na sala, ela examinava com frequência suas anotações. Consequentemente, sua apresentação ficou entrecortada e tensa. Após a palestra, os ouvintes de Angela mencionaram o número de vezes que ela havia olhado para as suas anotações, e ela ficou surpresa. "Nem percebi que estava

» Do mesmo modo que a especialista em finanças pessoais Suze Orman, muitos oradores experientes sentem-se mais confortáveis com algumas poucas anotações, pois assim podem se comunicar diretamente com o público.

fazendo isso", disse ela. "Na maior parte do tempo, não estava nem prestando atenção no esboço. Eu sabia a palestra de cor."

Muitos palestrantes tiveram essa mesma experiência. "Desde que eu tenha muitas anotações", pensam eles, "nenhum infortúnio acontecerá". Na verdade, os oradores principiantes utilizam uma quantidade exagerada de anotações. Como Angela, eles não precisam de todas elas para se lembrar da palestra, e acham que ter muitas anotações, na realidade, interfere na comunicação.

Para se precaver contra isso, sempre elabore um esboço de apresentação que tenha a máxima brevidade possível. O esboço deve conter frases ou palavras-chave para ajudá-lo a se lembrar dos principais pontos, subpontos e conectivos. Se for citar estatísticas, é aconselhável inseri-las em suas anotações. A menos que você tenha facilidade para memorizar citações, anote-as também por completo. Concluindo, pode haver também duas, três ou quatro ideias fundamentais cujas frases são tão importantes, que você deseja expressá-las completamente. A melhor regra é que suas anotações tenham o *mínimo* necessário para avivar sua memória e mantê-lo no rumo certo.

» *Insira dicas de elocução em seu esboço*

Um bom esboço de discurso de apresentação o faz se lembrar não apenas do que você *deseja* dizer, mas também de *como* deseja dizê-lo. À medida que praticar, perceberá que determinadas ideias e frases precisam de ênfase especial – que elas devem ser faladas com um volume de voz mais alto ou de uma maneira mais suave, lenta ou rápida em comparação com outras partes da palestra. Você determinará também a velocidade que deseja – como controlará o *timing*, o ritmo e o ímpeto. Contudo, independentemente de como e do quanto você planejar essas questões com antecedência, do quanto praticar, é fácil esquecê-las diante do público.

A solução é incluir no esboço da apresentação algumas **dicas de elocução** – instruções para o pronunciamento da palestra. Uma alternativa é sublinhar ou ressaltar as ideias importantes que você não quer se esquecer de enfatizar. Desse modo, quando chegar até elas, você se lembrará de enfatizá-las. Outra solução é registrar no esboço dicas explícitas como "pausa", "repetir", "devagar", "mais alto" etc. Essas duas técnicas são um bom recurso para os iniciantes, mas elas são utilizadas também por oradores experientes.

» **Exemplo de esboço de apresentação com comentários**

Veja a seguir um exemplo de esboço de apresentação para uma palestra informativa de seis minutos sobre cães de serviço. Se compará-lo com o esboço de preparação da mesma palestra, nas páginas 196-199, perceberá como um esboço de preparação detalhado é transformado em um esboço de apresentação conciso.

Comentários	Palestra

» Esses comentários ajudam o orador a se lembrar de estabelecer contato visual e não se precipitar.
» A inclusão dos pontos principais da introdução ajuda o orador a se manter no caminho certo no início da palestra.
	Contato visual!
	Devagar
	I. Não dar importância a tarefas simples – TV, atravessar a rua.
	   A. Tarefas que não são nada simples para os norte-americanos com deficiência.
	   B. Não poderiam ser realizadas sem os cães de serviço.

» É sempre bom fazer uma breve pausa antes de começar a abordar o primeiro ponto principal. Essa é outra forma de indicar que você está passando da introdução para o corpo da palestra.

» A maioria dos oradores distingue o corpo da palestra em ambos os tipos de esboço.

» Ao longo do esboço, são utilizadas palavras-chave para avivar a memória do orador. Como na exposição espontânea o orador escolhe de que forma se expressará no momento da apresentação, as frases não serão exatamente iguais às do esboço da preparação.

» A inserção de transições garante que o orador não se esqueça delas.
» O sublinhado ajuda o orador a se lembrar de enfatizar palavras ou ideias fundamentais.

» No esboço da apresentação, normalmente as citações são escritas na íntegra.

II. Lei dos Norte-Americanos com Deficiência Física: cão de serviço é qualquer cão treinado especialmente para auxiliar uma pessoa com deficiência.
III. Pesquisas da palestra; cães de serviço são indispensáveis.
IV. Hoje – cães-guia, cães de assistência, cães de alerta a convulsões.

(*Transição*: Começaremos pelos cães-guia.)

Pausa

Corpo

I. Ajudam os deficientes visuais a se movimentarem.
   A. Treinamento: *Handbook on Animal-Assisted Therapy* de 2010.
      1. Adestramento profissional – 5 meses.
      2. Mais um mês – com o dono.
      3. Valor do cão-guia – de US$ 15 mil a US$ 50 mil.
   B. Guide Dogs of America treina os cães-guia dos Estados Unidos.
      1. *Site*: por ano 50 cães adestrados gratuitamente.
      2. 7 mil cães-guia nos Estados Unidos.

(*Transição*: Como os cães-guia, os cães de assistência são inestimáveis.)

II. Tarefas rotineiras para pessoas com deficiência física.
   A. Habilidades <u>surpreendentes</u>.
      1. Vestir roupas, roupas da máquina de lavar, objetos no chão.
      2. Portas, correspondência, celulares.
      3. <u>Quase tudo</u> o que é necessário em tarefas diárias.
   B. Inestimáveis para o dono.
      1. Dra. Alice Blue-McLendon, Faculdade de Medicina Veterinária da A&M University do Texas: ajudam os donos a adquirir liberdade e independência.
      2. Phil Day: labrador preto – "Não seria o que sou sem um cão de assistência; esses cães nos ajudam <u>de muitas formas</u>".

> - As fontes de estatística e testemunho devem ser incluídas no esboço da apresentação para que o orador as identifique no momento em que estiver falando.
> - Observe que o corpo da palestra segue o mesmo formato visual do esboço da preparação, para facilitar a leitura de relance.

(*Transição*: Agora, passaremos para os cães de alerta a convulsões.)

» III. Avisam o dono com epilepsia antes da ocorrência de uma convulsão.
    A. Vários segundos a 45 minutos antes: John Ensminger, autor de *Service and Therapy Dogs in American Society*.
    B. Não se sabe como os cães fazem isso.
       1. Não podem ser treinados para prever convulsões.
       2. Alguns nascem com essa capacidade, outros não.
       3. Duas teorias principais para explicar essa capacidade.
          a. Preveem convulsões com base em comportamentos não verbais.
          b. Detectam pequenas mudanças químicas pelo olfato.

> - Normalmente é bom fazer uma pausa antes de entrar na conclusão.

» *Pausa*

> - A inclusão de ideias e frases-chave da conclusão aviva a memória do orador para que a palestra termine de acordo com o que foi planejado.

Conclusão
» I. Como vimos, os cães de serviço ajudam pessoas com deficiência física.
  II. Hoje procurei enfatizar os cães-guia, os cães de assistência e os cães de alerta a convulsões.
  III. Os cães de alerta são muito mais do que "o melhor amigo do homem" – são um novo estilo de vida.

» Resumo

O esboço é essencial para a eficácia de uma palestra. Por meio dele, você verifica se suas ideias estão associadas, se seus pensamentos fluem de um para outro e se a estrutura de sua palestra está coerente. Provavelmente, você utilizará dois tipos de esboço: um esboço de preparação detalhado e um esboço de apresentação resumido.

No esboço da preparação, você enuncia seu objetivo específico e a ideia central; distingue a introdução, o corpo e a conclusão; e indica transições, resumos internos e apresentações prévias internas. Você deve identificar os pontos principais, os subpontos e os pontos subsequentes com um padrão consistente de simbolização e recuo. Você também pode inserir a bibliografia no esboço da preparação.

O esboço da apresentação deve conter frases ou palavras-chave para avivar a memória do orador, bem como estatísticas e citações essenciais. Ele deve ser legível, seguir a mesma estrutura visual do esboço da preparação e conter dicas de elocução.

» Palavras-chave

bibliografia Lista de todas as fontes utilizadas na preparação de uma palestra.
dicas de elocução Orientações no esboço da apresentação que ajudam o orador a se lembrar de como ele deseja enunciar partes fundamentais da palestra.

esboço da apresentação Esboço breve utilizado para avivar a memória do orador durante a apresentação da palestra.

esboço da preparação Esboço detalhado, desenvolvido durante o processo de preparação de uma exposição oral, que inclui título, objetivo específico, ideia central, introdução, pontos principais, subpontos, conectivos, conclusão e bibliografia correspondente.

estrutura visual Padrão de simbolização e recuo no esboço de uma palestra que mostra as relações entre as ideias do orador.

» Questões para recapitulação

1. Por que é importante elaborar um esboço?
2. Em que consiste o esboço da preparação? Quais são as oito orientações discutidas neste capítulo sobre a redação do esboço da preparação?
3. Em que consiste o esboço da apresentação? Quais são as quatro orientações sobre esse esboço?

» Exercícios de raciocínio crítico

1. Na coluna da esquerda, há espaços em branco no esboço de uma palestra sobre a Golden Gate Bridge. A coluna da direita apresenta subpontos dispostos aleatoriamente, para que sejam preenchidos no esboço. Escolha o subponto apropriado para cada espaço em branco no esboço.

Esboço	Subpontos
I. Mais de 20 anos se passaram do momento em que a Golden Gate Bridge foi proposta ao momento em que foi inaugurada.	Hoje, essas torres transformaram a Golden Gate na terceira ponte suspensa mais alta do mundo.
A.	A construção foi finalmente iniciada em 1933 e concluída em 1937.
B.	A distância entre as torres é de 1.280 metros.
C.	Na época em que foi construída, a Golden Gate era também a ponte suspensa mais extensa do mundo.
D.	Em 1923, o Estado da Califórnia aprovou uma lei autorizando a construção da ponte.
II. Hoje com 75 anos, a Golden Gate continua sendo uma das maravilhas da engenharia moderna.	As duas torres estão em torno de 230 metros acima das águas do Oceano Pacífico.
A.	Do momento em que a construção da ponte foi autorizada, a aprovação do projeto e do financiamento levou dez anos.
1.	
2.	Essa distância a torna a nona ponte suspensa mais extensa do mundo atualmente.
B.	Na época que foi construída, a Golden Gate era a ponte suspensa mais alta do mundo.
1.	
2.	A Golden Gate foi proposta originalmente em 1916, mas durante anos enfrentou obstáculos legais.

2. Com base no esboço de preparação da palestra sobre a Golden Gate que você organizou no primeiro exercício, crie um esboço que possa ser utilizado na apresentação. Siga as orientações sobre esboço de apresentação oferecidas neste capítulo.

PARTE IV

Apresentação de uma palestra

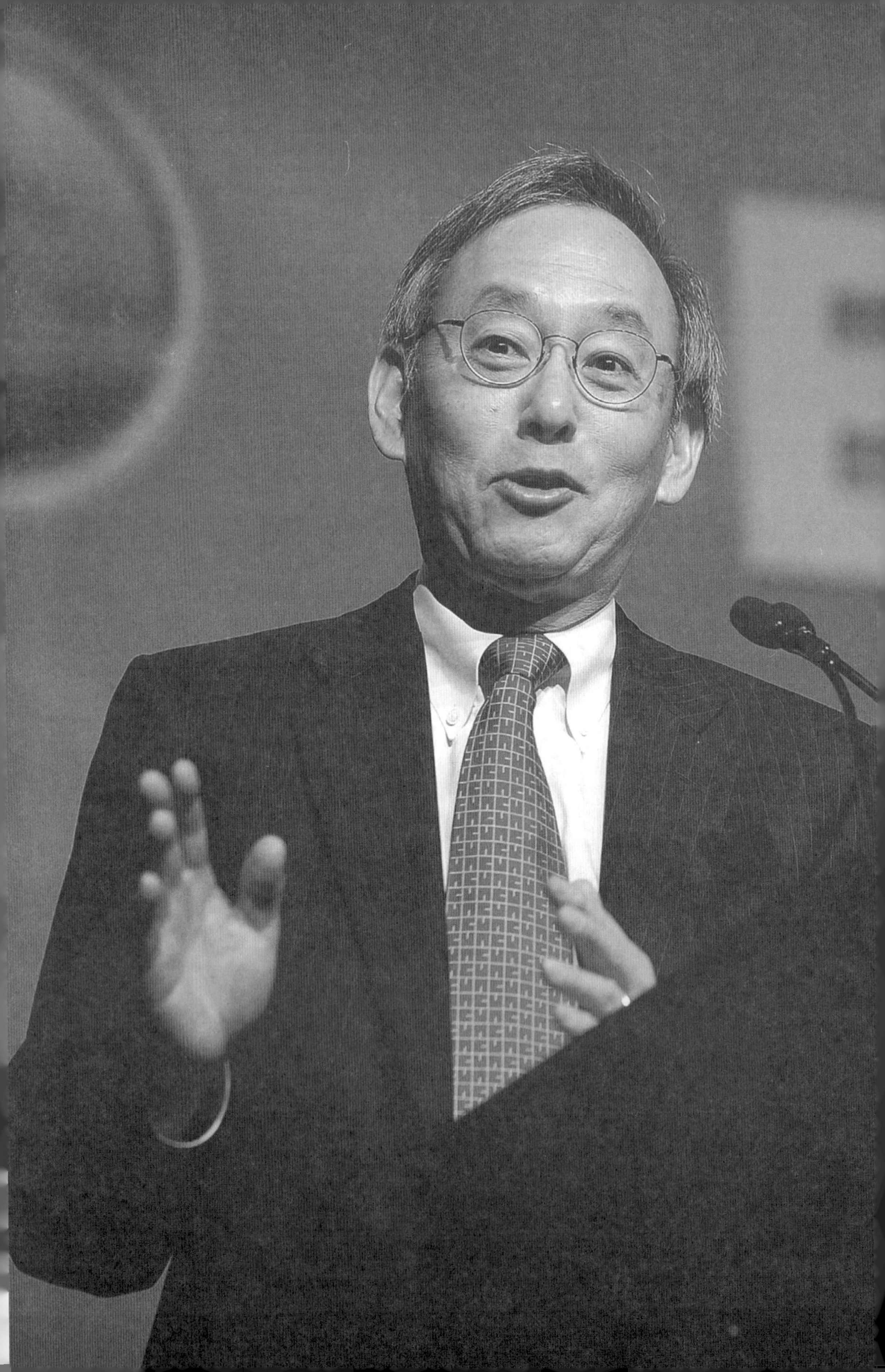

12

Emprego da linguagem

> » Significado das palavras
> » Empregando a linguagem com precisão
> » Empregando a linguagem com clareza
> » Empregando a linguagem de forma incisiva
> » Empregando a linguagem de forma apropriada
> » Uma observação sobre a linguagem inclusiva

Ao contrário da crença popular, a linguagem não espelha a realidade: ela não descreve meramente o mundo tal como ele é. Na verdade, a linguagem ajuda a criar nossa percepção de realidade quando atribuímos significados aos acontecimentos. As palavras que empregamos para identificar um acontecimento determinam em grande medida de que forma reagimos a ele.

Por exemplo, se você considera o uso médico de células-tronco "imoral", "cientificamente irresponsável" e uma "violação contra a vida humana", é provável que se oponha a isso. Contudo, se você o considera "moral", "cientificamente responsável" e uma forma de "aliviar a dor e o sofrimento", é provável que o apoie.

O que divide esses dois pontos de vista? Não são as capacidades da medicina moderna; não é o estado de saúde das pessoas com doenças genéticas; não são os procedimentos médicos de uso de células-tronco. Todos esses fatores são idênticos para ambos os lados. A diferença está no *significado* que lhes é atribuído pelas palavras que os qualificam.[1]

As palavras são as ferramentas de ofício do orador. Elas têm aplicações especiais, do mesmo modo que as ferramentas de qualquer outra profissão.

Alguma vez você já viu um carpinteiro trabalhando? O trabalho que eu ou você demoraríamos algumas horas para fazer é realizado pelo carpinteiro em 10 minutos – com as ferramentas corretas. Não é possível afixar um prego com uma chave de fenda nem apertar um parafuso com um martelo. O mesmo se aplica ao ato de falar em público. Você precisa escolher as palavras certas para o trabalho que deseja realizar.

Os bons oradores têm consciência do significado das palavras – tanto dos significados óbvios quanto dos sutis. Além disso, eles sabem empregar a linguagem de maneira precisa, clara, incisiva, apropriada e inclusiva. Este capítulo investigará cada uma dessas questões

» Significado das palavras

As palavras têm dois tipos de significado – denotativo e conotativo. O **significado denotativo** é preciso, literal e objetivo. Ele descreve o objeto, a pessoa, o lugar, a ideia ou o evento ao qual a palavra se refere. Uma forma de considerar o significado denotativo de uma palavra é pensar na definição que lhe é dada pelo dicionário. Por exemplo, de forma denotativa, o substantivo "escola" significa "lugar, instituição ou estabelecimento destinado a ensino".

O **significado conotativo** é mais variável, figurativo e subjetivo, ou seja, refere-se ao que a palavra sugere ou insinua. Por exemplo, o significado conotativo de "escola" abrange todos os sentimentos, associações e emoções que a palavra desencadeia em diferentes pessoas. Para algumas, a palavra "escola" poderia conotar desenvolvimento pessoal, amigos de infância e um professor especial. Para outras, frustração, disciplina e deveres de casa entediantes.

O significado conotativo confere às palavras sua intensidade e seu poder emocional, desencadeando nos ouvintes sentimentos de raiva, piedade, amor, medo, amizade, nostalgia, cobiça, culpa etc. Os oradores, do mesmo modo que os poetas, empregam a conotação com frequência para enriquecer o significado de sua exposição. Por exemplo:

> Os <u>terroristas</u> não <u>ouvem a razão</u> nem se empenham em <u>convencer</u> os outros pela lógica. Seu objetivo é gerar <u>medo</u> – é <u>forçar</u> as pessoas à <u>submissão</u>. Eles avaliam o sucesso com base na magnitude do <u>medo</u> que eles geram por meio de <u>atos de violência brutais e cruéis</u>. Os <u>terroristas</u> são manipulados para <u>matar</u> com a finalidade de promover qualquer causa que aleguem defender. E a <u>atrocidade</u> desses <u>homicídios</u> é acentuada pelo fato de os <u>terroristas matarem sem piedade</u>. Eles matam com uma frieza <u>deliberada e premeditadamente</u>. Eles são <u>absolutamente amorais</u>.

As palavras sublinhadas nessa passagem têm conotações fortes que quase certamente produzem uma forte repulsa emocional ao terrorismo.

Em contraposição, reproduzimos aqui uma versão dessa mesma declaração, mas empregando palavras com um conjunto diferente de conotações:

> Os terroristas não procuram negociar com seus oponentes. Eles buscam a vitória utilizando pressões políticas e psicológicas que incluem atos de violência que podem pôr a vida de outras pessoas em risco. Para o terrorista, os objetivos finais são mais importantes do que os meios empregados para atingi-los.

Com exceção de "terroristas", as palavras dessa declaração são tendem menos a desencadear uma reação intensamente negativa do que aquelas enunciadas na primeira.

Qual delas é preferível? Isso depende do público, da ocasião e da intenção do orador. Você deseja incitar as emoções dos ouvintes, arregimentá-los para alguma causa? Nesse caso, escolha palavras com significados conotativos mais intensos. Ou você está falando sobre uma questão controversa e tentando parecer completamente imparcial? Se for isso, fique com as palavras que desencadeiam reações menos intensas. A escolha habilidosa de palavras com

» As palavras são as ferramentas de ofício do orador. Os bons oradores empregam-nas com precisão e correção. Além disso, utilizam a linguagem que promete ser clara, incisiva e apropriada aos seus ouvintes.

base em seus significados denotativos e conotativos é um componente fundamental do ofício do orador.

» Empregando a linguagem com precisão

A utilização precisa da linguagem é tão vital para um orador quanto a utilização precisa de números por um contador. Um orador descobriu isso a duras penas. Em uma palestra sobre o sistema de justiça criminal dos Estados Unidos, ele se referiu várias vezes à "persecução criminal" (*criminal persecution*). O que ele queria dizer, obviamente, era "*acusação* criminal" (*criminal prosecution*). Esse erro praticamente destruiu sua palestra. Como um de seus ouvintes disse, "Como posso acreditar no que você diz sobre nossos tribunais se você nem mesmo sabe a diferença entre *prosecution* e *persecution*?".

Felizmente, essas mancadas evidentes são relativamente raras entre oradores preparados. Entretanto, todos nós cometemos erros mais sutis – particularmente ao empregar uma palavra quando outra poderia apreender nossas ideias com maior precisão. Toda palavra tem nuanças de significado que a distinguem de outra palavra. Como disse Mark Twain, "A diferença entre a palavra certa e a palavra quase certa é a diferença entre relâmpago [*lightning*] e vaga-lume [*lightning bug*]".

Se você examinar um **dicionário de sinônimos (*thesaurus*)***, encontrará:

        educação   conhecimento   experiência

Todas essas palavras significam aproximadamente a mesma coisa – domínio especial sobre um assunto ou habilidade –; porém, têm diferentes nuanças de significado. Veja se você consegue indicar a melhor palavra para cada sentença a seguir:

1. Pelo fato de ter conseguido uma bolsa em uma grande universidade, Enrique recebeu _____ excelente.
2. Sofia adquiriu _____ sobre a história chinesa lendo inúmeros livros a respeito do assunto.

---

* N. de T.: Uma das concepções da palavra "tesauro" (*thesaurus*) é de um vocabulário de um ramo do saber que descreve sem ambiguidades os conceitos a ele atinentes.

3. _____ de Ebony como consultor de negócios provém de seu trabalho com vários clientes ao longo dos anos.

As melhores respostas para as três sentenças são:

    1. educação 2. conhecimento 3. experiência

O significado de cada uma delas é ligeiramente diferente e cada uma diz algo especial para os ouvintes.

Na preparação de suas palestras, sempre pergunte a si mesmo: "O que *de fato* quero dizer? O que *de fato* estou dizendo?". Quando tiver dúvida, consulte um dicionário comum ou de sinônimos para ter as melhores palavras para expressar suas ideias.

» Empregando a linguagem com clareza

As pessoas são diferentes. O que faz perfeito sentido para algumas pode ser um jargão ininteligível para outras. Você não pode pressupor que o que é claro para você é igualmente claro para o público. Os ouvintes, diferentemente dos leitores, não têm como recorrer a um dicionário ou reler as palavras de um autor para descobrir o seu significado. O significado que o orador quer passar deve ser compreensível *imediatamente*; precisa ser claro o bastante para não gerar nenhum mal-entendido. Para assegurar essa compreensão, você deve empregar palavras familiares, escolher palavras concretas em lugar de palavras abstratas e eliminar a prolixidade.

» Empregue palavras familiares

Um dos maiores obstáculos à clareza de uma exposição oral é o emprego de palavras extensas e pedantes em lugares em que palavras curtas e bem definidas produzem um efeito melhor.[2] Isso é particularmente verdadeiro com relação a uma linguagem técnica possivelmente familiar para o orador, mas não para o público. Entretanto, se você se esforçar, sempre conseguirá transpor o mais especializado dos temas para uma linguagem clara e familiar.

Aqui, por exemplo, há duas passagens que explicam os efeitos devastadores que o uso de bebida alcoólica por uma mulher grávida pode causar sobre o feto. A primeira é tecnicamente precisa, mas contém muitas palavras obscuras.

> Os efeitos deletérios do álcool sobre o feto são muito sérios. Quando uma mulher grávida consome bebidas alcoólicas, o etanol presente na corrente sanguínea atravessa facilmente a placenta e invade o líquido amniótico do feto. Isso pode gerar inúmeras síndromes congênitas incomuns, como disfunções no sistema nervoso central, deficiências de crescimento, várias anomalias faciais e diversas malformações de maior ou menor gravidade.

Os ouvintes bem informados provavelmente conseguem entender o que são "efeitos deletérios", "disfunções do sistema nervoso central" e "anomalias faciais". No entanto, esses termos não criam imagens mentais definidas daquilo que o orador está tentando dizer.

Em contraposição, veja essa segunda passagem. Ela é extremamente clara e mostra o que pode ser feito se houver esforço, imaginação e um respeito salutar pelas palavras comuns:

> Quando uma mulher grávida ingere alguma bebida, o álcool é absorvido pela corrente sanguínea e distribuído por todo o corpo. Depois de beber alguns copos de cerveja ou martinis, ela começa a se sentir ligeiramente embriagada e procura ficar sóbria. Toma uma xícara de café, duas aspirinas e tira uma soneca. Algum tempo depois, ela se sente bem.

Contudo, enquanto a mãe dorme, o feto absorve o mesmo teor alcoólico. Depois que o feto absorve o álcool, começa a sentir o efeito, mas não consegue ficar sóbrio. Ele não tem como tomar uma xícara de café nem aspirina. O fígado do feto, principal órgão que elimina o álcool do sangue, ainda não está desenvolvido. Portanto, ele fica literalmente embriagado.[3]

É esse tipo de linguagem sem adornos que os ouvintes desejam. Você não terá como errar se seguir o conselho de Winston Churchill de empregar "palavras curtas e simples de uso corriqueiro". Se você acha que precisa de palavras extensas (ou de muitas palavras) para impressionar os ouvintes, lembre-se de que o Discurso de Gettysburg – considerado o mais apurado na língua inglesa – contém 271 palavras, das quais 251 têm uma ou duas sílabas.

» Escolha palavras concretas

As palavras concretas referem-se a objetos tangíveis – pessoas, lugares e objetos. Elas diferem das palavras abstratas, que se referem a conceitos, propriedades ou atributos genéricos. "Cenoura", "caneta", "nariz" e "porta" são palavras concretas. "Humildade", "ciência", "progresso" e "filosofia" são palavras abstratas.

Obviamente, poucas palavras são completamente abstratas ou concretas. "Torta de maçã" (*apple pie*) é uma expressão concreta, mas nos Estados Unidos ela carrega também os valores abstratos de patriotismo e costumes convencionais. Normalmente, quanto mais específica, mais concreta é a palavra. Digamos que você esteja conversando sobre basquete. Veja algumas palavras e frases que você poderia empregar:

atividade física	abstrata/genérica
esporte	
basquete	
basquete profissional	
Kobe Bryant	concreta/específica

À medida que você percorre essa lista, as palavras tornam-se menos abstratas e mais concretas. Você parte de um conceito genérico (atividade física) e desce para um tipo de atividade (esporte), um esporte específico (basquete), uma divisão desse esporte (basquete profissional) e a determinado jogador de basquete profissional (Kobe Bryant).

Embora as palavras abstratas sejam necessárias para expressar determinados tipos de ideia, elas podem ser mal interpretadas mais facilmente do que as concretas. Além disso, as palavras concretas são bem mais propensas a chamar a atenção dos ouvintes. Suponhamos que você fizesse uma palestra sobre percevejos-de-cama, que estão se tornando uma epidemia nos Estados Unidos. Veja duas alternativas para abordar esse assunto – uma com palavras abstratas e outra com palavras concretas:

Palavras abstratas

> Os percevejos-de-cama são notáveis nos Estados Unidos. Eles afetam pessoas de todos os estratos sociais, de todos os grupos demográficos ou de todas as regiões do país. Eles são encontrados em uma série de localidades sociais, algumas delas inimagináveis. Não importa onde você viva, os percevejos--de-cama são um problema crescente.

Palavras concretas

> Nos últimos meses, os percevejos-de-cama viraram notícia em todo o país, afetando ricos e pobres, lugares limpos e sujos, a Costa Leste e a Costa Oeste e qualquer lugar entre esses extremos.

www.grupoa.com.br
Assista a esse trecho de "The Plague of Bed Bugs" ("A Praga dos Percevejos-de-Cama") – Vídeo 12.1 – em inglês.

Em Nova York, esses percevejos foram encontrados em hotéis sofisticados, em trens de metrô superlotados e até mesmo na loja Victoria's Secret da Lexington Avenue. Em Los Angeles, eles se infiltraram em conjuntos habitacionais e também em áreas elegantes de Beverly Hills. Nas cidades universitárias, eles são encontrados em quase todos os lugares – dormitórios, residências, restaurantes, cinemas, bares e ginásios esportivos.

Os percevejos-de-cama estão se tornando uma praga de proporção epidêmica.

Observe como a segunda versão é mais persuasiva. A exposição oral em que o orador utiliza predominantemente palavras concretas será quase sempre mais clara, interessante e fácil de ser lembrada do que aquela em que há principalmente palavras abstratas.

» Elimine a prolixidade

A **prolixidade (redundância)** tornou-se uma febre nacional. O que será que aconteceu com palavras simples como "antes", "se" e "agora"? Quando foram vistas pela última vez, elas estavam sendo suplantadas por palavras equivalentes, mas enfadonhas: "previamente", "na eventualidade de" e "a essa altura do campeonato". De modo semelhante, por que os políticos não conseguem dizer "Estamos em crise", em vez de "Estamos enfrentando uma grave situação de crise cuja resolução favorável será difícil"?

Diante dessa prolixidade, os ouvintes são obrigados a enxugar um emaranhado de palavras para descobrir o significado subjacente. Quando fizer uma palestra, utilize uma linguagem enxuta e vigorosa. Tome cuidado para não empregar várias palavras quando uma ou duas dão conta do recado. Evite frases frouxas. Permita que suas ideias aflorem de maneira categórica e firme. Observe, sobretudo, a redundância de adjetivos e advérbios. Os oradores (e os redatores) inexperientes tendem a empregar consecutivamente dois ou três adjetivos sinônimos, como "uma pessoa culta e instruída" ou "um dia quente, calorento e tórrido".

Veja parte de uma palestra que foi revista para eliminar o excesso:

> Touro Sentado foi um dos chefes indígenas *[caciques]* norte-americanos mais importantes e significativos. Ele nasceu no ano de *[em]*1831, próximo de Grand River, em uma área que no presente momento faz parte do *[hoje]* Estado de Dakota do Sul. Guerreiro destemido e corajoso, ele acabou sendo *[foi]* escolhido chefe da tribo Sioux Hunkpapa em 1867 *[e,]*. Nos anos posteriores *[posteriormente]*, ele também atraiu grande e numeroso séquito entre as tribos *[os]* Cheyenne e Arapaho. Para as pessoas dos dias de hoje *[Hoje]*, ele é mais conhecido por seu proeminente papel em ajudar a derrotar *[ter*

» Mesmo em uma discussão sobre assuntos técnicos, oradores competentes como o economista Paul Krugman, ganhador do Nobel, procuram alternativas para transmitir suas ideias por meio de uma linguagem clara e familiar.

derrotado] o general Custer na Batalha de Little Bighorn em 1876. Ainda que finalmente tenha sido ~~levado contra sua vontade~~ *[forçado]* a viver ~~sua vida~~ na reserva Standing Rock, Dakota do Sul, ele nunca renunciou ~~a ninguém~~ *[à]* sua dignidade ou devoção ~~pessoal~~ ao estilo de vida Sioux.

Observe como a versão revisada é mais limpa e fácil de acompanhar. As ideias do orador não ficam escondidas em um emaranhado de palavras desnecessárias.

Logo que você pegar o jeito, conseguirá fazer esses cortes com maior facilidade. A parte mais difícil – e isso ocorre com frequência – é reconhecer o excesso e forçar-se a cortar as palavras desnecessárias. Fique atento a isso no momento em que redigir o esboço de suas palestras. Disponha-se a revisá-lo até o momento em que suas ideias ganharem clareza e um caráter incisivo.

Além disso, você pode eliminar o excesso utilizando um gravador para praticar a apresentação das palestras. Ao reproduzir a gravação, preste atenção não apenas a frases frouxas, mas também a enchimentos verbais como "entende", "veja" e "bom". Pratique novamente, dessa vez fazendo um esforço especial para cortar palavras desnecessárias ou que distraiam os ouvintes. Além de ajudá-lo a se tornar um orador mais proficiente, isso também o ajudará a apresentar melhor suas ideias em reuniões, conversas informais e discussões em grupo.[4]

» Empregando a linguagem de forma incisiva

Do mesmo modo que você pode ser preciso sem ser claro, você pode ser preciso e claro sem ser interessante. Por exemplo, veja como Martin Luther King *poderia ter* redigido parte de seu excelente discurso "Eu tenho um sonho":

> Retroceder é algo que não nos é dado fazer. Devemos continuar a lutar contra a brutalidade da polícia, a segregação habitacional, a privação de direitos e a desagregação. Somente quando esses problemas estiverem solucionados ficaremos satisfeitos.

Veja o que Luther King *de fato* disse:

> Não podemos retroceder. Há quem pergunte aos devotos dos direitos civis: "Quando ficarão satisfeitos?". Nunca ficaremos satisfeitos enquanto o negro for vítima dos indescritíveis horrores da brutalidade policial. Nunca ficaremos satisfeitos enquanto nosso corpo, pesado pela fadiga da viagem, não puder encontrar abrigo nos hotéis à beira das estradas e nos hotéis das cidades. [...] Não podemos ficar satisfeitos enquanto o negro do Mississipi não puder votar e o negro de Nova York acreditar que não há motivo para isso.
>
> Não... não. Não estamos satisfeitos, e não ficaremos satisfeitos enquanto a justiça não correr como água e a equidade não fluir como uma forte correnteza.

Bem mais emocionante, não é? Se você deseja comover as pessoas em suas exposições orais, utilize uma linguagem incisiva e vigorosa. Embora existam várias alternativas para fazer isso, duas entre as mais importantes são a imagística (ou figuras de linguagem) e o ritmo.

» Imagística

Uma das marcas de um bom romancista é seu poder de **imagística**, sua habilidade para criar figuras de linguagem que possibilitam que você "veja" uma casa mal-assombrada, "ouça" os pássaros cantando em uma agradável manhã de primavera ou "sinta o sabor" de uma apimentada *enchilada* em um restaurante mexicano.

Os oradores podem utilizar a imagística quase da mesma maneira para dar vida às suas ideias. Existem alternativas para criar imagens por meio de palavras concretas, símiles e metáforas.

» Palavras concretas

Como vimos neste capítulo, a utilização de palavras concretas em lugar de palavras abstratas fortalece a objetividade de uma exposição oral. As palavras concretas são também fundamentais para criar figuras de linguagem eficazes. Veja o trecho a seguir, extraído de um famoso discurso de Ronald Reagan em comemoração ao 40º aniversário do Dia D. Discursando no local do combate, Reagan relatou com dramaticidade o heroísmo dos Rangers, os membros de elite do Exército dos Estados Unidos, que escalaram o penhasco Pointe du Hoc para ajudar a libertar a Europa da camisa de força de Hitler:

> Aqui estamos na costa norte da França, em um cume solitário e exposto ao vento. O ar está leve, mas há 40 anos, neste momento, estava denso de fumaça e do brado dos soldados, preenchido por estampidos de fuzis e rugidos de canhões.
>
> No amanhecer de 6 de junho de 1944, 225 Rangers saltaram da barcaça de desembarque britânica e correram para a base do penhasco.
>
> [...] Ergueram os olhos e viram no cume os soldados inimigos, atirando com metralhadoras e lançando granadas contra os inimigos. E assim os Rangers iniciaram sua escalada. Arremessaram escadas de corda na encosta e começaram a subir.
>
> Quando um caía, outro ocupava seu lugar. Quando uma corda era cortada, agarravam outra e retomavam a subida. Escalavam, devolviam os disparos e mantinham o equilíbrio. Rapidamente, um após outro, os Rangers alcançaram o cume. E, tomando a terra firme no topo do penhasco, começaram a recuperar o continente europeu.

> www.grupoa.com.br
> Assista a esse trecho do discurso de Ronald Reagan em Pointe du Hoc – Vídeo 12.2 – em inglês.

As palavras concretas evocam impressões mentais de visão, audição, tato, odor e paladar. No discurso de Reagan, não apenas tomamos conhecimento de que os Rangers ajudaram a vencer a batalha do Dia D, mas também visualizamos os soldados desembarcando e correndo para a base do penhasco, esforçando-se para escalá-lo em meio a granadas e tiros de metralhadora dos inimigos. Ouvimos o estampido dos fuzis e o clamor dos soldados. As palavras concretas criam imagens que nos fazem mergulhar irresistivelmente no discurso.

» Símile

Outra forma de criar imagens mentais é utilizar a figura de linguagem **símile**, que é uma comparação explícita entre coisas essencialmente diferentes que guardam algo em comum. Ela sempre contém a palavra "como", "bem como" ou "do mesmo modo que". Veja alguns exemplos extraídos de palestras estudantis:

> Entrar na casa de meus avós quando criança era como ser envolto por uma enorme manta de segurança.
>
> A poluição atmosférica está desfazendo os monumentos de Washington como uma enorme pastilha de Alka-Seltzer.

Esses símiles claros e originais elucidam e vitalizam as ideias. Entretanto, alguns símiles têm sido empregados excessivamente. Veja alguns:

novo como a margarida	faminto como o urso
em forma como o violino	ocupado como a abelha
forte como touro	alegre como a cotovia

» Os oradores centrados no público valorizam mais a linguagem clara, incisiva e concisa. Por isso, refletem muito para encontrar as palavras certas para expressar suas ideias.

Esses **clichês** são adequados em conversas informais, mas você deve evitá-los em suas palestras. Do contrário, é provável que você soe "monótono como água parada" e veja seu público "dormir como um bicho-preguiça"!

» Metáfora

Você pode também utilizar metáforas para criar imagens mentais em suas palestras. **Metáfora** é uma comparação implícita entre duas coisas essencialmente diferentes, embora com algo em comum. Diferentemente do símile, a metáfora não contém as palavras "como" ou "bem como". Por exemplo:

> As cidades norte-americanas são as janelas pelas quais o mundo vê a sociedade norte-americana. (Henry Cisneros)
>
> Com a globalização, o mesmo oceano banha toda a humanidade. Estamos todos no mesmo barco. Não existem ilhas seguras. (Kofi Annan)

Essas metáforas são breves, entretanto, às vezes o orador pode desenvolver formas mais longas. Veja um excelente exemplo, extraído de um discurso de agradecimento de Al Gore pelo Prêmio Nobel da Paz, por suas iniciativas de ajudar o mundo a lidar com as mudanças climáticas:

> A Terra está febril. E essa febre está subindo. Especialistas afirmam que não se trata de uma afecção passageira que encontrará a cura por si só. Pedimos uma segunda opinião. Uma terceira. E uma quarta. E a conclusão constante, reafirmada com um temor crescente, é de que algo fundamental está errado.

Quando empregada de maneira eficaz, a metáfora – como o símile – é uma excelente alternativa para dar vida à linguagem, para transformar ideias abstratas em ideias concretas, para esclarecer o desconhecido e expressar sentimentos e emoções.[5]

» Ritmo

A linguagem tem um **ritmo** que é criado pela escolha e pela disposição das palavras. Os oradores, como os poetas, algumas vezes procuram explorar o ritmo da linguagem para fortalecer o impacto das palavras. Winston Churchill era mestre nisso. Veja uma passagem de um de seus discursos durante a Segunda Guerra Mundial. Para enfatizar sua cadência, essa passagem foi impressa em forma de poema, e não de prosa:

> Não podemos dizer que rumo terá esta guerra cruel...
> Ainda não conseguimos ver como a libertação se dará nem quando virá.
> Mas nada é mais certo
> de que todos os rastros deixados por Hitler,
> de que toda mácula de seus dedos infectos e corrosivos,
> serão esponjados e expurgados e, se necessário for,
> varridos da face da terra.

> www.grupoa.com.br
> Assista a esse trecho do discurso de Winston Churchill, de 12 de junho de 1941 – Vídeo 12.3 – em inglês.

O impacto dessa passagem foi realçado pela sublime elocução de Churchill. Porém, por si sós, as palavras assumem um ritmo enfático que reforça a mensagem. Você pode ver por que um observador disse que Churchill "mobilizou a língua inglesa e a enviou para a guerra".[6]

Contudo, um discurso não é um poema. Você nunca deve enfatizar a sonoridade e o ritmo em detrimento do significado. O objetivo é imaginar alternativas para utilizar o ritmo e a fluência da linguagem para fortalecer o significado. Mesmo que nunca tenha prestado muita atenção a isso, com estudo e prática você pode desenvolver o ouvido para os ritmos vocais. Mais do que isso, agora você pode muito bem começar a utilizar quatro recursos estilísticos básicos empregados por Churchill e outros excelentes oradores para melhorar o ritmo da prosa.

» *Paralelismo*

O primeiro recurso é o **paralelismo** – disposição semelhante de um par ou de uma sequência de palavras, frases ou orações relacionadas, isto é, com estruturas gramaticais idênticas. Por exemplo:

> *Rico e pobre, inteligente e ignorante, sensato e insensato, virtuoso e vicioso, homem e mulher* – nunca muda, cada alma deve depender inteiramente de si mesma. (Elizabeth Cady Stanton)

Os efeitos do paralelismo talvez possam ser vistos mais claramente quando há falta de paralelismo. Por exemplo, compare esta sentença:

> Falo como republicana. Falo como mulher. Falo como senadora dos Estados Unidos. Falo como norte-americana. (Margaret Chase Smith)

com esta:

> Falo como republicana. Falo como mulher. Falo como senadora dos Estados Unidos. E também me dirijo a vocês como norte-americana.

A primeira sentença é clara, consistente e convincente. A segunda, não. Por violar o princípio da estrutura de paralelismo, a frase final ("E também me dirijo a vocês como norte-americana") desfaz a sequência iniciada pelas sentenças anteriores. Ela transforma uma declaração forte, lúcida e harmoniosa em uma declaração difusa e dissonante.

» *Repetição*

Repetição significa reiterar a mesma palavra ou um conjunto de palavras no início ou no final de frases ou orações sucessivas. Por exemplo:

Utilizando a oratória em sua CARREIRA

Assim que você se formou na faculdade, conseguiu criar uma empresa bem-sucedida próxima do *campus*. Como parte do plano para envolver mais os ex-alunos e os membros da comunidade com os assuntos acadêmicos, a universidade lhe pediu que fizesse uma palestra para os novos alunos durante a semana de matrícula para o período letivo do outono. Na seção de abertura de sua palestra, você deseja que o público sinta o que você sentiu no *campus* em seus primeiros dias de calouro. A melhor estratégia, conclui você, é apresentar dois ou três símiles que completem a frase "Começar a estudar na faculdade é como...". Redija esses símiles.

> *Se não* agora, quando? *Se não* nós, quem? *Se não* juntos, como? (Gordon Brown)
>
> *Não* desistimos. *Não* renunciamos. *Não* permitimos que o medo ou a separação abata nosso espírito. (Barack Obama)

Como você pode observar, normalmente a repetição gera paralelismo. Além de criar uma forte cadência, ela unifica uma sequência de ideias, enfatiza uma ideia por declará-la mais de uma vez e ajuda a criar um forte efeito emocional.

» *Aliteração*

O terceiro recurso que você pode empregar para intensificar o ritmo é a **aliteração**. O método mais comum de aliteração é a repetição do som consonantal inicial de palavras próximas ou contíguas. Por exemplo:

> A *p*az é essencial ao *p*rogresso, mas o *p*rogresso não é essencial à *p*az. (Liaquat Ali Khan)
>
> Nada extraordinário é alcançado sem *c*ooperação, *c*omprometimento e uma *c*ausa em *c*omum. (Ban Ki-moon)

Por realçar os sons das palavras, a aliteração atrai a atenção dos ouvintes e pode contribuir para a memorização das ideias. Utilizada moderadamente, a aliteração é um recurso maravilhoso para dar elegância a um discurso. Entretanto, se utilizada em excesso, pode ser risível e atrair muita atenção, caso em que os ouvintes ficarão mais interessados em ouvir a aliteração seguinte do que em absorver o conteúdo.

» *Antítese*

Finalmente, você pode experimentar a **antítese** – a justaposição de ideias contrastantes, normalmente em uma estrutura paralela. Por exemplo:

> Perguntem agora o que seu país pode fazer por vocês; perguntem o que vocês podem fazer por seu país. (John F. Kennedy)
>
> Que nunca negociemos por medo. Mas que nunca tenhamos medo de negociar. (John F. Kennedy)

Não é coincidência que esses dois exemplos sejam de discursos do presidente Kennedy. A antítese era um de seus recursos de linguagem favoritos e ele a utilizou em suas frases mais memoráveis. Visto que a antítese quase sempre gera uma frase formulada de maneira primorosa, é uma ótima alternativa para dar um toque especial às suas exposições orais.

Você deve estar pensando que a imagística e o ritmo são recursos muito sofisticados para palestras comuns como as suas. Isso não é verdade. Examine o trecho a seguir, extraído de uma palestra sobre o 54º Regimento de Massachusetts, formado por soldados afro-americanos durante a Guerra Civil, que é mostrado no filme *Tempo de glória*:

> Alistar-se a um exército que não acreditava em você. Lutar com um exército que não gostava de você. Morrer por um exército que não respeitava você. Esse era o 54º Regimento de Massachusetts. Hoje, eles descansam no lugar em que morreram, nas praias da Carolina do Sul. Coronel Shaw e seus soldados foram empilhados em uma cova coletiva, que desde então tem sido coberta pelas marés inconstantes do Atlântico. Uma pequena estátua foi erguida em Boston, uma lembrança desse sacrifício.
>
> Coragem, patriotismo e sacrifício. Essas são as qualidades do 54º Regimento de Massachusetts. Com a contribuição de seus esforços, bem como de todos os outros regimentos negros que o seguiram, a escravidão finalmente chegou ao fim.

| Assista a esse trecho de "The Massachusetts 54th" ("54º Regimento de Massachusetts") – Vídeo 12.4 – em inglês. |

Essa é uma linguagem vívida e comovente. As imagens mentais são incisivas e pungentes, o ritmo forte e insistente. Pense em como você pode fazer algo semelhante em suas exposições.

» Empregando a linguagem de forma apropriada

Veja parte de um famoso discurso de John Hancock, em 1774, durante a Revolução Americana. Ao falar sobre os soltados britânicos que mataram cinco norte-americanos no Massacre de Boston, Hancock afirmou em tom exclamativo:

> Seus velhacos com fins espúrios, assassinos e parricidas! Como ousam pisar sobre a terra, que se embebedou do sangue de inocentes massacrados, derramado por suas mãos perversas? [...] Digam-me, seus assassinos sanguinários, vilões de todos os cantos, canalhas, não sentem as aguilhoadas e as picadas da culpa consciente lhes perfurarem esse peito feroz?

» A linguagem deve ser apropriada ao tema, bem como ao público. Uma palestra sobre a modalidade de competição de vela *laser radial* empregaria mais palavras de ação do que uma palestra sobre teorias de psicologia.

Essa certamente é uma linguagem incisiva – e o público de Hancock adorou. Mas você consegue se imaginar falando dessa mesma forma hoje? Além de ser precisa, clara e incisiva, a linguagem deve ser apropriada – à ocasião, ao público, ao tema e ao orador.

» Adequação à ocasião

A linguagem apropriada para algumas ocasiões talvez não o seja para outras. Recorrendo a um exemplo simples, um treinador poderia se dirigir a seu time de futebol com um "olá, pessoal" (ou algo pior!), ao passo que o orador, em uma situação mais formal, começaria com "ilustres convidados". Tente inverter essas duas situações e veja como isso ficaria ridículo. Simplesmente faz parte do bom-senso adaptar sua linguagem a diferentes ocasiões.

» Adequação ao público

A adequação também depende do público. Se mantiver isso em mente, muito contribuirá para si mesmo quando estiver abordando temas técnicos. Ao se dirigir a um público de médicos, poderia empregar a palavra "parotidite" em referência a uma doença viral caracterizada pelo inchaço das glândulas parótidas. Seus ouvintes saberiam o que você de fato quer dizer. Contudo, para um público não médico, a palavra apropriada seria "caxumba".

Você deve ser especialmente cauteloso para evitar uma linguagem que possa ofender o público. Piadas apimentadas ou profanações talvez sejam apropriadas em um número humorístico, mas a maioria dos ouvintes as consideraria ofensivas em uma palestra ou um discurso formal. Lembre-se de que os oradores devem elevar e refinar a linguagem quando estão se dirigindo a um público.

Obviamente, nem sempre você conseguirá ter certeza sobre como os ouvintes reagirão ao que você disser. No que tange à adequação, raramente você errará se pecar por excesso. (Em resumo, "pecar por excesso" significa "quando em dúvida, opte pelo não".)

» Adequação ao tema

A linguagem deve ser apropriada também ao tema. Você não utilizaria metáforas, antíteses e aliterações em uma explicação sobre como trocar o pneu de uma bicicleta. Mas utilizaria todas elas em um discurso em homenagem aos soldados norte-americanos que morreram em defesa da pátria. O primeiro tema requer descrições e explicações objetivas e diretas. O segundo exige habilidades especiais de linguagem para despertar emoção, admiração e reconhecimento.

» Adequação ao orador

Não importa a ocasião, o público ou o tema, a linguagem deve ser apropriada também ao orador. Todo orador desenvolve um estilo próprio de linguagem.

"Excelente", você deve estar pensando, "Eu também tenho um estilo próprio. Sinto-me mais confortável empregando palavras abstratas, gírias e jargão técnico. Essa é *minha* maneira de falar". Contudo, dizer que a linguagem deve ser apropriada ao orador não justifica ignorar as outras necessidades de adequação. Existe diferença entre estilo coloquial pessoal e estilo *desenvolvido* como orador. Os oradores talentosos desenvolvem seu estilo ao longo de vários anos de tentativa, erro e prática. Eles se *esforçam* para empregar de maneira eficaz a linguagem.

Você pode fazer o mesmo se desenvolver essa consciência sobre a linguagem. Uma alternativa para desenvolver essa consciência é ler e ouvir oradores competentes. Estudar suas técnicas para obter precisão, clareza e incisividade e tentar adaptá-las às suas exposições orais. Mas não tente "se transformar" em outra pessoa qualquer quando fizer suas palestras. Aprenda com outros oradores, misture em seu estilo de linguagem o que você tiver aprendido e procure se aprimorar o máximo que puder.

» Uma observação sobre a linguagem inclusiva

Como os Estados Unidos, muitos países se tornaram mais heterogêneos, culminando em uma evolução da língua para refletir essa multiplicidade. Seja qual for a situação, o público espera que os oradores empreguem uma **linguagem inclusiva** que respeite os diferentes grupos que compõem a sociedade. Além disso, eles esperam que os oradores evitem estereótipos de idade, cor da pele, gênero, deficiência física e outros.

Hoje, a difusão de vários princípios da linguagem inclusiva é tal que nenhum aspirante a orador (ou redator) pode se dar ao luxo de ignorá-los. Veja alguns dos mais importantes.

» *Evite o emprego da palavra "homem" em referência a homens e mulheres*

Ineficaz: Se um grande cometa atingisse a Terra, poderia destruir todos os homens.
Mais eficaz: Se um grande cometa atingisse a Terra, poderia destruir toda a humanidade.

» *Evite estereotipar empregos e funções sociais pelo gênero*

Ineficaz: Ser um pequeno homem de negócios no clima econômico atual não é fácil.
Mais eficaz: Ser pequeno empresário no clima econômico atual não é fácil.

Algumas vezes, é possível solucionar esse problema com uma mudança simples na construção da sentença. Por exemplo:

Mais eficaz: Manter uma pequena empresa não é fácil no clima econômico atual.

» *Utilize o nome que os próprios grupos empregam para se identificar*

Uma das maneiras mais importantes de demonstrar respeito pelas outras pessoas é referir-se a elas pelo nome que utilizam para se identificar e evitar denominações que consideram ofensivas.

Ineficaz: Não obstante as campanhas de prevenção, o número de aidéticos aumenta progressivamente no Brasil.
Mais eficaz: Não obstante as campanhas de prevenção, o número de portadores do vírus HIV aumenta progressivamente no Brasil.
Ineficaz: Os jogos paraolímpicos mostram o que os deficientes conseguem realizar no atletismo.
Mais eficaz: Os jogos paraolímpicos mostram o que as pessoas com deficiência física conseguem realizar no atletismo.

Como vários outros aspectos da vida em sociedade, as questões relacionadas à linguagem inclusiva algumas vezes podem ser confusas. A língua é viva e evolui constantemente. Portanto, o que é considerado inclusivo hoje pode mudar com o passar do tempo. Se tiver alguma dúvida sobre qualquer caso específico, busque na internet as informações mais recentes.

Empregar uma linguagem inclusiva e respeitosa não é uma questão de ser ou não politicamente correto, mas de cortesia pessoal.[7]

» Resumo

Os bons oradores têm respeito pela linguagem e pela forma como ela funciona. Como orador, você deve estar atento aos significados das palavras e saber utilizar a linguagem de maneira precisa, clara, incisiva e apropriada.

As palavras têm dois tipos de significado – denotativo e conotativo. O significado denotativo é preciso, literal e objetivo. O conotativo é mais variável, figurativo e subjetivo. Ele inclui todos os sentimentos, associações e emoções que uma palavra desencadeia em diferentes pessoas.

Saber empregar a linguagem com precisão é fundamental para o orador. Nunca utilize uma palavra se não tiver certeza de seu significado. Se não tiver certeza, consulte um dicionário. Na preparação de suas palestras, sempre pergunte a si mesmo: "O que *de fato* quero dizer? O que *de fato* estou dizendo?". Escolha palavras bem definidas e exatas.

A linguagem clara possibilita que os ouvintes compreendam imediatamente o significado. Para isso, você dever empregar palavras familiares para uma pessoa comum e que não exijam conhecimento especializado, escolher palavras concretas em detrimento das abstratas e eliminar a prolixidade.

A linguagem incisiva ajuda a dar vida a uma exposição oral. Uma alternativa para tornar sua linguagem mais incisiva é utilizar imagens mentais (imagística), que podem ser criadas por meio de uma linguagem concreta e de símiles e metáforas. Outra opção é explorar o ritmo da linguagem recorrendo ao paralelismo, à repetição, à aliteração e à antítese.

Utilizar uma linguagem apropriada significa adaptar-se à ocasião, ao público e ao tema em questão. Significa também desenvolver um estilo próprio de linguagem, em vez de tentar copiar o estilo de outra pessoa.

A linguagem inclusiva pode ser uma questão complexa, mas inúmeros termos inclusivos tornaram-se tão difundidos, que nenhum aspirante a orador pode se dar ao luxo de ignorá-los. Nisso se inclui: não utilizar a palavra "homem" em referência a homens e mulheres; evitar estereotipar empregos e funções sociais pelo gênero; e utilizar os nomes que os próprios grupos empregam para se identificar.

» Palavras-chave

aliteração Repetição de fonemas consonantais idênticos ou semelhantes no início de palavras próximas ou contíguas.

antítese Justaposição de ideias contrastantes, normalmente em uma estrutura paralela.

clichê Frase batida e empregada excessivamente.

dicionário de sinônimos (*thesaurus*) Livro que lista palavras em grupos com significados similares.

imagística Emprego de uma linguagem vívida para criar imagens mentais de objetos, ações ou ideias.

linguagem inclusiva Linguagem que não estereotipa, deprecia nem rotula as pessoas com base em gênero, cor da pele, religião, deficiência, orientação sexual ou outros fatores.

metáfora Uma comparação implícita entre duas coisas essencialmente diferentes, embora com algo em comum, mas não introduzida com as palavras "como" ou "bem como".

palavras abstratas Palavras que se referem a ideias ou conceitos.

palavras concretas Palavras que se referem a objetos tangíveis.

paralelismo Disposição semelhante de um par ou de uma sequência de palavras, frases ou orações relacionadas, isto é, com estruturas gramaticais idênticas.

prolixidade (redundância) Emprego excessivo de palavras para expressar uma ideia.

repetição Reiteração de uma mesma palavra ou de um conjunto de palavras no início e no fim de frases ou orações.

ritmo Padrão de entonação criado pela escolha e pela disposição de palavras.

significado conotativo Significado sugerido por associações ou emoções desencadeadas por uma palavra ou frase.

significado denotativo Significado literal ou dicionarizado de uma palavra ou frase.

símile Comparação explícita, introduzida com as palavras "como", "bem como" e "do mesmo modo que", entre coisas essencialmente diferentes, embora com algo em comum.

» Questões para recapitulação

1. De que forma a linguagem ajuda a criar nossa percepção de realidade?
2. Qual a diferença entre significado denotativo e conotativo? Como você poderia utilizar cada um para transmitir sua mensagem de maneira mais eficaz?
3. Quais são os quatro critérios para utilizar a linguagem com eficácia em suas palestras?
4. Quais são os três passos que você deve dar para empregar claramente a linguagem em suas palestras?
5. Quais são as duas formas pelas quais você pode utilizar uma linguagem vívida e estimulante para deixar suas palestras mais interessantes?
6. Quando se afirma que você deve utilizar a linguagem de forma apropriada em suas palestras, o que isso quer dizer?
7. Por que é importante o orador empregar uma linguagem inclusiva? Quais são as quatro aplicações da linguagem inclusiva que se tornaram tão reconhecidas a ponto de nenhum orador poder se dar ao luxo de ignorá-las?

» Exercícios de raciocínio crítico

1. Ordene as sequências a seguir, partindo da palavra mais abstrata para a mais concreta.
   a. conjunto habitacional, prédio, sala de jantar, estrutura, apartamento
   b. *Mona Lisa*, arte, pintura, atividade criativa, retrato
   c. automóvel, veículo, Ferrari, transporte, carro esportivo
2. Reescreva as sentenças a seguir utilizando palavras claras e familiares.
   a. Meu objetivo de trabalho é conseguir um cargo que me ofereça máxima recompensa financeira.
   b. Todos os professores desta escola devem atingir altos padrões de excelência em seus deveres educacionais.
   c. Na eventualidade de um incêndio, é indispensável que todas as pessoas desocupem o prédio sem atrasos injustificados.
3. Todas as afirmações abaixo utilizam um ou mais dos seguintes recursos estilísticos: metáfora; símile; paralelismo; repetição; aliteração; antítese. Identifique o(s) recurso(s) empregado(s) em cada uma.
   a. "Somos um povo que enfrenta incertezas em relação ao presente. Somos um povo em busca de nosso futuro. Somos um povo em busca de uma comunidade nacional." (Barbara Jordan)
   b. "A vice-presidência é a areia movediça da política norte-americana. É quase uma presa, concebida para ser confinada." (Howard Fineman)

c. "Pessoas do mundo inteiro sempre ficaram mais impressionadas com o poder de nosso exemplo do que com o exemplo de nosso poder." (Bill Clinton)

d. "Os Estados Unidos não são como um cobertor – como um tecido inteiro, da mesma cor, da mesma textura, do mesmo tamanho. São mais como uma colcha – vários retalhos, de vários tamanhos, entrelaçados e unidos por um mesmo fio." (Jesse Jackson)

4. Analise o discurso "Eu tenho um sonho", de Martin Luther King, no apêndice de exemplos de discursos e palestras após o Capítulo 19. Identifique os métodos que Luther King empregou para tornar sua linguagem clara, vívida e apropriada. Observe particularmente como ele utiliza palavras familiares, palavras concretas, figuras de linguagem e ritmo.

california

13

Elocução

> » O que é uma boa elocução?
> » Métodos de elocução
> » A voz do orador
> » A linguagem corporal do orador
> » Praticando sua elocução
> » Respondendo a perguntas do público

Se você tivesse de gravar um dos números humorísticos de Conan O'Brien, memorizá-lo palavra por palavra e apresentá-lo a seus amigos, você obteria a mesma resposta que O'Brien? Provavelmente não. E por que não? Porque você não *contaria* as piadas do mesmo modo que O'Brien. Obviamente, as piadas são basicamente engraçadas. Mas Conan O'Brien imprime algo além nas piadas dele – sua maneira de se expressar, suas inflexões vocais, suas pausas bem cronometradas, suas expressões faciais, seus gestos. Tudo isso faz parte de uma elocução especializada. Você teria de praticar durante vários anos – como O'Brien – para obter os mesmos resultados.

Ninguém espera que a leitura deste texto o transforme em um apresentador de *talk show* multimilionário. Contudo, esse exemplo demonstra como a elocução pode ser importante em qualquer ocasião em que se fala em público. Até mesmo um discurso comum será mais eficaz se bem pronunciado, embora um discurso notavelmente bem escrito possa ser destruído por uma péssima elocução.

Isso não significa que uma elocução esplêndida transformará uma sequência descuidada de absurdos em uma apresentação triunfante. Não é possível fazer uma boa apresentação em público quando não se tem nada a dizer. Mas ter o que dizer não é suficiente. Você deve saber também *como* dizê-lo.

A elocução está relacionada à **comunicação não verbal**. Ela se baseia em como você utiliza a voz e o corpo para passar a mensagem que suas palavras expressam. Existe uma quantidade considerável de pesquisas que demonstram que o impacto das palavras do orador é influenciado em grande medida pela comunicação não verbal. Neste capítulo, explicaremos como você pode utilizar a **comunicação não verbal** para ter eficácia em suas palestras e fortalecer o impacto da mensagem verbal.

» O que é uma boa elocução?

Wendell Phillips foi um dos líderes do movimento de abolição da escravidão nos Estados Unidos durante os anos de 1800. Algumas pessoas o consideram o maior orador de seu tempo. A história a seguir apresenta um dos motivos para isso:

> Logo após a Guerra Civil, um estudante de Andover, sabendo que Phillips faria uma palestra em Boston, iniciou uma prolongada viagem de 35 quilômetros, a pé, para ouvi-lo. Em princípio, a viagem não parecia tão compensadora, visto que ele veio a saber que Phillips não era um orador clássico e tinha um estilo quase coloquial. Phillips ficou ali de pé, com uma das mãos levemente apoiada no atril, falou aparentemente por 20 minutos, concluiu e sentou-se. Quando o estudante examinou as horas, constatou, para sua surpresa, que já fazia uma hora e meia que estava ali ouvindo![1]

Uma boa elocução não chama atenção para a elocução em si. Ela transmite as ideias do orador de maneira clara e envolvente, sem distrair o público. A maioria dos públicos prefere uma elocução que associa certo grau de formalidade com os melhores atributos de uma boa interlocução – objetividade, espontaneidade, expressividade vocal e facial e uma aguçada percepção de comunicação.

A elocução discursiva é uma arte, não uma ciência. O que funciona para um orador pode ser inadequado para outro. E o que funciona para o público de hoje pode não funcionar para o de amanhã. Não é possível tornar-se um orador qualificado apenas seguindo um conjunto de regras em um livro-texto. Em última análise, nada substitui a experiência. Mas tenha esperança! Um livro-texto *pode* lhe oferecer indicações básicas para que você comece na direção certa.

No momento de preparar sua primeira palestra (ou uma segunda ou terceira), você deve se concentrar em princípios como falar de forma inteligível, evitar maneirismos que distraiam o público e estabelecer contato visual com os ouvintes. Assim que você conseguir dominar esses fatores e começar a se sentir razoavelmente tranquilo diante do público, poderá começar a refinar sua elocução para aumentar o impacto de suas ideias. Com o tempo, você perceberá que consegue controlar o *timing*, o ritmo e o ímpeto de uma exposição oral com a mesma habilidade que um maestro conduz uma orquestra.

» Métodos de elocução

Existem quatro métodos de elocução: (1) leitura textual de um manuscrito; (2) recitação de memória; (3) apresentação oral de improviso; e (4) apresentação oral espontânea. Vejamos cada um deles.

» Leitura textual de um manuscrito

Determinados discursos (ou palestras) *precisam* ser pronunciados palavra por palavra, de acordo com um manuscrito preparado meticulosamente – situações em que se dá a **leitura textual de um manuscrito**. Por exemplo, um pronunciamento religioso do papa, um relatório de um engenheiro em uma reunião profissional ou a mensagem de um presidente para o Congresso. Nessas situações, a exatidão absoluta é essencial. Todas as palavras serão analisadas pela imprensa, por colegas e talvez por adversários. No caso do presidente, uma frase mal formulada pode provocar um incidente internacional.

Embora pareça fácil, fazer uma apresentação com base em um manuscrito exige grande habilidade. Algumas pessoas sabem fazê-lo bem. Suas palavras "ganham vida como se tivessem sido cunhadas naquele mesmo instante".[2] Outras empobrecem a apresentação a cada instante. Em vez de parecerem vigorosas e fluentes, elas passam a impressão de insensibilidade e artificialidade. Elas titubeiam nas palavras, fazem pausas em lugares errados, leem muito rapidamente ou muito lentamente, usam um tom de voz monótono e se apresentam sem ao menos olhar para o público. Em suma, elas passam a impressão de que estão *lendo para* os ouvintes, e não *conversando com* eles.

Se você se deparar com uma situação em que precise utilizar um manuscrito, pratique em voz alta para verificar se sua elocução soa natural. Treine para estabelecer contato visual com seus ouvintes. Confirme se você consegue ler de relance o manuscrito final. Mais importante, comunique-se com o público com a mesma objetividade e sinceridade que teria se estivesse fazendo uma apresentação oral espontânea.

» Recitação de memória

Entre as proezas dos oradores famosos, nenhuma nos admira mais do que o costume de pronunciar mesmo os mais longos e complexos discursos inteiramente de memória. Hoje, não é mais habitual memorizar, exceto os discursos mais curtos – brindes, comentários de congratulação, discursos de agradecimento, discursos de apresentação etc.

Se você for pronunciar um discurso desse tipo e quiser memorizá-lo, não hesite em fazê-lo. Contudo, você deve memorizá-lo completamente para conseguir se concentrar na comunicação com o público, sem ficar tentando se lembrar das palavras. Os oradores que ficam olhando para o teto ou pela janela, tentando recordar o que memorizaram, não estão de forma alguma em melhor situação do os que leem friamente um manuscrito.

» Apresentação oral de improviso

Uma apresentação oral de improviso é feita com pouca ou nenhuma preparação imediata. Poucas pessoas gostam de falar de improviso, mas às vezes isso é inevitável. Na verdade, várias das exposições que fazemos na vida são de improviso. Talvez você seja chamado de repente para "dizer algumas palavras" ou queira se pronunciar em relação ao que foi dito anteriormente por uma pessoa durante uma discussão em sala de aula, uma reunião de negócios ou um relatório de comissão.

Quando surgirem situações como essas, não entre em pânico! Ninguém espera que você fale com perfeição no calor do momento. Se você estiver em uma reunião ou participando de um debate, preste atenção ao que os outros oradores dizem. Tome nota dos pontos mais importantes com os quais concorda ou discorda. Ao longo do processo, você começará a formular automaticamente o que dirá quando for sua vez de se pronunciar.

Sempre que estiver respondendo a um orador (interlocutor) anterior, tente apresentar sua fala de acordo com quatro passos básicos. Primeiro, especifique a questão que você está respondendo. Segundo, explique a ideia ou o argumento que você deseja defender. Terceiro, respalde seu argumento com estatísticas, exemplos ou testemunhos apropriados. Quarto, sintetize seu argumento. Esse método de quatro passos o ajudará a organizar suas ideias de maneira rápida e clara.

Se houver tempo, faça um rápido esboço de seus comentários em uma folha de papel antes de começar a falar. Isso o ajudará a se lembrar do que deseja dizer e evitará divagações e incoerências.

Se a situação exigir que você se levante para falar em um atril, caminhe lentamente, respire fundo uma ou duas vezes (sem revelar nenhum suspiro), olhe para o público e comece a falar. Não importa o quanto esteja se sentindo nervoso por dentro, faça o que puder para parecer calmo e confiante por fora.

Assim que começar a falar, mantenha contato visual com o público. Ajude os ouvintes a acompanhar suas ideias com sinalizadores do tipo "Meu primeiro objetivo é...; segundo, podemos ver que...; concluindo, gostaria de dizer". Ao enunciar seus pontos de forma clara e concisa, você passará a impressão de organização e confiança.

Do mesmo modo que em outros tipos de exposição oral em público, a melhor forma de se tornar um orador de improviso mais competente é praticar. Você pode fazer isso sozinho. Basta escolher um tema sobre o qual já esteja bem informado e falar de improviso sobre algum aspecto desse tema por um ou dois minutos. Qualquer tema serve, independentemente do grau de seriedade ou futilidade. Você nem precisa de público – você pode falar para uma sala vazia. Melhor ainda, utilize um gravador e reproduza a gravação para ver como você se sai. O objetivo é ganhar experiência para organizar suas ideias rapidamente e apresentá-las de forma sucinta.

» Apresentação oral espontânea

À primeira vista, o significado de "espontâneo" pode parecer idêntico ao de "improviso". Porém, tecnicamente, eles são diferentes. Ao contrário da exposição oral de improviso, que é feita sem preparação, a **apresentação oral espontânea** é cuidadosamente preparada e praticada com antecedência. No ato da exposição, o orador espontâneo utiliza apenas algumas anotações breves ou um esboço para avivar a memória (consulte o Capítulo 11). As frases exatas são escolhidas no momento de seu pronunciamento.

Isso não é tão difícil quanto parece. Assim que tiver um esboço (suas anotações) e souber quais temas abordará e em que ordem, poderá começar a ensaiar sua palestra. Toda vez que repassá-la, as frases serão ligeiramente diferentes. A cada repetição, a melhor forma de apresentar cada parte surgirá e ficará gravada em sua mente.

O método espontâneo tem várias vantagens: oferece maior controle sobre as ideias e a linguagem do que a exposição de improviso; oferece maior espontaneidade e objetividade do que o pronunciamento de memória ou com base em um manuscrito; e é mais adaptável a uma série de situações. Além disso, enseja o estilo coloquial de elocução que os ouvintes procuram.

Estilo coloquial significa que a exposição *parecerá* espontânea independentemente do número de vezes que tiver sido ensaiada. Na apresentação espontânea, quando você se prepara adequadamente, você tem controle total sobre suas ideias, sem ficar amarrado a um manuscrito. Você fica livre para estabelecer contato visual constante, gesticular naturalmente e comunicar-se *com* seus ouvintes, em vez de simplesmente ler o conteúdo *para* eles.

Para obter um exemplo de palestra espontânea, assista ao Vídeo 13.1. A oradora demonstra como se deve respirar na prática de ioga. Sem dúvida, ela praticou muito, e sabe o que deseja dizer, mas não memorizou sua fala. Ela tem poucas anotações para o caso de precisar delas, mas não está amarrada a isso. Ao contrário – escolhe suas palavras à medida que fala, mantém constante contato visual com o público e tem um excelente estilo coloquial.

Do mesmo modo que milhares de outros palestrantes iniciantes, você pode desenvolver sua habilidade para falar espontaneamente ao longo de cursos de oratória ou a partir da leitura desta obra. Como um aluno comentou ao se lembrar de um curso do qual participou: "A princípio, jamais imaginei que conseguiria fazer minhas palestras sem ter um monte de anotações, mas estou surpreso com o quanto progredi. Foi uma das coisas mais valiosas que aprendi ao longo de todo o curso".

www.grupoa.com.br
Assista a um trecho de "Yoga: Uniting Mind, Body, and Spirit" ("Ioga: União entre Corpo, Mente e Espírito") – Vídeo 13.1 – em inglês.

A maioria dos oradores experientes prefere o método espontâneo e a maior parte dos professores de oratória o enfatiza. Ainda neste capítulo (páginas 238-239), examinaremos um programa gradativo para você praticar a exposição espontânea.

» As exposições orais espontâneas são preparadas com antecedência, mas as palavras exatas são escolhidas no momento da apresentação. Isso possibilita que a elocução seja mais direta, em comparação com a leitura de um manuscrito.

» A voz do orador

Que tipo de voz você tem? Sua voz é forte e vibrante como a de Morgan Freeman? Suave e atraente como a de Scarlett Johansson? Estridente e irritante como a de Dick Vitale? Seja qual for a característica de sua voz, tenha certeza de que ela é única. Porque, como não há duas pessoas fisicamente idênticas, não há duas pessoas com a mesma voz.

Ter uma voz de ouro certamente é uma vantagem para os oradores, mas a voz de alguns dos oradores mais famosos da história era comum. Abraham Lincoln tinha uma voz desarmoniosa e aguda; Winston Churchill tinha um ligeiro ceceio (língua presa) e uma embaraçosa gagueira. Como eles, você pode superar desvantagens naturais e usar sua voz para obter o melhor efeito possível. Lincoln e Churchill aprenderam a *controlar* a voz. Você pode fazer o mesmo.

Os aspectos da voz que você deve esforçar-se para controlar são a intensidade (volume), a entonação, a velocidade, as pausas, a variedade vocal, a pronúncia, a articulação e o dialeto.

» Intensidade da voz

Antigamente, ter uma voz potente – a **intensidade da voz** amplificada – era essencial para um orador. Hoje, a amplificação eletrônica possibilita que mesmo uma pessoa com um tom de voz suave seja ouvida em qualquer ambiente. Porém, em várias situações, você fará sua palestra sem microfone. Portanto, nesse caso, ajuste sua voz à acústica da sala, ao tamanho do público e ao nível de ruído de fundo. Se você falar muito alto, os ouvintes poderão considerá-lo rude. Se falar muito baixo, eles não conseguirão compreendê-lo.

Lembre-se de que sua voz sempre parece mais alta para você do que para o ouvinte. Logo depois que iniciar sua palestra, olhe para as pessoas que estão mais longe. Se elas parecerem confusas, estiverem se inclinando para a frente ou então se esforçando para ouvir, isso significa que você precisa falar mais alto.

» Entonação

Entonação é a variação na altura da voz do orador. Quanto mais rapidamente as ondas de som vibram, mais alta a entonação; quanto mais lentamente elas vibram, mais baixa a entonação.

As mudanças na entonação são conhecidas como **inflexões**. A inflexão é o que faz a diferença entre o "Aha!" dito triunfantemente por Sherlock Holmes depois de descobrir uma pista aparentemente decisiva e o "Aha" que ele murmura quando por fim constata que a pista não é decisiva. Se você fosse ler em voz alta a sentença anterior, a entonação de sua voz provavelmente seria mais alta no primeiro "Aha" e mais baixa no segundo.

Em uma conversa informal, utilizamos instintivamente as inflexões para transmitir significado e emoção. Com relação às pessoas que não fazem isso, considera-se uma **monotonia** na voz, um traço cujo único benefício é curar a insônia dos ouvintes.

Embora poucas pessoas falem continuamente em um mesmo tom, sem nenhuma variação na entonação, muitas resvalam em padrões de entonação repetitivos que são do mesmo modo hipnotizadores. Você deve se prevenir contra isso gravando suas palestras enquanto pratica. Se todas as suas sentenças finalizarem com a mesma inflexão – para cima ou para baixo –, procure variar os padrões de entonação de acordo com o significado de suas palavras.

» Velocidade da fala

A **velocidade da fala** refere-se à rapidez com que uma pessoa discorre sobre algo. Nos Estados Unidos, normalmente as pessoas falam de 120 a 150 palavras por minuto, mas não existe nenhuma velocidade uniforme para uma exposição oral em público considerada eficaz. Franklin Roosevelt falava 110 palavras por minuto, John Kennedy, 180. Martin Luther King iniciou seu discurso "Eu tenho um sonho" com 92 palavras por minuto e o finalizou com 145. A melhor velocidade da fala depende de vários fatores – dos atributos vocais do orador, da atmosfera que ele está tentando criar, da composição do público e da ocasião.

Duas falhas óbvias que devem ser evitadas é falar muito lentamente, a ponto de os ouvintes ficarem entediados, ou muito rapidamente, a ponto de não conseguirem acompanhar suas ideias. Os oradores iniciantes são mais propensos a se apressar, a falar freneticamente. Porém, felizmente, em geral esse é um hábito fácil de quebrar, do mesmo modo que o hábito menos comum de se arrastar como uma lesma em uma exposição.

O segredo em ambos os casos é ter consciência do problema e procurar resolvê-lo. Utilize um gravador para verificar com que rapidez você fala. Preste especial atenção à velocidade ao ensaiar. Por fim, lembre-se de inserir indicações sobre sua elocução no esboço. Desse modo, você não se esquecerá de fazer ajustes quando de fato se apresentar.

» Pausas

Aprender como e quando fazer uma **pausa** é uma das principais dificuldades para a maioria dos oradores principiantes. Até mesmo um momento de silêncio pode parecer uma eternidade. Entretanto, quando você ganhar maior equilíbrio e confiança, constatará o quanto a pausa pode ser útil. Ela pode sinalizar o fim de uma unidade de pensamento, dar tempo para que uma ideia amadureça e dar um enorme impacto a uma sentença. "A palavra certa pode

» A melhor velocidade da fala depende em parte da atmosfera que o orador deseja criar. Para transmitir a emoção de uma corrida de puro-sangue, provavelmente você precisaria falar bem mais rápido do que o normal.

ser eficaz", afirmou Mark Twain, "mas nenhuma palavra nunca foi tão eficaz quanto uma pausa perfeitamente cronometrada".

O desenvolvimento de uma percepção aguçada de *timing* é, em parte, uma questão de bom-senso e, de outra parte, uma questão de experiência. A princípio, nem sempre você fará suas pausas acertadamente, mas continue tentando. Procure ouvir um orador talentoso para ver como ele utiliza as pausas para modular a velocidade e o ritmo das mensagens. Aprimore suas pausas quando estiver praticando.

Procure dar uma pausa no fim de uma unidade pensamento, e não no meio. Do contrário, você pode desviar a atenção dos ouvintes em relação às suas ideias. Mais importante, não preencha o silêncio com "um", "hum" ou "eee". As **pausas vocalizadas** podem criar percepções negativas sobre a inteligência do orador e com frequência fazem-no parecer falso.[3]

» Variedade vocal

Assim como a variedade é o tempero da vida, ela também é o tempero de uma exposição oral em público. A voz monótona, apática e invariável é tão insuportável para uma apresentação oral quanto uma rotina monótona, apática e invariável é para a vida diária. Ao se pronunciar, você deve se esforçar para que sua voz tenha variedade – mudanças na velocidade, entonação e intensidade que dão a ela um caráter mais interessante e expressivo.

Para obter um excelente exemplo de **variedade vocal**, assista ao Vídeo 13.2. O orador, Sajjid Zahir Chinoy, nasceu e cresceu em Bombaim, Índia, antes de se mudar para os Estados Unidos para estudar na University of Richmond. No final do último ano, Chinoy foi escolhido para ser orador da cerimônia de formatura em um concurso estendido para todo o *campus*. Ele falou sobre o caloroso acolhimento que recebeu na University of Richmond e sobre como as diferenças culturais podem ser superadas quando tentamos compreender os outros.

No final de seu discurso, Chinoy recebeu aplausos ensurdecedores – em parte pelo que ele disse, mas também pela forma como ele disse. Diante de um auditório de 3.000 pessoas, sem nenhuma anotação, Chinoy falou espontaneamente, com excelente variedade vocal e intenso contato visual. Seu discurso foi tão inspirador, que o orador principal, o psiquiatra de Harvard Robert Coles, iniciou sua fala homenageando Chinoy. "Já participei de inúmeras cerimônias de formatura", disse Coles, "mas nunca ouvi um discurso parecido!".

www.grupoa.com.br
Assista a um trecho de "Questions of Culture" ("Questões Culturais") – Vídeo 13.2 – em inglês.

Como você pode desenvolver uma voz potente e expressiva? Sobretudo se encarar todas as suas exposições orais como Chinoy o fez em relação ao seu discurso – como uma oportunidade para compartilhar com os ouvintes ideias que são importantes para você. Sua sensação de convicção e seu desejo de se comunicar darão à sua voz o mesmo ímpeto que ela tem em uma conversa espontânea.

» Pronúncia

Todos realizamos más **pronúncias** das palavras de vez em quando. Veja, por exemplo, quatro palavras com as quais provavelmente você está familiarizado. Leia cada uma delas em voz alta.

    subsídio   aerossol   recorde   rubrica

É bem provável que você tenha errado em pelo menos uma delas, porque elas estão entre as palavras que são mal pronunciadas com muita frequência em português. Vejamos:

Palavra	Erro comum	Pronúncia correta
subsídio	sub-zí-dio	sub-sí-dio (/s/)
aerossol	a-e-ro-zol	a-e-ros-sol (/s/)
recorde	ré-cor-de	re-cór-de
rubrica	rú-bri-ca	ru-brí-ca

Toda palavra tem vida tríplice: é lida, escrita e falada. As pessoas normalmente reconhecem e compreendem uma quantidade bem maior de palavras enquanto estão lendo, em comparação ao que utilizam na escrita no dia a dia, e em torno de três vezes mais palavras do que aquelas que aparecem em uma exposição oral espontânea.[4] É por isso que, de vez em quando, tropeçamos ao pronunciarmos palavras que fazem parte de nosso vocabulário de leitura ou escrita. Em outros casos, podemos pronunciar mal as palavras mais comuns por hábito.

O problema é que normalmente não *sabemos* quando estamos pronunciando mal uma palavra. Se tivermos sorte, aprenderemos a pronúncia certa ouvindo alguém pronunciar de maneira apropriada a palavra ou quando alguém gentilmente nos corrige com discrição. Se não tivermos essa sorte, pronunciaremos mal essa palavra diante de muitas pessoas, que podem franzir as sobrancelhas, lamentar ou rir.

Tudo isso é um motivo para que você pratique sua fala em frente ao máximo de amigos e parentes de confiança que você conseguir monopolizar. Se tiver alguma dúvida sobre a pronúncia correta de determinadas palavras, consulte um dicionário.

» Articulação

Articulação e pronúncia não são a mesma coisa. A **articulação** descuidada é a falha em não formar determinados sons da fala de maneira nítida e distinta. Essa é uma das várias causas da pronúncia incorreta, mas você pode articular uma palavra de forma nítida e ainda assim pronunciá-la de forma errada. Por exemplo, se você pronuncia "estóra" no lugar de "estoura" ou troca o acento de "látex" para "latéx", você está cometendo um erro de pronúncia, independentemente da precisão com que você articula os sons.

Entre os palestrantes, a articulação descuidada é mais comum do que a falta de conhecimento da pronúncia correta. Sabemos que "psicologia" não é "pissicologia" e que "administração" não é "adiministração", mas persistimos em articular essas palavras de forma inapropriada. Veja alguns outros erros comuns de articulação que você deve procurar evitar[*]:

Palavra	Articulação incorreta
mas	mais
enlouquecer	enloquecer
opto	opito
repousa	reposa
falando	falano
estagnar	estaguinar
absoluto	abissoluto

Se você costuma articular as palavras de maneira descuidada, procure identificar e eliminar seus erros mais comuns. Assim como outros hábitos ruins, o descuido na articulação só pode ser eliminado com esforço persistente – mas os resultados valem muito a pena. Como Shakespeare advertiu: "Melhore um pouco seu modo de falar para não prejudicar sua sorte".

» Dialeto

A maioria das línguas tem **dialetos**, e cada um deles se distingue por variações no sotaque, na gramática e no vocabulário. Normalmente, os dialetos baseiam-se em padrões de fala regionais

---

[*] N. de E.: Os exemplos originais no inglês eram: *ought to* – "otta"; *didn't* – "dint"; *don't know* – "dunno"; *have to* – "hafta"; *want to* – "wanna"; e *will you* – "wilya".

ou étnicos. Os Estados Unidos, por exemplo, têm quatro principais dialetos regionais – Leste, Nova Inglaterra, Sul e inglês norte-americano geral ou padrão. Além disso, têm vários dialetos étnicos. Como essa nação se tornou culturalmente diversa, também se tornou mais diversa do ponto de vista linguístico,[5] fato que também ocorreu em outros países ao redor do mundo.

Os linguistas concluíram que nenhum dialeto é inerentemente melhor ou pior do que outro. Os dialetos não são emblemas linguísticos de superioridade nem inferioridade. Normalmente, são formados de acordo com nossa origem regional ou étnica, e todo dialeto é "correto" para a comunidade que o emprega.

Quando determinado dialeto é apropriado para falar em público? A resposta depende, sobretudo, da composição do público. O emprego intenso de qualquer dialeto – regional ou étnico – pode ser problemático quando o público não o emprega. Nessa situação, o dialeto pode levar o público a fazer julgamentos negativos sobre a personalidade, a inteligência e a competência do orador. É por isso que os oradores profissionais investem muito tempo (e dinheiro) para dominar o dialeto geral empregado pela maioria dos apresentadores de notícias da televisão, como acontece amplamente nos Estados Unidos.

Isso significa que você deve falar como um apresentador de notícias de TV se quiser ter êxito em suas exposições orais em público? De forma alguma. Os dialetos regionais ou étnicos não constituem um problema desde que o público os conheça e os considere apropriados. Ao discursar no Norte, por exemplo, um político do Sul pode evitar o dialeto regional. Porém, ao se dirigir a um público no Sul, esse mesmo político pode intencionalmente incluir o dialeto regional com o objetivo de estabelecer um elo em comum com os ouvintes.

Embora não estejamos falando estritamente de dialeto, a proficiência de falantes não nativos da língua, como no caso do inglês, com frequência é obtida em aulas de oratória. Felizmente, os professores, e também os alunos, normalmente se esforçam para estimular os estudantes estrangeiros e outros para os quais a língua em que estudam no curso não é a principal. Ao longo dos anos, vários falantes não nativos do inglês, por exemplo, constataram que o curso de oratória é um incentivo para que melhorem sua proficiência no inglês falado.[6]

» A linguagem corporal do orador

Imagine-se em uma festa. Ao longo da noite, você forma impressões sobre as pessoas ao seu redor. Jonte parece descontraído e calmo e Nicole, tensa e irritável. Kyndra parece aberta e franca e Bekah, hostil e evasiva. Amin parece contente em vê-lo, mas Seth com certeza não.

Como você chega a essas conclusões? Com uma frequência surpreendente, você chega a essas conclusões não com base no que as pessoas dizem por meio de palavras, mas no que dizem com sua postura, seus gestos, seus olhos e suas expressões faciais. Suponhamos que você estivesse sentado ao lado de Amim e ele dissesse: "Grande festa. Estou muito contente em estar aqui com você". Contudo, o corpo de Amin está ligeiramente virado para o lado e ele não para de olhar para uma pessoa no outro lado da sala. Não obstante o que ele diz, você sabe que ele *não* está contente em estar ali com você.

Praticamente a mesma coisa ocorre quando estamos falando em público. Postura, expressões faciais, gestos e contato visual influem na reação dos ouvintes ao orador. A forma como utilizamos esses e outros movimentos corporais para nos comunicarmos é tema de uma área de estudo fascinante denominada **cinésica**. Segundo um de seus fundadores, Ray Birdwhistell, mais de 700.000 sinais físicos podem ser enviados por meio dos movimentos corporais. Estudos demonstram que esses sinais exercem um impacto significativo no significado transmitido pelos oradores.

As pesquisas também confirmam o que o historiador grego Heródoto observou há mais de 2.400 anos: "As pessoas confiam menos em seus ouvidos do que em seus olhos". Quando a linguagem corporal de um orador não condiz com suas palavras, com frequência os ouvintes acreditam na linguagem corporal, e não em suas palavras.⁷ Veja a seguir os principais aspectos dos atos físicos que afetarão o resultados de suas exposições orais.

» Aparência pessoal

Se você fosse Lady Gaga, poderia se apresentar para um discurso de premiação no MTV Music Video Awards vestindo um figurino inusitado que deixa pouco à imaginação. Se você fosse Albert Einstein, poderia se apresentar para uma palestra em um congresso científico internacional vestindo calças amarrotadas, pulôver e tênis. Ainda que os membros do público certamente comentassem a respeito de seu traje, sua reputação não seria prejudicada. Na verdade, sua reputação seria fortalecida. Você seria alguns dos poucos, dos muito poucos, que vivem de maneira não convencional e dos quais se espera um estilo excêntrico.

Agora, imagine o que aconteceria se o presidente de uma grande empresa se apresentasse para uma reunião com os acionistas vestido como Lady Gaga ou se o presidente dos Estados Unidos aparecesse em cadeia de televisão nacional vestindo calças amarrotadas e de tênis. Ambos em breve estariam procurando um novo emprego. Com exceção dos excêntricos ocasionais, o público espera que todo orador exiba uma aparência pessoal de acordo com a ocasião.

Muitos estudos já confirmaram que a aparência pessoal desempenha um papel fundamental no ato de falar em público.⁸ Os ouvintes sempre o veem primeiro antes de ouvi-lo. Do mesmo modo que você adapta sua linguagem ao público e à ocasião, você deve se vestir e se arrumar de forma apropriada. Embora a força de sua fala algumas vezes possa superar a impressão ruim gerada pela aparência pessoal, as probabilidades não o favorecem. Seja qual for a situação, você deve tentar inspirar uma primeira impressão favorável.

» Movimento

Os oradores iniciantes com frequência ficam inseguros em relação a seus movimentos corporais durante uma apresentação. Alguns dão passos para a frente e para trás, mudam o peso do corpo de um pé para outro, manuseiam nervosamente suas anotações ou ficam remexendo em chaves ou moedas dentro do bolso. Outros ficam em pé como uma estátua, rígidos e sem expressão do início ao fim.

Normalmente, essas peculiaridades comportamentais são provocadas pelo nervosismo. Se for propenso a esses maneirismos que provocam distração, seu professor de oratória ou a

» Os bons oradores utilizam energicamente a voz para dar vida às suas ideias. Eles utilizam também gestos, contato visual e expressões faciais para criar um elo com o público.

pessoa com quem estiver treinando os identificará para que possa se esforçar para controlá-los. Com um pouco de concentração, esses maneirismos provavelmente desaparecerão quando você se sentir mais tranquilo para falar em público.

Tão importante quanto sua conduta durante uma exposição oral em público é o que você faz um pouco *antes* de iniciá-la e *depois* de finalizá-la. Ao se levantar para falar, tente parecer calmo, equilibrado e confiante, mesmo que esteja sentindo um frio na barriga. No atril, não se apoie nele nem desate a falar apressadamente. Primeiro, prepare-se. Organize suas anotações do modo como deseja. Aguarde calmamente até que o público comece a prestar atenção. Estabeleça contato visual com os ouvintes. E então – só então – comece a falar.

Ao se aproximar do final, mantenha contato visual por alguns instantes antes de parar de falar. Assim, você dará tempo para que sua frase de fechamento seja internalizada. A menos que esteja no atril para responder a perguntas, recolha suas anotações e volte a se sentar. Ao fazê-lo, mantenha uma conduta serena e equilibrada. Independentemente do que fizer, não comece a recolher suas anotações antes de terminar de falar e não finalize dando um grande suspiro de alívio ou com comentários como "Ufa! Que bom que terminou!".

Ao treinar, ensaie um pouco a forma como você se comportará no início e no fim. Essa é uma das coisas mais fáceis – e mais eficazes – que você pode fazer para melhorar sua imagem diante do público.

» Gestos

Poucos aspectos do pronunciamento deixam os oradores mais agoniados do que saber o que fazer com as mãos. "Devo mantê-las entrelaçadas atrás das costas? Deixá-las soltas paralelamente ao corpo? Apoiá-las levemente no atril? E quanto aos gestos? Quando devo fazê-los – e como?". Até mesmo as pessoas que usam as mãos de maneira expressiva em conversas informais parecem considerá-las desajeitadas quando estão se dirigindo a um público.

Ao longo dos anos, mais absurdos foram escritos a respeito da gesticulação do que sobre qualquer outro aspecto da elocução. Os **gestos** hábeis *podem* contribuir para o impacto de uma exposição oral. Contudo, os oradores competentes não precisam de um vasto repertório de gestos. Alguns oradores talentosos gesticulam com frequência; outros, quase nada. A principal regra é: seja qual for o gesto que fizer, ele não deve desviar a atenção do público de sua mensagem. Os gestos devem *parecer* naturais e espontâneos, ajudar a esclarecer ou reforçar suas ideias e ser adequados ao público e à ocasião.

A gesticulação tende a se desenvolver por si só à medida que você adquire experiência e confiança. Por enquanto, procure evitar que suas mãos sobressaiam às suas ideias. Evite agitá-las descontroladamente e entrelaçá-las ou ficar remexendo em seus anéis. Assim que você eliminar essas distrações, esqueça suas mãos. Preocupe-se em se comunicar com os ouvintes, pois assim seus gestos se evidenciarão livremente, do mesmo modo que em uma conversa informal.

» Contato visual

O **contato visual** tem sido chamado de "a janela da alma". Recorremos a ele para avaliar a autenticidade, a inteligência, as atitudes e os sentimentos do orador.

Embora os padrões de contato visual em uma conversa coloquial variem de cultura para cultura, existe grande consenso entre as culturas sobre a importância do contato visual no ato de falar em público. Na maioria das circunstâncias, uma das maneiras mais rápidas de estabelecer um elo de comunicação com os ouvintes é olhar para eles de forma pessoal e amigável. Evitar o olhar dos ouvintes é uma das atitudes mais certas para perdê-los.

Nos Estados Unidos, os oradores que não estabelecem contato visual são considerados irresolutos ou intranquilos e, por conseguinte, insinceros ou desonestos. Não é de surpreender, portanto, que os professores de cursos de oratória incitem os alunos a olhar para o público durante 80 a 90% do tempo em que estiverem falando. Talvez, a princípio, você considere isso desconcertante. Porém, depois de uma ou duas palestras, é provável que consiga encarar o olhar do público de maneira razoavelmente tranquila.

Não é suficiente apenas olhar para os ouvintes; a *forma* como você olha também conta. Fique atento à tendência de fixar o olhar em uma parte do público e ignorar as demais. Nas aulas de oratória, por exemplo, os alunos olham apenas para o lado da sala em que o professor está sentado. Outros evitam olhar para qualquer ponto próximo do professor e concentram-se em um ou dois amigos simpáticos. Você deve tentar estabelecer contato visual com todo o público.

Quando falamos para um pequeno público – por exemplo, colegas de classe –, normalmente é possível percorrer brevemente o olhar de uma pessoa para outra. Em um grupo maior, você deve percorrer todo o público, sem se fixar em uma pessoa específica. Não importa o tamanho do público, seus olhos devem transmitir confiança, sinceridade e convicção.

Assista ao Vídeo 13.3 para ver um excelente exemplo de contato visual. A oradora informa seus ouvintes de que eles podem se tornar voluntários nos Jogos Olímpicos Especiais. Observe como ela utiliza os olhos para se conectar pessoalmente com a plateia. É esse tipo de comunicação convincente que você deve procurar em suas palestras.[9]

» Praticando sua elocução

Diz a sabedoria popular que a prática leva à perfeição. Isso é verdade, mas somente se praticarmos de forma adequada. Pouco você fará para melhorar sua elocução se não praticar as coisas certas da maneira certa. Veja um método de cinco passos que funcionou bem para vários palestrantes:

> www.grupoa.com.br
> Assista a um trecho de "Making a Difference through the Special Olympics" ("Fazendo Diferença por meio dos Jogos Olímpicos Especiais") – Vídeo 13.3 – em inglês.

1. Releia em *voz alta* o esboço da preparação para verificar como soa oralmente aquilo que você escreveu. É muito longo? Muito curto? Os pontos principais são claros quando você os apresenta? Os conteúdos de apoio são precisos, convincentes e interessantes? A introdução e a conclusão são compreensíveis? À medida que responder a essas perguntas, altere sua apresentação de acordo com a necessidade.

2. Prepare o esboço. Nesse processo, siga as orientações apresentadas no Capítulo 11. Utilize a mesma estrutura visual do esboço da preparação, o qual deve ser fácil de ler de relance. Insira dicas de elocução.

» Pesquisas demonstram que o contato visual é um dos elementos mais importantes em uma exposição oral em público. Do mesmo modo que a campeã de patinação Michelle Kwan, você deseja que seus olhos transmitam confiança, sinceridade e convicção.

3. Pratique em voz alta várias vezes, utilizando somente o esboço da apresentação. "Explique" todos os exemplos e recite na íntegra todas as citações e estatísticas. Se for utilizar recursos visuais, utilize-os enquanto pratica. Nos primeiros momentos, é provável que você se esqueça de algo ou cometa algum erro, mas não se preocupe. Continue e conclua sua fala da melhor maneira que conseguir. Procure ganhar controle sobre as *ideias*; não tente gravar sua fala palavra por palavra. Depois de algumas tentativas, provavelmente conseguirá chegar de forma espontânea ao final com uma facilidade surpreendente.

4. Agora, comece a polir e refinar sua elocução. Pratique em frente ao espelho para observar seu contato visual e possíveis maneirismos que desviem a atenção do público. Grave sua apresentação para avaliar intensidade, entonação, velocidade, pausas e variedade vocal. Mais importante, experimente se apresentar diante de amigos, colegas e familiares – qualquer pessoa que esteja disposta a ouvi-lo e a oferecer uma avaliação honesta. Como você se apresentará para pessoas, e não para um espelho ou gravador, precisa verificar com antecedência qual efeito sua exposição causa nas pessoas.

5. Por fim, faça um ensaio final em situações o mais próximas possível daquelas que enfrentará em sala de aula. Alguns palestrantes preferem ensaiar algumas vezes em uma sala vazia no dia anterior à palestra. Independentemente do lugar em que fizer esse último ensaio, você deve se sentir confiante e aguardar ansiosamente pelo momento em que de fato se dirigirá a seu público.

Para que esse ou qualquer método de treinamento funcione, você deve iniciá-lo com boa antecedência. Não espere até a noite anterior à palestra para começar a treinar sua elocução. Uma única sessão de treinamento – seja qual for a duração – raramente é suficiente. Você deve reservar *no mínimo* dois dias, preferivelmente mais, para ganhar domínio sobre o conteúdo e a apresentação em si.

» Respondendo a perguntas do público

Se você já tiver assistido a uma coletiva de imprensa ou ouvido um orador respondendo perguntas após uma palestra, você sabe que uma sessão de perguntas e respostas pode definir o sucesso ou fracasso de uma apresentação. O orador que aborda bem as perguntas pode intensificar o impacto de sua palestra. Entretanto, o orador que foge de perguntas ou se demonstra incomodado quase certamente produzirá o efeito oposto.

A sessão de perguntas e respostas é um componente comum em palestras e conferências, seja a ocasião uma coletiva de imprensa, uma apresentação de negócios, uma audiência pública ou uma palestra em sala de aula. A resposta a uma pergunta com frequência é a palavra final que o público ouve e tende a deixar uma última impressão.

» Preparando-se para uma sessão de perguntas e respostas

O primeiro passo para se sair bem em uma sessão de perguntas e respostas é encará-la com a mesma seriedade que a palestra em si. Os dois principais passos dessa preparação são: formular respostas a possíveis perguntas e praticar a elocução dessas respostas.

» *Formule respostas para possíveis perguntas*

Assim que souber que sua apresentação incluirá perguntas do público, você deve pensar em possíveis respostas até mesmo quando estiver redigindo sua palestra. Se praticar diante de amigos, familiares ou colegas de trabalho, peça para que eles anotem rapidamente algumas questões. Dê atenção a todas as perguntas e formule respostas. Redija suas respostas na íntegra para ter certeza de que as analisou completamente.

Se você estiver fazendo uma palestra persuasiva, desenvolva respostas para possíveis objeções do público à sua proposição. Independentemente do cuidado com que você aborde essas objeções, tenha certeza de que elas surgirão na sessão de perguntas e respostas.

Se estiver abordando um tema que contenha aspectos técnicos, prepare-se para responder a perguntas especializadas a respeito, bem como àquelas que exijam esclarecimento em outros termos. Você pode até preparar um folheto para distribuir após a palestra às pessoas que desejam mais informações.

» *Pratique a elocução das respostas*

Assim como você não apresentaria uma palestra para uma sala cheia de gente sem ensaiar, não deve participar de uma sessão de perguntas e respostas sem praticar a elocução de suas respostas.

Uma alternativa é pedir a um amigo ou colega para ouvir sua apresentação, fazer perguntas e criticar suas respostas. Esse método é empregado por candidatos políticos e empresários antes de debates ou coletivas de imprensa. Outra possibilidade é gravar suas respostas a possíveis perguntas, reproduzi-las e alterá-las até que fiquem adequadas.

Quando ensaiar, procure dar respostas breves e pontuais. Muitas perguntas simples podem ser respondidas em 30 segundos e até as mais complexas normalmente devem ser respondidas em um ou dois minutos. Se você praticar as respostas com antecedência, perceberá que dessa forma é mais fácil respeitar esses limites.

Obviamente, não existe nenhuma maneira de prever todas as perguntas que serão feitas. Contudo, se você for plenamente preparado para uma sessão de perguntas e respostas, conseguirá se adaptar a tudo o que ocorrer.

» **Conduzindo uma sessão de perguntas e respostas**

Se algum dia você já observou algum orador respondendo a perguntas do público, sabe que existe uma arte para conduzir essas sessões. Existem livros dedicados exclusivamente a esse tema, mas as sugestões a seguir podem ajudá-lo a entrar com o pé direito.

» *Encare as perguntas com uma atitude positiva*

Ter uma atitude positiva pode ajudá-lo a responder perguntas com cortesia e respeito. Tente encarar as perguntas do público como um sinal de interesse sincero e um desejo de obter mais informações sobre o tema. Se alguém fizer uma pergunta sobre uma questão que lhe parece clara, não responda "Eu falei sobre isso no início da palestra" ou "A resposta parece óbvia". Em vez disso, utilize esses momentos para reiterar ou ampliar suas ideias.

O orador que utiliza um tom ríspido ou defensivo ao responder a uma pergunta afastará muitas pessoas e pode gerar mal-estar entre os ouvintes. Mesmo se a pergunta for hostil, mantenha a tranquilidade. Evite a tentação de responder de forma defensiva, sarcástica ou argumentativa. A maioria das pessoas o respeitará por tentar evitar qualquer disputa.

Utilizando a oratória em sua CARREIRA

Valendo-se de sua formação em negócios e de sua habilidade em computação, você transformou sua empresa de marketing *on-line*, criada assim que você se formou na faculdade, em um sucesso. Agora em seu terceiro ano, sua empresa preparou uma proposta para desenvolver o *site* de comércio eletrônico de um importante varejista de produtos esportivos. Em sua apresentação de 30 minutos à equipe de administração desse varejista, você examinará os projetos de *design* da página principal, os mapas do *site* e os protocolos de segurança.

Você percebe em sua agenda que foram acrescentados mais 30 minutos para perguntas e respostas após a apresentação. Por saber por experiência própria o quanto essas sessões são importantes, você deseja se preparar para isso. Quais passos você deve dar para se preparar?

» *Ouça com atenção*

Será difícil responder bem a uma pergunta se não a ouvir com atenção. Dê total atenção à pessoa que está perguntando. Quando se deparar com uma pergunta obscura ou difícil de abordar, tente reformulá-la dizendo algo como: "Se compreendi bem sua pergunta, me parece que você está perguntando...". Outra opção é simplesmente pedir à pessoa para que a repita. A maioria das pessoas conseguirá reformular a pergunta de maneira mais sucinta e clara.

» *Direcione as respostas ao público como um todo*

Quando lhe for feita uma pergunta, olhe para a pessoa que a está fazendo. Entretanto, ao respondê-la, olhe para todo o público. Olhe de vez em quando para a pessoa que perguntou, mas dirija-se principalmente ao público. Se você só falar para o autor da pergunta, o restante do público pode mudar de foco.

Ao se dirigir para um grande público, repita ou parafraseie toda pergunta antes de respondê-la. Isso envolve todo o público e garante que eles saibam o que está sendo perguntado. Além disso, ao repetir ou parafrasear, você ganha tempo para formular sua resposta.

» *Seja honesto e transparente*

Se você não souber a resposta, diga que não sabe. Não peça desculpa, não seja evasivo e, mais importante, não tente blefar. Entretanto, demonstre ao autor da pergunta que você a levou a sério. Diga que analisará a resposta o mais breve possível após a palestra. Se houver uma pessoa mais bem informada ao alcance, pergunte se ela sabe a resposta.

» *Mantenha o andamento sob controle*

É fácil se distrair ou perder o controle do tempo em uma sessão de perguntas e respostas. Se não houver um moderador, o orador será responsável por manter o andamento sob controle. Permita apenas uma nova pergunta de acompanhamento para cada pessoa e não se envolva em um debate pessoal com o autor da pergunta. Se alguém tentar fazer mais de duas perguntas, responda educada e firmemente: "Essa é uma linha de questionamento interessante, mas precisamos dar oportunidade para que outras pessoas perguntem".

Ocasionalmente, pode ser que um ouvinte inicie um extenso monólogo em vez de fazer uma pergunta. Quando isso ocorrer, você pode retomar o controle da situação dizendo algo como: "Essas ideias são muito interessantes, mas você tem alguma pergunta específica a que eu possa responder?". Se a pessoa insistir, se ofereça para conversar pessoalmente com ela após a sessão.

Em algumas ocasiões, a duração da sessão de perguntas e respostas é predeterminada. Em outras, depende do orador. Procure reservar tempo suficiente para abordar questões de maior importância, mas não permita que a sessão se arraste quando ela começar a perder o ritmo. Próximo do final, ofereça-se para responder a uma ou duas perguntas finais. Em seguida, encerre as atividades agradecendo ao público por seu tempo e sua atenção.[10]

» Resumo

A elocução de uma exposição oral está relacionada à comunicação não verbal. Ela se baseia em como você utiliza a voz e o corpo para passar a mensagem que suas palavras expressam. Em vez de chamar atenção para a elocução em si, uma boa elocução transmite as ideias do orador de forma clara e envolvente, sem distrair o público.

Existem quatro métodos básicos de elocução: leitura textual de um manuscrito; recitação de memória; apresentação oral de improviso; e apresentação oral espontânea. Na apresentação espontânea, você terá poucas anotações ou então um esboço da apresentação e escolherá as frases exatas no momento de se pronunciar.

Para utilizar sua voz de maneira eficaz, você deve se esforçar para controlar a intensidade, a entonação, a velocidade da fala, as pausas, a variedade vocal, a pronúncia, a articulação e o

» As sessões de perguntas e respostas são um componente importante em palestras e conferências, em qualquer parte do mundo. Aqui, Mike Weightman, da Agência Internacional de Energia Atômica, conversa com repórteres em Tóquio, Japão, sobre a usina de energia atômica destruída pelo terremoto e pelo *tsunami* em 2011.

dialeto. A intensidade refere-se à sonoridade relativa de sua voz e a entonação é a altura relativa. A velocidade refere-se à rapidez de sua fala. As pausas, quando cronometradas com cuidado, podem dar ímpeto à sua fala, mas você deve evitar as pausas vocalizadas (como "um", "hum", "mmm", "eee" etc.).

A variedade vocal refere-se a mudanças na intensidade, na entonação, na velocidade e nas pausas, e é fundamental para dar incisividade e vigor à sua voz. Além disso, é necessário pronunciar corretamente as palavras e articulá-las distintamente. Evite o uso exagerado de termos regionais ou de dialetos em situações em que o público não fale o mesmo dialeto ou possa considerá-lo inapropriado.

Postura, aparência pessoal, expressões faciais, gestos e contato visual são fatores que também afetam a reação dos ouvintes ao orador. Vista-se e arrume-se de forma apropriada, utilize gestos e movimentos corporais para fortalecer sua mensagem e faça contato visual com os ouvintes.

Você deve praticar todos esses aspectos da elocução, bem como as palavras de apresentação. Inicie suas sessões de treinamento com grande antecedência para ter tempo suficiente para ganhar domínio sobre o conteúdo e a apresentação.

Se sua palestra incluir uma sessão de perguntas e respostas, tente prever quais serão as perguntas mais prováveis, prepare as respectivas respostas e pratique a elocução das respostas. Durante a sessão, ouça com atenção as perguntas, aborde-as positivamente e responda-as de maneira breve, educada e objetiva. Direcione suas respostas a todos os ouvintes, e não apenas à pessoa que fez a pergunta, e procure terminar a sessão pontualmente.

» Palavras-chave

apresentação oral de improviso Palestra ou discurso feito com pouca ou nenhuma preparação imediata.
apresentação oral espontânea Palestra ou discurso cuidadosamente preparado e ensaiado que é apresentado com poucas anotações.
articulação Produção física de determinados sons da fala.
cinésica Estudo dos movimentos corporais como um modo sistemático de comunicação.
comunicação não verbal Comunicação que se apoia no uso da voz e do corpo, e não no emprego de palavras.
contato visual Contato visual direto entre o orador e os membros da plateia.
dialeto Variante de uma língua que se distingue por variações no sotaque, na gramática ou no vocabulário.
entonação Variação na altura da voz do orador.
estilo coloquial Exposição oral que parece espontânea independentemente do número de vezes que ela foi ensaiada.
gestos Movimentos do orador com as mãos, os braços e a cabeça ao longo de uma exposição.

inflexões Variação na entonação da voz do orador.
intensidade da voz Volume e suavidade da voz do orador.
leitura textual de um manuscrito Palestra ou discurso redigido palavra por palavra e lido para o público.
monotonia Invariabilidade no tom da voz.
pausa Interrupção momentânea em uma exposição oral.
pausa vocalizada Pausa que ocorre quando um orador preenche os espaços entre as palavras com vocalizações como "um", "hum", "mmm", "eee".
pronúncia Padrão aceito de som e ritmo das palavras em determinada língua.
variedade vocal Mudanças na velocidade, na entonação e no volume que dão à voz variedade e expressividade.
velocidade da fala Rapidez com que uma pessoa fala.

» Questões para recapitulação

1. O que é comunicação não verbal? Por que ela é importante para a eficácia de uma exposição oral?
2. Quais são os elementos de uma exposição oral bem articulada?
3. Quais são os quatro métodos de elocução?
4. Quais são os oito aspectos da utilização da voz em que você deve se concentrar em suas exposições orais em público?
5. Quais são os quatro aspectos do movimento corporal em que você deve se concentrar em suas exposições orais em público?
6. Quais são os cinco passos que você deve seguir para praticar a apresentação?
7. Quais são os passos que você deve dar ao se preparar para uma sessão de perguntas e respostas? Em que você deve se concentrar quando estiver respondendo as perguntas durante a sessão?

» Exercícios de raciocínio crítico

1. Uma excelente maneira de melhorar sua variedade vocal é ler em voz alta poemas que requerem ênfase e sentimento. Escolha um poema favorito que se encaixe nessa categoria ou tente encontrar algum em uma antologia.

   Pratique a leitura em voz alta. À medida que você ler, utilize a voz para dar vida ao poema. Varie o volume, a velocidade e a entonação. Encontre pontos apropriados para fazer pausas. Sublinhe frases ou palavras-chave que você acha que devam ser ressaltadas. Module o tom da voz; utilize inflexões para dar ênfase e sentido.

   Para que isso funcione, você deve superar o medo de parecer afetado ou "dramático". A maioria dos oradores principiantes se sai melhor quando exagera nas mudanças de volume, velocidade, entonação e expressão. Isso o fará perceber melhor como você pode utilizar a voz para expressar uma série de estados de ânimo e significados. Além disso, o que lhe parece extremamente "dramático" normalmente não é percebido assim pelo público. Acrescentar brilho, veemência e entusiasmo em sua voz será extremamente útil para atrair e manter o interesse dos ouvintes.

   Se possível, pratique a leitura do poema utilizando um gravador. Ouça a reprodução. Se não ficar satisfeito com o que ouvir, pratique um pouco mais e grave novamente.

2. Assista a um trecho de uma novela na televisão com o som desligado. O que os personagens transmitem com a roupa, os gestos, as expressões faciais e coisas semelhantes? Faça o mesmo com uma comédia televisiva. Em que sentido as mensagens não verbais desses dois programas diferem? Relate suas observações.

3. Participe de uma palestra na escola em que você estuda. Você pode escolher uma palestra de um orador convidado que não pertença à instituição ou uma palestra de um professor considerado um excelente palestrante. Faça um breve relato da apresentação do orador.

   Nesse relato, primeiro analise a intensidade da voz, a entonação, a velocidade da fala, as pausas, a variedade vocal, a pronúncia e a articulação do orador. Depois, avalie a aparência pessoal, os movimentos corporais, os gestos e o contato visual do orador. Explique em que sentido a elocução do orador contribuiu ou se desviou do que ele disse. Por último, observe pelo menos duas técnicas de elocução utilizadas pelo orador que você gostaria de experimentar em sua próxima palestra.

erty

14

Utilização de recursos visuais

> » Tipos de recurso visual
> » Orientações sobre a preparação dos recursos visuais
> » Orientações sobre a apresentação dos recursos visuais

Diagnosticado com pressão alta quando cursava o segundo grau, Devin Marshall resolveu fazer uma palestra persuasiva sobre o excesso de sal na dieta dos norte-americanos. No dia da palestra, ele levou uma grande caixa, que manteve sobre a mesa a seu lado. Isso despertou imediatamente a curiosidade de seus ouvintes. Devin retirou da caixa um frasco de Morton Salt, uma xícara de medida e dois pratos. Em seguida, iniciou sua fala.

Primeiro, ele falou sobre o consumo mensal de sal recomendado pela Associação Médica Norte-Americana. Para exemplificar, ele despejou uma xícara de sal em um dos pratos e mostrou ao público. Depois, apresentou estatísticas sobre a quantidade de sal que um norte-americano comum consome durante um mês. Novamente, enquanto falava, mediu. Quando acabou de medir, no segundo prato havia a quantidade de três xícaras, quase 900 gramas de sal.

Por fim, Devin disse: "Agora, vamos multiplicar essa quantidade por 12 e ver quanto sal consumimos ao longo de um ano". E começou a retirar da caixa vários frascos de Morton Salt, até formar uma pirâmide de 14 frascos ou aproximadamente 11 quilos de sal!

Como diz o velho ditado, uma imagem vale mais do que mil palavras. Você consegue imaginar 900 gramas de sal? Ou 11 quilos de sal? Você não conseguiria se não tivesse visto Devin medir e empilhar os frascos de sal. Essa evidência visual impressionante esclareceu de forma mais convincente o que Devin queria transmitir do que teria sido possível apenas com palavras.

As pessoas acham a mensagem mais interessante, compreendem-na com maior facilidade e a retêm por mais tempo quando ela é apresentada visual e verbalmente. Na verdade, quando bem utilizados, os recursos visuais podem evidenciar quase *qualquer* aspecto de uma palestra. O orador comum que utiliza recursos visuais será considerado mais bem preparado, convincente e profissional do que um orador competente que não os utiliza. Os recursos visuais podem até ajudá-lo a combater o medo de falar em público. Eles aumentam o interesse do público, desviam o foco do público sobre o orador e possibilitam que ele tenha maior confiança na apresentação como um todo.[1]

Por todos esses motivos, você perceberá que os recursos visuais são extremamente importantes para suas palestras. Neste capítulo, enfatizaremos os recursos adequados às palestras em espaços menores, como na sala de aula, mas os mesmos princípios se aplicam a todas as circunstâncias – com relação a palestras fora desse ambiente – em situações de negócio ou comunitárias, por exemplo –, você certamente não terá nenhuma dificuldade se seguir as sugestões oferecidas aqui.

Vejamos primeiro os recursos visuais que provavelmente você empregará mais, depois as orientações para prepará-los e, por fim, as orientações para utilizá-los.

» Tipos de recurso visual

» Objetos e modelos

Levar o objeto sobre o qual se trata sua palestra à sala de aula pode ser uma excelente alternativa para elucidar suas ideias e fortalecer seu impacto. Se seu objetivo específico for "Informar meu público sobre como escolher um equipamento de esqui correto", por que não levar o equipamento para mostrá-lo para seus ouvintes? Ou suponhamos que você deseje fazer uma palestra sobre a arte peruana de confecção de bonecas. Você poderia levar várias bonecas e explicar como elas foram confeccionadas.

Entretanto, não é possível utilizar de maneira eficaz alguns objetos em suas palestras. Alguns são muito grandes. Outros são muito pequenos para serem vistos com nitidez. E outros talvez não sejam acessíveis. Se você estivesse falando sobre uma rara armadura exposta em um museu local, teoricamente poderia levá-la ao local da palestra, mas é mais provável que o museu não lhe desse essa permissão.

Se o objeto sobre o qual você deseja falar for muito grande, muito pequeno ou não estiver disponível, talvez seja possível utilizar um modelo. Para ver um exemplo, assista ao Vídeo 14.1. Para falar sobre reanimação cardiorrespiratória e demonstrá-la, o orador utiliza uma boneca de treinamento emprestada da Cruz Vermelha local.

> www.grupoa.com.br
> Assista a um trecho de "CPR" ("Reanimação Cardiorrespiratória") – Vídeo 14.1 – em inglês.

» Fotografias e desenhos

Se não houver um objeto ou modelo, você pode utilizar fotografias ou desenhos. Contudo, eles só terão efeito se forem grandes o suficiente para serem vistos sem esforço. As fotos de tamanho normal são muito pequenas para serem vistas com nitidez, a menos que elas sejam passadas entre o público, mas isso desvia a atenção dos ouvintes daquilo que está sendo dito. O mesmo ocorre com fotografias e desenhos em livros.

A alternativa mais eficaz para mostrar desenhos e fotografias é utilizar o PowerPoint. Por exemplo, observe no Vídeo 14.2 como o PowerPoint foi utilizado para apresentar uma fotografia das famosas ruínas incas de Machu Picchu, no Peru. Nenhum outro método funcionaria tão bem para mostrá-la.

» As fotografias são um excelente recurso visual se forem grandes o suficiente para serem vistas com facilidade. Veja o Vídeo 14.2 (www.grupoa.com.br) para observar como essa fotografia das famosas ruínas incas de Machu Picchu foi utilizada.

Para obter outro exemplo, examine a Figura 14.1, que mostra um desenho utilizado em uma palestra sobre os problemas enfrentados por pessoas com dislexia. Esse desenho possibilitou a tradução de ideias complexas por meio de um recurso visual que o público pudesse compreender de imediato.

⌁ www.grupoa.com.br
Assista a um trecho de "Machu Picchu: City of the Gods" ("Machu Picchu: Cidade dos Deuses") – Vídeo 14.2 – em inglês.

» **Gráficos**

Com frequência, o público tem dificuldade para compreender uma série complexa de números. Você pode facilitar essa compreensão utilizando **gráficos** para mostrar tendências e padrões estatísticos.

O tipo mais comum é o **gráfico de linhas**. A Figura 14.2 mostra um gráfico desse tipo, utilizado em uma palestra sobre os gastos crescentes com saúde nos Estados Unidos. Se você examinar o Vídeo 14.3 deste capítulo, verá como a oradora explicou esse gráfico. Ela disse:

> Como vocês podem ver nesse gráfico, baseado em estatísticas do governo dos Estados Unidos, a saúde continua sugando nossos orçamentos. Desde 1980, os gastos pessoais aumentaram de 13 para 20%. Compare esses dados com o que gastamos com alimentação. Em 1980, 20% dos gastos pessoais eram destinados à alimentação; hoje, são 13%. É isso mesmo, nas últimas três décadas a saúde tomou completamente o lugar da alimentação como a maior categoria de despesas pessoais.

⌁ www.grupoa.com.br
Assista à apresentação desse gráfico em "America's Continuing Health Care Crisis" ("A Crise Contínua no Setor de Saúde Norte-Americano") – Vídeo 14.3 – em inglês.

| ISSO É O QUE UM DISLÈXICO PODERIA VER AO LER ESTA SENTENÇA. |

» **Figura 14.1**
Desenho utilizado em uma palestra sobre os problemas enfrentados por pessoas com dislexia.

O **gráfico de setores** é mais adequado para mostrar padrões de distribuição simples. A Figura 14.3 mostra como um gráfico de setores foi utilizado para ajudar os ouvintes a visualizarem mudanças no estado civil entre mulheres que trabalhavam fora no século passado nos Estados Unidos. O gráfico da esquerda mostra as porcentagens de mulheres na força de trabalho que eram solteiras, casadas e viúvas ou divorciadas em 1900, e o da direita apresenta porcentagens para o mesmo grupo em 2010.

Como o gráfico de setores é utilizado para evidenciar as relações entre as partes de um todo, você deve utilizar o mínimo possível de segmentos diferentes. É ideal que ele tenha de dois a cinco segmentos; e, em nenhuma circunstância, deve ter mais de oito.

O **gráfico de barras** é particularmente adequado para mostrar comparações entre dois ou mais fatores, além da vantagem de ser fácil de compreender, até mesmo por pessoas que não sabem ler um gráfico.

A Figura 14.4 é um exemplo de gráfico de barras extraído de uma palestra intitulada "The Politics of Race in America" ("As Políticas sobre Raça nos Estados Unidos"). Esse gráfico mostra a posição relativa de brancos e negros com relação à renda familiar mediana, à mortalidade infantil, ao desemprego e à educação universitária. Utilizando o gráfico de barras, a oradora evidenciou mais suas ideias do que se tivesse apenas citado oralmente os números.[2]

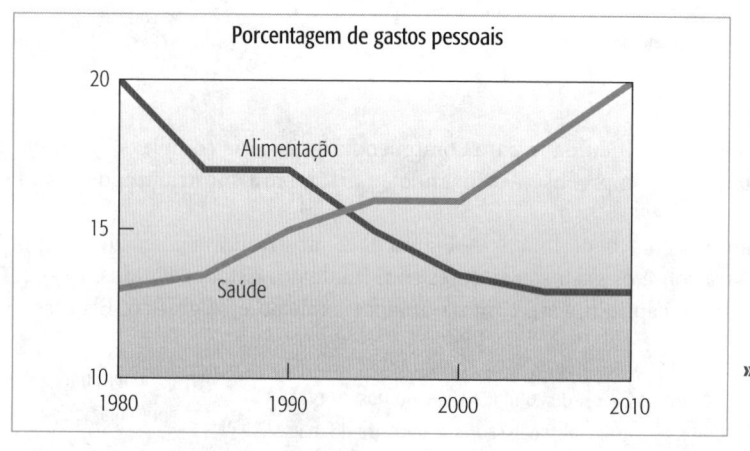

» **Figura 14.2**
Exemplo de gráfico de linhas.

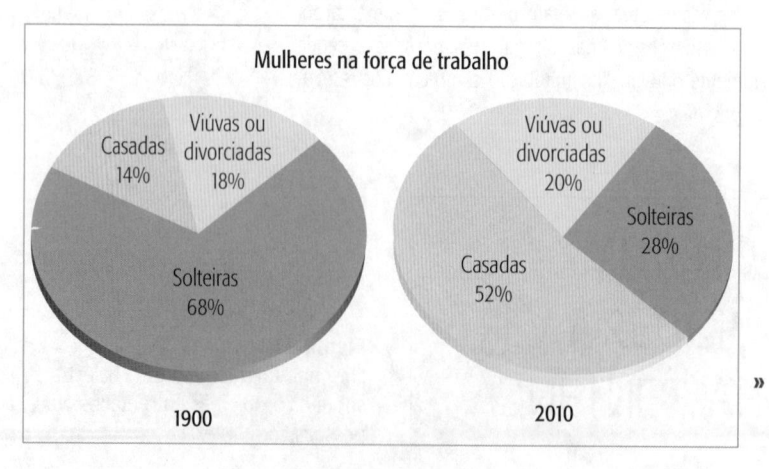

» **Figura 14.3**
Exemplo de gráfico de setores.

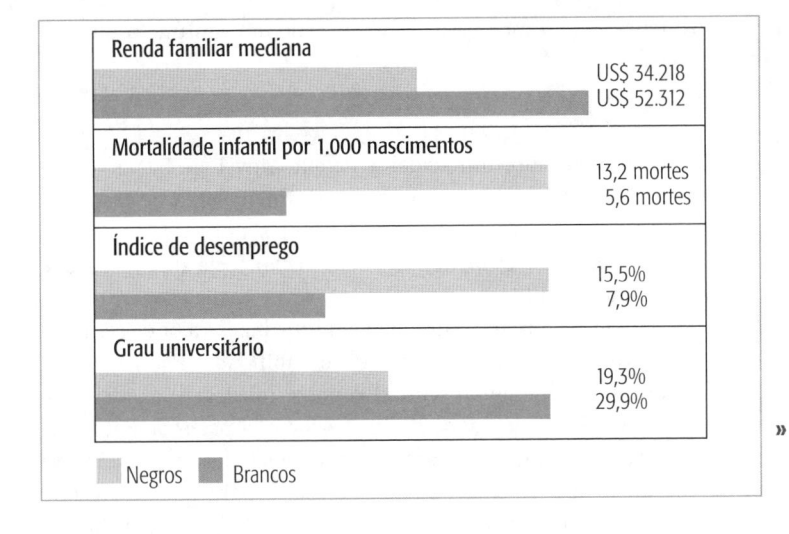

Renda familiar mediana	
	US$ 34.218
	US$ 52.312
Mortalidade infantil por 1.000 nascimentos	
	13,2 mortes
	5,6 mortes
Índice de desemprego	
	15,5%
	7,9%
Grau universitário	
	19,3%
	29,9%

■ Negros ■ Brancos

» **Figura 14.4**
Exemplo de gráfico de barras.

» Quadros

Os **quadros** são particularmente adequados para sintetizar grandes blocos de informação. Uma oradora, em uma palestra intitulada "The United States: A Nation of Immigrants" ("Estados Unidos: Uma Nação de Imigrantes"), utilizou um quadro para mostrar a porcentagem de imigrantes nos Estados Unidos relativa às principais regiões do mundo (Figura 14.5). Seria uma quantidade de categorias muito grande para um gráfico de setores. Relacionando-as em um quadro, a oradora permitiu que o público compreendesse mais facilmente as informações. Assista ao Vídeo 14.4 deste capítulo para observar como ela apresentou esse quadro durante a palestra.

www.grupoa.com.br
Assista a um trecho de "The United States: A Nation of Immigrants" ("Estados Unidos: Uma Nação de Imigrantes") – Vídeo 14.4 – em inglês.

O maior erro que os oradores principiantes cometem quando utilizam um quadro é incluir muitas informações. Como veremos posteriormente, os recursos visuais devem ser claros, simples e sóbrios. As listas raramente podem conter mais de sete a oito itens, e deve

Região de origem	Porcentagem de imigrantes nos Estados Unidos
Ásia	36 %
México	14 %
Europa	11 %
Caribe	11 %
América do Sul	10 %
África	9 %
América Central	5 %
Outras	4 %

» **Figura 14.5**
Exemplo de quadro.

haver um bom espaço entre os itens. Se não for possível inserir tudo em um único quadro, crie um segundo.

» Vídeo

Se você for falar sobre o impacto provocado por um acidente de automóvel em baixa velocidade, o que poderia ser mais eficaz do que exibir um vídeo em câmera lenta de testes de acidente? Ou suponhamos que você esteja falando sobre os diferentes tipos de montanha-russa encontrados nos parques de diversões. O melhor recurso visual seria um vídeo que mostrasse as montanhas-russas em movimento.

Entretanto, não obstante suas vantagens, utilizar um vídeo em uma palestra pode ser mais prejudicial do que favorável se isso não for feito com cuidado e habilidade. Primeiro, não utilize clipes muito longos. Embora um vídeo de 30 segundos possa mostrar suas ideias de maneira memorável, qualquer coisa mais extensa pode desviar o foco da palestra. Segundo, o vídeo deve ser cronometrado para que se inicie exatamente onde você deseja. Terceiro, se necessário, edite o vídeo de acordo com a extensão exata necessária para que se encaixe perfeitamente à sua palestra. Quarto, tome cuidado com os vídeos de baixa resolução que talvez sejam nítidos no computador, mas desfocados e distorcidos quando projetados em uma tela ou monitor.

» O orador

Em determinadas ocasiões, você pode utilizar o próprio corpo como recurso visual – por exemplo, para mostrar como um maestro conduz uma orquestra, revelar os segredos dos truques de mágica, mostrar como utilizar a linguagem de sinais etc. Além de esclarecer as ideias do orador, a utilização de algum tipo de demonstração ajuda a manter o envolvimento do público e também pode diminuir o nervosismo do orador pelo fato de oferecer um escape para a dose extra de adrenalina.

Para fazer uma boa demonstração, você precisa de um treinamento especial para coordenar seus movimentos com suas palavras e controlar o tempo da palestra. Você pode ver um excelente exemplo no Vídeo 14.5 deste capítulo. Depois de falar sobre a função da respiração correta na ioga, a oradora demonstra três posições

> www.grupoa.com.br
> Assista a um trecho de "Yoga: Uniting Body, Mind, and Spirit" ("Ioga: União entre Corpo, Mente e Espírito")– Vídeo 14.5 – em inglês.

» Às vezes, o orador pode utilizar o próprio corpo como recurso visual, como nessa palestra sobre ioga. Uma palestra desse tipo requer um ensaio cuidadoso para que o orador consiga coordenar seus movimentos e palavras e manter contato visual com o público.

iogues. Observe como ela explica claramente cada uma, comunica-se diretamente com o público e mantém contato visual ao longo da apresentação.

Um cuidado especial será necessário se você for demonstrar um processo que demora mais tempo para ser concluído do que o tempo alocado para a palestra. Caso você pretenda mostrar um processo longo, é aconselhável utilizar as técnicas empregadas pelos *chefs* de cozinha da televisão. Eles mostram a maioria dos passos para fazer um perfeito frango marinado, mas têm um segundo frango pronto para mostrar no último minuto.

» PowerPoint

O PowerPoint permite que você integre uma série de recursos visuais – como quadros, gráficos, fotografias e vídeo – em uma mesma palestra. Dependendo dos recursos tecnológicos oferecidos pelo lugar em que fará a palestra, talvez você possa utilizar o PowerPoint, um recurso muito utilizado em exposições orais, particularmente em ambientes de negócio.

Ainda neste capítulo, examinaremos as orientações referentes à preparação e apresentação eficaz dos recursos visuais. Nesse processo, prestaremos especial atenção ao que você pode fazer para criar e produzir *slides* de alta qualidade no PowerPoint. Por enquanto, considere os seguintes fatores quando pensar na possibilidade de utilizar o PowerPoint.

» *Vantagens e desvantagens do PowerPoint*

Quando bem utilizado, o PowerPoint é uma excelente contribuição para a comunicação. Infelizmente, ele nem sempre é bem empregado. Com muita frequência, os oradores permitem que ele domine as apresentações. Eles impressionam o público com relação à sua proficiência técnica, mas perdem a mensagem em um emaranhado de sons e imagens. De acordo com o especialista em tecnologia Herb Lovelace, algumas vezes parece que, "quanto mais sofisticada a apresentação em PowerPoint, menos valiosas são as ideias que estão sendo apresentadas".[3]

No outro extremo, estão os oradores que organizam às pressas suas apresentações, pressupondo que o PowerPoint produzirá magicamente uma soberba palestra. Passando vagarosamente de um *slide* mal estruturado para outro, fazendo pouco ou nenhum contato visual com o público, esses oradores estariam em melhor situação se nunca tivessem ouvido falar em PowerPoint.

Outro problema é que alguns oradores utilizam o PowerPoint para mostrar todos os pontos da palestra, praticamente lendo todo o conteúdo para o público à medida que as palavras aparecem na tela. Isso não é mais adequado do que ler monotonamente um manuscrito e raras vezes dar lugar a um processo de comunicação autêntico.

» *Quando utilizar o PowerPoint*

Para utilizar bem o PowerPoint, você precisa ter uma ideia clara sobre exatamente por quê, como e quando deve fazê-lo. Em vez de inserir tudo o que tem a dizer em uma tela, para que o público leia, você deve escolher quais aspectos da palestra deseja elucidar. Isso exige um cuidadoso planejamento.

O primeiro passo é determinar onde você pode utilizar o PowerPoint com o máximo proveito. Assim que terminar de desenvolver sua palestra, pense em que momento você poderia empregá-lo para esclarecer ou fortalecer suas ideias. Em vez de utilizar *slides* para mostrar cada ideia, procure pontos em que eles de fato evidenciarão sua mensagem.

Por exemplo, um orador utilizou o PowerPoint em uma palestra sobre os canis de fundo de quintal. Depois de confirmar o número desse tipo de canil nos Estados Unidos e descrever as atro-

> www.grupoa.com.br
>
> Assista a um trecho de "The Horrors of Puppy Mills" ("As Atrocidades dos Canis de Fundo de Quintal") – Vídeo 14.6 – em inglês.

cidades praticadas nesses locais, ele disse: "Mas vocês podem ver com os próprios olhos o que esses cães têm de suportar". Em seguida, ele mostra várias fotografias que demonstram as péssimas condições às quais os cães são submetidos nesses canis. As fotos oferecem uma evidência convincente para respaldar as alegações do orador.

Para obter outro exemplo, assista ao Vídeo 14.7, no qual o orador fala sobre a famosa tela *Uma Tarde de Domingo na Ilha La Grande Jatte*, de Georges Seurat. O orador utiliza uma série de *slides* em PowerPoint para mostrar detalhes da pintura que de outra forma não poderiam ser vistos. Além disso, ele faz um excelente trabalho ao explicar cada *slide* à medida que os percorre.

> www.grupoa.com.br
> Assista a um trecho de "Georges Seurat and the Art of Pointillism" ("Georges Seurat e a Arte do Pontilhismo") – Vídeo 14.7 – em inglês.

No momento de planejar suas palestras, pense em como você pode utilizar o PowerPoint para fortalecer suas ideias. Ao mesmo tempo, lembre-se de que o excesso – ou os recursos com má qualidade – pode ser mais prejudicial do que favorável. Seja criativo e habilidoso sem deixar que o PowerPoint domine toda a palestra.

» Orientações sobre a preparação dos recursos visuais

Independentemente de você estar criando um recurso visual à mão ou com o PowerPoint, as orientações a seguir podem ajudá-lo a criar recursos claros e visualmente atraentes.

» Prepare com antecedência os recursos visuais

Preparar os recursos com grande antecedência apresenta duas vantagens. Primeiro, significa que terá tempo e condições para imaginar recursos criativos e atraentes. Segundo, que pode utilizá-los enquanto pratica sua palestra. Os recursos visuais só são eficazes quando se integram de forma equilibrada com o restante da palestra. Se você se perder, deixá-los cair no chão ou tropeçar enquanto os apresenta, isso distrairá o público e tirará sua concentração.

Utilizando a oratória em sua CARREIRA

Como veterinário e proprietário de uma clínica para pequenos animais, você trabalha estreitamente com a sociedade para ajudar a controlar uma população crescente de cães e gatos abandonados. Você e sua equipe dedicam várias horas anualmente em serviços médicos gratuitos ou com preços reduzidos aos animais adotados. Agora, você foi convidado para uma palestra na Câmara dos Vereadores que objetiva apoiar a legislação proposta pela sociedade para reforçar a aplicação das leis de licenciamento de animais e utilização de guias.

Em sua palestra, você pretende incluir estatísticas que (1) comparam as estimativas da população de cães da cidade com o número de licenças emitidas nos últimos cinco anos e (2) mostrar o pequeno número de intimações apresentadas pelo órgão de fiscalização para animais de estimação sem guia durante o mesmo período. Por já ter tomado conhecimento no curso de oratória sobre o quanto os recursos visuais podem ser importantes para apresentar dados estatísticos, você resolve mostrar um conjunto de dados em um quadro e outro em um gráfico.

Para qual conjunto de dados o quadro será mais apropriado? Para qual conjunto o gráfico será mais apropriado? Dos três tipos de gráfico discutidos neste capítulo – barras, linhas e setoriais –, qual funcionará melhor para suas estatísticas e por quê?

» Utilize recursos visuais simples

Os recursos visuais devem ser simples, claros e ir direto ao ponto. Se você reexaminar os recursos apresentados anteriormente neste capítulo, verá que todos eles são claros e sérios. Eles contêm informações suficientes para transmitir a ideia do orador, mas não tantas a ponto de confundir e distrair o público.[4]

Quando utilizar o PowerPoint, insira em seus *slides* uma quantidade manejável de informações e evite a tendência ao exagero. É possível criar uma ilustração que exiba dois gráficos, uma fotografia e dez linhas de texto com cinco fontes diferentes e 250 cores. Mas quem conseguiria ler?

» Utilize recursos visuais que tenham boa legibilidade

Um recurso visual de nada valerá se ninguém conseguir vê-lo. Pense no tamanho da sala na qual você fará a palestra e cuide para que o recurso visual seja grande o suficiente para ser visto facilmente por todos. Ao prepará-lo, verifique a visibilidade posicionando-se no mesmo lugar em que o ouvinte mais distante estará sentado.

Se for utilizar o PowerPoint, confirme se o texto e as imagens podem ser vistas com facilidade por todo o público. Se você tomar cuidado para que os recursos visuais sejam suficientemente grandes, não precisará recorrer ao comentário: "Sei que alguns de vocês não conseguem ver, mas...".

E quanto a utilizar letras maiúsculas (caixa-alta)? Isso poderia parecer uma excelente alternativa para garantir que o texto seja grande o bastante para ser lido facilmente. Porém, pesquisas demonstram que uma linha extensa de palavras em CAIXA-ALTA na verdade é mais difícil de ser lida do que um texto normal. Reserve a caixa-alta para títulos ou palavras isoladas que exijam ênfase especial.

» Utilize pouco texto

Quando utilizar texto em um recurso visual, siga esta regra geral: quanto mais breve, melhor. As frases sucintas contêm apenas palavras-chave essenciais que ajudarão os ouvintes a compreender sua ideia básica e processar as informações à medida que você fala.

A brevidade é particularmente importante quando utilizamos o PowerPoint. Um dos erros mais graves que as pessoas cometem em relação a esse recurso é inserir muito texto em um único *slide*. Uma regra geral para os *slides* que contêm apenas texto é incluir não

» **Figura 14.6**
Exemplo de utilização de texto em um *slide*.

mais de meia dúzia de linhas de texto. Se for associar texto e imagens, talvez tenha de utilizar um número menor de linhas para que o corpo da letra não fique muito pequeno. Se você tiver de abordar inúmeros pontos, distribua-os em vários *slides*.

A Figura 14.6 mostra um *slide* de uma palestra sobre a Ilha de Páscoa, famosa por suas misteriosas estátuas de origem desconhecida. Observe que o *slide* não está saturado de informações e apresenta apenas a imagem das estátuas, bem como um título e texto para identificar o local da Ilha de Páscoa e a data em que ela foi descoberta pelos europeus. Como esse *slide* é simples e claro, a oradora pôde apresentá-lo de forma sucinta e passar para o seguinte.

» **Escolha bem as fontes do texto**

Nem todas as fontes são adequadas para um recurso visual. Na maioria das situações, você deve evitar fontes artísticas como as que são mostradas no lado esquerdo da Figura 14.7. Entretanto, as fontes da direita permitem que você torne seus recursos mais favoráveis ao público.

Saber utilizar as fontes pode fazer uma imensa diferença nos *slides* em PowerPoint. De modo geral, lembre-se das orientações a seguir quando for escolher fontes para uma apresentação:

» Escolha fontes claras e fáceis de ler.
» Evite utilizar CAIXA-ALTA porque as letras maiúsculas são difíceis de ler.
» Não utilize mais de duas fontes em um único *slide* – uma para o título ou tópico principal e outra para os subtítulos ou outro texto.
» Utilize as mesmas fontes em todos os *slides*.
» Utilize um corpo de 36 a 44 pontos nos títulos e tópicos principais e de 24 a 32 nos subtítulos e demais textos.

Se você utilizar um dos temas predefinidos do PowerPoint, pode ter certeza de que as fontes, que foram previamente selecionadas de acordo com o motivo do tema, são claras, legíveis e compatíveis.

» **Escolha bem as cores**

Quando bem empregadas, as cores podem intensificar consideravelmente o impacto de um recurso visual. Obviamente, as palavras-chave aqui são "quando bem empregadas". Algumas

Ineficaz	Mais eficaz
Blackmoor	Arial
Bradley Hand	Baskerville
Cracked	Cambria
ECCENTRIC	Courier
Handwriting	Gill Sans
ROSEWOOD	Optima
SchoolHouse	Times New Roman
Snell Roundhand	Verdana

» **Figura 14.7**
Exemplos de fontes mais e menos eficazes para a sua apresentação.

cores não funcionam bem juntas. Vermelho e verde são uma combinação que dificulta a leitura para qualquer pessoa, além de parecerem a mesma cor para os daltônicos. Várias tonalidades de azul e verde são muito semelhantes entre si e, por isso, não são facilmente diferenciadas – bem como o laranja e o vermelho, o azul e o roxo.

Você pode utilizar o texto em preto sobre um fundo claro ou um texto claro sobre um fundo escuro, mas em ambos os casos veja se o contraste entre fundo e texto é suficiente para os ouvintes enxergarem tudo claramente. Evite cores como o amarelo sobre fundo branco ou o roxo sobre fundo vermelho.

Além disso, use poucas cores, e de maneira consistente. Use uma cor para o fundo, outra para os títulos e uma diferente para outro texto ao longo dos *slides*. Essa consistência dará unidade aos *slides* e uma aparência profissional à sua palestra.

» Utilize estrategicamente as imagens

Uma das vantagens do PowerPoint é a facilidade que ele oferece para a inserção de fotografias, quadros, gráficos e outras imagens, inclusive vídeos. Infelizmente, alguns oradores tendem a acrescentar imagens apenas porque é fácil, e não porque elas são essenciais para transmitir a mensagem. Você *nunca* deve acrescentar qualquer tipo de imagem a um *slide* em PowerPoint se ela não for de fato necessária. Existe um número considerável de pesquisas que demonstram que as imagens irrelevantes distraem os ouvintes e diminuem a compreensão sobre o que o orador quer passar.[4]

Além de evitar imagens irrelevantes em seus *slides*, lembre-se das seguintes orientações:

» Verifique se as imagens estão grandes o suficiente para serem vistas com nitidez.
» Escolha imagens com alta resolução para que possam ser projetadas sem perder o foco.
» Crie quadros e gráficos claros e simples.
» Na maioria dos casos, inclua um título acima dos quadros e gráficos para que o público saiba o que está vendo.
» Edite os vídeos para que eles se encaixem perfeitamente nos *slides*.[5]

» Orientações sobre a apresentação dos recursos visuais

Não importa o quanto seus recursos visuais estejam bem estruturados, eles terão pouco valor se não forem exibidos de forma apropriada, analisados claramente e integrados de maneira eficaz com o restante da palestra. Veja sete orientações que podem ajudá-lo a extrair o máximo efeito dos recursos visuais.

» Posicione os recursos visuais de tal forma que os ouvintes consigam enxergá-los

Verifique com antecedência a sala em que fará a palestra para determinar exatamente onde exibirá determinado recurso visual. Se for mostrar um objeto ou modelo, procure colocá-lo em uma posição em que possa ser visto por todos na sala. Se necessário e possível, segure o objeto ou modelo enquanto fala.

Quando dispuser o recurso na melhor posição, não anule toda a sua preparação posicionando-se em um lugar em que bloqueie a visão do público. Fique ao lado e utilize o braço que está mais próximo para fazer indicações. Se você utilizar uma caneta, uma régua ou algum outro indicador, poderá ficar mais distante e, com isso, diminuirá a probabilidade de obstruir a visão.

✔ CHECKLIST

Preparação de recursos visuais

SIM	NÃO	
☐	☐	1. Preparei os recursos visuais com antecedência?
☐	☐	2. Eles estão claros e são fáceis de compreender?
☐	☐	3. Eles contêm apenas as informações necessárias para eu apresentar minha ideia?
☐	☐	4. Eles são grandes o suficiente para serem vistos nitidamente por todos?
☐	☐	5. As cores utilizadas nos recursos visuais combinam bem?
☐	☐	6. Há um contraste claro entre o texto e o segundo plano nos gráficos e/ou quadros?
☐	☐	7. Utilizo corretamente os quadros, gráficos de setores e gráficos de barras para mostrar tendências e padrões estatísticos?
☐	☐	8. Utilizo não mais que oito itens nos quadros?
☐	☐	9. As fontes são fáceis de ler?
☐	☐	10. Utilizo poucas famílias de fonte?

Se for utilizar uma tela de projeção, verifique com antecedência se ela não está posicionada em um lugar em que sua sobra será projetada enquanto fala. Se necessário, coloque o atril ao lado da tela.

» Evite passar recursos visuais para o público

Assim que um recurso visual chegar às mãos dos ouvintes, a situação ficará difícil. Pelo menos três pessoas estarão com a atenção mais voltada para o recurso do que para você – a pessoa que acabou de recebê-lo, a que está com ele no momento e a que está aguardando por ele. No momento em que o recurso visual for passado adiante, essas três pessoas provavelmente já terão perdido de vista o que você está dizendo.

Você também não resolverá o problema se distribuir algum folheto para cada membro do público. É provável que eles passem boa parte da palestra examinando o folheto no ritmo

» O PowerPoint é uma excelente ferramenta para exibir imagens se for empregado de forma apropriada. Aqui, o linguista Steven Pinker utiliza o PowerPoint durante uma palestra no Museu Britânico de Londres, na Inglaterra.

deles, em vez de ouvi-lo. Embora um folheto possa ter valor, normalmente compete com os oradores principiantes.

Obviamente, de vez em quando você desejará que os ouvintes recebam uma cópia de algum material para levar para casa. Nessas situações, só distribua as cópias quando terminar de falar. Para ter controle sobre a palestra, é essencial ter controle sobre os recursos visuais.

» **Exiba os recursos visuais somente enquanto estiver se referindo às informações que eles contêm**

Do mesmo modo que circular um recurso visual distrai a atenção, exibi-lo durante toda a palestra também desvia a atenção dos ouvintes. Se for utilizar um objeto ou modelo, não o mantenha no campo de visão enquanto não estiver falando sobre ele. Ao terminar de se referir a ele, tire-o do campo de visão.

O mesmo princípio se aplica aos *slides* do PowerPoint. Eles devem ficar visíveis somente enquanto estiver falando sobre eles. Para isso, você pode intercalar *slides* em branco de acordo com a necessidade, pois assim a atenção do público não será desviada pelo *slide* precedente. É também uma boa ideia acrescentar um *slide* em branco no final da apresentação, para que o último *slide* de conteúdo não fique exposto depois que você já o tiver abordado.

» **Explique de forma clara e concisa o conteúdo dos recursos visuais**

Os recursos visuais não se explicam por si sós. Do mesmo modo que os dados estatísticos, eles precisam ser traduzidos e associados ao público. Por exemplo, a Figura 14.8 é um excelente recurso visual, mas você sabe o que ela representa? Provavelmente não, a menos que você tenha acompanhado as estatísticas mais recentes sobre o número de mortes provocadas por bebida ao volante nos Estados Unidos. Mesmo assim, o significado global do mapa talvez não fique claro enquanto você não o explicar.

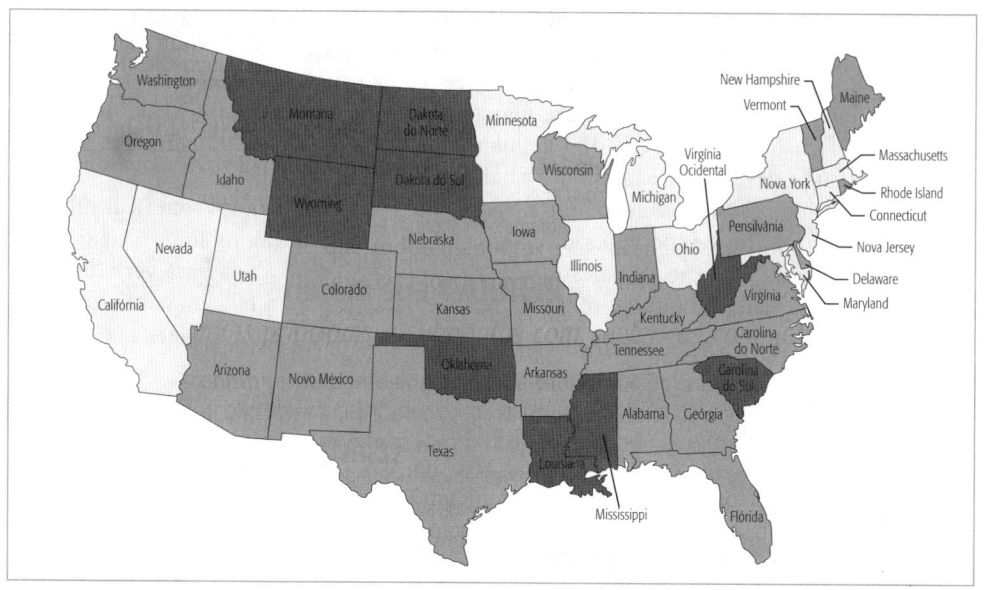

» **Figura 14.8**
Exemplo de recurso visual.

Um recurso visual pode oferecer um enorme benefício, mas somente se o espectador souber o que deve observar e por quê. Infelizmente, muitas vezes os oradores se apressam em mostrar os recursos visuais sem os explicar de forma clara e concisa. Procure adaptar seus recursos ao público. Não diga simplesmente "Como vocês podem ver...", passando por alto pelo respectivo conteúdo. Diga aos ouvintes o que o conteúdo significa. Descreva seus principais aspectos. Explique claramente o significado dos quadros e dos gráficos. Interprete as estatísticas e as porcentagens. Lembre, um recurso visual só será útil com a explicação que o acompanha.

> www.grupoa.com.br
> Assista a um trecho de "The Tragedy of Drunk Driving" ("A Tragédia da Bebida ao Volante") – Vídeo 14.8 – em inglês.

Como você pode ver no Vídeo 14.8 deste capítulo, a oradora que utilizou o mapa referente às mortes por bebida ao volante fez um excelente trabalho ao explicar que cada cor do mapa corresponde a um índice de mortalidade *per capita* diferente. Por ter utilizado esse mapa durante suas sessões de treinamento, ela conseguiu integrá-lo perfeita e habilmente à palestra – e manter contato visual com o público ao longo da discussão. Você deve se esforçar para fazer o mesmo quando apresentar recursos visuais.

» **Fale em direção ao público, e não voltado para o recurso visual**

Durante a explicação do conteúdo de determinado recurso visual, é fácil deixar de fazer contato visual com o público e falar em direção ao recurso. É óbvio que nesse caso os ouvintes estão olhando principalmente para o recurso e você precisa examiná-lo de vez em quando à medida que fala. Porém, se você mantiver os olhos fixos no recurso, correrá o risco de perder a atenção do público. Se mantiver contato visual, também receberá algum *feedback* sobre como o recurso visual e sua explicação estão sendo percebidos e compreendidos.

» **Utilize seus recursos visuais enquanto pratica**

Este capítulo mencionou várias vezes a necessidade de o orador utilizar o recurso visual enquanto pratica, mas vale a pena repetir. Não importa que tipo de recurso você escolha, utilize-o enquanto pratica. Vá e volte inúmeras vezes, ensaiando de que forma mostrará o recurso e como gesticulará, cronometrando cada movimento. Assim como outros aspectos do pronunciamento de uma palestra, nada substitui a preparação.

Se estiver utilizando o PowerPoint enquanto treina, não clique casualmente com o *mouse* nem passe rapidamente o texto. Procure marcar exatamente quando deseja que cada *slide* seja aberto e fechado e o que você dirá enquanto cada um estiver na tela. Sinalize em suas anotações quando deve exibir cada *slide* e quando deve fechá-lo.

Pratique com o *mouse*, o teclado ou o iPad até que consiga utilizá-los sem ficar olhando para baixo durante um tempo superior ao necessário para avançar os *slides*. Além disso, concentre-se na apresentação da palestra sem ficar olhando para a tela para ver o que está projetado. Não há nada errado em olhar de vez em quando para a tela enquanto explica o conteúdo dos *slides*, mas lembre-se de fazer seus comentários para a plateia, e não em direção à tela.

Tendo em vista todos os fatores aos quais deve se dedicar enquanto pratica uma palestra com o PowerPoint, você precisará de um tempo extra para ensaiar. Portanto, comece com antecedência e reserve tempo suficiente para que sua elocução seja tão atraente quanto seus *slides*.[6]

» **Confira a sala e os equipamentos**

Com relação a palestras em sala de aula, você já estará familiarizado com a sala e os equipamentos. Se algum aparelho falhar, um técnico pode fazer os ajustes necessários. No entanto, em palestras fora desse ambiente, a situação é bem diferente. Existem diferenças consideráveis entre os computadores e projetores, bem como entre as salas equipadas com multimídia. Mesmo se você já tiver utilizado o PowerPoint em ocasiões anteriores, precisará conferir a configuração dos equipamentos na sala em que fará a palestra.

Se possível, examine a sala e os equipamentos antes do dia da palestra. Conecte seu computador para ter certeza de que tudo funciona devidamente. Se for utilizar um computador instalado na sala, leve seus *slides* em um *pen drive* para verificar se eles funcionam nesse computador. Se sua palestra tiver áudio ou vídeo, confira-os duas vezes no sistema audiovisual da sala. Providencie com antecedência um técnico para que ele esteja presente e cuide de qualquer possível problema.

Obviamente, às vezes não é possível visitar a sala antes do dia da palestra. Nesse caso, programe-se para chegar uma hora antes para se familiarizar com o equipamento e conferir se ele está funcionando de forma adequada. Nunca presuma que tudo "dará certo". Em vez disso, pressuponha que as coisas não serão favoráveis e que precisam ser conferidas com antecedência. Você evitará o constrangimento de ver sua palestra sofrer algum atraso, ser interrompida ou até ser cancelada por falhas de equipamento ou complicações técnicas imprevistas.

Concluindo, se for utilizar o PowerPoint, *sempre* leve uma cópia de segurança dos *slides* em um *pen drive*, mesmo que pretenda utilizar o seu computador durante a palestra.

Tudo isso pode parecer muito exagerado e incômodo, mas qualquer pessoa que já tenha feito uma palestra com o PowerPoint – ou qualquer outro tipo de recurso visual – lhe dirá que isso é absolutamente essencial.

✔ CHECKLIST

Apresentação dos recursos visuais

SIM	NÃO	
☐	☐	1. Examinei a sala de palestra para garantir que meus recursos visuais sejam apresentados de maneira mais eficaz?
☐	☐	2. Ensaiei a apresentação dos recursos para que eles possam ser vistos por todo o público?
☐	☐	3. Ensaiei a apresentação dos recursos para que haja uma perfeita sincronia entre minha fala e meus movimentos?
☐	☐	4. Ensaiei minha apresentação para manter contato visual com o público enquanto exibo os recursos?
☐	☐	5. Ensaiei minha apresentação para explicar o conteúdo dos recursos de forma clara e concisa, utilizando termos que o público compreenda?
☐	☐	6. Estou ciente de que, caso precise distribuir algum material para o público, devo fazê-lo após a palestra, e não durante?
☐	☐	7. Conferi novamente os equipamentos para ter certeza de que eles estão funcionando corretamente?
☐	☐	8. No caso de utilização do PowerPoint, fiz uma cópia de segurança dos meus *slides* para levá-la comigo à palestra?

» Resumo

Existem vários tipos de recurso visual. O mais comum é o objeto sobre o qual você está falando ou uma representação dele. Diagramas, esboços e outros tipos de desenho são valiosos porque você pode desenhá-los para mostrar exatamente suas ideias. As fotografias devem ser grandes o suficiente para serem vistas claramente por todos os ouvintes. Os gráficos são uma excelente alternativa para mostrar qualquer assunto que contenha números, enquanto os quadros são utilizados para sintetizar muitas informações. O vídeo pode ser útil como recurso visual, mas ele deve ser editado com cuidado e integrado à palestra. Você pode funcionar como recurso visual realizando movimentos que demonstrem processos ou ideias.

Se for utilizar o PowerPoint, planeje cuidadosamente por quê, como e quando o utilizará. Em vez de inserir na tela tudo o que você dirá, para que os ouvintes leiam, utilize o PowerPoint apenas quando ele de fato enriquecer sua mensagem.

Não importa o tipo de recurso visual que venha a utilizar, você precisa prepará-lo com cuidado. Você terá mais sucesso se prepará-los com antecedência, se eles forem simples e grandes o suficiente para serem vistos claramente e se utilizar pouco texto. Se for criar algum recurso no computador, utilize as fontes, cores e imagens de maneira estratégica e eficaz.

Além de exigirem cuidado em sua criação, os recursos visuais devem ser apresentados habilidosamente. Evite distribuí-los ao público. Mostre o recurso apenas no momento em que estiver falando sobre ele e lembre-se de colocá-lo em um lugar em que todos possam vê-lo sem esforço. Durante a apresentação de um recurso, mantenha contato visual com os ouvintes e explique seu conteúdo de forma clara e concisa. Se for utilizar o PowerPoint, verifique com antecedência a sala e os equipamentos. Mais importante: pratique a apresentação dos recursos para que eles se encaixem equilibrada e perfeitamente à sua palestra.

» Palavras-chave

fonte Uma família de tipos com o mesmo desenho.

gráfico de barras Gráfico que utiliza barras verticais ou horizontais para mostrar comparações entre dois ou mais itens.

gráfico de linhas Gráfico que utiliza uma ou mais linhas para mostrar mudanças estatísticas ao longo do tempo e espaço.

gráfico de setores Gráfico que ressalta segmentos de um círculo para mostrar padrões de distribuição simples.

gráficos Recurso visual para mostrar tendências e padrões estatísticos.

quadro Recurso visual que sintetiza um grande bloco de informações, normalmente em forma de lista.

» Questões para recapitulação

1. Quais são as principais vantagens dos recursos visuais para suas palestras?
2. Quais tipos de recurso visual você poderia utilizar em uma palestra?
3. Quais fatores você deve considerar quando estiver pensando em utilizar o PowerPoint em uma palestra?
4. Quais orientações foram apresentadas neste capítulo sobre a preparação de recursos visuais?
5. Quais orientações foram apresentadas neste capítulo sobre a apresentação de recursos visuais?

» Exercícios de raciocínio crítico

1. Assista a um programa educativo (de culinária, por exemplo) ou ao segmento de previsão do tempo de um noticiário. Observe como o apresentador utiliza recursos visuais para transmitir a mensagem. Quais recursos visuais são utilizados? Até que ponto eles contribuem para a clareza, o inte-

resse e a retenção das informações do apresentador? O que o apresentador teria de fazer para transmitir a mensagem de maneira eficaz sem o recurso visual?

2. Pense em como você poderia utilizar um ou mais recursos visuais para explicar cada um dos itens a seguir:

   a. Como executar a manobra de Heimlich para ajudar vítimas de asfixia.
   b. A porcentagem de eleitores que votam na principais eleições nacionais nos Estados Unidos, na França, na Alemanha, na Inglaterra e no Japão, respectivamente.
   c. Onde obter informações sobre empréstimos estudantis.
   d. Os padrões de asa de várias espécies de borboleta.
   e. O aumento de gastos em saúde pelos norte-americanos desde 1985.
   f. Como trocar pneu de bicicleta.
   g. Técnicas e equipamentos básicos de alpinismo.

3. Programe-se para utilizar recursos visuais pelo menos em uma de suas palestras. Seja criativo no sentido de pensar em alternativas e lembre-se de seguir as orientações sobre utilização discutidas neste capítulo. Após a palestra, analise se você os empregou com eficiência, o que você aprendeu nessa experiência e o que mudaria se fosse apresentar novamente essa palestra.

PARTE V

Tipos de exposição oral

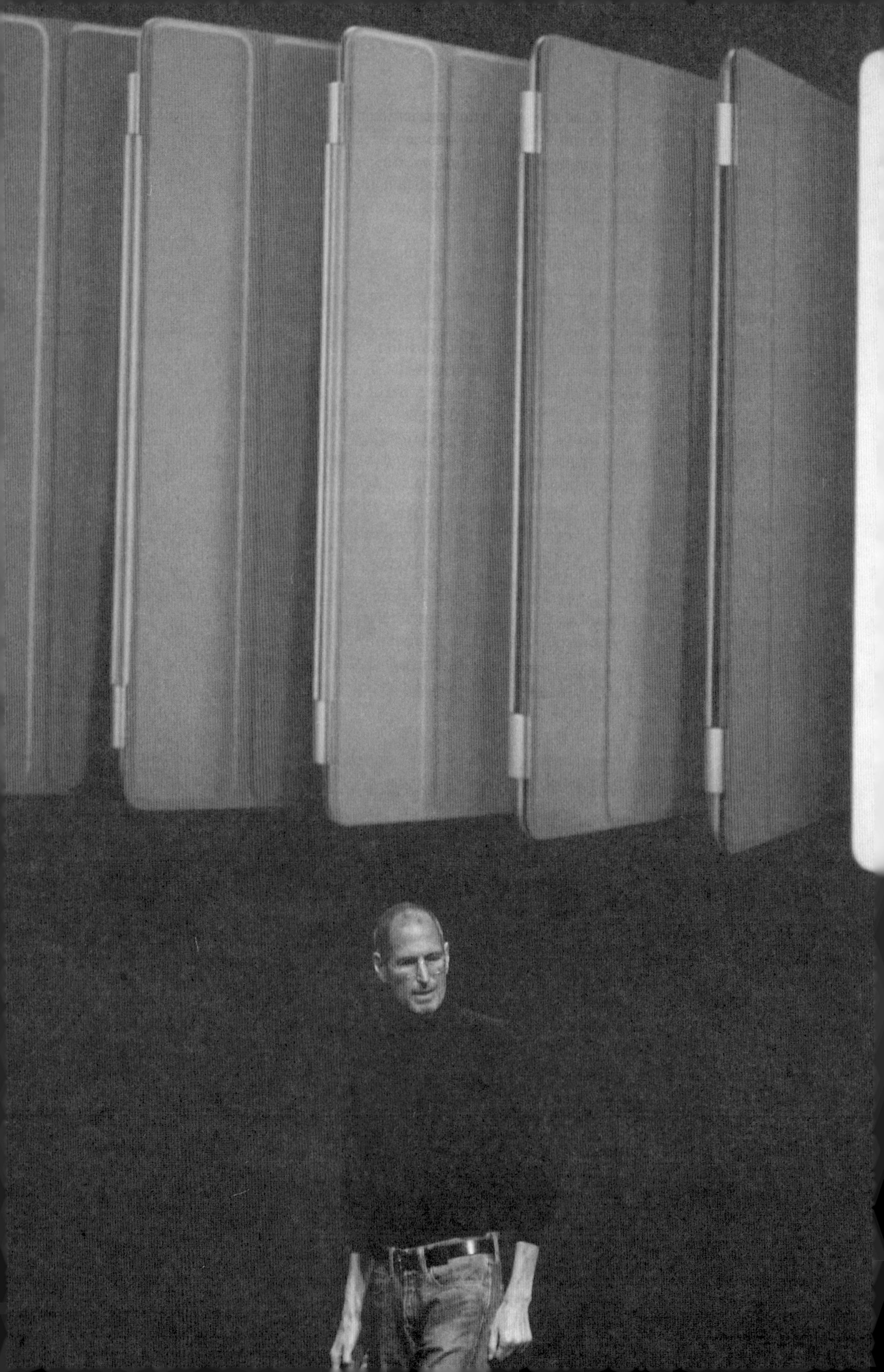

15

Exposição oral informativa

> » Categorias de exposição oral informativa: análise e organização
> » Orientações sobre a exposição oral informativa
> » Exemplo de palestra com comentários

Hayley Walden é diretora de *design* de uma empresa em franco crescimento que desenvolve e vende roupas de malha elegantes e modernas. Em uma ensolarada terça-feira de outubro, Hayley inicia seu dia de trabalho conversando com um colega do suporte técnico sobre os problemas que ela vem encontrando em seu computador. Ela demonstra o que está dando errado quando inicializa o computador e detalha os problemas com o sistema de *backup* interno.

Ainda de manhã Hayley, inicia uma longa reunião com outros membros de sua equipe de *design*. Eles conversam sobre a nova linha de produtos para a primavera e reveem tudo, desde o processo de fabricação à campanha de marketing. Enquanto os outros membros da equipe estão falando, Hayley anota tudo com cuidado e faz perguntas para ter certeza de que está compreendendo todos os aspectos do lançamento dos artigos de primavera.

À tarde, Hayley corre para uma reunião com os executivos e o presidente da empresa, para relatar o que a equipe discutiu de manhã. Ela recapitula o processo de fabricação para as novas malhas, fala sobre a cadeia de distribuição dos produtos da empresa e explica as diferentes opções de marketing da nova linha de jaquetas de primavera. Posteriormente, o presidente a elogia por sua clara apresentação. "Qualquer pessoa que conseguir se comunicar tão bem", afirma o presidente, "terá uma longa trajetória nesta empresa".

Hayley não se considera uma "oradora", mas grande parte de seu trabalho requer que ela absorva e transmita informações de maneira clara e eficaz. Embora Hayley seja um exemplo específico, sua experiência é comum.

Em um levantamento em que os graduados de cinco faculdades norte-americanas classificaram as habilidades de oratória mais importantes em seu trabalho, 62% afirmaram utilizar a exposição informativa "quase constantemente".[1]

A **exposição oral informativa** ocorre em uma série de situações cotidianas. O gerente de negócios explica o orçamento do ano seguinte. O arquiteto repassa os planos de construção de um novo prédio. O líder sindical informa aos membros de um sindicato a respeito de um novo contrato. Um membro de uma instituição religiosa delineia os planos para uma campanha de arrecadação de fundos. Existem inúmeras situações nas quais as pessoas precisam passar informações para outras pessoas. Ter competência nesse tipo de comunicação lhe será inestimável ao longo de toda a sua vida.

Provavelmente, uma das primeiras exposições em que atuará como palestrante será uma palestra informativa. Você poderá descrever um objeto, demonstrar como algo funciona, falar sobre um evento, explicar um conceito. Seu objetivo será transmitir conhecimentos e interpretações – e não defender uma causa. Sua palestra será avaliada com base em três critérios:

- As informações foram transmitidas com precisão?
- As informações foram transmitidas com clareza?
- As informações foram transferidas de maneira significativa e interessante para o público?

Neste capítulo, examinaremos quatro tipos de exposição oral informativa e seus princípios básicos. Ao longo desse processo, aplicaremos vários princípios discutidos nos capítulos anteriores.

» Categorias de exposição oral informativa: análise e organização

Existem várias categorias do gênero informativo. Aqui, enfatizaremos as exposições mais utilizadas: (1) sobre objetos; (2) sobre processos; (3) sobre eventos; e (4) sobre conceitos.

» Palestras sobre objetos

Na acepção utilizada aqui, o termo **objeto** inclui tudo o que é visível e tangível e tem um formato constante. Os objetos podem ter componentes móveis ou animados e abranger lugares, estruturas, animais e até pessoas. Veja alguns exemplos de temas sobre objetos:

leitores de livros eletrônicos	Susan B. Anthony
cães de serviço	titânio
olho humano	ponte Golden Gate

Você não terá tempo para falar tudo sobre qualquer um desses temas. Na verdade, você escolhe um objetivo específico que enfatiza um aspecto do tema. Com base nos temas que acabamos de apresentar, os itens a seguir são bons exemplos de sentença de objetivo específico para palestras informativas sobre objetos:

> Informar meu público sobre os três tipos principais de cães de serviço.
>
> Informar meu público sobre o papel de Susan B. Anthony no movimento dos direitos das mulheres norte-americanas.
>
> Informar meu público sobre o que procurar ao comprar um livro eletrônico.

Observe que essas sentenças são precisas. Como vimos no Capítulo 5, você deve escolher um objetivo específico não muito amplo para ser apresentado no tempo alocado. "Informar meu público a respeito de Pablo Picasso" é muito genérico para uma palestra em sala de aula, por exemplo. "Informar meu público sobre as principais contribuições de Pablo Picasso para a arte moderna" é um objetivo mais preciso em relação ao qual você poderia ter uma expectativa razoável de apresentar em uma breve palestra.

Se seu objetivo específico for explicar a história ou a evolução de seu tema, você deve organizar sua palestra em ordem *cronológica*. Por exemplo:

Objetivo específico: Informar meu público sobre os principais feitos de Frederick Douglass.

Ideia central: Embora tenha nascido escravo, Frederick Douglass tornou-se uma das personalidades mais importantes na história dos Estados Unidos.

Pontos principais:
I. Douglass passou os primeiros 20 anos de sua vida como escravo, em Maryland.
II. Depois de escapar para o norte, Douglass tornou-se um dos líderes no movimento abolicionista para ajudar a acabar com a escravidão.
III. Durante a Guerra Civil, Douglass ajudou a estabelecer regimentos negros no Exército da União.
IV. Após a guerra, Douglass tornou-se um defensor incansável de direitos igualitários para a sua raça.

Se seu objetivo específico for descrever as principais características de seu objeto (tema), você deve organizar sua palestra em ordem *espacial*:

Objetivo específico: Informar meu público sobre o projeto do Gateway Arch de Saint Louis.

Ideia central: O Gateway Arch é dividido em três áreas e cada uma tem suas próprias atrações.

Pontos principais:
I. A base do Gateway Arch abriga um centro de visitantes com museu, dois cinemas e lojas.
II. A parte intermediária do Gateway Arch contém um bonde de alta velocidade que transporta os visitantes da base para o topo.
III. A parte superior do Gateway Arch tem um *deck* de observação a 192 metros do chão.

Na maioria dos casos, você constatará que as palestras sobre objetos seguem a ordem de *tópicos*. Por exemplo:

Objetivo específico: Informar meu público sobre os quatro elementos principais de um jardim japonês.

Ideia central: Os quatro elementos principais de um jardim japonês são pedras, areia, água e plantas.

Pontos principais:
I. O primeiro elemento de um jardim japonês são as pedras, que simbolizam montanhas e ilhas.
II. O segundo elemento de um jardim japonês é a areia, que simboliza o mar ou outras áreas extensas.
III. O terceiro elemento de um jardim japonês é a água, que simboliza pureza e vida.
IV. O quarto elemento de um jardim japonês são as plantas, que simbolizam vida e a mudança de estações.

Independentemente do método organizacional que utilizar – cronológico, espacial ou de tópicos –, você deve seguir as orientações discutidas no Capítulo 9: (1) ter de dois a cinco pontos principais, no máximo; (2) manter os pontos principais separados; (3) tentar utilizar o mesmo padrão de formulação frasal em todos os pontos principais; e (4) equilibrar o tempo alocado para cada ponto principal.

» Palestras sobre processos

Processo é uma sequência sistemática de ações que conduz a um resultado ou produto específico. As palestras sobre processos explicam como algo é fabricado, como é feito ou como funciona. Veja alguns bons exemplos de sentença de objetivo específico para palestras sobre processos:

> Informar meu público sobre como a moeda dos Estados Unidos é fabricada.
>
> Informar meu público sobre como redigir um bom currículo.
>
> Informar meu público sobre como os furacões se desenvolvem.

Como esses exemplos indicam, existem dois tipos de palestra informativa sobre processos. Um explica um processo para que os ouvintes o *compreendam* melhor. Nesse caso, o objetivo é informar as etapas do processo e como elas estão inter-relacionadas. Se seu objetivo específico for "Informar meu público sobre o funcionamento das usinas nucleares", você explicará os procedimentos de uma usina nuclear, mas não instruirá seus ouvintes sobre como *operá-la*.

O segundo tipo explica um processo para que os ouvintes tornem-se mais capacitados para *executá-lo*. Seu objetivo nesse caso é que seu público desenvolva uma habilidade. Suponhamos que seu objetivo específico fosse "Informar meu público sobre como tirar fotos como um fotógrafo profissional". Você apresentaria técnicas fotográficas e mostraria aos ouvintes como eles podem utilizá-las. Seu desejo seria capacitá-los a *utilizar* essas técnicas por meio de sua palestra.

Ambos os tipos de palestra sobre processos podem exigir recursos visuais. Você deve preparar no mínimo um quadro que delineie as etapas ou técnicas do processo em questão. Em alguns casos, para demonstrar as etapas ou técnicas, será necessário executá-las diante do público. Um orador fez alguns truques com as mãos para mostrar as técnicas de prestidigitação. Outro fez alguns movimentos básicos de *tai chi chuan*. Em ambos os casos, além de a demonstração esclarecer o processo sobre o qual o orador está falando, ela cativa o público. (Se for utilizar qualquer tipo de recurso visual, reveja o Capítulo 14).

» As palestras informativas podem ser organizadas de várias maneiras. Uma palestra sobre a história da arte renascentista tende a ser apresentada em ordem cronológica, enquanto uma exposição sobre as técnicas de pintura se encaixaria na ordem de tópicos.

Em palestras sobre processo, normalmente você as organiza em ordem *cronológica*, explicando o processo passo a passo, do início ao fim. Por exemplo:

Objetivo específico: Informar meu público sobre os principais rituais do casamento bengali tradicional na Índia.

Ideia central: O casamento bengali tradicional compreende uma série de rituais que ocorrem antes, durante e após a cerimônia de casamento.

Pontos principais:
I. Nos rituais antes do casamento, a noiva e o noivo recebem presentes e a noiva é vestida segundo a tradição.
II. Nos rituais durante a cerimônia de casamento, a noiva e o noivo trocam florilégios, entoam-se mantras e o tio da noiva a concede.
III. Nos rituais após o casamento, há uma comemoração na casa da família da noiva, uma recepção na casa da família do noivo e a saída formal da noiva e do noivo.

Ocasionalmente, em vez de percorrer um processo passo a passo, você pode se concentrar nos principais princípios ou técnicas de execução do processo. Nesse caso, você organizaria sua palestra na ordem de *tópicos*. Cada ponto principal abordará uma técnica ou um princípio distinto. Por exemplo:

Objetivo específico: Informar meu público sobre os métodos básicos que um mágico utiliza para executar truques.

Ideia central: Os mágicos utilizam dois métodos comuns para executar truques – dispositivos mecânicos e prestidigitação.

Pontos principais:
I. Muitos truques mágicos dependem de dispositivos mecânicos que podem exigir pouca habilidade.
II. Outros truques dependem da habilidade do mágico para iludir as pessoas por meio da prestidigitação.

A organização concisa é particularmente importante nas palestras sobre processos. Toda etapa deve ser clara e fácil de acompanhar. Se o processo tiver mais de quatro ou cinco etapas, agrupe-as em unidades para diminuir o número de pontos principais. Por exemplo, em uma palestra para explicar como se monta um aquário doméstico, um orador apresentou os seguintes pontos principais:

I. Primeiro, vocês devem escolher o tamanho do tanque.
II. Depois, precisam determinar a forma do tanque.
III. Além disso, precisam determinar quanto podem desembolsar na compra de um tanque.
IV. Assim que tiverem um tanque, precisarão de um sistema de filtragem.
V. O aquecedor também é absolutamente necessário.
VI. Vocês devem ter também uma bomba de ar.
VII. Assim que isso for providenciado, precisarão escolher os pedriscos para o tanque.
VIII. Vocês necessitarão também de plantas.
IX. Outras decorações melhorarão os efeitos do aquário.
X. Nesse momento, vocês estarão preparados para acrescentar os peixes.
XI. Os peixes de água doce são os mais comuns.
XII. Os peixes de água salgada são mais caros e exigem cuidados especiais.

Como era de esperar, essa disposição não foi adequada para o público acompanhar. O orador deveria ter organizado os pontos mais ou menos assim:

I. O primeiro passo para criar um aquário doméstico é escolher o tanque.
   A. O tamanho do tanque é importante.
   B. O formato do tanque é importante.
   C. O custo do tanque é importante.
II. O segundo passo para ter um aquário doméstico é equipar o tanque.
   A. Vocês precisarão de um sistema de filtragem.
   B. Vocês precisarão de um aquecedor.
   C. Vocês precisarão de uma bomba de ar.
   D. Vocês precisarão de pedriscos.
   E. Vocês precisarão de plantas.
   F. Vocês podem precisar também de outros ornamentos.
III. O terceiro passo para criar um aquário doméstico é acrescentar os peixes.
   A. Os peixes de água doce são mais comuns para os aquários domésticos.
   B. Os peixes de água salgada são mais caros e exigem cuidados especiais.

Embora os subpontos abordem as mesmas questões que os 12 pontos originais, é mais fácil compreender e recordar três pontos principais.

» Palestras sobre acontecimentos

De acordo com o *Random House Dictionary*, **evento** é "qualquer acontecimento ou algo observável como um acontecimento". Com base nessa definição, os itens a seguir são exemplos de temas adequados para palestras informativas sobre acontecimentos:

Festival do Sol	privação do sono
ciberterrorismo	Batalha de Little Bighorn
massagem terapêutica	Jogos Olímpicos

Como de costume, você precisará estreitar o foco e escolher um objetivo específico que consiga cobrir em uma palestra breve. Veja alguns bons exemplos de sentença de objetivo específico para palestras informativas sobre acontecimentos:

> Informar meu público sobre os eventos da cerimônia do Festival do Sol no Peru.
> Informar meu público sobre os principais tipos de massagem terapêutica.
> Informar meu público sobre o que ocorreu na Batalha de Little Bighorn.

Você tem várias alternativas para falar sobre um evento. Se seu objetivo específico for contar a história de um evento, você organizará sua palestra em ordem *cronológica*, relatando os incidentes um após outro, na sequência em que eles ocorreram. Por exemplo:

Objetivo específico: Informar meu público sobre a história dos Jogos Paraolímpicos.

Ideia central: Os jogos de estilo olímpico para atletas com deficiência física progrediram muito desde a primeira competição há mais de 60 anos.

Pontos principais: I. O que com o tempo viria a ser chamado de Jogos Paraolímpicos iniciou-se em 1948 com uma competição esportiva na Grã-Bretanha que contou com a participação de veteranos da Segunda Guerra Mundial com lesões na medula espinal.

II. Em 1952, esse evento foi ampliado com a participação de atletas da Holanda.
III. Em 1960, foi realizada em Roma a primeira Paraolimpíada para atletas internacionais.
IV. Em 2000, foi assinado um acordo oficial para a realização dos Jogos Paraolímpicos paralelamente aos Jogos Olímpicos de verão e inverno.

Você pode abordar um evento sob praticamente qualquer ângulo ou uma combinação de ângulos – características, origens, implicações, benefícios, avanços futuros etc. Nesses casos, você organizará sua palestra de acordo com a ordem de *tópicos*. Além disso, os pontos principais devem subdividir o tema de maneira lógica e consistente. Por exemplo:

Objetivo específico: Informar meu público sobre os três aspectos da celebração do Mardi Gras ou Terça-Feira Gorda em Nova Orleans.

Ideia central: A celebração do Mardi Gras em Nova Orleans é famosa por seus desfiles, suas fantasias e suas comidas.

Pontos principais:
I. Os desfiles são eventos suntuosos que ocorrem ao longo de várias semanas.
II. As fantasias incluem máscaras, medalhões e as cores oficiais do Mardi Gras – roxo, verde e dourado.
III. As comidas incluem pratos como Cajun e Creole, comuns no sul da Louisiana.

» Palestras sobre conceitos

Conceitos incluem crenças, teorias, ideias, princípios etc. Eles são mais abstratos do que os objetos, os processos e os eventos. Veja a seguir exemplos de tema para palestras sobre conceitos:

confucionismo   teorias nutricionais
doutrina da intenção original   filosofias educacionais
teoria das cordas   numerologia

Escolhendo alguns desses temas genéricos, veja algumas sentenças de objetivo específico para palestras sobre conceitos:

Informar meu público sobre os princípios básicos do confucionismo.

Informar meu público sobre a doutrina da intenção original na interpretação constitucional.

Informar meu público sobre diferentes filosofias educacionais na Ásia e nos Estados Unidos.

As palestras sobre conceitos normalmente são organizadas de acordo com a ordem de *tópicos* e enfatizam os principais aspectos ou características do conceito. Por exemplo:

Objetivo específico: Informar meu público sobre os princípios básicos da resistência não violenta.

Ideia central: Os princípios básicos da resistência não violenta enfatizam a utilização de meios morais para realizar mudanças sociais, a recusa em infligir violência aos inimigos e a utilização do sofrimento como força social.

Pontos principais:
I. O primeiro princípio primordial da resistência não violenta é que a mudança social deve ser realizada por meios morais.

II. O segundo princípio primordial da resistência não violenta é que não se deve infligir violência aos inimigos.
III. O terceiro princípio primordial da resistência não violenta é que o sofrimento pode ser uma poderosa força social.

Outra opção é definir o conceito que você está abordando, identificar seus principais elementos e ilustrá-lo com exemplos específicos. Um excelente exemplo foi extraído de uma palestra sobre teoria do cinema.

Objetivo específico: Informar meu público a respeito das diferentes abordagens sobre a teoria do cinema.
Ideia central: As abordagens sobre a teoria do cinema abrangem as teorias do autor, a estruturalista e a de gêneros.
Pontos principais:
I. A teoria do autor concentra-se na visão criativa do diretor na construção de um filme.
II. A teoria estruturalista procura analisar como o filme transmite significados por meio de códigos e convenções.
III. A teoria de gêneros concentra-se nos padrões existentes entre tipos importantes de filme, como drama, comédia, ficção científica etc.

As palestras sobre conceitos muitas vezes são mais complexas do que os outros tipos de exposição informativa. Ao abordar conceitos, preste especial atenção para evitar linguagem técnica, definir claramente os termos e utilizar exemplos e comparações para elucidá-los.

Veja, por exemplo, o Vídeo 15.1, que apresenta um trecho de uma palestra sobre a filosofia do confucionismo. Observe como o orador define o confucionismo e explica o princípio unificador *jen* (humanitarismo). Se você for fazer uma palestra informativa sobre um conceito, analise com cuidado de que forma pode torná-lo claro e compreensível para seus ouvintes.

> www.grupoa.com.br
> Assista a um trecho de "Confucianism" ("Confucionismo") – Vídeo 15.1 – em inglês.

As linhas que dividem as palestras sobre objetos, processos, acontecimentos e conceitos não são absolutas. Alguns temas poderiam se encaixar em mais de uma categoria, dependendo de como a palestra for desenvolvida. Por exemplo, uma palestra sobre a destruição de Pompeia pela erupção do vulcão Vesúvio provavelmente abordaria esse tema como um evento (fenô-

» A necessidade de transmitir informações de maneira eficaz é uma realidade em todas as culturas. Aqui, servidores de chá vestidos com roupas tradicionais aprendem a arte da cerimônia do chá na Província Sichuan, na China.

meno), mas é mais provável que uma palestra sobre as causas de um vulcão o fizesse como e fosse um processo. O importante é decidir se você abordará o tema como objeto, processo, acontecimento ou conceito. Assim que decidir, poderá desenvolver sua palestra de acordo.

Independentemente de como abordar o tema, você deve oferecer aos ouvintes o que for necessário para que eles distingam fatos e ideias. Uma alternativa é utilizar transições, apresentações prévias internas, resumos internos e sinalizadores (consulte o Capítulo 9). Outra opção é seguir o antigo provérbio "Diga-lhes o que você lhes dirá; então, diga. E depois diga o que você lhes disse". Em outras palavras, apresente previamente os pontos principais da palestra na introdução e sintetize-os na conclusão. Isso a tornará mais fácil de ser compreendida e lembrada.

» Orientações sobre a exposição oral informativa

Todos os capítulos anteriores deste livro referem-se aos princípios da exposição informativa. Escolher um tema e um objetivo específico, analisar o público, coletar conteúdos, selecionar dados corroborativos, utilizar palavras para transmitir significados, apresentar a palestra – tudo isso deve ser feito com eficácia para que a palestra informativa tenha efeito. Enfatizamos aqui seis pontos complementares que podem ajudá-lo a ter êxito.

» Não superestime o que o público sabe

Em uma palestra sobre meteorologia, o orador disse: "Se em 1900 já existissem métodos modernos de previsão do tempo, a catástrofe do furacão de Galveston não teria ocorrido". Em seguida, ele passou a falar sobre outras questões, deixando para os ouvintes a tarefa de decifrar o que foi o furacão de Galveston, quando ocorreu e que tipo de destruição provocou.

O orador presumiu que seu público já tivesse conhecimento sobre isso. Contudo, os ouvintes não eram especialistas em meteorologia nem em história norte-americana. Mesmo aqueles que já haviam ouvido falar nesse furacão tinham apenas uma noção imprecisa sobre o tema. Apenas o orador sabia que o furacão, que havia matado mais de 6.000 pessoas inesperadamente em 8 de setembro de 1900, continua sendo a catástrofe natural mais fatal na história daquele país.

Como vários oradores já constataram, é fácil superestimar o repertório de informações dos ouvintes. Na maior parte das palestras informativas, os ouvintes terão apenas informações vagas (na melhor das hipóteses) acerca dos detalhes do tema. Você não deve *presumir* que eles saibam o que você quer dizer. Em vez disso, você deve ter o *cuidado* para explicar tudo tão minuciosamente, que seja impossível não compreender. Ao preparar uma palestra, sempre reflita sobre se ela será clara para alguém que está tomando conhecimento do tema pela primeira vez.

Suponhamos que você esteja falando sobre coletes à prova de balas. É claro que os seus ouvintes já ouviram falar de coletes à prova de balas, mas é mais provável que eles não saibam como eles funcionam. De que forma você explicará? Veja uma alternativa:

> Os coletes balísticos, ou mais popularmente conhecidos como coletes à prova de balas, são peças de blindagem corporal que protegem os seres humanos contra ferimentos provocados por projéteis acionados por explosão. Como? Fibras sintéticas firmemente entrelaçadas, como a Kevlar, formam uma poderosa trama que dispersa lateralmente a energia cinética de um projétil e, ao mesmo tempo, deforma o projétil e absorve sua força.

Para alguém com grande conhecimento sobre física ou fibras têxteis, é provável que essa explicação seja perfeitamente clara. Mas alguém que não o tenha pode perder-se ao longo da explicação. No trecho anterior, o tom é de um orador que está recapitulando informações já familiares ao público, e não de um orador que está apresentando informações novas.

Veja, em contraposição, outra explicação sobre coletes à prova de balas:

> De que forma os coletes à prova de balas de fato obstruem uma bala. Explicarei com um exemplo. Imagine um policial que esteja investigando um ruído estranho em um beco escuro. Ele surpreende um traficante que está tentando vender droga e, quando menos espera, bangue! Felizmente, ele está usando um colete à prova de balas.
>
> Em vez de entrar no corpo do policial, a bala penetra as camadas de uma malha de fibras altamente resistentes e firmemente entrelaçadas. Em virtude de sua resistência e entrelaçamento, as fibras começam a torcer e deformar a bala. Elas são tão resistentes, que achatam a bala e absorvem a energia. Embora a bala possa penetrar em algumas camadas do tecido, ela para bem antes de atravessar toda a malha.
>
> Graças a essas fibras fortes e firmemente entrelaçadas, o policial consegue sair ileso e algemar o traficante.

Essa explicação é clara e simples. O tom é de um orador que está elucidando um tema novo para o público.

Isso é tão simples assim? Nem um pouco. O teste de um bom orador é transmitir as ideias mais complexas de maneira clara e simples. Qualquer pessoa pode procurar um livro e encontrar uma definição bem elaborada de colete à prova de balas. Mas dizer em uma linguagem clara como um colete funciona requer esforço e criatividade.

Além disso, lembre-se de que os leitores podem examinar um trecho escrito várias vezes, até conseguirem compreender o significado, mas os ouvintes não podem se dar a esse luxo. Eles precisam compreender o que você diz no espaço de tempo que você leva para dizê-lo. Quanto mais você presumir que eles conheçam um tema, maior a probabilidade de você ser mal compreendido.

» Associe o tema diretamente ao público

> O dramaturgo inglês Oscar Wilde chegou ao clube que frequentava logo após a desastrosa noite de estreia de sua nova peça.
>
> "Oscar, como foi sua peça?", perguntou um amigo.
>
> "Ah", disse Wilde, espirituosamente, "a peça foi um grande sucesso, mas o público, um fracasso".

» Nos negócios e também em outras áreas da vida, os bons oradores informativos personalizam suas ideias e as associam diretamente com o público.

Sabe-se que, para manter as aparências, os oradores costumam dar quase a mesma resposta após uma palestra informativa deplorável. "Ah", dizem, "a palestra foi excelente, mas o público não estava tão interessado". E em parte eles estão corretos – o público *não estava* interessado. Contudo, nenhuma palestra excelente faz o público dormir. É responsabilidade do orador despertar o interesse dos ouvintes – e mantê-los interessados.

Nas palestras informativas, os oradores têm de superar um grande obstáculo. Eles devem reconhecer que o que é fascinante para eles pode não ser para todas as outras pessoas. Assim que escolher um tema que pode ser interessante para seu público, você deve associá-lo a esse público. Você deve amarrá-lo aos interesses e preocupações dos ouvintes.

Comece pela introdução. Em vez de dizer

> Gostaria de conversar com vocês a respeito da pimenta-malagueta...

você poderia dizer:

> Imaginem-se com a boca queimando como fogo, os olhos incontrolavelmente lacrimejantes e o rosto avermelhado e suando profusamente. Vocês estão doentes? Não. Vocês acabaram de comer um pequeno pedaço de pimenta-malagueta extremamente ardida. Parabéns. Vocês são adeptos de uma tradição mundial que vem condimentando vidas e dietas há milhares de anos.

> www.grupoa.com.br
> Assista a um trecho de "The Hidden World of Chili Peppers" ("O Mundo Secreto das Pimentas-Malaguetas") – Vídeo 15.2 – em inglês.

Mas não pare na introdução. Sempre que puder, faça o público mergulhar no corpo da palestra. Afinal de contas, nada interessa mais as pessoas do que elas mesmas. Encontre alternativas para falar sobre o tema relacionando-o com os ouvintes. Esclareça o conteúdo. Aproxime-o ao máximo dos ouvintes.

Veja um exemplo. Digamos que você esteja explicando como os percevejos-de-cama espalham-se de pessoa para pessoa e de local para local. Você dispõe de muitos fatos e poderia relatá-los da seguinte forma:

> As áreas de alto tráfego oferecem condições ideais para a propagação dos percevejos-de-cama. Os locais com alta densidade demográfica, como alojamentos estudantis, prédios de apartamentos e terminais de transporte são alguns dos lugares em que é mais provável encontrá-los. Como esses percevejos são atraídos por objetos nos quais possam se esconder, com frequência se alojam em roupas, mochilas, bolsas etc. Além disso, eles prosperam em lugares bagunçados em que haja muitos objetos espalhados.

Essas informações são valiosas, mas não estão associadas ao público. Tentemos mais uma vez:

> Os percevejos-de-cama espalham-se muito rapidamente em lugares em que haja muito entra e sai de pessoas. Caso *vocês* morem em um alojamento estudantil ou prédio de apartamentos, *frequentem* aeroportos, estações de trem e rodoviárias ou se *hospedem* em hotéis urbanos ou de beira de estrada, *estão* em contato com os principais locais de procriação dos percevejos-de-cama.
>
> Os percevejos-de-cama são como os caroneiros. Eles entram em *sua* roupa, *sua* mala, *sua* bolsa, *sua* mochila, *seu* casaco – em qualquer objeto que tenha tecido e dobre.
>
> Além disso, os percevejos-de-cama são atraídos por lugares em que possam se esconder. Por isso, quanto mais entulhos *vocês* tiverem no ambiente, mais desses minúsculos companheiros *vocês* atrairão.

> www.grupoa.com.br
> Assista a um trecho de "Don't Let the Bed Bugs Bite" ("Evite a Picada de Percevejos-de-Cama") – Vídeo 15.3 – em inglês.

Observe o emprego frequente do pronome de tratamento "vocês" e do possessivo "seu/sua". Os fatos são os mesmos, mas aqui eles são associados diretamente ao público. Pesquisas demonstram que o emprego de pronomes pessoais ou possessivos nas palestras informativas melhoram de forma significativa a compreensão das ideias do orador.[2]

Utilizando a oratória em sua CARREIRA

Como planejador financeiro de uma empresa de investimentos local, você foi convidado para fazer uma palestra sobre planejamento financeiro de longo prazo para um grupo de universitários recém-formados. Depois de refletir sobre o que os universitários recém-formados precisam saber sobre poupança para o futuro, você decide organizar sua palestra em torno de quatro etapas gerais de investimento:

1. Os primeiros anos de investimento, que compreendem pequenas reservas de dinheiro que aumentarão com o passar do tempo.
2. Os anos de aquisição, que compreendem o equilíbrio entre investimentos e despesas importantes, como criação dos filhos e pagamento de financiamento hipotecário.
3. Os anos de acumulação, nos quais se reserva o máximo possível antes da aposentadoria.
4. Os anos de aposentadoria, nos quais se vive das economias e do ajuste de investimentos de acordo com a necessidade.

Ao examinar essas etapas de investimento, você se lembra de seu curso de oratória e de que um orador informativo deve associar a palestra diretamente ao público, não ser técnico, não superestimar o que o público sabe a respeito do tema e ser criativo. Em que sentido cada uma dessas orientações influencia sua palestra para esses recém-formados? Seja específico.

» Não seja muito técnico

O que queremos dizer com relação a uma palestra informativa muito técnica? Talvez que o tema seja muito especializado para o público. Qualquer tema pode ser popularizado – mas apenas até certo ponto. O que o orador deve identificar é o que é possível explicar para um público comum e o que não é.

Digamos que seu tema seja amplificadores de potência. Não é difícil demonstrar como um amplificador funciona (como ligá-lo e desligá-lo, ajustar o volume, configurar os tons e os controles de balanço). É também relativamente fácil explicar o que um amplificador faz (amplifica o som recebido de um DVD, iPod ou de uma apresentação ao vivo). Porém, não é possível fazer um relato totalmente científico sobre o funcionamento de um amplificador, mesmo durante um tempo razoável, se o público não conhecer os princípios da tecnologia de áudio. O conteúdo é simplesmente muito técnico para ser compreendido por um público não especializado.

Mesmo quando o tema não é técnico, a linguagem empregada talvez seja. Toda atividade tem um jargão, seja no golfe (*bogey* – uma tacada acima da média –, *wedge* ou cabeça do taco, *match play* – pontos conferidos a cada buraco); em química (coloide, glicogênio, água pesada); ou em análise financeira (venda coberta, lance reverso, aquisição alavancada). Se você for falar para um grupo de especialistas, poderá utilizar palavras técnicas e ser compreendido. Contudo, você deve fazer o que estiver ao seu alcance para evitar termos técnicos quando estiver passando informações para um público não especializado.

Aqui, por exemplo, são apresentadas duas sentenças para explicar o que são células-tronco e que funções elas podem desempenhar no corpo humano. A primeira emprega uma linguagem extremamente técnica e seu impacto sobre os ouvintes comuns seria pequeno:

> A maioria dos organismos multicelulares tem células-tronco que os revigoram por meio do processo de divisão celular mitótica. As células-tronco presentes em embriões em estágio inicial de desenvolvimento

representam unidades básicas de vida em organismos superiores, ao passo que as células-tronco adultas em tecidos somáticos representam reservas celulares que podem regenerar o tecido e manter as funções do órgão. Ambas têm propriedades que permitem a reprodução celular *in vivo*.

A segunda sentença é perfeitamente compreensível e mostra que é possível esclarecer uma informação técnica para uma pessoa comum:

> De acordo com o Instituto Nacional de Saúde dos Estados Unidos, células-tronco são células genéricas que podem ser transformadas em qualquer um dos mais de 200 tipos diferentes de célula no corpo humano. Basicamente, elas se transformam em uma célula que tem uma função específica.
>
> Por exemplo, as células-tronco podem se tornar células musculares que ajudam a reconstruir um tecido danificado. Elas podem se tornar glóbulos vermelhos para ajudar a distribuir oxigênio para diferentes tecidos. Ou podem se tornar células cerebrais que ajudam no funcionamento do sistema nervoso. Independentemente do tipo de célula que precisar de assistência, as células-tronco podem nos socorrer e substituir as células das quais nosso corpo necessita.
>
> O Genetics Learning Center (Centro de Aprendizagem de Ciência Genética) da University of Utah nos oferece a seguinte explicação: As células-tronco são como atores que estão aguardando uma seleção de elenco. Assim como um ator tem de aguardar para saber que papel representará, as células-tronco esperam sinais do corpo que lhes dizem em que elas devem se transformar. Assim que elas recebem esses sinais, começam a se transformar em células específicas que têm funções específicas.

> **www.grupoa.com.br**
> Assista a um trecho de "The Promise of Stem Cells" ("A Promessa das Células-Tronco") – Vídeo 15.4 – em inglês.

Bem mais clara, não é mesmo? A única palavra técnica em todo esse trecho é "célula-tronco". A linguagem restante é direta, as ideias são fáceis de compreender. É isso que você deve buscar em suas palestras informativas.

» **Evite abstrações**

"Meu dever", afirmou o romancista Joseph Conrad, "é, acima de tudo, fazê-lo ver." E fazer o leitor ver é exatamente o que Conrad fez. Observe essa passagem, em que Conrad descreve as consequências de uma explosão a bordo de um navio:

> A primeira pessoa que vi foi Mahon, com os olhos vidrados, a boca aberta e os longos cabelos brancos eriçados em torno da cabeça como um halo de prata. [...] Olhei para ele com desconfiança e ele me olhou com uma curiosidade suspeita, chocado. Eu não sabia que estava sem cabelos, sem sobrancelhas, sem cílios, tampouco que meu jovem bigode havia se queimado, que meu rosto estava coberto de fuligem, a bochecha exposta, o nariz cortado e o queixo sangrando.[3]

Uma palestra não é como um romance. Contudo, muitas palestras informativas poderiam ser amplamente enriquecidas pela inclinação que os romancistas têm pelo colorido, pela especificidade e pelo detalhe.

Uma alternativa para evitar abstrações é utilizar descrições. Quando pensamos em **descrição**, normalmente imaginamos eventos externos, como a explosão descrita por Conrad. Mas a descrição também é empregada para transmitir sentimentos internos. Veja como um orador tentou passar para o público as sensações que ele experimentou quando começou a praticar paraquedismo:

> Enquanto aguardávamos o avião subir para um salto de aproximadamente 3.600 metros, minha cabeça começou a girar em torno de uma confusão de pensamentos exaltados. "Muito bem, este é

o momento pelo qual você esperou. Será maravilhoso. Devo mesmo saltar de um avião a 3.600 metros de altitude? E se algo der errado? Será que ainda dá tempo de voltar atrás? Sem essa, não se preocupe. Vai dar tudo certo".

Mesmo que não tenhamos tido a experiência de saltar de paraquedas, todos nós já tivemos o mesmo tipo de emoção em ocasiões semelhantes. O que ocorreu em seguida?

> Chegou a hora de saltar. Minhas mãos estavam suando e meu coração estava batendo tão forte, que achei explodiria. "Prepare-se", gritou o instrutor. No momento em que mergulhei no azul, logo me perguntei: "O que estou fazendo aqui?".

Sim, e depois disso?

> A força da resistência do ar me soprou para trás como uma folha à mercê de um vento de outono. Em torno de 10 segundos meu corpo atingiu uma velocidade de 200 quilômetros por hora e se estabilizou. O ar apoiou meu corpo como um tapete voador invisível. Não havia nenhum som, exceto o do vento que batia forte no meu rosto. Todo medo ou dúvida que tive foi levado pela euforia da queda livre. Todos os nervos do meu corpo estavam à flor da pele; contudo, fui dominado por um sentimento de paz e pela sensação de que estava em harmonia com o céu.

Enquanto ouvimos o orador, compartilhamos de seus pensamentos, sentimos seu coração disparado e acompanhamos sua euforia à medida que ele flutua sem esforço pelo céu. Essa descrição vívida dá veracidade à narração e nos atrai ainda mais.

Outra forma de evitar abstrações é utilizar **comparações** que evidenciem o tema em termos concretos e familiares. Você deseja passar uma ideia do que aconteceria se um cometa ou um grande asteroide atingisse a Terra? Você poderia dizer:

> Se um cometa ou um grande asteroide atingisse a Terra, o impacto seria devastador.

Correto, mas essa sentença é vaga e abstrata. Ela não transmite o significado de maneira clara e concreta. Agora, suponhamos que você acrescentasse isto:

> Para dar uma ideia a vocês do quanto esse impacto seria devastador, pensem em todas as bombas nucleares do mundo explodindo de uma só vez.

Agora, você transformou o abstrato em algo específico e nos ofereceu uma nova e nítida visão sobre as coisas.

Como a comparação, o **contraste** pode apresentar uma ideia em termos concretos. Suponhamos que queira defender que a probabilidade de uma pessoa ganhar na loteria estadual é extremamente pequena. Você poderia dizer: "Por exemplo, a probabilidade de vocês ganharem na loteria estadual é de 1 em 14 milhões, algo astronômico". A palavra "astronômico" sugere que você considera 1 em 14 milhões uma probabilidade remota, mas em comparação a quê? Um orador apresentou o seguinte contraste:

> A probabilidade de acertarmos a sequência correta de seis dígitos em uma loteria estadual comum é de 1 em 14 milhões. Em contraposição, a probabilidade de sermos atingidos por um relâmpago é apenas de 1 em 700.000. A probabilidade de morrermos em um acidente de carro é de 1 em 6.000. Em outras palavras, é bem mais provável sermos atingidos por um relâmpago ou morrermos em um acidente de carro do que ganharmos uma bolada na loteria estadual.

Essa sentença apresenta um fato abstrato de um ponto de vista significativo.

» Personalize suas ideias

Os ouvintes desejam entreter-se enquanto são instruídos.[4] Nenhuma outra coisa enfraquece mais uma palestra informativa do que uma sequência de fatos e números. E nada aviva mais uma palestra do que exemplos pessoais. Sempre que possível, tente personalizar suas ideias (**personalização**) e representá-las dramaticamente em termos humanos.

Digamos que você fará uma palestra sobre autismo, deficiência de desenvolvimento caracterizada pela debilitação das habilidades de comunicação e interação. Certamente, você enfatizaria que esse distúrbio afeta 1 em cada 500 crianças, ocorre quatro vezes mais em homens do que em mulheres e é mais predominante entre caucasoides. Além disso, ressaltaria que os sintomas do autismo incluem introversão anormal, utilização seriamente limitada da linguagem, comportamentos repetitivos, esquiva ao contato visual, perda de controle emocional e reações passivas à afeição.

Contudo, esses fatos e números são secos. Se realmente quiser que o público se envolva, você deve tecer exemplos de crianças que sofrem de autismo. Uma oradora começou sua palestra falando sobre Sam, seu sobrinho autista:

> Quando meu sobrinho Sam nasceu, o primeiro neto dos meus pais, ele foi uma alegria para a nossa família. Choramingava e balbuciava, sorria para a mãe e o pai e tentava agarrar os brinquedos ao seu redor. Nos jantares de família aos domingos, revezávamos para pegá-lo no colo, alimentá-lo e fazê-lo dormir. Ele parecia um bebê normal em um lar seguro e afetuoso.
>
> Então, logo após seu segundo aniversário, começamos a perceber comportamentos incomuns. Sam evitava nos olhar nos olhos, não parecia interessado em aprender palavras, brincava continuamente com o mesmo brinquedo, balançava-se para a frente e para trás na cadeira durante horas seguidas e frustrava-se facilmente. Minha irmã o levou a um especialista, que nos deu um terrível diagnóstico: Sam era autista.

Ao longo do corpo da palestra, a oradora mencionou Sam duas outras vezes para mostrar diferentes aspectos do autismo. Depois, no final, ela teceu uma conclusão que trouxe esperança para a história de Sam:

> Constatamos que o autismo é um distúrbio muito sério cujas causas ainda não são bem compreendidas e cujos efeitos sobre a família e a vida das próprias crianças são devastadores. Contudo, percebemos

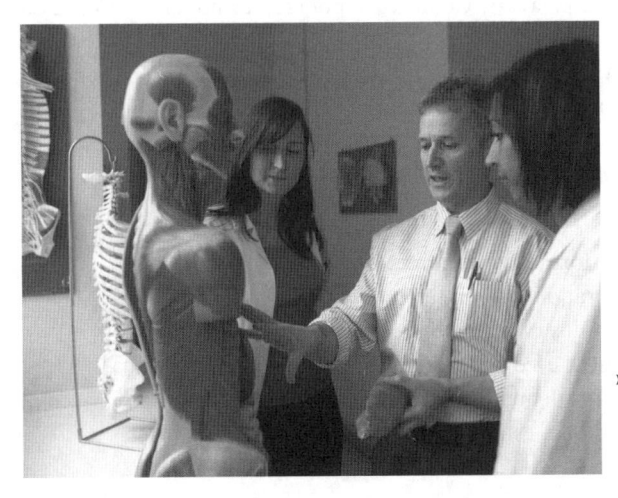

» As palestras informativas ocorrem em várias situações. Aqui, um médico explica uma questão sobre a anatomia humana a estudantes de medicina.

também que o diagnóstico precoce e a intervenção logo no início podem ajudar a mudar e até reverter os sintomas do autismo.

Tenho satisfação em dizer que Sam foi beneficiado por essa intervenção. Desde os 2 anos de idade, ele aprendeu padrões de comportamento "normais" por meio de uma terapia intensa. Hoje, ele consegue participar em suas aulas em uma escola local. Além disso, é mais receptivo e afetuoso em casa. Sam continua sendo nossa alegria.

> www.grupoa.com.br
> Assista a um trecho de "Autism: Heartbreak and Hope" ("Autismo: Sofrimento e Esperança") – Vídeo 15.5 – em inglês.

Foi um final comovente. Ao acrescentar um rosto humano a um tema familiar, a oradora tirou o autismo do âmbito do jargão estatístico e médico e o elucidou em termos pessoais.

» Seja criativo

Esteja você procurando alternativas para uma linguagem técnica, evitando abstrações, personalizando ideias ou se adaptando ao conhecimento do público sobre o tema, você precisa ser criativo para imaginar opções que lhe permitam concretizar seus objetivos. Uma boa palestra informativa não é um artigo enciclopédico recitado oralmente. Como qualquer outro tipo de exposição oral, ela exige uma boa dose de criatividade.

Se você examinar novamente nossos exemplos em algumas páginas anteriores, verá que todos eles contam com o pensamento criativo do orador. Como nesses exemplos, com frequência a criatividade está relacionada à utilização imaginativa e habilidosa da linguagem. Entretanto, é possível ter criatividade em *qualquer* aspecto de uma palestra informativa – por exemplo, nos recursos visuais –, como podemos ver na palestra sobre robôs-médicos, reproduzida nas páginas 281-283.

Parte dessa palestra aborda os robôs servidores, que transportam medicamentos, alimentos e suprimentos de laboratório ao redor do hospital sem nenhum ser humano a seu lado. Eles percebem pessoas e obstáculos por meio de "vibrissas" ou "bigodes sensoriais" – feixes invisíveis de sonar, infravermelhos e laser que varrem constantemente o ambiente para evitar colisões. Como essas vibrissas são invisíveis, o orador precisou encontrar uma solução para torná-las visíveis para o público. Para isso, utilizou um *slide* em PowerPoint no qual as linhas coloridas que representavam as vibrissas apareciam na tela em perfeita sincronia com suas palavras. Como você poderá ver no Vídeo 15.6, essa solução foi eficaz e criativa.

> www.grupoa.com.br
> Assista a este trecho de "Medical Robots: From Science Fiction to Science Fact" ("Robôs-Médicos: Da Ficção Científica à Realidade Científica") – Vídeo 15.6 – em inglês.

Se você pensar de forma criativa como o fez esse orador no momento de elaborar uma palestra informativa, é bem mais provável que tenha êxito.

» Exemplo de palestra com comentários

A palestra a seguir é um excelente exemplo de aplicação das orientações sobre exposição oral informativa discutidas neste capítulo. Preste atenção em como o orador torna interessante um tema que poderia ser seco e técnico. Observe também a clareza e concisão da organização dessa palestra e como o orador utiliza conteúdos de apoio e recursos visuais adequados para desenvolver suas ideias. O vídeo com essa palestra está disponível no *site* do Grupo A.

> www.grupoa.com.br
> Assista a "Medical Robots: From Science Fiction to Science Fact" ("Robôs-Médicos: Da Ficção Científica à Realidade Científica") – Vídeo 15.7 – em inglês.

Robôs-Médicos: da ficção científica à realidade científica
("Medical Robots: From science fiction to science fact")

Comentários	Palestra
» O orador começa com um exemplo extenso e amplamente detalhado que atrai a atenção e o interesse.	» Maureen Schrader está sobre a mesa de cirurgia do Centro Médico Saint Barnabas em Livington, Nova Jersey. Quatro braços mecânicos de precisão movem-se sobre seu abdome. Em um dos braços há uma câmera de alta definição. Nos outros três, pequenos instrumentos cirúrgicos que fazem uma incisão de 5 centímetros imediatamente abaixo da costela. É uma abertura minúscula, mas suficiente para colocar um novo rim no corpo de Maureen.
» À medida que o orador prossegue em seu exemplo de abertura, ele revela que os braços mecânicos mencionados no primeiro parágrafo são na verdade braços robóticos controlados por um cirurgião.	» Durante a cirurgia, em nenhum momento o cirurgião de fato tocou em Maureen. Na verdade, ele ficou a vários metros de distância, examinando atentamente as imagens em um monitor e segurando um objeto semelhante ao controle de um *video game*. Porém, o trabalho realizado por suas mãos era registrado digitalmente e enviado para os braços robóticos, que reproduziam todos os seus movimentos. O robô tornou-se uma extensão do cirurgião e, juntos, eles transplantaram o rim.
» Aqui, o orador associa o tema ao público, cria credibilidade, faz uma apresentação prévia dos pontos principais que serão discutidos no corpo e acrescenta uma sentença de transição ao corpo.	» Hoje, os robôs são uma realidade nas salas de cirurgia. Na próxima cirurgia a que vocês ou um membro de sua família forem submetidos, é bem provável que haja um robô. Mas a cirurgia é apenas uma das áreas em que os robôs estão mudando a medicina moderna. Como sou estudante de medicina e tenho interesse em me tornar cirurgião, há muito tempo sou fascinado pelos robôs-médicos. Depois de pesquisar sobre esse tema, para esta palestra, gostaria de apresentar a vocês o mundo dos robôs-médicos. Examinaremos particularmente três tipos de robô – os robôs servidores, os robôs de presença remota e os robôs cirúrgicos. Comecemos pelos robôs servidores.
» Agora, o orador passa para o primeiro ponto principal, em que fala sobre os robôs servidores. Ele exemplifica esse ponto enfatizando o robô TUG.	» Os robôs servidores ajudam a equipe hospitalar a realizar tarefas diárias. Sua principal função é transportar remédios, alimentos e suprimentos laboratoriais – sem a ajuda de um ser humano a seu lado. Este é um dos robôs servidores mais populares – o TUG ou robô *tug* –, o qual, de acordo com o fabricante, pode ser encontrado em mais de 100 hospitais só nos Estados Unidos.

» Como você pode ver no vídeo correspondente a essa palestra, o orador utiliza um recurso visual criativo para ajudar o público a visualizar as "vibrissas" (ou "bigodes") usadas ns robôs TUG.

Uma matéria de setembro de 2010 do *Discovery News* explica como o robô funciona. Com base em um mapa digital do hospital, o robô se locomove de um recinto para outro para apanhar e deixar suprimentos. Ele percebe pessoas e obstáculos por meio do que veio a ser chamado de "vibrissas" ou "bigodes sensoriais" – feixes invisíveis de sonar, infravermelhos e laser. Essas vibrissas são representadas pelas linhas coloridas que vocês estão vendo no desenho. Elas varrem constantemente o ambiente para evitar colisões.

» O orador utiliza um testemunho de especialista para explicar os benefícios dos robôs servidores. Observe como ele identifica a pessoa que ele está citando e suas qualificações antes de apresentar o testemunho.

Os robôs TUG também podem se comunicar entre si sobre o caminho mais adequado para determinado local com base nas circunstâncias atuais dos corredores. Eles são extremamente eficientes e cometem menos erros de entrega do que os seres humanos. Mark Weigel, diretor de serviços alimentares do Bethesda Memorial Hospital, de Maryland, ressalta que o robô TUG "nunca discute com os pacientes, não faz intervalos e é sempre educado e pontual".

» O orador passa para o segundo ponto principal. Ele começa com uma definição concisa sobre os robôs de presença remota.

Mas os robôs servidores não são os únicos que estão transformando a medicina moderna. Os robôs de presença remota permitem que o médico visite um paciente sem estar no mesmo recinto que ele. "Presença remota" significa que o médico pode estar com o paciente mesmo quando estiver em um local remoto.

» A expressão "imaginem-se" ajuda a atrair ainda mais o interesse do público. Uma fotografia mostra a aparência exata do robô de presença remota RP-7.

Imaginem-se em um quarto de hospital, quando então aparece este ser – o RP-7. Uma matéria de 2009, no *U.S. News & World Report*, explica que os médicos podem pilotar esses robôs utilizando um *notebook* localizado em qualquer lugar do hospital ou do mundo. Um sistema com tela, câmera, microfone e alto-falante – como o que vocês estão vendo na fotografia – permite que o médico entreviste o paciente. A equipe do hospital pode até colocar instrumentos médicos como estetoscópios eletrônicos no robô para que o médico possa examinar os sinais vitais do paciente.

» Observe como o orador identifica a fonte de suas estatísticas e arredonda os números.

De acordo com um artigo de 2010 da *Hospital Management*, o RP-7 é utilizado em mais de 250 hospitais dos Estados Unidos e executou mais de 100.000 visitas clínicas. Eles são particularmente úteis em hospitais em que a proporção de pacientes por médico é alta.

» Uma transição no início deste parágrafo indica que o orador está passando para o terceiro ponto principal. Ele utiliza novamente estatísticas confiáveis e bem escolhidas para quantificar suas ideias.

» Além dos robôs servidores e dos robôs de presença remota, um terceiro tipo de robô está transformando a medicina moderna. Os robôs cirúrgicos, como o que mencionei no início, estão sendo utilizados de forma crescente nas salas de cirurgia ao redor do mundo. O mais popular é este que vocês estão vendo aqui – o Da Vinci. De acordo com um artigo de 2010 no *Miami Herald*, existem mais de 1.400 robôs Da Vinci espalhados por hospitais do mundo inteiro, e eles são utilizados em mais de 200.000 cirurgias por ano.

» Este parágrafo oferece um excelente exemplo sobre como você deve explicar o conteúdo dos recursos visuais para transmitir informações técnicas por meio de uma linguagem clara e não técnica.

» Como o Da Vinci funciona? A Intuitive Surgical, fabricante do Da Vinci, explica que o cirurgião controla o robô em um terminal remoto. Vocês podem ver o terminal nesta fotografia. Normalmente, o terminal fica a alguns metros de distância, como nesta foto. Mas ele pode estar a milhares de quilômetros de distância, de modo que um cirurgião em San Francisco pode operar um paciente em Miami. O cirurgião controla os braços do robô utilizando um sistema de imagens em 3D. Mas não tenham nenhuma dúvida: embora o robô esteja tocando no paciente, o cirurgião tem sempre o controle.

» Como o orador não é cirurgião, ele se fundamenta no testemunho de um especialista para explicar os benefícios dos robôs cirúrgicos Da Vinci. Como em outras partes da palestra, sua apresentação dinâmica cria um forte elo com o público.

» Os médicos adoram o Da Vinci porque ele melhora sensivelmente a qualidade dos procedimentos cirúrgicos. Dr. Jeffrey Wolf, cirurgião de cabeça e pescoço da University of Maryland Medical Center, afirma que o Da Vinci "nos oferece um acesso sem precedentes com uma excelente visualização em 3D [...]. Hoje, podemos realizar cirurgias complexas em um espaço muito pequeno com grande agilidade". O Da Vinci também diminui o risco de complicações pós-cirúrgicas, possibilita um restabelecimento mais rápido e contribui para que os pacientes deixem o hospital mais cedo.

» "Concluindo" sinaliza que o orador está chegando ao fim da palestra. Em seguida, ele sintetiza os pontos principais desenvolvidos no corpo.

» Concluindo, vimos que os robôs-médicos estão desempenhando um papel cada vez mais importante na medicina moderna. Estejam eles cumprindo incumbências para os funcionários do hospital, ajudando os médicos a entrar em contato com seus pacientes ou desempenhando a função dos olhos e das mãos de um cirurgião, esses robôs trouxeram o futuro para o presente.

» O orador finaliza a palestra com chave de ouro afirmando que hoje os robôs-médicos são uma realidade científica, e não ficção científica.

» Portanto, na próxima vez em que estiverem em um hospital, fiquem de olhos abertos para as maravilhas tecnológicas que só costumavam existir na ficção científica. Hoje, os robôs-médicos são uma realidade científica.

» Resumo

A exposição oral informativa ocorre em uma série de situações cotidianas. Melhorar sua habilidade para transmitir de maneira eficaz um conhecimento lhe será valioso ao longo de toda a sua vida. As palestras informativas podem ser divididas em quatro categorias – objetos, processos, acontecimentos e conceitos.

Os objetos incluem lugares, estruturas, animais e até pessoas. As palestras sobre objetos normalmente são organizadas em ordem cronológica, espacial ou de tópicos. Processo é uma série de ações que funcionam em conjunto para produzir um resultado final. As palestras sobre processos explicam como um produto é fabricado, como algo é feito ou como algo funciona. Os tipos mais comuns de organização de palestras sobre processos são o cronológico e de tópicos.

Evento é qualquer coisa que ocorra ou que seja considerada um acontecimento. As palestras sobre acontecimentos normalmente são organizadas em ordem cronológica ou de tópicos. Os conceitos abrangem crenças, teorias, ideias e princípios. As palestras sobre conceitos com frequência são mais complexas do que os outros tipos de exposição informativa e em geral seguem a ordem de tópicos.

Seja qual for o tema de uma palestra informativa, tenha cuidado para não superestimar o que o público conhece a respeito. Explique de tal forma que seus ouvintes não tenham como não compreender. Evite ser muito técnico. Cuide para que suas ideias e sua linguagem possam ser compreendidas plenamente por alguém que não tenha conhecimento especializado sobre o tema.

Igualmente importante é reconhecer que o que é fascinante para você pode não ser para as outras pessoas. É sua responsabilidade tornar uma exposição informativa interessante e significativa para seu público. Procure alternativas para falar sobre o tema de uma forma que ele se relacione com os seus ouvintes. Evite abstrações em excesso. Utilize a descrição, a comparação e a diferenciação para que o público *saiba* do que você está falando. Tente personalizar suas ideias e representá-las em termos humanos. Concluindo, utilize a criatividade para pensar em alternativas para transmitir suas ideias.

» Palavras-chave

comparação Sentença sobre as semelhanças entre duas ou mais pessoas, acontecimentos, ideias etc.
conceito Um ponto de vista, uma teoria, uma ideia, uma noção, um princípio ou algo semelhante.
contraste Sentença sobre as diferenças entre duas ou mais pessoas, acontecimentos, ideias etc.
descrição Uma sentença que retrata uma pessoa, um acontecimento, uma ideia ou algo parecido, com clareza e vivacidade.
evento Qualquer acontecimento ou algo observável como um acontecimento.
exposição oral informativa Exposição desenvolvida para transmitir um conhecimento e uma interpretação.
objeto Qualquer coisa visível e tangível e que tenha um formato constante.
personalização Apresentar ideias próprias em termos humanos que as associem de certa forma com a experiência do público.
processo Sequência sistemática de ações que conduz a um resultado ou produto específico.

» Questões para recapitulação

1. Quais são os quatro tipos de palestra informativa discutidas neste capítulo? Dê um exemplo de uma sentença de objetivo específico ideal para cada tipo.

2. Por que os oradores informativos devem ter cuidado para não superestimar o que o público conhece sobre o tema? O que você pode fazer para que seus ouvintes não tenham dificuldade de compreender suas ideias?
3. O que você deve fazer, como orador informativo, para associar o seu tema diretamente ao público?
4. Quais são os dois fatores que você deve observar com cuidado para que sua palestra não seja muito técnica?
5. Quais são os três métodos que você pode utilizar para evitar abstrações em uma palestra informativa?
6. O que significa afirmar que os oradores informativos devem personalizar suas ideias?
7. Por que é importante que os oradores informativos sejam criativos no sentido de pensar em alternativas para transmitir suas ideias?

» Exercícios de raciocínio crítico

1. Apresentamos a seguir uma lista de palestras informativas. Você tem duas incumbências:
    a. Escolher quatro temas e redigir uma sentença de objetivo específico de palestra informativa para cada um. Em seus quatro objetivos específicos, deve haver pelo menos um com tema sobre objeto, um sobre processo, um sobre eventos/acontecimentos e um sobre conceito.
    b. Explicar que método de organização você tenderia mais a utilizar para organizar uma palestra sobre cada um dos objetivos específicos que você apontou.

    | *hobbies* | esportes | educação |
    | animais | música | mídia |
    | ciência | costumes culturais | tecnologia |

2. Analise "Ramadã" ("Ramadan") no apêndice de exemplos de discursos e palestras após o Capítulo 19. Identifique o objetivo específico, a ideia central, os pontos principais e o método de organização. Avalie a palestra com base nas orientações sobre exposição informativa discutidas neste capítulo.

OCEANA

16

Exposição oral persuasiva

> » A importância da persuasão
> » Ética e persuasão
> » Psicologia da persuasão
> » Palestras persuasivas sobre questões factuais
> » Palestras persuasivas sobre questões de valor
> » Palestras persuasivas sobre questões políticas
> » Exemplo de palestra com comentários

Antes de ir para a aula, Ramon Trujillo primeiro passou na biblioteca para devolver um livro que já estava atrasado. "Veja", explicou ele ao bibliotecário, "sei que deveria ter devolvido este livro na semana passada, mas estava gripado e não conseguia nem sair da cama. Mesmo assim devo pagar a multa? Posso conseguir um atestado médico, se você precisar". O bibliotecário limpou a garganta e hesitou. Em seguida, disse: "Tudo bem. Não há nenhuma multa anterior em seu histórico. Dessa vez passa".

Com uma expressão de alívio, Ramon seguiu para as aulas que teria de manhã. Ao meio-dia, enquanto caminhava rapidamente pelo *campus*, uma amiga o parou. "Que tal almoçar?", perguntou ela. "Realmente não posso", respondeu Ramon, "Preciso antes pegar umas assinaturas para o abaixo-assinado contra a mensalidade. Mas vejo você mais tarde".

À tarde, Ramon foi para seu trabalho em uma empresa de venda de computadores. Ele chegou na hora certa para a reunião semanal com a equipe de vendas, na qual apresentou suas ideias sobre como melhorar a satisfação dos clientes. "Uma questão que observei", afirmou ele, "é que a maioria das pessoas não percebe que tem apenas 14 dias para devolver uma mercadoria não aberta e receber o reembolso total. A política de devolução da maior parte das lojas é de 30 dias, e sei que perdemos alguns clientes porque nosso prazo é mais curto. Mudá-lo pode ser inconveniente a princípio, mas com certeza melhorará os negócios da empresa a longo prazo". Depois de ouvir Ramon, o gerente de vendas afirmou: "Sempre achei que 14 dias fosse um prazo suficiente, mas você me convenceu de que devemos mudar. Vamos tentar".

Se você perguntasse a Ramon como havia sido seu dia, ele talvez respondesse: "Devolvi um livro na biblioteca, fui para a aula, tentei pegar assinaturas para um abaixo-assinado contra a mensalidade, participei de uma reunião de equipe no trabalho". Na verdade, ele passou grande parte do dia *persuadindo* – persuadindo pessoas a fazer coisas às quais resistiam ou não lhes haviam passado pela cabeça.

» A importância da persuasão

Persuasão é um processo em que se pretende criar, reforçar ou mudar determinadas crenças ou ações de uma ou mais pessoas.[1] A capacidade de falar (e escrever) persuasivamente o beneficiará em todas as áreas de sua vida, de suas relações pessoais e atividades comunitárias às suas aspirações profissionais. Quando economistas norte-americanos computaram o número de pessoas – advogados, representantes de vendas, especialistas em relações públicas, orientadores psicológicos, administradores e outros – cujo trabalho depende em grande medida de persuadir as pessoas a adotar seu ponto de vista, eles concluíram que a persuasão responde por 26% do produto interno produto dos Estados Unidos![2]

Conhecer os princípios da persuasão é também fundamental para nos tornarmos cidadãos e consumidores bem informados. Até os 20 anos de idade, um norte-americano comum, por exemplo, é exposto a 1 milhão de comerciais de televisão – uma média de 150 comerciais por dia. Políticos e anunciantes, vendedores e grupos de interesse, arrecadadores de recursos e ativistas comunitários – todos disputam sua atenção, seus votos, seu dinheiro, seu tempo e seu apoio. Quanto maior o seu conhecimento sobre persuasão, maior será sua eficácia em utilizar sua capacidade de raciocínio crítico para avaliar o bombardeio de mensagens persuasivas ao qual se expõe todos os dias.

Embora a persuasão tenha sido estudada durante mais de 2.000 anos, esse tema ainda é objeto de grande debate entre os acadêmicos. Existem inúmeros modelos científicos de processo persuasivo e várias teorias respeitadas a respeito da dinâmica da persuasão. Neste e no próximo capítulo, examinaremos os princípios da persuasão aplicados à arte de falar em público.

Quando você faz uma exposição oral persuasiva, age como defensor. Seu dever é fazer o público concordar com você e, talvez, ser movido por seu ponto de vista. Seu objetivo pode ser defender uma ideia, contestar um oponente, vender um programa ou inspirar as pessoas a agir. Como os oradores persuasivos precisam transmitir informações de maneira clara e concisa, você necessitará de todas as habilidades que utilizou na palestra informativa. Contudo, você precisará também de novas habilidades para que parta do ato de informar seus ouvintes para o ato de influenciar suas atitudes, crenças ou ações.

» Ética e persuasão

Não importa a situação em que estiver falando em público, seus objetivos devem ser eticamente fundamentados e você deve utilizar métodos éticos para transmitir suas ideias. Cumprir essas obrigações pode ser particularmente difícil em uma palestra persuasiva. Você se disporia a mudar a verdade "apenas um pouquinho" se isso fosse uma garantia de sucesso para sua palestra? E quanto a manipular estatísticas, adulterar citações, passar opiniões como se fossem fatos ou ser conivente com preconceitos e estereótipos?

Infelizmente, não faltam oradores – e outros persuasores – dispostos a tomar atalhos antiéticos para conseguir seus objetivos. Contudo, como Martin Luther King afirmou há alguns anos, não é possível promover um resultado verdadeiramente benéfico por meio de métodos antiéticos. Manter o elo de confiança com os ouvintes também é vital para a credibilidade do orador. Em outros tipos de discurso público, o ideal com respeito a uma persuasão eficaz é a pessoa de bem que fala bem.

Ao elaborar uma palestra persuasiva, lembre-se das orientações sobre como falar com ética discutidas no Capítulo 2. Analise se seus objetivos são eticamente fundamentados e se você consegue defendê-los se forem questionados ou contestados. Estude o tema minuciosamente para não iludir seus ouvintes com pesquisas de má qualidade ou um raciocínio confuso. Procure se informar sobre todos os lados da questão, busque pontos de vista conflitantes e certifique-se de tudo.

Porém, conhecer os fatos não é suficiente. Você precisa também ser honesto no que diz. Nos discursos públicos éticos, não há lugar para declarações deliberadamente falsas e enganosas. Além disso, previna-se contra formas de desonestidade mais sutis, como fazer citações fora de contexto, retratar apenas alguns detalhes como se fossem a história completa e deturpar fontes de dados e números. Tome cuidado para apresentar estatísticas, testemunhos e outros tipos de evidência de maneira imparcial e precisa.

Lembre-se também do poder da linguagem e utilize-o de forma responsável. Demonstre respeito pelo direito de liberdade de expressão e de expressão pública de ideias e fique longe de insultos e de outras formas de linguagem ofensiva. Concluindo, consulte a seção do Capítulo 17 que analisa a função do apelo emocional (páginas 330-333). Cuide para que todo apelo emocional que vier a utilizar seja apropriado ao tema e construa sua palestra sobre uma base firme de fatos e lógica antes de recorrer às emoções de seus ouvintes. Almeje os mais elevados padrões e construa sua palestra para que ela seja convincente *e*, ao mesmo tempo, eticamente fundamentada.[3]

» Psicologia da persuasão

Persuasão é um processo psicológico. Ela ocorre em uma situação em que existem dois ou mais pontos de vista. O orador apoia a reforma da previdência social, mas muitos ouvintes não. O orador considera a clonagem imoral, mas para alguns ouvintes ela é justificável em determinadas circunstâncias. Pontos de vista diferentes podem ser completamente opostos ou ter apenas determinado grau de diferença. Seja qual for o caso, é preciso haver discordância. Do contrário, não haveria necessidade de persuasão.

» O desafio da exposição oral persuasiva

De todos os tipos de exposição oral em público, a persuasiva é a mais complexa e desafiadora. Seu objetivo é mais ambicioso do que a da exposição informativa, e a análise e adaptação ao público exigem um esforço maior. Em algumas palestras persuasivas, você abordará temas controversos que mexem com as atitudes, os valores e as crenças dos ouvintes. Isso pode aumentar a resistência do público à persuasão e tornar seu trabalho mais difícil.

Por exemplo, é bem mais fácil explicar a história da pena de morte do que persuadir o público de que a pena de morte deve ser abolida ou reinstituída em todos os estados norte-americanos. Em uma exposição oral persuasiva, você precisa lidar não apenas com o conhecimento do público sobre a pena de morte, mas também com suas posturas em relação a crime e justiça, suas crenças sobre a importância dissuasiva da pena de morte e seus valores quanto a tirar a vida humana. Linhas de argumentação que funcionam com uma parte do público podem não funcionar ou até incomodar outra parte. O que parece perfeitamente lógico para alguns ouvintes pode parecer absurdamente irracional para outros. Não importa o quanto você conheça um tema, com que habilidade tenha preparado sua palestra ou o quanto sua elocução seja cativante, alguns ouvintes não concordarão com você.

Isso não significa que é impossível persuadir. Significa que você deve ter uma percepção realista do que consegue realizar. Não é possível esperar que um grupo de democratas obstinados torne-se republicano nem que um amante de carne torne-se vegetariano em consequência de uma palestra.

Em toda exposição persuasiva, você enfrentará alguns ouvintes firmemente a favor de seu ponto de vista, alguns neutros e outros determinantemente contra. Se os ouvintes forem neutros ou, de uma forma ou de outra, moderados, você pode supor de forma realista que sua exposição trará ao menos alguns deles para o seu lado. Se eles forem firmemente contra seu ponto de vista, você poderá considerar sua exposição um sucesso se fizer ao menos alguns reavaliarem seus pontos de vista.

Quando estiver pensando a respeito do espectro de respostas persuasivas, talvez seja favorável visualizar os ouvintes em uma escala como a da Figura 16.1. A persuasão está relacionada a qualquer mudança de um ouvinte da esquerda para a direita dessa escala, não importa em que ponto ele comece e nem se a mudança é grande ou pequena.[4]

Seu grau de sucesso em qualquer exposição persuasiva dependerá, acima de tudo, de sua habilidade para adaptar sua mensagem aos valores, atitudes e crenças do público. No Capítulo 6, analisamos os princípios gerais da análise e adaptação ao público. Aqui, enfatizamos dois outros princípios que são fundamentais para a psicologia da persuasão. O primeiro diz respeito a como os ouvintes processam e reagem a mensagens persuasivas. O segundo, ao público-alvo das exposições persuasivas.

» Como os ouvintes processam mensagens persuasivas

Muitas vezes, imaginamos a persuasão como algo que o orador faz *para* o público. Na verdade, persuasão é algo que o orador faz *com* o público. Os ouvintes não ficam ali sentados passivamente, absorvendo tudo o que o orador tem a dizer. Na verdade, eles se envolvem em um intercâmbio mental com o orador. Embora estejam ouvindo, eles avaliam a credibilidade, a elocução, os conteúdos de apoio, a linguagem, o raciocínio e os apelos emocionais do orador. Eles podem reagir positivamente em determinado ponto e negativamente em outro. Às vezes, podem argumentar mentalmente com o orador. Esse diálogo mental é mais intenso quando o público está muito envolvido com o tema e acredita que ele afeta diretamente sua vida.[5]

De certo modo, a interação psicológica entre orador e público durante uma palestra persuasiva é semelhante ao que ocorre oralmente em uma conversa, como nesse exemplo:

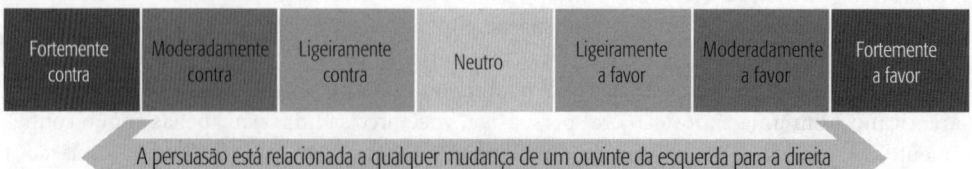

Graus de persuasão

| Fortemente contra | Moderadamente contra | Ligeiramente contra | Neutro | Ligeiramente a favor | Moderadamente a favor | Fortemente a favor |

A persuasão está relacionada a qualquer mudança de um ouvinte da esquerda para a direita

» **Figura 16.1**
Escala de possíveis graus de persuasão.

» Seja qual for a situação, o orador persuasivo precisa se adaptar ao público-alvo. Aqui, o primeiro-ministro britânico David Cameron fala para um grupo local em Flintshire, no norte do País de Gales.

Karma: É bem melhor adotar um cão de um abrigo do que comprar um cão de um criador. A adoção salva a vida de cães que de outra forma seriam mortos por eutanásia.

Robyn: É verdade que a adoção salva a vida de alguns animais, mas muitos cães de abrigo têm problemas comportamentais. As pessoas que adotam esses cães podem levar uma mordida grave. As pessoas que têm filhos pequenos não desejam se arriscar.

Karma: Hoje, a maioria dos abrigos faz uma cuidadosa triagem dos animais antes de liberá-los para adoção. Além disso, examinam os donos. Por exemplo, eles só permitem que donos experientes adotem cães grandes e ativos.

Robyn: Contudo, quando você adota um cachorro, você não sabe nada sobre seu adestramento inicial, seus problemas de saúde ou outras coisas que poderiam nos ajudar a cuidar dele da melhor forma. Se você adquiri-lo de um criador, saberá exatamente o que está levando.

Karma: Isso é verdade, mas para mim a maior preocupação é salvar um cachorro que de outra maneira será sacrificado e dar oportunidade a um cão que está sendo maltratado de ter uma vida feliz.

Uma interação praticamente idêntica pode ocorrer durante uma palestra persuasiva, com a exceção de que o ouvinte responderia internamente, e não em voz alta.

Qual significado isso tem para você como orador? Significa que você deve imaginar a exposição oral persuasiva como um tipo de **diálogo mental com o público**. Você deve prever possíveis objeções do público ao seu ponto de vista e respostas a essas objeções em sua exposição. Você não conseguirá converter os ouvintes céticos se não lidar diretamente com os motivos desse ceticismo.

Quando se preparar para uma palestra persuasiva, ponha-se no lugar dos ouvintes e imagine como eles reagirão. Seja tão rigoroso em sua exposição quanto o público será. Toda vez que uma pergunta for levantada, responda. Toda vez que houver uma crítica, lide com ela. Toda vez que seus ouvintes perceberem um furo em seu argumento, complemente. Não deixe nada ao acaso.[6]

» Público-alvo

Infelizmente, por mais cuidado que você tome na composição da trama de sua apresentação, raras vezes conseguirá persuadir todos os ouvintes. Como em todos os públicos, é provável que o seu tenha alguns ouvintes hostis ao seu ponto de vista, alguns a favor, alguns indecisos e outros que simplesmente não se importam. Seu desejo é que sua palestra seja igualmente atraente para todos, mas isso raras vezes é possível. Em muitos casos, você desejará atingir determinada *parte* do público. Essa parte é chamada de **público-alvo**.

A propaganda nos oferece um modelo eficaz. Os comerciais bem-sucedidos são dirigidos a segmentos específicos do mercado. No momento, os fundos mútuos estão dirigindo muitos de seus anúncios para as mulheres. Por quê? Porque mais e mais mulheres estão investindo no mercado acionário. Os comerciais de cerveja, por sua vez, são dirigidos aos homens porque eles tomam mais cerveja do que as mulheres.

Com relação a palestras para grupos menores, os oradores não contam com o sofisticado recurso de pesquisa de uma grande agência de propaganda. Porém, como vimos no Capítulo 6, você pode utilizar questionários para identificar o ponto de vista de seus ouvintes em relação ao tema de sua palestra. Esse questionário equivale a uma pesquisa de mercado. Assim que identificar o ponto de vista de seu público-alvo, você pode adaptar sua palestra aos valores e interesses desse público – mirar o alvo, por assim dizer.

Por exemplo, veja como uma oradora, Amy Shapiro, identificou o público-alvo para uma palestra persuasiva em que estimulou seus ouvintes a passar adiante a dádiva da vida por meio de um cartão de doador de órgãos:

> Meu público é formado por 22 pessoas. Meu questionário de análise mostra que 3 não desejam doar órgãos em nenhuma circunstância. Não conseguirei persuadi-las independentemente do que disser. Além disso, meu questionário mostra que 4 delas já têm cartão de doador. Não preciso persuadi-las. As outras 15 poderiam ser persuadidas se obtivessem mais informações sobre a necessidade de doadores e sobre como esse processo funciona. Elas são meu público-alvo.

Além de distinguir com precisão seu público-alvo, Amy identificou em seu questionário de análise as questões que teria de abordar para ser convincente:

> Os integrantes do meu público-alvo subdividem-se da seguinte forma: 7 justificam que o principal motivo que os leva a não aderir ao cartão de doador é o "medo de ser declarado morto prematuramente"; 5 temem que seu corpo "fique retalhado ou desfigurado"; e 3 apresentam motivos religiosos para justificar por que são contra. Além disso, os questionários mostram que, entre os 15, 8 não compreendem muito bem a necessidade de se tornar doadores de órgãos.

Com todas essas informações, Amy conseguiu compor uma excelente palestra que enfatizou as posturas e as crenças de seus ouvintes com relação à adesão aos cartões de doadores de órgãos. Por esse motivo, ela conseguiu convencer vários de seus ouvintes a aderirem a essa causa.

No próximo capítulo, analisaremos os métodos que você pode empregar para acertar o alvo em suas exposições orais persuasivas. No restante deste capítulo, voltaremos a atenção para os três tipos principais de exposição persuasiva, apresentando soluções para que sejam organizados de maneira eficaz.

» Palestras persuasivas sobre questões factuais

» O que são questões factuais?

Que equipe universitária de basquete venceu a maioria dos jogos desde 1990? Qual foi o primeiro afro-americano a integrar o Supremo Tribunal dos Estados Unidos? Qual a distância entre Los Angeles e Cairo? Essas **questões factuais** podem ser respondidas em termos absolutos. As respostas ou são certas ou são erradas.

Contudo, várias questões factuais não podem ser respondidas em termos absolutos. Existe uma resposta verdadeira, mas não temos informações suficientes para saber qual é. Algumas perguntas desse tipo requerem previsões: "No ano que vem, haverá retomada ou agravamento na economia?" ou "Quem vencerá o Super Bowl nesta temporada?".

Outras perguntas lidam com questões sobre as quais os fatos são obscuros ou inconclusivos. Qual será o próximo acontecimento no Oriente Médio? A orientação sexual é determinada pela genética? Ninguém conhece as respostas definitivas para essas perguntas, mas isso não impede que as pessoas conjecturem sobre elas ou tentem convencer outras pessoas de que elas têm as melhores respostas possíveis.

» Analisando as questões factuais

De certa forma, uma exposição oral persuasiva sobre uma questão factual é semelhante a uma exposição informativa. Porém, ocorrem dois tipos de exposição em diferentes tipos de situação e para finalidades distintas.

Na exposição informativa, a situação é *apartidária*. O orador age como um professor. O objetivo é fornecer informações da maneira mais imparcial possível, e não defender determinado ponto de vista.

Entretanto, na exposição persuasiva sobre uma questão factual, a situação é *partidária*. O orador age como um defensor. O objetivo não é ser imparcial, mas apresentar uma visão dos fatos de forma mais persuasiva possível. O orador pode mencionar pontos de vista divergentes sobre os fatos, mas apenas para refutá-los.

Por exemplo, pense no assassinato de John F. Kennedy. Após 50 anos, ainda há grande debate sobre o que realmente ocorreu em Dallas em 22 de novembro de 1963. O assassino Lee Harvey Oswald agiu sozinho ou fazia parte de uma conspiração? Quantos tiros foram disparados contra o presidente Kennedy e de quais lugares? Se tiver sido uma conspiração, quem estava envolvido? O orador informativo mencionaria os fatos conhecidos sobre ambos os lados dessas questões sem tirar uma conclusão sobre qual lado está correto. Entretanto, o orador persuasivo extrairá uma conclusão com base nos fatos conhecidos e tentará convencer os ouvintes sobre seu ponto de vista.

Se não houvesse nenhuma possibilidade de controvérsia nas questões factuais, não haveria necessidade de processos judiciais. Em um processo criminal, normalmente existe pelo menos um fato conhecido – um crime foi cometido. Todavia, o acusado cometeu esse crime? O promotor público tenta persuadir os jurados de que o réu é culpado. O advogado de defesa tenta persuadir os jurados de que o réu é inocente. O corpo de jurados tem de chegar à conclusão sobre qual visão dos fatos é mais persuasiva.[7]

» Organizando palestras sobre questões factuais

As palestras persuasivas sobre questões factuais normalmente são organizadas por *tópico*. Suponhamos, por exemplo, que você deseja convencer seus colegas de classe de que um terremoto de 9 pontos ou mais na escala Richter atingirá a Califórnia nos próximos dez anos. Cada ponto principal de sua palestra apresentará um *motivo* para justificar por que eles devem concordar com você:

Objetivo específico: Persuadir meu público de que um terremoto de 9 pontos ou mais na escala Richter atingirá a Califórnia nos próximos dez anos.

Ideia central: Existem três bons motivos para acreditarmos que um terremoto de 9 pontos ou mais na escala Richter atingirá a Califórnia nos próximos dez anos.

Pontos principais: I. Há muito tempo se prevê um grande terremoto na Califórnia.

II. Vários sinais geológicos indicam que em breve ocorrerá um terremoto de grandes proporções.
III. Os especialistas concordam que um terremoto de 9 pontos ou mais pode atingir a Califórnia a qualquer momento.

Para examinar outro exemplo, suponhamos que você esteja tentando persuadir seus ouvintes de que as peças atribuídas a William Shakespeare na verdade não foram escritas por ele. O objetivo específico, a ideia central e os pontos principais poderiam ser:

Objetivo específico: Persuadir meu público de que William Shakespeare não escreveu as peças que são atribuídas a ele.

Ideia central: Existe um número considerável de evidências de que as peças atribuídas a William Shakespeare na verdade foram escritas por Francis Bacon ou Edward de Vere.

Pontos principais:
I. Evidências biográficas e textuais levam a crer que William Shakespeare não escreveu as peças que são atribuídas a ele.
II. Evidências históricas indicam que as peças de Shakespeare provavelmente foram escritas por *sir* Francis Bacon ou Edward de Vere, 17º conde de Oxford.

Observe nesses exemplos que o objetivo do orador restringe-se a persuadir o público a aceitar uma visão particular sobre os fatos. Entretanto, algumas vezes a controvérsia que dá origem a uma exposição persuasiva irá além da questão factual e se transformará em uma questão de valor.

» Palestras persuasivas sobre questões de valor

» O que são questões de valor?

Qual é o melhor filme de todos os tempos? A clonagem é moralmente justificável? Quais são as responsabilidades éticas dos jornalistas? Essas perguntas não envolvem apenas questões factuais. Envolvem também *julgamentos de valor* – fundamentados nas crenças de uma pessoa sobre o que é certo ou errado, bom ou ruim, moral ou imoral, apropriado ou inapropriado, justo ou injusto –, ou seja, são **questões de valor**.

» Muitas palestras persuasivas giram em torno de questões factuais. Aqui, a chefe da Saúde Pública dos Estados Unidos, Regina Benjamin, examina seu relatório sobre os perigos do uso de tabaco.

Tenha em conta a questão da clonagem. Ela pode ser discutida de maneira puramente factual por meio de perguntas como: "Quais são os métodos científicos de clonagem?" ou "Quais são as leis sobre clonagem em outros países?". Essas perguntas são factuais. As respostas às quais você chega independem de sua opinião quanto à moralidade da clonagem.

Contudo, suponhamos que você pergunte: "É moralmente justificável clonar seres humanos?" ou "É eticamente aceitável clonar células humanas com a finalidade de curar doenças como aids e câncer?". Nesse caso, você está abordando questões de valor. Sua resposta dependerá não apenas de seu conhecimento factual sobre clonagem, mas também de seus valores morais.

» Analisando as questões de valor

Ao contrário do que muitas pessoas pensam, as questões de valor não são simplesmente uma matéria de opinião pessoal ou capricho. Quando você diz "Gosto de andar de bicicleta", você não precisa justificar o motivo. Você está fazendo uma afirmação sobre um gosto pessoal. Mesmo se o ciclismo fosse a atividade mais desagradável já inventada, ainda assim poderia ser uma de suas favoritas.

Entretanto, se você disser "A locomoção por bicicleta é a forma ideal de transporte terrestre", está fazendo uma declaração sobre uma questão de valor. Se o ciclismo é ou não a forma ideal de transporte terrestre não depende de suas preferências e antipatias. Para defender sua afirmação, você não pode dizer: "A locomoção por bicicleta é a forma ideal de transporte terrestre porque eu gosto de andar de bicicleta".

Em vez disso, você deve *justificar* sua afirmação. O primeiro passo é definir o que você quer dizer com "forma ideal de transporte terrestre". Você quer dizer um meio de transporte que leva as pessoas o mais rápido possível para onde elas desejam ir? Que é um meio relativamente barato? Que é divertido? Não poluente? Benéfico para o usuário? Em outras palavras, você deve estabelecer *critérios* para o que considera uma "forma ideal de transporte terrestre". Desse modo, você pode mostrar em que sentido a locomoção por bicicleta atende a esses critérios.

Sempre que você for falar sobre uma questão de valor, lembre-se de refletir com cuidado a respeito dos critérios com base nos quais fará um julgamento de valor.

» Organizando palestras sobre questões de valor

As palestras persuasivas sobre questões de valor quase sempre são organizadas por *tópico*. O método mais comum é utilizar o primeiro ponto principal para estabelecer os critérios para seu julgamento de valor e o segundo ponto principal para aplicar esses critérios ao tema de sua palestra.

Pense por mais um momento na palestra sobre ciclismo como forma ideal de transporte terrestre. Se você organizasse essa palestra na ordem de tópicos, seu primeiro ponto principal identificaria seus critérios quanto ao que você considera uma forma ideal de transporte terrestre. Seu segundo ponto principal mostraria em que sentido a locomoção por bicicleta atende a esses critérios. Veja como o objetivo específico, a ideia central e os pontos principais poderiam ser apresentados:

Objetivo específico: Persuadir meu público de que a locomoção por bicicleta é a forma ideal de transporte terrestre.

Ideia central: A locomoção por bicicleta é a forma ideal de transporte terrestre porque esse meio é mais rápido do que correr ou caminhar, não polui e contribui para a saúde do ciclista.

Pontos principais:
I. Uma forma de transporte terrestre ideal deve atender a três critérios.
   A. Deve ser um meio mais rápido do que correr ou caminhar.
   B. Não deve poluir.
   C. Deve ser benéfica para a pessoa que a utiliza.
II. A locomoção por bicicleta atende a todos os critérios para uma forma de transporte terrestre ideal.
   A. A locomoção por bicicleta é um meio mais rápido do que correr ou caminhar.
   B. A locomoção por bicicleta não gera poluição atmosférica, hídrica, sonora e do solo.
   C. A locomoção por bicicleta é extremamente benéfica para a saúde do ciclista.

Quando for falar sobre uma questão de valor, você deve justificar sua avaliação com base em algumas normas, padrões ou critérios identificáveis. No exemplo a seguir, observe que a oradora utiliza seu primeiro ponto principal para avaliar a pena de morte com base em normas morais e o segundo ponto principal para avaliá-la com base em normas legais:

Objetivo específico: Persuadir meu público de que a pena de morte é moral e legalmente incorreta.

Ideia central: A pena de morte viola a Bíblia e a Constituição dos Estados Unidos.

Pontos principais:
I. A pena de morte viola o mandamento bíblico "Não matarás".
II. A pena de morte viola a proibição constitucional contra "punições cruéis e incomuns".

Como você pode ver, as exposições sobre questões de valor podem ter fortes implicações sobre nossas ações. Uma pessoa persuadida de que a pena de morte é moral e legalmente incorreta tende mais a apoiar uma lei que revogue a pena de morte. Mas as exposições sobre questões de valor não argumentam diretamente a favor ou contra determinadas linhas de ação. Quando passamos de uma defesa sobre o que é certo ou errado para uma defesa do que deve ou não deve ser feito, passamos de uma questão de valor para uma questão política.

» Palestras persuasivas sobre questões políticas

» O que são questões políticas?

As **questões políticas ou de política**[*] (ou, em outros contextos, de plano de ação) se evidenciam diariamente em quase tudo o que fazemos. Em casa, discutimos sobre o que fazer durante as férias, se devemos comprar um novo televisor, a qual filme devemos assistir no fim de semana. No trabalho, discutimos sobre se devemos pedir um aumento, que estratégia devemos empregar para vender um produto, como podemos melhorar a comunicação entre a administração e os funcionários. Como cidadãos, ponderamos sobre se devemos votar contra ou a favor de um candidato político, o que fazer quanto à segurança nos aeroportos, como promover o crescimento econômico.

---

[*] N. de T.: Vale ressaltar que o sentido de "questão política" ou "de política" não está restrito ao âmbito político propriamente dito. Significa também um plano de ação, um procedimento, uma providência, um comportamento que se baseia em regras predeterminadas.

Todas elas são questões políticas (ou de plano de ação) porque lidam com linhas de ação. As questões políticas envolvem inevitavelmente questões factuais. (Como podemos decidir se devemos votar em um candidato se não conhecermos os fatos sobre a postura desse candidato em relação aos problemas?) Elas podem envolver também questões de valor. (A política que você defende sobre o aborto será influenciada por sua opinião sobre se o aborto é moral ou imoral.) Mas, as questões políticas *sempre* transcendem as questões factuais ou de valor quando se pretende decidir se algo deve ou não deve ser feito.

Quando apresentadas formalmente, as questões políticas em geral incluem a palavra "deve", como nesses exemplos:

> Que providências devem ser tomadas para proteger os Estados Unidos contra ataques terroristas?
>
> O Colégio Eleitoral deve ser abolido?
>
> Quais medidas devem ser tomadas para diminuir a dependência dos Estados Unidos de petróleo estrangeiro?

» Tipos de palestra sobre questões políticas

Ao falar sobre uma questão política, seu objetivo pode ser obter um consenso passivo ou motivar uma ação imediata nos ouvintes. A decisão a respeito de qual objetivo você deseja alcançar influenciará quase todos os aspectos de sua palestra.

» *Exposições para obter consenso passivo*

Se seu objetivo for realizar uma **exposição para obter consenso passivo**, você tentará convencer o público de que determinada política é desejável, mas você não necessariamente o estimulará a fazer algo que a faça entrar em vigor. Por exemplo, suponhamos que deseje persuadir as pessoas de que os Estados Unidos devem abolir o Colégio Eleitoral e eleger o presidente por voto popular direto. Se seu objetivo for o consenso passivo, tentará incitar o público a concordar, mas não o estimulará a tomar alguma medida imediata para ajudar a mudar os procedimentos da eleição presidencial.

Veja algumas sentenças de objetivo específico para palestras sobre questões políticas que procuram consenso passivo:

> Persuadir meu público de que deve haver regras mais rígidas para os parques de diversões.
>
> Persuadir meu público de que os Estados Unidos devem enfatizar mais a energia solar para atender às necessidades de energia do país.
>
> Persuadir meu público de que deve ser acrescentada uma emenda de orçamento equilibrado à Constituição dos Estados Unidos.

Em cada caso, o objetivo do orador é convencer os ouvintes de que seu plano é necessário e prático. O orador não está tentando encorajar os ouvintes a agir para apoiar seu plano.

» *Exposições para obter uma ação imediata*

Quando seu objetivo é realizar uma **exposição para obter uma ação imediata**, você deseja mais do que apenas levar seus ouvintes a acenar com a cabeça em consentimento. Você deseja motivá-los a agir – a assinar uma petição pela abolição do Colégio Eleitoral, a fazer uma campanha a favor de mensalidades escolares mais baixas, a contribuir para uma campanha de arrecadação de fundos etc.

Veja alguns exemplos de sentença de objetivo específico para palestras sobre questões políticas que procuram uma ação imediata:

Persuadir meu público a doar tempo à organização Big Brothers ou Big Sisters.

Persuadir meu público a votar na próxima eleição estudantil.

Persuadir meu público a iniciar um programa regular de exercícios.

Alguns especialistas afirmam que devemos procurar desencadear uma ação no público sempre que possível. Embora seja bem mais fácil inspirar um consenso passivo do que desencadear uma ação, o ouvinte não está assumindo de fato um compromisso quando diz "Claro, concordo com você". Em um ou dois dias, esse mesmo ouvinte pode se esquecer completamente de sua palestra – e de que concordou com sua exposição.

A ação, entretanto, reforça a convicção. Muitas pesquisas mostram que, se você persuadir um ouvinte a tomar algum tipo de iniciativa – mesmo que essa iniciativa seja apenas assinar uma petição, afixar um adesivo no para-choque do carro ou participar de uma reunião –, obterá um comprometimento mais sério. Quando um ouvinte age em nome do que o orador pensa, ele tende mais a manter esse comprometimento.[8]

Quando você faz um chamado para a ação em uma exposição persuasiva, suas recomendações devem ser as mais específicas possíveis. Não se limite a incentivar os ouvintes a "fazer alguma coisa". Diga-lhes exatamente o que fazer e como fazê-lo.

> www.grupoa.com.br
>
> Assista a este trecho de "Making a Difference through the Special Olympics" ("Fazendo Diferença por meio dos Jogos Olímpicos Especiais") – Vídeo 16.1 – em inglês.

Para obter um excelente exemplo, assista ao Vídeo 16.1. O objetivo da oradora era convencer seus ouvintes a doarem tempo para os Jogos Olímpicos Especiais. Depois de falar sobre a missão dos Jogos Olímpicos Especiais, a necessidade de voluntários e os sentimentos reconfortantes experimentados pelos voluntários, ela explicou como os ouvintes poderiam se envolver independentemente do tempo que tivessem para doar naquele momento. Além disso, ela levou alguns folhetos com informações complementares para distribuir após a palestra. Ao elaborar uma palestra persuasiva, lembre-se de que, quanto mais específicas forem suas instruções, maior a probabilidade de seu chamado ter efeito.[9]

» Analisando as questões políticas

Independentemente de seu objetivo ser incentivar um consenso passivo ou desencadear uma ação imediata, você se defrontará com três fatores básicos sempre que falar a respeito de uma questão política – necessidade, plano e viabilidade.

» As exposições persuasivas sobre questões políticas ocorrem sempre que as pessoas discutem linhas de ação específicas. Essas exposições podem buscar consenso passivo ou uma ação imediata.

» *Necessidade*

Não faz sentido defender um plano se você não consegue demonstrar a **necessidade** de fazê-lo:

> Existe necessidade de mais vagas de estacionamento para os alunos no *campus*?
>
> Existe necessidade de o distrito escolar instituir salas de aula de sexo único?
>
> Existe necessidade de um cartão de identidade nacional nos Estados Unidos?

O primeiro passo é convencer os ouvintes de que existe um problema sério na situação atual. As pessoas não tender a adotar uma nova política se não estiverem convencidas de que a antiga não está funcionando. É por isso que o **ônus da prova** sempre fica a cargo do orador que defende a mudança. (Obviamente, você pode estar defendendo uma política em vigor, caso em que defenderá que não há *nenhuma* necessidade de mudança – que as coisas já estão funcionando tão bem quanto se poderia esperar.)

» *Plano*

O segundo fator básico das exposições sobre questões políticas é o **plano**. Assim que você tiver demonstrado que existe um problema, deve explicar seu plano para solucioná-lo:

> O que podemos fazer para obter mais vagas de estacionamento para os alunos no *campus*?
>
> Que assuntos devem ser ensinados nas salas de aula de sexo único? Esse tipo de sala de aula é apropriado para todos os graus?
>
> Quais informações devem ser incluídas em um cartão de identidade nacional? Quem será responsável por coletar as informações e criar os cartões?

Responder a essas perguntas é particularmente importante se você estiver propondo uma nova política. É fácil reclamar dos problemas; difícil mesmo é desenvolver soluções.

Em muitas situações, não há tempo para descrever detalhadamente o plano. Nesse caso, você deve ao menos elucidar suas principais características. Veja, por exemplo, a seção de plano da palestra sobre os canis de fundo de quintal deste capítulo. Primeiro, o orador propõe medidas legais para punir os criadores de cães que não tratam os animais da maneira correta. Segundo, ele apresenta quatro medidas que os ouvintes podem tomar ao adquirir um cão para ter certeza de que não estão apoiando esse tipo de canil. Essa palestra teria sido bem menos persuasiva se o orador não tivesse explicitado as principais características de seu plano.

> www.grupoa.com.br
> Assista a este trecho de "The Horrors of Puppy Mills" ("As Atrocidades dos Canis de Fundo de Quintal") – Vídeo 16.2 – em inglês.

» *Viabilidade*

O terceiro fator básico das exposições sobre questões políticas é a **viabilidade**. Depois de apresentar um plano, você deve demonstrar que ele funcionará. O plano solucionará o problema? Ou criará problemas novos e mais sérios?

> A construção de um estacionamento de vários andares no *campus* aumentaria o número de vagas de estacionamento para os alunos, mas o custo exigiria um elevado aumento na mensalidade.
>
> A criação de salas de aula de sexo único seria academicamente favorável para alguns alunos, mas isso reforçaria os estereótipos de gênero e faria a educação retornar à situação "separados, mas iguais".
>
> O cartão de identidade nacional seria uma alternativa fácil para confirmar a identidade das pessoas para finalidades de segurança, mas poderia também violar liberdades civis e dar ao governo muitas informações pessoais sobre os cidadãos.

Essas preocupações são significativas. Sempre que você defender uma nova política, deve estar preparado para demonstrar que ela é viável. Não importa o grau de seriedade do problema, normalmente os ouvintes desejam alguma garantia de que o plano do orador de fato solucionará o problema.[10]

Uma alternativa para oferecer essa garantia é mostrar que um plano semelhante ao seu está sendo implementado com sucesso em algum outro lugar. Por exemplo, o Vídeo 16.3 mostra um trecho de uma palestra que defende a necessidade de medidas mais rígidas para diminuir o tabagismo em seu estado de origem. Quando assistir a esse vídeo, observe que a oradora refere-se ao sucesso de um plano semelhante na Califórnia para evidenciar que esse plano funcionará em seu estado.

> www.grupoa.com.br
> Assista a este trecho de "The Most Dangerous Habit" ("O Hábito Mais Perigoso") – Vídeo 16.3 – em inglês.

Se você for contra a mudança de uma política, um de seus principais argumentos será que a mudança é inviável – que ela pode criar mais problemas do que solucionar. Por exemplo, aqueles que criticam o aumento do salário mínimo federal nos Estados Unidos afirmam que essa medida sobrecarregaria as pequenas empresas e agravaria o desemprego. Outros oponentes defendem que um salário-mínimo alto deixaria as empresas norte-americanas em desvantagem para competir com empresas estrangeiras. Se os ouvintes aceitarem esses argumentos, provavelmente concluirão que os Estados Unidos não devem aumentar o salário-mínimo federal.

Qual porcentagem de sua palestra deve ser dedicada à necessidade, ao plano e à viabilidade? A resposta depende do tema e do público. Por exemplo, se o público não tiver conhecimento sobre os problemas ambientais e de saúde provocados pelo uso de substâncias químicas bactericidas em produtos de limpeza domésticos, você terá de dedicar grande parte do tempo à necessidade antes de abordar o plano e a viabilidade. Entretanto, se os ouvintes já tiverem conhecimento sobre os problemas provocados por produtos bactericidas domésticos, você pode lembrá-los rapidamente da necessidade e dedicar a maior parte de sua palestra ao plano e à viabilidade.

» Organizando palestras sobre questões políticas

A organização eficaz é fundamental para as exposições sobre questões políticas. Embora qualquer uma das estruturas básicas de organização explicadas no Capítulo 9 possa ser utilizada, quatro estruturas especiais são particularmente valiosas para as palestras sobre questões políticas: ordem de problema-solução; ordem de problema-causa-solução; vantagens comparativas; e sequência Monroe de persuasão.

» Ordem de problema-solução

Se for defender uma mudança de política, seus pontos principais se encaixarão naturalmente na **ordem de problema-solução**. No primeiro ponto principal, você demonstra a necessidade de uma nova política mostrando a extensão e a seriedade do problema. No segundo, você explica seu plano para solucionar o problema e mostra que ele é viável. Por exemplo:

> www.grupoa.com.br
> Assista a um trecho de "Phony Pharmaceuticals" ("Medicamentos Falsificados") – Vídeo 16.4 – em inglês.

Objetivo específico: Persuadir meu público de que o Congresso dos Estados Unidos deve aprovar leis que controlem a distribuição de medicamentos falsificados.

Ideia central: Como a falsificação de medicamentos é um problema sério nos Estados Unidos, o Congresso deveria aprovar leis que garantam que os medicamentos que compramos são seguros.

Pontos principais: I. A distribuição de medicamentos falsificados é um problema sério.
    A. A falsificação de medicamentos é uma das áreas de atividade criminosa mais lucrativas do mundo.
    B. A distribuição de medicamentos falsificados está provocando sérios riscos de saúde nos Estados Unidos.
  II. A solução para o problema de falsificação de medicamentos exige medidas do governo federal.
    A. O Congresso deveria aprovar leis para controlar a distribuição de medicamentos falsificados e impor penalidades graves aos transgressores.
    B. De acordo com especialistas, essa legislação poderia contribuir muito para resolver o problema.

Você pode utilizar a estrutura de problema-solução com a mesma facilidade para organizar uma palestra contra uma mudança de política. Nesse caso, sua função é defender o sistema atual e combater a política proposta pelos oponentes. Portanto, no primeiro ponto principal você pode defender que não há *nenhuma* necessidade de mudança. No segundo, você pode mostrar que, mesmo se houvesse um problema sério, a nova política que está sendo proposta *não* o solucionaria e, por si só, criaria sérios problemas. Por exemplo:

Objetivo específico: Persuadir meu público de que a Câmara de Vereadores não deveria aprovar leis que unam os departamentos de polícia e bombeiros.

Ideia central: A fusão dos departamentos de polícia e bombeiros não é necessária nem conveniente.

Pontos principais: I. A fusão dos departamentos de polícia e bombeiros não é necessária.
    A. No sistema atual, o departamento de polícia ganhou uma reputação de excelência que o tornou modelo para os departamentos de outras cidades.
    B. O departamento de bombeiros também é bem respeitado por realizar um trabalho rápido e eficiente.
  II. Além de desnecessária, a fusão dos departamentos de polícia e bombeiros é muito imprudente.
    A. Em vez de economizar o dinheiro da cidade, a fusão desses departamentos aumentaria os custos.
    B. Além disso, a fusão desses departamentos prejudicaria o moral e diminuiria o nível de desempenho que esperamos da força policial e dos bombeiros.

» *Ordem de problema-causa-solução*

Para variar a ordem de problema-solução, você pode estruturar sua palestra na **ordem de problema-causa-solução**. Nesse caso, ela teria três pontos principais – o primeiro identifica o problema, o segundo analisa suas causas e o terceiro apresenta uma solução para ele. Por exemplo:

www.grupoa.com.br
Assista a um trecho de "The Epidemic of Childhood Obesity" ("A Epidemia da Obesidade Infantil") – Vídeo 16.5 – em inglês.

Objetivo específico: Persuadir meu público de que é indispensável tomar uma medida para lidar com o problema de obesidade infantil.

Ideia central:	A obesidade infantil é um problema sério que pode ser controlado com mudanças na dieta e exercícios.
Pontos principais:	I. A obesidade infantil é um problema grave nos Estados Unidos.

        A. A obesidade infantil continua aumentando em ritmo acelerado.
        B. A obesidade está provocando sérios problemas de saúde entre as crianças.
    II. O aumento da obesidade infantil tem duas principais causas.
        A. A primeira causa é o regime alimentar.
        B. A segunda causa é a inatividade física.
    III. Para solucionar esse problema, é necessário tratar essas causas.
        A. Os pais e as escolas devem garantir que as crianças comam alimentos saudáveis.
        B. Os pais e as escolas devem também garantir que as crianças sigam um programa adequado de exercícios físicos.

Alguns professores de oratória preferem esse método de organização porque ele requer que o orador identifique as causas do problema. Isso, por sua vez, permite que se verifique mais facilmente se a solução proposta abordará as causas do problema.

» *Ordem de vantagens comparativas*

Quando já existe um consenso entre o público de que um problema é real, você pode comparar as vantagens e desvantagens das soluções concorrentes (**ordem de vantagens comparativas**). Nessa situação, você poderia organizar sua palestra na ordem de vantagens comparativas, utilizando cada ponto principal para explicar por que sua solução é preferível às outras propostas.

Suponhamos que você deseja convencer o público de que as montadoras de automóveis devem enfatizar mais o desenvolvimento de carros movidos a células a combustível de hidrogênio do que o de carros gasolina-elétricos. Utilizando a ordem de vantagens comparativas, você compararia os carros movidos a hidrogênio e os carros híbridos (gasolina-elétricos) e mostraria por que a primeira opção é melhor. O objetivo específico, a ideia central e os pontos principais poderiam ser:

Objetivo específico:	Persuadir meu público de que as montadoras de automóveis devem enfatizar mais o desenvolvimento de carros movidos a células a combustível de hidrogênio do que o desenvolvimento de carros gasolina-elétricos.
Ideia central:	Diferentemente dos carros gasolina-elétricos, os carros movidos a hidrogênio funcionam totalmente sem gasolina e não emitem gases poluentes.
Pontos principais:	I. Diferentemente dos carros híbridos, os carros movidos a hidrogênio funcionam totalmente sem gasolina.
	II. Diferentemente dos carros híbridos, os carros movidos a hidrogênio não emitem nenhum gás poluente.

» *Sequência Monroe de persuasão*

Desenvolvida na década de 1930 por Alan Monroe, professor de oratória na Purdue University, a **sequência Monroe de persuasão** é feita sob medida para exposições sobre questões políticas que procuram uma ação imediata. Essa sequência tem cinco passos que admitem a psicologia de persuasão:

» Como a sequência Monroe de persuasão segue o processo do raciocínio humano, é particularmente útil para os oradores persuasivos que buscam desencadear uma ação imediata em seus ouvintes.

1. *Atenção*. Primeiro, você atrai a atenção do público utilizando um ou mais dos métodos descritos no Capítulo 10: associar o tema com o público; mostrar a importância do tema; fazer uma declaração surpreendente; despertar a curiosidade ou criar suspense; fazer uma pergunta; contar uma história comovente; ou utilizar recursos visuais.
2. *Necessidade*. Em seguida, você faz o público sentir a necessidade de mudança, mostrando que existe um problema sério na situação atual. É importante mencionar claramente a necessidade e esclarecê-la com conteúdos de apoio convincentes. Ao final desse passo, os ouvintes devem estar suficientemente interessados pelo problema, isto é, psicologicamente preparados para ouvir a solução que você apresentará.
3. *Satisfação*. Depois de despertar a percepção de necessidade, você a satisfaz apresentando uma solução para o problema. Você expõe seu plano e mostra como ele funcionará. Lembre-se de fornecer detalhes sobre o plano para que os ouvintes o compreendam claramente.
4. *Visualização*. Depois de expor o plano, você deve intensificar o desejo dos ouvintes ao possibilitar que eles visualizem seus benefícios. O segredo neste passo é utilizar imagens mentais incisivas para mostrar o quanto *eles* serão favorecidos por esse plano. Permita que eles *vejam* o quanto as circunstâncias melhorarão assim que seu plano for adotado.
5. *Ação*. Assim que o público estiver convencido de que seu plano é benéfico, você estará preparado para fazer um chamado à ação. Diga exatamente o que deseja que o público faça – e como. Em seguida, conclua sua exposição com um apelo final comovente que reforce o compromisso do público para com essa ação.

Muitos oradores preferem a sequência de persuasão porque ela é mais detalhada do que a ordem de problema-solução. Ela segue o processo de raciocínio humano e conduz o ouvinte progressivamente para a ação desejada. Uma indicação de sua eficácia é sua ampla utilização por pessoas que ganham a vida com a persuasão – em especial, os anunciantes. Quando estiver vendo televisão, preste atenção aos comerciais. Você perceberá que vários deles adotam a sequência de persuasão.

Experimente utilizar a sequência de persuasão quando quiser incentivar os ouvintes a agir. Provavelmente, você a achará fácil e eficaz, tal como um orador que a utilizou em uma palestra para estimular seu público a lutar pela aprovação de um projeto de lei pelos direitos dos inquilinos locais em uma cidade dos Estados Unidos. Veja os pontos de destaque de sua palestra:

Atenção: Alguma vez os armários de seu apartamento já foram invadidos por baratas? Já ficaram tremendo de frio porque a caldeira de calefação estava com defeito? Ou aguardaram durante meses pela devolução do depósito-caução ainda que tenham deixado o apartamento tão limpo quanto no momento em que vocês entraram?

Necessidade: Na cidade inteira, os estudantes e outros inquilinos estão sendo vitimados por locadores indiferentes e antiéticos. No ano passado, foram feitas mais de 200 reclamações no departamento de habitação da cidade, mas nenhuma medida foi tomada contra os locadores.

Satisfação: Esses problemas poderiam ser resolvidos com a aprovação de um projeto de lei pelos direitos dos inquilinos que defina esses direitos, especifique as obrigações dos locadores e imponha penalidades graves aos transgressores.

Visualização: Esse tipo de projeto de lei funcionou em inúmeras comunidades universitárias do país. Se um projeto dessa natureza fosse aprovado aqui, vocês não precisariam mais se preocupar com as condições precárias de seu apartamento. O locador não poderia violar as cláusulas de locação nem se apropriar do depósito-caução.

Ação: Um projeto de lei pelos direitos dos inquilinos foi proposto à Câmara de Vereadores. Vocês podem contribuir para que ele seja aprovado assinando a petição que circularei após a palestra. Além disso, peço com insistência que vocês circulem um abaixo-assinado entre seus amigos e apoiem esse projeto quando ele for discutido na Câmara na semana que vem. Se trabalharmos juntos, poderemos obter a aprovação da Câmara.

A sequência Monroe de persuasão é perfeitamente compatível com o método convencional de esboço discutido no Capítulo 11. O esboço a seguir mostra como uma oradora incorporou essa sequência em sua palestra para estimular seus ouvintes a mudar a forma como utilizam o celular:

> www.grupoa.com.br
> Assista a um trecho de "The Dangers of Cell Phones" ("Os Perigos do Celular") – Vídeo 16.6 – em inglês.

Utilizando a oratória em sua CARREIRA

Assim que você obteve sua licenciatura, conseguiu um emprego em um dos melhores distritos escolares públicos do estado. Você se sobressaiu na sala de aula e as avaliações sobre suas habilidades docentes sempre são notáveis.

Porém, o orçamento estadual recém-divulgado apresenta drásticos cortes para esse distrito – ou 100 professores serão despedidos ou todos terão de aceitar um corte salarial de 10%. Como os professores mais recentes são os primeiros a sair, e você foi contratado há apenas três anos, você sabe que só conseguirá manter seu cargo se todos os professores concordarem com esse corte. Mais importante, a demissão de 100 professores significará mais alunos por sala de aula, e isso pode prejudicar a qualidade do ensino.

Em uma semana, o superintendente escolar realizará uma reunião aberta para os professores darem opiniões. Você pretende argumentar a favor do corte salarial, mas não tem certeza sobre como organizar sua defesa. Entre os métodos de organização de problema-solução, de vantagens comparativas e sequência Monroe de persuasão, qual será mais eficaz e por quê?

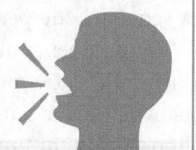

Objetivo específico: Persuadir meu público a utilizar o celular de uma maneira que proteja sua saúde.

Ideia central: Vocês podem evitar os riscos a longo prazo que os celulares oferecem à saúde fazendo algumas mudanças básicas.

Introdução

Atenção:
I. O celular é um companheiro constante de vocês. Vocês o utilizam em todos os lugares que frequentam, dia e noite.
II. Mas, e se esse companheiro constante fosse perigoso? E se ele fosse prejudicial à sua saúde?
III. Após extensa pesquisa, espero persuadi-los a utilizar o celular sem prejuízo à sua saúde.

Corpo

Necessidade:
I. Embora o uso do celular seja seguro a curto prazo, a longo prazo o celular apresenta sérios riscos à saúde.
A. O uso do celular expõe vocês a uma radiação que se acumula ao longo do tempo.
B. Um número cada vez maior de cientistas nos tem advertido contra os riscos a longo prazo do uso do celular.
C. Até mesmo os fabricantes advertem que não devemos usar o celular muito próximo do corpo.

Satisfação:
II. Vocês podem se proteger contra esses riscos fazendo algumas mudanças básicas na forma como utilizam o celular.
A. O mais importante é não pressionar o celular contra a cabeça enquanto estão falando.
B. Adquira o hábito de utilizar fones de ouvido ou o viva-voz do telefone.

Visualização:
III. Essas mudanças podem ajudá-los a proteger sua saúde.
A. Vocês podem usar o celular sem se submeterem a esses riscos a longo prazo.
B. Vocês escaparão do destino das pessoas que desenvolveram câncer e outras doenças em decorrência do uso prolongado do celular.

Conclusão

Ação:
I. Por isso, aconselho que todos vocês comecem a fazer essas mudanças hoje mesmo.
II. Cuidem para que esse companheiro constante não coloque sua saúde em risco.

Experimente utilizar a sequência de persuasão quando quiser que seus ouvintes tenham uma ação imediata. Ao longo dos anos, essa sequência funcionou para inúmeros oradores – e pode funcionar para você também.

» Exemplo de palestra com comentários

A palestra persuasiva a seguir aborda uma questão política e oferece um excelente exemplo de estrutura de problema-solução. À medida que você ler, observe como a oradora aborda os fatores

www.grupoa.com.br
Assista a "Phony Pharmaceuticals" ("Medicamentos Falsificados") – Vídeo 16.7 – em inglês.

necessidade, plano e viabilidade. Observe como ela utiliza conteúdos de apoio convincentes e bem escolhidos para respaldar seu ponto de vista. Por fim, observe o quanto essa palestra é clara e séria. Há poucas palavras desnecessárias e as ideias fluem de forma tranquila e clara. O vídeo com essa palestra está disponível no *site* do Grupo A.

Medicamentos Falsificados ("Phony Pharmaceuticals")

Comentários	Palestra
» A oradora prende a atenção ao mostrar três *slides* em PowerPoint e ao fazer perguntas ao público a respeito do conteúdo desses *slides*.	Vejam esses dois comprimidos. Vocês percebem alguma diferença entre eles? E quanto a estes dois? Vocês veem alguma diferença aqui? E no caso destes?
» Observe como a oradora utiliza "seu" na abertura para associar o tema diretamente com seus ouvintes.	A olho nu, esses comprimidos são indistinguíveis. Porém, em termos químicos, eles são extremamente diferentes. Em todos os casos, o comprimido da esquerda é verdadeiro; ele permitirá a melhora do seu estado de saúde. O comprimido da direita é falso. Ele não permitirá a melhora do seu estado de saúde. Em alguns casos, ele pode até matar.
» A oradora apresenta um testemunho de uma especialista para definir o que é considerado remédio falsificado e mostrar por que esse tipo de medicamento é prejudicial.	Katherine Alban, autora de *Dangerous Doses: How Counterfeiters Are Contaminating America's Drug Supply*, explica que remédios falsificados são medicamentos que foram diluídos, nos quais o componente ativo foi substituído por outra coisa ou que receberam um novo rótulo para parecerem mais fortes do que de fato são. Tomar um remédio falsificado significa não receber o medicamento necessário para ficar melhor, e as consequências disso podem ser fatais.
» A oradora firma sua credibilidade ao afirmar que ela tem uma relação pessoal com o tema e fez uma sólida pesquisa a respeito. Ela encerra a introdução enunciando sua ideia central e apresentando uma prévia do corpo de sua palestra.	A primeira vez em que me atentei para essa questão foi quando minha irmã mais jovem recebeu um medicamento falsificado para asma no verão passado. Felizmente, esse erro foi descoberto antes que isso lhe provocasse qualquer dano permanente. Mas, desde essa época, estou preocupada com esse problema, e fiz muitas pesquisas para esta palestra. Por esse motivo, estou convencida de que precisamos tomar providências imediatas para combater o problema da falsificação de medicamentos. Mais adiante, mostrarei a vocês meu plano para refrear a distribuição desses medicamentos perigosos. Mas, primeiro, examinaremos mais de perto esse problema.

> » Essa palestra segue a ordem de problema-solução. Aqui, a oradora inicia a falar sobre o ponto principal do problema ao identificar alguns dos componentes nocivos presentes nos medicamentos falsificados.

Os medicamentos falsos são perigosos em virtude dos riscos que apresentam à saúde. De acordo com Graham Jackson, editor do *International Journal of Clinical Practice*, os medicamentos falsos contêm componentes como ácido bórico, tintas com chumbo, cera para piso ou sapato, pó de talco e pó de cimento. Mas isso não é tudo. Há também pó de tijolo, giz, níquel e arsênico. A ingestão excessiva de ácido bórico ou cera de piso pode deixá-los doentes; a tinta com chumbo e o arsênico podem matá-los.

> » A oradora utiliza um exemplo para mostrar os perigos dos medicamentos falsos.

Em um caso amplamente divulgado, 81 pessoas morreram nos Estados Unidos por terem ingerido uma versão falsificada de heparina anticoagulante. Como divulgado no CNN, a heparina falsificada foi originalmente fabricada fora dos Estados Unidos utilizando um sulfato barato que se provou fatal. Depois de passar despercebido por todas as verificações regulamentares, o medicamento acabou entrando nos Estados Unidos e gerando consequências trágicas.

> » A oradora apresenta estatísticas e testemunhos para mostrar a predominância do problema de falsificação de medicamentos. Observe como ela apresenta suas estatísticas para o público.

O Programa Internacional de Informação do Departamento de Estado dos Estados Unidos estima que 700.000 pessoas ao redor do mundo morrerão ao longo deste ano em decorrência de medicamentos falsos – quase três vezes o número de pessoas que vivem aqui em Madison. Na verdade, Roger Bate, do Instituto Norte-Americano de Empresas, relata que "o tráfico de medicamentos falsificados tornou-se um dos empreendimentos criminosos de mais rápido crescimento no mundo".

> » Aqui, bem como em outros lugares, a oradora cita fontes recentes e confiáveis e as identifica de forma clara. A citação de Tom Kubic é particularmente eficaz.

Em vista de sua ampla difusão, a falsificação de medicamentos tornou-se um grande negócio. A FDA estima que os medicamentos falsificados gerarão uma receita de aproximadamente US$ 75 bilhões apenas este ano – em comparação a US$ 40 bilhões alguns anos atrás. Tom Kubic, diretor do Instituto de Segurança de Produtos Farmacêuticos, disse ao *USA Today*, em setembro de 2010, que os criminosos "podem lucrar mais com medicamentos falsificados do que com heroína".

> » A transição conduz a oradora para a seção de solução de sua palestra, na qual ela apresenta um plano conciso de quatro etapas para controlar os medicamentos falsificados.

Em vista do lucro obtido com medicamentos falsificados, esse problema tende a piorar no futuro próximo, a menos que se tomem medidas para controlá-los. A solução que proponho é semelhante à Resolução 2726, que está sendo avaliada pelo Congresso dos Estados Unidos. Essa solução engloba quatro medidas.

| » Ao prosseguir, a oradora utiliza um sinalizador para introduzir cada parte do plano. »

Primeiro, a pena criminal para os falsificadores de medicamentos – cujo limite hoje é de três anos de prisão – deve ser intensificada sem que se estabeleça um limite específico. Se um traficante provocar a morte de alguém com um medicamento falsificado, a pena deve estar à altura do crime.

| » Como você pode ver no vídeo dessa palestra, a oradora ressalta cada ponto do plano com um *slide* em PowerPoint. »

Segundo, a FDA deve ter autoridade para recolher medicamentos controlados. No momento, a FDA pode incentivar os fabricantes de medicamentos a fazer um *recall*, mas não tem nenhum poder para fazer um *recall* por si só. Para tirar os medicamentos falsos do comércio, a autoridade para fazer um *recall* deve estar nas mãos de um órgão central que aja rápida e regularmente.

| » A pergunta retórica ao final deste parágrafo estimula o público a tirar a mesma conclusão do orador. »

Terceiro, a FDA deve receber recursos para averiguar com precisão a composição química dos remédios controlados. Temos inspetores de saúde para alimentos, por que não para medicamentos controlados?

| » Aqui, como em toda a palestra, a oradora utiliza a voz, gestos e contato visual para passar suas ideias e estabelecer um elo com o público. »

Quarto, os fabricantes de medicamentos legítimos deveriam ser obrigados a implementar uma tecnologia de rastreamento. De acordo com uma explicação do *New York Times*, essa tecnologia identifica cada frasco e comprimido com um código exclusivo que está vinculado a um banco de dados seguro e centralizado. Esse código permite que as farmácias e os distribuidores identifiquem se os medicamentos são legítimos ou falsos, bem como o trajeto desses medicamentos até chegarem às prateleiras.

| » A oradora apresenta uma citação para demonstrar que seu plano é viável. Nas exposições persuasivas sobre questões políticas, é sempre importante mostrar a viabilidade. »

O deputado Steve Israel, de Nova York, defensor da Resolução 2726, afirma que essas quatro medidas "garantirão que a cadeia de distribuição de medicamentos do país seja segura para todos os norte-americanos". Essa resolução "criará uma linha dura contra a falsificação e aumentará a pena para os criminosos que estão comprometendo nossa saúde". Chegou a hora de o Congresso aprovar essa legislação indispensável.

| » A oradora indica o início de sua conclusão e reafirma sua ideia central. »

Concluindo, os medicamentos falsificados têm ampla distribuição e são perigosos. Com a implementação da solução que descrevi, conseguiremos controlar essa ameaça à saúde pública.

| » Além de utilizar a linguagem empregada na introdução, a oradora retorna aos *slides* com os quais ela abriu sua palestra. Isso tende a intensificar o efeito da conclusão e imprime uma percepção de unidade psicológica na palestra. »

Vocês têm o direito de ter certeza de que a medicação que estão tomando é legítima. Vocês têm o direito de ter certeza de que o próximo remédio que comprarem em uma farmácia é seguro. E vocês têm o direito de ter certeza de que o que vocês veem é de fato o que deveria ser.

» Resumo

Persuasão é um processo em que se pretende criar, reforçar ou mudar as crenças ou ações de uma ou mais pessoas. Quando você faz uma palestra para persuadir, você age como um defensor. A habilidade para falar de maneira persuasiva o beneficiará em todos os aspectos de sua vida, de seus relacionamentos pessoais e atividades comunitárias às suas aspirações profissionais.

Seu grau de sucesso em qualquer exposição persuasiva depende de sua habilidade para adaptar sua mensagem aos valores, às atitudes e às crenças do público. Você deve imaginar sua palestra como um diálogo mental com o público. Identifique seu público-alvo, preveja possíveis objeções ao seu ponto de vista e responda a essas objeções enquanto fala.

As palestras persuasivas podem girar em torno de uma questão factual, de valor ou política. Em uma exposição persuasiva sobre questões factuais, sua função é semelhante à de um advogado em um processo judicial. Você tentará levar seus ouvintes a aceitar seu ponto de vista sobre os fatos.

As questões de valor estão relacionadas à crença de uma pessoa sobre o que é certo ou errado, bom ou ruim, moral ou imoral, ético ou antiético. Ao falar sobre uma questão de valor, você deve justificar sua opinião por meio da apresentação de critérios de julgamento de valor. As exposições sobre questões de valor não argumentam diretamente a favor ou contra determinadas linhas de ação.

Quando você passa de uma defesa sobre o que é certo ou errado para uma defesa do que deve ou não deve ser feito, você passa de uma questão de valor para uma questão política. Ao falar sobre uma questão política, seu objetivo pode ser inspirar um consenso passivo ou desencadear uma ação imediata. Em ambos os casos, você se defrontará com três fatores básicos – necessidade, plano e viabilidade. O quanto você se dedicará a cada um desses fatores dependerá do tema e do público.

Há várias formas de organizar as exposições sobre questões políticas. Se você estiver defendendo uma mudança de política, seus pontos principais com frequência se encaixarão na ordem de problema-solução ou na de problema-causa-solução. Se já houver um consenso entre o público de que existe um problema, você poderá utilizar a ordem de vantagens comparativas. Sempre que desejar desencadear uma ação imediata no público, você deve pensar na possibilidade de utilizar a sequência Monroe de persuasão, que é uma estrutura de organização mais especializada.

Independentemente do tema ou do método de organização, você deve ter metas eticamente fundamentadas e utilizar métodos éticos para persuadir seu público.

» Palavras-chave

diálogo mental com o público Troca de ideias mentais entre o orador e o ouvinte durante uma palestra persuasiva.

exposição para obter consenso passivo Exposição persuasiva em que o objetivo do orador é convencer o público de que determinada política é desejável sem o estimular a agir no sentido de apoiá-la.

exposição para obter uma ação imediata Exposição persuasiva em que o objetivo do orador é convencer o público a agir para apoiar determinada política.

necessidade Primeiro fator básico na análise de uma questão política: existe um problema sério ou uma necessidade que requer uma mudança na política atual?

ônus da prova Obrigação de um orador persuasivo de provar que uma mudança na política atual é necessária.

ordem de problema-causa-solução Método de organização de exposições persuasivas em que o primeiro ponto principal identifica um problema, o segundo analisa suas causas e o terceiro apresenta uma solução para ele.

ordem de problema-solução Método de organização de uma exposição persuasiva em que o primeiro ponto principal aborda a existência de um problema e o segundo apresenta uma solução para o problema.

ordem de vantagens comparativas Método de organização de exposições persuasivas em que cada ponto principal explica por que a solução do orador para um problema é preferível a outras soluções propostas.

persuasão Processo em que se pretende criar, reforçar ou mudar determinadas crenças, opiniões ou ações de uma ou mais pessoas.

plano Segundo fator básico na análise de uma questão política: se existe um problema na política atual, o orador tem um plano para solucioná-lo?

público-alvo Porcentagem do público que o orador mais deseja persuadir.

questão de valor Questão sobre valor, correção, probidade etc. de uma ideia ou ação.

questão factual Questão relativa à veracidade ou falsidade de uma afirmação.

questão política ou de política Questão sobre se uma linha de ação específica deve ou não ser tomada.

sequência Monroe de persuasão Método de organização de exposições persuasivas que busca uma ação imediata. Os cinco passos dessa sequência são atenção, necessidade, satisfação, visualização e ação.

viabilidade Terceiro fator básico na análise de uma questão política: o plano do orador solucionará o problema? Esse plano criará problemas novos e mais sérios?

» Questões para recapitulação

1. Qual a diferença entre exposição informativa e exposição persuasiva? Por que a exposição persuasiva é mais difícil do que a informativa?
2. Qual significado tem afirmar que o público participa de um diálogo mental com o orador à medida que ouve uma palestra? Quais implicações essa troca apresenta para uma palestra persuasiva de fato eficaz?
3. Qual o público-alvo de uma palestra persuasiva?
4. O que são questões factuais? Em que sentido uma palestra persuasiva sobre uma questão factual difere de uma palestra informativa? Dê um exemplo de sentença de objetivo específico para uma palestra persuasiva sobre uma questão factual.
5. O que são questões de valor? Dê um exemplo de sentença de objetivo específico para uma palestra persuasiva sobre uma questão de valor.
6. O que são questões políticas? Dê um exemplo de sentença de objetivo específico para uma palestra persuasiva sobre uma questão política.
7. Explique a diferença entre consenso passivo e ação imediata como objetivo das palestras persuasivas sobre questões políticas.
8. Quais são os três fatores básicos com os quais você precisa lidar ao discutir uma questão política? O que determina o grau de atenção que você atribuirá a cada uma dessas questões em uma palestra específica?
9. Quais são os quatro métodos de organização utilizados com maior frequência nas palestras persuasivas sobre questões políticas?
10. Quais os cinco passos da sequência Monroe de persuasão? Por que essa sequência é particularmente útil em palestras que buscam desencadear uma ação imediata nos ouvintes?

» Exercícios de raciocínio crítico

1. Recapitule a história de Ramon Trujillo no início deste capítulo. Como Ramon, a maioria das pessoas exerce certa persuasão em suas conversas cotidianas. Faça um diário de suas atividades de comunicação ao longo de um dia, tomando notas especiais de todas as circunstâncias em que tentou persuadir alguém a aceitar seu ponto de vista. Escolha uma dessas circunstâncias e faça uma breve análise sobre ela.

   Em sua análise, responda às seguintes perguntas:

   (1) Quem era o público em sua tentativa de persuasão?

(2) Quais eram o "objetivo específico" e a "ideia central" em sua mensagem persuasiva?
(3) Você ensaiou com antecedência ou essa mensagem persuasiva surgiu espontaneamente da situação?
(4) Você conseguiu concretizar seu objetivo específico?
(5) Se enfrentasse novamente essa mesma situação, que mudanças estratégicas você faria em sua tentativa de persuasão?

2. Apresentamos a seguir quatro objetivos específicos para palestras persuasivas. Em cada caso, explique se a palestra correspondente seria sobre uma questão factual, uma questão de valor ou uma questão política. Em seguida, reescreva a sentença do objetivo específico para torná-la apropriada a uma palestra sobre um dos outros dois tipos de questão. Por exemplo, se a sentença do objetivo original for sobre uma questão política, escreva uma nova sentença de objetivo específico que aborde o mesmo tema para uma questão factual ou uma questão de valor.

Exemplo:
Sentença original: Persuadir meu público de que é injusto os juízes favorecerem os pais naturais em detrimento dos pais adotivos em disputas de custódia de filhos. (questão de valor)
Sentença reescrita: Persuadir meu público de que os tribunais devem estabelecer normas claras para resolver disputas entre pais adotivos e pais naturais em casos de custódia de filhos. (questão política)

a. Persuadir meu público de que um imposto nacional de consumo deve ser adotado para ajudar a diminuir a dívida nacional.
b. Persuadir meu público de que é antiético os médicos receberem dinheiro de empresas farmacêuticas para promover seus produtos.
c. Persuadir meu público de que a violência nos *video games* é uma das principais causas de comportamento violento entre os adolescentes.
d. Persuadir meu público a se associar à organização Teach for America.

3. Escolha um tema para uma palestra persuasiva sobre uma questão política. Crie duas sentenças de objetivo específico a respeito desse tema – uma para uma exposição para obter consenso passivo, outra para uma exposição que busca desencadear uma ação imediata. Assim que tiver as sentenças de objetivo específico, explique em que sentido a exposição que busca uma ação imediata seria diferente em estrutura e apelos persuasivos da exposição que busca consenso passivo. Seja específico.

4. Analise o exemplo de palestra com comentários ao final deste capítulo ("Medicamentos Falsificados"). Como se trata de uma exposição sobre uma questão política, preste especial atenção à maneira como a oradora aborda os fatores básicos de necessidade, plano e viabilidade. A oradora apresenta um argumento convincente sobre se de fato existe um problema sério? Ela oferece um plano claro para solucionar o problema? Ela demonstra que o plano é viável?

5. Escolha um comercial de televisão que esteja organizado de acordo com a sequência Monroe de persuasão. Faça uma breve análise em que (a) identifique o público-alvo do comercial e (b) descreva cada passo da sequência de persuasão tal como ele aparece no comercial.

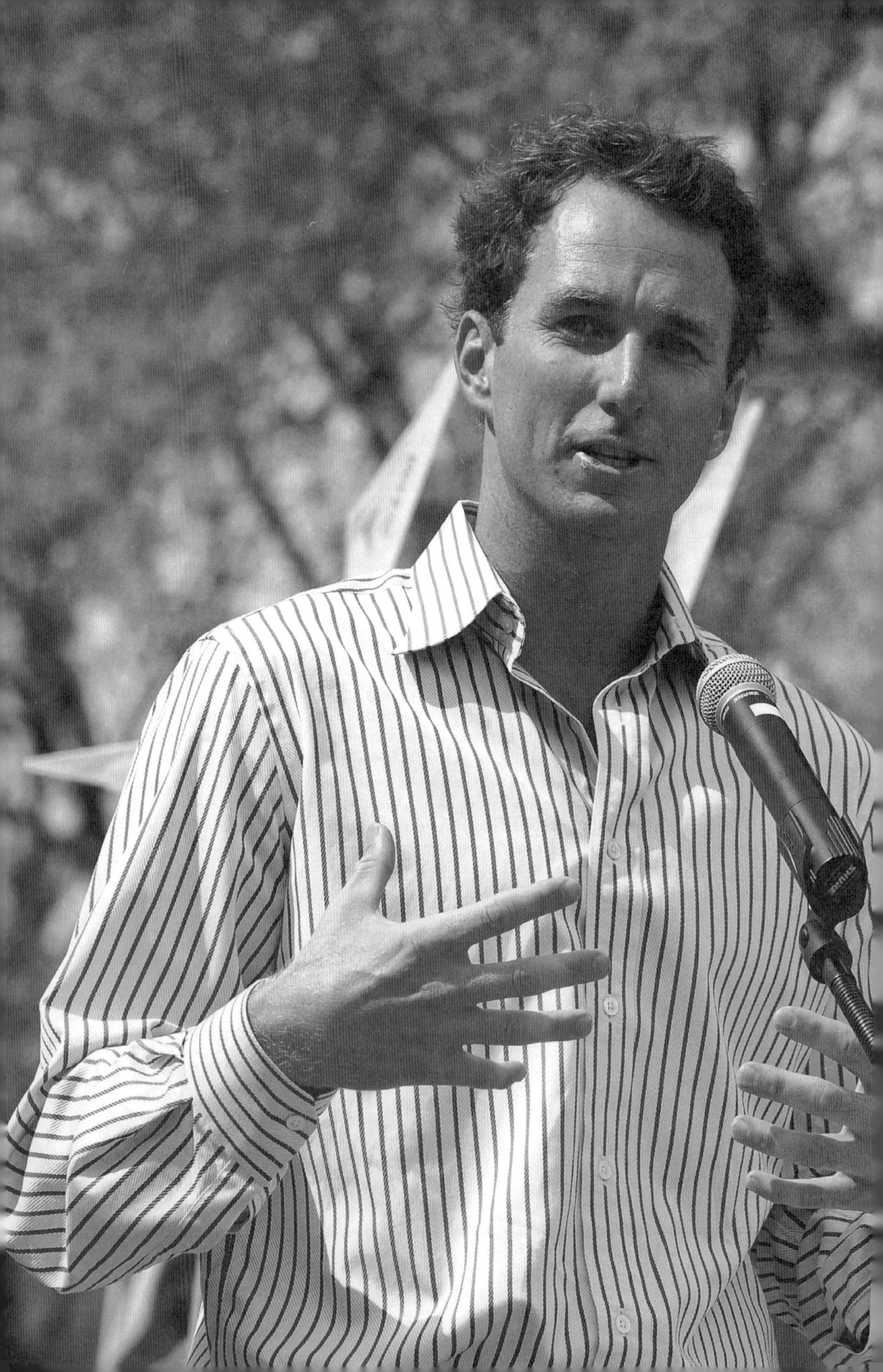

17

Métodos de persuasão

> » Gerando credibilidade
> » Utilizando evidências
> » Raciocínio
> » Apelo às emoções
> » Exemplo de palestra com comentários

Persuasão é um grande negócio. Milhares de autores e consultores lhe prometem revelar o único grande segredo para persuadir as pessoas a fazer o que você deseja. Dan Lok diz revelar "táticas psicológicas proibidas" que lhe "oferecerão uma vantagem desleal para lidar com as pessoas". Chris St. Hilaire oferece "estratégias simples para seduzir o público e obter aliados". Kevin Dutton alega ter descoberto "uma fórmula exclusiva e definitiva" para "um excesso de esforço inexplicável e até então não identificado". Essas pessoas cobram milhares de dólares pelos seminários que elas ministram e centenas de dólares por seus vídeos e livros motivacionais. Empresas e indivíduos se juntam – e pagam – para ler e ouvir o que elas têm a dizer.

Parece bom, mas será que alguma dessas pessoas de fato pode ter "o único grande segredo" para a persuasão? Provavelmente não. A persuasão é muito complexa para isso. Contudo, como a própria quantidade de livros, seminários e vídeos sobre o assunto demonstra, existe uma incessante fascinação pelas estratégias e táticas da persuasão eficaz.

O que possibilita que um orador seja persuasivo? Por que os ouvintes aceitam os pontos de vista de um orador e rejeitam os de outro? Como um orador pode motivar os ouvintes a agir para apoiar uma causa, uma campanha ou um candidato? Há milhares de anos as pessoas têm tentado responder a essas perguntas – do antigo filósofo grego Aristóteles aos pesquisadores de comunicação da era moderna. Embora várias respostas tenham sido apresentadas, podemos dizer que os ouvintes serão persuadidos por um orador por um ou mais desses quatro motivos:

> Porque percebem que o orador tem alta *credibilidade*.
> Porque são persuadidos pelas *evidências* apresentadas pelo orador.
> Porque são convencidos pelo *raciocínio* do orador.
> Porque as ideias ou a linguagem do orador tocam suas *emoções*.

Neste capítulo, examinaremos cada um desses motivos. Não revelaremos nenhum segredo mágico que o transformará em um irresistível orador persuasivo. Entretanto, se você aprender os princípios discutidos neste capítulo, aumentará em muito a probabilidade de conquistar a mente e tocar as emoções de seus ouvintes.

» Gerando credibilidade

Veja a seguir dois pares de sentenças imaginárias. Em qual delas você tenderia mais a acreditar?

> O Departamento de Estado dos Estados Unidos necessita de mudanças fundamentais em sua organização para cumprir sua missão no século XXI. (Hillary Clinton)
>
> O Departamento de Estado não precisa de nenhuma mudança organizacional importante no futuro próximo. (Johnny Depp)
>
> O segredo da atuação é mergulhar ao máximo em seu personagem sem o tornar inverossímil. (Johnny Depp)
>
> O segredo da atuação é decorar sua fala e acertar suas deixas independentemente do personagem que você está representando. (Hillary Clinton)

É mais provável que você tenha escolhido a primeira de cada par. Em caso positivo, provavelmente você foi influenciado por sua percepção sobre o orador. Você tende mais a respeitar a opinião de Hillary Clinton, ex-secretária de Estado do presidente Barack Obama, quando ela fala sobre a organização do Departamento de Estado e a de Johnny Depp, aclamado por seus vários papéis no cinema, quando ele fala sobre métodos de atuação. Alguns professores de oratória chamam esse fator de *credibilidade da fonte*. Outros o chamam de *ethos*, nome atribuído por Aristóteles.

» Fatores de credibilidade

Muitos fatores afetam a **credibilidade** de um orador, como sociabilidade, dinamismo, atratividade física e semelhança percebida entre orador e público. Contudo, a credibilidade é afetada, sobretudo, por dois fatores:

> » *Competência* – julgamento do público sobre a inteligência, a especialidade e o conhecimento do orador sobre o tema.
> » *Caráter* – julgamento do público sobre a sinceridade, a confiabilidade e o interesse do orador pelo bem-estar do público.

Quanto mais favorável a visão do público sobre a competência e o caráter do orador, mais propenso ele será a aceitar o que orador afirma. Com certeza, você já está familiarizado com isso por experiência própria. Suponhamos que você faça um curso de economia com um professor emérito que já publicou amplamente em periódicos de prestígio, faz parte de uma importante comissão internacional e já ganhou vários prêmios por suas excelentes pesquisas. Na sala de aula, você presta atenção em cada palavra desse professor. Certo dia, esse professor falta; um colega dele do Departamento de Economia – plenamente qualificado, mas não tão conhecido – o substitui. Possivelmente, esse professor substituto dá a mesma aula que esse professor ilustre daria, mas você não presta tanta atenção. O professor substituto não tem a alta credibilidade do primeiro.

É importante lembrar que credibilidade é uma opinião. Ela não existe no orador, mas na mente do público. Um orador pode ter alta credibilidade para um público e pouca credibilidade para outro. Um orador pode também ter alta credibilidade em um tema e pouca em outra. Voltando às nossas sentenças imaginárias, a maioria das pessoas acreditaria mais prontamente no que Johnny Depp afirma sobre atuação do que no que ele afirma sobre a organização do Departamento de Estado.

» Tipos de credibilidade

Além de a credibilidade do orador poder variar de um público para outro e de um tema para outro, ela pode mudar ao longo de uma exposição oral – tanto, que podemos identificar três tipos de credibilidade:

- » **Credibilidade inicial** – credibilidade do orador anterior a uma exposição oral.
- » **Credibilidade adquirida** – credibilidade do orador gerada por tudo o que ele diz e faz durante uma exposição oral.
- » **Credibilidade final** – credibilidade do orador ao final de uma exposição oral.[1]

Todas as três são dinâmicas. Ter alta credibilidade inicial é uma vantagem para qualquer orador, mas ela pode ser destruída durante uma apresentação e culminar em uma baixa credibilidade final. O inverso também pode ocorrer, como no exemplo a seguir:

> Randall Washington é o gerente de tecnologia da informação de uma importante editora de livros acadêmicos. Logo depois de assumir esse cargo, ele começou a implementar um novo sistema de gerenciamento de conteúdo para o *site* da empresa. Ele supôs que haveria alguns erros, mas esses erros se revelaram bem piores do que ele havia imaginado. Foram necessários nove meses para que o novo sistema funcionasse de forma apropriada e, mesmo assim, as pessoas continuaram se queixando da interface confusa e do comportamento imprevisível do *site*.
>
> Um ano depois, a editora decidiu comprar novos computadores *tablet* que permitiriam que os funcionários interagissem mais de maneira eficiente com os dados da intranet. O presidente da empresa pediu a Randall para cuidar da compra dos computadores e treinar a equipe a utilizá-los.
>
> Quando Randall delineou seus planos em uma reunião de equipe semanal, sua credibilidade inicial era baixa. Todos se lembravam do sistema de gerenciamento de conteúdo e não estavam dispostos a passar novamente pelos mesmos problemas. Contudo, Randall já sabia disso e estava preparado.
>
> Ele começou lembrando a todos que o presidente o havia autorizado a comprar os computadores *tablet* que facilitariam o trabalho de todos e melhorariam a comunicação interna. Em seguida, ele reconheceu que lhes havia dito a mesma coisa a respeito do sistema de gerenciamento de conteúdo – uma confissão que arrancou sorrisos e contribuiu para que todos relaxassem. Por fim, ele explicou que havia investigado várias outras empresas que utilizavam os mesmos dispositivos e que todas relataram que os computadores funcionavam perfeitamente.
>
> Ao longo da apresentação, a abordagem de Randall foi "Eu sei que o sistema de gerenciamento de conteúdo foi um desastre e me esforcei muito para garantir que isso não volte a ocorrer". Ao final, a maioria dos membros da equipe não via a hora de começar a utilizar os *tablets*. Randall obteve uma alta credibilidade final.

Em toda apresentação oral que você fizer, terá algum grau de credibilidade inicial, que será fortalecido ou enfraquecido por sua mensagem e pela forma como enunciá-la. E sua credibilidade final em uma apresentação afetará sua credibilidade inicial na seguinte. Se o público o considerar sincero e competente, ficará bem mais receptivo às suas ideias.

» Aumentando sua credibilidade

Como você pode aumentar sua credibilidade em suas exposições orais? Em certo nível, a resposta é decepcionantemente genérica. Como tudo o que você diz e faz em uma exposição oral afeta sua credibilidade, você deve dizer e fazer *tudo* de uma forma que o faça parecer capaz e digno de confiança. Em outras palavras, faça uma exposição brilhante para obter alta credibilidade!

Esse conselho é perfeito, mas nem um pouco útil. Entretanto, existem algumas alternativas específicas para você melhorar sua credibilidade em suas apresentações orais, como evidenciar sua competência, estabelecer um ponto em comum com o público e falar com genuína convicção.

» *Evidencie sua competência*

Uma das formas de aumentar sua credibilidade é dar destaque ao seu conhecimento sobre o tema. Você investigou minuciosamente o tema? Então, diga que o fez. Você tem alguma experiência que lhe oferece um conhecimento especial ou uma compreensão clara do assunto? Nesse caso também, diga que tem.

Veja como duas oradoras revelaram suas qualificações. A primeira ressaltou sua área de estudo e pesquisa:

> Antes de obter informações sobre produtos antibacterianos em meu curso de saúde pública, sempre usei sabonetes bactericidas para lavar as mãos e produtos de limpeza antibacterianos no meu apartamento. Além disso, com base no levantamento que fiz, sei que 70% de vocês usam sabonetes bactericidas, produtos de limpeza ou outros produtos antibacterianos. Porém, depois de obter informações sobre esse tema em minhas aulas e de ler pesquisas científicas para esta palestra, devo dizer que, por mais que tentemos, não conseguimos criar uma bolha entre nós e os germes usando produtos antibacterianos; na verdade, esses produtos criam mais problemas do que soluções.

🖱 www.grupoa.com.br
Assista a esses trechos de "Bursting the Antibacterial Bubble" ("Rompendo a Bolha Antibacteriana") e "Keeping the Safety Net for Those Who Need It" ("Preservação dos Programas de Assistência Social para os Necessitados") – Vídeo 17.1 – em inglês.

A segunda enfatizou sua formação e experiência pessoal:

> Quase todos nós não temos ideia do que significa ser pobre e ter fome. Porém, antes de voltar a estudar no ano passado, passei três anos trabalhando em centros de assistência locais. Não é possível dizer a vocês tudo o que vi. Contudo, com base no que posso dizer, espero que concordem comigo que a ajuda do governo aos pobres e necessitados deve ser mantida.

As duas oradoras aumentaram muito sua capacidade de persuasão ao firmar sua credibilidade.

» *Estabeleça um ponto em comum com o público*

Outra forma de fortalecer sua credibilidade é **estabelecer um ponto em comum** com o público. Você não persuadirá os ouvintes se agredir seus valores e recusar suas opiniões. Como diz o velho ditado, "Você atrai mais moscas com mel do que com vinagre". O mesmo é verdadeiro para a persuasão. Demonstre respeito por seus ouvintes. Você pode tornar sua palestra mais atraente se associar suas ideias com as de seus ouvintes – mostrando o quanto seu ponto de vista é compatível com o que eles acreditam.[2]

É particularmente importante estabelecer um ponto em comum logo no início de uma exposição oral persuasiva. Comece pela identificação com seus ouvintes. Mostre que você

» A credibilidade do orador influencia consideravelmente a receptividade do público à sua apresentação. Uma das formas de fortalecer sua credibilidade é falar com expressividade e manter intenso contato visual.

compartilha de seus valores, pontos de vista e experiências. Faça-os acenar com a cabeça em consentimento. Dessa maneira, eles serão bem mais receptivos à sua proposta final. Veja como uma empresária de Massachusetts, que esperava vender seu produto para um público do Colorado, iniciou uma exposição persuasiva:

> Nunca estive antes no Colorado, mas não via a hora de fazer essa viagem. Vários dos meus antepassados deixaram Massachusetts e vieram para o Colorado há mais ou menos 150 anos. Algumas vezes me perguntei por que eles fizeram isso. Eles vieram de carruagem, trazendo todos os seus pertences, e muitos morreram durante a viagem. Aqueles que conseguiram superar os obstáculos construíram sua casa e criaram família. Agora que pude ver o Colorado, compreendo por que eles se esforçaram tanto!

O público sorriu e aplaudiu, e a oradora começou com o pé direito.

Agora, observe uma abordagem diferente, utilizada em uma palestra que favorecia um aumento de mensalidade escolar – um ponto de vista malquisto entre seus ouvintes. O orador começou dizendo:

> www.grupoa.com.br
> Assista a esse trecho de "Let's Protect the Quality of Our Education" ("Vamos Proteger a Qualidade de Nossa Educação) – Vídeo 17.2 – em inglês.

> Como todos sabemos, existem várias diferenças entre as pessoas presentes aqui. Porém, independentemente de idade, área de especialização, antecedentes ou objetivos, todos nós temos uma coisa em comum – estamos preocupados com a qualidade da educação desta escola. E essa qualidade sem dúvida está correndo perigo.
>
> A crise econômica atingiu todos os aspectos de nossa vida, e a educação não é exceção. Os orçamentos minguaram, o salário dos professores está em queda, os serviços aos estudantes estão desaparecendo e estamos sendo impedidos de assistir às aulas das quais necessitamos por falta de lugar. Gostemos disso ou não, temos um problema – um problema que afeta cada um de nós.
>
> Não existe nenhuma resposta fácil, mas uma coisa que ajudará a solucionar esse problema é o aumento da mensalidade. Não gosto disso do mesmo modo que vocês, mas às vezes temos de fazer o que é necessário para proteger a qualidade de nossa educação.

Ao frisar percepções em comum sobre o problema, esse orador esperava começar com o pé direito diante desse público. Assim que o fez, passou a abordar gradativamente suas ideias mais controversas.

» *Fale de forma fluente, expressiva e com convicção*

Existem muitas pesquisas que demonstram que a credibilidade do orador é amplamente influenciada por sua elocução. Por exemplo, os oradores moderadamente rápidos em geral são considerados mais inteligentes e confiantes do que os mais vagarosos. Do mesmo modo o são os oradores que utilizavam a variedade vocal para transmitir suas ideias de maneira enérgica e animada. Entretanto, os oradores que costumam se perder, hesitar com frequência ou salpicar sua fala com vocalizações como "hum", "eee" e "um" são considerados menos competentes do que os oradores seguros de si e dinâmicos.[3]

Tudo isso demonstra que você deve praticar uma palestra persuasiva com antecedência para que consiga apresentá-la com fluência e expressividade. Além de se preparar melhor, essa é uma providência importante para você fortalecer sua credibilidade. (Reveja o Capítulo 13, se tiver dúvidas sobre elocução discursiva.)

Além das técnicas para falar em público, um método importante para fortalecer sua credibilidade é fazer suas apresentações orais com verdadeira convicção. O presidente Harry Truman certa vez afirmou que, para falar público, "sinceridade, honestidade e uma postura franca são mais importantes do que talento especial ou refinamento". Se quiser convencer os outros, você deve primeiro se convencer. Se quiser que os outros acreditem e se interessem por suas ideias, é necessário primeiro que você acredite e tenha interesse por elas. Seu espírito, entusiasmo e convicção serão transferidos para os ouvintes.

» **Utilizando evidências**

As **evidências** englobam os conteúdos de apoio – exemplos, estatísticas, testemunhos – utilizados para provar ou refutar alguma coisa. Como vimos no Capítulo 8, as pessoas costumam ser céticas. Elas suspeitam de generalizações infundadas e querem que os oradores justifiquem suas alegações. Se pretende ser persuasivo, deve respaldar seus pontos de vista com evidências. Sempre que você afirmar algo suscetível a questionamentos, deve oferecer evidências para provar que está certo.

As evidências são particularmente importantes para palestrantes iniciantes porque poucos deles são considerados especialistas no tema que apresentam. Pesquisas demonstram que os oradores com alta credibilidade inicial não precisam utilizar tantas evidências quanto os oradores com baixa credibilidade. Entretanto, para a maioria deles, as evidências convincentes são absolutamente necessárias. Elas podem fortalecer sua credibilidade, aumentar a capacidade de persuasão imediata e de longo prazo de sua mensagem e ajudar a "imunizar" os ouvintes contra a persuasão contrária.[4]

Além disso, as evidências são essenciais sempre que seu público-alvo opõe-se ao seu ponto de vista. Como vimos no Capítulo 16, em uma situação desse tipo os ouvintes discutem mentalmente com você – fazendo perguntas, levantando objeções e criando contra-argumentos para "contestar" o que você diz. O sucesso de sua apresentação oral dependerá em parte do quanto você prever essas respostas internas e oferecer evidências para refutá-las.

É aconselhável rever o Capítulo 8, que mostra como os conteúdos de apoio são empregados. O estudo de caso a seguir esclarece como eles funcionam como evidências em uma exposição oral persuasiva.

» **Como as evidências funcionam:** um estudo de caso

Digamos que uma palestrante esteja falando sobre os efeitos prejudiciais da exposição repetida a músicas em alto volume e a outros ruídos. Em vez de simplesmente dizer o que pensa, a oradora oferece evidências convincentes para provar seu argumento. Observe como ela realiza um diálogo mental com seus ouvintes. Ela imagina o que poderiam estar pensando, prevê perguntas e objeções e apresenta evidências para responder às perguntas e solucionar as objeções.

Ela começa dessa forma:

> Nós, alunos universitários, o tempo todo ouvimos música em alto volume e estamos expostos a outros ruídos. Frequentamos festas, boates e *shows* em que o volume é tão alto, que precisamos gritar para que a pessoa ao lado consiga ouvir o que estamos dizendo. Ouvimos o iPod com o volume tão alto, que a música pode ser ouvida no outro lado da sala. E raramente pensamos a respeito disso. Porém, deveríamos, porque o excesso de ruído pode afetar seriamente nossa saúde e bem-estar.

Como você reage a isso? Se você já tiver conhecimento sobre os problemas provocados pela poluição sonora, provavelmente concordará. E se não tiver? Ou não concordar? Se você gostar de *shows* de *rock* e de ouvir seu iPod com o volume alto, é provável que não *queira* saber nada a respeito. Certamente você não será persuadido pela afirmação genérica quanto a ouvir música em alto volume. Mentalmente, você diz ao orador: "Como você pode saber? Você pode provar?".

Prevendo esse tipo de reação, a oradora oferece evidências para respaldar seu argumento:

> A Associação Médica Norte-Americana relata que 36 milhões de norte-americanos têm algum grau de perda de audição e que 17 milhões desses casos são provocados pela exposição excessiva a ruídos altos.

"Isso é lastimável", provavelmente você pensa. "Mas todos perdem parte da audição à medida que envelhecem. Por que eu deveria me preocupar com isso agora?". A oradora responde:

> Segundo uma tendência alarmante, entre as vítimas de surdez provocada por ruído há um número cada vez maior de adolescentes e mesmo de crianças mais novas. De acordo com a Academia Norte-Americana de Audiologia, nos Estados Unidos, 12% das crianças entre 6 e 19 anos perdem parte da audição por ouvir música em alto volume e por outros motivos. O audiólogo Dean Garstecki, diretor do programa de deficiência auditiva da Northwestern University, afirma: "Temos visto pessoas de 21 anos de idade com padrões de perda de audição de pessoas 40 anos mais velhas".

"Esses fatos são impressionantes", diz você para si mesmo, "Felizmente, não percebi nenhum problema na minha audição. Quando perceber, simplesmente tomarei cuidado até que melhore". Mantendo um passo adiante de você, a oradora continua:

> O problema da perda de audição é que ela aumenta gradativamente e nos surpreende. A revista *Sierra* observa que os fãs atuais de *rock* pesado só notarão os efeitos da perda de audição 15 anos depois. E daí já será muito tarde.

"O que você quer dizer com muito tarde?", pergunta você mentalmente. A oradora responde:

> Diferentemente de algumas doenças físicas, a perda de audição é irreversível. Os ruídos altos prejudicam os microscópicos pelos presentes no ouvido interno que transmitem o som para o nervo auditivo. Uma vez afetados, esses pelos nunca mais podem ser recuperados nem reparados.

"Eu não sabia disso", você diz a si mesmo, "Há alguma outra coisa?".

> Uma última questão. A exposição repetitiva a músicas em alto volume e a outros ruídos não prejudica apenas a audição. A Associação Norte-Americana de Perda Auditiva relata que o excesso de ruído tem sido associado também a problemas como estresse, pressão alta, dores de cabeça crônicas, distúrbios de aprendizagem e até doenças cardíacas. É fácil ver por que Jill Lipoti, chefe do Noise Technical Assistance Center (Centro de Assistência Técnica sobre Ruídos) da Rutgers University, adverte que os "ruídos afetam mais as pessoas do que qualquer outro poluente".

Agora você está convencido? É provável que ao menos você refletirá sobre as consequências na próxima vez em que aumentar o volume de seu iPod. Talvez você use protetores de ouvido em um *show* de *rock*. Você pode até começar a reavaliar toda a sua postura com relação à poluição sonora. Por quê? Porque a oradora respaldou todas as suas afirmações com evidências. Você deve experimentar fazer o mesmo em suas palestras persuasivas.

» **Dicas para utilizar evidências**

Qualquer um dos conteúdos de apoio discutidos no Capítulo 8 – exemplos, estatísticas, testemunhos – pode funcionar como evidência em uma palestra persuasiva. Como vimos nesse mesmo capítulo, existem orientações para utilizar cada categoria de conteúdo de apoio, independentemente do tipo de apresentação oral que você estiver fazendo. Aqui, examinaremos quatro dicas especiais para utilizar evidências em uma exposição persuasiva.

» *Utilize evidências específicas*

Não importa o tipo de evidência que utilizar – estatísticas, exemplos ou testemunhos –, ela será mais persuasiva se você a apresentar em termos específicos, e não em termos genéricos.[5] Em uma palestra sobre poluição sonora, por exemplo, a oradora não afirma: "Muitas pessoas sofrem de perda auditiva". Isso teria levado o público a se perguntar o que representa "muitas". Ao afirmar que "36 milhões de norte-americanos têm algum grau de perda de audição", a oradora apresentou sua ideia de maneira bem mais eficaz. Além disso, fortaleceu sua credibilidade ao demonstrar que tinha uma firme compreensão dos fatos.

» *Utilize evidências recentes*

As evidências tendem a ser mais persuasivas quando são novas para o público.[6] Você pouco conseguirá se citar fatos e números com os quais os ouvintes já estejam muito familiarizados. Se até então esses dados ainda não foram suficientes para persuadir seus ouvintes, não o serão nesse momento. Você deve ir além do que os ouvintes já conhecem e apresentar evidências surpreendentemente novas que os façam dizer: "Hum, eu não sabia *disso*. Talvez eu deva repensar essa questão". Para encontrar essas evidências, normalmente é necessário investigar a fundo e realizar uma habilidosa pesquisa, mas as recompensas valem o esforço.

» *Utilize evidências de fontes confiáveis*

Os ouvintes consideram as evidências de fontes qualificadas e confiáveis mais persuasivas do que as evidências de fontes menos qualificadas.[7] Eles suspeitam sobretudo de evidências de fontes que parecem tendenciosas ou visam a interesses próprios. Na avaliação sobre a condição atual de segurança das companhias aéreas, por exemplo, eles tendem mais a ser persuadidos por testemunhos de especialistas em aviação imparciais do que pelo presidente da American Airlines. Se você deseja ser persuasivo, recorra a evidências de fontes objetivas e apartidárias.

» *Esclareça o que você pretende provar com sua evidência*

Nas exposições orais persuasivas, você utiliza evidências para provar seu argumento. Contudo, você ficaria surpreso com o número de oradores que apresentam evidências sem esclarecer o que eles pretendem provar com elas. Inúmeros estudos demonstram que você não pode esperar que os ouvintes extraiam por si sós as conclusões que você deseja que eles alcancem.[8] Ao utilizar evidências, procure esclarecer aos ouvintes a ideia que você está tentando defender.

Observe, por exemplo, como a oradora do Vídeo 17.3 deste capítulo esclarece o objetivo de sua evidência quanto ao número de mortes por acidente com veículos motorizados envolvendo motoristas adolescentes:

» As exposições orais persuasivas precisam de evidências consistentes para convencer os ouvintes céticos. Para encontrar a melhor evidência, com frequência é necessário investigar a fundo, mas esse esforço vale a pena.

De acordo com a Administração Nacional de Segurança de Trânsito Rodoviário dos Estados Unidos, embora os adolescentes componham 7% dos motoristas com habilitação do país, eles representam 14% das mortes por acidente com veículos motorizados. De acordo com esse órgão, no ano passado 3.657 motoristas entre 16 e 20 anos morreram em acidentes de automóvel. Além de provocar a morte dos motoristas, esses mesmos acidentes tiraram a vida de 2.384 passageiros adolescentes. Mas esses acidentes não afetam apenas os adolescentes. Eles também tiram a vida de 2.625 pessoas com 21 anos ou mais.

Portanto, o número total de pessoas mortas no ano passado em acidentes de automóvel envolvendo motoristas adolescentes foi 8.666 – quase o número de alunos de período integral deste *campus*.

www.grupoa.com.br
Assista a esse trecho de "Putting the Brakes on Teenage Driving" ("Colocando um Freio nos Adolescentes ao Volante") – Vídeo 17.3 – em inglês.

As evidências são um componente do que Aristóteles chamava de *logos* (razão) – o apelo lógico de um orador. Outro componente importante do *logos* é o raciocínio, que é utilizado com as evidências para ajudar a tornar as afirmações do orador mais persuasivas.

✔ CHECKLIST

Evidência

SIM	NÃO	
☐	☐	1. Todas as minhas afirmações são respaldadas por evidências?
☐	☐	2. Utilizo evidências suficientes para fazer o público acreditar em minhas afirmações?
☐	☐	3. Minhas evidências são apresentadas em termos específicos, e não em termos genéricos?
☐	☐	4. Utilizo evidências que não são familiares para o público?
☐	☐	5. Minhas evidências são de fontes confiáveis e imparciais?
☐	☐	6. Identifico as fontes das evidências?
☐	☐	7. As evidências estão claramente associadas a cada ponto que elas pretendem provar?
☐	☐	8. Apresento evidências para responder a possíveis objeções do público ao meu ponto de vista?

» Raciocínio

A história diz respeito a Hack Wilson, poderoso defensor externo do time de beisebol Brooklyn Dodgers na década de 1930.[9] Wilson era um excelente jogador, mas gostava de boa vida. Suas proezas alcoólicas foram lendárias. Ele era conhecido por passar a noite inteira no centro da cidade, chegar cambaleando ao hotel do time ao amanhecer, tirar algumas horas de sono e ir para o estádio na hora certa para o jogo da tarde.

Isso provocava grande aflição em Max Carey, treinador de Wilson. Em uma reunião no dia seguinte a um dos jogos do time, Carey passou grande parte do tempo falando sobre os males da bebida com o restante da equipe. Para comprovar seu argumento, ele ficou de pé ao lado de uma mesa na qual ele havia posto dois copos e um prato de minhocas. Um copo estava cheio de água e o outro de gim – bebida preferida de Wilson. Com convicção, Carey colocou uma minhoca no copo com água. Ela serpenteou rapidamente. Em seguida, Carey colocou essa mesma minhoca no copo de gim. Ela logo endureceu e morreu.

Um murmúrio espalhou-se pela sala e alguns jogadores ficaram obviamente impressionados. Mas não Wilson. Ele nem parecia interessado. Carey aguardou um pouco, com a esperança de alguma reação retardada de seu caprichoso artilheiro. Ao perceber que não haveria nenhuma reação, ele cutucou: "Você entendeu meu raciocínio, Wilson?".

"Claro, capitão", respondeu Wilson. "Isso prova que, se você beber gim, nunca pegará vermes!"

E o que essa história demonstra? Não importa o quanto sua evidência seja consistente, você não persuadirá seus ouvintes se eles não captarem seu raciocínio.

Raciocínio é o processo em que se tira uma conclusão com base em evidências. Algumas vezes, raciocinamos bem – como quando concluímos que a formação de partículas de gelo nas árvores pode significar que as estradas ficarão escorregadias. Outras vezes, nosso raciocínio é menos eficaz – como quando concluímos que derramar sal traz má sorte. Na verdade, as superstições são em sua maioria não mais que exemplos de raciocínio errôneo.

Na arte de falar em público, o raciocínio é uma extensão do raciocínio em outros aspectos da vida. Para os oradores, há duas considerações com respeito a isso. Primeiro, você tem de analisar se seu raciocínio é sensato. Segundo, você precisa tentar persuadir os ouvintes a concordar com ele. Portanto, vejamos quatro métodos básicos de raciocínio e como eles são utilizados em palestras e em outras formas de apresentação oral.

» O raciocínio é um componente importante nas exposições orais persuasivas. Em um processo judicial, por exemplo, nem a acusação nem a defesa tendem a persuadir os jurados se seu raciocínio não for claro e convincente.

» Raciocínio que parte de casos específicos

No raciocínio que parte de casos específicos, partimos de inúmeros fatos particulares para uma conclusão geral.[10] Por exemplo:

Fato 1: O último período do meu curso de educação física foi fácil.

Fato 2: O curso de educação física do meu colega de apartamento foi fácil.

Fato 3: O curso de educação física do meu irmão foi fácil.

Conclusão: Os cursos de educação física são fáceis.

Como esse exemplo leva a crer, utilizamos diariamente o raciocínio que parte de casos específicos, ainda que talvez sem perceber. Pense por um momento nas conclusões gerais que surgem em uma conversa. Os políticos são corruptos. Os professores são pedantes. A comida do alojamento é horrível. De onde provêm essas conclusões? Elas provêm da observação sobre determinados políticos, professores, alojamentos etc.

O mesmo ocorre nas exposições orais em público. O orador que conclui que as práticas bancárias antiéticas são comuns nos Estados Unidos porque vários bancos importantes foram acusados de fraude nos últimos anos está utilizando o raciocínio que parte de casos específicos. Do mesmo modo o faz o orador que defende que o antissemitismo está aumentando nos *campi* porque houve inúmeras agressões a estudantes e símbolos judeus nas escolas de todo o país.

Essas conclusões nunca são infalíveis. Não importa quantos casos específicos você apresente (e você só consegue citar alguns em uma apresentação oral), sempre é possível haver uma exceção. Ao longo da história, as pessoas observaram inúmeros cisnes brancos na Europa e nunca viram nenhum de outra cor. Parecia um fato inegável que todos os cisnes eram brancos. No entanto, no século XIX, foram descobertos cisnes negros na Austrália![11]

Quando você utilizar o raciocínio que parte de casos específicos, cuidado para não tirar conclusões precipitadas com base em evidências insuficientes. Verifique se sua amostra de casos específicos é suficientemente grande para justificar sua conclusão.

Verifique também se os casos que você apresentará são justos, imparciais e representativos. (Os três cursos de educação física são *suficientes* para concluirmos que os cursos de educação física de forma geral são fáceis? Os três cursos são *representativos* da maioria dos cursos de educação física?)

Concluindo, reforce seu argumento com estatísticas ou testemunhos. Como nunca é possível citar muitos exemplos específicos em uma apresentação oral para que sua conclusão torne-se irrefutável, você deve complementá-los com testemunhos ou estatísticas que demonstrem que esses casos são representativos.

» Raciocínio que parte de um princípio

O raciocínio que parte de um princípio é o oposto do raciocínio que parte de casos específicos. Ele parte do geral para o específico.[12] Nesse caso, você parte de um princípio geral para uma conclusão específica. Todos nós já conhecemos bem esse tipo de raciocínio em frases como:

1. Todas as pessoas são mortais.
2. Sócrates é uma pessoa.
3. Logo, Sócrates é mortal.

Esse é um exemplo clássico de raciocínio que parte de um princípio. Você começa com uma declaração geral ("Todas as pessoas são mortais"), passa para uma premissa menor ("Sócrates é uma pessoa") e termina com uma conclusão específica ("Sócrates é mortal").

Os oradores utilizam com frequência esse tipo de raciocínio quando tentam persuadir o público. Um dos exemplos mais nítidos na história dos Estados Unidos é o famoso discurso de Susan B. Anthony "Is It a Crime for a U.S. Citizen to Vote?" ("Seria um Crime a Cidadã Norte-Americana Votar?"). Pronunciado em inúmeras ocasiões em 1872 e 1873, em uma época em que as mulheres eram legalmente proibidas de votar, o discurso de Susan Anthony utilizou a seguinte linha de raciocínio:

1. A Constituição dos Estados Unidos garante a todos os cidadãos norte-americanos o direito de votar.
2. As mulheres são cidadãs norte-americanas.
3. Logo, a Constituição dos Estados Unidos garante às mulheres o direito de votar.

O argumento parte de um princípio geral ("A Constituição dos Estados Unidos garante a todos os cidadãos norte-americanos o direito de votar"), passa para uma premissa menor ("As mulheres são cidadãs norte-americanas") e termina com uma conclusão ("Logo, a Constituição dos Estados Unidos garante às mulheres o direito de votar").

Quando utilizar esse tipo de raciocínio, preste especial atenção ao princípio geral. Os ouvintes o aceitarão sem evidências? Se não, antes de passar para a premissa menor, forneça evidências para respaldá-lo. Talvez seja necessário respaldar também a premissa menor. Quando o princípio geral e a premissa menor estão bem fundamentados, é bem mais provável que o público aceite a conclusão.

» Raciocínio causal

Havia uma camada de gelo escorregadia na calçada. Você escorregou, caiu e quebrou o braço. Você raciocina da seguinte forma: "*Pelo fato* de haver uma camada de gelo na calçada, eu caí e quebrei o braço". Esse é um exemplo de raciocínio causal, em que se tenta estabelecer a relação entre causa e efeito.

Do mesmo modo que no raciocínio que parte de casos específicos, utilizamos o **raciocínio causal** diariamente. Algo acontece e perguntamos o que teria feito isso acontecer. Queremos conhecer as causas da síndrome da fadiga crônica, da última derrota de nosso time de futebol, dos hábitos particulares de um colega de apartamento. Também fazemos perguntas a respeito dos efeitos. Conjecturamos sobre as consequências da síndrome da fadiga crônica, da lesão na perna de um importante artilheiro, de dizermos ao nosso colega de apartamento que ele precisa mudar.

Como qualquer cientista (ou detetive) lhe dirá, o raciocínio causal pode ser enganoso. A relação entre causa e efeito nem sempre é clara. Por exemplo, o fato de um evento ocorrer após outro evento não significa que o primeiro seja a causa do segundo. A proximidade de tempo entre os dois eventos pode ser plena coincidência. Se um gato preto cruza o seu caminho e cinco minutos depois você cai e quebra o braço, você não deve necessariamente atribuir a culpa desse acidente ao pobre coitado do gato.

Além disso, você precisa ter cuidado quanto à pressuposição de que os eventos têm apenas uma causa. Na verdade, a maioria deles tem várias causas. O que provoca os ciclos de crescimento e queda da economia? As taxas de juros? Os preços da gasolina? A política tributária? Os custos de mão de obra? A confiança dos consumidores? Questões mundiais? *Todos* esses fatores – e outros – afetam a economia. Quando você utilizar o raciocínio causal, tenha cuidado para evitar a tentação de atribuir uma única causa a eventos complexos.

» Raciocínio por analogia

Ao utilizar o **raciocínio por analogia**, o orador compara dois casos semelhantes e infere que o que é verdadeiro para um caso é também verdadeiro para outro. Por exemplo:

> Se você tem habilidade para jogar tênis, provavelmente tem para jogar pingue-pongue.

Embora o jogo de pingue-pongue não seja exatamente igual ao jogo de tênis, ambos guardam uma semelhança suficiente para levar o orador a concluir com firmeza que ter habilidade em um aumenta de maneira significativa a probabilidade de ter habilidade em outro.

O raciocínio por analogia é utilizado com frequência nas exposições orais persuasivas – em particular quando o orador está abordando uma questão política. Ao defender uma nova política ou um novo plano, você deve identificar se eles foram experimentados em outro lugar. Talvez você possa afirmar que seu plano funcionará porque já funcionou em circunstâncias semelhantes. Veja como uma oradora utiliza o raciocínio por analogia para respaldar sua afirmação de que o controle de armas de fogo diminuirá os crimes violentos nos Estados Unidos:

> Meu plano funcionará? A experiência de outros países indica que sim. Na Inglaterra, existe um controle rígido sobre as armas de fogo; nem mesmo a polícia utiliza armas, e o índice de homicídios é irrisório comparado ao dos norte-americanos. No Japão, a quantidade de armas é ainda menor do que na Inglaterra e o índice de criminalidade é inferior ao desse país. Com base nessas comparações, podemos concluir que a restrição ao porte de armas de fogo controlará o índice de criminalidade e homicídios nos Estados Unidos.

De modo semelhante, se você argumentar contra uma mudança de política, deve verificar se a política proposta – ou algo semelhante – foi implementada em algum outro lugar. Também neste caso, você talvez possa respaldar seu argumento por meio do raciocínio por analogia – como fez um orador que se opôs ao controle sobre as armas de fogo nos Estados Unidos:

> Os defensores do controle sobre as armas de fogo citam países como Inglaterra e Japão para provar seu argumento. Porém, o segredo para diminuir a violência pessoal nesses e em outros países é o caráter pacífico do povo, e não as leis de controle sobre armas de fogo. A Suíça, por exemplo, tem um sistema de milícia; nos lares suíços, no momento existem mais de 1 milhão de rifles automáticos e pistolas militares. Contudo, o índice de homicídio nesse país corresponde a apenas 8% dos Estados Unidos. Em outras palavras, os fatores culturais são mais importantes do que o controle sobre as armas de fogo quando falamos de crimes violentos.

Como esse exemplo demonstra, o argumento por analogia pode ser utilizado em ambos os lados da questão. É mais provável que você consiga persuadir seu público se a analogia evidenciar uma situação verdadeiramente paralela.

» Falácias

Falácia é um erro de raciocínio. Como orador, você precisa evitar falácias em suas exposições orais. Como ouvinte, você precisa estar alerta às falácias presentes nas exposições que você ouve.

Os lógicos identificaram mais de 125 falácias diferentes. Aqui, examinaremos dez falácias que você deve evitar.

» *Generalização precipitada*

A **generalização precipitada** é a falácia mais comum no raciocínio que parte de casos específicos. Ela ocorre quando um orador salta para uma conclusão com base em pouquíssimos casos ou em casos atípicos. Por exemplo:

> Ao longo da história norte-americana, os líderes militares sempre constituíram excelentes presidentes. Veja os exemplos de George Washington, Andrew Jackson e Dwight Eisenhower.

Washington, Jackson e Einsenhower são amplamente considerados excelentes chefes de Estado, mas esses exemplos são suficientes para concluir que os líderes militares *sempre* constituíram excelentes presidentes? Na verdade, não são. James Buchanan e Ulysses S. Grant foram líderes militares que receberam muitas condecorações no século XIX, mas normalmente são classificados entre os piores presidentes do país. Uma afirmação precisa seria:

> Ao longo da história norte-americana, alguns líderes militares constituíram excelentes presidentes – por exemplo, Washington, Jackson e Einsenhower.

Essa afirmação é factualmente correta e evita a falácia da generalização precipitada.

» *Falsa causa*

A falácia da **falsa causa** com frequência é conhecida pelo seu nome em latim – *post hoc, ergo propter hoc* –, que significa "depois disso, logo, por causa disso". Em outras palavras, o fato de um evento ocorrer após outro não significa que o primeiro seja a causa do segundo. A proximidade de tempo entre os dois eventos pode ser plena coincidência, como nesse caso:

> Quando um time da Conferência Nacional de Futebol Norte-Americano (NFC) ganha o Super Bowl, o crescimento econômico ao longo do ano seguinte é maior do que quando um time da Conferência de Futebol Norte-Americano (AFC) ganha o Super Bowl. Logo, se quisermos obter crescimento econômico, devemos torcer para que o time da NFC ganhe o Super Bowl este ano.

Pode haver uma pequena correlação entre o crescimento econômico e a conferência que vence o Super Bowl, mas não existe nenhuma relação *causal* entre os dois acontecimentos. A expansão ou queda da economia norte-americana não depende de quem ganha o Super Bowl.

» *Falsa analogia*

Como vimos nas páginas 324-325, no raciocínio por analogia, o orador conclui que o que é verdadeiro para um caso também é verdadeiro para outro. A **falsa analogia** ocorre quando os dois casos que estão sendo comparados não são essencialmente semelhantes. Por exemplo:

> Os empregados são como pregos. Assim como os pregos precisam ser martelados na cabeça para que cumpram sua função, os funcionários também precisam.

» Além de utilizar evidências para respaldar suas ideias, os bons oradores persuasivos recorrem a pesquisas para ajudá-los a evitar falácias que podem minar sua credibilidade e persuasão.

Essa afirmação é nitidamente falaciosa. Ninguém em sã consciência pensaria seriamente que os empregados, que são seres humanos, podem ser comparados com objetos inanimados como um prego.

Mas que tal a afirmação a seguir?

> Na Grã-Bretanha, a campanha de eleição geral para primeiro-ministro dura menos de três semanas. Com certeza, podemos fazer o mesmo na eleição presidencial dos Estados Unidos.

A princípio, essa analogia parece perfeitamente cabível. Contudo, os sistemas políticos britânico e norte-americano são suficientemente semelhantes para respaldar essa conclusão? Não exatamente. Os Estados Unidos são um país bem maior do que a Grã-Bretanha e seu sistema funciona de modo diferente. Por isso, os fatores que possibilitam que a Grã-Bretanha conduza uma campanha para primeiro-ministro em menos de três semanas não se aplicam aos Estados Unidos. Essa analogia é inválida.

Como esse exemplo leva a crer, determinar se a analogia é válida ou inválida nem sempre é fácil, mas fazê-lo é fundamental para os oradores e também para os ouvintes.

» *Maria vai com as outras*

Quantas vezes você ouviu alguém dizer "É uma grande ideia – todos concordam com isso"? Esse é um exemplo típico da falácia **Maria vai com as outras**, que pressupõe que, pelo fato de alguma coisa ser popular, ela é boa, correta e desejável.

Muitas propagandas se baseiam nessa falácia. O fato de mais pessoas usarem o Tylenol em comparação ao Advil não prova que o Tylenol é um analgésico mais eficaz. Talvez a popularidade do Tylenol se deva a um marketing engenhoso. A questão sobre qual produto é mais eficaz no alívio da dor é uma questão médica que não tem nada a ver com popularidade.

Essa falácia também é evidente nos discursos políticos. Examine a afirmação a seguir:

> O governador deve estar correto com relação à política social; afinal de contas, as pesquisas de opinião pública mostram que 60% das pessoas o apoiam.

Essa afirmação é falaciosa porque a opinião popular não pode ser utilizada como prova de que uma ideia está certa ou errada. Lembre-se, "todo mundo" acreditava que a Terra fosse plana e o voo espacial fosse impossível.

» *Desvio de atenção (red herring)*

A origem do nome da falácia de **desvio de atenção**, *red herring* ("arenque vermelho"), provém de um antigo truque usado pelos agricultores na Inglaterra para evitar que os caçadores de raposa e seus cães atravessassem suas plantações. Arrastando arenques defumados com forte odor em torno dos campos de lavoura, os agricultores conseguiam despistar os cães ao eliminar o odor da raposa.

O orador que utiliza essa falácia introduz um assunto irrelevante a fim de desviar a atenção do tema em discussão. Por exemplo:

> Como ousam meus oponentes a me acusar de corrupção política em um momento em que estamos nos esforçando para melhor a qualidade de vida de todas as pessoas nos Estados Unidos?

O que a preocupação do orador com relação à qualidade de vida nos Estados Unidos tem a ver com o fato de ele ser ou não culpado de corrupção política? Nada! Essa falácia é utilizada para desviar a atenção sobre a verdadeira questão.

» Ad hominem

Expressão latina que significa "contra o homem" ou "contra a pessoa", **ad hominem** refere-se à falácia em que se critica a pessoa em vez de se abordar a questão real em discussão. Por exemplo:

> A diretora da comissão de comércio tem inúmeras propostas econômicas interessantes, mas não vamos nos esquecer de que ela provém de uma família muito rica.

Ao impugnar a família da diretora em vez de abordar o conteúdo de suas propostas econômicas, o orador utiliza um argumento *ad hominem*.

Obviamente, às vezes o caráter ou a integridade da pessoa pode ser uma questão legítima, como no caso de um chefe de polícia que viola a lei ou de um presidente corporativo que engana os acionistas. Nesses casos, o orador pode levantar questionamentos sobre a pessoa e não ser acusado de estar utilizando uma falácia *ad hominem*.

» Ou isso ou aquilo

Algumas vezes chamada de falso dilema, a falácia **ou isso ou aquilo** força os ouvintes a escolher entre duas alternativas quando na verdade existem mais de duas. Por exemplo:

> Ou o governo deve elevar os impostos ou eliminar os serviços de assistência aos pobres.

Essa afirmação simplifica de forma exagerada uma questão complexa ao reduzi-la a uma escolha entre isso ou aquilo. É verdade que as únicas opções são aumentar os impostos ou eliminar os serviços de assistência aos pobres? Um ouvinte atento poderia perguntar: "Em vez disso, que tal cortar os custos administrativos do governo ou eliminar os projetos que visam a finalidades político-eleitorais?".

Você será mais persuasivo como orador e mais perceptivo enquanto ouvinte se ficar atento a esse tipo de falácia.

» Ladeira escorregadia

A falácia da **ladeira escorregadia** extrai seu nome da imagem de uma rocha que rola incontrolavelmente morro abaixo. Assim que a pedra começa a rolar, não pode ser interrompida enquanto não chegar à base.

O orador que comete essa falácia presume que um primeiro passo resultará inevitavelmente em passos subsequentes ao longo de um declive e, finalmente, em um desastre – como no seguinte exemplo:

> Como agora a TSA tem autorização para utilizar *scanners* de corpo inteiro e revistas físicas invasivas para nos deixar passar pela segurança dos aeroportos, é só uma questão de tempo para começarem a utilizar procedimentos de revista com desnudamento em todo homem, mulher e criança que desejar pegar um voo.

Se um orador afirma que um primeiro passo resultará inevitavelmente em uma sequência de passos desastrosos, ele precisa apresentar evidências ou uma justificativa racional para respaldar essa afirmação. Presumir que todos os passos posteriores ocorrerão sem provar que eles de fato ocorrerão é uma falácia da ladeira escorregadia.

» Apelo à tradição

O **apelo à tradição** é falacioso quando presume que algo antigo é necessariamente melhor do que algo novo. Por exemplo:

> Não vejo nenhum motivo para abolir o Colégio Eleitoral. Ele existe desde a adoção da Constituição norte-americana de 1787 e devemos mantê-lo enquanto o país existir.

Existem bons argumentos em ambos os lados do debate sobre a abolição do Colégio Eleitoral. Entretanto, concluir que ele deva ser mantido indefinidamente porque sempre fez parte da Constituição dos Estados Unidos representa uma falácia de apelo à tradição.

O fato de um costume, uma instituição ou uma ideia serem antigos não os torna necessariamente melhores. Sua importância deve estar fundamentada nas contribuições para a sociedade, e não em seu tempo de existência. Se a tradição fosse o único parâmetro de importância, ainda haveria escravidão, as mulheres não poderiam votar e as pessoas passariam por cirurgia sem anestesia.

» Apelo à novidade

A falácia do **apelo à novidade** é o oposto da falácia do apelo à tradição e presume que, pelo fato de algo ser novo, é superior a algo mais antigo. Por exemplo:

> Nossa Igreja deve adotar a Nova Versão Internacional da Bíblia, de 2011, porque ela é 400 anos mais nova do que a Versão do Rei James.

O fato de a Nova Versão Internacional da Bíblia ser mais nova do que a Versão do Rei James (concluída em 1611) não a torna necessariamente melhor. Vários são os motivos pelos quais uma Igreja poderia preferir a Nova Versão Internacional, mas o orador deve *elucidar* esses motivos, e não presumir que uma versão é melhor do que outra apenas por ser nova.

Os anunciantes cometem a falácia do apelo à novidade com frequência. Eles apregoam que seus produtos mais recentes são "novos e aprimorados", embora saibamos por experiência que novo nem sempre significa aprimorado. Como sempre, precisamos examinar com cuidado uma afirmação e verificar se o raciocínio por trás dela é lógico.[13]

Utilizando a oratória em sua CARREIRA

Como gerente de atendimento de uma empresa de reforma residencial local, você está contente em ver sua empresa crescer em tamanho e escopo, mas não deseja que esse crescimento ocorra à custa do serviço ao cliente. Você está preocupado principalmente com a possibilidade de perder contato com um dos principais segmentos demográficos da empresa – as mulheres, que compõem 55% de sua base de clientes. Para evitar que isso ocorra, você desenvolveu um plano para uma série de serviços personalizados dirigidos às mulheres, como um curso particular para desenvolvimento de habilidades "faça você mesmo" e consultoria residencial gratuita.

Ao apresentar seu plano em uma reunião com a equipe executiva da empresa, um dos executivos opõe-se ao seu plano. Alguns dos argumentos desse executivo são: (1) se seu plano for adotado, os clientes esperarão cada vez mais por serviços especiais e, com o tempo, exigirão instalação gratuita de pisos e carpetes; (2) como a maioria da equipe executiva opõe-se ao seu plano, é provável que ele não seja uma boa ideia; (3) um de nossos concorrentes experimentou um plano de serviço ao cliente específico para mulheres, mas não teve sucesso; portanto, seu plano está fadado ao fracasso.

Em sua resposta a esse executivo, você evidenciará a falácia contida em cada um de seus argumentos. Quais são essas falácias?

» Apelo às emoções

A persuasão eficaz com frequência exige apelos emocionais. Como afirmou o retórico romano Quintiliano, "É o sentimento e a força da imaginação que nos tornam eloquentes".[14] Se você acrescentar "sentimento" e "força imaginativa" aos seus argumentos lógicos, pode se tornar um orador persuasivo mais convincente.

» O que são apelos emocionais?

O objetivo dos apelos emocionais – que Aristóteles chamou de *páthos* – é despertar nos ouvintes sentimentos como tristeza, raiva, culpa, medo, felicidade, orgulho, simpatia, reverência etc. Essas reações normalmente são apropriadas quando a questão é de valor ou política. Como George Campbell escreveu em *Philosophy of Rethoric* (Filosofia da Retórica), "Quando a finalidade é persuasão, é preciso haver também paixão".[15]

Veja a seguir uma lista de sentimentos/emoções despertados com frequência pelos oradores. Abaixo de cada sentimento/emoção há alguns exemplos de temas que poderiam despertá-lo.

- » *Medo* – de doenças graves, desastres naturais, violência sexual, rejeição pessoal, dificuldades econômicas.
- » *Compaixão* – por pessoas com deficiência física, mulheres agredidas, animais maltratados, crianças famintas, vítimas da aids.
- » *Orgulho* – pela pátria, pela família, pela escola em que se estuda, pela herança étnica, por realizações pessoais.
- » *Raiva* – de terroristas e patrocinadores do terrorismo, empresários com condutas antiéticas, membros do Congresso que abusam da confiança pública, locatários que exploram inquilinos estudantis, vândalos e ladrões.
- » *Culpa* – por não ajudar pessoas necessitadas, por não considerar os direitos alheios, por não se esforçar.
- » *Reverência* – por uma pessoa admirada, por tradições e instituições, por uma divindade.

Existem muitos outros sentimentos ou emoções e muitos outros temas que poderiam despertá-los. Entretanto, esse exemplo breve deve lhe dar uma ideia dos tipos de apelo emocional que você poderia utilizar para intensificar a mensagem de uma exposição persuasiva.

» Os apelos emocionais com frequência tornam as exposições persuasivas mais convincentes. Esses apelos devem sempre ser utilizados eticamente e não devem substituir os fatos e a lógica.

» Criando apelos emocionais
» Utilize uma linguagem emotiva

Como vimos no Capítulo 12, uma alternativa para criar apelo emocional é utilizar palavras carregadas de emoção. Aqui, por exemplo, apresentamos parte da conclusão de uma palestra sobre os desafios e as recompensas do trabalho voluntário com crianças pequenas:

> A <u>promessa do sonho americano brilha</u> nos <u>olhos de toda criança</u>. Seus <u>sonhos</u> são os <u>sonhos resplandecentes</u> do país. Quando eles são <u>obliterados</u>, quando <u>esperanças inocentes</u> são <u>traídas</u>, também o são os <u>sonhos e as esperanças</u> de toda a nação. É nosso <u>dever</u> – para mim, um <u>dever sagrado</u> – oferecer a <u>todas as crianças</u> a possibilidade de <u>aprender e se desenvolver</u>, de compartilhar <u>igualmente</u> do <u>sonho americano</u> de <u>liberdade, justiça e oportunidade</u>.

As palavras e frases sublinhadas têm um forte apelo emocional e, nesse caso, produzem o efeito desejado. Entretanto, observe com atenção que a utilização de muitas palavras emotivas em uma única parte de uma exposição pode atrair a atenção para a linguagem emotiva em si e diminuir seu impacto. A emoção encontra-se no público, e não nas palavras. Mesmo os fatos mais frios podem desencadear uma reação emocional se eles tocarem nos pontos sensíveis exatos do ouvinte.

» Crie exemplos vívidos

Muitas vezes, uma abordagem mais adequada do que empregar uma linguagem emotiva é deixar o apelo emocional brotar naturalmente do conteúdo. A maneira mais eficaz de fazê-lo é utilizar exemplos vívidos e bem tramados que levem os ouvintes a mergulhar nessa experiência.

Veja logo a seguir como uma oradora utilizou um exemplo vívido como apelo emocional. Ela estava falando sobre a epidemia de malária na África. Cortando o conteúdo de apelo emocional, isto é o que ela poderia ter dito:

> A malária é um dos maiores problemas enfrentados pela África. Todos os anos, muitas pessoas morrem dessa doença. Se o restante do mundo não ajudar, a epidemia de malária só tenderá a piorar.

O que ela de fato disse foi mais ou menos o seguinte:

> Nathan tinha apenas 5 anos de idade quando a febre o afligiu. A princípio, ninguém sabia o que estava errado. Ninguém sabia que os parasitos em seu organismo haviam infectado seus glóbulos vermelhos. Ninguém sabia que as hemácias estavam se aglutinando, impedindo o fluxo de sangue em seu corpo e prejudicando órgãos vitais. Ninguém sabia que seus rins em breve falhariam e as convulsões começariam. Ninguém sabia que ele acabaria entrando em coma.
>
> O parasito no corpo de Nathan provém de uma picada de mosquito, uma picada que lhe passou malária. E Nathan não é o único. A Organização Mundial da Saúde nos confirma uma terrível verdade: na África, a cada 30 segundos uma criança morre de malária.

> www.grupoa.com.br
> Assista a esse trecho de "The Tragedy of Malaria" ("A Tragédia da Malária") – Vídeo 17.4 – em inglês.

As pessoas que ouvirem uma apresentação como essa não se esquecerão dela tão cedo. Elas podem ser levadas a tomar uma atitude – justamente a intenção da oradora. Entretanto, o primeiro enunciado não é nem de longe tão cativante. Os ouvintes poderiam acenar com a cabeça, pensar consigo mesmo "boa ideia" e depois se esquecer disso. As histórias de Nathan e de seu trágico destino carregam o segundo enunciado de impacto emocional e esclarecem a questão para os ouvintes em termos pessoais.

» *Fale com sinceridade e convicção*

Ronald Reagan foi um dos oradores mais eficazes na história dos Estados Unidos. Mesmo as pessoas que não concordavam com seus pontos de vista políticos o consideravam fascinante. Por quê? Em parte porque ele parecia falar com grande sinceridade e convicção.

O que se aplica a Reagan pode se aplicar também a você. A fonte mais intensa de poder emocional é sua convicção e sinceridade. Todas as suas palavras e todos os seus exemplos emotivos não serão mais que ornamentos vazios se *você* mesmo não sentir essa emoção. E se você sentir, sua emoção se evidenciará por si só para o público por meio de tudo o que disser e fizer – não apenas por meio de suas palavras, mas pelo tom de sua voz, pela velocidade de sua fala, por seus gestos e por suas expressões faciais.

» **Ética e apelos emocionais**

Muito já foi escrito sobre ética e apelo emocional nos discursos públicos. Algumas pessoas adotaram a postura extrema de que os oradores éticos devem evitar totalmente os apelos emocionais. Para respaldar esse ponto de vista, elas citam os oradores que utilizaram apelos emocionais para espalhar a chama do ódio, da intolerância e do fanatismo.

Não há dúvida de que os apelos emocionais podem ser utilizados por oradores inescrupulosos em defesa de causas detestáveis. Contudo, os apelos emocionais podem também ser dirigidos por oradores honráveis em defesa de causas nobres – por Winston Churchill, para acordar o mundo contra Adolf Hitler e as forças do nazismo; por Martin Luther King, para clamar por justiça. Poucas pessoas questionariam a ética do apelo emocional nesses exemplos.

Também nem sempre é possível traçar uma linha nítida entre apelo à razão e apelo emocional. Retome a história de Nathan, o garoto de 5 anos de idade infectado por malária. Essa história certamente tem um forte apelo emocional. Mas existe algo insensato nessa história? Ou seria uma atitude irracional se os ouvintes reagissem a ela fazendo doações para combater a malária? De modo semelhante, é ilógico ter compaixão pelas vítimas de desastres naturais? Ficar irritado com as transgressões corporativas? Temer possíveis cortes nos programas de auxílio estudantil? A razão e a emoção com frequência andam de mãos dadas.

Um segredo para utilizar eticamente um apelo emocional é analisar se ele é apropriado para o tema em questão. Se seu desejo for levar os ouvintes a agir em relação a uma questão política, seus apelos emocionais serão não apenas legítimos, mas talvez necessários. Se dese-

» A linguagem emotiva e os exemplos vívidos podem ajudar a criar apelo emocional, mas ambos não serão eficazes se o orador não falar com autêntica sinceridade e convicção.

jar que os seus ouvintes façam alguma coisa em consequência de sua fala, provavelmente você precisará utilizar apelos que lhes toquem tanto o coração quanto a mente.

Entretanto, os apelos emocionais normalmente são inapropriados em uma palestra persuasiva sobre questões factuais. Nesse caso, você deve utilizar apenas informações específicas e a lógica. Suponhamos que alguém incrimine o governador de seu estado por atividades de campanha ilegais. Se você reagisse dizendo "Tenho certeza de que essa acusação é falsa porque sempre tive grande admiração pelo governador" ou "Tenho certeza de que essa acusação é verdadeira porque sempre tive antipatia pelo governador", seria acusado de utilizar critérios emocionais em uma questão puramente factual.

Mesmo quando seu objetivo for tentar levar os ouvintes a agir, nunca deverá substituir a evidência e o raciocínio por apelos emocionais. Você *sempre* deverá construir sua exposição persuasiva sobre uma base firme de fatos e lógica. Isso é importante não apenas por motivos éticos, mas também por motivos práticos. A menos que prove seu argumento, os ouvintes criteriosos não serão movidos por apelos emocionais. Você precisa construir um bom argumento com base na razão *e* despertar as emoções do público.[16]

Quando você for utilizar apelos emocionais, lembre-se das orientações sobre ética discutidas no Capítulo 2. Analise com cuidado se seus objetivos são eticamente fundamentados, se está sendo honesto no que diz e se não está utilizando insultos e outras formas de linguagem ofensiva. Com relação ao emprego de apelos emocionais, e também a outros aspectos, palestras em sala de aula ou para amigos serão um bom campo de testes sobre questões de responsabilidade ética.

» Exemplo de palestra com comentários

A palestra persuasiva a seguir aborda uma questão de política e está organizada de acordo com a sequência Monroe de persuasão. À medida que você ler, observe como a oradora utiliza os métodos de persuasão discutidos neste capítulo em cada etapa da sequência de persuasão. Além disso, essa palestra é um excelente exemplo sobre como a elocução do orador pode fortalecer sua credibilidade e seus apelos emocionais – como você pode ver no Vídeo 17.5 deste capítulo.

> www.grupoa.com.br
> Assista a "The Dangers of Cell Phones" ("Os Perigos do Celular") – Vídeo 17.5 – em inglês.

Os Perigos do Celular ("The Dangers of Cell Phones")

Comentários	Palestra
» O primeiro passo na sequência Monroe de persuasão é obter atenção, o que a oradora faz despertando a curiosidade do público com a frase "companheiro constante". O emprego intenso de "vocês" e "seu" também trazem o público para dentro da palestra.	Ele é um companheiro constante. Está em seu bolso, em sua bolsa, em suas mãos ou ao lado de sua cabeça. Vocês o utilizam em casa, na sala de aula, na academia, antes de irem dormir e no primeiro instante em que acordam de manhã. Estou falando, obviamente, do celular. De acordo com meu levantamento, todos nesta sala têm celular, e todos nós o utilizamos dezenas de vezes por dia.
» As perguntas da oradora mantêm o público envolvido e, ao mesmo tempo, revelam o tema da palestra. A citação de Devra Davis, especialista em radiação de telefones celulares, ressalta a importância do tema.	Mas, e se esse companheiro constante fosse perigoso? E se ele oferecesse riscos à saúde de vocês? Existem inúmeras evidências de que o uso do celular a longo prazo pode provocar danos nos tecidos, tumores e até câncer cerebral. Visto que mais de 4 bilhões de pessoas no mundo

usam celular, estamos diante de um problema de magnitude possivelmente descomunal. De acordo com Devra Davis, epidemiologista e autora do livro *Disconnect: The Truth about Cell Phone Radiation*, publicado em 2010, podemos estar assistindo a "uma epidemia em câmera lenta".

> » A oradora firma sua credibilidade ao falar sobre a pesquisa que realizou para a palestra.

Nunca havia refletido tanto sobre os possíveis riscos do celular, até assistir a uma reportagem a esse respeito no CBS News, no início do ano. A extensa pesquisa que realizei para esta palestra me fez constatar que o celular de fato representa um risco para a nossa saúde.

> » Ao afirmar que ela não está argumentando contra o celular de forma geral, a orada incentiva o público a escutá-la com a mente aberta. Ela finaliza a introdução com uma transição para o corpo da palestra.

Mas não se preocupem, não tentarei persuadi-los a abandonar esse companheiro constante. Eu continuo utilizando o meu regularmente, e é provável que sempre continue. Mas de fato espero persuadi-los a fazer uma mudança simples na forma como vocês utilizam o celular – uma mudança que protegerá a saúde de vocês e pode até influenciar se terão vida longa ou morte prematura. Contudo, primeiramente, vejamos mais de perto quais são os riscos do celular para a nossa saúde.

> » A oradora passa para a etapa de necessidade da sequência Monroe de persuasão. Ela esclarece que enfatizará os riscos a longo prazo da radiação do celular.

Esses riscos provêm do fato de os celulares emitirem uma pequena quantidade de radiação que, ao longo do tempo, pode prejudicar os tecidos. Toda vez que vocês utilizam o celular, vocês se expõem a essa radiação. A quantidade é minúscula em comparação com a dos aparelhos de raio X – em torno de um bilionésimo da intensidade. Entretanto, Ronald Herberman, do Instituto do Câncer da University of Pittsburgh, explica que o problema da radiação do celular não é a quantidade emitida por vez, mas com que frequência ficamos expostos a ela com o uso repetido, dia após dia, ano após ano.

> » Como a maioria dos ouvintes estava em dúvida quanto aos riscos do celular, a oradora cita fontes de alta qualidade para demonstrar que o uso intenso do celular é prejudicial. Tal como em outras partes da palestra, ela identifica claramente cada uma das fontes.

É o uso a longo prazo que levou os pesquisadores a fazer advertências sobre os riscos do celular. Em um estudo, por exemplo, a Organização Mundial da Saúde acompanhou 10.000 usuários de celular no decorrer de dez anos. De acordo com uma matéria do *New York Times*, em 13 de novembro de 2010, os dados desse estudo indicaram que os participantes que usavam celular há dez ou mais anos corriam um risco duas vezes maior de desenvolver tumores cerebrais.

> Este parágrafo baseia-se no anterior e apresenta evidências complementares sobre os riscos do uso prolongado do celular.

Outros estudos chegaram à mesma conclusão. Talvez o estudo mais importante seja o do *Journal of Occupational and Environmental Medicine*, que fez um levantamento de todas as pesquisas anteriores sobre o uso de celular e identificou "um padrão consistente de maior risco" de desenvolvimento de tumores cerebrais entre pessoas que usavam o celular há mais de dez anos.

> Um exemplo vívido reforça as estatísticas e os testemunhos citados nos parágrafos anteriores.

Alan Mark é uma dessas pessoas. Incorporador imobiliário de 58 anos de idade e pai de três filhos, ele falou ao celular uma hora por dia durante 23 anos. Há dois anos, os médicos encontraram um tumor do tamanho de uma bola de golfe em seu cérebro. "Não há dúvida sobre o que o causou", afirma ele. "Foi meu celular."

> A oradora cita evidências para demonstrar que o exemplo de Alan Marks não é atípico.

E Alan Marks não é a única pessoa a concluir que sua doença se deve ao uso de celular. O livro *Zapped*, de Ann Gittleman, publicado em 2010, que aborda em profundidade os problemas de saúde decorrentes do uso de celular, cataloga as pessoas que desenvolveram enxaqueca, vertigem, problemas circulatórios, náusea e câncer por terem se exposto ao tipo de radiação emitida pelo celular.

> Ao citar as instruções de uso oferecidas pelos fabricantes de celular, a oradora busca combater qualquer ceticismo remanescente acerca da radiação de celular.

Vocês ainda não estão convencidos dos possíveis riscos apresentados por esse companheiro constante? Então deem uma olhada no espesso manual que acompanha seu celular. Vocês verão que todos os fabricantes de celular advertem que não devemos manter o celular muito próximo do corpo. Por exemplo, a Apple recomenda manter o iPhone a 1,60 cm de distância do corpo. Os fabricantes do BlackBerry recomendam mantê-lo a 2,50 cm de distância. Os fabricantes de celular não divulgam amplamente essa informação, mas de fato reconhecem que seus produtos oferecem riscos.

> Este parágrafo começa com uma transição para a parte de satisfação da palestra. Como você pode ver no vídeo, a palestra dessa oradora é espontânea, agradável e coloquial.

Então qual é a solução? Como disse antes, não é parar de usar para sempre o celular. Eu continuo utilizando o meu regularmente, e não consigo me ver sem ele – e tenho certeza de que vocês também não conseguem. Entretanto, vocês podem levar a sério os riscos que o uso do celular apresenta e encontrar uma maneira de minimizá-los. Os especialistas sempre ressaltam que a forma mais eficaz de diminuir o risco é não encostarmos o celular na cabeça enquanto o utilizamos. Como o celular emite radiação, quanto mais próximo da cabeça, maior a exposição à radiação.

> » Aqui, a oradora apresenta o principal elemento de seu plano. Ela fortalece sua credibilidade ressaltando que seguiu esse plano ao usar seu celular.

No mínimo, você deve manter o celular de 1,30 cm a 2,50 cm de distância da orelha. O ideal é que você adquira o hábito de não usá-lo ao ouvido de forma alguma. Hoje, em quase todas as vezes em que falo ao celular, eu uso fone de ouvido. Outra opção é usar o viva-voz.

> » Depois de explicar seu plano, a oradora passa para o passo da visualização. O retorno ao exemplo de Alan Marks dá à palestra uma percepção de unidade. A citação de Alan Marks é extremamente eficaz.

Como ocorre quando queremos quebrar qualquer hábito, mudar a maneira como vocês falam ao telefone será um pouco inconveniente a princípio, mas em pouco tempo isso se tornará instintivo. Vocês poderão desfrutar de todos os benefícios desse companheiro constante sem experimentar o destino de Alan Marks. Se Marks soubesse dos riscos do uso prolongado do celular, teria agido de maneira bem diferente. "Eu não o usaria na cabeça", diz ele. "Eu teria usado fone de ouvido. Eu teria usado o viva-voz [...]. E não teria tido os problemas que tive."

> » A oradora dá início à parte de ação de sua palestra. Novamente, ela se dirige ao público empregando "vocês" e "seu" ou "seus".

Portanto, adquiram o hábito de manter o celular longe da orelha e incentivem seus amigos e sua família a fazer o mesmo. Comece hoje, em sua próxima ligação, e continuem a fazê-lo todos os dias.

> » Como você pode ver no vídeo, a oradora finaliza a palestra segurando seu celular próximo à cabeça. Isso reforça visualmente a ideia e produz um final comovente.

Podemos evitar essa epidemia em câmera lenta sobre a qual os médicos e cientistas estão nos advertindo – desde que nos lembremos de manter isto longe disto.

» Resumo

Os ouvintes aceitam as ideias de um orador porque: percebem que o orador tem alta credibilidade; são persuadidos por suas evidências; são convencidos por seu raciocínio; não são tocados por seus apelos emocionais.

A credibilidade é influenciada por vários fatores, mas os dois mais importantes são a competência e o caráter. Quanto mais favoravelmente os ouvintes enxergam a competência e o caráter do orador, maior a probabilidade de aceitarem suas ideias. Embora a credibilidade seja em parte uma questão de reputação, você pode fortalecê-la durante a palestra estabelecendo um ponto em comum com os ouvintes, informando o motivo pelo qual é qualificado para falar sobre o tema e apresentando suas ideias de maneira fluente e expressiva.

Se você pretende ser persuasivo, deve também respaldar seus pontos de vista com evidências – exemplos, estatísticas e testemunhos. Independentemente do tipo de evidência que utilizar, ela será mais persuasiva se for nova para o público, se for mencionada em termos específicos e não genéricos e se for extraída de uma fonte confiável. Além disso, a evidência se tornará mais persuasiva se você apresentar explicitamente a questão que ela deve comprovar.

Não importa o grau de consistência de suas evidências, você não será persuasivo se seus ouvintes não concordarem com seu raciocínio. No raciocínio que parte de casos específicos, você parte de um número de fatos particulares para uma conclusão geral. O raciocínio que parte do princípio é o inverso – você parte do princípio geral para uma conclusão particular. No raciocínio causal, você tenta estabelecer uma relação entre causas e efeitos. No raciocínio por analogia, você compara dois casos e deduz que o que é verdadeiro para um também é verdadeiro para o outro.

Seja qual for o tipo de raciocínio que utilizar, evite falácias como generalização precipitada, falsa causa, falsa analogia, apelo à tradição e apelo à novidade. Você deve também se precaver contra as falácias de desvio de atenção, ladeira escorregadia, Maria vai com as outras, *ad hominem* e ou isso ou aquilo.

Concluindo, você pode persuadir os ouvintes fazendo um apelo às suas emoções. Uma alternativa para criar apelos emocionais é utilizar uma linguagem fortemente emocional para desenvolver exemplos vívidos e bem tramados. Entretanto, ambos os casos não serão eficazes se você mesmo não sentir essa emoção e não a transmitir de maneira sincera e convicta.

Como em outros métodos de persuasão, a utilização de apelos emocionais deve ser conduzida por um firme leme ético. Embora os apelos emocionais normalmente sejam inapropriados em exposições orais sobre questões factuais, eles são legítimos – e com frequência necessários – nas exposições que procuram uma ação imediata sobre uma questão política. Entretanto, mesmo quando estiver incentivando os ouvintes a agir, nunca substitua a evidência e o raciocínio por apelos emocionais.

» Palavras-chave

ad hominem Falácia em que se critica a pessoa em vez de se abordar a questão real em discussão.

apelo à novidade Falácia em que se assume que algo novo é necessariamente melhor do que algo antigo.

apelo à tradição Falácia em que se presume que algo antigo é necessariamente melhor do que algo novo.

credibilidade Percepção do público a respeito da qualificação ou não do orador para falar sobre determinado tema. Os dois principais fatores que influenciam a credibilidade de um orador são competência e caráter.

credibilidade adquirida Credibilidade do orador gerada por tudo o que ele diz e faz durante uma exposição oral.

credibilidade final Credibilidade do orador ao final de uma exposição oral.

credibilidade inicial Credibilidade do orador anterior a uma exposição oral.

desvio de atenção Falácia que introduz uma questão irrelevante para desviar a atenção do assunto em discussão.

estabelecer um ponto em comum Técnica em que o orador se associa a valores, atitudes ou experiências do público.

ethos Nome utilizado por Aristóteles para o que os pesquisadores modernos de comunicação chamam de credibilidade.

evidência Conteúdo de apoio utilizado para provar ou refutar algo.

falácia Erro de raciocínio.

falsa analogia Analogia em que os dois casos que estão sendo comparados não são essencialmente semelhantes.

falsa causa Falácia em que o orador presume erroneamente que, em virtude de um acontecimento seguir-se a outro, o primeiro é a causa do segundo.

generalização precipitada Falácia em que o orador precipita-se para uma conclusão genérica com base em evidências insuficientes.

ladeira escorregadia Falácia em que se presume que um primeiro passo resultará em passos subsequentes que não podem ser evitados. É também chamada de falácia do declive escorregadio (*slippery slope*) ou do dominó.

logos (razão) Nome empregado por Aristóteles em referência ao apelo lógico do orador. Os dois elementos principais do *logos* são a evidência e o raciocínio.

Maria vai com as outras Falácia em que se presume que, pelo fato de alguma coisa ser popular, ela é boa, correta ou desejável. É também conhecida como falácia *ad populum* ou falácia de apelo à maioria.

ou isso ou aquilo Falácia em que se força os ouvintes a escolher entre duas alternativas quando existem mais de duas.

páthos Nome empregado por Aristóteles em referência ao que os pesquisadores modernos de comunicação chamam de apelo emocional.

raciocínio Processo em que se extrai uma conclusão com base em evidências.

raciocínio causal Raciocínio que procura estabelecer a relação entre causas e efeitos.

raciocínio por analogia Raciocínio em que o orador compara casos semelhantes e deduz que o que é verdadeiro para o primeiro caso também é verdadeiro para o segundo.

raciocínio que parte de casos específicos Raciocínio que parte de fatos particulares para uma conclusão geral.

raciocínio que parte de um princípio Raciocínio que parte de um princípio geral para uma conclusão específica.

» Questões para recapitulação

1. O que é credibilidade? Quais são os dois fatores de maior influência sobre a percepção do público a respeito da credibilidade do orador?
2. Quais são as diferenças entre credibilidade inicial, credibilidade adquirida e credibilidade final?
3. Quais são as três formas de fortalecer a credibilidade durante uma exposição oral em público?
4. O que é evidência? Por que os oradores persuasivos precisam utilizar evidências?
5. Quais são as quatro dicas para utilizar de maneira eficaz as evidências em uma exposição oral persuasiva?
6. Em que consiste o raciocínio que parte de casos específicos? Por que é importante complementar esse tipo de raciocínio com testemunhos ou estatísticas?
7. Em que consiste o raciocínio que parte de um princípio? Em que ele difere do raciocínio que parte de casos específicos?
8. O que é raciocínio causal? Por que a relação entre causas e efeitos nem sempre é clara?
9. O que é raciocínio por analogia? Por que esse tipo de raciocínio é utilizado com frequência nas exposições orais persuasivas sobre questões políticas?
10. Quais são as dez falácias lógicas discutidas neste capítulo?
11. Qual é a função do apelo emocional em uma exposição persuasiva? Identifique três métodos que você pode utilizar para criar apelos emocionais em suas palestras.

» Exercícios de raciocínio crítico

1. Pesquisas demonstram que a credibilidade inicial de um orador pode ter grande influência sobre como suas ideias são percebidas pelos ouvintes. As pesquisas demonstram também que a credibilidade do orador varia de tema para tema e de público para público. A coluna da esquerda a seguir relaciona personalidades públicas famosas. Já a da direita apresenta possíveis temas de palestra. Suponhamos que esses oradores farão uma palestra no curso de oratória do qual está participando.

   Para cada orador, identifique o tema na coluna da direita no qual ele ou ela teria a maior credibilidade inicial em sua sala. Depois, explique como a credibilidade inicial do orador poderia ser afetada se ele estivesse discutindo o tema da coluna da direita em frente ao seu nome.

Orador	Tema
Hillary Clinton	A Vida na Liga Nacional de Futebol Norte-Americano
Jon Stewart	O Futuro da Rede Social
Mark Zuckerberg	A Música Popular e o Culto à Celebridade
Lady Gaga	Diplomacia no Século XXI
Peyton Manning	A Comédia Política

2. Identifique o tipo de raciocínio utilizado em cada uma das sentenças a seguir. Quais deficiências, se houver, você consegue identificar no raciocínio de cada uma?
    a. De acordo com um estudo da Associação Médica Norte-Americana, os homens com falhas de cabelo correm um risco três vezes maior de ter ataque cardíaco do que os homens com cabelo normal. Por mais estranho que pareça, tudo indica que a calvície é a causa dos ataques cardíacos.
    b. Podemos ver, com base em seu trabalho ao redor do mundo, que a Women for Women International é uma organização beneficente respeitável. Essa organização ajudou mulheres em Ruanda a operar máquinas de costura e fazer roupas. Ofereceu a mulheres de Kosovo a possibilidade de desenvolver a habilidade de operar empresas em sua comunidade. Demonstrou a mulheres da República Democrática do Congo como elas poderiam criar e comercializar cerâmicas.
    c. A Constituição dos Estados Unidos garante a todos os cidadãos o direito de portar armas. A legislação de controle de armas viola o direito dos cidadãos de portar armas. Portanto, a legislação de controle é contrária à Constituição.
    d. Quase toda nação industrializada do mundo, exceto os Estados Unidos, tem um currículo nacional e provas nacionais para ajudar a confirmar se as escolas do país estão oferecendo altos padrões educacionais. Se esse sistema funciona em outros lugares, pode funcionar nos Estados Unidos.
3. Ao longo dos anos, tem havido muitas discussões sobre a função do apelo emocional nos discursos públicos. Você acredita que é ético os oradores utilizarem apelos emocionais quando estão tentando persuadir um público? Você acha que existem determinadas emoções às quais um orador ético não deveria utilizar apelos? Por quê? Explique suas ideias.
4. Analise "As Atrocidades dos Canis de Fundo de Quintal" no apêndice de exemplos de discursos e palestras após o Capítulo 19 (páginas 376-378). Preste atenção à credibilidade do orador, às evidências, ao raciocínio e ao apelo emocional. Assista ao vídeo dessa palestra, para que possa também avaliar a elocução do orador e a utilização de recursos visuais.

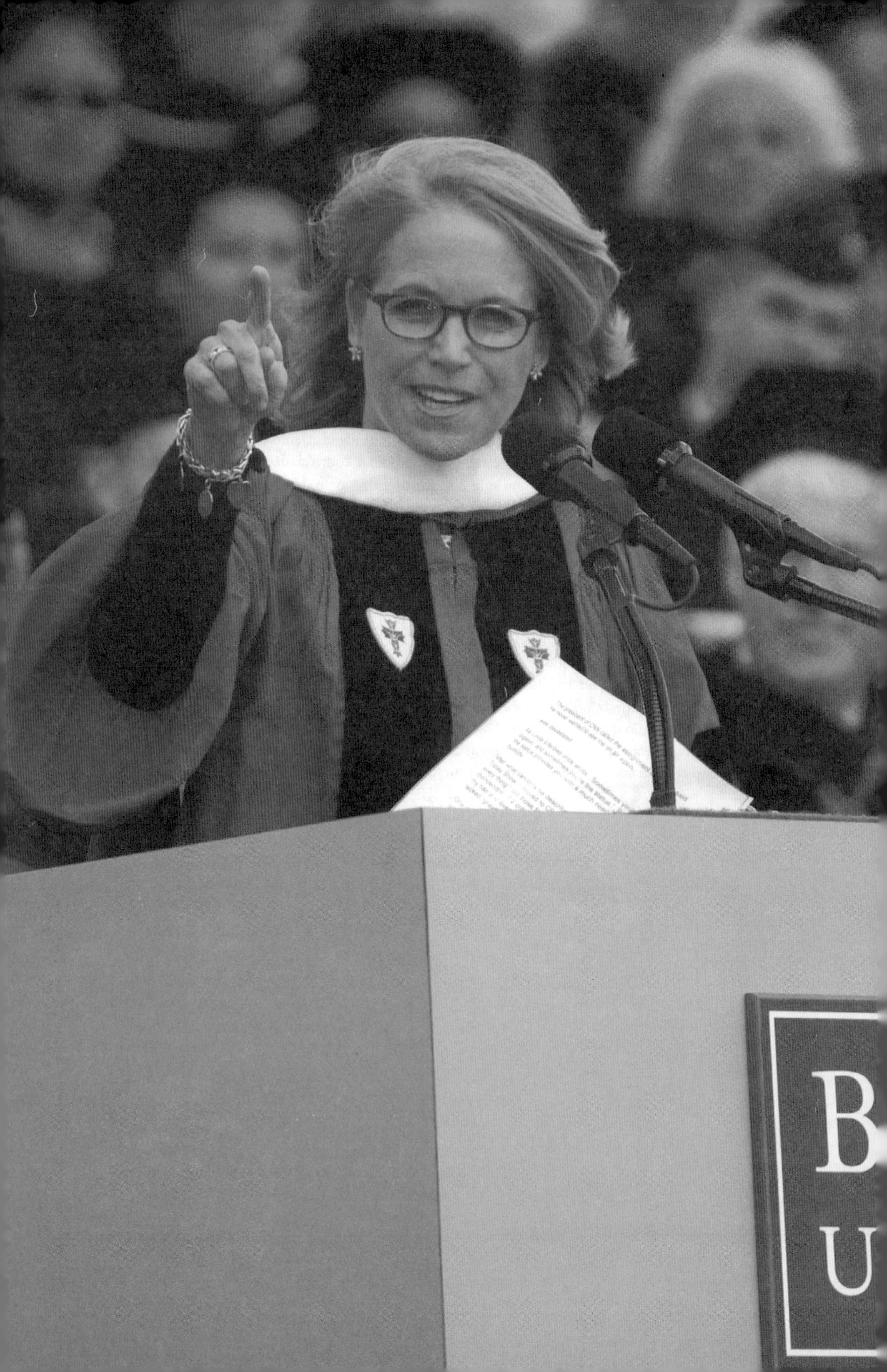

18

Discursos em ocasiões especiais

> » Discursos de apresentação
> » Discursos de premiação
> » Discursos de agradecimento
> » Discursos comemorativos

As ocasiões especiais são os sinais de pontuação da vida cotidiana, os pontos altos que sobressaem à rotina habitual. Batismos, casamentos, funerais, formaturas, cerimônias de premiação, inaugurações, jantares de aposentadoria – todos são ocasiões extremamente especiais para as pessoas que participam delas. Quase sempre esses acontecimentos são oportunidades para a realização de discursos. Um amigo íntimo propõe um brinde à noiva e ao noivo; o gerente de vendas apresenta uma premiação ao representante de vendas do ano; um membro da família faz um comovente elogio fúnebre ao falecido. Esses discursos ajudam a conferir à ocasião sua "particularidade distintiva". Eles fazem parte da aura cerimonial que marca o evento.

Os discursos para ocasiões especiais são diferentes daqueles que analisamos até o momento neste livro. Eles podem transmitir informações ou persuadir, mas esse não é seu objetivo primordial. Na verdade, seu objetivo é atender às necessidades especiais de uma ocasião especial. Neste capítulo, examinaremos as ocasiões especiais mais comuns e os tipos de discurso apropriados para cada uma.

» Discursos de apresentação

"Ilustres convidados, o presidente dos Estados Unidos." Se algum dia você estiver em uma situação em que tenha de apresentar o presidente de um país, precisará não mais do que as sete palavras que iniciam este parágrafo. O presidente é tão conhecido, que qualquer outra observação sobre ele seria inapropriada e quase insensata.

Entretanto, na maioria das vezes, um **discurso de apresentação** não será nem tão breve nem tão ritualizado. Se estiver apresentando outro orador, precisará cumprir três objetivos em sua apresentação:

Gerar entusiasmo pelo orador que está sendo apresentado.

Gerar entusiasmo pelo tema do orador.

Criar uma atmosfera acolhedora que fortaleça a credibilidade do orador.

Um bom discurso de apresentação pode ser prazeroso de ouvir e facilitar o trabalho do orador principal. Normalmente, você dirá algo sobre o orador e o tema – nessa ordem. Veja a seguir algumas orientações para um discurso de apresentação.

» *Seja breve*

Durante a Primeira Guerra Mundial, lorde Balfour, ministro das Relações Exteriores da Grã-Bretanha, era para ter sido o orador principal em um comício nos Estados Unidos. Porém, o orador que o apresentou fez um sermão de 45 minutos sobre as causas da guerra. Em seguida, quase como uma reconsideração, ele disse: "Now Lord Balfour *will give his address*" ("Agora, lorde Balfour *fará seu discurso*"). Lorde Balfour levantou-se e disse: "I'm supposed to *give my address* in the brief time remaining. Here it is: 10 Carleton Gardens, London, England" ("Creio que devo *passar meu endereço* ('give my address') no breve tempo que resta. Aqui está: 10 Carleton Gardens, Londres, Inglaterra").[1]

Todos que já tiveram de aturar até o fim uma apresentação prolixa sabem como isso pode ser cansativo. O objetivo de um discurso de apresentação é atrair a atenção para o orador principal, não para a pessoa que está fazendo a apresentação. Normalmente, esse tipo discurso terá não mais que dois a três minutos de duração e pode ser mais breve se o orador já for conhecido para o público.

» *Verifique se seus comentários são fiéis*

Muitos apresentadores já constrangeram a si mesmos e também o orador principal por distorcerem fatos básicos. Sempre confira antecipadamente os fatos com o orador que virá em seguida para que sua apresentação seja fiel em todos os sentidos.

Procure averiguar acima de tudo o nome correto do orador. Se o nome for difícil – particularmente quando exigir pronúncia em outro idioma –, pratique com antecedência. Entretanto, não pratique tanto a ponto de temer pronunciá-lo incorretamente. Veja o apuro de um apresentador cuja gafe hoje é famosa: "Senhoras e senhores, o presidente dos Estados Unidos, Hoobert Heever!" [quando, na verdade, era Herbert Hoover].

» *Adapte seus comentários à ocasião*

Ao preparar uma apresentação, é provável que você fique limitado pela natureza da ocasião. As ocasiões formais exigem discursos de apresentação formais. Se estivesse apresentando um orador convidado em uma reunião de negócios informal, poderia ser mais descontraído do que em um banquete formal.

» *Adapte seus comentários ao orador principal*

Não importa o grau de receptividade do público, se um discurso de apresentação fizer o orador principal se sentir constrangido, não terá cumprido parte de sua finalidade. Como você pode deixar um orador principal constrangido? Uma das formas é enaltecê-lo demais

– em especial por suas habilidades de oratória. Nunca diga: "Nosso orador fará com que fiquem sentados na ponta da cadeira do começo ao fim!". Desse modo, você cria expectativas que são quase impossíveis de preencher.

Outra forma de gerar constrangimento é revelar detalhes inoportunos sobre a vida pessoal do orador ou fazer observações de mau gosto. Um apresentador poderia considerar esta frase engraçada: "Ora, conheço Anita Fratello desde quando ela tinha 10 anos e era tão gorda que todos a chamavam de Fred Flintstone!". Entretanto, para a oradora, essa frase provavelmente não seria nem um pouco engraçada e poderia ser extremamente desagradável.

» Adapte seus comentários ao público

Do mesmo modo que você adapta outras exposições orais a determinados públicos, você deve adaptar um discurso de apresentação ao público ao qual está se dirigindo. Seu objetivo é fazer *tal* público querer ouvir *tal* orador a respeito de *tal* tema. Se o orador não for muito conhecido entre o público, você terá de fortalecer a credibilidade do orador relatando algumas de suas principais realizações e explicando por que ele tem competência para falar sobre o tema em questão. Contudo, se o orador já for conhecido pelo público, seria absurdo agir como se o público nunca tivesse ouvido falar dele.

Além disso, é aconselhável dizer ao público o que *ele* deseja ouvir – fornecer informações que sejam interessantes e acessíveis aos ouvintes. Se você fosse apresentar um mesmo orador a dois grupos distintos, algumas das informações poderiam ser as mesmas, mas teriam um ângulo diferente.

Suponhamos, por exemplo, que J. K. Rowling, autora da série Harry Potter, fosse se dirigir a dois grupos – um público de crianças da escola elementar e um público de educadores na Associação Internacional de Leitura. A apresentação às crianças da escola poderia ser assim:

> Crianças, hoje temos uma convidada muito importante. Vocês a conhecem pelo personagem que ela criou – Harry Potter. O que vocês não conhecem ainda é todo o esforço necessário para escrever os livros que todos nós adoramos ler. Hoje, ela nos contará como criou Harry Potter e seus amigos e como se prepara para escrever seus livros. Vamos dar uma grande salva de palmas para J. K. Rowling.

Mas a apresentação da Associação Internacional de Leitura estaria dentro dos seguintes moldes:

> Senhoras e senhores, para mim é um privilégio apresentar a vocês uma das autoras de maior vendagem do mundo. Todos nós já estamos bem familiarizados com a série Harry Potter, que capturou a imaginação de crianças – e não apenas de alguns poucos adultos – do mundo inteiro.
>
> Muitos de nós já conhecemos a história notável de sua vida de escritora: a inspiração para criar Harry Potter lhe ocorreu em uma viagem de trem de Manchester a Londres em 1990. Durante alguns anos depois, ela compilou notas à medida que a história tomava forma em sua mente. Grande parte da redação ocorreu quando ela era mãe solteira e recebia assistência pública em Edinburgh. Ela estava lecionando francês para adolescentes quando, em meados da década de 1990, ficou sabendo que a publicação do primeiro livro da série Harry Potter havia sido aceita. O restante é história literária.
>
> Nesta tarde, ela nos contará mais sobre a fonte de inspiração de sua fascinante história sobre bruxaria, de onde ela extrai suas ideias e quais tipos de livro ela deseja escrever no futuro. Uma salva de palmas a J. K. Rowling.

» Tente criar um clima de expectativa e entusiasmo

Você deve ter notado um detalhe em comum nos dois discursos elaborados para apresentar J. K. Rowling ao público: em ambos, o nome da oradora foi revelado apenas no final. Essa é uma convenção nos discursos de apresentação. Embora de vez em quando possa haver um bom motivo para quebrar essa convenção, normalmente se menciona o nome do orador apenas no momento final – mesmo quando o público saiba exatamente de quem você está falando. Desse modo, constrói-se uma percepção de dramaticidade e o nome do orador é revelado no clímax da apresentação.

Com frequência, você terá de apresentar alguém razoavelmente conhecido entre o público – um colega de classe, um colega de trabalho em uma reunião de negócios, um vizinho em um grupo comunitário. Nesse caso, você deve tentar ser criativo e apresentar o orador sob um novo ângulo. Converse antecipadamente com o orador e verifique se é possível obter alguns fatos interessantes que não sejam conhecidos pela maioria – em especial fatos que estejam relacionados com o tema que o orador abordará.

Se deseja ser criativo e provocar comoção, você deve, acima de tudo, praticar profundamente seu discurso de apresentação e preparar-se para fazê-lo espontaneamente, com sinceridade e entusiasmo.

» Discursos de premiação

Os **discursos de premiação** são feitos quando alguém recebe um presente, um prêmio ou alguma outra forma de reconhecimento público. Normalmente, esses discursos são breves. Eles podem ser uma simples declaração ("E o vencedor é...") ou durar até quatro ou cinco minutos.

O principal objetivo de um discurso de premiação é informar ao público por que a pessoa está recebendo um prêmio, ressaltar suas contribuições, realizações etc., e não relatar tudo o que a pessoa já realizou. Enfatize as realizações relacionadas ao prêmio e apresente-as de forma que sejam significativas para o público.

Dependendo do público e da ocasião, talvez você precise abordar também duas outras questões em um discurso de premiação. Primeiro, se o público ainda não estiver familiarizado com o prêmio, você deve explicá-lo brevemente. Segundo, se o prêmio tiver sido obtido em uma competição pública e o público souber quem são os perdedores, você pode dirigir louvores aos perdedores.

A seguir, você encontrará um exemplo de discurso de premiação. Ele foi feito pelo presidente Bill Clinton para oferecer a Medalha de Ouro do Congresso ao presidente sul-africano Nelson Mandela, em uma cerimônia na Rotunda do Capitólio dos Estados Unidos em Washington, DC. Como a Medalha de Ouro do Congresso é uma homenagem especial con-

» Os discursos destinados a ocasiões especiais fazem parte da aura cerimonial que torna determinados eventos especiais, como nos comentários do segundo sargento do Exército norte-americano Salvatore A. Glunta, ao receber a Medalha de Honra do Congresso.

cedida pelo Congresso dos Estados Unidos, não há concorrentes públicos para essa medalha. Portanto, Clinton não precisa mencionar nada sobre os "perdedores". Seu discurso enfatizou a luta de Mandela contra o *apartheid* e seus esforços para promover a reconciliação entre o povo da África do Sul.

Discurso de Premiação da Medalha de Ouro do Congresso
Bill Clinton

Ao meu amigo, presidente Mandela, hoje o povo norte-americano, unido em todas as linhas que nos dividem, presta tributos à sua luta, às suas conquistas e à inspiração que nos deu para fazermos o melhor. Hoje, oferecemos ao homem que recebeu o Prêmio Nobel a mais alta homenagem que esse país pode conceder [...].

Aqueles entre nós que compartilham de sua visão e hoje lhe erguem essa homenagem têm o dever para com ele de construir uma parceria permanente entre norte-americanos e africanos – pela educação de nossos filhos, pela solução de nossos problemas, pela resolução de nossas diferenças, pela elevação do que todos nós temos de melhor. [...]

Ao perdoar aqueles que o prenderam, ele nos traz à lembrança a mais fundamental de todas as lições – de que no final o *apartheid* foi uma derrota do coração, da mente, do espírito. Não foi apenas uma estrutura externa nem as casas de detenção em que se retinham pessoas; foi uma divisão da mente e da alma contra si mesmo. Temos o dever para com Nelson Mandela não apenas de lhe conceder esse prêmio, mas de viver de acordo com a lição que ele nos ensinou e de demolir todos os últimos vestígios do *apartheid* em nosso coração – tudo o que nos separa um do outro.

Para aqueles entre nós que tiveram o privilégio de conhecer esse homem extraordinário, nenhuma medalha, nenhum prêmio, nenhuma riqueza, nada que lhe pudéssemos oferecer poderia comparar-se à dádiva que ele concedeu a nós e ao mundo. A única dádiva que constitui uma recompensa verdadeira é dar continuidade à sua missão e seguir seu profundo, admirável e poderoso exemplo.

Hoje, seguindo o que determina a lei, é meu privilégio conceder a Medalha de Ouro do Congresso ao presidente Nelson Mandela.

» Discursos de agradecimento

O objetivo de um discurso de agradecimento, como o próprio nome diz, é agradecer algo ou alguém por um presente, prêmio ou distinção. Nesse tipo de discurso, você agradece quem está concedendo o prêmio e reconhece as pessoas que o ajudaram a obtê-lo.

www.grupoa.com.br
Assista a um trecho do discurso de agradecimento de Nelson Mandela – Vídeo 18.1 – em inglês.

O discurso de agradecimento a seguir está associado ao discurso de premiação de Bill Clinton. Ele foi pronunciado por Nelson Mandela ao aceitar a Medalha de Ouro do Congresso e mostra os principais traços de um bom discurso de agradecimento – brevidade, humildade e afabilidade.[2]

Discurso de Agradecimento à Medalha de Ouro do Congresso
Nelson Mandela

Obrigado. Presidente Clinton, Sr. presidente [do Congresso], ilustres membros do Senado e da Câmara, senhoras e senhores. [...]

Para mim, foi um grande privilégio lutar por um povo cuja servidão a um sistema desumano inspirou a solidariedade de todos aqueles que amam a liberdade e a justiça, um povo cujo triunfo sobre as divisões da doutrina racista deu nova vida à esperança da humanidade por um mundo sem ódio e discriminação. Tenho consciência de que, ao me concederem a Medalha de Ouro do Congresso, estão inspirando esses laços entre nossas nações e prestando homenagem à nação sul-africana por seu êxito em concretizar os ideais que temos em comum.

É com esse espírito que aceito humildemente esse prêmio, ao mesmo tempo ciente da grande honra que me prestam ao me usar como veículo de uma distinção exclusiva conferida por essa instituição consagrada da democracia norte-americana. Como alguém que dedicou a própria vida à busca por união, estou comovido com o respeito unânime de sua nação pelas conquistas de meu povo. E sinto grande orgulho pelo fato de o nome de um africano estar agora incluído entre alguns poucos cidadãos de outros países que receberam essa alta distinção. [...]

O prêmio com o qual me homenageiam hoje é uma expressão da humanidade universal que nos une, uma pessoa a outra pessoa, uma nação a outra nação e o povo do norte ao povo do sul. Recebo esse prêmio com orgulho, como símbolo de uma ação conjunta pela paz, pela prosperidade e pela equidade na entrada do novo milênio. Obrigado.

» Discursos comemorativos

Os discursos comemorativos são discursos de louvor ou celebração, como elogios fúnebres, discursos em comemoração à independência de um país e discursos de consagração ou inauguração. Seu objetivo é homenagear uma pessoa, um grupo de pessoas, uma instituição ou uma ideia.

Como em uma exposição informativa, provavelmente você terá de fornecer informações ao público sobre o tema/objeto. Afinal de contas, o público deve saber *por que* o tema/objeto de seu discurso é louvável. Como em outras exposições, você pode recorrer a exemplos, testemunhos e até a estatísticas para mostrar as realizações do objeto de seu discurso.

Entretanto, seu objetivo fundamental em um discurso desse tipo não é informar os ouvintes, mas *inspirá-los* – despertar e intensificar seu apreço ou sua admiração pela pessoa, instituição ou ideia que você está louvando. Se estiver homenageando uma pessoa, por exemplo, não deve simplesmente relatar os detalhes da vida dela. Na verdade, deve penetrar na *essência* do tema/objeto e despertar em seus ouvintes um profundo sentimento de respeito.

Em uma apresentação oral comemorativa, você deseja expressar sentimentos, despertar emoções – alegria e esperança quando um novo prédio é inaugurado; expectativa e votos de sucesso em uma cerimônia de colação de grau; lamento e consolo em um funeral; admiração e respeito em um jantar de homenagem. Um discurso comemorativo é como uma pintura expressionista – "uma imagem com cores quentes e contextura que capta uma atmosfera ou um momento".[3]

Contudo, enquanto o pintor trabalha com pincéis e cores, o orador de um discurso comemorativo trabalha com a linguagem. De todos os tipos de discurso, nenhum depende mais do emprego criativo e sutil da linguagem. Alguns dos discursos mais inesquecíveis da história, como o Discurso de Gettysburg, de Abraham Lincoln, foram comemorativos. Continuamos considerando esses discursos significativos e inspiradores em grande medida pela utilização eloquente da linguagem.

Um dos oradores comemorativos mais eficazes na história recente foi o presidente Ronald Reagan. Após a explosão do ônibus espacial *Challenger*, em 1986, Reagan fez um elogio fúnebre em cadeia nacional aos astronautas mortos no acidente. Veja a seguir duas versões das frases de fechamento de Reagan. A primeira refere-se ao que ele *poderia* ter dito, sem o conteúdo emocional veemente e a linguagem pungente que ele empregou:

> Como Francis Drake, o grande explorador de oceanos, os astronautas do *Challenger* deram sua vida a uma causa à qual eles se dedicaram inteiramente. Sentimo-nos honrados por eles, e não nos esqueceremos deles. Sempre nos lembraremos da última vez em que os vimos nesta manhã enquanto se preparavam para o voo.

Veja o que Reagan *de fato* disse:

Houve uma coincidência hoje. Nesse dia, há 390 anos, o grande explorador Francis Drake morreu a bordo de seu navio na costa do Panamá. Na época em que ele viveu, as grandes fronteiras eram os oceanos, e um historiador posteriormente disse: "Ele viveu no mar, morreu ali e foi enterrado ali". Pois bem, hoje, podemos dizer da tripulação do *Challenger* que sua dedicação foi, como a de Draker, completa.

Os tripulantes do ônibus espacial *Challenger* nos dignificaram pela maneira como viveram. Nunca os esqueceremos, tampouco nos esqueceremos da última vez em que os vimos esta manhã enquanto se preparavam para a viagem e nos diziam adeus, "escapando dos grilhões opressores da terra" para "tocar a face de Deus".

> www.grupoa.com.br
> Assista ao final do elogio fúnebre de Ronald Reagan aos astronautas da *Challenger* – Vídeo 18.2 – em inglês.

As palavras finais – "escapando dos grilhões opressores da terra" para "tocar a face de Deus" – são particularmente eficazes. Extraídas de um poema denominado "High Flight" ("Voo Alto"), que vários pilotos levam consigo, elas enobrecem a morte dos astronautas e finalizam o discurso com um tom eloquente, comovente e poético.

Nos **discursos comemorativos**, seu êxito dependerá de sua capacidade para transferir para a linguagem os pensamentos e emoções apropriados à ocasião. É fácil – muito fácil – recorrer a clichês e sentimentalismos banais. A dificuldade é utilizar a linguagem de forma imaginativa para envolver a ocasião de dignidade, significado e uma emoção sincera.

Ao fazê-lo, é aconselhável utilizar os recursos especiais de linguagem discutidos no Capítulo 12. Metáfora, símile, paralelismo, repetição, antítese, aliteração – todos são apropriados para os discursos comemorativos. Alguns discursos comemorativos mais aclamados – como "Eu tenho um sonho", de Martin Luther King, e o discurso de posse de John Kennedy – distinguem-se pelo emprego criativo desses recursos.

Confrontado com os discursos memoráveis de um Kennedy ou Luther King, talvez você conclua que o discurso comemorativo está além de suas capacidades. Mas outros oradores fizeram excelentes discursos comemorativos – talvez não imortais, mas dignos e comoventes.

Veja, por exemplo, "My Crazy Aunt Sue" ("Minha Louca Tia Sue") no apêndice de exemplos de discursos e palestras após o Capítulo 19. O objetivo da oradora foi homenagear sua tia, que durante anos havia lutado contra uma artrite reumatoide. Embora a oradora ofereça informações básicas sobre sua tia e seu estado de saúde, ela não relata todos os detalhes da vida da homenageada. Em vez disso, enfatiza sua coragem, seu senso de humor e sua recusa em se queixar de seu destino. A oradora apresenta detalhes suficientes para nos permitir ver por que sua tia Sue é tão louvável, mas não tantos a ponto de diminuir o ritmo do discurso.

Além disso, a oradora utiliza uma linguagem incisiva, repetição e uma estrutura paralela para dar ao discurso o tipo de tom formal apropriado a um discurso comemorativo. Você pode ver isso até nas linhas de abertura:

> A pessoa mais forte que conheço não consegue descascar uma batata. A pessoa mais forte que conheço tem dificuldade para se maquiar. A pessoa mais forte que conheço precisa de um chaveiro especial para girar a chave na ignição do carro.

> www.grupoa.com.br
> Assista a "My Crazy Aunt Sue" ("Minha Louca Tia Sue") – Vídeo 18.3 – em inglês.

Além de despertar a curiosidade para o tema de seu discurso, essas linhas têm uma elegância despretensiosa que provém em parte da repetição de "A pessoa mais forte que conheço" no início de cada frase. Em contraposição, veja quão menos eficaz a abertura seria se a oradora tivesse dito:

> Minha tia não consegue descascar uma batata, tem dificuldade para se maquiar e precisa de um chaveiro especial para girar a chave na ignição do carro.

Essas frases transmitem as mesmas informações, mas não com o mesmo efeito.

Para observar outro exemplo, veja o discurso comemorativo de um orador reproduzido a seguir. O tema é Elie Wiesel – filantropo e ganhador do Prêmio Nobel da Paz e incansável defensor da justiça internacional. Observe como o orador utiliza a repetição "A-7713" para atrair a atenção no início e para dar ao discurso uma unidade artística no final. Observe também como ele nos diz o bastante sobre Wiesel para sabermos por que ele é digno de louvor, sem se atolar em detalhes biográficos.

> www.grupoa.com.br
> Assista a "Elie Wiesel" – Vídeo 18.4 – em inglês.

Elie Wiesel

A-7713. Seu novo nome, uma inscrição gravada em sua pele. A-7713, uma tatuagem de campo de concentração. Aos 15 anos, A-7713 foi tirado de sua casa pelos nazistas e enviado para Auschwitz, um dos mais poderosos símbolos da maldade no século XX. Ali, A-7713 assistiu à morte de milhares de seres humanos, entre eles sua mãe e sua irmã mais nova. Por algum motivo, A-7713 sobreviveu. E quando a Segunda Guerra Mundial chegou ao fim, ele utilizou seu sofrimento e pesar para assegurar que o mundo não se esquecesse do Holocausto e para impedir que outro evento assim ocorresse.

Hoje, o mundo conhece A-7713 pelo nome de Elie Wiesel, notável orador e conferencista, autor de mais de 40 livros e ganhador da Medalha Presidencial de Liberdade, da Medalha de Ouro do Congresso dos Estados Unidos e do Prêmio Nobel da Paz, entre outros. Elie Wiesel é um líder eloquente, destemido e abnegado que utilizou como motivação as maldades de Auschwitz para melhorar o mundo.

Como um líder eloquente, Elie Wiesel utiliza o poder da linguagem para defrontar os problemas da humanidade. Por meio de uma prosa convincente e de uma impetuosa honestidade, ele nos adverte de que não conseguiremos extinguir o mal se não o reconhecermos e não o combatermos onde quer que ele exista. Em seu excelente livro *Noite*, ele fala sobre Auschwitz: "Nunca me esquecerei daquela noite, a primeira noite no campo, que transformou minha vida em uma longa noite, sete vezes amaldiçoada e sete vezes aferrolhada. Nunca me esquecerei daquela fumaça. Nunca me esquecerei do rostinho das crianças cujos corpos vi se transformarem em espirais de fumaça sob um céu azul e mudo". Palavras pungentes que nos lembram da veracidade do mal.

Líder destemido tanto quanto eloquente, Elie Wiesel passou 40 anos lutando contra as maldades que continuam assolando nosso planeta. Aos indígenas Miskitos da Nicarágua, desalojados de sua terra natal, ele levou palavras inspiradoras de força e compaixão. Aos homens e mulheres que enfrentaram o *apartheid* na África do Sul, ele levou uma poderosa denúncia contra a segregação racial e a violência. Aos refugiados cambojanos que padeciam de inanição e doenças, ele levou alimento e a promessa de um novo começo. E para aqueles entre nós que seguem seu trabalho, ele continua oferecendo inspiração.

Um líder abnegado, tanto quanto eloquente e destemido, Elie Wiesel sempre colocou as necessidades do outro em primeiro lugar. Em todos os prêmios, sua modéstia permanece ombro a ombro com suas realizações. Como afirmou em seu discurso de agradecimento ao Prêmio Nobel, "A neutralidade ajuda o opressor, nunca a vítima. O silêncio favorece o torturador, nunca o torturado. [...] Onde quer que homens e mulheres sejam perseguidos por sua raça, religião ou pontos de vista políticos, esse lugar deve – nesse momento dado – tornar-se o centro do universo".

Hoje, aos 80 anos de idade, Elie Wiesel continua lutando contra a noite. Ao longo de todas as suas provações e de todos os seus trunfos, a mesma tatuagem permanece – A-7713, uma lembrança constante do mal, da injustiça e da indiferença. Ao combater essas forças, Elie Wiesel demonstrou o tipo de liderança moral que normalmente inexiste no mundo moderno.

Não há uma maneira melhor de concluir senão citando suas próprias palavras: "Pode haver momentos em que somos impotentes para impedir a injustiça, mas nunca deve haver um momento em que deixemos de protestar. [...] O que essas vítimas precisam saber acima de tudo é que elas não estão sozinhas, que não estamos nos esquecendo delas e que, embora sua liberdade dependa da nossa, a qualidade da nossa depende da delas".

» Resumo

Neste capítulo, abordamos os discursos de apresentação, de premiação, de agradecimento e comemorativos.

Seu papel em um discurso de apresentação é gerar entusiasmo pelo orador principal e criar uma atmosfera acolhedora. Seus comentários devem ser breves e precisos e ser adaptados ao público, à ocasião e ao orador principal.

Os discursos de premiação são realizados quando alguém recebe um reconhecimento ou prêmio. O principal tema desse tipo de discurso é o reconhecimento das realizações da pessoa que está sendo premiada. O objetivo do discurso de agradecimento é exatamente isso, expressar agradecimentos pelo que foi recebido. Nesse discurso, você deve agradecer as pessoas que estão lhe concedendo o prêmio e reconhecer aquelas que o ajudaram a ganhá-lo. Seja breve, humilde e afável.

Os discursos comemorativos são discursos de louvor ou celebração. Seu objetivo nesse tipo de discurso é homenagear uma pessoa, um grupo de pessoas, uma instituição ou uma ideia. Eles devem inspirar o público e seu êxito depende em grande medida de como você transfere para a linguagem as ideias e os sentimentos apropriados à ocasião.

» Palavras-chave

discurso comemorativo Discurso que homenageia uma pessoa, um grupo de pessoas, uma instituição ou uma ideia.

discurso de apresentação Discurso que apresenta o orador ao público.

discurso de premiação Discurso que concede um presente, um prêmio ou alguma outra forma de reconhecimento público.

discursos de agradecimento Discurso que presta agradecimentos a um presente, a um prêmio ou a outra forma de reconhecimento público.

» Questões para recapitulação

1. Quais são os três objetivos do discurso de apresentação? Quais orientações você deve seguir para a preparação desse tipo de discurso?
2. Qual é o tema principal de um discurso de premiação? Dependendo do público e da ocasião, quais são os dois outros temas que você poderia incluir nesse tipo de discurso?
3. Quais são os três traços mais importantes de um bom discurso de agradecimento?
4. Qual é o objetivo fundamental de um discurso comemorativo? Por que um bom discurso comemorativo depende tanto do emprego criativo e sutil da linguagem?

» Exercícios de raciocínio crítico

1. Participe de uma palestra em sua escola. Preste especial atenção ao discurso de apresentação ao orador principal. Até que ponto esse discurso condiz com as orientações discutidas neste capítulo?
2. Observe vários discursos de premiação e agradecimento – em cerimônias de premiação em sua escola ou em um programa de televisão, como Oscar, Grammy Awards, Emmy Awards ou Tony Awards. Em sua opinião, quais discursos são mais eficazes? Menos eficazes? Por quê?
3. Analise o discurso "Elie Wiesel" (página 348) com base nos critérios para os discursos comemorativos apresentados neste capítulo.

WEST
Possibilities
EUROPE
NORTH
Competition
SOUTH
Image
Value
Constraints
Development
Timing
Publicity

19

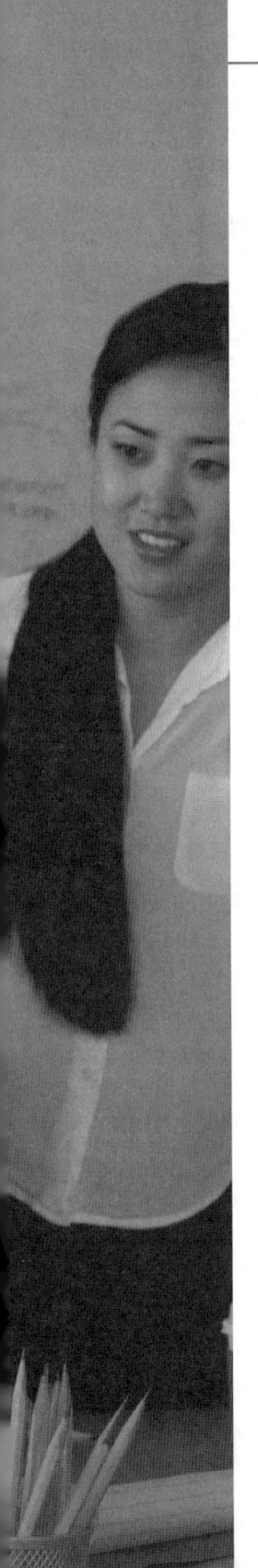

Apresentações orais para grupos pequenos

- » O que é um grupo pequeno?
- » Liderança em grupos pequenos
- » Responsabilidades em um grupo pequeno
- » Método de pensamento reflexivo
- » Apresentando as recomendações do grupo

O editor de uma revista esportiva nacional pediu a Mike Lee, novo diretor do departamento de recursos humanos, para organizar um retiro para a equipe editorial. Mike começou a se preparar para marcar uma data, encontrar um lugar e criar uma programação para o retiro.

Mike estava muito satisfeito com seu plano. Ele imaginou que havia considerado as necessidades de todas as pessoas. Porém, quando explicou seu plano na reunião subsequente com a equipe editorial da revista, ninguém demonstrou estar satisfeito.

"A data que você marcou para o retiro coincide com o Dia das Bruxas", disse o diretor editorial, "Eu sei que você não tem filhos, mas nenhum dos que têm desejará estar longe deles nesse momento".

A assistente administrativa manifestou-se em seguida. "Você percebeu", perguntou ela, "que o hotel que reservou é o mesmo que utilizamos para um retiro há cinco anos? Foi um desastre! A comida era terrível, as salas de reunião eram desconfortáveis e não havia suporte técnico".

Em seguida, um membro da equipe editorial mais jovem da revista afirmou: "Percebo que todas as sessões envolvem membros da equipe editorial sênior. Você pretende excluir todos os editores mais jovens? Você não acha que somos importantes para a revista?".

Por fim, o diretor editorial afirmou: "Bem que você poderia ter me consultado em algum momento. Eu poderia tê-lo advertido do hotel, da coincidência com o Dia das Bruxas e da necessidade de incluir a equipe mais jovem".

O que deu errado? Mike não teve tempo suficiente ou capacidade para programar um bom retiro. Se um grupo, e não um indivíduo, tivesse sido designado para planejar o retiro, esses problemas poderiam ter sido evitados. Uma pessoa poderia ter assumido a responsabilidade de examinar as melhores datas, outra de encontrar um hotel, uma terceira de analisar com os outros membros da equipe quem deveria ser incluído etc. O plano teria levado em conta todos esses fatores.

Obviamente, você já deve ter ouvido o velho ditado: "Um camelo é um cavalo projetado por uma comissão". Se alguma vez você já integrou um grupo que aparentemente não conseguia concretizar nada, talvez tenda a dizer: "Ah, deixe uma pessoa decidir e acabar logo com isso". Entretanto, o problema nesses casos não é que exista um grupo, mas que o grupo não está funcionando devidamente. Muitas pesquisas demonstram que, se os membros de um grupo trabalham bem em conjunto, eles sempre podem resolver melhor um problema do que uma única pessoa.[1]

Este capítulo aborda a apresentação oral em um tipo específico de grupo – um pequeno grupo de resolução de problemas.

» O que é um grupo pequeno?

Como o próprio nome indica, um grupo pequeno é composto por poucas pessoas. A quantidade mínima é três. (Um grupo de duas pessoas é denominado **díade**, e ele funciona de maneira bem diferente de um grupo de três ou mais.) Existem opiniões divergentes sobre o número máximo de pessoas em um grupo pequeno. A maioria dos especialistas estabelece o número máximo em sete ou oito; alguns em doze. O importante é que o grupo seja suficientemente pequeno para possibilitar uma discussão irrestrita entre os membros. No processo de comunicação de um grupo pequeno, todos os participantes podem ser locutores e ouvintes.

Os membros de um **grupo pequeno** reúnem-se para uma finalidade específica. Os vários clientes que circulam pela seção de vestuário de uma loja de departamentos não são um grupo pequeno, ainda que conversem entre si ou façam comentários sobre os preços altos e o péssimo atendimento da loja. Contudo, se esses mesmos clientes decidissem se reunir e preparar uma reclamação formal para o gerente da loja, sobre os preços altos e o péssimo atendimento, eles constituiriam um grupo pequeno.

Um **pequeno grupo de resolução de problemas** é formado para solucionar um problema específico. Esses grupos existem em todos os âmbitos. Os grupos de negócios consideram alternativas para aumentar as vendas. Os grupos religiosos discutem opções para angariar fundos e atender aos necessitados. Os grupos de pais procuram melhorar as instalações das creches. É bem provável que você participe de vários grupos pequenos de resolução de problemas ao longo da vida.

Embora uma apresentação oral em um grupo pequeno não se enquadre no âmbito das exposições orais em público, as habilidades requeridas são semelhantes. Os membros de um grupo pequeno influenciam-se mutuamente por meio da comunicação. Como participante desse tipo de grupo, você poderia influenciar seus colegas fornecendo informações importantes, estimulá-los a falar, convencê-los a mudar de opinião ou mesmo persuadi-los a pôr fim em uma reunião do grupo. Todos os outros membros do grupo têm a mesma oportunidade de influenciá-lo com uma comunicação eficaz.[2]

» Liderança em grupos pequenos

Dissemos que os grupos pequenos com frequência tomam melhores decisões do que um único indivíduo. Entretanto, para que isso ocorra, eles precisam de uma **liderança** eficaz.

» Tipos de liderança

Algumas vezes, não existe *nenhum líder específico*. Nessa situação, quando o grupo é eficaz, os membros tendem a ter o mesmo grau de influência. Quando surge a necessidade de liderança, qualquer um dos membros pode oferecer – e um deles provavelmente oferecerá – a liderança necessária. Um exemplo comum poderia ser um trabalho em grupo, em que você e alguns colegas de classe trabalham em conjunto em um projeto. De tempos em tempos, cada um de vocês ajudará o grupo a perseguir sua meta propondo quando e onde ela será concretizada, delineando os pontos fortes e fracos de determinado ponto de vista, resolvendo desacordos entre outros membros etc.

Um grupo pode ter um **líder implícito**. Por exemplo, em uma reunião de negócios integrada pelo vice-presidente e por vários subordinados, o vice torna-se o líder implícito. O mesmo se aplica se um membro do grupo for especialista no assunto em pauta e os demais não. Os membros provavelmente se submeterão à pessoa na posição hierárquica mais alta ou com maior conhecimento.

Mesmo quando um grupo é criado sem liderança, pode haver um **líder emergente**, que é a pessoa que, por sua capacidade ou por ter uma personalidade forte, ou por se expressar mais, assume o papel de liderança. Se o grupo ficar em um impasse ou começar a se desentender ou fazer ridicularizações, um líder emergente pode colocá-lo novamente nos trilhos. Entretanto, existe o risco de o líder emergente não ser o mais competente, mas apenas a pessoa mais dogmática.

Por fim, pode haver um **líder designado** – uma pessoa eleita ou nomeada como líder no momento em que o grupo é formado. O grupo que se reúne uma única vez em geral deve ter um líder designado para tomar conta das tarefas procedimentais e servir de porta-voz. De modo semelhante, um comitê formal normalmente tem um presidente – ele pode desempenhar funções de liderança ou as delegar, mas sempre se mantém no comando.

Um grupo pode ou não necessitar de um líder específico, mas ele sempre precisa de *liderança*. Quando todos os membros do grupo sabem se comunicar com habilidade, eles podem se revezar na liderança mesmo se o grupo tiver um líder designado ou implícito. Quando você desenvolver habilidades de comunicação em grupo, provavelmente estará preparado para assumir o papel de liderança sempre que necessário.³

» Os grupos pequenos precisam de uma liderança eficaz para concretizar seus objetivos. Em alguns, o líder é designado; em outros, o líder é implícito ou emergente.

» Funções da liderança

Um líder eficaz ajuda o grupo a concretizar suas metas ao atender a três conjuntos de necessidades que se sobrepõem – necessidades procedimentais, necessidades de tarefa e necessidades de manutenção.

» *Necessidades procedimentais*

As **necessidades procedimentais** podem ser concebidas como as necessidades de "administração" do grupo. Elas incluem:

Decidir quando e onde o grupo se reunirá.

Reservar a sala, verificando o número de assentos e se o aquecedor ou ar-condicionado está ligado.

Definição da pauta de cada reunião.

Iniciar a reunião.

Tomar notas durante a reunião.

Preparar e distribuir qualquer material escrito necessário para a reunião.

Apresentar uma síntese do progresso realizado pelo grupo.

Se houver um líder designado, ele pode atender a essas necessidades ou designar um ou mais membros do grupo para isso. Do contrário, os membros do grupo devem dividir as responsabilidades procedimentais.

» *Necessidades de tarefa*

As **necessidades de tarefa** são ações fundamentais para ajudar o grupo a concluir a tarefa específica que está sendo realizada. Elas incluem:

Analisar as questões que o grupo está enfrentando.

Distribuir a carga de trabalho entre os membros.

Coletar informações.

Solicitar o ponto de vista de outros membros.

Impedir que o grupo saia pela tangente.

Fazer as vezes de advogado do diabo em relação a ideias malquistas.

Formular critérios para avaliar a solução mais eficaz.

Ajudar o grupo a chegar a um consenso sobre as recomendações finais.

Todos os membros devem ajudar o grupo a satisfazer as necessidades de tarefa. Os grupos pequenos mais adequados são aqueles em que toda pessoa contribui plenamente para a concretização do objetivo do grupo.

» *Necessidades de manutenção*

As **necessidades de manutenção** envolvem relações interpessoais dentro do grupo. Elas incluem fatores como:

O quanto os membros estão se dando bem um com o outro.

O quanto os membros estão dispostos a contribuir para o grupo.

Se os membros se apoiam mutuamente.

Se os membros se sentem satisfeitos com as realizações do grupo.

Se os membros se sentem bem com seu papel dentro do grupo.

Se os problemas interpessoais dominarem a discussão, o grupo terá dificuldade para trabalhar em conjunto e chegar a uma decisão. Um líder pode contribuir muito para criar e manter uma comunicação incentivadora dentro do grupo. Ao ajudar os membros a lidar com conflitos, resolver diferenças de opinião, diminuir a tensão interpessoal, estimular a participação de todos, atentar-se a sentimentos pessoais e promover a solidariedade dentro do grupo, o líder pode oferecer uma grande contribuição no sentido de ajudar o grupo a concretizar suas metas.

» Responsabilidades em um grupo pequeno

Todos os membros de um grupo pequeno devem assumir determinadas responsabilidades, que podem ser divididas em cinco categorias principais: (1) comprometer-se com os objetivos do grupo; (2) cumprir responsabilidades individuais; (3) evitar conflitos interpessoais; (4) estimular a participação plena; e (5) manter a discussão no rumo certo. Algumas dessas responsabilidades exigem funções de liderança. Contudo, como todas as cinco são muito importantes, todos os participantes devem assumi-las como obrigações pessoais, independentemente da liderança do grupo.

» Comprometa-se com os objetivos de seu grupo

Para um grupo se sair bem, os membros devem associar seus objetivos pessoais com o objetivo do grupo. Isso parece óbvio, mas nem sempre é fácil. Quando você estiver trabalhando com outros alunos em um trabalho em grupo, o objetivo do grupo – e provavelmente o objetivo de cada membro – será obter uma boa nota. Existe um forte incentivo para os membros cooperarem e comprometerem-se a concluir essa tarefa.

Problemas surgem quando um ou mais membros têm objetivos pessoais que conflitam com o objetivo do grupo. Veja um tipo de situação que pode ocorrer:

> Sherri Baines faz parte do comitê de compra de novos equipamentos para o refeitório dos funcionários de um jornal local. Como o orçamento é muito apertado, o objetivo do comitê é adquirir o melhor equipamento pelo menor preço. Embora os outros membros do grupo não saibam, o genro de Sherri é representante de vendas de uma distribuidora de utensílios de cozinha cujos preços são exorbitantes. Discretamente, Sherri ponderou que, se conseguisse persuadir o comitê a considerar essa empresa, seu genro conseguiria uma alta comissão. Sherri não menciona esse fato ao grupo. Em vez disso, ela defende que a qualidade – e não o preço – deve ser um fator determinante nessa compra. A operação do grupo entrará em dissolução porque Sherri não renunciará ao seu objetivo pessoal.

Esse é um exemplo extremo, mas pode haver objetivos mais sutis, como neste caso:

> Carlos e Rachel fazem parte de um grupo, e o desejo de Carlos é estreitar suas relações com Rachel. Para impressioná-la, ele pode concordar com tudo o que ela disser, independentemente de compartilhar de fato de seus pontos de vista. Por esse motivo, os pontos de vista expressos por Carlos não são suas visões reais. Em suma, na reunião com o grupo, Carlos tem uma *agenda oculta*. O interesse do grupo é solucionar um problema, mas o de Carlos é sair com Rachel.

Os membros podem ter diferentes tipos de **agenda oculta (interesses ocultos)**. Um pode estar enfrentando problemas pessoais – notas baixas, dissolução do relacionamento com um amigo ou amiga ou apenas um dia ruim. Outro pode estar comprometido com um grupo diferente cujos objetivos conflitam com os desse outro grupo. Um terceiro talvez queira assumir o comando apenas por poder pessoal, independentemente da incumbência do grupo.

Lembre-se de que a ação de determinado membro do grupo afeta todos os demais. Você não deve tentar promover seus interesses pessoais nem engrandecer seu ego à custa do grupo e de seus objetivos. Tome cuidado com os interesses ocultos – sejam eles seus ou de outra pessoa – e procure participar com um espírito positivo.

» Cumpra suas atribuições pessoais

Como mencionamos anteriormente, uma das vantagens do processo em grupo é que a carga de trabalho é dividida entre várias pessoas. Porém, a menos que todos os membros cumpram suas atribuições, o projeto do grupo pode fracassar, como neste exemplo:

> Há vários anos, alguns alunos resolveram que, como trabalho de grupo, levariam cestas de Páscoa aos pacientes da ala infantil de um hospital local. Depois que o projeto foi aprovado, as atribuições foram determinadas. Stoya entraria em contato com a administração do hospital. Corrine lidaria com a arrecadação de fundos para a compra dos suprimentos. Jesse supervisionaria a equipe de decoração dos ovos. Justin providenciaria o transporte.
>
> Todos cumpriram suas atribuições, exceto Justin, que estava ocupado com a redação de um trabalho de final de semestre. Ele pediu a um amigo para verificar os horários de ônibus e presumiu que tudo daria certo. Na manhã de Páscoa, o grupo reuniu-se no ponto de ônibus, carregado com as cestas para as crianças. E ali ficaram esperando. Uma hora depois, Justin ligou para a empresa de ônibus e descobriu que os ônibus não funcionavam no feriado. Quando Justin por fim conseguiu outro esquema para chegar ao hospital, o horário de visita já havia terminado, e o grupo não pôde entrar.

Independentemente das outras atribuições que possam ter, *todos* os membros de um grupo têm uma atribuição muito importante – prestar atenção. Primeiro, isso o ajuda a compreender o que está ocorrendo no grupo. Além disso, diferentemente de uma apresentação oral em público, você pode interromper a pessoa que está falando e pedir esclarecimento em qualquer momento. Segundo, isso o ajuda a avaliar os méritos do ponto de vista do orador. Terceiro, ao prestar atenção, você oferece apoio ao orador e ajuda a criar uma atmosfera de discussão positiva. Se não ouvir verdadeiramente, nenhum grupo fará grande progresso.

» Evite conflitos interpessoais

Se os grupos fossem compostos por robôs, não haveria nenhum conflito interpessoal. Porém, os grupos são formados por pessoas que têm simpatias e antipatias, animosidades e preconceitos e personalidades bastante diferentes. No processo em grupo, é vital que os desacordos limitem-se às atribuições, e não descaibam para o âmbito pessoal.

Suponhamos que você não concorde com a ideia de outro membro. Um desacordo em nível pessoal poderia ser mais ou menos assim: "Essa é a ideia mais estúpida que já ouvi! Você percebe quanto dinheiro seria necessário para fazer isso?". Contudo, no âmbito de atribuição, o desacordo diz respeito à *ideia*, e não à pessoa: "Essa solução poderia ser muito boa, mas não tenho certeza de que temos dinheiro suficiente para isso".

Seja que grupo for, o antagonismo pessoal deixa um gosto amargo na boca e prejudica o desempenho do grupo. É essencial que alguém assuma o papel de liderança e traga a discussão de volta para as questões relevantes. Digamos que você faça parte de uma comissão encarregada de organizar uma série de palestras na universidade em que você estuda. A discussão poderia ser semelhante a esta:

Anton: Sem dúvida, deveríamos convidar o deputado Hightower para uma palestra. Ele tem sido um defensor ativo da proteção ao meio ambiente.

Minh: Esse liberal? Ele não poderia estar menos preocupado com o que pagamos por um litro de gasolina. E com relação a desenvolvimento econômico, esqueça.

Anton: Então você é a favor da perfuração de petróleo em alto-mar? Você concorda com a destruição de nosso litoral para que as companhias de petróleo possam acumular mais lucros?

Minh: São pessoas como você que nos fazem depender de fontes de petróleo estrangeiras – e isso ameaça a prosperidade e segurança nacional por nos tornar vulneráveis a chantagens econômicas do exterior.

Líder: Esperem um pouco. Isso poderia ser um bom tema para uma série de palestras. Podemos convidar o deputado Hightower e o porta-voz de uma das companhias de petróleo para um debate.

Isso não quer dizer que os membros de um grupo nunca devam discordar. Na verdade, quando os membros se entendem muito bem e preocupam-se em manter a harmonia do grupo para não discordarem um do outro a respeito de nada, pode haver um problema sério. Quando isso ocorre, não há possibilidade de chegar à melhor decisão por meio da análise de um conjunto de pontos de vista, opiniões e informações. O objetivo não é que o grupo evite conflitos, mas restringi-los ao âmbito do trabalho para que não se transformem em rixas pessoais.[4]

» Estimule a participação plena

Para que um grupo funcione de maneira eficaz, todos os membros devem contribuir plenamente e compartilhar suas ideias entre si. Todo membro deve assumir a responsabilidade de estimular os demais a participar. Você pode fazer isso primeiro ouvindo com atenção. Afinal de contas, como você poderia querer se pronunciar em um grupo em que todos parecem entediados ou distraídos?

Se houver um ou dois membros que não costumam se expressar, você pode trazê-los para a discussão pedindo suas opiniões e mostrando interesse por suas ideias. Nesse caso, você poderia dizer: "Eu não sabia disso; você poderia nos falar mais a respeito?". Em contraposição, tente evitar comentários negativos que possam desconcertar a pessoa antes de ela concluir – "Ah, não, isso nunca funciona" ou "Que ideia horrível". Os comentários incentivadores criam afeição entre os membros e permitem que todos se sintam livres para discutir suas ideias sem ridicularização nem constrangimento.

Se você for tímido ou tiver receio de que suas ideias sejam muito criticadas, talvez a princípio relute em participar. Para superar sua timidez, lembre-se de que sua contribuição é essencial para o grupo. No mínimo, você pode ajudar a criar um ambiente favorável à discussão escutando, reagindo e estimulando o livre intercâmbio de ideias.

» Mantenha a discussão no rumo certo

Em alguns grupos, as discussões ocorrem como um exercício de fluxo de consciência. Veja um exemplo hipotético em que o comitê de planejamento de uma cidade está considerando a possibilidade de instalar um semáforo em um cruzamento movimentado:

Sharif: Encontraremos problemas para fazer os carros pararem mesmo se instalarmos um semáforo.

Delany: Nem me diga! Ontem passei por lá. Quando pisei no freio, nada... O carro continuou andando. Acho que preciso regular os freios.

Mike: Prepare-se para pagar um valor exorbitante. Fiz a manutenção do freio do meu carro na semana passada, e custou quase duas vezes mais do que na última vez.

Austin: Isso não é nada. Você tem acompanhado o preço dos cortadores de grama ultimamente? Se você acha que os cortadores estão caros...

Kym: Quem é que corta grama hoje? No meu jardim, eu uso plantas de forração e cubro o restante com pedriscos. É...

Líder: Perdão, pessoal, mas não estávamos falando sobre o *semáforo*?

Todos os membros são responsáveis por manter a discussão no rumo certo e de intervir se o grupo desviar muito do assunto. Não há nada errado em ter uma breve conversa casual, mas manter o controle é fundamental. Quando estiver trabalhando em um grupo de resolução de problemas, procure atuar para que o objetivo final do grupo esteja sempre em primeiro plano. Faça o possível para que a discussão prossiga de maneira ordenada de um assunto para outro e o grupo não fique emperrado em questões paralelas.

Entretanto, você deve evitar a tendência de adiantar-se muito rápido para uma solução, sem antes investigar minuciosamente o problema. Se você perceber que o grupo está escolhendo uma saída fácil e saltando para uma solução cômoda, procure informar os demais membros sobre sua preocupação. Ao propor que eles conversem mais detalhadamente a respeito do problema, você pode trazer à tona informações ou ideias fundamentais.

Existem métodos sistemáticos para manter uma discussão no rumo certo e evitar que o grupo tome decisões precipitadas. Pesquisas demonstram que, se o grupo adotar um método comprovado de tomada de decisões, terá maior probabilidade de chegar a um resultado satisfatório.[5] Desse modo, voltamos nossa atenção para a técnica de tomada de decisões mais comum em grupos pequenos – o método de pensamento reflexivo.

» Método de pensamento reflexivo

O **método de pensamento reflexivo**, baseado nos escritos do filósofo norte-americano John Dewey, oferece um processo gradativo para a condução de uma discussão em um pequeno grupo de resolução de problemas e consiste em cinco passos: (1) definição do problema; (2) análise do problema; (3) definição de critérios para a solução do problema; (4) idealização de possíveis soluções; (5) escolha da melhor solução. À medida que examinarmos cada um desses passos, utilizaremos um único grupo de exemplo ao longo do processo de pensamento reflexivo para elucidá-los.

» Nos grupos pequenos que trabalham de maneira eficaz em conjunto, todos os membros participam e interagem plenamente uns com os outros. Eles também sentem que suas contribuições são respeitadas e valorizadas por todo o grupo.

» Defina o problema

Para que um grupo de resolução de problemas tenha êxito, ele deve saber exatamente qual problema está tentando resolver. Definir um problema para discuti-lo em grupo é semelhante a estabelecer um objetivo específico para uma exposição oral em público. Se isso não for feito devidamente, as etapas restantes serão prejudicadas.

A melhor maneira de definir o problema é expressá-lo como uma **questão política ou de política** (plano de ação). Como vimos no Capítulo 16, as questões políticas investigam a necessidade ou viabilidade de linhas de ação específicas. Normalmente, elas contêm a palavra "deve". Por exemplo:

> Que medidas nossa escola deve tomar para melhorar a segurança dos alunos dentro do *campus*?
>
> Que passos o governo federal deve dar para lidar com o déficit orçamentário federal?
>
> Que política os Estados Unidos devem adotar com respeito à exploração de mão de obra infantil em outros países ao redor do mundo?

Ao formular a pergunta para discussão, o grupo deve seguir várias orientações. Primeiro, a pergunta deve ser o máximo possível clara e específica. Por exemplo:

Ineficaz: O que deve ser feito quanto às instituições beneficentes desonestas?

Mais eficaz: O que o governo deve fazer para controlar as atividades das instituições beneficentes desonestas?

Segundo, formule a pergunta de maneira que ela suscite uma variedade de respostas. Tenha cuidado particularmente com as perguntas que podem ser respondidas com um simples sim ou não. Por exemplo:

Ineficaz: A cidade deve construir uma nova escola elementar?

Mais eficaz: Quais medidas a cidade deve tomar para lidar com o número crescente de matrículas nas escolas elementares?

Terceiro, evite perguntas tendenciosas ou distorcidas. Por exemplo:

Ineficaz: Como podemos evitar que a livraria do *campus* explore os alunos?

Mais eficaz: Quais mudanças devem ser feitas, se for o caso, nas políticas de preço da livraria do *campus*?

Quarto, procure fazer uma única pergunta. Por exemplo:

Ineficaz: Quais revisões a faculdade deve considerar em seus requisitos de admissão e de graduação?

Mais eficaz: Quais revisões a faculdade deve considerar em seus requisitos de admissão?

Mais eficaz: Quais revisões a faculdade deve considerar em seus requisitos de graduação?

Para esclarecer essa primeira etapa do método de pensamento reflexivo, vejamos como nosso grupo de exemplo definiu o problema:

> Como trabalho de grupo, os membros iniciaram uma discussão sobre o problema dos custos estudantis crescentes com educação universitária. Seguindo o método de pensamento reflexivo, o grupo primeiro definiu o problema. Depois de algumas tentativas malsucedidas, o problema foi reformulado dessa forma: "Quais medidas nossa escola deve tomar para diminuir os custos estudantis com educação universitária?".

» Analise o problema

Depois de definir o problema, o grupo passa para a etapa de análise. Com muita frequência, os grupos (bem como os indivíduos) começam a delinear soluções antes de terem uma ideia clara sobre o que está errado. Isso seria como um médico que receitasse um tratamento antes de diagnosticar totalmente a enfermidade do paciente. Se o grupo investigar o problema o mais meticulosamente possível, terá melhores condições para conceber uma solução viável.

Ao analisar o problema, preste especial atenção a duas questões. Primeiro, qual a gravidade do problema? Investigue o escopo. Determine a quantidade de pessoas que ele afeta. Avalie o que pode ocorrer se ele não for solucionado. Segundo, quais são as causas do problema? Analise o histórico do problema e identifique quais fatores contribuem para isso.

Como você deve imaginar, analisar um problema requer pesquisa. Para tomar decisões eficazes, o grupo precisa ter as melhores informações disponíveis. Você pode obter essas informações da mesma maneira que coleta conteúdos para uma palestra. Às vezes, você pode utilizar seu próprio conhecimento e experiência. E, na maior parte das vezes, precisa obter informações de outras fontes – pesquisando na internet, entrevistando uma pessoa especializada no assunto ou pesquisando na biblioteca (consulte o Capítulo 7). Antes de se reunir com o grupo, você deve realizar a pesquisa que lhe foi atribuída para assim oferecer informações completas e imparciais.

Voltemos agora ao nosso grupo de exemplo e vejamos como ele analisou o problema do vertiginoso aumento dos custos estudantis com educação universitária:

> Primeiro, o grupo conversou sobre a gravidade do problema. A mensalidade aumentou drasticamente, assim como as despesas com livros e os gastos eventuais. Um dos membros encontrou estatísticas que demonstram que o custo para frequentar a faculdade mais do que dobrou nos últimos dez anos. Outro apresentou evidências de que no presente os custos médios anuais eram de aproximadamente US$ 15.000 para os alunos de faculdades e universidades públicas do estado em que eles residem e de cerca de US$ 35.000 para alunos de escolas particulares.
>
> Para determinar as causas do problema, o grupo pesquisou artigos sobre o aumento dos custos estudantis com educação universitária em todo o país. O grupo também entrevistou um professor de economia e o diretor de um programa de auxílio estudantil no *campus*. Depois de analisar profundamente o assunto, o grupo identificou várias causas importantes, como custos administrativos, salário dos professores, preços dos livros e despesas crescentes com moradia.

» Defina critérios para a solução

Se você quisesse comprar um carro, como procederia? Provavelmente não iria a uma concessionária e compraria qualquer carro que lhe agradasse sob o impulso do momento. É mais provável que resolvesse com antecedência que tipo de carro gostaria, quais opcionais ele deveria ter e quanto você poderia gastar. Ou seja, você estabeleceria **critérios** para ajudá-lo a decidir exatamente que carro comprar.

Você deve fazer a mesma coisa em uma discussão em grupo. Assim que o grupo analisar o problema, você não deve começar a propor soluções imediatamente. Em vez disso, você deve estabelecer critérios – parâmetros – para soluções responsáveis, calculando exatamente (e anotando) o que suas soluções necessitam alcançar e qualquer fator que possa limitar sua escolha de soluções.

Para termos uma ideia melhor do funcionamento dessa etapa do método de pensamento reflexivo, examinemos o grupo de redução de custos que estamos utilizando como exemplo:

Após algumas discussões, o grupo estabeleceu os seguintes critérios para as possíveis soluções: (1) a solução deve diminuir significativamente os custos dos alunos; (2) a solução deve entrar em vigor no início do próximo ano letivo; (3) a solução não deve prejudicar o prestígio da faculdade; (4) o custo da solução deve ser mínimo e ser pago pela administração; (5) os recursos humanos necessários para implementar a solução devem provir do pessoal administrativo que já pertence ao quadro de funcionários da escola; (6) a solução deve envolver apenas ações controladas pela faculdade – e não questões controladas por indivíduos ou órgãos externos.

» Crie possíveis soluções

Assim que o grupo tiver estabelecido firmemente os critérios, estará pronto para discutir as soluções. O objetivo nessa etapa é trazer à tona a maior variedade possível de soluções viáveis – e não as julgar. Um dos membros deve assumir a responsabilidade de anotar todas as soluções propostas nesse momento.

Muitos grupos consideram a técnica de *brainstorming* favorável nesse estágio. No Capítulo 5, analisamos como uma pessoa pode utilizar o *brainstorming* para escolher um tema de palestra. Aqui, estendemos essa técnica para todo o grupo.

Para começar, a melhor postura é possibilitar que todo membro anote todas as soluções que conseguir conceber. Uma pessoa deve então fundir as listas individuais para formar uma lista única. O grupo deve discutir essa lista para verificar se outras soluções possíveis foram ignoradas.

Nessa etapa, os membros do grupo costumam desenvolver novas ideias com base naquelas que já se encontram na lista principal. Por exemplo, se uma das sugestões for "Estabelecer cooperativas de alimentos", um membro do grupo poderia dizer: "Concordo, mas poderíamos estabelecer também cooperativas de vestuário". Um dos membros deve anotar essas novas ideias e acrescentá-las à lista principal. O processo de *brainstorming* prossegue até o momento em que o grupo não conseguir mais propor nenhuma outra solução.

Essa forma de *brainstorming* tem duas vantagens. Primeiro, estimula a criatividade. Pesquisas demonstram que a utilização de listas escritas logo no início normalmente gera mais ideias de melhor qualidade do que quando o grupo fia-se apenas na discussão oral.[6] Segundo, esse método de *brainstorming* estimula a participação equitativa. Quando cada membro cria uma lista, a probabilidade de um ou dois membros dominarem o processo ou de alguém não expressar suas ideias por medo de ser ridicularizado é menor.

» O trabalho em um grupo pequeno requer várias das habilidades necessárias para falar em público. As apresentações formais podem ocorrer durante as deliberações de um grupo ou quando este apresenta um relatório.

✓ CHECKLIST

Método de pensamento reflexivo

SIM	NÃO	
☐	☐	1. O grupo definiu claramente o problema para discussão?
☐	☐	2. O grupo formulou a questão para discussão como uma questão política?
☐	☐	3. O grupo formulou a questão para discussão o mais claro possível?
☐	☐	4. O grupo formulou a questão para discussão de uma forma que possibilite uma variedade de respostas?
☐	☐	5. O grupo formulou a questão para discussão de maneira imparcial?
☐	☐	6. O grupo formulou a questão para discussão como uma questão única?
☐	☐	7. O grupo analisou o problema plenamente antes de tentar delinear as soluções?
☐	☐	8. O grupo estabeleceu critérios para uma solução ideal para o problema antes de discutir soluções específicas?
☐	☐	9. O grupo realizou sessões de *brainstorming* para gerar uma série de soluções possíveis para o problema?
☐	☐	10. O grupo avaliou uma possível solução com base nos critérios estabelecidos para uma solução ideal?
☐	☐	11. O grupo fez determinado esforço para chegar a um consenso com relação à melhor solução?
☐	☐	12. O grupo chegou a um consenso?

Vejamos como nosso grupo de redução de custos abordou essa etapa:

> Na sessão de *brainstorming*, o grupo propôs as seguintes soluções possíveis: (1) diminuir o número de livros necessários para cada curso; (2) enxugar parte do excesso na equipe administrativa; (3) possibilitar que todos os professores lecionem em mais cursos; (4) propor aos locadores que estabilizem os custos de aluguel e serviços de utilidade pública; (5) criar cooperativas de alimento e vestuário; (6) aumentar o auxílio financeiro; (7) diminuir a verba disponibilizada para pesquisas acadêmicas; (8) boicotar as empresas em torno do *campus* cujas margens de lucro sejam as mais altas; (9) aumentar a mensalidade dos alunos provenientes de outros estados; (10) diminuir as despesas dos alojamentos; (11) organizar programas de angariação de fundos com o diretório acadêmico; (12) redirecionar parte da verba destinada à construção de novas instalações para os programas de auxílio estudantil. Pode-se considerar um bom resultado para uma sessão de *brainstorming* – 12 propostas sólidas.

» Escolha a melhor solução

Depois de que todas as possíveis soluções forem relacionadas, é necessário avaliá-las. A melhor maneira de prosseguir é discutir cada solução de maneira sequencial, com base nos critérios estabelecidos. Esse processo sistemático garante que todas as soluções possíveis sejam consideradas de forma equitativa.

À medida que cada possível solução for discutida, o grupo deve chegar a um **consenso**. Decisão consensual é aquela em que todos os membros aceitam, embora não seja a ideal aos olhos de todos. Como normalmente o consenso gera decisões mais adequadas e alto grau de unidade dentro do grupo, é o ideal na tomada de decisões em grupo. O consenso ocorre quando a cooperação entre os membros é tal que permite que eles alcancem uma decisão comum por meio da ponderação, da troca honesta de ideias e de uma análise integral dos problemas.

Como a maioria dos ideais, chegar a um consenso pode ser difícil. Quando existem diferentes pontos de vista, os membros do grupo costumam tentar encontrar a forma mais fácil de resolver as diferenças. Algumas vezes, um dos membros pode solicitar uma votação, o que é bastante conveniente para aqueles que defendem uma opinião majoritária, mas não tão agradável para aqueles que estão em minoria. Recorrer a uma votação pode resolver um conflito imediato, mas talvez não gere a melhor solução. Além do mais, isso enfraquece a união do grupo por promover dissensões e talvez criar rancor entre os membros que perdem na votação. O grupo deve recorrer à votação somente quando todas as outras tentativas de acordo sobre uma solução fracassarem.

Que tipo de decisão final nosso grupo de redução de custos alcançou? Vejamos:

> O grupo de redução de custos tinha 12 soluções possíveis para avaliar. Três foram rejeitadas porque violavam o critério estabelecido pelo grupo de que uma solução aceitável deveria envolver apenas ações controladas diretamente pela universidade.
>
> Três outras soluções foram rejeitadas porque eram economicamente inviáveis. Aumentar o auxílio financeiro prejudicaria vários alunos porque as verbas teriam de provir das mensalidades estudantis. Aumentar a mensalidade dos alunos provenientes de outros estados afastaria muitos alunos nessa situação. E diminuir os custos de alojamento impossibilitaria o fornecimento de serviços minimamente aceitáveis.
>
> A proposta de diminuir as verbas para pesquisas acadêmicas também foi rejeitada porque grande parte delas provêm do governo, de empresas e de fundações. Por fim, a proposta de "enxugar" os excessos administrativos foi considerada muito onerosa porque nesse caso seria necessário criar um grupo para auditar todos os encargos administrativos.
>
> Depois de aperfeiçoar as sugestões, o grupo finalmente chegou a um consenso sobre uma solução que incluía as seguintes provisões: (1) os alunos não devem gastar mais de US$ 200 em livros obrigatórios, independentemente do curso; (2) a universidade deve autorizar o diretório acadêmico a formar cooperativas de alimentos, livros e vestuário; (3) o diretório acadêmico deve conduzir cinco projetos de angariação de fundos em cada ano acadêmico; (4) todo professor deve lecionar para uma turma a mais anualmente.

Assim que o grupo chega a um consenso, está pronto para apresentar as decisões.[7]

» Apresentando as recomendações do grupo

O trabalho de um grupo de resolução de problemas não termina na última etapa do processo de pensamento reflexivo. Assim que o grupo chega a um consenso sobre as recomendações, normalmente precisa apresentá-las a alguém. Um grupo de negócios poderia informar o presidente da empresa ou o conselho de administração. Uma comissão presidencial poderia informar o presidente e a nação. Um grupo de alunos poderia informar o professor e o restante da classe. O objetivo desses relatórios é apresentar as recomendações do grupo de maneira clara e convincente.

Algumas vezes, o grupo prepara um relatório formal. Entretanto, muitas vezes o relatório escrito é complementado – ou substituído – por um relatório oral, um simpósio ou um painel de discussão.

» Relatório oral

O **relatório oral** tem um conteúdo bastante semelhante ao de um relatório escrito. Se o grupo tiver um líder designado, provavelmente ele o apresentará. Do contrário, o grupo escolhe uma pessoa para isso.

Se for escolhido para apresentar o relatório do grupo, você deve abordá-lo como o faria com qualquer outra apresentação oral. Sua função é explicar o objetivo, os procedimentos e as recomendações do grupo. Esse relatório deve ter três seções principais. A introdução enunciará o objetivo do relatório e fará uma apresentação prévia dos pontos principais. O corpo explicitará o problema abordado pelo grupo, os critérios estabelecidos para uma solução e a solução que está sendo recomendada. A conclusão sintetizará os pontos principais e, em alguns casos, insistirá para que as recomendações sejam adotadas.

Assim como em qualquer outra apresentação oral, você deve adaptar seu relatório ao público. Utilize conteúdo de apoio para esclarecer e fortalecer suas ideias, e verifique se algum recurso visual pode reforçar sua mensagem. Observe se sua linguagem é precisa, clara, incisiva e apropriada. Ensaie a apresentação para que possa falar com fluência e de forma conclusiva. Depois, você – e possivelmente outros membros do grupo – pode ser solicitado a responder perguntas do público.

» Simpósio

Um **simpósio** é composto por um moderador e vários oradores que se reúnem perante um auditório. Quando o grupo que está apresentando o simpósio tem um líder designado, normalmente ele atua como moderador. A função do moderador é apresentar o tema e os oradores. Cada orador apresenta uma palestra preparada sobre um aspecto diferente do tema. Após as palestras, pode haver uma sessão de perguntas e respostas.

Muitas vezes, nas aulas de oratória o simpósio é utilizado para relatórios de grupo. Uma alternativa para organizá-lo é possibilitar que todos os membros façam uma breve apresentação de esboço do trabalho e das decisões do grupo durante uma etapa do processo de pensamento reflexivo. Outra opção é designar um orador para cada questão importante referente ao tema em discussão. Por exemplo, em um grupo que falará a respeito da pena de morte, um orador poderia apresentar a conclusão do grupo sobre se a pena de morte é um instrumento de dissuasão eficaz contra o crime e outro poderia apresentar o ponto de vista do grupo a respeito da moralidade da pena de morte e assim por diante.

Todas as apresentações orais devem ser cuidadosamente planejadas. Além disso, precisam ser coordenadas entre si para que o simpósio relate todos os aspectos importantes do projeto do grupo.

» Painel de discussão

O **painel de discussão** é basicamente um diálogo diante de um auditório. O painel deve ter um moderador, que apresenta o tema e os participantes. Assim que a discussão se inicia, o moderador pode interpor-se entre questões e comentários, de acordo com a necessidade, para focalizar a discussão. Os participantes falam de forma breve, informal e improvisada. Eles conversam entre si de modo que o auditório possa ouvir. Como no simpósio, o painel de discussão pode ter uma sessão de perguntas e respostas.

Por sua espontaneidade, o painel de discussão pode ser estimulante para os participantes e também para o público. Contudo, infelizmente, a espontaneidade inibe uma apresentação sistemática das recomendações do grupo. Por isso, o painel raras vezes é utilizado pelos grupos de resolução de problemas, embora possa funcionar bem para grupos de coleta de informações.

Se você for participar de um painel de discussão, fique atento à falácia comum de que não há necessidade de uma preparação séria. Ainda que você fale de improviso, precisará estudar o tema com antecedência, analisar as questões principais e delinear as ideias que deseja defender. Para ser eficaz, o painel de discussão exige que o moderador e os participantes planejem quais questões devem ser discutidas e em que ordem. Concluindo, os participantes devem estar dispostos a dividir o tempo de apresentação para que a discussão não seja monopolizada por uma ou duas pessoas.

Seja qual for o método que o grupo utilize para apresentar suas constatações, ele se beneficiará das orientações sobre apresentações públicas oferecidas ao longo deste livro. As técnicas para uma apresentação oral eficaz são as mesmas, seja para uma pessoa que está se dirigindo a um grande público, um pequeno grupo de pessoas reunidas para solucionar um problema ou um participante de simpósio ou painel de discussão.[8]

» Resumo

Os grupos pequenos compreendem de três a doze pessoas reunidas para cumprir um objetivo específico. Nos pequenos grupos criados para resolver determinados problemas, quando a liderança é eficaz, normalmente as decisões são mais adequadas quando tomadas em grupo do que quando tomadas por indivíduos isolados.

A maioria dos grupos tem um líder designado, um líder implícito ou um líder emergente. Alguns grupos não têm nenhum líder específico, caso em que todos os membros devem assumir as responsabilidades de liderança. Um líder competente ajuda o grupo a atingir seus objetivos por meio do atendimento de necessidades procedimentais, de tarefa e de manutenção.

Exceto a liderança, todos os membros do grupo têm cinco responsabilidades básicas. Você deve comprometer-se com os objetivos do grupo, cumprir suas obrigações individuais, evitar conflitos interpessoais dentro do grupo, estimular a participação plena de todos e ajudar a manter o grupo no rumo certo.

Além disso, o grupo terá maior êxito se adotar o método de pensamento reflexivo, que oferece um processo passo a passo para a tomada de decisões em grupos de resolução de problemas. Esse método compreende cinco passos: (1) definição do problema da forma mais clara e específica possível; (2) análise do problema para determinar o nível de gravidade e as causas; (3) estabelecimento de critérios para a avaliação das soluções; (4) criação de uma série de possíveis soluções; e (5) escolha da melhor solução ou das melhores soluções.

Assim que o grupo chega a um acordo sobre suas recomendações, normalmente é necessário realizar um relatório oral em um simpósio ou painel de discussão. Independentemente do tipo de apresentação oral que o grupo fizer, ela exigirá as habilidades que são necessárias para qualquer discurso público eficaz.

» Palavras-chave

agenda oculta (interesses ocultos) Conjunto de objetivos individuais não declarados que podem entrar em conflito com os objetivos do grupo.

brainstorming Método para gerar ideias por meio da livre associação de palavras e pensamentos.

consenso Decisão de um grupo que é aceita por todos os membros desse grupo.

critérios Padrões com base nos quais se pode fazer uma avaliação ou tomar uma decisão.

díade Grupo de duas pessoas.

grupo pequeno Grupo de três a doze pessoas que se reúnem para um objetivo específico.

líder emergente Membro do grupo que emerge como líder durante as deliberações do grupo.

líder designado Pessoa eleita ou designada como líder no momento em que o grupo é formado.

líder implícito Membro do grupo ao qual os demais membros se submetem em virtude de sua posição, conhecimento ou outra qualidade.

liderança Capacidade de influenciar os membros de um grupo a contribuir para a concretização dos objetivos do grupo.

método de pensamento reflexivo Método de cinco passos para conduzir uma discussão em um pequeno grupo de resolução de problemas.

necessidades de manutenção Ações comunicativas necessárias para manter relações interpessoais em um grupo pequeno.

necessidades de tarefa Ações essenciais para ajudar um grupo pequeno a concluir sua atribuição.

necessidades procedimentais Ações de "organização" de rotina necessárias para a condução eficiente das atividades em um grupo pequeno.

painel de discussão Diálogo estruturado entre várias pessoas a respeito de determinado assunto diante de um auditório.

pequeno grupo de resolução de problemas Pequeno grupo formado para solucionar um problema específico.

questão política ou de política Questão sobre seguir ou não uma linha de ação específica.

relatório oral Apresentação das descobertas, conclusões ou decisões de um grupo pequeno.

simpósio Encontro público em que várias pessoas apresentam palestras preparadas sobre diferentes aspectos de um mesmo tema.

» Questões para recapitulação

1. Em que consiste um grupo pequeno? E um pequeno grupo de resolução de problemas?
2. Quais são os quatro tipos de liderança possíveis em um grupo pequeno? Explique as três necessidades atendidas pela liderança em um grupo pequeno.
3. Quais são as cinco principais responsabilidades de cada membro de um grupo pequeno?
4. Quais são as etapas do método de pensamento reflexivo? Explique as principais atribuições do grupo em cada etapa.
5. Quais são os três métodos de apresentação oral das recomendações de um grupo de resolução de problemas?

» Exercícios de raciocínio crítico

1. Identifique a falha (ou as falhas) nas perguntas a seguir, para discussão em um grupo de resolução de problemas. Reescreva cada pergunta para que ela atenda aos critérios discutidos neste capítulo com relação a uma discussão eficaz.
   a. O que deve ser feito para evitar a escassez totalmente absurda de novos computadores para os alunos desta escola?
   b. O que deve ser feito com relação aos maus-tratos infantis?
   c. O que nosso governo estadual deve fazer para diminuir o problema dos sem-teto e da bebida ao volante?
   d. O governo federal deve instituir um imposto nacional de consumo para ajudar a diminuir a dívida nacional?
2. Se possível, procure uma possibilidade para observar um pequeno grupo de resolução de problemas em atividade. Você pode participar de uma reunião da Câmara de Vereadores de sua cidade, do conselho escolar, da comissão de zoneamento, de uma empresa local, de uma comissão religiosa etc. Até que ponto a discussão cumpre os critérios para uma discussão eficaz apresentados neste capítulo? Que tipo de liderança o grupo tem e até que ponto o líder (ou os líderes) atende às necessidades procedimentais, de tarefa e de manutenção do grupo? Como os outros membros cumprem suas responsabilidades? Que aspectos da reunião são conduzidos com maior eficácia? Quais são conduzidos com menor eficácia?
3. Identifique uma decisão relativamente importante que você tenha tomado há um ou dois anos. Tente reconstruir o caminho que você seguiu para chegar a essa decisão. Em seguida, suponha que

você possa reformular essa decisão com base no método de pensamento reflexivo. Delineie o que você faria em cada etapa do método. Ainda assim você chegou à mesma decisão? Se não, você acredita que o método de pensamento reflexivo o teria conduzido a uma decisão mais adequada do que aquela que você tomou originalmente?

4. Participe de um simpósio ou de um painel de discussão em sua escola. Prepare uma breve análise dos procedimentos. Primeiro, analise o papel do moderador. Como ele introduz o tema e os participantes? Que função o moderador desempenha depois disso? Ele ajuda a orientar e a dar foco? No final, ele sintetiza e apresenta uma conclusão sobre o que foi apurado?

Em segundo lugar, observe os participantes. As palestras do simpósio foram bem preparadas e apresentadas? Em sua opinião, qual orador (ou oradores) é mais eficaz? Menos eficaz? Os participantes do painel de discussão dividem igualmente o tempo de fala? A discussão parece ter sido bem programada para abranger aspectos importantes do tema? Em sua opinião, qual ou quais participantes do painel são mais eficazes? Menos eficazes? Por quê?

Apêndice

Discursos e palestras para análise e discussão

- » **Eu tenho um sonho** – Martin Luther King Jr.
- » **Ramadã**
- » **As atrocidades dos canis de fundo de quintal**
- » **Rompendo a bolha antibacteriana**
- » **Minha louca tia Sue**
- » **Questões culturais** – Sajjid Zahir Chinoy

Eu tenho um sonho
Martin Luther King Jr.

O discurso "Eu tenho um sonho", de Martin Luther King, amplamente reconhecido como uma obra-prima, foi pronunciado em 28 de agosto de 1963, para cerca de 200 mil pessoas que haviam ido a Washington, DC, com o objetivo de participar de uma manifestação pacífica a favor da igualdade de direitos para os afro-americanos. Luther King fez seu discurso na escadaria do Lincoln Memorial, sob a "sombra simbólica" de Abraham Lincoln, e a multidão lotou a ampla área entre o Memorial e o Monumento de Washington. Além disso, milhões de norte-americanos assistiram ao discurso na televisão ou o ouviram pelo rádio.

Do mesmo modo que a maioria dos discursos comemorativos, "Eu tenho um sonho" é relativamente curto. Embora Luther King tenha levado apenas 16 minutos para pronunciá-lo, ele o preparou de forma mais cuidadosa do que qualquer outro discurso em sua carreira naquela época. Seu objetivo era anunciar da maneira mais sucinta e eloquente possível os princípios orientadores do Movimento pelos Direitos Civis e reforçar o compromisso de seus ouvintes para com esses princípios.

Um dos traços mais interessantes desse discurso é a maneira como Luther King emprega a linguagem para tornar princípios abstratos de liberdade e igualdade claros e convincentes. Em todo o discurso, Luther King recorre a palavras familiares e concretas que criam imagens fortes e vívidas. Ele utiliza muito mais metáforas do que a maioria dos oradores, mas elas são apropriadas à ocasião e ajudam a dar dramaticidade às suas ideias. Em conclusão, Luther King emprega amplamente a repetição e o paralelismo para reforçar sua mensagem e dar maior ímpeto ao discurso.

Se você já ouviu alguma gravação de "Eu tenho um sonho", sabe que o impacto desse discurso foi intensificado pela elocução de Luther King. Com a voz forte de um barítono, marcada pelo fervor de um guerreiro e modulada pelas cadências de um pastor batista do Sul, Luther King obteve total envolvimento do público. Como disse William Robert Miller, "O público não apenas ouviu, mas participou, e antes mesmo de Luther King chegar à sua última frase, uma torrente de aplausos já jorrava".

O texto desse discurso é transcrito de uma gravação e reimpresso com a permissão de Joan Daves. Copyright 1963 de Martin Luther King, Jr.

---

1 Estou feliz em me unir a vocês hoje no que ficará conhecido como a maior manifestação pela liberdade na história de nossa nação.

2 Há cem anos, um grande norte-americano, sob cuja sombra simbólica hoje nos encontramos, assinou a Proclamação da Emancipação. Esse momentoso decreto emanou como um grande farol de esperança para milhões de escravos negros, que haviam ardido nas chamas de uma devastadora injustiça. Emanou como um jubiloso alvorecer para pôr fim a uma prolongada noite de servidão.

3 Mas cem anos se passaram, e o negro ainda não é livre. Cem anos se passaram, e a vida do negro continua tristemente paralisada pelas algemas da segregação e pelos grilhões da discriminação. Cem anos se passaram, e o negro continua vivendo em uma solitária ilha de pobreza em meio a um vasto oceano de prosperidade material. Cem anos se passaram, e o negro continua abatido nos cantos da sociedade norte-americana e exilado em sua própria terra. E por isso viemos aqui hoje, para representar nossa vergonhosa condição.

4 De certo modo, viemos ao Capitólio da nação para descontar um cheque. Quando os arquitetos de nossa república redigiram as palavras magnificentes da Constituição e da Declaração da Independência, eles estavam assinando uma nota promissória da qual todo norte-americano seria herdeiro. Essa nota era uma promessa de que todos os homens – sim, homens negros e também homens brancos – teriam garantidos direitos inalienáveis de vida, liberdade e busca da felicidade.

5 Hoje, é evidente que nosso país não conseguiu pagar essa nota promissória, ao menos no que diz respeito aos cidadãos negros. Em vez de honrar essa obrigação sagrada, os Estados Unidos passaram à população negra um cheque sem fundo – um cheque que foi devolvido com a indicação "insuficiência de fundos".

6 Mas nos recusamos a acreditar que o banco da justiça tenha falido. Recusamo-nos a acreditar que haja insuficiência de fundos nos grandes cofres de oportunidade desta nação. E por isso viemos descontar esse cheque – um cheque que nos dará o direito de reivindicar as riquezas da liberdade e a segurança da justiça.

7 Viemos a este lugar santificado também para lembrar à nação da feroz urgência do presente. Não é hora de engajar no luxo da moderação nem de tomar o tranquilizante do gradualismo. Agora, é hora de realizar as promessas da democracia. Agora, é hora de ascender do vale sombrio e desolado da segregação para o caminho ensolarado da justiça racial. Agora, é hora de erguer nossa nação da areia movediça da injustiça racial para o sólido rochedo da fraternidade. Agora, é hora de tornar a justiça uma realidade para todos os filhos de Deus.

8 Seria fatal para a nação negligenciar a urgência do momento. Esse verão sufocante do descontentamento legítimo do negro não passará enquanto não houver um outono revigorante de liberdade e igualdade. O ano de 1963 não é um fim, mas um começo. Aqueles que acham que o negro só precisava desabafar e que agora ficará contente terão um brusco despertar se a nação voltar a deixar as coisas como estão. Não haverá nem descanso nem tranquilidade nesta nação enquanto não for garantido ao negro seus direitos de cidadania. Os redemoinhos de revolta continuarão a abalar os alicerces de nossa nação enquanto o dia ensolarado da justiça não raiar.

9 Mas há algo que devo dizer ao meu povo, que se encontra na entrada reconfortante do Palácio da Justiça. No decorrer do processo de conquista de nosso lugar legítimo, não devemos nos incriminar com atos ilícitos. Não procuremos satisfazer nossa sede de liberdade bebendo no copo do rancor e do ódio.

10 Devemos sempre conduzir nossa luta no mais alto nível de dignidade e disciplina. Não devemos permitir que nosso protesto frutífero degenere em violência física. Devemos nos elevar vezes sem conta às majestosas alturas para defrontar a força física com a força da alma.

11 A nova e admirável militância que tomou conta da comunidade negra não deve nos levar a suspeitar de todos os brancos. Porque muitos de nossos irmãos brancos, tal como evidencia sua presença aqui hoje, constataram que seu destino está amarrado ao nosso destino. Eles constataram que sua liberdade está inextricavelmente atada à nossa liberdade. Não podemos caminhar sozinhos.

12 Ao caminharmos, devemos fazer a promessa de que sempre marcharemos adiante. Não podemos retroceder. Há quem pergunte aos devotos dos direitos civis: "Quando ficarão satisfeitos?". Nunca ficaremos satisfeitos enquanto o negro for vítima dos indescritíveis horrores da brutalidade policial. Nunca ficaremos satisfeitos enquanto nosso corpo, pesado pela fadiga da viagem, não puder encontrar abrigo nos hotéis à beira das estradas e nos hotéis das cidades. Não podemos ficar satisfeitos enquanto a mobilidade básica do negro for de um gueto menor para um gueto maior. Nunca ficaremos satisfeitos enquanto nossos filhos forem despidos de sua individualidade e tiverem sua dignidade roubada por tabuletas que indiquem "Só para Brancos". Não podemos ficar satisfeitos enquanto o negro do Mississipi não puder votar e o negro de Nova York acreditar que não há motivo para isso. Não... não. Não estamos satisfeitos, e não ficaremos satisfeitos enquanto a justiça não correr como água e a equidade não fluir como uma forte correnteza.

13 Estou consciente de que alguns de você tiveram de passar por grandes provações e tribulações para estar aqui. Alguns de vocês acabaram de sair de apertadas celas de prisão. Alguns de vocês vieram de locais em que a busca por liberdade os deixou esgotados pelas tempestades de perseguição e perplexos pelos ventos fortes da brutalidade policial. Vocês são os veteranos do sofrimento frutífero. Continuem trabalhando com a fé de que o sofrimento imerecido é redentor.

14 Volte para o Mississippi, volte para o Alabama, volte para a Carolina do Sul, volte para a Geórgia, volte para a Louisiana, volte para os cortiços e guetos de suas cidades do norte, sabendo que de algum modo essa situação pode e será mudada. Não afundemos no vale da desesperança.

15 Hoje lhes digo, meus amigos, ainda que enfrentemos as dificuldades do presente e do futuro, ainda tenho um sonho. Um sonho profundamente enraizado no sonho americano.

16 Eu tenho um sonho de que um dia esta nação se erguerá e vivenciará o verdadeiro significado de sua crença: "Consideramos essas verdades evidentes por si mesmas, de que todos os homens são criados iguais".

17 Eu tenho um sonho de que um dia, nas colinas vermelhas da Geórgia, os filhos dos antigos escravos e os filhos dos antigos proprietários de escravos poderão se sentar lado a lado à mesa da fraternidade.

18 Eu tenho um sonho de que um dia o Estado do Mississippi, um estado abafado com o calor da injustiça, abafado com o calor da opressão, será transformado em um oásis de liberdade e justiça.

19 Eu tenho um sonho de que meus quatro filhos pequenos um dia viverão em uma nação em que não serão julgados pela cor da pele, mas pelo teor de seu caráter. Hoje, Eu tenho um sonho.

20 Eu tenho um sonho de que um dia, lá no Alabama, com seus racistas cruéis, com seu governador de cujos lábios respingam as palavras de intervenção e anulação, de que um dia lá, exatamente no Alabama, meninas e meninos negros poderão dar as mãos a meninas e meninos brancos como irmãs e irmãos. Hoje, Eu tenho um sonho.

21 Eu tenho um sonho de que um dia todo vale será elevado, todo monte e montanha serão abaixados, os lugares acidentados ficarão planos e os lugares tortuosos ficarão retos, e a glória do Senhor será revelada e todas as criaturas juntas a vislumbrarão.

22 Essa é a nossa esperança. Essa é a fé com a qual retornarei para o Sul. Com essa fé, conseguiremos extrair da montanha de desesperança uma rocha de esperança. Com essa fé, conseguiremos transformar as dissonâncias estridentes de nossa nação em uma bela sinfonia de fraternidade. Com essa fé, conseguiremos trabalhar juntos, orar juntos, lutar juntos, ir para a prisão juntos, defender juntos a liberdade, conscientes de que um dia seremos livres.

23 Esse será o dia. Esse será o dia em que todos os filhos de Deus conseguirão cantar com um novo significado: "Meu país é teu, doce terra de liberdade, de ti eu canto, terra em que meus pais morreram, terra de orgulho dos peregrinos, em toda encosta de montanha, deixe a liberdade ressoar!". E para que este país transforme-se em uma grande nação, isso deve se tornar realidade.

24 Deixemos então que a liberdade ressoe nos prodigiosos cumes de New Hampshire. Deixemos que a liberdade ressoe nas imensas montanhas de Nova York. Deixemos que a liberdade ressoe nos elevados Apalaches da Pensilvânia!

25 Deixemos que a liberdade ressoe nas Rochosas cobertas de neve do Colorado! Deixemos que a liberdade ressoe nas encostas curvilíneas da Califórnia!

26 Mas não somente isso. Deixemos que a liberdade ressoe na Montanha de Pedra da Geórgia!

27 Deixemos que a liberdade ressoe na Montanha Lookout do Tennessee!

28 Deixemos que a liberdade ressoe em todos os montes e montículos do Mississippi. Em todas as encostas de montanha, que ressoe a liberdade.

29 E quando isso ocorrer, quando permitirmos que a liberdade ressoe – quando a deixarmos ressoar em todos os povoados e em todas as vilas, em todos os estados e em todas as cidades –, conseguiremos antecipar o dia em que todos os filhos de Deus, negros e brancos, judeus e gentios, protestantes e católicos, conseguirão dar as mãos e cantar as palavras da antiga canção gospel: "Livres, afinal! Livres, afinal! Graças ao Deus Todo-Poderoso, estamos livres, afinal!".

Ramadã

Escolher um tema que se baseia em experiências pessoais pode ser uma excelente decisão, especialmente quando o orador complementa seu conhecimento com pesquisas adicionais – como a palestra informativa a seguir sobre o Ramadã, mês sagrado dos muçulmanos. À medida que você ler, observe como a organização dessa palestra é concisa, como a oradora associa o tema com o público e como ela explica de forma clara e envolvente todos os aspectos do Ramadã.

Essa palestra também é um exemplo instrutivo de exposição oral espontânea, tal como você poderá ver ao assistir ao respectivo vídeo deste apêndice. A oradora mantém intenso contato visual com os ouvintes e consulta suas anotações somente quando necessário. Apesar do nervosismo, ela se mostra segura e confiante. Seus gestos são naturais e espontâneos e sua voz transmite uma aguçada percepção de comunicação.

1 Ao longo do mês passado, mais de um bilhão de pessoas ao redor do mundo jejuaram. Elas não comeram nem beberam nada do raiar do sol ao anoitecer. Elas fizeram isso todos os dias durante o mês inteiro, e fazem a mesma coisa todos os anos. Também fiz

www.grupoa.com.br
Assista a "Ramadan" ("Ramadã") – Vídeo A.1 – em inglês.

isso. Por quê? O mês passado foi o momento de trabalhar a mente, o corpo e o espírito. O mês passado foi o mês sagrado do Ramadã para os muçulmanos.

2 Tenho certeza de que a maioria de vocês já ouviu falar do Ramadã, mas talvez não conheçam muito a respeito desse tema. Ramadã refere-se ao nono mês do calendário islâmico, quando os muçulmanos jejuam do amanhecer ao pôr do sol. Mas o Ramadã é muito mais do que um mês de jejum. Como explica Tariq Ramadan, autor do livro *Western Muslims and the Future of Islam*, o Ramadã é o momento em que "os fiéis fortalecem sua fé e espiritualidade e ao mesmo tempo desenvolvem sua percepção de justiça social".

3 Como muçulmana praticante, observei o Ramadã durante toda a minha vida. Meus pais vieram do Paquistão para os Estados Unidos um pouco antes de eu nascer, e ainda me lembro de ir à mesquita quando criança e de quebrar meu jejum com a minha família e amigos no final do dia. Hoje, faço isso com outros alunos aqui no *campus*.

4 O objetivo da minha palestra hoje é informá-los sobre o Ramadã – especialmente sua história e seus costumes. No final, espero que vocês compreendam melhor esse momento sagrado para os muçulmanos que vivem nos Estados Unidos e ao redor do mundo. Comecemos pela história do Ramadã.

5 A história do Ramadã remonta a 1.400 anos no Oriente Médio e aos primórdios do Alcorão. De acordo com Karen Armstrong, em seu livro *Islam: A Short History*, em 610 a.C. o profeta Maomé embarcou em uma jornada espiritual pelo deserto onde hoje é a Arábia Saudita. Durante essa jornada, acreditam os muçulmanos, Alá falou com Maomé por intermédio do arcanjo Gabriel – o mesmo Gabriel das escrituras judaica e cristã.

6 Foi nesse momento que o profeta Maomé recebeu os primeiros versos do Alcorão. Gabriel disse a Maomé para que se relembrasse da revelação observando um período sagrado todos os anos. Nos anos após essa jornada, o profeta Maomé e seus seguidores transformaram o nono mês do ano muçulmano no mês do Ramadã.

7 A palavra "Ramadã" significa, literalmente, "dia extremamente quente" em árabe, porque foi no calor intenso do verão que o profeta Maomé teve contato com Gabriel. Porém, diferentemente do calendário ocidental, o calendário islâmico segue as fases da lua e tem 354 dias. Por isso, o Ramadã sempre se inicia aproximadamente dez dias antes do dia em que começou no ano anterior. Por exemplo, este ano o Ramadã caiu no dia 11 de agosto. No ano que vem, começará no dia 1º de agosto.

8 Vejamos agora o que os muçulmanos fazem durante esse mês sagrado. As práticas do Ramadã giram em torno do jejum, da oração e da caridade.

9 O jejum é um dos cinco pilares do islamismo, e por isso é particularmente importante durante o Ramadã. O jejum do Ramadã, conhecido como *sawm*, começa ao nascer do sol e termina ao anoitecer. Seyyed Nasr, autor de *Islam: Religion, History, and Civilization*, explica que "o jejum é obrigatório para todos os muçulmanos, homens e mulheres, desde a adolescência até a idade em que não se tenha mais força física para realizá-lo". As únicas exceções são para doentes, idosos, viajantes e grávidas.

10 Quando o sol se põe, os muçulmanos quebram o jejum com *iftar* – a refeição do anoitecer, durante a qual famílias, amigos e comunidades se reúnem. De acordo com Donna Bowen e Evelyn Early, no livro *Everyday Life in the Muslim Middle East*, normalmente o primeiro alimento servido no *iftar* é uma tâmara, que, segundo consta, teria sido o que o profeta Maomé fez. Depois de comer tâmara e beber água, minha família costumava comer o *iftar* preparado por minha mãe. Sempre ficávamos admirados com o fato de minha mãe temperar tudo bem no ponto mesmo estando de jejum e não poder provar a comida enquanto cozinhava.

11 A oração é também essencial no Ramadã. Tradicionalmente, os muçulmanos rezam cinco vezes ao dia, mas durante o Ramadã a oração é incentivada ainda mais. As orações do

Ramadã em geral estão vinculadas à leitura oral do Alcorão – costume conhecido como *Tarawih*. O objetivo é ler e recitar o Alcorão inteiro ao longo do mês.

12 Além do jejum e da oração, a caridade também é fundamental no Ramadã. Os *iftar* geralmente são organizados e financiados pelos ricos a fim de oferecer alimento aos pobres e necessitados. Além disso, muitos muçulmanos fazem mais doações durante esse mês. No final do Ramadã, minha família faz doações e também trocamos presentes do mesmo modo que os cristãos no Natal.

13 Se vocês pensarem bem, o objetivo principal do Ramadã é o mesmo da maioria dos feriados religiosos – desenvolvimento espiritual. Os cristãos e judeus também se reúnem regularmente para comemorar datas históricas, praticar determinados rituais e sentirem-se mais próximos de Deus. Os muçulmanos fazem o mesmo durante o Ramadã.

14 Hoje, examinamos um pouco da história do Ramadã e de suas práticas – jejum, oração e caridade. Gostaria de me despedir com um cumprimento tradicional que os muçulmanos utilizam durante esse mês sagrado – "Ramadã *Karim*", que significa "Ramadã generoso". Em pouco menos de um ano, quando ocorrer o Ramadã seguinte, espero que vocês compreendam melhor por que ele é tão sagrado para mais de um bilhão de pessoas ao redor do mundo.

15 Obrigada.

As atrocidades dos canis de fundo de quintal

Setenta e cinco milhões de cães são criados como animais de estimação nos Estados Unidos, e entre 7 e 9 milhões de filhotes são comprados todos os anos por um valor total de aproximadamente US$ 1 bilhão. A maioria deles provém de criadores legítimos que cuidam muito bem desses animais. Entretanto, de 2 a 4 milhões são criados em canis de fundo de quintal, comércio de cães em larga escala cujo único objetivo é o lucro e nos quais não há nenhum interesse pelo bem-estar físico ou emocional dos animais. Depois de falar sobre o problema desses canis, a palestra persuasiva a seguir apresentará uma solução que associa uma ação legal a uma iniciativa individual.

Além de ler, você pode também assistir ao vídeo referente a essa palestra deste apêndice. Ao assistir, observe como o orador utiliza o PowerPoint para apresentar evidências visuais das condições a que os animais são submetidos nesses canis. Você acha que essa palestra seria tão eficaz sem a utilização desse tipo de evidência? No geral, o orador consegue convencê-lo de que esses canis são um problema sério? Ele apresenta soluções claras e viáveis? Ele utiliza bem os métodos de persuasão apresentados no Capítulo 17? Até que ponto?

1 Um recinto frio e escuro. Um cheiro repugnante. Quando diante de nós, os animais tremem incontrolavelmente, empilhados uns sobre os outros em minúsculas gaiolas. Para comer, eles têm somente migalhas de pão e, para beber, apenas uma vasilha suja de água. Muitos têm problemas nos olhos e nos ouvidos, doenças e infecções. Eles nunca foram bem tratados. Nunca saíram para caminhar. E nunca viram a luz do sol.

> www.grupoa.com.br
> Assista à palestra "The Horrors of Puppy Mills" ("As Atrocidades dos Canis de Fundo de Quintal") – Vídeo A.2 – em inglês.

2 Para muitos cães em todos os Estados Unidos, é assim que a vida começa – em um canil de fundo de quintal. De acordo com a definição da Sociedade Humanitária dos Estados Unidos, canis de fundo de quintal são "operações de criação de cães em larga escala" que funcionam em "revoltantes condições de pobreza". Nesses canis, os criadores produzem filhotes por dinheiro – somente por dinheiro – e, quando muito, pouco se preocupam com as necessidades físicas, sociais ou emocionais desses cães.

3 Como sou apaixonado por cães, fiquei chocado quando tomei conhecimento das atrocidades cometidas por esses canis em todo o país enquanto pesquisava para esta palestra. Com base em meus questionários de análise, sei que grande parte de vocês teve um cachorro ou outro animal de estimação durante a infância e que acreditam que eles deveriam ser tratados

de maneira amável. Hoje, mostrarei a vocês que os canis de fundo de quintal não tratam amavelmente esses animais e apresentarei algumas soluções para resolver esse problema.

4 Esses canis existem há muito tempo, mas aumentaram sensivelmente nos últimos anos. Segundo estimativa da Sociedade Humanitária, atualmente existem mais de 10 mil canis de fundo de quintal nos Estados Unidos. De acordo com Stephanie Shain, diretora de Doação de Animais Sociáveis da Sociedade, dos 7 a 9 milhões de cães vendidos anualmente nos Estados Unidos, 2 a 4 milhões provêm de canis de fundo de quintal, o dobro da quantidade registrada há apenas uma década.

5 Em de vez criar os animais saudáveis e felizes que milhões de famílias sonham ter, os canis de fundo de quintal produzem cães com herpes canina, infecções respiratórias, parasitas, epilepsia e *E. coli*. Os cães que têm sorte de escapar de todas essas doenças muitas vezes não têm um dos olhos ou uma das patas, têm dentes cariados, displasia de quadril, problemas de pele e várias outras deformidades.

6 Além dos problemas físicos, com frequência eles são emocionalmente instáveis. Alguns são extremamente violentos e agressivos. Outros são apáticos e não têm vontade de interagir com pessoas nem com outros animais. Em vista da superlotação, alguns ficam literalmente enlouquecidos e arrancam a orelha, a pata ou o rabo de outros cães.

7 Mas vocês podem ver com os próprios olhos o que esses cães têm de suportar. Temos aqui uma foto de canil de fundo de quintal fornecida pela Sociedade Humanitária. Como podem ver, as gaiolas são amontoadas umas em cima das outras e os cães ficam espremidos dentro delas como se estivessem em uma lata de sardinhas. Como os animais não podem sair para fazer suas necessidades, as gaiolas ficam cheias de dejetos e tornam-se a fonte das doenças que mencionei anteriormente.

8 Vocês podem ter uma ideia melhor do quanto esses canis são repugnantes com esta foto, tirada depois que os cães foram removidos pelo pessoal de proteção animal. Observe como as gaiolas são estreitas e ficam comprimidas. Vocês podem ver sujeiras e entulhos por todos os lados.

9 Por fim, observem alguns cães. O primeiro veio de um canil de fundo de quintal daqui de Wisconsin. Ele foi tão maltratado que não conseguia ficar em pé sozinho e perdeu quase todo o pelo.

10 Esse outro estava em condições ainda piores. Coberto com os próprios excrementos, ele teve um monte de infecções e doenças e perdeu a visão em um dos olhos. Como outros cães provenientes desses canis, ele nunca havia visto um veterinário até o dia que foi resgatado.

11 É hora de acabar com as atrocidades praticadas nesses canis e de ajudar os cães e também os donos. A solução para esse problema requer ações em duas frentes – ações legais e iniciativa individual.

12 O primeiro passo é criar novas leis que acabem com os canis de fundo de quintal. As leis atuais, como a Lei de Bem-Estar Animal, são, na melhor das hipóteses, ineficazes, pois regulamentam apenas um pequeno número de criadores e deixam de fora inúmeros canis de fundo de quintal, que continuam funcionando clandestinamente.

13 Apresento aqui uma proposta de lei. Ela se baseia nas propostas que vêm sendo apresentadas em muitos estados do país. Todos os criadores que geram mais de 30 filhotes por ano deveriam ser obrigados a se registrar no Departamento de Agricultura do respectivo estado, que então inspecionaria as instalações dos canis do mesmo modo que o Departamento de Saúde inspeciona os restaurantes.

14 Os criadores com cães em condições precárias seriam tratados de acordo. A primeira transgressão resultaria em uma multa de US$ 3 mil. A segunda transgressão resultaria em uma multa de US$ 5 mil e em 30 dias de prisão. A terceira transgressão seria uma multa de

US$ 10 mil e 90 dias de prisão, mais a perda permanente da licença do canil em todos os estados da União.

15 Mas a legislação por si só não seria suficiente. Nós também temos um papel a cumprir. Precisamos acabar com o lucro dos canis de fundo de quintal. Para isso, não devemos comprar cães criados nesse tipo de canil. Podemos fazer isso seguindo as propostas apresentadas pela Sociedade Humanitária.

16 Primeiro, pensem na possibilidade de adotar um cão de um abrigo confiável em vez de comprar um filhote. Os abrigos podem oferecer a garantia de que o cão não apresenta problemas físicos e comportamentais.

17 Segundo, se vocês decidirem comprar um filhote, visitem as instalações do canil. Se o criador se recusar a mostrar as instalações ou quiser recebê-los em outro lugar, não comprem desse criador.

18 Terceiro, não comprem cães em lojas de animais de estimação. A Sociedade Humanitária descobriu que a maior parte dos animais vendidos nessas lojas provém de canis de fundo de quintal.

19 Quarto, não se deixem enganar pelas propagandas. O fato de um anúncio assegurar que o cão foi "criado em ambiente familiar" ou tem "certificado de saúde" não garante que isso seja verdade. Isso é particularmente importante nos anúncios veiculados na internet, casos em que não é possível confirmar se o animal é saudável ou se o canil é confiável.

20 Para concluir, gostaria que vocês pensassem agora no animal de estimação que vocês têm – não importa o tipo. Imaginem se ele tivesse de viver por um único dia que fosse nas condições enfrentadas pelos cães criados nos canis de fundo de quintal. Imaginem agora se ele tivesse de viver nessas condições dia após dia, semana após semana, mês após mês. Tenho certeza de que vocês não desejariam isso para ele.

21 Neste exato momento em que estamos aqui reunidos, milhões de cães estão sofrendo as atrocidades praticadas nos canis de fundo de quintal. É hora de impedir que esses criadores lucrem com essa crueldade. E mesmo que todos os cães acabem indo para o céu, como o título daquele filme diz,* não devemos deixar que eles comecem a vida no inferno.

Rompendo a bolha antibacteriana

Nos últimos anos, o uso de produtos domésticos antibacterianos aumentou de forma significativa nos Estados Unidos. Atualmente, os norte-americanos gastam milhões de dólares em produtos antibacterianos, desde sabonetes e lenços descartáveis a esponjas, xampus e até brinquedos que tenham sido tratados com substâncias químicas antibacterianas.

A palestra persuasiva a seguir defende que esses produtos não oferecem os benefícios declarados e que, na realidade, contribuem para o surgimento de problemas ambientais e de saúde pública a longo prazo. Como solução, a oradora propõe que a Agência de Controle de Alimentos e Medicamentos dos Estados Unidos (FDA) regulamente o uso de produtos antibacterianos e que os consumidores evitem usá-los.

Além de ler essa palestra, você pode assistir ao respectivo vídeo deste apêndice. Observe como a oradora utiliza exemplos, estatísticas e testemunhos para respaldar seu ponto de vista. Ela o convence de que o uso exagerado de produtos antibacterianos é um problema sério? Ela apresenta uma solução eficaz para o problema? Como ela poderia ter tornado essa palestra mais convincente?

1 No filme *O Menino da Bolha de Plástico*, um garoto que nasceu com uma deficiência no sistema imunológico é forçado a viver em um ambiente sem germes para evitar a contra-

---

* N. de T.: O filme é *All Dogs Go to Heaven* (*Todos os Cães Merecem o Céu*, no Brasil).

ção de infecções. Seu quarto é vedado contra bactérias e vírus, sua comida é especialmente preparada e seu único contato humano é com as mãos, mesmo assim com luva.

2 Hoje, milhões de norte-americanos estão tentando criar uma bolha ao seu redor e ao redor de sua família para impedir o contato com germes. Essa bolha, contudo, não é de plástico, mas de bilhões de dólares em lenços para as mãos, lenços de papel, sabonetes e esponjas antibacterianas.

> www.grupoa.com.br
> Assista à palestra "Bursting the Antibacterial Bubble" ("Rompendo a Bolha Antibacteriana") – Vídeo A.3 – em inglês.

3 Antes de obter informações sobre produtos antibacterianos em meu curso de saúde pública, sempre usei sabonetes bactericidas para lavar as mãos e produtos de limpeza antibacterianos no meu apartamento. Além disso, com base no levantamento que fiz, sei que 70% de você usam sabonetes bactericidas, produtos de limpeza ou outros produtos antibacterianos.

4 Porém, depois de obter informações sobre esse tema em minhas aulas e de ler pesquisas científicas para esta palestra, devo dizer que, por mais que tentemos, não conseguiremos criar uma bolha entre nós e os germes usando produtos antibacterianos; na verdade, esses produtos criam mais problemas do que soluções.

5 Para começar, devemos observar que estão surgindo produtos antibacterianos em tudo quanto é lugar. Na próxima vez em que fizerem compras, tentem encontrar um sabão líquido que não seja antibacteriano. De acordo com a Aliança para o Uso Prudente de Antibióticos, 75% de todos os sabonetes líquidos e 33% de todos os sabonetes em barra são antibacterianos.

6 Na realidade, há mais de mil produtos antibacterianos para uso doméstico no mercado. Além de todos esses sabonetes e produtos de limpeza, existem também algodão antibacteriano, inúmeros xampus antibacterianos e aquelas tábuas de cozinha antibacterianas da empresa Williams Sonoma. Vocês podem até comprar meias antibacterianas, antissépticos bucais, pastas de dente e, para se protegerem quando estão longe de casa, uma escova de dentes com cerdas antibacterianas para viagem.

7 De acordo com o jornal *Boston Globe*, inúmeros produtos, como colchões, bancadas de cozinha, cadeiras altas para bebês e até brinquedos, estão sendo revestidos com uma camada de substância química antibacteriana. Para o *New York Times*, essa moda antibacteriana é "o maior golpe de marketing desde a água engarrafada".

8 Não há dúvida de que esses produtos antibacterianos são bem-aceitos entre os consumidores, mas há muitos questionamentos sobre se eles realmente são eficazes para acabar com a disseminação de germes. Elaine Larson, pró-reitora da Escola de Enfermagem da Columbia University, estudou 238 famílias que utilizavam produtos antibacterianos e constatou que elas eram tão suscetíveis a ter febre, dor de garganta, tosse, irritação cutânea e problemas estomacais quanto as famílias que utilizavam produtos comuns. As descobertas de Larson são confirmadas por Eric Kupferberg, diretor associado da Escola de Saúde Pública de Harvard, que afirma: "Os produtos antimicrobianos não eliminam de forma significativa a quantidade de germes com que nos defrontamos no dia a dia".

9 Os produtos antibacterianos tampouco previnem a transmissão de gripes e resfriados. Por quê? Porque essas doenças são virais, e não bacterianas. Os produtos antibacterianos não matam vírus. De acordo com Elaine Larson, "As infecções adquiridas por pessoas sadias são em sua maioria diarreias, resfriados e gripes e são provocadas por vírus" – e nenhuma delas pode ser evitada com o uso de produtos antibacterianos.

10 Além de os produtos antibacterianos não conseguirem cumprir o que prometem, na verdade aumentam a probabilidade de ficarmos doentes. Segundo Stuart Levy, professor de microbiologia e medicina na Tufts University, o uso exagerado de produtos antibacterianos dentro de casa pode tornar as crianças mais suscetíveis ao desenvolvimento de alergias e asma.

11 Além disso, quem usa produtos antibacterianos pode ficar mais suscetível a infecções. James Chin, pesquisador em Nova Gales do Sul, Austrália, diz: "Para nos mantermos saudáveis, precisamos de um contato mínimo com vírus e bactérias. Você deve exercitar seu sistema imunológico do mesmo modo que exercita os músculos para ficar em forma. Se não fizer isso, seu sistema imunológico não terá nenhuma oportunidade de atuar quando enfrentar uma infecção".

12 Os problemas provocados por produtos antibacterianos são tão sérios, que o Dr. Myron Genel, presidente do conselho científico da Associação Médica Norte-Americana, receia que uma de suas consequências possa ser o desenvolvimento de bactérias resistentes a antibióticos, "que são, em grande medida, impossíveis de combater por apresentarem resistência aos medicamentos existentes".

13 E isso não é tudo. Além de ineficazes para prevenir doenças e representarem uma possível ameaça à nossa saúde, os produtos antibacterianos de uso doméstico também oferecem risco ao meio ambiente. Rolf Halden, da Escola de Saúde Pública da Johns Hopkins University, afirma que nos Estados Unidos são liberadas anualmente nas fontes de abastecimento de água mais de 900 toneladas de componentes químicos ativos provenientes de sabonetes antibacterianos.

14 O Serviço Geológico dos Estados Unidos relata que as substâncias químicas provenientes de produtos antibacterianos correm pelos córregos e lençóis freáticos da região de Denver até locais mais remotos das Montanhas Rochosas. Sabe-se que essas substâncias químicas poluem as fontes de abastecimento de água, interrompem a reprodução e o crescimento dos peixes e permanecem ativas ao longo de muitos anos porque não se decompõem rapidamente.

15 Como já temos ideia da seriedade desse problema, vejamos algumas soluções.

16 Primeiro, a legislação federal deve regulamentar o uso de produtos antibacterianos domésticos. Assim como a Agência de Controle de Alimentos e Medicamentos controla o uso de antibióticos, ela deveria criar também regulamentos para controlar o uso de produtos antibacterianos.

17 Não permitimos que as pessoas comprem antibióticos sem receita médica. Portanto, não há nenhum motivo para permitirmos que os fabricantes de sabonetes, lenços para as mãos, lenços de papel, escova de dentes e outros produtos adicionem agentes antibacterianos extremamente fortes sem a supervisão da Agência de Controle de Alimentos e Medicamentos. Em vista dos problemas que vêm sendo provocados por esses produtos, é hora de o governo federal tomar alguma providência.

18 Segundo, como consumidores, todos nós devemos agir. A atitude mais plausível é pararmos de comprar esses produtos. De acordo com o Centro de Controle de Doenças, a melhor maneira de evitarmos germes é lavarmos as mãos por 10 a 15 segundos com sabão comum e água.

19 Na verdade, um estudo realizado na University of North Carolina descobriu que lavar as mãos com água e sabão é mais eficaz no combate aos germes do que usar lenços antibacterianos para as mãos. De acordo com Emily Sickbert-Bennett, epidemiologista e coautora desse estudo, quando usamos água e sabão, os germes descem pelo ralo; porém, quando usamos lenços antibacterianos, "nunca enxaguamos as mãos". "Você está apenas esfregando um produto químico nas mãos e deixando-o secar."

20 Em conclusão, os norte-americanos gastam milhões de dólares todos os anos em produtos que prometem "matar germes adquiridos por contato". Contudo, como vimos hoje, a moda dos produtos antibacterianos é mais um golpe de marketing do que uma maneira comprovada de combater a disseminação de germes e a incidência de resfriados, gripes e outras doenças virais. Pior, esses produtos parecem contribuir para o aparecimento de problemas de saúde e estão gerando problemas ambientais nas fontes de abastecimento de água

dos Estados Unidos. O governo federal deveria começar a regulamentar esses produtos e nós, consumidores, deveríamos parar de desperdiçar nosso dinheiro com isso.

21 Precisamos combater a falsa ideia de que podemos usar esses produtos para criarmos uma bolha ao nosso redor e nos mantermos afastados de germes e doenças. Em vez disso, podemos romper essa bolha criada pelos profissionais de marketing que estão nos vendendo uma promessa enganosa e lavarmos completamente as mãos para nos livrarmos de toda essa sujeira.

Minha louca tia Sue

O objetivo de um discurso comemorativo é homenagear uma pessoa, um grupo de pessoas, uma instituição ou uma ideia. No discurso a seguir, uma oradora homenageia sua tia e sua heroica batalha contra uma doença debilitante: a artrite reumatoide.

À medida que você ler, observe que não se trata apenas de uma biografia que relata os detalhes da vida de Sue. Na verdade, essa apresentação gira em torno da coragem, do senso de humor e da recusa de Sue em ficar se lamentando sobre seu destino. A oradora oferece detalhes suficientes para esclarecer por que sua tia merece tamanho louvor, mas seu objetivo máximo é inspirar os ouvintes, e não os informar. A oradora utiliza também uma linguagem vívida, repetições e estruturas paralelas para dar à sua apresentação o tom formal apropriado a um discurso comemorativo.

Além de ler esse discurso, você pode também assistir ao vídeo correspondente deste apêndice.

1 A pessoa mais forte que conheço não consegue descascar uma batata. A pessoa mais forte que conheço tem dificuldade para se maquiar. A pessoa mais forte que conheço precisa de um chaveiro especial para girar a chave na ignição do carro.

> www.grupoa.com.br
> Assista à palestra "My Crazy Aunt Sue" ("Minha Louca Tia Sue") – Vídeo A.4 – em inglês.

2 Nos últimos 15 anos, tia Sue, hoje com 47 anos de idade, tem convivido com uma doença difícil e debilitante – a artrite reumatoide. Nessa doença, as articulações do corpo ficam extremamente inflamadas em virtude da atividade do sistema imunológico. Apesar das aflições diárias provocadas pela doença, tia Sue é mais forte do que qualquer outra mulher ou homem que já conheci.

3 Não há um momento sequer em que tia Sue não se confronte com essa terrível doença e seja lembrada de sua deficiência pelos medicamentos que precisa tomar e pela dor que é obrigada a suportar. O corpo dói para ficar de pé, dói para andar, dói para sentar. Depois de tomar inúmeros medicamentos ineficazes, agora ela está sendo submetida ao tratamento mais agressivo de todos, que inclui quimioterapia oral todas as semanas. Após meia dúzia de cirurgias, ela continua precisando de mais cirurgias, em virtude da fragilidade de seu corpo.

4 Entretanto, apesar de tudo isso, não me recordo de tê-la ouvido reclamar de seu destino sequer uma vez. Mesmo depois de todas as humilhações e inconveniências que essa doença lhe trouxe, tia Sue ainda encontra energia para dedicar grande parte de seu tempo não a si mesma, mas aos menos afortunados. No último Dia de Ação de Graças, por exemplo, ela ajudou a organizar um jantar para mais de 500 pobres e desabrigados. Tia Sue, que é obrigada a guardar seus medicamentos em um recipiente sem fechadura especial, para que assim consiga abri-lo com facilidade, ajudou a coordenar um jantar para os necessitados.

5 O retrato que pintei de tia Sue é de uma mulher amável, uma mulher determinada, uma mulher de bom coração, a quem o próprio sofrimento parece irrelevante quando comparado com o sofrimento de outros. Tudo o que disse antes é a mais pura verdade, mas há mais uma coisa sobre ela que me faz admirá-la tanto. Na verdade, isso é o que me faz amá-la tanto assim.

6 Com 1,60 de altura, 47 quilos e a ousadia de uma adolescente, ela se apresenta às pessoas utilizando o adjetivo "louca" antes de seu nome – e algumas vezes tive de concordar com ela. De certa forma, ela consegue lidar com essa doença horrível com senso de humor. E não

se trata de um senso de humor qualquer. Tia Sue é uma das pessoas mais engraçadas que conheço.

7 Há alguns anos, quando a doença começou a acometê-la intensamente, um dos advogados do escritório em que ela trabalhava lhe perguntou por que ela estava mancando. Ela lhe disse que havia caído enquanto praticava trapézio, seu *hobby* de fim de semana – e ele acreditou! Após um deslocamento no tornozelo e outras complicações, seu tornozelo ficou deformado e o arco do pé completamente contraído. Embora em um caso como esse a maioria das pessoas tenda a ficar amargurada, tia Sue refere-se a seu pé como "pé caricatural".

8 Tia Sue causou admiração em inúmeras pessoas ao longo da vida, mas espero que ela saiba o quanto ela me impressionou – e o quanto a admiro.

9 Reclamo quando tenho de andar com dificuldade pela neve para ir à escola, mas estou andando sem dor. Reclamo quando tenho de levar um amigo a algum lugar da cidade, mas estou dirigindo sem dor. Reclamo das provas que preciso fazer, mas tenho mobilidade no pulso para escrever sem dor. Aprendi com tia Sue que preciso me empenhar mais para me contentar com as coisas que tenho, em vez de me preocupar com as coisas "não tão perfeitas" em minha vida.

10 Tia Sue pode até se chamar de louca, mas para mim ela é fenomenal – é um prazer estar perto dela e um lembrete de que uma deficiência física de forma alguma enfraquece o espírito ou a beleza interior de uma pessoa.

Questões culturais
Sajjid Zahir Chinoy

Raramente um aluno faz um discurso de formatura que ofusque o orador principal – particularmente quando esse orador é um profissional da Harvard University e um ganhador do Pulitzer. Contudo, foi exatamente isso que ocorreu quando Sajjid Zahir Chinoy discursou para seus colegas de graduação na University of Richmond, em 12 de maio de 1996.

Nascido e criado perto de Bombaim, Índia, Chinoy foi selecionado para esse discurso após uma concorrida competição entre os alunos do *campus*. Depois de descrever o emaranhado de sentimentos que preencheram sua mente quando veio estudar nos Estados Unidos, Chinoy falou com comoção sobre a calorosa acolhida que recebeu em Richmond e sobre como as diferenças culturais podem ser superadas quando tentamos compreender as outras pessoas.

Diante de um auditório de 3 mil pessoas, sem nenhuma anotação, Chinoy falou espontaneamente, recebendo aplausos ensurdecedores, e suas declarações foram amplamente divulgadas na imprensa. Seu discurso foi tão inspirador, que o orador principal, o psiquiatra de Harvard Robert Coles, iniciou sua fala homenageando Chinoy. "Já participei de inúmeras cerimônias de formatura", disse Coles, "mas nunca ouvi um discurso parecido!".

O texto desse discurso foi transcrito de uma gravação em vídeo e publicado com a permissão de Sajjid Zahir Chinoy e da University of Richmond.

> www.grupoa.com.br
> Assista à palestra "Questions of Culture" ("Questões Culturais") – Vídeo A.5 – em inglês.

1 Ilustres convidados, professores, funcionários, estudantes, senh[...] tudo, turma de 1996:

2 Consigo visualizar essa cena muitas e muitas vezes: 23h30, sába[...] de 1992, Aeroporto Internacional de Bombaim, Índia. Estava deixa[...] estudar na University of Richmond. Enquanto dizia esse último adeus aos meus pais, à minha família e aos meus amigos, enquanto via esperanças, expectativas e até um pouquinho de tristeza em seus olhos, enquanto embarcava no Boeing 747, me dava conta de que minha vida havia mudado para sempre.

3 As 36 horas seguintes a bordo daquele avião foram momentos de questionamento, de preocupação, de tremenda incerteza.

4 Será que havia feito a escolha certa de deixar minha casa? Será que havia feito a escolha certa de deixar meus pais, minha família, meu lar? Será que havia feito a escolha certa de deixar meu país, minha cultura, minhas raízes? Será que havia feito a escolha certa ao escolher a University of Richmond?

5 E, obviamente, havia aquela perturbadora pergunta, uma pergunta que estava acima de todas as minhas preocupações: por ser um dos três únicos estudantes indianos em um *campus* de 3 mil alunos como o de Richmond, será que algum dia me adaptaria?

6 Meu país era diferente. Minha cultura era diferente. Minhas experiências eram diferentes. Minhas raízes eram diferentes. Meu idioma era diferente. Meu sotaque era diferente. Será que algum dia me adaptaria?

7 E então lá estava eu, acima das nuvens, me atracando com questões culturais, de interação, de etnia. O que não sabia era que a 9 mil metros abaixo de mim, em terra, o mundo enfrentava exatamente essas mesmas questões – questões culturais, questões de interação, questões de etnia.

8 Por isso, não importava se meu avião tivesse decolado de Bombaim, onde a convivência pacífica entre hindus e muçulmanos era extremamente frágil; ou se meu avião estivesse sobrevoando a África, onde os *hutus* e *tutsis* de Ruanda e Burundi passaram por um longo período de hostilidades; ou se meu avião estivesse sobre a Bósnia, onde sérvios, croatas, muçulmanos e bósnios haviam rompido mais uma trégua, a questão era a mesma – será que algum dia diferentes culturas poderiam se unir para reforçar umas às outras?

9 Senhoras e senhores, depois de uma turbulenta viagem de avião, este jovem estudante indiano encontrou sua resposta. Ele passou os quatro anos mais espetaculares de sua vida na University of Richmond. Os professores eram excelentes; as atividades extracurriculares eram excelentes; seus planos de estudo eram excelentes.

10 Mas o que deixou uma marca permanente em sua vida não foi nada disso. Não. Na verdade, foram os momentos especiais, aqueles momentos de interação humana, aquelas relações humanas que nunca poderão ser traduzidas em palavras.

11 A ocasião em que este jovem estudante indiano desfrutou seu primeiro jantar do Dia de Ação de Graças com o treinador de sua equipe de debate. Aquele dia em que comi carne de peru pela primeira vez nos Estados Unidos e assisti à minha primeira partida de futebol americano, sem saber a diferença entre *tackle* e *touchdown*. E então, subitamente, esse estudante indiano tão diferente tornou-se parte inerente dessa incrível tradição norte-americana de agradecimento.

12 A ocasião em que passei minha primeira noite de Natal com meu professor de jornalismo. Naquela noite de Natal em que o relacionamento já não era entre professor e aluno, mas entre dois amigos que disputavam ferozmente cada ponto no pingue-pongue.

13 A ocasião em que tive uma longa e honesta conversa com um amigo norte-americano na véspera de uma prova de cálculo. Não aprendi muito sobre cálculo naquela noite. O que realmente aprendi é que, por mais diferente que sejamos – diferentes países, diferentes culturas, diferentes continentes –, somos inerentemente iguais.

14 A ocasião em que a Índia, em dezembro de 1992, foi acometida por distúrbios públicos, quando a violência e a matança estavam a poucos quilômetros de distância da minha família e da minha casa e meu fantástico colega de quarto, no ano em que ainda era calouro, me apoiou durante toda a noite, dando-me esperança, força e coragem a cada passo.

15 Sim, quatro anos depois daquele voo turbulento, encontrei a resposta para essa questão de cultura.

16 Cheguei à conclusão de que foi necessário apenas um pouquinho de compreensão, apenas um pouquinho de sensibilidade, apenas um pouquinho de receptividade, apenas um pouquinho de simpatia da parte desta comunidade – da comunidade da University of Richmond – para mudar minha vida como nunca havia mudado antes.

17 Descobri que não importa que cultura seguimos, quais são nossas raízes, quais são nossas experiências, que idioma falamos, que sotaque temos. Os laços humanos transcendem facilmente essas diferenças superficiais.

18 Entretanto, deem uma olhada no mundo à sua volta. Observem todas as regiões que enfrentaram os mesmos questionamentos culturais que enfrentei há quatro anos.

19 Observem a Bósnia, onde, entre 1992 e 1996, 300 mil pessoas foram assassinadas – bósnios, sérvios, croatas, muçulmanos. Tudo isso porque eles tinham uma origem, uma cultura ou uma história levemente distinta.

20 Observem Bombaim, na Índia. Em uma insana semana de 1992, 2 mil indianos – hindus e muçulmanos – perderam a vida lutando entre si. Eles lutaram por uma mesquita; eles lutaram por uma estrutura de cimento e tijolo. Dois mil seres humanos perderam a vida.

21 Observem a África, entre 1992 e 1996, 1 milhão de *hutus* e *tutsis* perderam a vida. Pensem nisso só por um momento. Entre nosso primeiro ano como calouros ao quarto ano, 1 milhão de pessoas perderam a vida lutando por sua cultura, por sua história, por suas raízes.

22 Sim, apenas observem essa insanidade. O mundo lutou duramente para ressaltar suas diferenças. Nós nos esquecemos de nossas similaridades inerentes. Tudo isso porque o que faltava era um pouquinho de compreensão. Só um pouquinho de sensibilidade. Só um pouquinho de receptividade. Só um pouquinho de simpatia.

23 Duas questões culturais semelhantes em 1992. Dois resultados diametralmente opostos em 1996.

24 Por isso digo à turma de 1996: vão em frente e diferenciem-se como nunca antes. Tentem conseguir o melhor emprego, a carreira mais recompensadora. Escolham o melhor programa de pós-graduação. E de fato façam diferença na comunidade em que estiverem vivendo.

25 Mas nem por um momento, nem por um momento sequer, se esqueçam das lembranças desses quatro anos – da lembrança de que só um pouquinho de compreensão, só um pouquinho de sensibilidade, só um pouquinho de receptividade, só um pouquinho de simpatia de sua parte podem determinar a diferença entre o completo desespero para um jovem da Bósnia e uma extraordinária esperança para outro jovem em Richmond.

26 Obrigado.

Notas

» CAPÍTULO 1

1. Péricles, citado em Richard Whately, *Elements of Rhetoric,* 7th ed. (London: John W. Parker, 1846), p. 10.
2. *Raising the Bar: Employers' Views on College Learning in the Wake of the Economic Downturn* (Washington, DC: Hart Research Associates, 2010); "Communication Tops Skills Sought by Employers," *Training,* October 11, 2010, www.training.com. May 12, 2011.
3. Dave McGinn, "Me? Public Speaking?" *Globe and Mail* , December 1, 2009, p. L1.
4. Quoted in Emily Driscoll, "Um, Like, Whatever: College Grads Lack Verbal Skills," Foxbusiness.com, March 4, 2011. April 6, 2011.
5. George A. Kennedy, *Comparative Rhetoric: An Historical and Cross-Cultural Introduction* (New York: Oxford University Press, 1998).
6. Geoffrey Brewer, "Snakes Top List of Americans' Fears," Gallup News Service, February 2001; Alex Blyth, "How to Get the Most Out of Public Speaking Training," *Training Magazine* (June 14, 2006), p. 7.
7. A. M. Ruscio, T. A. Brown, W. T. Chiu, J. Sareen, M. B. Steain, and R. C. Kessler, "Social Fears and Social Phobia in the USA: Results from the National Comorbidity Survey Replication," *Psychological Medicine* (January 2008), pp. 15-28.
8. Cicero, *De Oratore,* trans. E. W. Sutton (Cambridge, MA: Harvard University Press, 1942), p. xxvi.
9. Digby Jones, "Public Speaking Tests the Nerves of Most Directors," *Birmingham Post,* August 25, 2003.
10. Elayne Snyder, *Speak for Yourself-With Confidence* (New York: New American Library, 1983), p. 113.
11. Sharon Aschaiek, "Conquer Your Fear of Public Speaking," *Toronto Sun,* March 16, 2005.
12. Inúmeros estudos demonstraram que os cursos de oratória ajudam a diminuir o medo de falar em público. Consulte Graham D. Bodie, "A Racing Heart, Rattling Knees, and Ruminative Thoughts: Defining, Explaining, and Treating Public Speaking Anxiety," *Communication Education,* 59 (2010), pp. 70-105.
13. Lilly Walters, *Secrets of Successful Speakers* (New York: McGraw-Hill, 1993), pp. 32-36.
14. Consulte Steven Ungerleider, *Mental Training for Peak Performance,* rev. ed. (Emmaus, PA: Rodale Books, 2005).
15. Joe Ayres, Tim Hopf, Michael T. Hazel, Debbie M. A. Sonandre, and Tanichya K. Wongprasert, "Visualization and Performance Visualization: Applications, Evidence, and Speculation," in John A. Daly et al. (eds.), *Avoiding Communication: Shyness, Reticence, and Communication Apprehension,* 3rd ed. (Cresskill, NJ: Hampton Press, 2009), pp. 375-394.
16. Dick Cavett, citado em Steve Allen, *How to Make a Speech* (New York: McGraw-Hill, 1986), p. 10.
17. Para obter mais informações sobre as ideias contidas nesse parágrafo, consulte Michael T. Motley, *Overcoming Your Fear of Public Speaking: A Proven Method* (Boston: Houghton Mifflin, 1998).
18. Chris R. Sawyer and Ralph R. Behnke, "Reduction in Public Speaking State Anxiety During Performance as a Function of Sensitization Processes," *Communication Quarterly,* 50 (2002), pp. 110-121.

19. Para obter mais informações sobre as dimensões do pensamento crítico, consulte M. Neil Browne and Stuart M. Keeley, *Asking the Right Questions: A Guide to Critical Thinking,* 9th ed. (Upper Saddle River, NJ: Pearson Education, 2010).
20. Para ver outros modelos de processo de comunicação oral, consulte Stephen W. Littlejohn and Karen A. Foss, *Theories of Human Communication,* 10th ed. (Long Grove, IL: Waveland Press, 2011); Em Griffin, *A First Look at Communication Theory,* 8th ed. (New York: McGraw-Hill, 2012).
21. Herman Melville, *Redburn: His First Voyage* (New York: Harper and Brothers, 1850), p. 214.
22. William B. Gudykunst and Young Yun Kim, *Communicating with Strangers: An Approach to Intercultural Communication,* 4th ed. (New York: McGraw-Hill, 2003), p. 4.
23. Para obter informações mais detalhadas sobre os gestos e outros aspectos da comunicação intercultural, consulte Judith N. Martin and Thomas K. Nakayama, *Intercultural Communication in Contexts,* 5th ed. (New York: McGraw-Hill, 2010).
24. Adaptada de Roger E. Axtell (ed.), *Do's and Taboos Around the World,* 3rd ed. (New York: John Wiley and Sons, 1993), p. 41.
25. Myron W. Lustig and Jolene Koester, *Intercultural Competence: Interpersonal Communication Across Cultures,* 6th ed. (Boston: Allyn and Bacon, 2010), pp. 149-152.
26. Para obter mais informações sobre multiculturalismo e comunicação, consulte Shang Liu, Zala Vol i, and Cindy Gallois, *Introducing Intercultural Communication: Global Cultures and Contexts* (Thousand Oaks, CA: Sage, 2011).

» CAPÍTULO 2

1. Richard L. Johannesen, Kathleen S. Valde, and Karen E. Whedbee, *Ethics in Human Communication,* 6th ed. (Prospect Heights, IL: Waveland Press, 2008), p. 14.
2. Johannesen, Valde, and Whedbee, *Ethics in Human Communication,* p. 13.
3. Consulte, por exemplo, Vincent Ryan Ruggiero, *Thinking Critically About Ethical Issues,* 7th ed. (New York: McGraw-Hill, 2008).
4. Haig A. Bosmajian, *The Language of Oppression* (Lanham, MD: University Press of America, 1983), p. 5.
5. Consulte Steven J. Heyman, *Free Speech and Human Dignity* (New Haven, CT: Yale University Press, 2008).
6. Thomas L. Tedford and Dale A. Herbeck, *Freedom of Speech in the United States,* 6th ed. (State College, PA: Strata Publishing, 2009), pp. 173-180.
7. Kenneth Blanchard and Norman Vincent Peale, *The Power of Ethical Management* (New York: Ballantine Books, 1988), p. 64.
8. Para examinar um excelente manual sobre como tomar decisões éticas, consulte Ronald A. Howard and Clinton D. Korver, *Ethics for the Real World* (Boston: Harvard Business Press, 2008).
9. *MLA Handbook for Writers of Research Papers,* 7th ed. (New York: Modern Language Association of America, 2009), p. 52.
10. Merry Firschein, "School Chief Calls Speech 'An Error in Judgment,'" *The Record,* June 2, 2007; "Superintendent's Speech Stirs Talk of Plagiarism," *New York Times,* June 2, 2007; Merry Firschein, "Teachers Worried About Boss's Last Year," *The Record,* June 13, 2007.
11. Bruce Perry, *Malcolm: The Life of the Man Who Changed Black America* (Tarrytown, NY: Station Hill, 1991), p. 380.
12. Esse credo está disponível em <www.natcom.org/Default.aspx?id=134&terms=credo>.
13. Consulte <www.natcom.org/Default.aspx?id=134& terms=credo>.

» CAPÍTULO 3

1. Larry Barker and Kittie Watson, *Listen Up: What You've Never Heard About the Other Half of Every Conversation* (New York: St. Martin's, 2001), p. 5.

2. Michael P. Nichols, *The Lost Art of Listening,* 2nd ed. (New York: Guilford, 2009).
3. Consulte Lyman K. Steil and Richard K. Bommelje, *Listening Leaders: The Ten Golden Rules to Listen, Lead, and Succeed* (Edina, MN: Beaver's Pond Press, 2004).
4. Judi Brownell, *Listening: Attitudes, Principles, and Skills,* 4th ed. (Boston: Allyn and Bacon, 2010), p. 9.
5. Jan Flynn, Tuula-Riitta Valikoski, and Jennie Grau, "Listening in the Business Context: Reviewing the State of Research," *International Journal of Listening,* 22 (2008), pp. 141-151; Laura A. Janusik, "Listening Pedagogy: Where Do We Go From Here?" in Andrew D. Wolvin (ed.), *Listening and Human Communication in the 21st Century* (West Sussex, UK: Blackwell, 2010), pp. 193-194.
6. Consulte, por exemplo, Melissa L. Beall, Jennifer Gill-Rosier, Jeanine Tate, and Amy Matten, "State of the Context: Listening in Education," *International Journal of Listening,* 22 (2008), pp. 123-132.
7. Andrew W. Wolvin and Carolyn Gwynn Coakley, *Listening,* 5th ed. (Dubuque, IA: Brown and Benchmark, 1995), pp. 223-396.
8. Brownell, *Listening: Attitudes, Principles, and Skills,* p. 84.
9. Louis Nizer, *My Life in Court,* repr. ed. (Whitefish, MT: 2010), pp. 297-298.
10. Adaptada de Lyman K. Steil, Larry L. Barker, and Kittie W. Watson, *Effective Listening* (Reading, MA: Addison-Wesley, 1983).
11. George H. Putnam, *Abraham Lincoln* (New York: Putnam, 1909), pp. 44-45.
12. M. Scott Peck, *The Road Less Traveled: A New Psychology of Love, Traditional Values, and Spiritual Growth,* 25th anniversary ed. (New York: Touchstone Books, 2003), p. 127.
13. Jack Hayes, "Fifty Years of Meteorological Advances," *Vital Speeches,* 77 (2011), pp. 27-30.
14. Consulte Ralph G. Nichols and Leonard A. Stevens, *Are You Listening?* (New York: McGraw-Hill 1957), pp. 113-114. Essa obra clássica ainda tem muito coisa importante a dizer sobre esse assunto.
15. A respeito de alguns outros desafios sobre apontamentos, consulte Annie Piolat, Thierry Olive, and Ronald T. Kellogg, "Cognitive Effort During Note Taking," *Applied Cognitive Psychology,* 19 (2005), pp. 291-312.
16. Consulte, por exemplo, Tamas Makany, Jonathan Kemp, and Itiel E. Dror, "Optimizing the Use of Note-Taking as an External Cognitive Aid for Increasing Learning," *British Journal of Educational Technology,* 40 (2009), pp. 619-635.

» CAPÍTULO 6

1. Assistir presencialmente à sua aula de oratória é também importante porque os alunos participam de uma atividade retórica que é essencial para a democracia participativa. Consulte Rosa A. Eberly, "Rhetoric and the Anti-Logos Doughball: Teaching Deliberating Bodies the Practices of Participatory Democracy," *Rhetoric and Public Affairs,* 5 (2002), p. 296.
2. Saul Alinsky, *Rules for Radicals* (New York: Random House, 1971), p. 81.
3. Para uma discussão mais abrangente sobre questões de gênero na comunicação, consulte Julia T. Wood, *Gendered Lives: Communication, Gender, and Culture,* 9th ed. (Boston: Wadsworth, 2011).
4. Diana L. Eck, *A New Religious America* (New York: HarperCollins, 2001), p. 4.
5. Pesquisas demonstram que os oradores/palestrantes normalmente são mais persuasivos quando tentam refutar argumentos contrários, em comparação a ignorá-los. Consulte Richard M. Perloff, *The Dynamics of Persuasion: Communication and Attitudes in the 21st Century,* 4th ed. (New York: Routledge, 2010), pp. 185-186.

» CAPÍTULO 7

1. Para obter mais informações detalhadas sobre pesquisa na internet, consulte Randolph Hock, *The Extreme Searcher's Internet Handbook: A Guide for the Serious Searcher,* 3rd ed. (Medford, NJ: CyberAge Books, 2010).
2. Consulte, por exemplo, Adam R. Brown, "Wikipedia as a Data Source for Political Scientists: Accuracy and Completeness of Coverage," *PS: Political Science and Politics,* 44 (2011), pp. 339-343; Don Fallis, "Toward an

Epistemology of Wikipedia," *Journal of the American Society for Information Science and Technology,* 59 (2008), pp. 1662-1674.
3. Esses critérios são adaptados de Sheridan Libraries, "Evaluating Information Found on the Internet," *Johns Hopkins University* . Web. April 14, 2011.
4. Para obter mais informações sobre vários tipos de entrevista e situações, consulte Charles J. Stewart and William B. Cash, Jr., *Interviewing: Principles and Practices,* 13th ed. (New York: McGraw-Hill, 2011).
5. Para examinar um estudo interessante que confirma até que ponto o processo de pesquisa e de desenvolvimento de palestras e discursos pode afetar as crenças e atitudes de palestrantes iniciantes, consulte Barbara Mae Gayle, "Transformations in a Civil Discourse Public Speaking Class: Speakers' and Listeners' Attitude Change," *Communication Education,* 53 (2004), pp. 174-184.

» CAPÍTULO 8

1. Consulte, por exemplo, Kathryn Greene, Shelly Campo, and Smita C. Banerjee, "Comparing Normative, Anecdotal, and Statistical Risk Evidence to Discourage Tanning Bed Use," *Communication Quarterly,* 58 (2010), pp. 111-132.
2. Gostaria de agradecer ao *21st Century* e *China Daily* pela permissão de incluir esse trecho da palestra de Sun Yan na Media Library (Biblioteca de Mídias) *on-line* da edição original de *A arte de falar em público.*
3. Elliot Aronson, *The Social Animal,* 10th ed. (New York: Worth, 2008), pp. 92-93.
4. Essa questão foi defendida por James A. Winans em seu excelente livro *Speech-Making* (New York: Appleton-Century-Crofts, 1922), p. 141.
5. Ao longo dos anos, houve muitas discussões sobre quais dos fatores teriam maior impacto sobre os ouvintes, se as estatísticas ou se os exemplos. Para examinar um estudo recente que aborda esse assunto, consulte Hans Hoeken and Lettica Hustinx, "When Is Statistical Evidence Superior to Anecdotal Evidence in Supporting Probability Claims? The Role of Argument Type," *Human Communication Research,* 35 (2009), pp. 491-510.
6. Joel Best, *Stat-Spotting: A Guide to Identifying Dubious Data* (Berkeley: University of California Press, 2008), oferece uma visão fascinante sobre a utilização apropriada e inapropriada das estatísticas. Para examinar uma abordagem mais técnica, consulte Neil J. Salkind, *Statistics for People Who (Think They) Hate Statistics,* 4th ed. (Thousand Oaks, CA: Sage, 2011).
7. Bob Papper, "2010 Salary Survey: News Salaries Stabilize," Radio Television Digital News Association. *RTDNA.* Web. 15 April 2011.
8. M. Allen, R. Bruflat, R. Fucilla, M. Kramer, S. McKellips, D. J. Ryan, and M. Spiegelhoff, "Testing the Persuasiveness of Evidence: Combining Narrative and Statistical Forms," *Communication Research Reports,* 17 (2000), pp. 331-336.
9. Para examinar uma pesquisa que confirma a importância de citar as fontes ao apresentar evidências, consulte Rodney A. Reynolds and J. Lynn Reynolds, "Evidence," in James Price Dillard and Michael Pfau (eds.), *The Persuasion Handbook: Developments in Theory and Practice* (Thousand Oaks, CA: Sage, 2002), pp. 429-430.
10. Richard M. Perloff, *The Dynamics of Persuasion: Communication and Attitudes in the 21st Century,* 4th ed. (New York: Routledge, 2010), pp. 251-254.

» CAPÍTULO 9

1. Ernest C. Thompson, "An Experimental Investigation of the Relative Effectiveness of Organizational Structure in Oral Communication," *Southern Speech Journal,* 26 (1960), pp. 59-69.
2. Harry Sharp, Jr., and Thomas McClung, "Effects of Organization on the Speaker's Ethos," *Speech Monographs,* 33 (1966), pp. 182-183.
3. Consulte, por exemplo, B. Scott Titsworth, "Students' Notetaking: The Effects of Teacher Immediacy and Clarity," *Communication Education,* 53 (2004), pp. 305-320; Joseph L. Chesebro, "Effects of Teacher Clarity and Nonverbal Immediacy on Student Learning, Receiver Apprehension, and Affect," *Communication Education,* 52 (2003), pp. 135-147.

» CAPÍTULO 10

1. Judith S. Kaye, "Gathering Dreams and Giving Them Life," *Vital Speeches,* 73 (2007), pp. 239-242.
2. Robert M. Gates, "About the Institution You Will Someday Lead," *Vital Speeches,* 77 (2011), pp. 138-142.
3. Dorothy Sarnoff, *Speech Can Change Your Life* (Garden City, NY: Doubleday, 1970), p. 189.
4. Sarnoff, *Speech Can Change Your Life,* p. 190.

» CAPÍTULO 11

1. Robert T. Oliver, *History of Public Speaking in America* (Boston: Allyn and Bacon, 1965), p. 143.
2. Oliver, *History of Public Speaking,* p. 145.

» CAPÍTULO 12

1. Para examinar uma pesquisa confiável e respeitada sobre as várias funções da linguagem, consulte David Crystal, *The Cambridge Encyclopedia of Language,* 3rd ed. (New York: Cambridge University Press, 2010).
2. Dorothy Sarnoff, *Speech Can Change Your Life* (New York: Doubleday, 1970), p. 71.
3. Annmarie Mungo, "A Child Is Born," *Winning Orations, 1980* (Mankato, MN: Interstate Oratorical Association, 1980), pp. 49-50.
4. Consulte Joseph Williams and Gregory G. Colomb, *Style: Lessons in Clarity and Grace,* 10th ed. (New York: Longman, 2010), para obter mais informações sobre os princípios de clareza verbal.
5. James Geary, *I Is an Other: The Secret Life of Metaphor and How It Shapes the Way We See the World* (New York: Harper, 2011), apresenta uma pesquisa de leitura muito agradável sobre o papel da metáfora na expressão humana.
6. Edward Bliss, Jr. (ed.), *In Search of Light: The Broadcasts of Edward R. Murrow, 1938–1961* (New York: Knopf, 1967), p. 276.
7. Rosalie Maggio, *Talking About People: A Guide to Fair and Accurate Language* (Phoenix, AZ: Oryx Press, 1997), p. 26.

» CAPÍTULO 13

1. Irving Bartlett, *Wendell Phillips: Boston Brahmin* (Boston: Beacon Press, 1961), p. 192.
2. A. Craig Baird, *Rhetoric: A Philosophical Inquiry* (New York: Ronald Press, 1965), p. 207.
3. Daniel J. O'Keefe, *Persuasion: Theory and Research,* 2nd ed. (Thousand Oaks, CA: Sage, 2002), p. 185.
4. Dorothy Sarnoff, *Speech Can Change Your Life* (Garden City, NY: Doubleday, 1970), p. 73.
5. Consulte Walt Wolfram and Ben Ward (eds.), *American Voices: How Dialects Differ from Coast to Coast* (Malden, MA: Blackwell, 2006), para examinar uma compilação de textos sobre dialetos nos Estados Unidos.
6. Consulte Kenneth C. Crannell, *Voice and Articulation,* 5th ed. (Boston: Wadsworth, 2012), para obter mais informações sobre todos os aspectos da produção vocal.
7. Mark L. Knapp and Judith A. Hall, *Nonverbal Communication in Human Interaction,* 7th ed. (Boston: Wadsworth, 2010), pp. 12-15.
8. Richard M. Perloff, *The Dynamics of Persuasion: Communication and Attitudes in the 21st Century,* 4th ed. (New York: Routledge, 2010), pp. 178-181.
9. Para obter mais informações sobre elocução e outros aspectos da oratória, consulte Garr Reynolds, *The Naked Presenter* (Berkeley, CA: New Riders, 2011); Scott Berkun, *Confessions of a Public Speaker* (Sebastopol, CA: O'Reilly Media, 2010).
10. Thomas F. Calcagni, *Tough Questions-Good Answers: Taking Control of Any Interview* (Sterling, VA: Capital Books, 2008), apresenta várias dicas práticas sobre a condução de sessões de perguntas e respostas.

» CAPÍTULO 14

1. Para examinar um compêndio de pesquisas sobre esses assuntos, consulte Richard E. Mayer (ed.), *Multimedia Learning* (New York: Cambridge University Press, 2009).
2. Consulte Stephen Few, *Now You See It: Simple Visualization Techniques for Quantitative Analysis* (Oakland, CA: Analytics Press, 2009), para obter uma visão reveladora da arte dos gráficos estatísticos.
3. Herbert W. Lovelace, "The Medium Is More Than the Message," *Informationweek.com* (July 16, 2001), p. 74.
4. Consulte, por exemplo, Richard E. Mayer and Cheryl I. Johnson, "Revising the Redundancy Principle in Multimedia Learning," *Journal of Educational Psychology,* 100 (2008), pp. 380-386.
5. Nancy Duarte, *Slideology: The Art and Science of Creating Great Presentations* (Sebastopol, CA: O'Reilly Books, 2008), apresenta uma profusão de constatações sobre a criação de recursos visuais de alto impacto.
6. Para obter mais dicas sobre a utilização eficaz de recursos visuais, consulte Garr Reynolds, *Presentation Zen: Simple Ideas on Presentation and Delivery* (Berkeley, CA: New Riders Press, 2008).

» CAPÍTULO 15

1. John R. Johnson and Nancy Szczupakiewicz, "The Public Speaking Course: Is It Preparing Students with Work-Related Public Speaking Skills?" *Communication Education,* 36 (1987), pp. 131-137; Andrew D. Wolvin and Diana Corley, "The Technical Speech Communication Course: A View from the Field," *Association for Communication Administration Bulletin,* 49 (1984), pp. 83-91.
2. Richard E. Mayer, Sherry Fennell, Lindsay Farmer, and Julie Campbell, "A Personalization Effect in Multimedia Learning: Students Learn Better When Words Are in Conversational Style Rather Than Formal Style," *Journal of Educational Psychology,* 96 (2004), pp. 389-395.
3. Joseph Conrad, "Youth: A Narrative," in Samuel Hynes (ed.), *Collected Stories of Joseph Conrad* (Hopewell, NJ: Ecco Press, 1991), p. 166.
4. James Humes, *Roles Speakers Play* (New York: Harper and Row, 1976), p. 25.

» CAPÍTULO 16

1. Existem várias definições conflitantes sobre persuasão. A minha é extraída de Gerald R. Miller, "On Being Persuaded: Some Basic Distinctions," in James Price Dillard and Michael Pfau (eds.), *The Persuasion Handbook: Developments in Theory and Practice* (Thousand Oaks, CA: Sage, 2002), pp. 3-16.
2. Amanda Bennett, "Economics + Meeting = A Zillion Causes and Effects," *Wall Street Journal,* January 10, 1995, B1.
3. Consulte Richard L. Johannesen, Kathleen S. Valde, and Karen E. Whedbee, *Ethics in Human Communication,* 6th ed. (Prospect Heights, IL: Waveland Press, 2008), para obter uma visão completa sobre ética na comunicação.
4. Adaptada de Herbert W. Simons and Jean G. Jones, *Persuasion in Society* , 2nd ed. (New York: Routledge, 2011), p. 46.
5. Essa visão sobre a interação entre orador e ouvinte reflete modelos de processamento cognitivo da persuasão em geral e do modelo de probabilidade de elaboração em particular. Para obter uma explicação concisa sobre esse último, consulte Em Griffin, *A First Look at Communication Theory,* 8th ed. (New York: McGraw-Hill, 2012), pp. 205-216.
6. Existem muitas pesquisas que confirmam a necessidade de os oradores persuasivos responderem a possíveis objeções a seus argumentos. Consulte John A. Banas and Stephen A. Rains, "A Meta-Analysis of Research on Inoculation Theory," *Communication Monographs,* 77 (2010), pp. 282-311.
7. Para uma excelente visão sobre pesquisas a respeito da persuasão em salas de tribunal, consulte John C. Reinard, "Persuasion in the Legal Setting," in Dillard and Pfau, *Persuasion Handbook,* pp. 543-602.
8. Richard M. Perloff, *The Dynamics of Persuasion: Communication and Attitudes in the 21st Century,* 4th ed. (New York: Routledge, 2010), pp. 259-261.
9. Daniel J. O'Keefe, *Persuasion: Theory and Research,* 2nd ed. (Thousand Oaks, CA: Sage, 2002), pp. 218-219.

10. Consulte, por exemplo, Amber Marie Reinhart, Heather M. Marshall, Thomas Hugh Feeley, and Frank Tutzauer, "The Persuasive Effects of Message Framing in Organ Donation: The Mediating Role of Psychological Reactance," *Communication Monographs,* 74 (2007), pp. 229-255.

» CAPÍTULO 17

1. James C. McCroskey, *An Introduction to Rhetorical Communication,* 9th ed. (Boston: Allyn and Bacon, 2006), pp. 84-96.
2. Rachel A. Smith and Edward L. Fink, "Compliance Dynamics Within a Simulated Friendship Network I: The Effects of Agency, Tactic, and Node Centrality," *Human Communication Research,* 36 (2010), pp. 232-260.
3. Richard M. Perloff, *The Dynamics of Persuasion: Communication and Attitudes in the 21st Century,* 4th ed. (New York: Routledge, 2010), pp. 210-213.
4. Consulte John A. Banas and Stephen A. Rains, "A Meta-Analysis of Research on Inoculation Theory," *Communication Monographs,* 77 (2010), pp. 282-311.
5. John C. Reinard, "The Empirical Study of the Persuasive Effects of Evidence: The Status After Fifty Years of Research," *Human Communication Research* , 15 (1988), pp. 37-38.
6. Consulte, por exemplo, Michael T. Stephenson, "Examining Adolescents' Responses to Antimarijuana PSAs," *Human Communication Research,* 29 (2003), pp. 343-369.
7. Rodney A. Reynolds and J. Lynn Reynolds, "Evidence," in James Price Dillard and Michael Pfau (eds.), *The Persuasion Handbook: Developments in Theory and Practice* (Thousand Oaks, CA: Sage, 2002), pp. 429-430.
8. Daniel J. O'Keefe, *Persuasion: Theory and Research,* 2nd ed. (Thousand Oaks, CA: Sage, 2002), pp. 216-218.
9. Adaptada de James C. Humes, *A Speaker's Treasury of Anecdotes About the Famous* (New York: Harper and Row, 1978), p. 131.
10. Nos sistemas clássicos de lógica, o raciocínio que parte de fatos particulares à conclusão geral era conhecido como indução. Entretanto, os lógicos contemporâneos redefiniram a indução como qualquer tipo de raciocínio em que a conclusão é deduzida de suas premissas de probabilidade, independentemente de o raciocínio partir de casos específicos para uma conclusão geral ou de uma premissa geral para uma conclusão específica. Nesse esquema, o raciocínio que parte de casos específicos é um tipo de argumento indutivo – do mesmo modo que o raciocínio causal e o raciocínio por analogia. Consulte, por exemplo, Nancy M. Cavender and Howard Kahane, *Logic and Contemporary Rhetoric: The Use of Reason in Everyday Life,* 11th ed. (Belmont, CA: Wadsworth, 2010).
11. Lionel Ruby, *The Art of Making Sense* (Philadelphia: Lippincott, 1954), p. 261.
12. Nos sistemas clássicos de lógica, o raciocínio que parte de uma premissa geral para uma conclusão específica era conhecido como dedução. Contudo, do mesmo modo que os lógicos contemporâneos redefiniram a indução (consulte a nota 10), eles também redefiniram a dedução como qualquer tipo de raciocínio em que a conclusão parte de suas premissas de certeza. Alguns argumentos dedutivos partem de premissas gerais para uma conclusão específica, mas outros partem de premissas específicas para uma conclusão geral. Muitos livros-texto de oratória confundem o raciocínio que parte de um princípio, que é uma forma de dedução, com o raciocínio dedutivo em geral.
13. Para examinar outras falácias e métodos de raciocínio, consulte Douglas Walton, *Informal Logic: A Pragmatic Approach,* 2nd ed. (Cambridge: Cambridge University Press, 2008).
14. H. E. Butler (trans.), *The Institutio Oratoria of Quintilian* (Cambridge, MA: Harvard University Press, 1961), IV, p. 141.
15. George Campbell, *The Philosophy of Rhetoric,* ed. Lloyd F. Bitzer (Carbondale, IL: Southern Illinois University Press, 1988), p. 77.
16. Pesquisas sobre apelos ao medo, por exemplo, demonstraram que as mensagens que têm o objetivo exclusivo de despertar o medo no público normalmente são menos eficazes do que as mensagens que associam apelos ao medo com explicações sensatas sobre como eliminar ou lidar com a fonte de medo. Para examinar uma excelente revisão dessas pesquisas, consulte Perloff, *Dynamics of Persuasion,* pp. 194-207.

» CAPÍTULO 18

1. James C. Humes, *Roles Speakers Play* (New York: Harper and Row, 1976), p. 8.
2. Com relação a ambos os discursos, consulte "Remarks by President Clinton and President Nelson Mandela at Presentation of the Congressional Gold Medal to President Nelson Mandela," September 23, 1998. (http://clinton4.nara.gov/WH/New/html/19980923-977.html). May 20, 2011.
3. Humes, *Roles Speakers Play,* pp. 33-34, 36.

» CAPÍTULO 19

1. Gloria J. Galanes and Katherine Adams, *Effective Group Discussion: Theory and Practice,* 13th ed. (New York: McGraw-Hill, 2010), pp. 233-235.
2. Consulte Charlan Jeanne Nemeth and Jack A. Goncalo, "Influence and Persuasion in Small Groups," in Timothy C. Brock and Melanie C. Green (eds.), *Persuasion: Psychological Insights and Perspectives*, 2nd ed. (Thousand Oaks, CA: Sage, 2005), pp. 171-194, que traz uma revisão de conhecimentos muito útil sobre esse assunto.
3. Para obter mais informações sobre várias dimensões de liderança de grupo, consulte John W. Gastil, *The Group in Society* (Thousand Oaks, CA: Sage 2010), pp. 139-166.
4. Para obter mais informações sobre como lidar com conflitos em grupos pequenos, consulte Scott A. Myers and Carolyn Anderson, *The Fundamentals of Small Group Communication* (Thousand Oaks, CA: Sage, 2008), pp. 199-215.
5. Charles Pavitt and Kelly K. Johnson, "Scheidel and Crowell Revisited: A Descriptive Study of Group Proposal Sequencing," *Communication Monographs,* 69 (2002), pp. 19-32.
6. Para examinar uma pesquisa sobre esse assunto, consulte Michele H. Jackson and Marshall Scott Poole, "Idea-Generation in Naturally Occurring Contexts: Complex Appropriation of Simple Group Procedure," *Human Communication Research,* 29 (2003), pp. 560-591.
7. Para examinar outras interpretações sobre pesquisas de comunicação em grupos pequenos, consulte Marshall Scott Poole and Andrea B. Hollingshead (eds.), *Theories of Small Groups: Interdisciplinary Perspectives* (Thousand Oaks, CA: Sage, 2005).
8. Para obter mais informações sobre apresentações orais em grupos pequenos, consulte Katherine Adams and Gloria J. Galanes, *Communicating in Groups: Applications and Skills,* 8th ed. (New York: McGraw-Hill, 2009), pp. 292-314.

Créditos das fotos

» **CAPÍTULO 1**

Página 2: Cortesia de Geoffrey Canada e Harlem Children's Zone; 7: © ULTRA.F/Photodisc/Getty Images; 11: Foto de Eric Kayne/Getty Images; 14: Foto de Dan Perry, Atlanta; 17: © Image Source/Getty Images; 19: © Image Source/Getty Images; 23: © Reuters; 25: © Brand X Pictures/PunchStock.

» **CAPÍTULO 2**

Página 26: © Bryan Bedder/Getty Images; 33: © Zuma Wire World Photos/Newscom; 35: Marinha dos Estados Unidos, foto de MC3 Travis K. Mendoza; 39: JGI/Jamie Grill/Blend Images/Getty Images; 41: Ingram Publishing; 43: © AP Photo/Joseph Kaczmarek.

» **CAPÍTULO 3**

Página 42: © Marius Becker/dpa/Corbis; 51: LWA/Dann Tardif/Blend Images/Getty Images; 55: © Terry Vine/Blend Images/Corbis; 59: © Oliver Berg/dpa/Corbis.

» **CAPÍTULO 4**

Página 58: Foto de Jemal Countess/WireImage/Getty Images.

» **CAPÍTULO 5**

Página 70: © Wolfgang Kaehler; 79: Digital Vision/Getty Images; 83: UpperCut Images/Getty Images; 85: © AP Photo/Statesman Journal, Kobbi R. Blair; 91: © Erik Isakson/Getty Images.

» **CAPÍTULO 6**

Página 86: © Kevork Djansezian/Getty Images; 101: © Ron Sachs/CNP/Corbis; 103: DESHAKALYAN CHOWDHURY/AFP/Getty Images; 109: © Reena Rose Sibayan/The Jersey Journal/Landov; 110: DreamPictures/Getty Images; 115: © AP Photo/Minnesota Daily, Mark Vancleave.

» **CAPÍTULO 7**

Página 108: © Chris Hill/National Geographic Society/Corbis; 122: PhotoAlto/Sigrid Olsson/Getty Images; 125: © Zhang Jun/XinHua/Xinhua Press/Corbis; 129: Thinkstock/Jupiterimages; 131: © Tim Pannell/Corbis; 137: moodboard/photolibrary.

» **CAPÍTULO 8**

Página 128: © Roger L. Wollenberg/UPI/Landov; 145: © Joe Skipper/Reuters; 149: Ken James/Bloomberg/Getty Images.

» **CAPÍTULO 9**

Página 152: Thomas Hawk/Flickr/Getty Images; 169: © Mike Kepka/San Francisco Chronicle/Corbis; 171: © JupiterImages/Thinkstock/Alamy; 173: © Image Source/Corbis; 179: © UPI/Kevin Dietsch /Landov.

» **CAPÍTULO 10**

Página 170: AFP Photo/Dimitar Dilkoff/Newscom; 187: © Patrick Kovarik/AFP/Getty Images; 191: Inti St Clair/Blend Images/Getty Images; 193: Diego Tuson/AFP/Getty Images; 197: Charles Eshelman/FilmMagic/Getty Images; 198: © Image Source/Corbis.

» **CAPÍTULO 11**

Página 190: © Mike Kemp/Rubberball; 205: (extrema direita) © Rachel Epstein/PhotoEdit; 209: © Fancy/photolibrary; 214: © Dr. Billy Ingram/WireImage/Getty Images; 215: © Stockbyte.

» CAPÍTULO 12

Página 208: Olivier Douliery/ABACAUSA.com/Newscom; 223: © Sipa Press/Newscom; 227: © Tim Shaffer/Reuters/Landov; 229: © Mark Costantini/San Francisco Chronicle/Corbis; 231: Dave and Les Jacobs/Blend Images LLC.; 233: © Richard Langdon/Getty Images.

» CAPÍTULO 13

Página 226: © Michael Buckner/Getty Images; 243: © Brooks Kraft/Corbis; 245: © Jonathan Newton/The Washington Post/Getty Images; 249: © Rick Friedman/Corbis; 251: Cortesia de Southern Vermont College e Michelle Kwan; 253: Stockbyte/Getty Images; 255: © FRANCK ROBICHON/POOL/epa/Corbis.

» CAPÍTULO 14

Página 244: Cortesia de Kris Krüg/Flickr; 261: © Jim Zuckerman/Corbis; 265: Mannic Media/McGraw-Hill, Inc.; 266: The McGraw-Hill Companies, Inc./Andrew Resek, fotógrafo; 271: © ZUMA Press/Newscom.

» CAPÍTULO 15

Página 264: © EPA/Monica M. Davey/Photolibrary; 281: © WpN/Photoshot; 285: © China Photos/GettyImages; 287: © The Star-Ledger/Jerry McCrea/The Image Works; 289: © Stockbyte; 292: © Cultura RF/Getty Images.

» CAPÍTULO 16

Página 286: AP Photo/Brian Lawdermilk; 303: © Mark Makela/In Pictures/Corbis; 307: © AP Photo/Cliff Owen; 311: © Matt Cardy/Getty Images; 315: © AP Photo/John Amis; 317: © Corbis.

» CAPÍTULO 17

Página 312: © Leigh Vogel/FilmMagic/Getty Images; 329: © AP Photo/Andrew Medichini; 333:© UPI/Kevin Dietsch/Landov; 335: Stockbyte/Getty Images; 339: © Jose Luis Pelaez, Inc./Corbis; 342: © Monty Rakusen/cultura/Corbis; 343: © Giorgio Cosulich/Getty Images; 345: © Punit Paranjpe/AFP/Getty Images.

» CAPÍTULO 18

Página 340: © AP Photo/The Boston Herald, Dominick Reuter; 357: © UPI/Kevin Dietsch/Newscom.

» CAPÍTULO 19

Página 350: © Image Source/photolibrary; 367: OJO Images/David Lees/Getty Images; 373: Jose Luis Pelaez Inc./Blend Images/Getty Images; 376: © SuperStock.

Índice

» A

Abstrações, 277-278
Ação imediata, exposições orais para obter, 297-299
Acontecimentos
    explicação sobre, 269-270
    palestras sobre, 271-272
Adrenalina, 9-10
Agenda oculta (interesses ocultos), 356-357
Agrupamento, 74-75
Aliteração, 218-220
Almanaques, 112
Amanpour, Christine, 72
Ambiente físico, 97-98, 258-260
Análise demográfica do público, 93-96
    explicação sobre, 93-94
    faixa etária e, 93-94
    filiação grupal e, 96
    gênero e, 93-94
    orientação sexual e, 95-96
    origem racial, étnica e cultural e, 95-96
    religião e, 94-96
Análise situacional do público, 97-101
    ambiente físico e, 97-98
    explicação sobre, 97
    propensão em relação à ocasião e, 100-101
    propensão em relação ao orador e, 99-100
    propensão em relação ao tema e, 98-99
    tamanho e, 97
Anotações
    entrevista, 121-122
    para uma apresentação oral espontânea, 61-62
    pesquisa, 124, 124-125
Antítese, 219-220
Aparência pessoal
    dos oradores, 235-236
    em entrevistas, 120
    foco na, 47-48, 48, 51
    nervosismo e, 12-11
Aparência. *Consulte* Aparência pessoal
Apelos emocionais
    ética e, 332-333
    explicação sobre, 329-330
    métodos para gerar, 331-332
Apontamentos
    ao ouvir, 52-55
    durante entrevistas, 121-122
    esquema de palavras-chave para, 53-55
    orientações sobre, 124, 124-125
Apresentação. *Consulte* Elocução
Apresentação oral de improviso, 229-230
Apresentação oral espontânea
    anotações para, 61-62
    contato visual durante, 63
    elocução na, 230-231
    esboço para, 199-203
    explicação sobre, 61
Apresentação prévia
    do corpo da exposição oral, 179-181
    interna, 165-166
Aristóteles, 5, 93-94, 314, 320-321
Aronson, Elliot, 133-134
Articulação, 233-235
As atrocidades dos canis de fundo de quintal (palestra), 376-379
Associação de Linguagem Moderna (MLA), formato da, 122, 123
Associação Norte-Americana de Comunicação, 39, 40-41
Associação Norte-Americana de Psicologia (APA), formato, 123-124
Atitude
    do público, 98-99
    durante sessões de perguntas e respostas, 241
Autoapresentação, 58, 65
Autoria, de documentos na internet, 117

» B

Bacon, Francis, 6
Balanço pessoal, 74
Bases de dados
    acadêmicas, 113-115
    de jornais, 112-113
    de periódicos, 112-113
Bibliografia
    explicação sobre, 194

no esboço da preparação, 194-195
    preliminar, 122-124
Bibliotecários, 110-111
Bibliotecas
    bases de dados acadêmicas nas, 112-114
    bases de dados de jornais e periódicos nas, 112-113
    catálogos nas, 111
    obras de referência nas, 111-112
Biografias, 112
Birdwhistell, Ray, 235-236
Boas intenções, 178-180
Brainstorming
    agrupamento e, 74-75
    balanço pessoal e, 74
    buscas na internet e, 75
    exemplo de, 361-362
    explicação sobre, 74, 361
Burke, Kenneth, 6

» **C**

Campbell, George, 330
Canada, Geoffrey, 3-4
Canal, 18
Caráter, 314
Carreiras
    questões éticas e, 29
    oratória nas, 5, 16-17, 38, 76-77, 101, 118, 160-161, 201-202, 218-219, 240, 251-252, 276, 304-305, 329
Checklists
    avaliação de documentos da internet, 116-117
    citação da fonte, 146-147
    conclusão, 186
    do esboço da preparação, 196
    estatística, 140-141
    evidências, 321-322
    exemplo, 134-135
    expressando-se com ética, 34
    falando com confiança, 14-15
    introdução, 176
    método de pensamento reflexivo, 362
    objetivo específico, 80
    pontos principais, 163-164
    recursos visuais, 255-256
    testemunho, 144-145
Chinoy, Sajjid Zahir, 231-243, 382-384
Churchill, Winston, 9, 213, 218, 231, 332
Cícero, 6, 9
Cinésica, 235-236
Citação de fontes
    checklist para, 146-147
    de citações, 36, 124-125, 127-128, 144-145
    de estatística, 139-140
    de paráfrases, 36-37
    formatos de, 122-124
    orais, 145-148
    para material da internet, 36-38
Citações
    crédito da fonte em, 36, 124-125, 127-128, 144-145
    diretas, 143

    em conclusões, 185
    fora de contexto, 143-144
    na introdução, 174-176
    paráfrases *versus*, 143
Clichês, 217
Clinton, Bill, 72, 344-346
Colbert, Stephen, 72
Coles, Robert, 233-234
Coletando material. *Consulte* Pesquisa
Compaixão, apelos à, 330
Comparação, 216-217, 278
Competência, 314, 316
Comunicação não verbal
    aparência pessoal como, 235-236
    contato visual como, 14-15, 63, 236-238, 257-258
    diversidade cultural e, 22
    durante uma exposição oral, 63-64, 228
    explicação sobre, 228
    função da, 235-236
    gestos como, 22, 63, 237
    movimento do corpo e, 236-237
Conceito
    explicação sobre, 271-272
    palestras sobre, 271-273
Concentração, ao ouvir, 45-46
Conclusões
    checklist, 186
    como indicação do final de uma exposição oral, 181-184
    dicas de, 187-188
    exemplo de, 187
    funções das, 60-61, 181-182
    para reforçar a ideia central, 184-186
    referindo-se à introdução nas, 186-187
Conectivos
    apresentação prévia interna, 165-166
    explicação sobre, 164-165
    resumos internos como, 165-166
    sinalizadores, 165-167
    transições como, 164-165
Confiança
    checklist para falar com, 14-15
    desenvolvimento de, 15-16
    ganhando experiência para adquirir, 9-11
    pensamento positivo para adquirir, 11-13
    preparação como método para adquirir, 10-12
    visualização para adquirir, 11-13
Conflito interpessoal, 357-358
Conhecimento
    sobre o público, 98, 273-274
    utilizando o seu, 110
Conrad, Joseph, 277
Consenso, 362
    passivo, 297-298
Contato visual, 14-15, 63, 236-238, 257-258. *Consulte também* Comunicação não verbal
Conteúdo de apoio
    citação de fontes do, 145-148
    como evidência, 318

estatística como, 134-141
  exemplos como, 130-135
  explicação sobre, 130, 161-162
  organização do, 162-165
  testemunho como, 141-146
Contraste, 278
Conversa/conversação, 6-8
Convicção, 332
Cores, recursos visuais, 254-255
Corpo de uma exposição oral, 59-61
Credibilidade
  adquirida, 315
  das fontes, 314, 320-321
  explicação sobre, 178, 315
  fatores de, 314-315
  final, 315-316
  inicial, 315-316
  métodos para criar, 178-180, 316-318
  tipos de, 315-316
Credo da Comunicação Ética (Associação Norte-Americana de Comunicação), 39
Criatividade, 280
Critérios, 360
Culpa, apelos à, 330
Cultura
  etnocentrismo e, 23-24
  linguagem e, 22
Curiosidade, 75

» **D**

Decisões éticas, 29, 34
Declaração dos Direitos dos Cidadãos dos Estados Unidos, 33
Demonstrações, 250-251
Descrição, 277
Desenhos, dos recursos visuais, 246-247
Díade, 352
Dialeto, 234-236
  da Nova Inglaterra (Estados Unidos), 234-235
  do Leste (Estados Unidos), 234-235
  norte-americano geral (padrão), 234-235
  sulino (Estados Unidos), 234-235
DiCaprio, Leonardo, 9
Dicas de elocução, 202
Dicionário de sinônimos (*thesaurus*), 223
Discursos comemorativos
  eficazes, exemplos de, 346-348
  explicação sobre, 345-347
  orientações sobre, 346, 348
Discursos de apresentação
  objetivo dos, 58, 59-60, 342
  orientações sobre, 342-344
Discursos em ocasiões especiais
  discursos comemorativos, 345-348
  discursos de agradecimento, 244
  discursos de apresentação, 342-344
  discursos de premiação, 344-345
  função dos, 341
Distrações, 50

Diversidade cultural
  dialeto e, 234-236
  do público, 95-96
  estereotipagem e, 93
  etnocentrismo e, 23-24
  falar em público e, 22-23
  linguagem inclusiva e, 222-223
  visão geral sobre, 21-22
Diversidade. *Consulte* Diversidade cultural

» **E**

Egocentrismo, 91-92
Elocução (modo de falar)
  aparência pessoal e, 235-236
  comunicação não verbal durante a, 14-15, 63-64, 228, 237-238
  concentração na, 47-48, 51
  contato visual e, 14-15, 63, 236-238, 257-258
  credibilidade e, 318
  de memória, 229
  em uma conversa, 8
  espontânea, 61-63, 230-231
  função da, 227-228
  função da voz na, 231-236 (*Consulte também* Voz)
  gestos e, 63, 237
  improvisada, 229-230
  leitura textual do manuscrito, 229
  métodos de, 228-231
  movimentação durante, 236-237
  objetivos da, 60-61
  orientações para praticar, 238-239
  perguntas do público e, 239-242
Enciclopédias, 111-112
Encruzilhada (palestra), 66
Endossamento, na internet
  documentos, 117
Ensaio
  com recursos visuais, 258-259
  função do, 62-63
  mental, 12-13
  orientações sobre, 238-239
Entonação, 231-232
Entrevistas
  de pesquisa, 118-122
  procedimentos anteriores às, 119-120
  procedimentos durante as, 120-121
  procedimentos posteriores às, 121-122
Enunciado da tese. *Consulte* Ideias centrais
Enunciado de um objetivo específico
  elaboração do, 77-79
  exemplos de, 76-77, 77, 155-161
  para exposições orais informativas, 267, 269, 271-272
  para exposições orais persuasivas, 293-294, 295-296, 296-297, 300-304
Equipamentos, 258-260
Esboço da apresentação
  exemplo de, 202-203

explicação sobre, 199
orientações sobre, 200-202
Esboço da preparação
bibliografia em, 194-195
checklist para, 196
exemplo de, 196-199
explicação sobre, 192
formato, 192-193
orientações sobre, 192-196
Esboço. *Consulte* Esboço da preparação; Esboço da apresentação
Escuta
apreciativa, 45
ativa, 48, 51
avaliadora, 45
compreensiva, 45
empática, 45
Escutar, 43-44. *Consulte também* Ouvir
Esquema de palavras-chave, 53-55
Estatísticas
checklist, 140-141
explicação sobre, 134-136
orientações para compreender, 135-139
orientações para empregar, 138-141
Estereotipagem
com base no dialeto, 234-235
evitando, 221-223
explicação sobre, 93
Estilo coloquial, 230
Estrutura de referência, dos ouvintes, 18-19
Estrutura visual, 193
Ethos, 314
Ética
apelos emocionais e, 332-333
explicação sobre, 28
importância da, 28-29, 33
persuasão e, 287-288
plágio e, 33-38
Etnocentrismo, 23-24
Evidências
checklist, 321-322
explicação sobre, 318
função da, 319-320
orientações para utilizá-las, 320-321
prestando atenção nas, 51-53
Exemplos
breves, 131
checklist, 134-135
explicação sobre, 130
extensos, 131-132
hipotéticos, 132
orientações para utilizá-los, 132-135
vívidos, 331
Existe um aplicativo para isso (palestra), 65
Exposição prévia (enunciado), 179-180
Exposições orais informativas (palestras)
evitando a sobrevalorização nas, 273-274
evitando abstrações nas, 277-278
exemplo de, 281-284
explicação sobre, 266
informações técnicas nas, 276-277
orientações sobre, 273-280
personalizando ideias nas, 278-280
relacionando o tema com o público nas, 274-275
situações para, 266, 292-293
sobre acontecimentos, 269-272
sobre conceitos, 271-273
sobre objetos, 266-267
sobre processos, 268-270
Exposições orais persuasivas
como os ouvintes processam, 289-292
exemplos de, 305-308, 333-336
público-alvo das, 291-293
situações para, 292-293
sobre questões de valor, 294-297
sobre questões factuais, 292-294
sobre questões políticas, 296-306
Expressões faciais, 22. *Consulte também* Comunicação não verbal

» **F**

Faixa etária, do público, 93-94
Falácias
ad hominem, 327-329
apelo à novidade, 329
apelo à tradição, 328-329
desvio de atenção, 327-328
explicação sobre, 325-326
falsa analogia, 326-328
falsa causa, 325-327
generalização precipitada, 325-326
ladeira escorregadia, 328-329
Maria vai com as outras, 327-328
ou isso ou aquilo, 328-329
Falar com ética
checklist para, 34
evitando a linguagem ofensiva para, 31-33
honestidade como elemento, 31-32
metas éticas para, 29-30
orientações sobre, 29-34
preparação como elemento, 30-31, 39
Falar em público (oratória). *Consulte também* Palestras e discursos
conversas e, 6-8
dicas para, 14-15
diversidade cultural e, 22-24
ganhando confiança na, 8-15
medo de, 9, 12-13
na carreira profissional, 5, 16-17, 38, 76-77, 101, 118, 160-161, 201-202, 218-219, 240, 251-252, 276, 304-305, 329
objetivo de, 17
poder de, 4-5
questões éticas, 28-34 (*Consulte também* Falar com ética; Ética)
raciocínio crítico e, 15-17
tradição de, 5-6
Fatos, questões, 292-294

Feedback
    adaptando ao ouvinte, 7, 8
    explicação sobre, 19
Fichas, 62
Final crescendo, 183
Final decrescendo, 184
Folhetos, 256-257
Fonte(s)
    credibilidade das, 314, 320-321
    de testemunho, 144-145
    em recursos visuais, 254-255
    estatística como, 138-139, 139-140
Fotografias, 246-247

» **G**

Gênero (sexo)
    do público, 93-94
    linguagem inclusiva e, 221-223
Geração do milênio, 95-96
Gestos. *Consulte também* Comunicação não verbal
    diversidade cultural e, 22
    durante uma apresentação oral em público, 63, 237
Globalização, 96
Google, 113-115, 117
    Acadêmico, 113-114
Gráficos, 247-249
    de barras, 249
    de linhas, 248
    de setores, 248-249
Gravadores de áudio, 121
Grupos pequenos
    apresentando recomendações de, 363-365
    conflito interpessoal nos, 357-358
    explicação sobre, 352-353
    liderança nos, 353-356
    mantendo as discussões em curso, 358-359
    método de pensamento reflexivo para, 358-363
    participação nos, 357-359
    resolução de problemas, 352
    responsabilidades nos, 355-359
Grupos. *Consulte* Grupos pequenos

» **H**

Habilidades comunicacionais, 5. *Consulte também* Processo de comunicação oral
Hancock, John, 219-220
Henry, Patrick, 185
Heródoto, 235-236
Homens. *Consulte* Gênero
Honestidade
    em sessões de perguntas e respostas, 241
    nas apresentações orais em público, 31-32, 288
How to Lie with Statistics (Huff), 135-136
Huber, Vicki, 11-12
Huff, Darrell, 135-136
Humor, 59

» **I**

I have a dream/Eu tenho um sonho, discurso (King), 13, 215, 231-232, 347-348, 371-374

I've been to the mountaintop/Eu estive no topo da montanha (King), 183
Ideias centrais
    explicação sobre, 82-83
    no esboço da preparação, 192
    orientações sobre, 83-85
    para exposições orais informativas, 267-269, 271-272
    para exposições orais persuasivas, 293-295, 297, 300-304
    reforço das, 184-187
Ideias. *Consulte* Ideias centrais
Identificação, 90
Imagística
    comparação como, 216-217
    explicação sobre, 216
    metáforas como, 217-218
    palavras concretas como, 216
Índice
Inflexões, 231-232
Informações sobre o público, 101-104
Informações técnicas, 81, 276-277
    nas exposições orais informativas, 276-277
    relevância das, 81
InfoTrac OneFile, 113-114
Insultos, 31-33, 39-40
Intensidade da voz, 231-232
Interferência, 19-20
    externa, 19
    interna, 19
Internet
    avaliando material na, 116-118
    bibliotecas virtuais na, 115
    busca por temas na, 75
    mecanismos de busca, 113-115
    plágio e, 36-38
    recursos governamentais na, 115
    Wikipédia na, 116-117
Introdução
    checklist, 176
    como apresentação prévia do corpo da exposição oral, 179-181
    credibilidade e boas intenções, 178-180
    dicas para, 181-182
    exemplo de, 180-181
    função da, 59-60
    narração de história na, 176-177
    objetivos da, 172
    para atrair a atenção e o interesse, 172-178
    recapitulada na conclusão, 200-201
    tema revelador na, 178

» **J**

Jones, Jenkin Lloyd, 30
JSTOR, 113-114

» **K**

Kennedy, John F., 219-220, 231-232, 347-348
King Jr., Martin Luther, 13-14, 183, 215, 231-232, 288, 332, 347-348

» L

Leitura textual de um manuscrito, 229
LexisNexis Academic, 112-113
Liberdade de discurso
    insultos e, 31-33, 39-41
    respeito pela, 288
Liberdade de expressão, 39-41
Liberty of death/Liberdade ou morte (Henry), 185
Liderança
    em grupos pequenos, 353-356
    explicação sobre, 353
    funções da, 354-356
    tipos de, 353-355
Líderes
    designados, 354-355
    emergentes, 354-355
    implícitos, 353
Lincoln, Abraham, 9, 231
Linguagem. *Consulte também* Palavras
    concreta *versus* abstrata, 213-214, 216
    cultura e, 22
    emocional, 331
    emprego preciso da, 211-212
    figurativa, 59-60
    função da, 209-210
    inclusiva, 221-223
    ofensiva, 31-33
    prolixidade (redundância) na, 214-215
    repetição na, 218-219
    ritmo da, 218-220
    utilização apropriada da, 221-222
    vívida, 215-220, 347-348
Linguagem corporal. *Consulte também* Comunicação não verbal
    aparência pessoal e, 235-236
    contato visual como, 14-15, 63, 236-238, 264
    função da, 235-236
    gestos como, 22, 63, 237
    movimento do corpo e, 236-237
Livros de citações, 112
Logos, 320-321
Lynch, Jane, 10

» M

MacArthur, Douglas, 183-184
Malcolm: The Life of a Man Who Changed Black America (Perry), 36
Mandela, Nelson, 344-346
Mecanismos de busca, 113-115
Média (número), 137-138
Mediana (número), 137-138
Medicamentos falsificados (palestra), 305-308
Medo
    apelos ao, 330
    de palco, 9
    de falar em público, 9, 12-13
Melville, Herman, 21
Mensagem residual, 82

Mensagem
    adaptada ao público, 6, 19
    explicação sobre, 17
    organização da, 6
    residual, 82
Metáfora, 217-218
Método de pensamento reflexivo
    analisando um problema com, 359-360
    checklist, 362
    definindo um problema com, 358-360
    escolhendo uma solução com, 362-363
    estabelecendo critérios para as soluções com, 360
    explicação sobre, 358-359
    gerando possíveis soluções com, 361-362
Métodos de organização
    causal, 157-159
    cronológico, 59-60, 157-158, 267, 269
    vantagens comparativas, 301-303
    sequência Monroe de persuasão, 302-305
    problema-causa-solução, 301-302
    problema-solução, 159-160, 300-302
    espacial, 157-158, 267
    por tópicos, 59-60, 160-161, 267-269, 271, 271-272, 293-294, 295-296
Minha louca tia Sue (discurso), 347-348, 381-382
Moda (número), 137-138
Modelos, como recursos visuais, 246
Monotonia, 231-232
Monroe, Alan, 302-303
Movimento do corpo, 236-237. *Consulte também* Comunicação não verbal
Mulheres. *Consulte* Gênero
Multiculturalismo. *Consulte* Diversidade cultural

» N

Nadal, Rafael, 10
Narração de histórias, 176-177
Necessidades,
    de manutenção, 355-356
    de tarefa, 354-356
    em questões de orientação política, 298-299
    procedimentais, 354-355
Nervosismo positivo, 9-10. *Consulte também* Nervosismo
Nervosismo
    adquirindo experiência em oratória para superar o, 9-11
    características do, 8-10
    métodos para lidar com o, 10-15, 64
    pensamento positivo para lidar com o, 11-12
Número de chamada, 111

» O

O'Brien, Conan, 227
Obama, Barack, 89-90
Objetivo(s)
    como recursos visuais, 246
    da oratória, 17
    em grupos pequenos, 355-357

eticamente fundamentados, 29-30
explicação sobre, 266
palestras sobre, 266-268
Objetivo específico, 76-80
   checklist, 80
   explicação sobre, 76-77
   no esboço da preparação, 192
   perguntas a fazer sobre, 78-81
Objetivo geral, da exposição oral, 76
Ocasião
   comentários apropriados para, 342
   linguagem apropriada para, 221
   propensão do público em relação à ocasião, 100-101
Ônus da prova, 298-299
Oradores. *Consulte também* Elocução
   analisando a técnica dos, 52-53
   demonstrações por parte dos, 250-251
   erros cometidos pelos, 12-14
   estilo de linguagem dos, 221-222
   experiência dos, 10-11
   função dos, 17
   medo nos, 8-9, 12-13
   prejulgamento, 39
   preparação dos, 11-12, 30-31
   propensão do público em relação aos, 99-10
   responsabilidade ética dos, 30-31
   voltados para o público, 19, 90-91
Ordem cronológica
   emprego da, 157-158
   explicação sobre, 59-60, 157
   exposições orais informativas em, 267, 269
Ordem de tópicos
   explicação sobre, 59-60, 160-161
   exposições orais informativas na, 267-269, 271-272
   exposições orais persuasivas na, 293-296
Ordem espacial
   explicação sobre, 157-158
   exposições orais informativas na, 267
   utilização da, 157-158
Organização
   (*Consulte também* Conteúdo de apoio)
   de conteúdo de apoio, 162-165
   de partes da apresentação, 59-61
   dos pontos principais, 154-163 (*Consulte também* Pontos principais)
   emprego de conectivos para, 164-167
   estratégica, 154
   para uma exposição oral persuasiva, 7
   patrocinada, 117
   raciocínio crítico e, 15-17
Orgulho, apelos ao, 330
Os perigos do celular (palestra), 333-336
Ouvintes. *Consulte também* Púbico
   adaptando a mensagem aos, 6, 19
   fatores culturais que afetam os, 23-24
   feedback dos, 19
   função dos, 18-19

   processamento de mensagens persuasivas pelos, 302-304
Ouvir com ética
   explicação sobre, 38
   orientações sobre, 38-42
Ouvir/Escutar
   anotações ao, 52-55
   atitude positiva em relação a perguntas, 241
   autoavaliação, 49
   com ética, 38-41
   com respeito e atenção, 39-41
   de forma apreciativa, 45
   de forma ativa, 48, 51
   de forma avaliadora, 45
   de forma compreensiva, 45
   de forma empática, 45
   de maneira ineficaz, 43, 44, 45-48
   distrações ao, 50
   durante entrevistas, 121
   explicação sobre, 44
   foco na elocução e na aparência ao, 47-48, 51
   importância de, 44-45
   métodos para focar a, 51-53
   prejulgar ao, 51
   raciocínio crítico e, 45
   tirar conclusões precipitadas ao, 46-48

» P

Painel de discussão, 364-365
Palavras. *Consulte também* Linguagem
   abstratas, 213
   carregadas de emoção, 331
   concretas, 213-214, 216
   emprego das, 209-210
   familiares, 212-213
   significado conotativo das, 210-211
   significado das, 210-211
   significado denotativo das, 210
Palestra para quebrar o gelo, 58
Palestras e discursos. *Consulte também* Exposições orais informativas; Exposições orais persuasivas; Falar em público (oratória) (*Consulte também* Organização)
   adaptando-se ao público antes, 103-105
   adaptando-se ao público durante, 104-105
   ambiente físico para, 97-98, 258-260
   apresentação de, 63-64
   de agradecimento, 346
   de apresentação, 58, 65-66, 342-344
   de premiação, 344-345
   elaboração de, 59-60
   ensaiando, 13, 62-63
   erros nos, 14
   espontâneos, 61-62, 199-203, 230-231
   iniciando, 63
   objetivo específico dos, 76-80
   objetivo geral dos, 76
   organização de, 59-61, 154
   para quebrar o gelo, 58
   preparação para, 11-12, 30-31

títulos para, 195-196
Paráfrases
    citações *versus*, 143
    explicação sobre, 36-37, 143
    identidade das fontes das, 124-125, 144-146
Paralelismo, 218-219
Páthos, 330
Pausa vocalizada, 232-233
Pausas, na apresentação, 232-233
Pensamento positivo, 11-12
Pequenos grupos de resolução de problemas, 352
Perfeição, expectativas de, 12-14
Perguntas
    abertas, 101-102, 102-103
    com alternativas fixas, 101-102, 102-103
    de escala, 101-102, 103-104
    retóricas, 174-175
Péricles, 4
Perry, Bruce, 36
Personalizar, 278-280
Persuasão
    apelos emocionais persuasivos, 329-333
    desafios relacionados à, 288-289
    desenvolvendo credibilidade para, 314-318
    ética e, 287-288
    explicação sobre, 287
    graus de, 289
    importância da, 287
    psicologia da, 288-293, 302-304
    raciocínio persuasivo, 321-329
    utilização de evidências para persuadir, 318-321
Pesquisa
    apontamentos de, 124, 124-125
    biblioteca, 110-114
    entrevistas para, 118-122
    internet, 113-118
    orientações sobre, 122-126
Phillips, Wendell, 228
Philosophy of Rhetoric (Campbell), 330
Pizan, Christine de, 6
Plágio
    explicação sobre, 33-34
    integral, 33-34
    internet e, 36-38
    métodos para evitar, 124-125
    mosaico, 35-36
    total, 33-34
Plágio conceitual
    citações e, 36
    explicação sobre, 35-36
    paráfrases e, 36-37
Plano, em questões políticas, 298-300
Platão, 28
Pollak, Lindsey, 5
Ponto em comum, 316-318
Pontos principais
    checklist, 163-164
    dicas para a preparação, 61-61, 161-163
    explicação sobre, 60-61, 154-156

    nas exposições orais informativas, 267-272
    nas exposições orais persuasivas, 293-294, 295-296, 296-297, 300-303
    no esboço da preparação, 193-194
    número de, 156
    prestar atenção nos, 51-52
    sequência estratégica dos, 157-161
Portal Brasil (<www.brasil.gov.br>), 115
Post hoc, ergo propter hoc, 325-327
PowerPoint. *Consulte também* Recursos visuais
    benefícios e desvantagens do, 251-254
    imagens no, 247, 254-255
    preparação para utilizá-lo, 251-252
    utilização de fontes com, 254, 254-255
    utilização prática do, 258-259
Prática. *Consulte* Ensaio
Prejulgamento, 39
Preparação
    como elemento do discurso ético, 30-31, 39
    importância da, 10-12
Primeira Emenda da Constituição dos Estados Unidos, 39-40
Princípio, raciocínio que parte do, 323-325
Processo de comunicação oral
    canal no, 18
    exemplo de, 20-21
    feedback no, 19
    interferência no, 19-20
    mensagem no, 17
    orador no, 17
    ouvinte no, 18-19
    situação no, 20
Processos
    explicação sobre, 268
    palestras sobre, 268-272
Prolixidade, 214-215
Pronúncia, 233-234
ProQuest, 112-113
Psicologia
    de persuasão, 288-293, 302-304
    do público, 91-93
Público. *Consulte também* Ouvintes
    adaptando a mensagem ao, 6, 19
    adaptando-se ao, 7, 90, 103-105, 343-344
    análise demográfica do, 93-96
    análise situacional sobre o, 97-101
    colegas de classe como, 91
    conhecimento do, 98, 272-274
    contato visual com, 14-15, 63, 236-238, 257-258
    despertando a curiosidade do, 174-175
    diálogo mental com o, 291-292
    estabelecendo um ponto em comum com, 90-91, 316-318
    fazendo perguntas para o, 174-175
    feedback do, 19
    linguagem apropriada para, 221
    método de surpreender, 173-174
    obtendo informações sobre, 101-104

orador centrado no, 19, 90-91
orientação sexual do, 95-96
origem étnica do, 95-96
origem racial do, 95-96
para discursos de apresentação, 343-344
processamento de mensagens persuasivas pelo, 289-292
propensão em relação à ocasião, 100-101
propensão em relação ao orador, 99-100
propensão em relação ao tema, 98-99, 274-275
psicologia do, 91-93
questionários de análise sobre o, 101-104
relevância da intenção para com, 80-81
religião do, 94-96
tamanho do, 97
tema relacionado ao, 172-173, 274-275
Público-alvo, 291-293. *Consulte também* Público

» **Q**

Quadros, 241, 249
Questões culturais (Chinoy) (discurso), 382-384
Questões/perguntas
    abertas, 101-103
    alternativas fixas, 101-102, 102-103
    de escala, 101-102, 102-103
    de valor, 294-297
    entrevista, 119-120
    factuais, 292-294
    políticas, 296-306, 358-359
    retóricas, 174-175
Quintiliano, 6, 28, 329

» **R**

Raciocínio
    causal, 324-325
    explicação sobre, 321-323
    falácias como erro no, 325-329
    por analogia, 324-326
    que parte casos específicos, 322-324
    que parte do princípio, 323-325
Raciocínio crítico
    explicação sobre, 15-16
    falar em público e, 15-17
    ouvir e, 45
Raiva, apelos à, 330
Ramadã (palestra), 374-376
Reagan, Ronald, 216, 346-347
Recentidade, da internet
    documentos, 118
Recitação de memória, 229
Recuo, esquema de tópicos, 192-193
Recursos governamentais, 115
Recursos visuais
    apresentação dos, 255-260
    checklist, 255-256
    cores em, 254-255
    demonstrações como, 250-251
    fotografias e desenhos como, 246-247
    função dos, 15, 246

gráficos como, 247-249
objetos e modelos como, 246
para apresentação de estatísticas, 140-141
para palestras sobre processos, 268
PowerPoint e, 251-252
preparação dos, 253-256
quadros como, 249, 250
texto em, 253-254
vídeos como, 250
Relatórios orais, 363-364
Rendimento escolar, 45
Repetição, 218-219
Resumos, 112-113
    da apresentação, 185
    internos, 165-166
Retórica (Aristóteles), 5-6
Reverência, apelos à, 330
Ritmo
    aliteração como, 218-220
    antítese como, 219-220
    explicação sobre, 218
    paralelismo como, 218-219
    repetições como, 218-219
Robôs médicos: da ficção científica à realidade científica (palestra), 281-284
Rompendo a bolha antibacteriana (palestra), 378-379
Roosevelt, Franklin, 231-232

» **S**

Sanger, Margaret, 9
Santo Agostinho, 6
Seinfeld, Jerry, 9
Sequência Monroe de persuasão, 302-305
    ação na, 303-304
    atenção na, 302-303, 304-305
    necessidade na, 302-305
    satisfação na, 302-305
Sessões de perguntas e respostas,
    condução de, 240-242
    preparação para, 239-240
Simpósio, 364
Sinceridade, 332
Situação, 20
Sorrir, 63
Statistical Abstract, 115

» **T**

Tecnologia, 5. *Consulte também* Internet
Temas (assuntos)
    adequação dos, 221-222
    brainstorming, 74-75
    conhecimento do público a respeito dos, 273-274
    declarando a importância dos, 173-174
    desenvolvimento de, 58-59
    ênfase sobre, 58
    familiaridade com, 72-73
    métodos para escolher, 72-76
    pesquisa sobre, 72-74
    propensão do público em relação aos, 98-99, 172-173, 274-275

Tempo de folga mental, 45-46
Testemunho
   checklist, 144-145
   citando *versus* parafraseando, 143
   de especialistas, 141-142
   de pessoas comuns, 141-143
   explicação sobre, 141-142
   orientações para utilizá-lo, 143-146
Títulos (palestra), 195-196
Transições, 60-61, 164-166

» **U**

União Norte-Americana de Liberdades Civis, 33

» **V**

Valor
   julgamentos de, 294-295
   questões de, 294-296
Velocidade da fala, 80, 231-232
Viabilidade, em questões políticas, 299-300

Vídeos, 250
   virtuais, 115
Visualização, 12-13, 302-304
Voz
   articulação e, 233-235
   dialeto e, 234-236
   entonação e, 231-232
   função da, 231
   intensidade da, 231-232
   orientações sobre a impostação da, 63-64
   pausas e, 232-233
   pronúncia e, 233-234
   variedade vocal, 232-234
   velocidade e, 231-232

» **W**

Wiesel, Elie, 347-348
Wikipédia, 116-117
World Factbook, 115
World News Connection, 112-113
Wylie, I. A. R., 10